하이데거와 도가(道家)의 철학

이 저서는 2017년 정부(교육부)의 재원으로 한국연구재단의 지원을 받아 수행된 연구임(NRF-2017S1A6A4A01021898)
This work was supported by the National Research Foundation of Korea Grant funded by the Korean Government.(NRF-2017S1A6A4A01021898)

하이데거와 도가(道家)의 철학

윤병렬 지음

하이데거와 도가(道家)의 철학

윤병렬 지음

펴낸이 | 이숙
펴낸곳 | 도서출판 서광사
출판등록일 | 1977. 6. 30.
출판등록번호 | 제 406-2006-000010호

(10881) 경기도 파주시 회동길 77-12 (문발동)
대표전화 (031) 955-4331 팩시밀리 (031) 955-4336
E-mail: phil6161@chol.com
http://www.seokwangsa.co.kr | http://www.seokwangsa.kr

제1판 제1쇄 펴낸날 — 2021년 3월 20일

ISBN 978-89-306-2118-2 93110

: 머리말

"하이데거와 도가(道家)의 철학"은 결코 단순한 동서 비교철학의 차원에서나 존재사유의 깊이의 차원에서만 연구되어서는 안 된다. 하이데거는 도가의 철학에 대해서 각별한 관심을 가졌으며, 단순히 고대 동양의 철학자들에 대한 동서 비교철학의 견지에서 접근한 것은 아니다. 그는 도가에게서 존재망각이나 형이상학에로 전락하지 않은 "시원적 사유"를 발견하였다. 그래서 필자는 하이데거와 도가의 사유를 동서 비교철학의 차원을 넘어 동서 융화철학에서 접근해보기로 한다. 그리고 이러한 접근 방식은 오늘날의 세계화 시대에도 더 온당한 것으로 여겨진다.

우리가 본론에서 면밀하게 논의하겠지만 하이데거와 도가의 사유 사이엔 상당한 근친성이 발견된다. 하이데거와 동시에 도가의 철학에 정통한 미국의 한국계 철학자인 조가경(Cho, Kah Kyung) 교수는 이들의 사유에서 "신비에 가득 찬 상응(geheimnisvolle Entsprechung)"과 "깊고 철저한 근친성(Verwandtschaft)"을 지적하고, 하와이대학교의 동양학 교수인 파크스(G. Parkes)도 하이데거와 노자의 사유 세계가 마치

"예정조화(pre-established harmony)"라도 된 듯 여러 측면에서 유사성을 보인다고 한다.

내용적인 측면에서 노자와 하이데거에게서의 사유의 유사성 및 근친성은 많은 부분에서 목격된다. 이를테면 도(道)와 '존재'의 유사한 존재방식에서, 도(道)와 유사한 '존재사'의 역할에서, 침묵(Stille, Schweigen)과 '침묵 언어(sigetische Sprache)'에서, 무(無, Nichts)와 빔(虛, Leere)의 사유에서, "부정 존재론"에서, '길(道: Weg)'의 철학적 메타포에서, 도(道)와 존재의 피시스적 특성에서, "시원적 사유(anfängliches Denken)"에서, 양자의 철학적 성향에서, 존재와 도(道)의 비지배적인 주재와 개시하는 성격에서, '무위(無爲)'와 유사한 "초연한 태도로 내맡기는 것(Gelassenheit)"에서, "근원으로 되돌아가는 것(Rückkehr in den Ursprung)"에서, 존재와 도(道)의 비실체적인 특성에서, 양자의 해체적 사유에서, 반-형이상학적이고 반-인간중심주의적인 성격에서, 탈근대적인 인식론(위상학적 인식론)의 유형에서 등등 우리는 그 유사성을 엿볼 수 있다. 이 유사성과 근친성을 우리는 본론에서 구체적으로 타진해볼 것이다. 물론 이런 다양한 유사성에도 불구하고 양자 사이에 차이도 있음은 분명한데, 이 또한 본론에서 논의할 것이다.

하이데거와 도가의 사유는 오늘날 인류가 처한 문명 위기에 대한 분명한 경고 메시지와 함께 그 대안과 이정표까지 제공하는 데에 큰 의미가 있다. 오늘날 인류가 직면한 생태계 위기와 환경문제의 원인은 서구의 이원론적 인간중심주의 세계관이라고 전문가들은 진단하는데, 이 이원론은 주인의 위치를 점한 인간이 자연을 대상화시키고 인간 주체의 아류로 삼은 데 기인한 것이다. 이러한 패러다임에 전 세계가 빠져 있으며, 동양의 자연관을 옛적에 간직했던 동양의 나라들도 본래성을 망각하고 상실한 채 저 서구의 세계관을 추종하고 있으며, 거기에 귀속되고 만 상태이다.

하이데거와 도가는 결코 자연을 지배나 착취 및 정복의 대상으로 삼지 않는다. 하이데거의 '피시스'나 도가의 '자연(自然)'은 오늘날 우리가 일반적으로 사용하는 사물의 형태로서의 대자연이나 자연계를 가리키지 않는다. 특히 도가의 자연은 어떠한 인위 조작도 없는, 천지 만물이 존재하는 방식임과, 근원적인 도(道)가 존재하고 운동하는 방식임을 지칭한다. 그러기에 하이데거와 도가의 사유는 자연에 대한 서구 사유가 지나친 과학기술 문명과 물질만능주의로 야기한 환경 파괴와 생태계 위기에 대한 하나의 대안이 될 수 있는 것이다.

하이데거와 도가의 사유는 인류가 만든 문명이 지나치게 인위 조작적이고 자연 착취에 탐닉한 나머지 그 폐해가 인류 문명의 위기로 다가옴을 경고한다. 이들은 사람들이(특히 현대인) 지나치게 물화(物化, 사물화, 물질화)되어가는 것에 대해 경고하기를 그치지 않는다. 인류는 그러나 이들의 경고에 귀를 기울이지 않고 과학기술 문명에 대한 추종과 그로 인한 부의 축적에만 탐닉하는 편이다.

오늘날 도가의 사유 세계와 그 심오함은 서구에도 잘 알려져 있다. 『세계철학사』의 저자인 슈퇴리히(H.J. Störig)에 의하면, 만약 노자가 국경의 관지기 윤희를 통해 그의 사상(『도덕경』)을 후세에 남기지 않았다면, "우리는 고전 문헌에서 가장 고귀한 한 권의 책을 잃었을 것이며, 따라서 모든 시대와 민족을 꿰뚫는 한 위대한 현자의 사상은 아무런 흔적도 없이 매몰되고 말았을 것이다."라고 한다.

하이데거는 하이데거대로 또 노자는 노자대로 각각 동서양에서 갖는 철학적 중량은 대단하다. 그러기에 이들의 철학 세계의 그 존재론적 깊이를 성찰하는 것만도 벅차고 또 힘에 겨운 일임에 틀림없다. 그러나 무엇보다도 하이데거 스스로가 노장(老莊)의 사유에 관심을 갖고 접근했기에, 양자의 사유 세계에 대한 근친성을 폭넓게 연구해볼 가치가 있는 것으로 여겨졌고, 이는 이들의 철학에 접근해보려는 철학도에게도 좋은 참고가 되리라 여겨진다.

그런데 아쉽게도 국내에서는 하이데거와 불교에 관련된 연구는 활발히 전개된 편이나, 하이데거와 도가와의 연구는 퍽 빈약한 편이다. 불교에서는 김형효 교수의 『하이데거와 마음의 철학』과 『하이데거와 화엄의 사유』, 김진 교수의 『하이데거와 불교』, 김종욱 교수의 『하이데거와 형이상학 그리고 불교』와 『원효와 하이데거의 대화』, 박찬국 교수의 『원효와 하이데거의 비교연구』, 권순홍 교수의 『유식불교의 눈으로 본 Heidegger』 등등 굵직한 전문 서적들이 출간되었지만, 하이데거와 도가에 관련된 서적은 거의 전무한 편이다.

그러나 정작 하이데거는 도가에 큰 관심을 가졌으며, 중국인과 함께 노자의 『도덕경』을 번역하기도 하는 등 각별한 관심을 기울였다. 그는 『노자도덕경』의 제15장에 나오는 두 구절(孰能濁以靜之徐淸 孰能安以久動之徐生: 누가 능히 탁류를 고요하게 정지시켜서 천천히 맑게 할 수 있겠는가 / 누가 능히 안정한 것을 천천히 생동하게 할 수 있겠는가)을 한문으로 자신의 연구실에 걸어 놓았으며, 브레히트(B. Brecht)의 노자시(詩)(Lao Tse-Gedicht)를 좋아했다고 한다.[1]

하이데거는 동양으로부터 자신의 철학에 많은 관심을 가진 동양학자들의 방문을 받았고 또 자신의 철학을 배우러 온 학생들을 맞이했으며, 또 동양인들과의 서신 교환 등 교류도 가졌었다. 이러한 하이데거의 폭넓은 교류가, 말하자면 그가 한편으로 도가의 철학에 다가간 것만이 아니라, 다른 한편으로 동양의 학자들과 학생들이 찾아와 서로 교류한 데

---

1 O. Pöggeler, *Neue Wege mit Heidegger*, 393쪽 참조.

서 진정으로 세계화 시대에서의 동서 융화철학에 걸맞은 사항으로 여겨진다.

하이데거는 도가의 철학에 귀를 기울였는데, 그것은 결코 단순한 호기심이나 동서 사상을 비교하는 취향 때문이 아니라, "사유할 가치가 있는 것"을 발견했기 때문이다. 그는 진지한 태도로 노자의 사유에 접근하여 서구적인 형이상학과 '존재망각'에로 전락하지 않은 "다른 시원적 사유(das andere anfängliche Denken)"를 발견하였으며 그의 사유에서 많은 것을 받아들였고, 때론—마이(R. May)가 잘 밝히고 있듯—이를 자신의 언어로 재창조하기도 하였다.[2] 또 이와 반대 방향으로 엘버펠트(R. Elberfeld)가 지적하듯이 "하이데거는 동아시아에서 영접되었을 뿐만 아니라, 그의 전 사유 노정에서 아시아 철학자들과의 대화가 동반된 첫 유럽의 대철학자이다."[3]

이렇게 엘버펠트와 마이를 비롯한 수많은 전문가들이 하이데거와 도가 사상의 근친성을 언급한 만큼, 우리는 구체적으로 양자의 철학에 접근하여 그 근친성의 윤곽을 드러내보고자 한다. 이러한 바탕에서 하이데거의 철학 세계와 도가의 사상을 중점적인 테마 별로 면밀히 고찰하여 비중 있는 전문 서적으로 출간하는 것이 이 책이 기획하고 또 추구하는 바이다.

---

2 Reinhard May가 지적하듯이 하이데거의 사유—특히 그의 후기 사유에 역력하게 드러나지만—는 동양 사상에 의해, 특히 노장사상에 의해 많은 영향을 받은 것이다: Reinhard May, *Ex oriente lux. Heideggers Werk unter ostasiatischem Einfluß*, F. Steiner Verlag Wiesbaden: Stuttgart, 1989, 11-19쪽 참조. 그런가 하면 마이는 하이데거가 많은 사상을 동아시아로부터 받아들였지만, 이를 분명하게 밝히지 않았다고 한다. 여기선 R. Elberfeld, "Heidegger und ostasiatische Denken", in Dieter Thomä (Hrsg.), *Heidegger Handbuch*, J.B. Metzler: Stuttergart·Weimar, 2003, 472쪽 참조.

3 R. Elberfeld, "Heidegger und ostasiatische Denken", 469쪽.

: 차 례

1

세계화 시대에서의 동서 융화철학
-서구에서의 노자

1. 하이데거와 도가(道家)의 동서 융화철학

오늘날 현대인들은 "세계화 시대"라거나 "지구촌 시대"와 같은 용어를 쉽게 사용한다. 인터넷 문화의 보편화라거나 편리한 국제 간의 교통, 많은 스포츠 교류, 나아가 수많은 국제 거래와 무역 등등을 고려하면 "지구촌 시대"와 같은 용어는 쉽게 받아들여진다. 그러나 진정한 의미에서의 "세계화 시대"나 "지구촌 시대"를 위해서는 이러한 표면적으로 드러난 것보다는 좀 더 근원적인, 말하자면 타자의 문화와 사상, 예술, 학문, 역사 등에 대한 폭넓은 이해와 수용이 있어야 한다.

실로 국제정치와 경제·무역 등은 우호적인 교류보다는 우열 관계나 이익 관계를 바탕으로 거래를 하는 것이 다반사인 것이다. 이러한 것들로는 타자와의 진정한 교류가 요원한 것으로 보인다. 오랜 인류의 역사에서 동서양 사이에는 진정한 의미에서의 교류보다는 침략과 전쟁, 식민지 개척 등 야만적인 모습이 더 지배적이었다. 이를테면 알렉산드로스의 동방 원정, 징기스칸과 훈족의 서방원정 등의 침략 전쟁이 있었고, 18-19세기 이후로는 서방국가들의 무력에 의한 식민지 개척이 동양의 여러 나라들은 물론 아프리카대륙과 아메리카대륙에서도 문화 말살에 가까운 파괴로 이어져 서구 중심의 세계관이 지배적인 척도가 되었다.[1]

어쩌면 아직도 서구 중심주의가 깊이 뿌리박혀 동양인들의 의식 세계를 지배하는지도 모른다. 에드워드 사이드는 걸출한 저서인 『오리엔탈리즘』을 통해 서양인의 시각에서 동양을 바라보는 편협한 사고방식, 왜곡되고 전도된 관점을 "오리엔탈리즘"이란 용어로 총칭하고 있다.[2] 사이드에 의하면 "오리엔탈리즘"의 개념은 "서양이 동양을 지배하기 위한 수단으로 날조한 동양에 대한 사고 양식 내지 지배 양식이라는 뜻으로"[3] 체계화된 것이다. 이는 우선 "기독교적 전통을 지닌 서양이 이슬람 또는 다른 종교적 전통을 지닌 동양을 낮게 또는 나쁘게 보는 멸시와 차별의 태도를 말한다."[4][5]

---

1 서구인들은 콜럼버스를 위대한 정복자라고 하겠지만, 정복당한 자들의 시각에서 보면 야만의 극치라고 하지 않을 수 없는 것이다. C. 레비스트로스의 『슬픈 열대』라거나 D. 브라운의 『나를 운디드니에 묻어주오』를 비롯한 수많은 저작들은 식민지 개척 전쟁으로 인한 무자비한 상황들을 전하고 있다.

2 에드워드 사이드, 박홍규 옮김, 『오리엔탈리즘』, 교보문고, 2009, 특히 제1부 참조.

3 박홍규, 「오리엔탈리즘과 옥시덴탈리즘은 극복될 수 있을까」, 『가치 청바지 — 동·서양의 가치는 화해할 수 있을까』(김교빈·김시천 엮음), 웅진지식하우스, 2007, 27쪽.

4 위의 글, 24쪽.

5 "세계화의 시대"에도 여전히 종교 문제는 갈등의 씨가 된다. 그러기에 한스 큉(Hans Küng)은 그의 저서 *Projekt Weltethos* (Piper: München, 1990)의 서문에서 "종교의 평화 없이는 세계의 평화도 없다. 또한 종교 사이의 대화 없이는 종교의 평화도 있을 수 없다."고 지적하는데, 온당한 규명으로 보인다. 그는 종교 사이의 대화를 통해 세계평화를 모색하는 세계 윤리를 구상하고 있다.

지난 18-19세기에 서양의 제국주의가 식민지 개척을 위해 동양에 마수를 뻗칠 때 황당무계한 근거에 의해 동양을 비하하는 개념들을 만들어낸 것이—이를테면 서양은 문명, 동양은 야만이라는 비교—저 "오리엔탈리즘"이란 용어 속에 들어 있다. 서양인들이 아프리카를 정복할 때도 흑인들을 인간 이하로, 짐승처럼 여겼고, 미국으로 이주한 백인들이 인디언을 몰아내고 그 땅을 빼앗기 위해 그들을 인간 이하의 동물로, 인간답지 못한 열등한 존재로 여겼으며, 소설이나 영화 등을 만들어 대중들에게 고정관념을 심기 시작하였다. 남미를 무자비하게 정복했을 때의 스페인과 포르투갈도 마찬가지다.

새로운 이해의 장(場)을 구축하기 위해 리처드 니스벳은 그의 『생각의 지도』에서 지나간 동서양 역사의 암울한 모습을 우선 언급한다: "많은 동양인들은 지난 500년 동안 서양이 군사적·정치적·경제적 우위를 배경으로 지적인 독선과 오만에 빠져 있었다고 지적한다. 타당한 지적이다."[6] 그리고 서양의 독자들이 새롭고 겸손한 접근법으로 다가가길 주문하고 있다. 사무엘 헌팅턴 또한 "자신들의 문화적 가치가 보편적이라고 믿는 서양의 신념은 틀렸고 비도덕적이며 위험하기까지 하다"라고 지적한다.[7] 동서양 모두가 서로의 차이를 인정하고 상호 보완하는 방식으로 접근하면 더 훌륭한 "세계화 시대"를 구축할 수 있을 것이다.

현대는 지나간 역사에서 동서양 간의 몰지각하고 야만적인 교류야 없는 편이지만, 아직도 국익 위주의 국가주의와 자국 중심주의, 자국 경제 제일주의, 자기 문화 중심주의가 성행하는 편이다. 그런데 이러한 교류들이 학술적 영역에서는 더욱 저조한 편이다. 정치 · 외교를 담당

---

6 리처드 니스벳, 최인철 옮김, 『생각의 지도』, 김영사, 2010, 20쪽.
7 위의 책, 223쪽 참조.

하는 자들은 대체로 교양과 철학이 결핍된 데다 진정한 우호 교류보다는 자국의 이익을 위해서, 자기의 정치적 입지를 위해서 일하는 사람들이어서 좋은 의미의 "세계화 시대"라거나 "지구촌 시대"를 활성화시키기는 아직도 요원한 상태인 것으로 보인다.

만약 서구 중심의 문화 제국주의가 의식 속에 깔려 있다거나 사이드가 지적했듯 왜곡되고 전도된 "오리엔탈리즘"이란 관점을 가진다면, 또 위에서 언급된 니스벳과 헌팅턴에 의한 냉철한 반성이 없다거나 뮐러의 "문명의 공존"과 같은 프레임이 전제되지 않는다면, 동서양 사이의 대화는 퍽 어렵기만 할 것이다. 대등한 입장과 상호 존중의 원칙 아래에서 가다머(Hans-Georg Gadamer)의 "지평 융합"은 가능한 것이다. 만약 이와 달리, 하나의 지평을 우월한 위치에 놓는다거나 일방적인 기준으로 삼는다면, 그것은 대화가 아니라 일방적인 강요일 따름이다.[8]

---

8 심지어 철학계에도 가다머가 천명한 "지평 융합"이 이루어지지 않고, 서구 근대의 철학을 일방적인 기준 지평으로 삼아 여타의 철학적 입장과 지평을 평가절하하는 식의 상식에 어긋난 태도를 보인 예가 있다. 박찬국 교수가 그의 논문 「하이데거와 동양 사상의 대화가능성과 필연성」(『하이데거 연구』 제7집, 한국하이데거학회, 2002, 321쪽)에서 잘 지적하듯이 칼 포퍼(K. R. Popper)와 신칸트학파 및 신헤겔주의에서도 그릇된 사례가 역력히 드러난다. 박찬국 교수가 지적하듯이 "칼 포퍼와 같은 사람은 자신의 반증 이론에 입각하여 소크라테스 이전의 그리스 철학의 역사를 조야한 이론이 보다 정교한 이론에 의해서 반증되어가는 과정으로 보고 있다. (…) 결국 서양철학의 역사 전체는 보다 단순하고 조야한 이론이 보다 복잡하고 정교한 이론에 의해서 대체되어가는 발전의 역사가 될 것이다. 이 경우 우리는 소크라테스 이전의 그리스 철학에서 배울 수 있는 것은 아무것도 없게 될 것이며 노장사상이나 불교사상 역시 저열한 것으로 간주될 것이다. (…) 신칸트학파나 신헤겔주의에서 그러한 철학들은 철학이 칸트나 헤겔 철학으로 발전해나가는 전체적인 과정의 시초에 위치한 조야하고 열등한 철학의 형태로서 파악될 것이다"(박찬국, 앞의 곳). 안타깝게도 포퍼 식의 이런 왜곡되고 잘못된 주장은 결국 칸트나 헤겔의 철학이 절대적 기준과 지평이 되고, 다른 철학들은 이 절대적 기준의 철학에 의해 지양되어야 하는 결론에 이르기에, 퍽 비민주적이고 왜곡된 태도로 보인다. 그러나 주지하다시피 소크라테스 이전의 철학에 대한 하이데거의 시각은 포퍼와

동서양 양자 사이에 대화가 불가능할 뿐만 아니라 불필요한 경우는 또 있다. 박찬국 교수가 지적하듯이 "과학기술 문명으로 귀착되는 서양의 역사를 진보의 역사로 볼 때는 동양과 서양 사이의 대화는 불가능하고 불필요한 것이 된다. 이러한 역사 이해에서는 서양은 과학기술 문명을 탄생시킨 지역으로서 모든 지역이 따라야 할 모범으로 간주되었던 반면에 동양은 후진적인 지역으로 간주되는 것이다. 이렇게 하나의 문명이 다른 문명에 비해 후진적인 것으로 간주될 때 두 문명 간의 대화는 불가능하다."[9]

그러나 하이데거는 주지하다시피 위의 진보적 역사관과는 전적으로 다른 시각을 가졌었다. 그는 오히려 서구가 자랑하는 과학기술 문명의 발전을 형이상학이 극단화된 형태로, "존재망각"과 "고향상실"이 심화된 증상으로 보았다. 소위 진보의 역사로 보는 서구의 역사를 하이데거는 오히려 "존재망각이 심화되는 역사로" 보며, "오히려 진리에서 더 멀어져가는 역사로" 보는 것이다.[10] 그러기에 하이데거에게서는 근원적으로 동서양의 대화가 가능할 뿐만 아니라 필요하기까지 한다. 그것은 끊임없이 서구 과학기술 문명의 전체주의적인 지배와 "존재망각"에서 벗어나기를 갈구하고 반-형이상학의 길을 걸어간 하이데거에게 동양의 사상, 특히 도가의 철학은 하나의 형이상학에 빠지지 않은 대안적

는 정반대이다. 또한 하이데거의 사유는 신칸트학파나 신헤겔주의와 전적으로 다르고, 이들 학파들을 보는 시각도 포퍼와는 전적으로 다르다. 잘 알려져 있듯 하이데거에게 소크라테스 이전의 철학이란 그야말로 형이상학에 빠지지 않은 존재사유가 생생하게 살아 있는 것이며, 오히려 근대의 칸트와 헤겔의 철학이 인간의 생생한 삶에서 괴리된 관념론이며, 존재가 망각된 형이상학일 따름이다.

9 박찬국, 「하이데거와 동양 사상의 대화가능성과 필연성」, 『하이데거 연구』 제7집, 319쪽.

10 위의 곳 참조.

사유, 즉 "시원적 사유" 내지는 "다른 시원적 사유(das andere anfängliche Denken)"를 제공할 수 있기 때문이다.

물론 하이데거의 과학기술 문명에 대한 이러한 경고에—비록 일각에선 과학기술 문명에 대한 지나친 낙관론이 공격받는 경우도 있지만—과연 서구가 반성할지는 미지수이다. 여전히 과학기술 문명은 맹신되고 있으며, 국가와 개인의 부의 근원이 되기에 더욱 추구되고 있는 실정이다. 과학만이 진정한 의미에서 진리를 안겨준다는 신념은 오히려 과학 제일주의와 과학 전체주의를 공고히 하고 있을 따름이다.

"존재망각"과 "고향상실"에 대한 하이데거의 경고는 도가의 경고와도 유사한 성격을 갖는데, 이러한 경고는 인류의 미래를 위한 하나의 이정표로 여겨진다. 하이데거와 도가 사이엔 다각도로 대화가 가능할 뿐만 아니라 필요한 것으로 보인다. 더욱이 하이데거의 도가 철학에의 접근과 동양인들의 하이데거 철학에로의 접근은 "세계화 시대"에서의 동서 융화철학을 위한 새로운 전형을 보여주고 있다. 하이데거와 도가는 각자가 결코 동서양을 대변하는 것이 아니라 인류의 미래를 위한 이정표를 탁월하게 보여준다.

하이데거와 도가(道家)의 차이는 동서양의 차이뿐만 아니라 엄청난 시간적 차이도 있다. 철학이 "시대의 아들"(헤겔)이라는 것을 고려하면 그 차이는 더욱 벌어질 수도 있다. 그러나 철학은 동시에 "보편학(Universalwissenschaft: 후설)"이고 동시에 항구성(philosophia perrenis)을 추구하고 지향하기에 결코 차이만을 강조할 수는 없다. 보편성을 추구하는 곳에 "철학의 항구성"이 잘 드러나며, 소크라테스와 플라톤 및 아리스토텔레스의 철학뿐만 아니라, 그 이전의 철학, 이를테면 파르메니데스와 헤라클레이토스, 탈레스와 피타고라스의 철학, 나아가 인류 정신사가 시작된 지점에서의 철학도 오늘날 보편성을 갖춘 테마로 생생하게 살아 있는 것이다.

그런데 문제는 차이가 아니라 차별이다. 동서양은 서로 차이와 다름을 인정하고 서로 존중하는 것이 세계화 시대에 더욱 절실하게 요구되는 것이다. 최근에 리처드 니스벳은 그의 『생각의 지도』를 통해 동서양 문화의 차이를 면밀하게 드러내고 있는데, 이는 그러나 결코 동서양을 이분법으로 이끄는 것이 아니며, 차별이나 우열의 관계를 논하는 것도 더더욱 아니어서 오늘날의 세계화 시대에 온당한 이정표가 되는 것으로 보인다. 니스벳은 여기서 동서양의 사고방식이 우열의 관계가 아니라 상호 보완의 관계에 있음을 지적하고 있다.[11]

주지하다시피 과학자들은 인간과 침팬지 사이의 유전자가 심하게 차이가 나지 않는다고 한다. 하물며 인간과 인간 사이, 특히 동서양의 인간 사이에서는 그 차이가 무색해진다. 동양인과 서양인 사이의 차이가 얼마나 큰 것일지 다음과 같은 예화로서 짐작해보자: "다른 나라를 여행하던 중에 심장에 이상이 있다고 느낀 사람이 병원에 갔다. 의사는 당연히 청진기를 왼쪽 가슴에 대고서 진찰을 할 것이 뻔하다. 인간 중에 심장이 오른쪽에 있는 사람은 없을 것이기 때문이다. 이처럼 눈, 귀, 코, 입 등 신체의 갖가지 기관들은 동양인이든, 서양인이든 같은 곳에 같은 모양으로 있으며, 동일한 기능을 한다. 감정이나 사고도 마찬가지다. 사람은 누구나 생각하고, 즐거워하고, 슬퍼하고, 울기도 한다. 입가에 짓는 미소는 호의의 표현이고, 눈을 부릅뜬 얼굴은 화난 모습이다."[12]

동양이든 서양이든 추구하는 보편적 가치도 유사한 것이다. 여러 다양성과 다름 및 차이도 있지만, 여기에 못지않게 보편성과 보편적 가

---

11 리처드 니스벳, 최인철 옮김, 『생각의 지도』, 특히 서문과 서론 참조.

12 강신익, 「동·서양의 인간관은 화해할 수 있을까」, 『가치 청바지 — 동 · 서양의 가치는 화해할 수 있을까』(김교빈·김시천 엮음), 39쪽.

치를 추구하는 것도 사실이다. 양자가 모두 진리와 정의, 자유와 평화, 선(善)과 아름다움 등의 보편적 가치를 숭배하고 추구하는 것이다. 그러기에 우리는 동서양의 사이에서 융화적인 문화를, 하이데거와 도가 사이에서 보편성과 유사성을 탐색할 수 있는 것이다.

오늘날 도가와 하이데거의 사상은 인류의 생존과 운명과도 연관되어 더더욱 주목받게 되었다. 그것은 인류의 위기를 감지한 동서양의 지성인들로부터 자연스레 지적된 절실함이다. 어떤 학문적인 틀로서 이들의 사상적 윤곽을 다 그려내기는 어렵지만, 또 이들의 심오한 사유의 깊이를 파헤치기도 어렵지만, 그러나 그 가운데서도 인류의 과제로 보이는 본래성의 회복이나 "존재망각"(하이데거)과 대도폐(大道廢, 노장) 이전의 원초적 상태로의 귀환, 원초적 자연(自然)으로의 귀환과 같은 의미심장한 메시지를 발견할 수 있는 것이다.

도가와 하이데거는 인류 문명이 줄기차게 숭배해온 인위 조작적이고 작위(作爲)스러운 것, 비-본래적이고 인간 주체 중심적인 것, 과학기술 문명으로 쌓아 올린 화려한 건축물에 오히려 우려스런 시선을 던진다. 물론 이러한 우려는 결코 단순한 의혹이나 질투가 아니라 오늘날 과학기술 문명의 과부하 현상으로 인해 인류와 자연이 되레 위협을 받는 처지가 되었기 때문이다. 오늘날 기계문명과 물질문명으로 인류의 정신문화가 황폐화되고 인간의 거처인 자연이 파괴되어가고 있으며 인간의 존재 의미 상실과 '고향상실(Heimatlosigkeit)'은 주지의 사실이다. 계몽주의와 실증주의 및 과학기술 문명에는 유토피아보다는 오히려 인류 정신사적 존재 의미의 상실과 '존재망각' 및 '서구의 니힐리즘'이 깊이 연루되어 있다.

고향상실의 현상을 우리는 오늘날의 눈앞에 펼쳐지는 환경 현상에서 쉽게 발견한다. 단지 사람들이 그 참혹한 현상에 귀 기울이지 않고 방관하고 있다는 것이다. 이를테면 2019년 2월과 3월은 미세먼지와 초미세먼지로 온 나라가 야단법석이었는데, 주로 겨울에서 봄에 걸쳐 수시로 일어나는 참상이다. 온 나라가 봄을 빼앗겨버리고 하늘을 빼앗겨버린 나머지 잿빛 미세먼지를 뒤집어쓴 참혹한 현상에 대해 강학순 교수는 엄중하게 경고한다. 그에 의하면 이런 참혹한 현상은 우리가 자발적으로 선택하고 추구해온 결과라는 것, 우리가 무한대의 욕망을 자극하고 부추기는 고삐 풀린 서구식 산업화의 질주를 환호하고 무한 성장 이데올로기의 장밋빛 깃발을 앞세운 기술 제국주의의 신민이 된 데에 기인한다는 것이다. 더욱 경악스러운 것은 수많은 선각자와 지성인들의 경고를 우리가 아랑곳하지 않고 끊임없이 감각적 욕망과 인간중심적 쾌락의 유혹에 편승하고 있다는 것이다. 이 모든 인간의 탐욕의 대가가 곧 잿빛 하늘, 숨 막히는 공기, 오염된 물로 뒤덮인 저주받은 땅이라는 것이다.[13]

하이데거와 도가는 비본래적이고 인간 주체 중심적인 것에 경고하기를 주저하지 않는다. 오늘날 인간의 거처인 자연이 파괴되었으며 인간이 자신의 존재 의미를 상실해버린 데에다 진정 가야할 길을 잃어버린 데서 그 위기는 너무나 크다. 그래서 '인간성의 위기 시대', '인간성 상실의 시대'라는 말은 어제와 오늘의 얘기가 아니다. 인류의 미래를 염려하는 동서양의 지식인들은 이러한 위기를 잘 파악하고 있으며, 그 대안 찾기와 함께 하이데거와 도가의 사유에 귀를 기울인다.

안목의 세계를 절대화하는 실증주의와 과대한 물신숭배로 귀착하는 기계문명이 인류를 유토피아로 이끈다는 역사적인 약속이 일종의 사기극으로 되어버린 이때,[14] 그리고 이러한 유토피아의 망상이 인류 정신

---

13 강학순, 「빼앗긴 하늘에도 봄은 오는가」, 『아시아경제』 2019. 3. 19. 참조.

14 헤겔은 이를테면 역사 변증법이라는 방대한 체계를 세워, 인류의 역사가 유토피아로 귀착한다고 하지만, 이는 지나치게 무모한 이론의 틀일 따름이다. 세계의 역사가 어

사적 존재 의미의 상실이며 '존재망각'과 연루되어 소위 '서구의 니힐리즘'으로 결과를 초래한 이때, 이제 우리는 우리가 인간이기 위해서라도 이때껏 외면해온 하이데거와 도가의 사유에—그들은 그러나 기실 늘 경고해왔다—귀를 기울여야 할 것이다. 인류가 여전히 숭배하고 있는 실증주의와 과학기술 문명은 인류의 궁극적인 문제를 해결하기 보다는, 즉 인류의 미래를 밝히는 등불이라고 하기보다는 오히려 공허한 니힐리즘에로의 안내라는 것이 하이데거의 진단이다.

근대의 주객 이원론적 구도와 주체 중심주의에 기인한 인간은—현대에도 여전히 저 근대의 굴레에서 벗어나지 못했다고 여겨진다—자신의 주체 중심에 과다한 주도권을 부여하고 또 굵직한 사물과 안목의 세계에 너무 많은 중량을 싣다가 존재를 상실하고 대도(大道)를 잃어버렸다. 그리하여 길을 잃고서 깊은 "비본래성(Uneigentlichkeit)"의 늪에서 헤어나지 못하고 있는 실정이 우리 시대의 모습이다. 따라서 우리는 본래성을 회복하려고 처절한 싸움(해체)을 전개한 노자와 하이데거의 사유 세계를 통해, 특히 그들의 "시원적 사유"와 피시스-사유에서 본래성에로의 귀환을 터득해볼 수 있다.

찌 그의 이론틀에 맞춰나갈 것인가! 인류 역사에 등장한 여러 문명들은 반짝 빛났다가 쇠망의 길을 걸어간 것이다. "말 등에 탄 세계정신"이라고 칭송했던 나폴레옹도 정복자에 불과하고 그의 말로(末路)도 비참했던 것이다. 나폴레옹이 "세계정신(Weltgeist)"이라는 규명 자체가 몹시 우스꽝스러울 따름이다. 현대 문명의 끝에 유토피아가 도래할까? 인류 역사에서 수다하게 몰락해갔던 문명들을 보면 답은 뻔하다. 헤겔 철학에 들어있는 체계의 허점을 박찬국 교수도 잘 지적하고 있다: "사람들은 헤겔 철학의 체계와 이러한 체계가 세계의 근거로 내세우는 절대정신의 지배 안에 안주하는 것을 통해서 삶의 의미와 목표를 확신하면서 자신의 삶이 공고해지고 안전해졌다고 느낄지 모른다. 그러나 이러한 안주는 자신 내부에서 살아 움직이는 존재 자체를 억압하는 대가로 주어지는 기만적인 안전에 불과하다는 것이 하이데거의 생각이다."(박찬국, 「하이데거와 동양 사상의 대화가능성과 필연성」, 『하이데거 연구』 제7집, 315쪽).

하이데거의 사유의 길은 (노자의 길도 그렇겠지만) 형이상학과 세속 학문들, 기술과 기술문명 등 인간이 굵직한 물(物)의 세계에 처박혀 뒹굴다가 망가뜨리고 상실해버린 본래성을 직시하고서, 이런 세계와 싸우고 대결하여 거슬러 올라가 이런 세계가 빚어지기 이전의 근원으로 발길을 돌리는 것이다. 그가—마치 노자가 늘 도(道)를 설파한 것처럼—자신의 철학적 사유의 온 도정에서 늘 '존재'를 역설한 것도 그런 맥락일 것이라고 짐작해도 무리는 아닐 것이다.

우리는 여기서 저들의 사유의 길을 음미해보고 또 저들 사유의 유사성[15]을 찾아보려고 한다. 여기서 '유사성'이란 표현은 근원적으로 밑바탕에 깔려 있는 동서양 사이의 시간적 언어적 지역적 문화적 차이조차 무시하고 지나치게 일치를 강조하는 위험을 미리 차단하고, 동시에 이와 반대로 철학이 갖는 보편성과 "철학의 항구성(philosophia perennis)"도 업신여기지 말아야 하는 것이다.

이런 맥락에서 이승종 교수는 일치와 차이 사이의 지나친 강조를 피하기 위해 상동성(相同性)과 상사성(相似性)이라는 개념을 사용하기도 한다. 특히 동서양의 사상을 논의하고 비교·분석할 땐 이런 점을 고려해야 하는데, 이승종 교수에 의하면 "우리는 텍스트 간의 대화의 이념으로 기존의 일치나 차이 대신 상동(相同)과 상사(相似)를 대안으로 제시한다. 상동은 다름 속의 같음을, 상사는 같음 속의 다름을 의미하는 개념이다. 상동과 상사는 같음과 다름을 씨줄과 날줄로 해서 서로 엮어

---

15 '유사성'이란 표현은 물론 양자가 '동일하다'는 식의 극단적인 주장을 피하려는 의도도 들어 있다. 동일한 것이라고 주장하기는 사실 무리가 되는 부분이 많다(김형효, 「道家思想의 현대적 독법」, 『道家哲學』, 제2집, 12쪽 참고). 그래서 서로 공통적인 유형을 갖고 있다는 점을 찾아내고 또 그러한 점을 충분히 음미하는 데에 우리는 만족해야 할 것이다. 이러한 이유는 무엇보다도 노자와 하이데거의 사유 세계가 논리적인 엄밀성이나 명백한 학문적 증명을 선호하지 않기 때문이기도 하다.

내고 풀어낸다."[16]

그러한 상동과 상사의 예로서 이승종 교수는 "서양의 현전(現典)인 비트겐슈타인, 하이데거, 데리다, 들뢰즈의 사상과 동아시아의 고전(古典)인 유가, 불교, 도가가 서로 공감하고 교류할 수 있는 상당한 상동성이 있으며, 서로 논박하고 생산적인 비판을 교환할 수 있는 상사성이 있다는 점이다. 둘 사이의 상동성은 서로 더 배울 것이 없을 만큼의 완벽한 동일성이 아니고, 둘 사이의 상사성은 서로 대화가 불가능할 정도의 이질성도 아니다. 동아시아의 고전과 서양의 현전은 서로를 충분히 이해하면서도 차이를 확인하면서, 이를 바탕으로 서로에게 유익한 의견을 주고받을 수 있을 만큼 같고 다르다."[17]고 언급하면서 앞으로 날로 증가하는 동서 문명 간의 대화와 교류에 하나의 모범적 이정표를 제시한다.

그런데 우리가 찾는 도가와 하이데거 사이의 유사성이나 상동성은 그 어떤 외형적인 것이나 단순한 비교에 초점을 맞추기보다는 오히려 저들의 깊은 사유 세계를 숙고하는 데에 더 중요성을 두고자 한다. 그것은 무엇보다도 우리로 하여금 『하이데거와 도가(道家)의 철학』이라는 사유의 오솔길로 걷게 하는 것이 양자의 심오하고 근친적인 사유이지, 단순한 비교나 우열을 논하는 것이 아니기 때문이다. 우리는 어떤 철학자에 초점을 맞추고 논의하지 않을 것이며, 더더욱 "동서 융화철학"에 입각한 만큼 동서양의 대결 구도를 펼치지도 않을 것이다. 단지 저들의 '시원적 사유'를 찾고, 또 그럼으로써 그들 사유의 세계가 도(道)와 존재를 망각하고 상실해버린 세계와 차이를 드러냄을 지적하고자 한다.

---

16 이승종, 『동아시아 사유로부터』, 동녘, 2018, 12-13쪽.

17 위의 책, 13쪽.

동서양의 철학은 서로 다른 문화 권역에 바탕을 두고 있지만, 또 이러한 바탕 위에서의 소위 "동서 비교철학"은 비교와 차이에 역점을 두지만, 철학이 '보편학'이라는 측면에서, 또한 인류를 위한 철학이라는 면에서는 차이가 없다. 오늘날 세계화의 시대에 동양철학과 서양철학은 각기 폐쇄적인 체계 속에 가두어두어서는 안 된다. 철학은 보편학이고, 그것은 전 인류와 관련되기 때문에 서로 대화하고 교류해야 하며, 그야말로 보편성을 지향해야 하기 때문이다.

'동서 퓨전철학'에서 퓨전의 사전적 의미는 '융합', '용해'라는 뜻을 갖고 있는데, 서로 융합한다는 것은 결코 각자의 정체성을 지우고 섞어버리는 것이 결코 아니다. 오늘날의 소위 퓨전 음식도 각자의 정체성을 바탕으로 응용되거나 퓨전된 것이다. 철학은 보편학이고 또 보편을 추구하기에, '동서 퓨전철학'도 오늘날 "세계화의 시대"에 상당히 부합되는 분야로 여겨진다. 물론 보편을 추구한다고 해서 특수와 개별을 무시하는 것은 전혀 아니다. 특수와 개별을 제외하면 보편도 존립하기 어렵기 때문이다.

오늘날 "세계화의 시대"에 동서양의 철학을 세계철학의 지평 위에서 고찰하는 것은 시대에 부합될 뿐만 아니라 필요한 것으로도 보인다. "세계화의 시대"에는 문화 제국주의에 입각한 지배적이고 일방적인 이념이나 사상도 부적합할 뿐만 아니라 개별적이고 특수한 문화를 결코 도외시할 수 없는 것이다. 서로 대등한 위상을 갖고 열린 체계에서 자유롭게 소통하고 융화하는 것이 "세계화 시대"의 문화 교류에 상응하는 것이다. 세계화 시대의 장(場)을 일구고 개척하는 주체는 결코 서구만이 아니다. 모든 정당한 특수와 개별이 소외되지 않고 선한 의지를 갖고서 보편에 참여할 때 '세계화'의 의미는 더 풍요롭게 되는 것이다.

노자와 하이데거는 서로 시공간적 간격이 컸음에도 불구하고 동서 융화철학의 모범을 보였다고 할 수 있다. 물론 이는 하이데거가 도가 철학에 귀를 기울이고 다가간 데에서 기인한다. 특히 하이데거가 노자의 사유를 수용하고 재창조하는 과정에서 오늘날의 세계화 시대에 걸맞은 동서 융화의 모범을 보이고 있다. 최소한 "문명의 충돌"(S. 헌팅턴)이 아닌 "문명의 공존"(H. 뮐러)이 이들의 사유 세계에서 잘 드러나고 있는 것이다. 하이데거의 사유는 마치 "예정조화(pre-established harmony)"(G. 파크스)라도 된 듯 여러 측면에서 노자의 사유 세계와 유사성을 보인다. 혹자는 이를 '신비에 가득 찬' 상응이라고까지 표현하기도 하고, 심지어 어떤 이는 후자의 사유가 후자에게 하나의 "은폐된 출처(verborgene Quelle)"[18]라고까지 규명하는데, 실제로 이들 두 철인 사이에는 하나의 깊고 철저한 "근친성(Verwandtschaft)"(조가경)을 읽을 수 있는 부분이 많다.

많은 서구의 교양인들과 지식인들이 이제 옛날의 식민지 개척 시대와는 달리 동양의 학문과 종교에 눈을 뜨고 귀를 기울인다. 많은 서구의 유수한 대학에 동양학 세미나와 연구소가 들어서고 있다. "문명의 충돌"보다는 "문명의 공존"과 융화를 모색하는 것이 인류의 과제인 것이다. 서로 인종이 다르다고, 서로 문화가 다르다고 혹은 서로 종교와 언어가 다르다고 폐쇄적인 울타리를 둘러친다면, 그것은 세계화와 인류 보편성에 적합한 태도가 아니다.[19]

---

18 Reinhard May, *Ex oriente lux. Heideggers Werk unter ostasiatischem Einfluß*, Wiesbaden, 1989, 11쪽. 마이는 여기서 하이데거가 그의 중심적이 되는 사유를 정확히 밝히지도 않은 채 노자에게서 가져왔다고 본다. 참고로 G. Parkes는 마이의 이 책을 영어로 번역하면서 그 제목을 *Heidegger's hidden sources*라고 하였다.

19 그러나 안타깝게도 통속적으로는 인종차별주의가 성행하고 있으며, 문명국과 "미개국" 사이에, 선진국과 후진국 사이에 차별이 존재하고 있으며, "문화 제국주의"나 "백인 중심주의"가 시사하듯 갖가지 차별주의가 엄존하고 있다. 심지어 쇼비니즘적 국

이런 맥락에서 후설(E. Husserl)에게서 잘 표명된 '상호 주관성'과 '상호문화성'이 기본적으로 잘 전제되고 또 잘 보장되어야 한다. 후설은 '상호문화성'을 '상호 주관성'의 연장선에서 파악하고 있다. 발덴펠스(B. Waldenfels)는 이런 후설의 현상학을 확장시켜 '상호문화성'을 '제일철학의 테마'로 승화시켰다.[20]

누누이 강조하지만 '동서 퓨전철학'은 서로 대등한 주체성을 갖고서 조화로운 장(場)을 열어가는 것이다. '동서 퓨전철학'은 하이데거의 동양 사상에 대한 태도, 특히 도가 철학에의 접근에서 그 좋은 본보기를 엿보게 한다. 하이데거는 노자의 철학을 결코 제3자의 입장에서 혹은 동서양을 비교하는 태도로 일관하지 않고, 열린 자세에서 성실하고 진지하게 접근하여 서구적 형이상학과 '존재망각'에 빠지지 않은 "다른 시원적 사유(das andere anfängliche Denken)"를 긍정적으로 받아들인 것이다. 또 이와 역으로 그의 사유는—엘버펠트의 지적대로—동양의 세계에도 많이 수용되어 동서 문화 교류의 계기를 마련하기도 하였다.

잘 알려졌듯 하이데거는 중국인(Paul Shih-Yi Hsiao)과 함께 노자의 『도덕경』을 번역해보기도 했고,[21] 일본인과 『언어로의 도상에서』(*Un-*

가우월주의 및 국가차별주의도 성행하는 편이다. 그러나 이런 저질의 정치 문화적인 성향보다 더 긴요하고 근원적인 것은 인간의 보편성이다. 칸트에게서의 "인간의 존엄성"은 좋은 시사점을 제공하는데, 이를 확대하여 세계화 시대에 동서 교류에도 적용하면 바람직한 것으로 보인다. 또 스토아철학자 M. 아우렐리우스도 "세계동포주의(Kosmopolitanismus)"를 제창하여 좋은 이정표를 제공하였다.

20 B. Waldenfels, "Erfahrung des Fremden in Husserls Phänomenologie", in *Phänomenologische Forschungen* 22, 46쪽 참조. Byeong-Yeol Yun, "Interkulturalität und Anti-Interkulturalität: eine phänomenologische Betrachtung über die Möglichkeit der Interkulturalität"(「상호문화성과 반-상호문화성—상호문화성의 가능성에 관한 현상학적 고찰」) 참조, *Orbis Phaenomenologicus* 25집(Grenzgänge), Könighausen & Neumann, 2011.

21 G. Neske(Hg.), *Erinnerung an Martin Heidegger*, 121쪽, 125쪽 참조; Hugo *terwegs zur Sprache*)에서 대담을 나눈 적도 있으며, 한국인 조가경 교수와의 만남을 비롯해 태국인 승려와의 대담도 있다. 퍽 많은 동양의 학도들이 그의 강좌에 앉아 있었던 것도 잘 알려져 있다. 이러한 여러 정황을 고려할 때 하이데거는 도가 사상에 많은 관심을 가졌고, 그들에게서 생산적인 사유를 발견했다. 그뿐만 아니라 자신의 저작을 통해서도 도가 사상에 많은 관심을 보이며 긍정적으로 논의하고 있다.[22]

하이데거는 동양(인들)과의 폭넓은 만남과 대화를 통하여 무엇보다도 동양적 사유에서는—특히 도가의 사유 세계에 현저하듯이—서구의 강단 철학과 관념론에 등장하는 '표상하는 사유(das vorstellende Denken)'와 형이상학적인 사유로부터 자유로우며 선-논리적인 직관적 통찰과 선-존재론적인 체험(pre-ontological experience)이 있음을 간파했다.[23]

이토록 하이데거가 적극적으로 동아시아의 철학에 관심을 갖고 대화의 파트너로서 가까이 다가온 것에—비록 그의 사유가 구체적인 내용에서 동아시아적 사유와 많은 차이를 보인다고 해도—큰 의미가 있으며, 이는 오늘날 세계화 시대에 동서 문화 교류의 차원에서도 좋은 전형으로 보인다. 왜냐하면 유럽의 동양 세계에 대한 식민 통치라든가 소위 '서세동점(西勢東漸)'과 같은 것들은 고통스런 세계사여서, 서로 간의 평화로운 교류와 융화에 걸림돌이 되지 않을 수 없기 때문이다.

Ott, *Martin Heidegger*, 326쪽 참조.

22 마이가 지적하듯이 하이데거의 사유—특히 그의 후기 사유에 역력하게 드러나지만—는 동양 사상에 의해, 특히 노장사상에 의해 많은 영향을 받은 것이다: Reinhard May, *Ex oriente lux. Heideggers Werk unter ostasiatischem Einfluß*, 11-19쪽 참조.

23 O. Pögeller, *Neue Wege mit Heidegger*, Alber: Freiburg/München, 1992, 390쪽 참조.

2. 동서 문화 교류를 위한 후설 현상학의 기여

동서양의 사상 교류는 서로 대등한 위상을 갖고서 또 각자의 정체성을 망각하지 않은 채 보편학이라는 철학의 공통분모에 참여하는 것이 온당한 것으로 보인다. 이때까지 한국에선 대체로 서구 철학에 대한 일방적인 수용에 머문 셈이고 상호 교류적 의미는 퍽 미미한 편이다.[24] 물론 철학은 보편적이라서 그 자체로 지역성을 초월하는 특성을 갖지만, "문화적 차이"라거나 "상호문화성(Interkulturalität)"을 고려할 때는 그 상호 교류적 의미는 큰 것이다.

레비나스의 "타자의 철학"은 주체성에 찌든 유럽적 사유에 하나의 경고장이기도 하고 또 대안이기도 한 것으로 보인다. 그러나 "타자의 철학"은 지나치게 종교적 경지에까지 승화되어 세계화 시대에서의 문화 교류엔 다소 부담이 될 것으로 보인다. 과연 나는 "타자의 인질"의 처지를 감수해야 하는가. 동서 간의 교류에는, 국제사회에서의 교류와 문화 사이의 교류에는 아무도 인질의 처지가 되어서는 안 된다. 물론 서로가 인질의 처지를 감수하면서 타자를 상전으로 받아들인다면, 그 또한 훌륭한 교류가 될 수도 있겠지만, 세계사에서 그런 적은 거의 없

---

24 우리의 학계는 아직 동양철학이나 한국철학을 세계철학의 지평에서 연구하는 데 미흡한 편이라고 여겨진다. 서양철학을 연구한 전문가들은 여전히 "수입상" 노릇을 계속하고 있는 편이며, 동양철학 또한 아직 훈고학의 차원에서 많이 벗어나지 못한 형편이다. 어느 학자의 다음과 같은 지적은 우리의 이와 같은 학문하는 태도를 반성케 한다: "오늘날 한국철학계는 크게 두 가지 흐름으로 점철되어 있다. 하나는 서양철학을 수용하는 흐름이고 다른 하나는 동양철학을 전수받는 흐름이다. 그러나 80년대부터 학계에서 떠도는 자조적 목소리는 서양철학의 수용이 말이 좋아 수용이지 실제로는 끊임없이 계속되는 단발성 서양 학문의 수입 판매에 불과하며 동양철학은 그저 가라사대 철학을 벗어나지 못하여 옛것을 반복해서 뇌까리는 정도에 머무르고 있다는 것이다."(한면희, 『환경윤리』, 머리말, 철학과현실사, 2006).

는 것으로 보인다.

이에 비해 후설의 현상학은 상호주관성을 바탕으로 대등한 견지에서 상호 교류에 기여할 수 있을 것으로 여겨진다.[25] 후설의 현상학은 상호주관성과 상호문화성에 천착하는데, 우리 모두에게 현존하는 주변 세계로서 하나의 공동체적이고 객관적인 시공간적 현실 세계를 정립할 수 있다고 한다.[26] 상호주관성에 의해 정립된 후설의 "모나드공동체(Monadengemeinschaft)"는 바로 이러한 세계를 보여준다.

후설의 "상호주관성의 현상학"은 다른 자아(alter ego)로서의 타자의 존재를 구체적으로 드러내고 또 타자의 위상을 부각시킨다. 타자는 다름 아닌 나와 동격의 다른 자아인 것이다. 선험적 자아는 세계를 다른 자아들과 함께 경험한다. 나는 세계를 나의 어떤 개인적인 종합적 형성물(synthetisches Gebilde)로서가 아니라, 나와 다른 자아들, 즉 우리 모두가 접할 수 있는 '상호주관적'인 세계로서 경험한다. 세계의 존재 의미는 나를 위해서만이 아니라 다른 자아를 위해서도, 나아가서는 '모든-사람에 대하여-거기에-존재함(das Für-jedermann-daseiende)'이다.[27] 인간은 생활 세계 안에서 혼자 존재하지 않으며 다른 자아들과 함께 생활 세계를 공유한다. 생활 세계는 공동체를 이루는 사회이고 문화 세계이다.

후설은 상호주관적인 "원초적 영역"에서 선험적 자아는 다른 선험적 주관들의 영향을 받을 뿐만 아니라, 그들에게 영향을 받으면서 그러한

---

25 후설의 현상학에 대한 광범위한 안내와 현상학 개론에 대한 국내의 서적으로는 김영필, 『현상학의 이해』(UUP, 1998), 이종훈, 『후설현상학으로 돌아가기』(한길사, 2017), 한전숙, 『현상학』(민음사, 1996), W. 마르크스 · 이길우 옮김, 『현상학』(서광사, 1989) 등을 참조.

26 E. Husserl, *Ideen I*, §53 참조; *Cartesianische Meditationen*, 87쪽 참조.

27 E. Husserl, *Cartesianische Meditationen*, 94쪽 이하 참조.

영역이 형성됨을 지적한다.[28] 이러한 "원초적 영역"은 하나의 객관적인 세계로서 나 자신도 그 안에 포함될 뿐만 아니라 누구에게나 동일한 하나의 세계인 모나드공동체이다. 그러기에 이 모나드공동체는 "선험적 우리(transzendentales Wir)"[29]가 상호주관적으로 정립한 공동체적이고 객관적인 세계이다. 후설에 의하면 이러한 객관 세계의 구성에는—라이프니츠에게서의 예정조화처럼—"본질적으로 모나드들의 조화(Harmonie)가 포함되어 있다."[30]

상호주관적으로 정립되었음에도 불구하고 모든 주체들에게 공동의 지반인 객관적 세계가 가능한 것은 모나드들의 '예정조화'에 의해서 무수히 많은 모나드가 서로 공동체화될 수 있는 데 기인한다. 순수 자연으로부터 문화적인 생활 세계에 이르기까지 그 토대가 부여되는 구조는 열려 있는 모나드의 공동체에 의해서이다. 이 열려 있는 모나드공동체들의 하나하나에 속하는 모나드의 상관자는 선험적으로 정립된 상호주관적이고 객관적인 세계이다. 이를테면 나의 신체적 지각 활동이 오직 나의 고유 영역에 있음에도 불구하고, 또 타자의 지각 활동이 오직 그의 고유한 영역에 있음에도 불구하고 타자는 내가 경험하는 것과 동일한 세계로 파악하는 세계를 갖는다. 이러한 세계는 곧 모든 모나드들에게 동일한 세계이기 때문에 객관적 세계인 것이다.[31]

---

28 E. Husserl, *Cartesianische Meditationen*, §49 참조.

29 위의 책, 110쪽; E. Husserl, *Ideen I*, Nachwort, 153쪽 참조; Werner Marx, *Die Phänomenologie Edmund Husserls*, 89쪽 참조. 이 "선험적 우리"와 유사한 개념으로서 후설은 "우리-공동체(Wir-Gemeinschaft)"(앞의 *Ideen I*의 Nachwort, 153쪽), "선험적 상호주관성(transzendentale Intersubjektität)"(앞의 곳), "우리-종합(Wir-Synthesis)"(*Krisis*, 175쪽), "우리-모두(Wir Alle)"(*Krisis*, 106쪽), "다수의 자아들을 지닌 우리(Wir mit den vielen 'Ichen')"(앞의 곳)와 같은 용어를 쓰고 있다.

30 E. Husserl, *Cartesianische Meditationen*, 138쪽.

31 위의 책, §62~§64 참조. W. Marx, *Die Phänomenologie Edmund Husserls*, 93

그런데 이와 같은 "선험적 우리"에 의해 상호주관적으로 정립된 "모나드공동체"의 출발은 원초적 자아인 모나드에서 시작하여 '다른 자아'인 타자 이해, 나아가 다수의 타자로 이루어진 공동체의 의미 구성, 종국적으로 누구나 그 안에 포함되고 누구에게나 동일한 하나의 객관적인 세계 정립의 과정이다. "선험적 자아"이면서 "완전히 구체화된 자아"인 모나드는 후설에게서 '다른 자아'인 타자들에게도 그대로 적용된다. 모나드는 본질적으로 각기 그 자체 안에 서로 '다른 자아'인 타자의 의미를 지닌다.

나와 같은 인격체로서의 타자는 후설에게서 '나와 같은 주체(Ichsubjekt)'로 받아들여진다. 그는 『이념들 I』(*Ideen I*)의 제29장에서 "'다른' 나와 같은 주체와 상호주관적인 자연스러운 주변 세계"라는 제목으로 타자를 다음과 같이 설명한다: "나 자신에게 타당한 모든 것은 내가 아는 바와 같이, 나의 주변 세계 내에 현존하는 다른 모든 사람들에게도 타당하다. 그들을 사람으로 경험하면서 나는 그들을 '나와 같은 주체들(Ichsubjekte)'로 이해하고 받아들인다. 나 자신도 그들에게 이러한 주체들 중에 하나이며 그들의 자연스러운 주변 세계에 관계되어 있는 '나와 같은 주체들' 중의 하나로 받아들여질 것으로 이해한다."[32]

후설에게서의 타자는 결코 나와 무관한 어떤 종(genos)이나 단순한 자연물 내지는 사물이 아니라 '다른 자아(alter ego)'로서 자아와 똑같은 특권을 가진 주체로, 나와 함께 주변 세계 안에 있는 신체들로 받아들여진다. 타자가 나와 같은 주체로 받아들여지고 상호주관적 '상호 이해'가 가능하게 되기 위해 후설은 '간접현전(Appräsentation)'과 '자기

쪽 참조.

32 E. Husserl, *Ideen I*, 60쪽. 또한 W. Marx: *Die Phänomenologie Edmund Husserls*, 83쪽 참조.

이입(自己移入: Einfühlung)' 및 '유비하는 통각(analogisierende Apperzeption)'과 같은 개념들로써 설명한다.[33] 이를테면 우리는 실제로 나의 신체와 비슷한 다른 사람을 지각하고서(다른 자아에 대한 근원적 현전: Urpräsenz) 우선 나와 같은 신체를 가진 타자를 '자기이입'[34]에 의해 유추한다.

이러한 유추 과정은 "유비하는 통각"[35]에 의해 이루어진다. 이때 유비란 결코 단순한 추론이 아니고 타자의 신체가 나의 신체와 하나의 짝을 이루는 것으로 파악되는 것이고, 또 이 "짝을 이룸(Paarung)"[36] 혹은 "연합적 짝짓기(assoziative Paarung)"[37]에 의해서 우선은 육체(Körper)로 현전하고 만나진 다른 사람이 곧 타자의 신체(Leib)이고, 이는 또다시 나와 같은 신체를 가진 '다른 자아'라는 "통각적 의미전이(apperzeptive Sinnesübertragung, Sinnesüberschiebung)" 현상이 이루어짐을 말한다.[38]

이토록 상호주관적으로 정립된 공동체적 세계는 주체들 상호 관계와 상호 이해며 상호 교류에 의해서이므로 이 세계는 "의사소통의 주변 세

---

33 E. Husserl, *Cartesianische Meditationen*, §50, 138-144쪽 참조; *Ideen I*, §1 참조.

34 '자기이입'으로 번역된 Einfühlung은 주로 심리학적인 용어로 사용되며, 심리학적으로는 대체로 '감정이입'으로 번역된다. 그러나 후설에게서 이 용어는 '감정이입'과는 무관하며, "감정적 태도(emotionale Einstellung)"로 오해되어서는 안 된다(Peter Prechtl, *Husserl*, Junius: Hamburg, 1991, 87쪽 참조). 한전숙 교수도 적절하게 지적하듯 후설에게서 이 용어는 저런 심리적인 의미를 넘어, 이를테면 타자의 "표정을 보고 거기에 상응하는 나 자신의 정감을 옮기는 데 그치지 않고", 저 타자에게 내가 느끼는 "주체성을 옮기는 데까지 확대하여 사용하므로" '자기이입'으로 번역하는 것이 바람직하다고 보여진다(한전숙, 『현상학』, 284쪽 참조).

35 E. Husserl, *Cartesianische Meditationen*, 115쪽, 121쪽 참조.

36 위의 책, §51 참조.

37 위의 책, 115쪽 이하, 121-122쪽, 126쪽, 133쪽 참조.

38 위의 책, 116쪽 참조.

계"라고 칭해진다.[39][40] 이 의사소통의 주변 세계에 참여하는 인격체들은 바로 이 참여하고 교류하는 행위로 인하여 결코 어떤 객체나 대상이 아니라 '동료들(Genossen)'[41]인 것이다. 말할 것도 없이 이 동료들은 서로 사회적 관계를 형성하고 있다. 후설에 의하면 사회성이란 공동의 의사소통적 주변 세계에 관계된 상호 이해와 상호 교류로부터 정립된다는 것이다.[42] 공동의 주변 세계에 부단하게 관계되어 있는 이 의사소통(Kommunikation)에서 점점 더 높은 단계의 인격적 공동체들이 구성될 수 있으며, 나아가 이 구성이 더욱 진전됨으로써 잠재적 의사소통의 관계에 있는 주체들의 총체가 구축되어, 그리하여 상호주관성과 그

---

39 E. Husserl: *Erste Philosophie*, II. Teil, 121쪽 참조; *Ideen I*, 117쪽 참조; *Cartesianische Meditationen*, §58 참조; W. Marx, *Die Phänomenologie Edmund Husserls*, 85쪽 참조.

40 후설 현상학에 유아론적 주관주의라는 혐의를 씌우는 비판은 온당하지 않다. 이를테면 Alfred Schütz(*Das Problem der transzendentalen Intersubjektität bei Husserl*, in: ders., *Studien zur phänomenologischen Philosophie*, Gesamelte Aufsätze Bd. III, Den Haag, 1971, 86-118쪽 참조)와 Michael Theunissen(*Der Andere*, Walter de Gruyter: Berlin, 1965, 15-155쪽 참조) 및 앞에서 자주 언급했던 E. 레비나스와 사회철학자 하버마스 등의 비판이다. 후설은—우리가 누누이 강조해왔듯이—끊임없이 인간 "서로 간의 교류(im Verkehr miteinander)"(E. Husserl, *Krisis*, 20쪽)를 생활 세계적 근간으로 하며 이러한 교류를 바탕으로 상호주관성과 상호문화성 및 공동체의 형성을 일구어나간다. 그는 인간을 결코 고립적이고 유아론적인 존재로 보지 않고, 가족과 부락, 국가 등의 공동체를 이루며 살아야 하는 존재로 규명하고 있다(*Krisis*, Hua. VI, 2. Auflage, 327쪽 참조). 하이데거의 경우도 타자의 윤리에 대한 결핍을 지적하는 혹자(이를테면 레비나스)가 있지만, 그러나 하이데거는 '더불어 있음(Mitsein)'이나 '공동-현존재(Mit-dasein)'와 같은 용어들을 통해 타자들이 실존의 체득에도 깊이 연루될 뿐만 아니라 현존재가 타자의 세계를 벗어날 수 없음을 천명하고 있다. 하이데거의 사유는 결코 현실도피를 추구하지 않는다.

41 E. Husserl, *Cartesianische Meditationen*, 138쪽 참조; W. Marx, *Die Phänomenologie Edmund Husserls*, 85쪽 참조.

42 E. Husserl, *Cartesianische Meditationen*, 135쪽, 140쪽 참조; *Krisis*, 175쪽 참조.

상관자인 "정신들의 세계(Geisterwelt)"[43]가 건립된다.

후설 현상학에서 선험적 주관성은 선험적 '상호주관성'에로, 이는 다시 상호주관적인 선험적 사회성으로 확장되어, 급기야는 '상호문화성'의 지평을 열었다. 따라서 우리는 '상호문화성'의 논의를 '상호주관성'에 대한 논의의 연장선에서 파악할 수 있다. '상호주관성'이나 '상호문화성'이란 개념은 두말할 것도 없이 철저한 상호성과 주관성 및 개별성의 바탕 위에서 성립 가능한 것이다.

물론 후설의 '생활 세계'가 보편성으로도 구성된 것처럼 문화적인 보편성도[44] 우리는 찾을 수 있다. 즉, 여러 다양한 문화들은 서로 상대적이고 이질적인 것임에도 불구하고 서로 '보편적인 구조'[45]를 갖고 있는데, 이를테면 "비록 서로 다르게 파악되더라도 공간 형태, 운동, 감각적인 성질과 같은 것들처럼 공통된 생활 세계적 대상들은 그들에게나 우리에게나 동일화될 수 있게 한다."[46]

문화들의 보편성을 드러내는 것은 각 문화들의 공속성과 공통분모 내지는 공감성을 드러내는 것이지, 어떤 하나의 또는 몇몇의 문화가 척도로 둔갑하여 보편화로 선언하고 절대화하는 것이 아니다. 또한 '세계지평' 내지는 '보편 지평'만이 전체인 반면에, 여기에 속한 여러 개별적인 지평들은 개별적인 지평일 따름이지 전체일 수는 없는 것이다.[47] 남

---

43 W. Marx, *Die Phänomenologie Edmund Husserls*, 85쪽 참조; E. Husserl, *Cartesianische Meditationen*, §58 참조.

44 E. Husserl, *Krisis*, §36 참조. 후설의 『위기』(*Krisis*)에 대한 국내 번역본은 이종훈, 『유럽학문의 위기와 선험적 현상학』(이론과 실천, 1993) 참조.

45 E. Husserl, *Krisis*, 142쪽 참조.

46 위의 곳 참조.

47 발덴펠스 교수도 한국현상학회 창립 20주년 기념 국제학술회의에서 발표한 논문을 통해 어떤 하나의 개별적 문화도 전체로서 다른 문화와 비교될 수 없다는 것을 강조했다. 이는 후설도 누누이 강조하듯이, 전체는 오로지 개방된 지평으로만 가능하기 때문

의 문화를 잠식하고 절대화를 선언하는 그런 문화 독점주의나 문화 전제주의, 문화 제국주의는 근원적으로 불가능함을 우리는 알 수 있다.

'상호문화성이란' 오르트(E.W. Orth)도 밝히듯이 "통상 사회적-공간적으로 제한된 서로 다른 문화들 (또는 문화권들) 상호 간의 개방성과 또 그로 인한 공동 작업의 가능성을 의미한다."[48] 그런데 이러한 상호문화성과 그에 관한 공동 작업이 가능하기 위해선 우선 첫째로 다른 문화들의 고유성(Eigenständigkeit)과 이방성(Fremdheit)이 근원적으로 그리고 철저하게 인정되어야 한다. 다른 문화들의 고유성을 전제로 하여 상호문화성은 그 존재 의미를 부여받는다. 또한 타자는 후설에게서 '다른 나'이고, 나는 이 타자에게 타자가 되며, 타자들은 의미 있는 세계의 구축에 참여하는 "세계구성의 동역자(Mitträger der Weltkonstitution)"[49]이다.

오르트는 「지향성 이론의 범위 내에서 문화 개념의 다양한 해석과 그 가능한 규명」[50]이라는 제목으로 발표한 논문에서 문화 개념의 다의성과 상호문화성의 차원에서 이방 문화에 열려 있고 배워야 한다는 논의를 펼쳤는데, 이는 후설 현상학에 입각해서 원만한 의사소통을 위한 토대를 마련하는 것일 뿐만 아니라, 나아가 오늘날 '문화 전쟁' 내지는 "문명의 충돌"(S. 헌팅턴) 시대에 시사하는 바가 큰 것으로 보인다.

이다. 하나의 문화적 척도가 전체로 선언되는 데서, 보편적인 것의 관점이 하나의 보편적인 관점으로 격상되는 곳에 월권이 시작되는 것이다. B. Waldenfels, "Phänomenologie und Interkulturalität", 『현상학과 상호문화성』(한국현상학회 창립 20주년 기념 국제학술회의, 1998년 10월 10일, 연세대학교), 7쪽 참조.

48 E.W. Orth, "Die Vieldeutigkeit des Kulturbegriffs und seine mögliche Bestimmung im Rahmen der Intentionalitätstheorie", 『현상학과 상호문화성』, 40쪽.

49 Hua.XV, 551쪽.

50 E.W. Orth, "Die Vieldeutigkeit des Kulturbegriffs und seine mögliche Bestimmung im Rahmen der Intentionalitätstheorie", 『현상학과 상호문화성』.

낯선 이방 문화나 이방인과의 만남엔 우선 생생하고 다양한 체험과 느낌을—사람에 따라—갖게 될 것이다: 섬뜩한, 매혹적인, 낯선, 혐오스러운, 어리둥절한, 기묘한, 무서운, 곤혹스런, 공포스런, 기타 등등. 그러나 현상학적으로 특별히 의미 있는 것은 우리가 이때 의식의 자극으로 말미암아 예사롭고 일상적이며 관습에 젖은 태도로부터 의미변화를 가져올 수 있는 것이다. 그러면 나의 의식 세계에 갇힌 상태에서 벗어나 (순간적일 수도 있지만) 초월적인 경험을 하게 되는 것이다. 또한 이때의 의식은 타자와의 대면으로부터 발생한 것이므로 생생하게 살아 있는(leibhaftig) '원본적 의식(Originalbewusstsein)'에 의해 얻어진 이방체험(Fremderfahrung)인 것이다.

상호문화성과 그에 관한 공동 작업을 위해선 둘째로, 서로 다른 문화들(토속 문화와 이방 문화들)이 추구하고 수렴하는 이상을 향한 공동적인 작업이 구체적으로 요구된다.[51] 상호문화성을 위해선 구체적으로 그리고 "점차적으로 더 넓은 이해가능성(Verständigungsmöglichkeiten)을 마련해야 하는 것이다."[52]

나에게뿐만 아니라 모든 이에게 세계가 주어져 있는 것처럼 문화 세계 또한 나에게뿐만 아니라 모든 이에게 접해질 수 있는(zugänglich) 것이다.[53] 문화 세계는 따라서 하나의 보편 지평의 형태를 갖기에 상호문화성을 위해선 하나의 이상적인 모델로서 또한 과제로서 주어져 있다. 이러한 바탕 위에서 토속 문화뿐만 아니라 이방 문화가 자연스레 존립하게 되는 것이다. 보편 지평으로서의 문화 세계라는 개념은 (그러

---

51 E. W. Orth, "Die Vieldeutigkeit des Kulturbegriffs und seine mögliche Bestimmung im Rahmen der Intentionalitätstheorie", 『현상학과 상호문화성』, 40쪽 참조.

52 E. Husserl, *Cartesianische Meditationen*, 136쪽.

53 위의 책, 135쪽 참조.

기에 개별적 문화 세계에는 결코 다 주어지지 않는!) 이미 저러한 여러 문화 세계들을 포괄하고 있다.

나와 타자가 상호주관성을 이루듯이, 토속 문화와 이방 문화는 상호 문화성을 실현할 수 있는 것이다. 상호문화성을 위해선 '이방경험'이 필요하고, 또 이 이방경험을 위해선 이방의 문화를 가진 타자 및 인류와 그 문화들 속으로의 '자기이입(自己移入: Einfühlung)'이 있어야 한다.[54] 상호문화성이 실현되는 곳에는 서로 다른 문화를 간직한 사람들 사이에 문화의 '뒤얽힘(Verflechtung)'이 일어난다. 이때 서로 다른 문화들 사이에 '완전한 일치(vollständige Koinzidenz)'나 '전적인 괴리(völlige Disparatheit)'는 거의 불가능한 것으로 보이고, 또 어떤 한 쪽이 다른 쪽을 잠식하거나(übergreifen) 침략 내지는 소멸하는 극단적인 경우를 제외하면 상호문화의 교류가 이루어지는 것이라고 볼 수 있다.

특히 오늘날의 '국제화 시대'에는 여러 형태의 문화 교류가 이루어지고 또 이방 문화에 열려 있는 계층이 늘어나기도 하고, 이국적인 것(Exotisches)에 매력을 느끼는 사람도 많이 있다. 미국의 흑인음악이 서구와 기타 다른 대륙의 사람들에게 심금을 울리고, 아프리카의 조각품이나 토산품이 다른 문화에 속한 사람들에게 감동을 주며, 동양의 불교가 서양에서 선풍적 인기를 얻고, 학술 교류나 스포츠 교류며 관광을 통한 이방 문화에 대한 이해 넓히기, 이방적 음식 문화를 통해 이방에 대한 애호심 갖기, …. 이러한 모든 것은 상호문화성을 실현하고 확대해 나가는 데에 분명히 어느 정도로 기여한다. 그러나 우리가 한 지구 위에 살면서 이러한 상호문화성에 입각해 '세계동포주의'(스토아)를 일구어낼 수 있을지는 의심스럽다. 무엇보다 그 역량이 극히 미미하기 때문이

---

54 위의 책, 138쪽 참조.

다. 또 이와 반면에 반-상호문화적인 세력도 구석구석 요소요소에 박혀 있어, 이것이 인류를 위태롭게 하고 도탄에 빠뜨린 것을 세계사는 분명히 보여주고 있다.

따라서 반-상호문화성의 위협에 대해, 상호문화성의 적들에 대해, 철저한 대책과 교육이 모든 영역에서 이루어져야 하는 것이다. 여기엔 이국적인 것(Exotisches)과 이방에 대해 긍정하는 태도(토속적인 것도 결국 이방의 눈에는 이방적인 것으로 나타나므로!), 이방의 문화와 존재 방식에 대해 긍정하는 태도, 어떠한 토속적인 문화도 보편적인 문화세계(이념적인!)에 대해 개별적인 문화일 따름이라는 것 등이 근원적으로 교육되어야 하는 것이다. 어떠한 개별자나 국가 및 문화권도 보편자가 될 수는 없다. 이는 그저 이들이 오로지 보편자의 적나라한 부분이기 때문이다.

2

하이데거와 도가(道家) 철학의 근친성

1. 하이데거와 노자의 사유 세계

하이데거는 자신의 사상길의 후기에서 도가(道家)에 관심을 갖고 이를 열린 자세로 받아들였으며, 특히 당대의 뛰어난 중국학자이자 노자의 『도덕경』을 독일어로 번역하고 해석한 빌헬름(R. Wilhelm)의 책들을[1] 비롯해 여러 도가 철학의 서적을 읽었고 대화의 파트너를 가졌었다.[2] 그가 어떤 낯선 사유에 호기심으로 따라가지만은 않았을 것이고, 확실하게 노자의 (유럽과는 전혀 다른) 시원적 사유를 발견했을 것이며, 또 이것이 자신의 '존재사유'와도 유사함을 감지했을 것이다.

---

1 Reinhard May, *Ex oriente lux. Heideggers Werk unter ostasiatischem Einfluß*, Wiesbaden, 1989, 15쪽 참조.

2 Heinlich W. Petzet, *Auf einen Stern zu gehen. Begegnungen mit Martin Heidegger 1929~1976*, Societäts Verlag, 1983, 80쪽, 175쪽 이하 참조.

하이데거의 '존재'와 노자의 도(道) 사이엔, 나아가 양자의 여러 중요한 철학적 테마 사이엔 명백하게 그 유사성이 드러난다.[3] 그의 저작들에는 도(道)의 의미와 비슷한 '존재'의 흔적이 드러난다. 우리는 특히 하이데거가 그의 후기 사상에서 전개한 내용들을 검토해보면서 노자 사상의 맥락을 찾고 또 서로의 사상적 연관성을 비교해볼 것이다. 물론 '반-형이상학적인 태도'와 같은 것은 노자의 사상에 접근하기 이전에 자신에게서 이미 싹터 있었다고 볼 수 있다. 그러기에 파크스(Graham Parkes)는 하이데거가 중국 사상과 대면하기 이전에 이미 그의 사상 내부에 이 사상과의 친화성이 있음을 지적하고서 "예정조화(pre-established harmony)"라는 식으로까지 표현한 것이다.[4]

실로 하이데거에게서는 『존재와 시간』의 출간(1927년) 이전부터 이미, 이를테면 『존재론. 현사실성의 해석학』[5]은 1923년의 강의 원고인데, 여기에서 이미 반-형이상학적인 현사실성과 인간의 실존적 삶이 중심 테마로 자리 잡는다. 하이데거는 아마도 그의 철학자로서의 삶의 시작에서부터 서구의 형이상학적인 전통을 비판하고, 인간의 현사실적인 삶과 실존에 깊은 관심을 가졌으며, 반-형이상학적이고 시원적인 사유(das anfängliche Denken)를 찾는 과정에서 자연스럽게 동양의 도가와 불교의 사유를 만난 것으로 보인다. 박찬국 교수도 하이데거가 수많은 사상들 중에서 동양의 도가와 불교의 사상에 가까워진 연유를 묻고 다음과 같이 적절하게 지적하고 있다:

---

3 Reinhart Maurer, *Heideggers Metaphysik der Physis. Zur Hauptrichtung seines Denkweges*, Alber: Freiburg/München, 1987, 154쪽 참조. 또한 A. Eckardt, *Laotses Gedankenwelt*, 31-32쪽 참조.

4 Graham Parkes, *Heidegger and Asian Thought*, Honolulu, 1987, 106쪽 참조.

5 하이데거 전집 제63권(GA. 63).

"그것은 하이데거가 서양의 전통 형이상학을 극복하는 새로운 사유 방식을 개척하려고 하는 가운데 자신도 모르게 불교와 노장의 사유방식에 가깝게 다가와 있었기 때문일 것이다. 이러한 가까움은 하이데거 자신이 불교와 노장사상을 직접 접하면서 이러한 사상들에 담긴 통찰들을 수용하는 가운데 더욱 심화되었으리라."[6] 실로 하이데거와 동양사상, 특히 도가와 불교에 대해서는 세계적으로도 많이 연구되고 있는 편이다.[7]

그런데 하이데거와 도가의 사유에서 '존재'와 도(道)의 유사성뿐만 아니라 '존재망각' 혹은 '존재상실'도 노자의 대도(大道)상실과도 비슷한 양상을 보이고, 이들의 상실 후에 일어나는 현상들을 서술하는 것도 비슷하지만, 이것 또한 하이데거가 도가 사상을 만나기 이전에 전개한 사상으로 보이기에 여러 측면에서 근친적이라고 할 수 있다. 그의 '존재물음'과 존재의 존재자와의 '존재론적 차이'에 대한 해명 및 형이상학 비판은, 즉 '존재망각'에 대한 줄기찬 경고는 이미 그의 전기 사유에서 싹터 있었던 것이다.

하이데거는 어떤 측면에서는 노자의 사상에 짜 맞추었다고 할 수 있을 정도로 노자의 사상을 자신의 언어로 드러내고 있다. 하이데거는 자신의 사유를 전개할 때 이를 누구누구로부터 영향을 받았다는 사실을 일일이 언급하지 않는다. 그러기에 마이(R. May)는 그의 저서 『동방으로부터의 빛』(*Ex oriente lux*)에서 이런 사항들을 언급하고 또 비판

---

6 박찬국, 「하이데거와 동양 사상의 대화가능성과 필연성」, 『하이데거 연구』(제7집), 한국하이데거학회, 2002, 311-312쪽.

7 이를테면 하이데거와 동아시아에 관한 다양한 논문들이 수록된 파크스의 *Heidegger and Asian Thought*와 마이의 *Ex oriente lux. Heideggers Werk unter ostasiatischem Einfluß*는 좋은 안내서로 보인다.

하고 있으며, 결정적으로 중요한 부분에서 (많은 범위에 걸쳐) 동아시아 사상 세계의 영향을 받았다고 지적한다.[8] 하이데거의 이러한 글쓰기 방식은 후설 현상학에서의 개념들을 자신의 용어로 옮기는 데에도 그랬었다.

2. "신비에 가득 찬 상응"

우리가 앞에서 언급했듯 파크스(Graham Parkes)는 하이데거의 사유가 마치 "**예정조화**(pre-established harmony)"[9]라도 된 듯 여러 측면에서 독특하게도 노자의 사유 세계와 유사성을 보인다고 지적했는데, 그것은 그만한 이유가 있다. 말하자면 하이데거의 전기 사유에서—그러니까 그가 노자의 사유와 『도덕경』을 접하기 이전부터—이미 노자 사유와의 유사성이 드러나며(이를테면 존재 개념에 대한 설명이나 "존재론적 차이", 반형이상학적인 태도 등),[10] 그의 후기 사유에선 노자의 사유를 자신의 전문용어로 풀이한 것은 말할 것도 없고 그의 철학적 기획과 테마도 노자의 사유 세계에 드러나 있는 것을 목격할 수 있다.

이를테면 그가 첨예하게 대립해온 과학기술 문명과 형이상학, 나아가 니힐리즘과 '존재망각'에 대한 경고는 노자의 사유 세계에도 드러나 있고, 또한 그의 '존재사유'가 찾는 원초적이고 본래적인 피시스의 세

8 Reinhard May, *Ex oriente lux. Heideggers Werk unter ostasiatischem Einfluß*, 11-12쪽 참조.

9 Graham Parkes, *Heidegger and Asian Thought*, 106쪽.

10 그러기에 파크스는 하이데거가 중국 사상과 대면하기 이전에 이미 그의 사상 내부에 이 사상과의 친화성이 있음을 지적하고서 "pre-established harmony"라는 식으로까지 표현하고 있다: G. Parkes, 위의 곳.

계를 노자가 드러내 보이며, 더 나아가 형이상학과 '존재망각'으로 점철되는 오랜 서구 철학과는 다른 "다른 시원적 사유(das andere anfängliche Denken)"가 노자에게서 기획되어 있는 것이다. 하이데거는 여러 경로를 통해 동양 사유를 체득한 후, 특히 자신의 후기 사유에서 도가(道家)에 관심을 갖고 이를 열린 자세로 받아들였다.[11]

파크스와 유사하게 조가경 교수도, 하이데거와 노자의 사유 사이엔 상당한 근친성이 발견된다고 진단한다: "노자의 시작(詩作)적인 잠언에서 하이데거는 그의 철학적 염원 및 노력과 필적하는, 근원에 가까운 말씀함(Sagen)을 발견했는데, 그것은 매혹적인 순진성 속에서 말할 수 있는 것을 드러내고, 또 말할 수 없는 것(das Unsagbare)에 대해 자제하는 것이었다. (…) 노자에게서의 본래적이고 시원적인 것의 회복이 시원의 성인에로 지향하고 현실적 난관의 극복을 시원에로 되돌아가는 것을 의미한다면, 이는 하이데거의 사유와 마치 **'신비에 가득 찬' 상응**('geheimnisvolle' Entsprechung)을 드러내 보인 것으로밖에 볼 수 없는데, 그것은 철학함의 형식에 있어서나 내용적인 면에 있어서도 두 사람 사이에 하나의 **깊고 철저한 근친성**(Verwandtschaft)을 암시하게 하는 것이었다."[12]

하이데거 철학의 전문가인 전동진 교수도 지적하듯이 "노장사상과 하이데거의 사상 사이에는 도저히 간과될 수 없는 본질적 유사성이 존

---

11 Heinrich W. Petzet, *Auf einen Stern zu gehen. Begegnungen mit Martin Heidegger 1929~1976*, 80쪽, 175쪽.

12 Cho, Kah Kyung, *Heidegger und die Rückkehr in den Ursprung*, in D. Papenfuss und O. Pöggeler(Hg.), *Zur philosophischen Aktualität Heideggers*, Klostermann: Frankfurt a.M., 1989, 309쪽. 마우러도 위와 비슷하게 노자의 '道'와 하이데거의 '존재' 사이의 유사성을 지적한다: Reinhart Maurer, *Heideggers Metaphysik der Physis. Zur Hauptrichtung seines Denkweges*, 154쪽.

재한다."고 타진한다.[13] 이러한 일련의 철학자들의 하이데거와 도가 철학 사이의 근친성에 대한 지적은 우리로 하여금 좀 더 구체적이고 깊이 있는 사유의 오솔길로 이끈다.

또 최근에 베르벨 프리쉬만(Bärbel Frischmann)은 하이데거와 도가의 철학 사이에 몇 가지의 **상응점**(Parallelen)을 다음과 같이 지적하고 있다: "주체와 객체로의 분열 배후로 거슬러 올라가는 통일성의 관점을 모색, 인간의 세계 이해를 '길'로 기술함, 하이데거가 예를 들어 '놓아둠(Lassen)' 혹은 '초연함(Gelassenheit)'으로 파악하는, 세계로의 개입에 대한 인간의 요구와 관련한 주의(기술비판과 합리성 비판), 인간이 역사와 역사의 숙명에 결부되어 있음을 강조, 체계적-논증적이지 않고 개념적-서술적으로 진행하는 철학에 대한 이해."[14] 결과적으로 프리쉬만의 지적은 우리가 앞에서 언급한 근친성이나 유사성과도 궤를 함께 하는 것으로 보인다.

실로 노자와 하이데거에게서의 사유의 유사성 및 근친성은 많은 부분에서 목격된다. 이를테면 도(道)와 '존재'의 유사한 의미에서, 도(道)와 유사한 '존재사'의 역할에서, 침묵(Stille, Schweigen)과 '침묵 언어(sigetische Sprache)'에서, 무(Nichts, 無)와 빔(虛, Leere)의 사유에서, "부정 존재론"에서, '길(道: Weg)'의 철학적 의미에서, 도(道)와 존재의 피시스적 특성에서, 근원으로 되돌아가는 사유에서, 양자의 철학적 성향에서,[15] 존재와 도(道)의 비지배적인 주재와 개시하는 성격에서, '무

---

13 전동진, 「하이데거와 노장 사상」, 『하이데거 철학과 동양 사상』, 철학과현실사, 2001, 142쪽.

14 베르벨 프리쉬만(Bärbel Frischmann), 「"길"의 메타포들 — 하이데거와 장자의 경우 —」, 『철학연구』 제39집, 고려대학교 철학연구소, 2010, 226쪽.

15 Paul Shih-Yi Hsiao, in G. Neske(Hg.), *Erinnerung an Martin Heidegger*, Klett-Cotta, 2003, 121-125쪽.

위(無爲)'와 유사한 "초연한 태도로 내맡기는 것(Gelassenheit)"[16]에서, 원초적 자연과 피시스의 세계에 대한 강력한 의미 부여에서, 원초적 상태에로의 귀환에서, 본래성 회복에서, 위상학적 인식론(topological epistemology)에서, "근원으로 되돌아가는 것(Rückkehr in den Ursprung)"[17]에서, 존재와 도(道)의 비실체적인 특성에서, 반-형이상학적이고 반-인간 중심주의적인 성격에서 기타 등등 우리는 그 유사성을 엿볼 수 있다. 하이데거에게서의 '존재상실(Seinsverlorenheit)'이란 용어는 노자에게서 '무위자연(無爲自然)'의 대도(大道)상실과도 같은 맥락이라고 할 수 있다.[18] 이 모든 유사성과 근친성을 여러 장(章)과 항목들을 통해 타진해본다.

이 외에도 우리가 면밀하게 하이데거의 사유 노정을 따라가 보면—비록 그가 도가의 사유를 언급하지 않아도—도가의 흔적을 목격할 수 있다. 이를테면 하이데거가 '사물(das Ding)'의 사물 됨을 논의하는 과정에는 노자의 빔(虛)에 대한 사유가 그대로 드러난다.[19] 빔과 무(無, Nichts)가 곧 쓰임새가 있다는 것인데, 이것이 존재자를 존립케

---

16 전동진 교수도 하이데거의 '초연함'과 노자의 '무위' 개념을 분석하고서 양자의 유사성을 지적하고 있다(전동진, 「하이데거와 노장 사상」, 『하이데거 철학과 동양 사상』, 150쪽). 하이데거의 『초연한 내맡김』(*Gelassenheit*)을 인용하면서 전동진 교수는 하이데거의 '초연한 내맡김'과 노자의 '무위'를 면밀하게 비교·검토하고 있다(앞의 책, 152-153쪽).

17 하이데거의 '근원으로 돌아감'이란 용어는 노자의 "뿌리(근본)에로 돌아감(『도덕경』 제16장, 40장)"과 흡사한 표현이다. 하이데거의 "되돌아감(Schritt zurück)"과 "전향(Kehre)"의 노자의 "근원으로 되돌아감(反者道之動)"과의 관련 및 그 유사성에 관한 논의는 제9장의 제3절(「하이데거와 도가의 시원적 사유」)에서 자세히 다루기로 한다.

18 대도(大道)상실을 나타낸 용어는 '대도폐'(大道廢: 『노자도덕경』 제18장), 실도(失道: 제38장), 무도(無道: 제46장)와 같은 용어가 있다.

19 O. Pöggeler도 이런 사실을 올바르게 지적하고 있다: O. Pöggeler, *Neue Wege mit Heidegger*, Alber: Freiburg/München, 1992, 406쪽 참조.

하는 것임을 노자의 방식으로 드러내고 있는 것이다.[20] 서구의 사유에서는 거의 찾아볼 수 없는 이런 빔의 사유는 노자에게서 각인되어 있는 독특한 것이다. 서구의 형이상학 전통은 밖으로 드러난 존재자에 의미를 부여하지, 전혀 보이지 않게 은폐되어 있으면서 이 존재자를 담고 있는 빔(虛)과 무(無)엔 결코 의미를 부여하지 않는데, 그것은 빔과 무의 쓰임새를 전혀 발견하지 못했기 때문일 것이다.

하이데거에게서 "전통 형이상학"의 극복 내지는 탈-형이상학적, 반-형이상학적 사유는 잘 알려져 있듯 그의 철학적인 삶에서 큰 비중을 차지하는 테마이다. 『존재와 시간』이 출간되기 이전부터, 이를테면 그의 전집 63권(『존재론. 현사실성의 해석학』)에서는 이미 반-형이상학적인 "현사실성"이 주요 철학적 테마이다. 존재자 중심의 전통 형이상학에서는 "최고의 존재자(sumum esse)"라든가 "자기 원인(causa sui)"으로서의 신, 본질과 실존, 관념과 실체, 주체와 이성, 체계와 이론, 범주와 양태 등이 주요 이슈가 된다.

신을 높인다고 "최고의 존재자(sumum esse)"라고 하지만, 이론 중심의 경직된 "존재-신-론(Onto-Theo-Logik)"[21]은 존재자 중심의 형이상학에 머물고 있으며, 우리는 이러한 형이상학적 신에게 기도할 수 없고 제사(예배)를 할 수 없으며, "자기 원인"으로서의 신에게 경외하는 태도로 무릎 꿇을 수도, 노래하거나 춤출 수도 없는 것이다.[22] 그런 신은 성스러움과 신비로움과 같은 종교적 경험에서 멀어져 있다.

---

20 노자의 빔의 사유에 걸맞게 하이데거는 항아리(Krug)를 예로 든다. 항아리는 다른 물건을 담는 사물이다(*Vorträge und Aufsätze*, 158-160쪽 참조. 이후 하이데거의 저작 원전의 상세 서지사항은 참고문헌에서만 언급한다).

21 M. 하이데거, 신상희 옮김, 『동일성과 차이』, 민음사, 2000, 51쪽 이하 참조.

22 위의 책, 65쪽 참조.

파크스의 지적, 즉 하이데거와 노자 사이의 "예정조화"라거나 조가경 교수의 "신비에 가득 찬 상응"과 같은 표현은 양자 사이의 반-형이상학적인 태도에 잘 나타나는 것으로 보인다. 결코 존재자의 모습이 아닌, 반-형이상학적이고 구체적인(현사실적) 삶의 세계와 "선-존재론적인 경험(Vorontologische Erfahrung)"은 도가(道家)의 시원적 사유에 펼쳐져 있다.[23]

세계를 사방(das Geviert: 하늘, 땅, 신, 인간, 즉 天地神人)으로 혹은 "사방세계(das Welt-geviert)"로 파악하는 후기 하이데거의 세계 개념도 노자에게서 읽을 수 있는데, 양자 사이의 유사성과 상이성뿐만 아니라,[24] 하이데거에게서 재창조되고 활성화된 측면도 읽을 수 있다. 여기서 세계 개념의 재창조되고 활성화된 측면이라 함은 그의 「사물」이란 논문에서 논의된 세계 사방의 서로 비추는 "반영-놀이(Spiegel-Spiel)"와 같은 것은 노자에게서는 읽을 수 없기 때문이다.

그 유사성을 읽을 수 있는 것으로 노자에게서는 도(道)가 천지신인(天地神人)을 그들의 본성이 자유롭고 자연스럽게 펼쳐지도록 하고,[25] 하이데거에게서는 존재가 사방세계에 이 일을 담당한다. 하이데거에게서 존재의 "고유화-사건(Er-eignis)"은 그야말로 사방세계의 존재자들

---

23 형이상학에 관한 논의는 제9장에서 좀 더 자세히 다루기로 한다.

24 이승종 교수는 동서양의 비교철학에서 특히 주의해야 할 사항으로서 비교하는 양자의 일치와 차이 사이의 지나친 강조를 피하기 위해 상동성(相同性)과 상사성(相似性)이라는 개념을 사용하기도 한다. 말하자면 일치와 차이 사이에서 지나치게 극단으로 쏠리지 말아야 하는 점을 고려하여 '상동'과 '상사'를 대안으로 제시하고 있다. 그에 의하면 "우리는 텍스트 간의 대화의 이념으로 기존의 일치나 차이 대신 상동(相同)과 상사(相似)를 대안으로 제시한다. 상동은 다름 속의 같음을, 상사는 같음 속의 다름을 의미하는 개념이다. 상동과 상사는 같음과 다름을 씨줄과 날줄로 해서 서로 엮어내고 풀어낸다."(이승종, 『동아시아 사유로부터』, 동녘, 2018, 12-13쪽).

25 남만성 역, 『노자도덕경』, 을유문화사, 1970, 제25장, 39장, 51장 참조.

이 그들의 고유한 존재가 생기하도록 하는 것이다(sich ereignen lassen). 말하자면 '고유화-사건'이란 존재가 사물을 사물화하고(dingen) 세계를 세계화하는(welten) 것이다.

3. 하이데거와 도가(道家) 사이의 상이성(相異性)

우리는 위에서 도가와 하이데거의 사유 사이에 근친성이 많다는 것을 다각도로 고찰해보았다. 그러나 이들 양자 사이에는 차이도 있다는 것을 간과해서는 안 된다. 지극히 당연한 이치이지만, 양자 사이에는 '신비에 가득 찬' 상응이나 "근친성" 및 "예정조화"만 있는 것이 아니라 차이점도 엄연히 존재한다. 더구나 양자 사이에는 동서양의 문화적 공간적 간격과 대략 2500년의 시간차도 고려되지 않을 수 없다.

1) 불안과 죽음의 실존적 문제

주지하다시피 전기 하이데거의 사유에서 현존재의 실존과 존재이해에 불안(Angst)과 권태(Langeweile) 및 죽음이 인간의 실존 문제와 얼마나 큰 비중을 갖는지는 잘 알려져 있고, 이는『존재와 시간』(특히 §39~§60)에서도 많이 다루어지고 있다. 하이데거에게서 불안이나 "죽음에로의 선주(Vorlaufen zum Tode)"와 같은 것들은 존재 자체를 경험하기 위한 필수적인 과정으로 여겨진다.

그런데 이와 대조적으로 도가에서는 불안이나 권태 및 "죽음에로의 선주"를 통해서 존재가—그 어떤 존재자가 아니기에—우선은 무(無, Nichts)로서 자신을 드러내면서 무실존에 처한 우리의 일상에 충격을 불러일으킨다는 내용을 찾아보기 어렵다. 더욱이 이런 경험을 통해 우리의 고유한 실존을 체득한다는 논의를 보기 힘들다. 물론 그럼에도 구체적으로 죽음을 맞는 개인은 동양이나 서양이나 마찬가지일 것이다.

그런데 이러한 도가와 하이데거 사이의 차이는 냉철히 생각해보면 시대적 역사적 차이에서 기인한 것으로 보인다. 고대 그리스에서도―하이데거가 그토록 선호했던 소크라테스 이전의 철학에도, 또 소크라테스와 플라톤 및 아리스토텔레스에게서도―위에서 언급한 하이데거의 전기 실존철학적 내용이 등장하지 않기 때문이다.

불안과 권태 및 "죽음에로의 선주"와 같은 내용은 20세기 실존철학의 탄생과 궤를 함께한다.[26] 또한 이 불안이란 현상은 개인의 실존 문제뿐만 아니라 근대 철학의 종말 내지는 붕괴에 의한 철학사적 요인도 중요한 근거가 된다. 하이데거는 이런 철학사적 요인을 면밀히 성찰했는데, 이를테면 근대 말기 니체의 "모든 가치의 전복(Umwertung aller Werte)"에 이은 "신의 죽음"이나 횔덜린에게서의 "신의 도피"와 "신의 결여" 등에 의한 니힐리즘적인 상황은 불안과 깊이 연루되기 때문이다.

키르케고르와 야스퍼스 및 여타의 실존철학자들에게서도 불안과 권태 및 죽음과 같은 테마들은 빈번히 등장한다. 실존철학의 기원은 여러 다양한 이유가 있겠지만, 무엇보다도 세계 양차대전을 통해 인간의 생명이 초개같이 되어버린 것, 그래서 인간의 존재 의미에 대한 심각한 물음이 제기되었던 것과, 과학기술 문명의 엄습으로 인해 기계와 인간 사이에 주객전도 현상이 일어난 것도 주요 요인이 된다.

노자의 『도덕경』에서 인간의 불안과 염려 및 고통과 죽음에 대한 문

---

26 파크스도 이러한 하이데거와 고대 그리스 철학 및 도가 사이의 시대적·역사적 차이를 잘 드러내고 있다(Graham Parkes, *Heidegger and Asian Thought*, 120-126쪽 참조).

제가 결코 도외시되지는 않았다. 노자와 장자가 살았던 시대는 잘 알려져 있듯 춘추전국시대였다. 거의 날마다 전쟁이 일어났고, 수많은 백성들이 고통 속에서 죽어갔다. 권력자의 욕심에 힘없는 백성은 자유를 유린당했으며, 신음하면서 죽어갔는데, 노자 또한 이런 부당과 부자유 및 고통을 『도덕경』에서 한탄하고 또 절규하고 있다.

물론 그럼에도 불구하고—앞에서도 언급했듯—도가에게서는 실존철학에서 각별히 의미 부여된 불안이나 죽음이 우리의 삶과 삶의 변용 과정에서 큰 영향력을 갖는 그러한 실존적인 의미가 희박한 것으로 보인다. 그러나 도가는 그들의 당대에 만연된 불안과 염려 및 고통과 죽음의 문제를 심층적으로 사유한 것으로 사료되기에, 하이데거와 도가 사이의 차이는 파크스의 지적처럼 본질적인 차이가 아니라 정도상의 차이인 것으로 여겨진다.[27] 말하자면 도가는 하이데거처럼 불안이나 죽음이란 현상을 우리의 삶 가운데서 체득할 수 있는 실존적 의미로 부각하고 또 치밀하게 분석하여 이를 철학의 지평 위로 드러내지 않았을 따름이다.

이 외에도 비본래성 속에서 허우적거리는 현존재의 무실존의 모습은 장자에게서도 잘 읽을 수 있다. 장자는 그의 「제물론」을 비롯한 여러 곳에서 인간이 물(物, 존재자)에 빠져 있는 비본래적 모습을 드러내고 있으며, 이 물(物)에 대한 노예 상태에서 벗어날 때 도(道)의 신비를 경험하게 된다고 한다. 이는 존재자의 세계에 얽매이지 말 것을 요청하는 하이데거의 목소리와도 유사한 것으로 보인다. 장자의 목소리를 하이데거의 언어로 옮긴다면, 비본래적인 것에서 벗어나—혹은 비본래적인 통속적 자아가 죽고—본래적인 진정한 자신을 발견하는 것과 유사

---

27 Graham Parkes, *Heidegger and Asian Thought*, 120-126쪽 참조.

한 이치다.

2) 우주 생성론의 문제

하이데거는 도가(道家)와는 달리 우주생성론이나 우주본체론과 같은 논의는 펼치지 않는다. 이를테면 노자는 『도덕경』 제42장에서 "도는 하나를 낳고 / 하나는 둘을 낳고 / 둘은 셋을 낳으니 / 셋으로부터 온갖 것들이 생겨났다. / 이들 모두는 긍정과 부정의 합일에 의해 조화를 이루니 / 온갖 것에는 이 둘의 기운이 고루 스며 있다."[28]고 한다. 노자는 『도덕경』 제25장과 제40장에서도 우주생성론을 펼치고 있다: "천하 만물은 유(有)에서 나오고 유(有)는 무(無)에서 나온다."

장자도 위의 노자와 유사하게 우주생성론을 전개하고 있다: "천지의 시초(태초)에는 무(無)가 있었다. 존재하는 것이란 아무것도 없고 이름도 없었다. 여기서 「一」이 생겨났는데, 「一」은 있어도 아직 형체가 없었다. 만물은 이 「一」을 얻음으로써 생겨나는데 그것을 덕이라 한다. 아직 형체는 없지만 [내부에서] 구분이 생겨 차례로 만물에 깃들면서 조금도 틈이 없다. 이것을 운명이라 한다.(泰初有无无有无名. 一之所起, 有一而未形. 物得以生, 謂之德. 未形者有分, 且然无間, 謂之命.)"[29]

마치 기독교의 창조론과도 유사한 형태를 띠고 있는 이런 우주생성론이지만, 그러나 우주생성의 원인으로 어떤 창조주와 같은 존재자를 전제하지는 않는다. 도가에게서 도(道)의 존재는 그야말로—도가의 사유에 깊이 깔려 있듯—무명(無名)·무형(無形)·무물(無物)인데다, 그 활동 또한 무위(無爲)이기 때문이다.

---

28 張鍾元, 엄석인 옮김, 『道: 노자—새로운 사유의 길』, 민족사, 1992, 168쪽.

29 안동림 역주, 『莊子』, 제12편(「천지」), 현암사, 2010, 제9절(321쪽).

3) 정치와 사회 및 윤리적인 문제

도가와 하이데거 사이에서 현저한 차이는 정치와 사회의 문제에 대한 태도다. 도가는 당대의 왕권 위주의 유교적 봉건주의 지배 세력에 거침없이 항거했다. 그 어떤 통치자도 백성 위에 군림하여 권력 행세를 하는 것을 용납하지 않았다. 오히려 한없이 낮은 위치에서 백성을 섬길 것을 주문하였던 것이다. 그런데 도가의 이러한 정치사상은 다름 아닌 무위자연의 사상과 연계되어 있는 것이다. 즉 도와 덕의 원리와 불가분적으로 융합되어 있는 것이다.

노자의 당대에 유가(儒家)[30]는 예치(禮治)를 주장하였고 묵가는 겸애(兼愛)를, 법가(法家)는 법치를 주장하였지만, 이들은 어떻든 인위적인 정치 유형이기에, 노자는 무위자연(無爲自然)의 다스림을 주장하였던 것이다. 도가의 당대에는 제자백가의 이론들이 즐비하여 어떻게 하면 혼란스런 세상이 수습될 수 있는가에 대해 논쟁이 많았다. 그러나 날마다 전쟁하던 춘추전국시대에 이런 쟁론들은 도움이 되지 못했는데, 그것은 무엇보다도 무력으로 권력을 쟁취한 독재자들이 무력에만 능했지 백성들을 섬길 수 있는 지혜와 덕망이 없었기 때문이다.

노자의 당대인 춘추시대에는 생명 경시 풍조가 만연하였는데, 백성들은 통치자들의 탐욕에 희생되는 전투력과 생산력의 원천일 따름이었다. 국가와 왕권을 유지하기 위해 고액의 세금을 거둬들이고 성을 쌓는 일과 전쟁에 백성을 동원하였던 것이다. 군주의 지나친 욕심에 신음하

---

30 특히 공자는 유교 이념을 숭배한 주나라의 문화를 계승하고 발양시키는 것을 자신의 과제로 삼은 것으로 보인다(許抗生, 노승현 옮김, 『노자철학과 도교』, 예문서원, 1995, 28쪽 참조). 공자는 주나라 군주가 제정한 예악제도를 강력히 주장하여 "예에서 서고"(立於禮: 『논어』, 제8편 泰伯편), "예양(禮讓)으로 나라를 다스린다"(以禮讓爲國: 『논어』, 제4편 里仁편)는 이념을 펼친 것으로 보인다. 그는 스스로 (『논어』, 제3편 八佾편, 제14절에서) "나는 주나라를 좇을 것이다."라고 하였다.

는 백성의 참혹한 현상을 노자는 『도덕경』의 도처에서 지적하고 있다. "백성의 굶주림은 그 위에 있는 군주가 세(稅)를 받아먹는 것이 많기 때문이다. 그런 까닭에 굶주리는 것이다. 백성을 다스리기 어려운 것은 그 위에 있는 군주가 작위함이 있기 때문이다. 그런 까닭에 다스리기 어려운 것이다. 백성들이 가볍게 죽어가는 것은 군주가 삶을 추구하는 것이 너무 지나치기 때문이다. 그런 까닭에 백성들이 가볍게 죽어가는 것이다."[31]

노자는 백성의 농토는 황폐하고 양식마저 없는데, 이들에게서 세금을 지나치게 거두어들여 궁궐을 휘황찬란하게 하고 값비싼 옷을 걸치며 번쩍이는 칼을 차고 실컷 먹고 술에 취하면서 진기한 재물을 소유하는 이들을 "흉측한 도둑놈(盜夸)"이라고 하였다.[32] 노자는 『도덕경』의 도처에서 백성을 섬기지 못하고 권력을 향유하는 자들에게 가차 없이 약단을 쳤다.

중국의 상고시대(특히 하·은·주)에는 상제(上帝)와 천명(天命)의 관념이 지배적인 위치를 점하고 있었다. 당대에 사람들은 상제를 곧 절대적인 권위를 가진 지고의 존재자로 여겼고, 자연현상은 물론 사회의 모든 현상, 인간사와 전쟁의 승패까지도 주재한다고 여겼다. 이 상제를 당대의 사람들은 천(天)이라고 하고, 그 명령을 천명(天命)으로 여겼으며, 천명은 절대로 위반할 수 없는 것으로 여겼다.[33] 그런데 더욱 놀라운 것은 이러한 상제관(觀)에 근거하여 통치권의 기원설이 만들어진 것

31 남만성 역, 『노자도덕경』, 제75장.

32 위의 책, 제53장 참조.

33 공자는 주나라의 천명론(天命論)을 계속 신봉하여 "하늘에서 죄를 얻으면 빌 곳이 없으며"(獲罪於天 無所禱也: 『논어』, 제3편 八佾편), "죽고 사는 것은 명에 말미암고 부유하고 고귀한 것도 하늘에 달려 있다."(生死由命 富貴在天: 『논어』, 제12편 顔淵편)고 하였다.

이다. 말하자면 나라를 다스리는 통치자는 천명을 받았다는 것이고 또 그렇기에 천자(天子)라는 것이다.

이토록 유교적 봉건주의의 상제관을 노자는 그러나 거침없이 부인하였는데, 이러한 노자의 주장은 한편으로 가히 혁명적이었지만, 그러나 그만큼 당대의 정치 풍토에서 "천지를 진동시킬 만한 위험스런 주장이라고도 할 수 있다."[34] 그는 도(道)를 이러한 상제(上帝), 즉 천지 만물을 주재하는 지고의 존재자보다도 앞서 존재하는 것이라고 천명하고 오히려 이 근원적인 도(道)가 천지 만물의 존재와 운동의 근거라고 주장한 것이다.[35] 노자는 당대의 인격천(人格天) 관념과 주재자로서의 천(주재천, 主宰天) 사상을 부정하였다.

그에게서 전승된 짤막한 한 권의 『도덕경』에는 도(道)와 덕(德)이 원리적으로 융합되어 있다. 거의 모든 장(章)에는 윤리적인 목소리가 울려 퍼진다. 이런 노자의 윤리적 사유는 하이데거와 차이를 드러내는 것으로 보인다. 주지하다시피 하이데거는 존재론("존재사유")자라고 할 수 있을 정도로 그의 엄청난 분량의 전집은 존재사유로 점철되어 있다. 물론 그에게도 윤리학은 존재하고, 하이데거의 전문가들은 이런 사실을 놓치지 않는다.[36]

더더욱 정치적인 문제에서 하이데거의 과오는 큰 오명으로 남아 있

---

34 이강수, 『노자와 장자』, 도서출판 길, 2009, 76쪽.

35 남만성 역, 『노자도덕경』, 제4장 참조.

36 이를테면 박찬국 교수의 『하이데거와 윤리학』(철학과현실사, 2002)은 하이데거의 윤리학을 면밀히 고찰하고 있으며, 한국하이데거학회의 학회지에도 윤리에 관한 논문이 자주 등장한다. 필자의 졸고 「레비나스의 하이데거 윤리학 비판과 하이데거의 존재사유에 드러난 윤리학」(『철학과 현상학 연구』 제22집, 한국하이데거학회, 2004)에서도 하이데거의 독특한 윤리학을 다루었다. 이 외에도 Beat Sitter, *Dasein und Ethik*(Alber: Freiburg/München, 1975); Werner Marx, *Ethos und Lebenswelt*(Meiner: Hamburg, 1986) 등 참조.

다.[37] 그러나 무조건 매도하기보다는 그 내막을 들여다보는 것도 교양인다운 태도라고 여겨진다.[38] 물론 그가 끝까지 나치에 남았다면 일말의 고려 대상도 되기 어려울 것이다. 그러나 그는 호락호락 무조건적으로 나치에 동조하거나 추종하지는 않았다. 총장직을 박탈당한 것도 그 때문이다.

우선 세계 대공황(1929) 이후 독일 국민은 거의 절망적인 상태에 놓여 있었다. 베르사유조약은 독일 경제에 족쇄였고, 약 700만의 실업자가 쏟아졌고 빈부격차도 심했었다. 독일의 1차 세계대전 패배에 따른 국민적 자존심 추락은 말할 것도 없고, 연합국의 엄청난 배상금 요구, 극우와 극좌의 득세에 의한 총체적 난국 등 사회질서가 붕괴되고 독일민족이 해체될 것으로 여겨졌다. 무엇보다도 아메리카니즘과 볼셰비즘이 독일의 정체성을 뒤흔드는 것에 하이데거는 두려움을 느꼈다. 러시아가 주축이 되었던 볼셰비즘과 같은 극좌 세력의 마수가 뻗쳐와 독일이 공산화된다면, 그건 바로 니힐리즘과 야만의 지배로 여겨졌다.

하이데거는 아마도 히틀러의 말을 너무 순진하게 믿었던 것으로 보인다: "히틀러가 1933년 5월의 이른바 '평화연설(die Friedensrede)'에

---

37 하이데거의 정치적 스캔들에 관한 논의는 독일어 원서에도 종종 나타나고, 국내에서는 박찬국 교수가 『하이데거와 나치즘』(문예출판사, 2001)에서 자세히 다루고 있으며, 그의 『들길의 사상가, 하이데거』(동녘, 2004)의 제3장(「나치혁명의 소용돌이 속에서」)에서는 그 개요를 읽을 수 있다.

38 유럽의 소위 덩치 큰 나라들은 독일의 만행만 탓할 것이 아니라 자신들이 세계사에 저지른 만행도 인정하고 반성해야 한다. 이를테면 프랑스의 경우 나폴레옹이 일으킨 세계전쟁과 또 식민지 개척 시대에 아프리카를 초토화시킨 것, 스페인과 포르투갈은 남미를 초토화시키고, 거기서 나치의 홀로코스트 못지않은 범죄를 저지른 것, 영국은 당대에 식민지 개척의 선봉이었다는 것, 러시아는 볼셰비즘과 스탈린의 공산주의 치하에서 홀로코스트에 버금가는 짓을 저지른 것 등을 가볍게 여겨서는 안 된다. 필자는 90년대에 독일의 바이츠체커 대통령이 연설한 내용의 일부분이 기억나는데, 그것은 "흠 없는 나라가 없다"는 것이었다.

서 민족자결권을 수용하면서 '민족에 대한 자신의 무한한 사랑과 충성은 다른 민족들의 권리에 대한 존중을 포함한다.' 라고 말했을 때, 하이데거는 그것이 히틀러의 진실이라고 믿었다. 하이데거뿐 아니라 심지어 당시 미국의 대통령이었던 루스벨트마저도 히틀러의 출현을 열광적으로 환영했다."[39] 이런 상황에서 당대의 사람들은 지식인들조차도 나치와 히틀러의 본질을 꿰뚫어보기 어려웠다고 한다(Otto Pöggeler).

하이데거가 프라이부르크대학교의 총장직을 맡게 된 것은 무슨 나치로부터의 특혜(?)가 아니라, 이 대학교의 존폐 위기에서 동료 교수들의 추천에 의해서였다. 그는 그러나 너무 순진하게도 나치 운동의 정신적인 헤게모니를 장악하고 지도자를 잘 지도해("den Führer führen") 올바른 방향으로 이끌어보려는 야망을 가졌었다.[40] 그의 동료였던 야스퍼스에 의하면 하이데거는 "총통을 정신적으로 지도하기"를 원했던 것이다. 그러나 히틀러와 같은 독재자가 철학자의 말을 들을 것으로 생각했다는 것 자체가 퍽 어리석었던 것이다. 하이데거의 제자이고 필자의 지도교수였던 슈미트(Gerhart Schmidt) 교수도 하이데거가 당시 거리에서 일어나고 있는 참혹한 현실 세계를 너무 몰랐다고 하였다.

하이데거는 1933년 5월 1일 여름 학기의 시작에 총장에 취임하여 1934년 2월에, 임기 1년도 채우지 못하고 사임하였다. 사임 이유는 그가 프라이부르크대학교에서 학문 정신에 투철한 학자들을 학장에 임명했지만, 당시 바덴(Baden)주의 교육부장관이 이들을 해임시키고 나치

---

39 R. Safranski의 *Ein Meister aus Deutschland* (261쪽)에 나오는 증언을 박찬국 교수가 요약하였다: 박찬국, 『들길의 사상가 하이데거』, 162쪽.

40 그러나 이런 발상 자체가 퍽 어리석은 야망인 것으로 보인다. 비교적 철학(자)의 위상이 높았던 고대 그리스에서 플라톤이 시라쿠스의 독재자 디오니시오스 2세를 변화시켜 철인정치를 실현해보려 했으나, 주지하다시피 실패했다. 독재자의 생리를 플라톤도 또 하이데거도 몰랐던 것으로 보인다.

당과 가까운 사람들을 임명할 것을 요구했기 때문이다. 하이데거는 그러나 이를 받아들이지 않고, 그 대신 자신이 사임하는 길을 택했다.

그는 그 이후 당의 감시를 받아왔으며, 2차 대전 말기에는 55세의 나이로 강제 노역(참호 공사) 명령을 받기도 하고 국민돌격대에 강제 소집되기도 하였다. 그의 제자였던 슈미트 교수의 증언에 의하면 당시 하이데거는 자살 충동까지 느꼈다고 한다. 하이데거는 나치당 지도부를 범죄자라고 불렀으며 당대의 권력 체제에 부정적인 입장을 취했다.[41] 그는 무엇보다도 나치즘이 주창하는 인종주의나 총통 숭배 등을—근대의 니힐리즘에서 비롯된 현상으로 보고—비판했다. 그러나 아쉽게도 이런 깨달음을 좀 더 일찍 갖지 못했던 것으로 보인다.

---

41 이 부분에 대해선 W. Biemel의 글을 박찬국 교수가 정리했다: 박찬국, 『들길의 사상가 하이데거』, 170쪽 참조.

3

도(道)와 존재의 존재 방식

1. 도(道)의 존재 방식

잘 알려져 있듯 '존재'와 '도'는 하이데거와 도가(道家)에게서 핵심적인 용어이고 개념이다. 노장에게서 도(道)의 존재 방식은 독특하다. 노자는 『도덕경』에서 끊임없이 '도(道)'를 말하고 하이데거도 그가 세상을 떠나기까지 끊임없이 '존재'를 철학적 사유의 중심 테마로 삼았던 것이다. 그런데 이 '도'와 '존재'는 우선 무엇보다도 말과 개념으로 그 본질적인 면이 다 포착되어지지 않는다는 것이 우리를 어렵게 한다. 하이데거는 이미 『존재와 시간』에서 "존재 개념은 규명될 수 없다."고 하고, "존재 개념은 오히려 가장 어두울 따름이다."라고 하였다.[1]

---

1 M. Heidegger, *Sein und Zeit*, 3-4쪽: "Der Begriff des 'Seins' ist vielmehr der dunkelste.", "Der Begriff 'Sein' ist undefinierbar."

이 '도'와 '존재'의 무엇임(Washeit)은 어떤 학문적이고 이론적인 해설로 찾아지지 않는 데에서, 오히려 이들의 카테고리를 뛰어넘는 곳에서 찾아져야 할 것이다.[2] 그것은 "도란 무엇인가?"라는 물음을 던진다면, 당장 그 이유를 알 수 있다. 말하자면 이 질문에 대한 답변으로서 도가 지닌 속성이나 도가가 말한 도에 관해 이러저러한 답변을 늘어놓을 수밖에 없다. 그러나 이 물음에 대한 답변으로 늘어놓은 **도에 관한 속성이나 지식이 결코 도(道) 그 자체라고 말할 수 없기 때문이다**. 도(道)가 무엇이라고 표현되고 말해진 도는 그야말로 상도(常道)라고 할 수 없다. 장자도 "위대한 도는 말로 표현되지 않는다(夫大道不稱)."[3]고 한다.

또 『도덕경』 제1장에서 "이름 붙일 수 있는 이름은 영원불변의 이름이 아니다(명가명비상명名可名非常名)"의 경우도 위와 마찬가지다. 인간이 어떤 사물에 붙인 이름은 사물 그 자체가 아니라 임의로 붙인 이름이고 인간 쪽에서의 어떤 특정한 해석일 따름인 것이다. 이를테면 우리가 '개'라고 칭한 동물을, 영어를 말하는 사람들은 dog라고, 또 독일어로 말하는 사람들은 훈트(Hund)라고 한다.

더더욱 도가의 도(道)와 하이데거의 '존재'는 어떤 사물이나 대상이 아니기에, 이름을 붙이기 어려운 것이다. 하이데거에게서 존재의 존재방식은—잘 알려져 있듯—자기를 은닉한다(sich verbergen)고 한다. 노자도 『도덕경』의 도처에서 무명(無名)·무형(無形)·무물(無物)의 도가 자기를 은닉한다고 한다. 이를테면 "도는 항상 이름이 없다(道常無名).",[4] "도는 숨어서 이름이 없다(道隱無名)."[5] "불가사의한 은덕"으로

---

2 M. Heidegger, *Einführung in die Metaphysik*, 124쪽 참조.

3 안동림 역주, 『莊子』, 현암사, 2010, 「제물론」, 제20장, 73쪽.

4 남만성 역, 『노자도덕경』, 을유문화사, 1970, 제32장.

5 위의 책, 제41장.

일하면서 자기를 드러내고 밝히지만, 동시에 자기를 숨기기 때문에 이름이 없는 것이다.

이와 유사하게 하이데거도 존재의 가까이에 다가가기 위해서는 "이름 없는 것"으로 실존해야 하는 것을 배워야 한다고 한다: "인간이 다시 한번 존재의 가까이로 다가가야 한다면, 먼저 이름 없는 것으로(im Namenlosen) 실존하는 것을 배워야 한다."[6] 또 하이데거는 『언어로의 도상에서』에서 한 일본인과의 대화 가운데 자신의 사유의 길에 '현상학'이나 '해석학'이라는 제목을 사용하지 않은 이유를 해명하면서 오히려 그것을 "무명(無名)의 상태로(im Namenlosen)" 남겨두기를 바랐다고 한다.[7]

이토록 하이데거가 존재의 고유한 존재 방식을 설명하면서 무(無)와 무명(無名)을 언급한 문맥을 고찰해보면 마이(R. May)의 지적대로 노자의 사유가 그에게 "은폐된 출처"인 것으로 여겨지며,[8] 도가의 철학을 수용하며 존재의 존재 방식을 해명하는 데에 사용하고 있는 것으로 보인다. 그것은 서구의 철학사에서 '존재'와 같은 '근원어(Urwort)'나 아르케적인 것(das Archetyp)을 해명하는 데에 무(無)와 무명(無名)이 동반되는 경우는 퍽 생소하기 때문이기도 하다.

이때까지의 논의에서 도(道)는 학문적이고 이론적인 해설이나 말로 표현한 것의 카테고리를 초월해야 하는 것이다. 물론 말로 표현한 도(道)와 이름이 무의미한 것은 전혀 아니다. 그것은 그 나름대로 어떤 안

---

6 M. Heidegger, *Über den Humanismus*, 9쪽.

7 M. Heidegger, *Unterwegs zur Sprache*, 121쪽. 이 책의 130쪽에서도 하이데거는 "무명의 상태로(ohne Namen)"라는 표현을 하고 있다.

8 Reinhard May, *Ex oriente lux. Heideggers Werk unter ostasiatischem Einfluß*, Wiesbaden, 1989, 35-36쪽 참조.

내나 이정표의 역할을 할 수 있는 것이다. 단지 이러한 노력이 도(道) 그 자체라거나 전체를 드러내지 못할 따름인 것이다. 그런 측면에서 노자는 '도(道)'에 관해서, 하이데거는 '존재'에 관해서 말했고, 우리 또한 마찬가지다. 도(道)와 '존재'가 개념적으로 파악되지 않는다고 해서, 또 이들이 역사를 주재하는 깊은 섭리의 맥락에서 받아들여져야 한다고 해서 마우러에게서처럼 '신비적이고-종교적인' 채비를 견지해야 하는 것은 아니다.[9]

우선 도가가 사용하는 도(道) 개념은 유가의 그것과는 판이하게 다르다는 것을 인식할 필요가 있다. 노자에게서 도(道)는 아르케와 유사한—물론 고대 그리스 철인들의 물, 불, 공기, 흙과 같은 질료적인 것이 전혀 아니다!—근원적 원리이자 본질이고, 덕(德)은 그 작용으로 해석된다. 이 만물의 시원과 아르케로서의 도(道)의 덕성, 즉 도(道)가 펼쳐진 현상을 노자는 현덕(玄德)이라고 한다. 그런데 노자는 도(道)를 체현한 성인(聖人)의 덕성을 또한 현덕(玄德)이라고 하는데, 이는 도의 덕성과 이 도(道)를 체현한 성인의 덕성이 일치하기 때문이다.[10] 성인의 덕성은 무위이치(無爲而治)[11]를 구현하는 것이며, 이는 무위자연을 실행

---

9 R. Maurer, *Heideggers Metaphysik der Physis*, 134쪽 참조.

10 『도덕경』의 제51장에서는 도(道)를 체현하는 현덕을 잘 드러내고 있다. 이 장(章)을 요약하면 다음과 같다. "도(道)는 만물을 낳고 덕(德)으로써 그것을 기르며 힘(勢)을 부여하여 성장하게 한다. 만물은 그 어느 것이나 도(道)를 높이지 않는 것이 없고 덕을 귀하게 여기지 않는 것이 없다. 그런데 도가 만물을 생육하지만 자기의 소유로 하지 않고, 만물에 은택을 베풀지만 그 어떤 보답을 구하지 않으며, 만물을 성장시키지만 지배하려 하지 않는다. 이것을 현덕이라고 한다."(남만성 역, 부분적으로 필자 역).

11 무위로써 다스린다는 것(無爲而治)은 물론 아무것도 하지 않는 그런 다스림이 아니라 도리에 어긋나는 작위(作爲)로 다스리지 않는다는 것이다. 특히 그것이 당대의 유가와 묵가 및 법가의 유위(有爲) 및 인위 정치에 반대하여 나온 다스림의 형태라는 것을 감안할 필요가 있다. 유가는 예치(禮治)를, 묵가는 겸애(兼愛)와 상현(尙賢)의 정치를, 법가는 법치(法治)를 각각 주장하였다.

하는 것이기 때문에 도의 덕성을 체현하는 것이다.

도가 사상의 근본은 도(道)와 덕(德)에 있다. 노자가 말하는 도는 유교의 도덕과는 차원을 달리한다.[12] 유교에서의 도(道)는 인간의 도덕적 가치로, 인간적인 것으로—이는 마치 하이데거가 지적하듯 존재가 망각되고 주체성의 형이상학이 들어선 것과 유사한 소치이다—왜곡된다. 유교의 도덕은 어디까지나 인간이 일상생활에서 떳떳이 지켜야 할 도리를 설교한 실천 도덕이며 일종의 처세훈이다. 그것은 어디까지나 인간의 도덕적 행위와 심성 안에 있고 학문을 통해 도달할 수 있는 것이다. 그러기에 유교의 도덕은 인간과 사회의 안에 존재하는 규범이다. 그러나 노자가 보기에 유가의 학문은 저 근원적인 도(道)를 인위적으로 왜곡함으로써 오히려 도의 망각을 초래하는 것이다.

그러나 노자의 도는 『도덕경』의 거울에 비춰볼 때 인간보다 근원적인 위치에서 인간을 굽어보며 더 높고, 더 깊고, 현묘하고 근원적인 곳에서 인간 이전의, 인간 이상의 본질을 살피려고 한다. 노자가 말하는 도는 우주의 근본이며, 천지 만물의 시초이며 원리인 것이다. 천지의 운행을 비롯하여 인간의 존재와 삶은 다 이 원리에 순응하여 자연스럽게 운영되어야 한다는 것이다.

노자의 사상에서 가장 특색 있는 것은 무위(無爲)와 자연(自然)이다. 인간의 모든 것은 도에 순응하는 것만으로 만족한 것이다. 하찮은 인간의 지식과 지혜로 작위(作爲)하는 것은 부자연한 것이다. 노장(老莊)의 당대인 춘추전국시대에는 지나치게 많은 인위적인 법규와 간섭으로 백성의 삶이 피폐했었다. 도가는 무(無), 허(虛: 빈 것), 정(靜: 고요함),

12 노자와 공자의 도(道) 개념의 차이에 대해서는 許抗生, 노승현 옮김, 『노자철학과 도교』, 예문서원, 1995, 38-41쪽 참조.

유약(柔弱), 소박을 높이 평가하고 있다.

노자 『도덕경』 제1장의 "도가도비상도(道可道非常道) / 명가명비상명(名可名非常名)" 속에는 이미 하이데거 식의 '존재'와 '존재자' 사이의 '존재론적 차이(ontologische Differenz)'가 명시되어 있으며 또한 그럼으로 인해 '형이상학의 극복' 내지는 '탈형이상학'이 밝혀져 있다. 노자는 『도덕경』의 도처에서 이런 도(道)의 본질을 지적한다. 도(道)는 항상 이름이 없고(道常無名: 제1장, 32장, 37장, 41장 참조), 도(道)는 스스로 은폐하기에 이름이 없다(道隱無名: 제41장). 도(道)는 형체가 없으며(無形: 제14장, 41장) 물(物)이 아니기에(無物: 제14장) 명(名)하는 것이 불가능하고 볼 수도 잡을 수도 들을 수도 없지만, 그러나 다른 한편으로 무소부재하기에 "홍수처럼 범람하여 왼쪽에도 오른쪽에도 어디에나 있다"고 한다(제34장). 따라서 명백하게 도(道)는 존재하지만(존재 자체로서!), 결코 존재자의 방식으로 존재하진 않는다. 지식과 형이상학이 '존재자'를 대상으로 삼기에 도(道)는 그렇다면 이런 형이상학의 대상이 될 수 없다.

그런데 우리가 여기서 도(道)를 이해하는 데에 조심해야 할 부분은 도(道)의 존재 방식을 말할 때에—노자가 밝히듯—그침 없이 무명(無名)·무형(無形)·무물(無物)·도의 은폐(道隱) 기타 등등을 지적하지만, 다른 한편으로 결코 도(道)가 존재자의 세계와 무관하다는 것이 아니라는 것이다. 이미 존재자의 존재엔 도(道)의 완전한 동반이 있어 왔고 또 존재자가 존재하게 된 경위가 도(道)의 전제로 말미암아 가능하게 된 것이다.

만물(萬物)이 존재하는 곳에 무물(無物)인 도(道)가 관계하지 않은 것이 없는 것처럼, 모든 존재자가 존재하는 곳에는 필연적으로 존재가 개입되어 있다. 이처럼 도(道)의 무소부재로 편재하는 방식에서, 또 하이데거의 '존재'처럼 모든 존재자를 존재하게 하고, 주재하며(Walten) 내보내는(Schicken) 성격에서,[13] 능동적인 역동성에서 그 독특성을 목격한다.

그런데 더욱 놀라운 것은 도(道)와 '존재'는 실체적인 의미를 갖고 있지 않으면서도(!) 또 지배하거나 권력 행세를 하지 않으면서도 주재하고(Walten) 개시하며(erschliessen, öffnen) 존재자를 존재자로서 드러나게 한다. 무물(無物)인 도(道)가 물(物)을 물(物) 되게 하는 것처럼 존재는 존재자를 존재하게 한다(sein-lassen). 존재는 우리가 이 존재자를 존재자로 바라볼 수 있도록 열어주고(öffnen), 밝혀주는(lichten) 개방성이다. 존재자는 존재의 빛 속에서 존재자로서 비은폐되고 드러난다.

도(道)가 도가 사상의 핵심용어('근원어, Urwort')인 만큼 누구나 노자의 『도덕경』과 장자의 『莊子』 속에서 이 도(道)의 의미를 파악하고 이해하려 한다. 그러나 도(道)는 결코 단순하게 파악되지 않는다. 도(道)는 서구에서 흔히 '이성(Vernunft, Reason, ratio)'으로, 로고스로, 또는 법(lex)으로, '근원적 원리(Urprinzip)'로 번역되었다.[14] 어떤 학자는 도(道)를 세 겹의 의미로 번역하기도 한다. 파리대학의 레뮈자(Abel Rémusat)는 도(道)를 '존재(Sein)'와 '이성(Vernunft)' 및 '길(Weg)'로 번역했는데,[15] 이를 우리는 꼭 맞다고도 또 틀렸다고도 할 수 없지만, 노자의 도(道)가 낯선 서구인들에게 어떻게든(어쩔 수 없는) 번역어로 주어진 것이다. 또 유명한 독일의 중국학자 빌헬름(Richard Wilhelm)은

---

13 주재하고(Walten) 내보낸다(Schicken)고 해서 어떤 인위적이고 작위적인 의도를 전제로 해서는 안 된다. 그것은 도가 자연(自然)을 그리고 존재가 피시스를 벗어나지 않기 때문이다.

14 *Lexis*, 1-2(1948-51), Vorwort 참조.

15 Peter Woo K. Y, *道, Hodos und Logos*, 3쪽 참조.

'도(道)'를 의미(Sinn)라고 번역했는데, 이는 좀 특이한 번역이라고 할 수 있다. 아마 위의 *Lexis*에서도 밝혔듯 도(道)를 서양인들 대부분이 로고스로 보았는데, 또 이 고대의 로고스를 딜스(H. Diels)가 '의미(Sinn)'로 번역한 데서 그렇게 도(道)를 빌헬름이 '의미'로 번역했을 것이다. 그러나 엄밀하게는 하이데거의 견해처럼 도(道)를 '번역 불가능한 것'으로 보고 그대로 'Tao'로 쓰며, 이 "근원어(Urwort)"의 뜻을 『도덕경』에서 찾는 것이 바람직할 것이다.

하이데거는 노자의 도(道)가 개념적으로 번역 불가능함을 알았다. '존재자'의 영역으로 떨어지는 것은 도(道)의 본래성에서 멀어지는 것이다. 이런 현상은 자신의 사유와도 맞물리는 것이다. 그는 그의 『동일성과 차이』[16]에서 자신의 'Ereignis(생기사건)'라는 용어가 사유의 봉사를 위한 중심적인 말이지만 로고스(Logos)와 도(Tao)처럼 번역 불가능함을 역설한다.

하이데거는 「문화와 기술」이라는 강연에서 (도를 도라고 말해진 도는 常道가 아닌 것처럼) 신(神)은 도(道)의 경우와 같이 말로 드러낼 수 없다고 한다. 노자의 도(道)이든, 하이데거의 '존재'든 또한 신(神)이든 이름 짓고 개념으로 굳히고, 근거 짓고 체계화시켜 버리면 이미 그 본래성에서 멀어진 것이다. 그것은 하이데거적 의미로 이미 형이상학화되어버린 것이라고 할 수 있다.

샤오(Paul Shih-Yi Hsiao)는 하이데거와 노자의 『도덕경』을 번역했던 때를 떠올리며 다음과 같이 말하고 있다. "노자도덕경에서 (번역한) 여덟 장(章)은 아주 작은 수에 불과하다. 그러나 어떤 확실한 영향을 입혔음에는 틀림없다. 하이데거는 언젠가 그의 「문화와 기술」이라는 강연

---

16 M. Heidegger, *Identität und Differenz*, 24-25쪽.

에서 '오래된 것을 새롭고 광범위한 시야로 봐야 한다'고 말했다. 우리가 만약 신(神)을 전래의 신 증명들, 이를테면 존재론적, 우주론적, 목적론적 신 증명으로 근거 지으려고만 한다면, 우리는 '마치 도(Tao)와 같이' 말해질 수 없는 신을 왜소하게 할 따름이다."[17]

이러한 존재의 독특성, 즉 모든 존재자를 존재하게 하고 개시하며 주재하는, 존재사적인 역동성을 하이데거는 『휴머니즘에 관한 편지』(*Über den Humanismus*)에서 부각시킨다. "존재가 있다(es gibt das Sein)"[18]에서 es는 동시에 주는 행위자로서 곧 존재 자체를 말한다. "존재가 자신을 건네준다(es gibt)"는 표현엔 이미 "es gibt"의 상용어로서 "있다" 혹은 "존재한다"라는 의미가 들어 있다. 존재는 현전한다, 그것은 존재가 자신을 건네주기 때문이다(das Sein west, weil es gibt).

"존재자가 존재한다."는 곳에는 이미 존재가 자신을 건네준 사건, 즉 존재의 탈은폐의 사건이 일어난 것이다. 그런데 여기서 존재의 탈은폐 사건에는 동시에 존재의 자기 은폐 사건도 동시에 일어난다. 그것은 존재가 결코 존재자가 아니기 때문이다. 이러한 하이데거의 'es'가 "개시되도록 자신을 건네줌(das Sichgeben ins Offene)"으로 파악되기에,[19] 이는 노자에게서의 상도(常道)와 상응함을 우리는 간파할 수 있다.[20] 상도는 늘 자신을 건네주기 때문이다.

노자에게서 도(道)는 무형(無形)·무명(無名)·무물(無物)·무욕(無慾)

17 G. Neske, *Erinnerung an Martin Heidegger*, Neske, 127쪽. 또한 Wei Hsiung, *Chinesische Heidegger-Rezeption*, 294쪽 참조.

18 M. Heidegger, *Über den Humanismus*, 22쪽.

19 위의 책, 22-23쪽 참조.

20 최재희 교수는 하이데거의 *Über den Humanismus*를 한국어로 번역하면서 여러 곳에서 존재사적 성격을 가진 하이데거의 '존재'와 노자의 도(道)가 서로 유사하다는 것을 지적했다. 『휴머니즘론』 3쪽, 7쪽, 50쪽 참조.

이지만, 만물을 나게 하고 자라게 하며, 생성하게 하고 기른다.[21] 도(道)는 만물의 어미로서 존재자를 존재하게 한 것이다.

그런데 여기서 '어미'라는 표현은 존재자들의 출처를 나타내기 위한 상징어이지, 즉 만물을 낳고 내보낸 근원을 나타내기 위한 억지 용어이지 어떤 실제의 어머니와 같은 존재자를 나타내는 것은 아니다. 또한 도(道)를 '현묘한 암컷(현빈: 玄牝)'이라거나 '곡신(谷神)'이라고 비유한 것도 마찬가지다. 노자는 도(道)를 어떤 인격체와 같은 존재자로 보지 않았다. 즉 도(道)는 어떤 의지나 목적을 가지고 천지 만물을 사랑하거나 미워하지 않는다. 그래서 노자는 "천지는 어질지 않으며 만물을 풀강아지처럼 여긴다."고 한다(『노자도덕경』, 제5장).

노자가 도를 중국 상고시대의 상제(上帝), 즉 천지 만물을 주재하는 지고의 존재자보다도 앞서 존재한 것으로 본 데에서도, 도가 어떤 존재자가 아님을 시사하고 있음을 유추할 수 있다. 아무도 도(道)더러 상제님이나 하느님(하나님), 부처님 같은 칭호처럼 '도님'이라고 하지 않는다. 도(道)는 우리를 천당에 보내거나 지옥에 보내는 일도 하지 않으며, 숭배며 제사며 기도도 요하지 않는다. 도(道)는 어떤 인격자나 존재자가 아니기에, 그 어떤 종교로 되어서도 안 되는 것이다.

그런데 그 어떤 존재자가 아니면서 "만물의 어미"로 상징된 도(道)는 하이데거의 '존재'와도 같이 더 이상 원인과 근거 소급적 환원이 불가능하다(Ab-grund). 그것은 도(道)가 "천지를 주재하는 상제보다도 먼저 있었으며"[22] "천지보다 먼저 존재하고 있기(先天地生)"[23] 때문이기에, "가장 이른 것이자 가장 오래된 것(das Frühste und Uralte)"으로서의

21 남만성 역, 『노자도덕경』, 제10장, 34장, 39장, 51장 참조.

22 위의 책, 제4장.

23 위의 책, 제25장.

존재와도 유사한 존재 방식을 취하고 있기 때문이다. 이들의 존재 방식은 그 자체로 시공을 초월해 있지만, 시공 속에서도 끊임없이 존재하고 또 활동하고 있다.

그런데 더욱 놀라운 것은 이토록 천지보다도 그리고 천지를 주재하는 상제보다도 먼저 존재하고 "만물의 어미"와도 같은 도(道)는 "스스로 그러할 따름이고(自然)", 작위(作爲)함이 허용되지 않기에, 천지 만물과 상제와 세상 미물과도 위계적인 것이 전혀 없다는 것이다! 전혀 명령하지도 않고, 지배하지도 않으며 소유하지도 않으면서, 다름 아닌(!) 그들 자신의 고유한 본성에 도달하게 해준다. 이는 하이데거의 존재사적인 존재가 모든 존재자들로 하여금 그들 자신들의 고유한 존재에 도달하도록 "스스로 생기하게 한다(sich ereignen lassen)"는 방식에서도 그 유사성을 읽을 수 있다. 노자의 『도덕경』 제51장에서 도(道)의 불가사의한 현덕(玄德)과 그 기묘한 현상을 목격할 수 있다.

"도(道)가 만물을 낳고, 덕(德)으로써 그것을 기르고, 만물이 그들의 본성에 따라 모양을 이루게 하고, 세(勢)를 주어 그것을 성장하게 한다. 이런 까닭에 만물은 그 어느 것이나 도에 경탄하지 않는 것이 없고 덕을 귀(貴)하게 여기지 않는 것이 없다. 도를 높이고 덕을 귀하게 여기는 일은 그러나 누가 명령한 바가 아닌 자연스러움에 의한 것이다. 그런 까닭에 도가 그것을 낳고, 덕으로 그것을 길러서 키우며, 그것에 형(形)을 품부(稟賦)하고 질(質)을 이루게 하며 양성시키고 비호(庇護)한다. 이렇게 도(道)는 그것을 낳건마는 소유하려 하지 않고, 그렇게 만들건마는 자랑하지 않으며, 성장시키건마는 지배하려 하지 않는다. 이것을 (불가사의한) 현덕(玄德)이라고 한다."[24]

24 남만성 역, 『노자도덕경』, 제51장. 원문에 대한 번역은 대부분 남만성 교수에 따랐

도(道)가 만물을 생(生)하게 하고 살게 하며, 기르고 생성하게 하는 이러한 일은 어떤 신과 같은 인격체나 존재자로서의 성격을 드러내는 것이 아니라 무위자연의 순리에 의한 역량인 것이다. 이는 마치 하이데거에게서의 존재의 '역운(Geschick)'과 '생기사건(Geschehen, Ereignis)'과도 유사한 방식을 취하고 있다. 이처럼 도와 존재는 어떤 추상적인 관념도 아니며 어떤 존재자도 아니지만, 적극적인 활동성을 갖고 있는 것이다.

그런데 하이데거에 의하면 서양의 형이상학 전통은 위에서 '존재하는 것', 즉 존재자만을 고찰의 대상으로 여겨왔고 존재 자체를 물음의 과제로 삼지 못했다고 한다. 그리하여 "서구 사유의 역사엔 '존재의 진리'는 사유되지 않은 채 남아 있고 그 경험 가능성은 거절되었다."[25] 존재는 존재자가 존재자로서 드러나게 하고(따라서 존재자가 존재자로 드러난 곳엔 이미 존재의 생기사건(Ereignis)이 활동하고 있는 것이다), 우리가 이 존재자를 존재자로 바라볼 수 있도록 열어주고(öffnen), 밝혀주는(lichten) 개방성이다.

존재자는 존재의 빛 속에서 존재자로서 비은폐되고 드러난다. 그러기에 존재자가 비은폐되기 위해서는 존재에 의존한다. 아니, "존재 없는 존재자는 있을 수 없다."[26] 또한 "존재의 드러남은 드디어 존재자의 개시성을 가능하게 한다."[27] 그러기에 존재자가 무엇인지의 여부와 그리고 어떠한지의 여부는 존재로부터 그 가능성이 열린다.[28] 존재는 따

지만, 필요한 부분은 필자에 의해 약간 변형되고 또 보완되었다.

25 M. Heidegger, *Holzwege*, 195쪽 이하 참조.

26 M. Heidegger, *Was ist Metaphysik?*, 41쪽.

27 M. Heidegger, *Vom Wesen des Grundes*, 13쪽.

28 M. Heidegger, *Holzwege*, 245쪽 참조.

라서 모든 사건과 사물, 사태와 실재, 존재자의 현존에 항상 전제되어 있다. 따라서 이런 전제 없이는 아무것도 아니며, 아무것도 있을 수 없다는 것으로 세계 소멸과도 같은 것이다.

이러한 무소불위로 편재하는 존재의 존재 방식은 노자에게서의 도(道)가 한편으로 정체(正體)가 없다고 할 정도로 무명(無名: 『도덕경』 제1장, 32, 37, 41장)이며, 무물(無物: 제14장)이라서 볼 수도 잡을 수도 들을 수도 없지만(제14장, 21장), 다른 한편으로 "무한히 크기(無限大) 때문에 안 가(逝)는 곳이 없다. 어디에나 가기 때문에 멀(遠)다."[29]는 무소부재의 존재 방식을 취하고 있다. "홍수처럼 범람하여 왼쪽에도 오른쪽에도 어디에나 있다."(제34장)는 도의 편재성은 하이데거의 존재와도 유사한 존재 방식을 취하고 있다. 장자도 도(道)는 "없는 곳이 없다(無所不在)"[30]고 하고, 또 「지북유(知北遊)」 제22장에서도 노자와 유사하게 "도를 벗어나서 존재하는 것은 없다."고 하며, 「제물론」 제19편에서도 "도에는 본래부터 한계가 없다(夫道未始有封)."고 하여, 도의 편재성을 지적하고 있다.

이러한 도의 편재성에 관하여 장자는 아주 흥미롭고 적절한 비유를 들고 있다. 『장자』의 「지북유」 편에 나오는 얘기인데, 장자와 동곽자의 대화로 이루어져 있다.[31]

동곽자가 장자에게 물었다: "도는 어디에 있습니까?"

장자가 대답했다: "없는 곳이 없지요."

---

29 남만성 역, 『노자도덕경』, 제25장.

30 안동림 역주, 『莊子』, 「지북유」 제11장.

31 장자, 최효선 역해, 『莊子』, 고려원, 1994, 249쪽 참조. 여기선 장자와 동곽자의 대화를 부각시키기 위해 필자가 재구성하고 또 경우에 따라 재번역하였다.

동곽자가 다시 물었다: "좀 더 구체적으로 지적해주시면 알 수 있겠습니다."

장자가 대답했다: "땅강아지나 개미에도 있습니다."

동곽자가 물었다: "아니, 어찌 그리 하찮은 것 속에도 있단 말입니까?"

장자가 말했다: "가라지나 돌피에도 있습니다."

동곽자가 물었다: "어찌 더 하찮은 것으로 내려갑니까?"

장자가 말했다: "기왓장이나 벽돌에도 있습니다."

동곽자가 물었다: "어찌하여 갈수록 더 심하게 내려갑니까?"

장자가 말했다: "똥이나 오줌에도 있습니다."

동곽자는 더 이상 아무런 대꾸도 하지 않았다.

익살스럽게 전개된 대화엔 그러나 도가 편재한다는 존재 방식에 대한 장자의 확실한 대답이 우스꽝스럽게 펼쳐져 있다. 도는 일체를 포용하기에 도를 떠나 존재하는 것은 없다고 하는 것이다.

"도(道)는 안 가는 곳이 없다"라든가 "도는 없는 곳이 없다."는 노자의 표현대로 도(道)는 정신계(noumenon)와 현상계(phaenomenon)를 다 포괄하고 있다.[32] 이들의 세계가 존재하는 데에 이미 도(道)가 은폐된 채 공동 현존하고 있는 것이다. 도(道)의 편재성, 즉 무소부재(無所不在)한 존재로서의 도(道)는 "안 가는 곳이 없고" 만물과 관계를 맺지 않음이 없는데, 이런 도(道)의 존재 방식은 곧 하이데거에게서 존재의 존재 방식과 흡사한 것이다. 존재자가 존재하는 곳엔 존재의 손길과 지평을 벗어난 곳이 없기 때문이다.

---

32 '정신계'와 '현상계'가 다 도(道) 속에 있다는 A. Forke의 지적은 옳다: A. Forke, *Geschichte der alten chinesischen Philosophie*, 271쪽 참조.

2. 척도로서의 도(道)

우리가 위의 제2절에서 논의했지만, 도는 항존하지만 동시에 운동을 한다. 또 노자가 『도덕경』의 도처에서 천명하듯 무위자연(無爲自然)의 도(道)는 무명(無名), 무물(無物), 무욕(無欲), 무형(無形)이라고 하는데, 어찌 도(道)가 척도가 되는 것인지를 성찰하면 신비스럽기만 하다. 척도(Maβ)라는 개념은 단연 자연(自然) 및 무위자연과 대조적인 개념으로 여겨진다. 그런데 노자는 바로 이러한 자연과 무위자연을 척도로 삼는 것이다. 말하자면 우리의 모든 행위의 척도가 곧 이러한 자연과 무위자연이 되어야 한다는 것이다. 사람이 따라야 할 법칙과 기준, 원리와 규범의 척도는 다름 아닌 무위자연으로서의 도(道)인 것이다.

무위자연으로서의 도(道)에서 '스스로 그러함'으로서의 자연(自然), 즉 피시스는 무위(無爲)의 극치이고 무위 그 자체이지만, 그럼으로써 만물의 본이 되고 또 스스로 '불멸하는 법칙'이 된다. 피시스는 역설적으로 법칙들 중 법칙이고 척도 중에 척도이지만, 그러나 이 법칙과 척도엔 인위성이나 작위성이 전혀 개입되어 있지 않다. 그것은 피시스 이상의 모범이 더 이상 없기 때문이다. 그러기에 피시스와 도(道)의 '스스로 그러함'은 도가(道家)에서 곧 척도이고 기준이며, 질서이고 법이라고 볼 수 있다. 그러면서도 거기엔 비자연이나 부자유며 작위와 인위가 본질적으로 들어 있지 않는 것이다.

도가의 도(道)는 만물의 근원자인 동시에 자연적 질서이며, 만물이 따라야 하는 원리인 것이다. 자연적 질서로서의 도(道)의 성격은 무위이고 무위자연인 것이다. 자연은 그야말로 제 스스로 자신을 펼쳐 보이고 오므린다. 봄, 여름, 가을, 겨울의 사계가 변하고 낮과 밤이 변하는 것, 해가 뜨고 지는 것, 물이 위에서 아래로 흐르는 것, 무릇 생명체들이 태어나고 자라고 늙고 죽는 것 등등, 이런 것들을 통틀어 자연적 질서라고 본다면, 이 자연적 질서는 누군가에 의해 인위적으로 계획되거나 어떤 특정한 의도와 목적에 의해 그렇게 되는 것이 아니라, 아무런 의도나 작위(作爲) 없이 그냥 저절로 그렇다(自然)는 것이다.

도(道)가 무위자연이면서 척도가 되는 것은 "상선약수(上善若水)"라고 하는 『도덕경』의 제8장에서도 그 모범을 엿볼 수 있다: "최상(最上)의 선(善)은 물과 같은 것이다. 물은 모든 생물에 이로움을 주면서 다투지 않는다. 모든 사람들이 싫어하는 낮은 곳에 즐겨 있다. 그런 까닭에 물은 도에 거의 가까운 것이다."(남만성 역)

여기서는 "스스로 그러함"으로서의 자연(自然)이 동시에 척도가 되는 사례와 지극한 선(至善)의 사례가 전혀 추상적이지도 않고 관념적이지도 않게, 구체적으로 밝혀져 있다. 물의 존재와 자연스런 규범(실천윤리)으로서의 척도가 함께 얽혀 있는 것이다. 말하자면 존재론과 윤리학이 별개의 것으로 분리되어 있는 것이 아니라 근원적으로 엮어져 있다. 물론 상선(上善)은 물과 같다는 표현은 비유이다. "물은 도에 거의 가깝다"는 것은 결코 양자가 같다는 것이 아니다. 물은 유(有)이고 도는 무(無)이기에, 서로 가까울 뿐 같을 수는 없는 것이다. 그러나 "상선약수"에서 우리는 "스스로 그러한" 자연이 실천윤리의 척도가 됨을 적나라하게 읽을 수 있는 것이다.

말하자면 물의 속성만 읽어도 우리가 추구해야 하는 규범으로서의 실천윤리가 명확하게 드러난다. 이를테면 물은 높은 곳이 아니라, 낮은 곳을 향해 흘러간다. 흘러가다가 장애물이 있으면 옆으로 피하거나 기다렸다가 그 장애물을 넘어간다. 장애물과 다투지 않는 것이다. 흘러가다가 빈 공간(웅덩이)이 있으면 채워주고 간다. 물은 물질 중에서도 으뜸으로 부드럽지만, 불을 끄는 위력을 갖고 있고 "천하에 가장 부드러

운 물이 가장 단단한 바위를 향하여 돌진"(『도덕경』 제43장)한다.[33]

물은 그야말로 모든 생명체에게 이로움을 주는—마치 플라톤의 「태양의 비유」에서 태양이 무릇 생명의 근원이듯이—생명의 근원이다. 헤라클레이토스와 헤겔의 서구 변증법에서 다툼과 전쟁, 투쟁(Polemos)은 근본원리이지만, 노자는 이런 다툼을 선호하지 않으며, 또한 이런 투쟁을 통해 높은 위치를 향하려는 것도 결코 옹호하지 않는다. 유가의 권력 지상주의는 애초부터 거부된다.

그야말로 아무런 의도나 작위가 없는 이 자연적 질서는 완벽하다. 그러므로 이런 무위자연은 척도이고 모범이며, 이런 무위자연의 척도에 따를 때만이 가장 자연적이고 동시에 이상적인 것이다. 누군가 이러한 질서에 불만을 품어도 어쩔 수 없는 노릇이기에, 또 그 누구도 이런 질서를 허물 수 없기 때문에, 이러한 척도는 자연적이면서도 역설적으로 절대적이며 완전한 것이다.

그러기에 도가의 거울에 비춰볼 때 인간도 자연에 속하고 그 질서에 따를 때 완전한 것이다. 그러나 인간이 자연(적 질서)으로부터 떨어져 나와 자연적 순리를 무시하고 인간만의 질서와 제도며 인위조작적인 것을 구축할 때, 그것은 인간 자신의 자연성과, 자신이 속해야 할 자연을 위반하는 것이며, 동시에 비정상과 불완전의 길로 들어서는 것이다. 도가의 자연 중심적 사유에 반영해볼 때 자연 혹은 자연적인 것은 진짜이며, 인간에 의해 변형되고 조작된 것은 가짜라는 도식이 성립되는 것이다. 도가는 인간이 어떤 저의와 (정치적) 목적을 갖고 만들어낸 것들을 모조리 비판하고 부정하는데, 각종 인위적인 정치제도와 도덕규범

33 노자는 『도덕경』에서 자주 물을 예로 삼는다. "천하에 물보다 더 부드럽고 약한 것은 없다. 그러나 굳고 강한 것을 공격하는 데는 능히 물보다 나은 것이 없다."(남만성 역, 『노자도덕경』, 제78장.)

및 예악을 만든 당대 유가와의 갈등은 당연한 귀결이었다. 유가는 춘추전국시대에 온갖 법령과 제도 및 예악을 만들어 상명하복의 권력 시스템으로 강제했지만, 실패한 것이다.

무위자연의 "도(道)에서 멀어지면 쉬이 사라져버린다."(『도덕경』, 55장)라고 노자는 말한다. 도에서 멀다는 것은 인간에게 도(道)가 완전히 상실되거나 망각된, 그래서 위험한 상태이다. 이처럼 도에서 멀어지거나 도에 어긋난다면 쉬이 사라져버린다는 것이다. 하이데거도 존재망각이 극단화되면 위험한 상태, "최고로 위험한 상태(höchste Gefahr)"라고 하였다. 그렇다면 도가와 하이데거가 우리에게 건네주는 행위 준칙으로서의 이정표는 '위험'에 빠지지 말 것을, 대도(大道)를 상실하거나 존재를 망각하지 말 것을 부탁하는 것이다.

그런데 무위자연이 척도가 되는 도가의 경우와 유가의 권력 중심적인 척도를 비교해볼 필요가 있다. 이미 『주역』에는 천문에 관한 기록이 나타나기에, 동양의 고대국가들은 아주 일찍부터 천문과 역법에 눈을 떴다.[34] 고대 동양에서는 어떠한 학문이나 종교도, 모든 나라들과 백성들도 하늘을 높이 받들었다.

그런데 천문지리(天文地理)라는 용어에 이미 그 뜻이 밝혀져 있듯이 천문에 관한 사상은 땅의 이치와 일치한다는 것이고, 더욱이 어떤 왕조의 운명과도 연결되어 있다는 것이다. 그래서 음양오행 사상이나 권력자의 천자(天子) 사상, 사마천의 『사기』(「천관서」)에서부터 한나라 시대

---

34 동양의 고전으로 여겨지는 『주역』엔 이미 천문 사상이 발전되어 있는 것으로 보인다. 『주역』의 「계사상전」에서는 역(易)을 설명하는 과정에서 '천문'과 '지리'의 개념을 쓰고 있다. "역은 천지와 일치한다. 따라서 천지의 도(道)는 모두 이 속에 포용되어 있다. 위로는 일월성신을 나타내는 천문(天文)을, 아래로는 산천초목을 만들어내는 땅의 지리를 포괄적으로 관찰하고 이것을 체계화한 것이 역이다."(노태준 역해, 『주역』, 홍신문화사, 1996, 221쪽.)

의 동중서("천인감응 사상")에 이르기까지 천문 연구가 많은 편이다.[35] 그런데 이러한 궁정 관료나 천문 연구가에 의한 관측이나 지식은 궁정 권력자의 전유물이어서 일반 백성들이 자유롭게 공유하는 것은 아니었다. 권력을 유지하는 데 천문 사상을 이용한 경우도 허다했다.

인식론적 측면에서 하늘의 현상을 억지로 땅의 이치와 연계시키는 것 자체가 무리인데다, 이를 억지로 도그마로 규범화하면 부자연스럽고 부당한 결과가 생기는 것이다. 이를테면 만약 일식이나 월식은 아주 나쁜 징조로서 왕조의 멸망이라고 규정한다면, 오늘날의 견지에서는 미신에 불과한 것이 된다. 그런데 사마천의 『사기』「천관서」는 이런 내용들로 가득 찼다.

천인감응 사상은 하늘과 인간의 미묘한 역학 관계를 규명할 수 있는 것으로 보고, 궁정 관료나 천문관측가는 억지 해석을 한 경우가 많았다. 하늘의 의지가 음양을 매개로 하여 자연현상을 통해 구현된다고 보

35 이문규 교수는 중국 고래로부터 유가와 도가 및 불가와 제자백가 등에서의 천(天) 개념을 풍우란(馮友蘭)의 해석을 참조로 하여 간단명료하게 분류하고 있다(이문규, 『고대 중국인이 바라본 하늘의 세계』, 문학과지성사, 2000, 26쪽 참조). 유가의 천(天) 개념은 우선 땅과 대비되는 하늘의 의미로서의 "물질의 천(物質之天)", 인격적 의미를 갖고 있는 황천상제(皇天上帝) 내지는 "주재의 천(主宰之天)", 맹자에게서 두드러진 운명적 의미를 지닌 "명운의 천(命運之天)", 자연의 운행을 일컫는 순자의 "자연의 천(自然之天)", 우주의 최고 원리를 표명하는 "의리의 천(義理之天)", 소박한 인격신과 유사한 천(天) 개념으로서 덕이 있는 자에게 복을, 죄가 있는 자에게 벌을 주는 존재 등으로 파악되고 있다. 천(天) 개념은 고대 동양에서는 유·불·도나 그 어떤 사상에서든 도덕의 근원으로 받아들여졌다. 또 『주역』이나 『중용』에서 하늘은 "조화로운 우주의 법칙"과 "인성(人性)의 절대선(絶對善)의 근거"가 되고 있다. 도가 사상가인 노자와 장자에게서는 '자연' 개념을 매개하는 하늘의 "이법성(理法性)"이 부각된다. 또 정자(程子)와 주자(朱子)는 "천즉리(天卽理)의 명제를 통해 천은 이신론(理神論)적으로" 이해했다고 한다. 이 외에도 고대 동양에서의 천(天) 개념은 윤원현, 「유가 사상의 세계관—우리에게 천(天)의 의미는—」, 권오만 외, 『철학 오디세이 2000』, 담론사, 2000, 219-248쪽 참조. 이강수, 『노자와 장자』, 75-77쪽 참조.

는 것은, 또 이러한 의지천(意志天)의 개념에서 하늘이 인간뿐만 아니라 자연 세계 전체와도 관계를 맺는다고 하는 것은 인간의 소망일 수도 있고 또 하늘에 대한 숭경심을 드러낸 것으로도 볼 수 있지만, 이를 그러나 지나치게 천인감응 사상과 연결 지어 무리한 도그마를 끌어냈기에, 억지와 위험이 뒤따랐던 것이다.

이를테면 동중서의 천인감응설엔 유교적 권력 체계를 위한—마치 "왕권신수설"을 옹호하기라도 하듯이—특성이 잘 드러나 있는데, "천인감응이란 구체적으로 군주의 정치적 행위에 대한 자연현상을 통한 하늘의 반응을 의미하는 것"이라고 한다.[36] 그러기에 동중서의 천인감응설은—천문 해석은 얼마든지 권력자에 유리하게 해석할 수도 있고, 심지어 왜곡할 수도 있었다—무엇보다도 군주를 하늘에 근거하는 존재로, 인격천(人格天)인 하늘과 직접적으로 관련된 자로, 즉 천자(天子)로 설정함으로써 독재적이고 중앙집권적인 황제 지배 체제를 강화시킨 흔적이 역력하다. 유교에서의 천(天)은 척도가 되었다. 그러나 보편타당한 해석이 없기에, 천의 위치에 있는 권력자의 권력이 척도가 된 것이다.

이와 같이 고대중국의 경우 천문지리 사상이 지나치게 절대 권력자를 위한 것이었기에, 천문학 자체의 발전에는 기여하지 못했을 뿐만 아니라 오히려 장애가 되었을 것으로 보이는데, 고천문학자 박창범 교수도 이를 잘 지적하고 있다: "중국의 경우 천문학의 정치적 효용이 강조되어 역법이 천문가들의 주 연구과제였던 데에 비해, 우리나라의 천문학은 하늘의 변화를 철저히 관측하고 기록하는 데에 더 힘을 기울였던 것"[37]으로 보인다.

---

36 이문규, 『고대 중국인이 바라본 하늘의 세계』, 33쪽 참조.

37 박창범, 『하늘에 새긴 우리역사』, 김영사, 2004, 133쪽.

이때까지의 논의를 참조해보면 유가에서의 천(天)과 천자 사상은 도가의 천(天) 개념과는 많은 차이를 드러낸다. 유가의 천(天)은—맹자에게서는 극히 도덕적인 의미로도 받아들여졌지만—무엇보다도 권력 시스템의 최상층에 자리매김되었고, 왕(황제)은 천자(天子)이기에 인간 세상에서 권력의 최상층에 위치하는 것이었다. 그런데 이 권력은 거의 절대적이고 무조건적이어서—이 절대 권력에 항거한다면 대부분 사형이었고, 현자들의 예치(禮治) 주장은 실제로는 무시되는 편이어서—그 어떤 정당성 문제나 보편성 및 진리도 규제의 역할을 수행하지 못했다.[38] 권력 자체가 절대적인 척도였던 것이다.

이강수 교수가 밝히듯 유가의 천(天) 개념은 상제(上帝)의 형상으로 세상을 지배하는 인격천으로 자리매김하였다.[39] 그리하여 이런 인격천의 관념에 의거하여 통치권 기원설이 정립된 것이다. 통치자(왕, 황제)는 곧 천자이고 천명을 받았다는 것이다.[40] 그래서 이런 통치자는 곧 하늘 상제의 아들이라는 것이다. 이렇게 형성된 권력은 단연 절대권의 성격으로 굳어져 독재와 전제(專制)의 원흉이 된 것이다. 유가의 텍스트에는 통치자가 성군이 되어야 하고 왕도 정치를 실현해야 한다고 되어 있지만, 절대 권력을 쥔 자들은 역사가 증언하듯—아래 사람들로부터 '성군'이라는 아부는 많았지만—대체로 그러지 못했다.

---

38 특히 춘추전국시대에서와 같이 전쟁이 일상이었을 때 백성들은 그저 전투력과 생산력 및 강제 노역, 많은 세금 갈취의 원천이었다. 권력자의 탐욕에 백성들의 고통은 무시되었으며, 전쟁터에서 수많은 인명을 잃어도 그 생명들이 절대 권력자의 소유물에 불과했기에, 인명 경시 풍조가 만연하였다.

39 이강수, 『노자와 장자』, 75쪽 참조.

40 김일권 교수에 의하면 주나라 때부터 정치권력을 천명이론 및 상천(上天) 개념과 연결시켰다고 한다. 또한 공자도 주나라의 정치를 이상시하면서 하늘의 별과 지상의 정치를 같은 관점에서 바라보았으며, "하늘의 아들"인 황제만이 하늘에 제사 지낼 수 있다는 것을 주장했다고 한다(김일권, 『고구려 별자리와 신화』, 사계절, 2008, 24쪽 참조).

그러나 도가에서는 유가와는 전적으로 달리 하늘을 상제라거나 인격천, 내지 의지를 가진 의지천(意志天)으로 받아들이지 않았다. 춘추전국시대에 이미 유가적 봉건주의와 전제주의가 굳혀진 상태에서, 즉 권력자에게 절대적인 권력이 주어진 상태에서 저러한 인격천이나 의지천을 부인하는 것은 사형을 면치 못할 정도로 상당히 위험하였으나,[41] 노자는 이에 개의치 않고 자신의 전적으로 다른 천(天) 개념을 부각시켰다.

노자는 유가의 상제 관념과 인격천 내지는 주재천(主宰天) 개념을 부인하면서 "하늘의 도는 편애하지 않고(天道無親)", 심지어 "천지는 어질지 않다(天地不仁)"고 한다.[42] 이런 주장은 하늘이 의지나 인격을 갖고서 어떤 사람이나 집단, 나아가 통치자에게 복과 화를 내리는 유가의 "주재자로서의 천(主宰天)" 사상을 부인하는 것이다. "인법지 지법천 천법도 도법자연(人法地 地法天 天法道 道法自然)"[43]엔 이러한 노자의 순리를 따르는 자연 사상과 천(天) 사상이 잘 드러나 있다. 『도덕경』의 제25장에 나오는 노자의 말을 장중위안(張鍾元, 장종원)은 다음과 같이 번역한다: "인간은 땅을 따르고 / 땅은 하늘을 따르고 / 하늘은 도를 따르니 / 도는 스스로 그러함을 따르는구나."[44]

여기서 인간이 땅을 따르는 것은 그가 땅에서 생을 영위하고 안전을 구하기 때문인데, 이는 고대 그리스인이 땅을 어머니 가이아(Gaia)라고 한 것과 유사한 이치다. 호메로스는 "만물의 어머니인 대지에 대한 찬

---

41 이강수 교수는 유가적 천(天) 개념을 부인한 노자의 천 개념이 "당시 천지를 진동시킬 만한 위험스런 주장"이라고 표현하였는데, 권력 지상주의의 유가 사상과 심한 갈등을 빚었을 것으로 보인다(이강수, 『노자와 장자』, 76쪽 참조).

42 이강수, 『노자와 장자』, 76쪽 참조.

43 남만성 역, 『노자도덕경』, 제25장.

44 張鍾元, 엄석인 옮김, 『道』, 민족사, 1992, 114-115쪽.

가"[45]를 시작(詩作)했는데, 이에는 노자의 "땅을 따르는 인간"의 모습이 잘 드러나 있다. 또 땅이 하늘을 따른다는 것은 하늘이 땅 위의 만물을 유지하고 또 생육시키기 때문이고 햇빛과 비를 내려 땅에 풍요를 가져오기 때문이다. 또 하늘이 도(道)를 따른다는 것은 하늘이 그 운행과 활동을 그르치지 않는다는 것이다. 그런데 마지막 연에서 도(道)가 자연(自然), 즉 "스스로 그러함을 따른다."는 것은 도의 법칙이 곧 자연의 법칙이라는 것이다. 즉 어떤 또 다른 상위 개념이나 실체로서의 자연이 전혀 아니라, "스스로 그러함", 즉 작위함이 없다는 것이다.

도가에서 상명하복의 권력은 없다. 권력을 가진 자는 오직 섬기는 자이다. 작위하는 것도 주재하는 것도 군림하는 것도 없지만, 천지 만물이 스스로 그러함에 따라 저절로 마땅하지 않는 것이 없다는 것이 도가의 척도 사유이다. 노자는 하늘을 권력적 의미를 지닌 상제라거나 천자에게 권력을 부여하는 권력천으로, 또는 인격천 혹은 의지를 가진 의지천으로 파악하지 않았다. 그에게서 천도(天道)는 만물의 본래대로의 모습, 즉 "스스로 그러함"으로서의 자연(自然)인 것이다.

---

45 호메로스의 「만물의 어머니인 대지에 대한 찬가」(Gēn mētera pantōn)는 다음과 같다: "모든 지상의 존재자들을 먹여 살리는 / 만물의 어머니인 대지에 관하여 나는 노래하리라. / 땅에서 일어나는 일이건, 바다와 공중에서 요동하는 것이건, 다 그대의 / 충만과 은혜를 입고 있도다. / 좋은 자손들과 좋은 과실들은 그대로부터 왔으니, / 죽어야 하는 인간에게 생명을 부여하거나 / 돌려받는 것은 그대의 위력이로다. / 그러나 그대가 가슴으로 애지중지하게 기른 만물은 / 복 될진저, 곧 이들에게 질투 없는 지극한 복이 마련되나니. … 별들로 가득 찬 하늘 우라노스의 아내이고 신들의 어머니인 그대 복 되소서."(필자 번역).

3. '존재'의 존재 방식

우리는 일상성 속에 살면서 너무나 무시하고 당연시하여 존재의 존재 의미에 대해서, 존재의 위상에 대해서 잊어버리며 산다. 그러나 하이데거가 증언하듯이 "존재자가 있다"거나 "존재가 있다"는 사실보다 더 큰 수수께끼가 어디에 있겠는가.[46] 뭔가가 존재하고 있다는 이 사실이야말로 수수께끼 중의 수수께끼인 것이다. 더욱이 존재의 생기에 의해, "존재 속에서 존재자의 모든 숙명이 시원적으로 이미 완결되어 있다"[47]는 것은 더더욱 경이로울 따름이다.

존재와 존재자 사이의 차이를 이해하는 것이야말로 하이데거의 철학을 이해하는 중요한 이정표라고 하지 않을 수 없다. 그는 소크라테스 이전의 철학자들에게 생생하게 살아 있었던 존재사유가 오랜 철학사의 흐름에서 망각되어 갔다는 것을 그의 전후기 사유를 막론하고 강력하게 부각시킨다. 하이데거의 "존재론적 차이(ontologische Differenz)"가 지적하듯 서구는 철저하게 존재와 존재자 사이의 존재론적 차이를 망각하고 말았던 것이다.

존재는 결코 존재자가 아니다. 오랜 서구의 철학사는—초기 고대 그리스의 철인들에게 살아 생동하고 있었던—존재를 존재로서 사유하지 못하고 망각하였으며, 그 자리에 존재자를 존재로 오해하고 있었던 것이다. 하이데거는 "존재를 존재로서 사유할 것"을 요청하고서 "존재는 더 이상 그 어떤 존재자를 통해 설명될 수 없다"고 천명한다.[48]

---

46 M. Heidegger, *Was ist Metaphysik?*, 21쪽 참조.

47 위의 책, 46쪽.

48 M. Heidegger, *Der Satz vom Grund*, 118-119쪽: "Sein als Sein zu denken. Dies sagt: *Sein nicht mehr durch etwas Seiendes erklären*."

그런데 여기서 존재를 "더 이상 그 어떤 존재자를 통해 설명할 수 없다"고 하는 것은 노자에게서 "보려고 해도 보이지 않는 도(道)"와 "들으려고 해도 들리지 않는 도(道)" 및 "잡으려고 해도 잡히지 않는 도(道)"와 아주 유사하며,[49] "도를 도라고 말로 표현하면 그것은 상도가 아니다(道可道非常道)"[50]라는 표현 방식과도 유사한 것이다. 양자는 모두 도(道)와 존재를 존재자적인 것으로서 드러낼 수 없다는 것을 밝히고 있는 것이다.

하이데거에 의하면 존재자와 본질적으로 다른 존재 자체를 존재자처럼 다루는 데에서—이를테면 형이상학, 세상의 학문 등등—존재는 더욱 가려지고 만다. 존재자를 연구하면 할수록, 즉 이 연구의 업적이 성공적이면 성공적일수록 존재 자체는 사유에서 더욱 미궁의 심연으로 가라앉아버린다. 그러나 존재자들만을 존재하는 것으로 여기면서 이런 존재자들을 대상화하여 그것들의 구조나 근거 및 범주를 파악하려는 과학이나 형이상학을 통해서는 결코 존재 자체는 파악되지 않는다. 그것은 존재 자체가 결코 대상화될 수 있는 존재자가 아니기 때문이다.

인간은 그러나 안타깝게도 학문적으로 연구할 수 있는 것과 기술적으로 만들 수 있는 존재자를 알 뿐이다. 존재자의 저편에서 이 존재자를 존재자로 일으켜 세우고 의미를 부여하는 그 어떤 것도 상실되고 만다. 이 존재상실에서 바로 니힐리즘이 꽃피는 것이다. 존재상실에서, 존재 자체와 무관한 형이상학적 사유에서 니힐리즘이 꽃피었음을 하이데거는 밝힌다.

하이데거에 의하면 저러한 존재의 은폐를 통찰한 철인이 곧 헤라클

---

49 남만성 역, 『노자도덕경』, 제14장 참조.

50 위의 책, 제1장.

레이토스이다. '존재'를 그리스어로 표현한 피시스는 "스스로 은폐하는 (verbergen) 성향을 갖고 있다."[51]는 데에서 우리는 존재의 자기 은폐성을 읽을 수 있다. 그런데 우리는 노자에게서의 도(道)가 무명(無名), 무물(無物), 무형(無形)이라는 데에서 또한 도(道)의 은폐성(道隱無名: 『도덕경』 제41장)을 볼 수 있다. 도와 존재는 스스로 은폐하는 속성을 갖지만 무소불위로 편재하는 것이다.

그런데 역설적인 표현으로 존재는 이토록 은폐하고 있으면서도 존재자를 존재자로 드러내는 속성을 갖고 있다. 존재는 존재자를 존재자로서 존재하게 하는, 즉 존재자를 탈은폐하고 드러내는 속성을 갖고 있기에, 존재자와는 차원을 달리한다. 존재와 존재자와의 "존재론적 차이"는 하이데거의 후기 사유에서 더욱 강조되는데, 위에서 언급된 내용들과 유사한 방식으로 규명되고 있다. "존재자의 도래는 존재의 섭리 안에 기인한다."[52]

그런데 이토록 존재가 존재자를 탈-은폐하고, 존재자들을 그 자체로서 고유하게 존재하게 하며(sein-lassen) 고유한 자신을 펼치게 하는 것은 도가에서 무위자연의 도(道)가 만물에게 하는 태도와 유사한 것으로 보인다. 어쩌면 도가에서의 도는 하이데거의 존재가 존재자에게 하는 역할이나 태도보다는 훨씬 더 강조되어 있다. 이를테면 도는 만물을 생성하게 하고,[53] 만물을 생육하게 하고도 소유하지 않고, 일을 하고도 자랑하지 않으며, 공을 이루고도 자기의 공로라고 생각하지 않는다.[54]

---

51 헤라클레이토스의 『단편』, 123.

52 M. Heidegger, *Über den Humanismus*, 19쪽: Die Ankunft des Seienden beruht im Geschick des Seins.

53 남만성 역, 『노자도덕경』, 제39장 참조.

54 위의 책, 제10장 참조.

또 도는 "만물을 옷처럼 따뜻이 덮어 기르건마는 주재하지 않는다."[55] 도의 이러한 덕을 노자는 "불가사의한 은덕"[56]이라고 한다.

하이데거에게서 존재자는, 그것이 존재한다면, 존재의 도움 없이 존재할 수 없지만, 존재에는 그러나 존재자적인 것이 전혀 없다. 이런 측면에서 존재는 도가에서의 도(道)와 유사하게 무(無: das Nichts)이고 무위자연의 사역(使役)을 한다. 무(無)이면서 존재는 존재자를 드러내고 존재하게 하는 사역을 한다. 하이데거의 후기 존재사적 사유엔 존재가 자신을 보내고(schicken) 주며(geben) 자신의 열린 장(das Offene) 안으로 존재자를 데려온다고 한다.[57] 존재는 도(道)의 무위자연과도 유사하게 사역하는데, 자신을 아무리 주고(geben) 보내며(schicken) 존재자를 비은폐하게 하여도 고갈되지 않는다.

이는 마치 도(道)에 대한 노자의 "빈 그릇"이란 예와 같이 아무리 퍼내어 써도 고갈되지 않으며,[58] 홍수처럼 범람하여 도처에 흘러넘치는(도의 편재성)[59] 도(道)와 유사한 존재 방식을 취하고 있음을 목격하게 한다. 그러기에 하이데거의 존재는—도가에서의 도(道)와 물(物)의 관계처럼—존재자와 달리 생성 소멸(生成消滅)하지 않는다. 존재는 부단히 자신을 주고(geben) 보내며(schicken) 존재자 전체를 주재한다.

주지하다시피 존재에는 존재자와 존재자적인 것이 개입되어 있지 않다. 존재는 그러나 "밝히면서 은폐하는(lichtend-verbergend)" 속성을 갖고 있는 것이다.[60] 존재자를 존재자로 탈은폐하고 존재하게 하는 존

---

55 남만성 역, 『노자도덕경』, 제34장, 제62장 참조.

56 위의 책, 제42장, 제10장 참조.

57 M. Heidegger, *Über den Humanismus*, 22쪽 이하 참조.

58 남만성 역, 『노자도덕경』, 제4장 참조.

59 위의 책, 제34장 참조.

60 M. Heidegger, *Über den Humanismus*, 16쪽.

재는 곧 존재의 진리, 즉 비-은폐성(Ἀ-λήθεια, Un-verborgenheit) 자체이다. 하이데거에게서 진리는 곧 존재의 진리이기에 "진리는 존재의 본질에 속한다."[61]

존재의 존재 방식을 존재와 존재자 및 인간과의 관련 여부로 고찰해 보면 몇 가지 특징을 목격할 수 있다. 첫째로, 존재자는 존재에 의해 드러나기에, 존재는 존재자를 드러내고 밝힌다(entbergen, erschliessen, freigeben). 둘째로, 이토록 존재가 존재자를 드러내고 밝히며 보여지도록 하지만, 그 자신은 그러나 존재자가 아니기에(das Nichtseiende) 스스로 은닉하는 것이다(sich-verbergen). 셋째로, 존재는 결코 존재자에 의해 개현되지 않기에 인간을 매개로 하여 자신을 밝히는 것이다. 말하자면 인간만이 존재를 이해하고 존재에로 접근하며, "존재의 목자(Hirt des Seins)"가 될 수 있는 것이다.

여태껏 우리는 말과 개념과 논리로서 혹은 이론적 방식으로 도(道)와 존재에 이르지 못함을 밝혔는데, 그러면 우리의 과제는 과연 무엇인지 숙고하지 않을 수 없다. 도(道)와 '존재'가 원리적으로 인간보다 더 능동적이고 선행(先行)적이며 주도·주재하기에 인간은 그 가호 속에서 가능성의 문을 찾아야 할 것으로 보인다. 물론 말과 개념과 이론이며 논리로 도(道)와 존재가 포착되지 않는 만큼 이들에게 이르는 특별한 인위적인 방법이 성립되지 않지만, 노자와 하이데거의 사유의 길을 따라가면 깨달음에 이르게 하는 '이정표(Wegmarken)'가 있을 것이다.[62]

---

61 M. Heidegger, *Einführung in die Metaphysik*, 78쪽.

62 레이첼 카슨(R. Carson)은 『자연, 그 경이로움에 대하여』(부제: '레이첼 카슨의 마지막 노래')에서 우리 인간이 경이로운 자연에 다가가기 위해서는 자연에 대한 겸허한 마음과 "영적 성숙"이 전제되어야 한다고 하는데, 도(道)와 존재에로의 귀의에도 이러한 "영적 성숙"이 필요한 것으로 보인다.

노자에게서 도와 덕의 세계는 실천윤리와도 떨어질 수 없으므로 그는 가끔 도(道)의 세계에로의 귀환을 자주 언급했다. "무위자연"을 실현하는 일이며, 순박한 원초적 상태에로의 귀환 등을 노자는 설파했다. 도(道)의 세계에로의 귀환이나 "무위자연"을 실현하는 일, 나아가 원초적 상태에로의 귀환에는 그럴 만한 영적 성숙이 필요한 것으로 보인다. 물론 이 세상에 "던져진 존재(Geworfensein)"로서의 인간이 자신의 삶을 펼치고 경험하는 가운데 비약(Sprung)과 직관에 의해 "존재접근(Seinsbetroffenheit)"과 "존재이해(Seinsverständnis)"가 가능한 것처럼, 그렇게 도(道)를 체득할 수 있을 것이다.

이 외에도 "피시스에 따라 행위하는 것이(poiein kata physin) 곧 지혜"라는 헤라클레이토스의 역설이며(『단편』, 112) '자연의 섭리에 따르라(kata physin)'라는 스토아 학파의 모토나, '생성의 죄 없는 세계(Unschuld des Werdens)'에로의 귀환을 부르짖은 니체, '자연으로 돌아가라'는 루소의 외침도[63] 그 일환이 될 수 있을 것이다. 그러나 우리는 마치 하이데거에서의 "존재망각"처럼 무위자연의 도(道)로부터 일탈하며 산다. 우리는 아마 더 이상 쉽고 단순하게 '무위자연'으로 혹은 순박한 원초적 상태로 돌아갈 수 없는 처지에 놓여 있다.

하이데거의 경우도 우리는 위와 비슷하게 이해할 수 있다. 사물의 세계와 기술·기계문명이며 형이상학의 굴레에서 벗어나야 하고 안목의 세계에 사로잡힌 우리의 시선을 옮겨야 한다. 하이데거의 말대로 '존재자와의 작별(Abschied vom Seienden)'을 감행하고 존재에로 비약해야 한다. 이러한 작별을 감행하지 못하면 비약할 수 없고, 또 비약(Sprung)을 실현하지 못하면 우리는 "존재역운(Seinsgeschick)"을 사유할 수

63 Lin Yutang, Vorwort, in *Die Weisheit des Laotse* 참조.

없다.[64]

"비약[65]은 아무런 중재 없이, 즉 아무런 단계적 발전의 연속 없이 다른 영역에로 그리고 말씀함(Sagen)의 다른 방식에로 사유를 이끈다."[66] 하이데거의 '탈존(Ek-sistenz)'도 이와 같은 '존재에로의 비약'을 통해 존재 가운데에 거처하는 것이다. 그리하여 하이데거는 끊임없이 "존재 자체에 유념하기"[67]를, "존재의 음성에 깊은 사려를 가질 것"[68]을, "존재의 음성을 들을 것"[69]을, "존재의 도래함을 숙고"하고 "존재의 윙크(Winke des Seins)"[70]를 기다릴 것을 요청한다.

그런데 존재 쪽에서 인간과 세계로 다가오고 섭리하는 이른바 "존재사(Seinsgeschichte)"는 하이데거의 후기 철학에서 중요한 위치를 점하고 있다. 그것은 무엇보다도 인간이 아니라 존재가 인간과 역사를 주재한다(walten)는 것이다. 따라서 인간은 임의로, 즉 자신의 의지와 필요에 의해서 존재의 진리 안으로 들락날락 기웃거릴 수 있는 존재자가 아닌 것이다. 이런 하이데거의 존재사적인 '존재'를 우리는 『도덕경』의 여러 곳에서 목격할 수 있다.

이를테면 도(道)는 천지보다 먼저 존재하면서 천지의 시원을 열며, 만물을 따뜻하게 생육시키는 것, 이 우주의 구석구석 가지 않는 곳이 없을 정도로 무소부재의 편재성을 이루면서 만물에게 "불가사의(不可思

64 M. Heidegger, *Der Satz vom Grund*, 108쪽 참조.

65 이러한 '비약'은 플라톤의 '동굴의 비유'에서와(atopos에서 topos에로!) 키르케고르의 '질적 변증법'에도 잘 드러나 있다.

66 M. Heidegger, *Der Satz vom Grund*, 95쪽.

67 M. Heidegger, *Was ist Metaphysik?*, 9쪽.

68 위의 책, 46쪽.

69 M. Heidegger, *Nietzsche II*, 29쪽.

70 위의 책, 383쪽.

議)한 은덕"(『도덕경』, 10장)을 펼치는 것이다. 또 "천지도는 (…) 말하지 않지만 잘 응대하고 부르지 않아도 스스로 오며 태연하게 있건마는 잘 모계(謀計)한다(天之道 … 不言而善應 不召而自來 繟然而善謀)."[71]고 하는데, 도(道)가 하는 일은 존재사가 하는 일과도 유사한 존재 방식을 취하고 있는 것이다.

이와 같이 '존재사'와 유사하게—존재자가 아니면서!—능동적으로 사역하는 도(道)는 노자 『도덕경』의 도처에서 언급되고 있다. "도(道)는 항상 무위하지만, 그러나 하지 못하는 일이 없다(道常無爲 而無不爲)"(『도덕경』, 37장). 도(道)는 아무런 작위(作爲)함이 없이 천하를 잘 다스리며, 나(生)게 하고 자라게 하지만, 주재(主宰)하거나 자신의 공(功)으로 돌리지 않는다(『도덕경』, 10장). 도(道)는 무위자연으로서 만물을 생성화육(生成化育)시키는 공(功)을 성취하지만 자신을 드러내지 않으며 소유하려고도 하지 않고, "만물을 옷처럼 따뜻하게 덮어 기르건마는 주재하지 않는다"(『도덕경』, 34장). 이러한 도(道)의 존재 방식을 노자는 "불가사의(不可思議)한 은덕"(『도덕경』, 10장) 혹은 "현묘한 덕"이라고 표현한다.

하이데거의 존재는 인간이 부르지 않아도 스스로 인간에게로 다가오는 노자의 도(道)처럼 인간에게로 도래하는데, 이것이야말로 '존재역운' 혹은 "존재의 섭리(Seinsgeschick)"[72]인 것이다. "존재의 섭리"란 존재 자체가 능동적으로 사역하며 현성하는(wesen) 것을 의미한다. 하이데거가 표현한 "Es gibt das Sein(존재가 자신을 준다)"은 섭리하는 존

71 남만성 역, 『노자도덕경』, 제73장 참조.

72 Seinsgeschick을 "존재의 운명"이라고 번역하는 경우도 있는데, 이는 무방하지만, 문맥에 따라 존재의 능동적인 역할을 부각시키기 위해선 여기서는 "존재의 섭리"라고 번역하는 것이 더 온당한 것으로 보인다.

재의 모습을 잘 드러내고 있다.

"Es gibt das Sein"에서 건네줌은 존재가 주는 것이지, 인간의 줌이 아닌 것이다. 이러한 하이데거의 성찰에는 철저하게 서구의 오랜 주체중심주의 혹은 주체성의 철학에서 벗어난 정황이 목격된다. 이는 획기적인 발상 전환인 것이다. 이를 도가의 관점으로 전환하면 철저하게 인위(人爲)가 아니라 도(道)의 위(爲), 즉 무위(無爲) 혹은 무위자연(無爲自然)과 맥락을 같이하는 것으로 볼 수 있다.

하이데거가 『휴머니즘에 관한 편지』에서 논의하고 있듯이[73] "Es gibt das Sein"은 보통 통상적 표현으로 "존재가 있다" 혹은 "존재가 주어져 있다"라고 이해되지만, 엄밀하게 번역하면 "그것이 존재를 준다" 내지는 "존재가 자신을 준다"라고 해야 한다. "왜냐하면 여기서 주는(gibt) 역할을 하는 그것(Es)은 존재 자체이기 때문이다. 그렇지만 준다(gibt)는 것은 주는 이(das gebende), 즉 자신의 진리를 부여하는 존재의 본질을 명명하는 것이다. 열려 있는 장(場: das Offene) 자체를 부여하면서 이와 더불어 열려 있는 장 안으로 자신을 부여하는 것이 존재 자체이다."[74] 또 이와 같이 하이데거는 이 "존재가 준다(es gibt)는 것은 존재의 섭리로서(als das Geschick des Seins) 주재하는 것이다(waltet)."[75] 라고 한다.

그러기에 "Es gibt das Sein"은 일차적으로 존재가 인간에게 자신을 주는 방식이다. 여기서 존재가 준다는 것(geben)은 존재가 보낸다(schicken)와 같은 의미로서 존재는 주고 보내는 당사자로서 현성한다(wesen). 존재의 보냄(Schicken)에서 인간과 세계와 역사에 보내진 것

---

73 M. Heidegger, *Über den Humanismus*, 22쪽 이하 참조.

74 위의 책, 22쪽.

75 위의 책, 23쪽.

(das Geschick)이 곧 "존재의 섭리(das Geschick des Seins)"이고 "존재사(存在史, Seinsgeschichte)"인 것이다.

이러한 존재의 보냄(Schicken)과 줌(Geben)에 의해 인간은 존재의 트임 안에 설 수 있다. 인간의 이성적 활동마저도 존재의 증여, 즉 존재가 자신을 인간에게 줌으로서 가능한 것이다. 그런데 "존재는 탈자적 기투 안에서(im ekstatischen Entwurf) 인간에게 자신을 밝히고 있다."[76] 그렇지만 이 "기투 안에서 던지는 자는 인간이 아니라 존재 자체인 것이다."[77]

그런데 이러한 하이데거의 "존재의 섭리"와 "존재사"를 중심으로 하는 존재사유는—그의 후기 사유가 전반적으로 그렇지만—서구의 오랜 인간중심주의 및 주체 중심주의와의 결별도 동시에 천명되어 있다. 이제 "인간은 존재자의 주인이 아니다. 인간은 존재의 목자(Hirt des Seins)이다."[78] 이리하여 하이데거의 후기 사유에서 인간과 존재의 관계가 도가에게서의 인간과 도(道)의 관계와 더욱 유사한 위치에 놓이게 됨을 목격할 수 있다.

하이데거에게서 존재는 먼저 인간에게로 다가오기에, 인간에게 결코 부수적으로 현존하거나 예외적으로 현전하는 방식을 취하지 않는다. 존재는 자신의 요청에 의해서 인간에게 관여하면서(an-geht) 현성하고(west) 거한다(waehrt). 그러나 인간만이 다른 존재자와는 달리 존재에 열려 있기에 존재를 도래하게 할 수 있다(ankommen lassen). 이런 맥락에서 인간과 존재는 서로 귀속한다고 볼 수 있다. 인간이 '존재의 진리'에 부름을 받고 존재의 음성을 경험하는 것을 하이데거는 기적 중에

76 M. Heidegger, *Über den Humanismus*, 25쪽.

77 위의 곳.

78 위의 책, 29쪽.

서 기적이라고까지 표현한다.[79] 이처럼 노자와 하이데거에게서는 (이기적인 의미의) 인간중심주의가 거부된다.

하이데거의 이른바 『휴머니즘에 관한 편지』(*Über den Humanismus*)는 엄밀한 의미에서 소박한 휴머니즘에 대한 비판이 아니라 인간중심주의 내지는 인간 주체 중심주의에 대한 비판인 것이다. 근세 이래의 인간중심주의는 "인간은 만물의 척도이다"라는 프로타고라스의 명제를 뛰어넘어 우주와 자연에서 (神마저도 제쳐 놓고) 일방적인 권력을 거머쥐고 제 멋대로 정복하고 조작하는 짓을 저질러온 것이다. 도대체 무슨 권리로 인간은 자신을 '자연의 정복자'라고 내세우는가. 인간중심주의의 인간은 가시적 '자연'을 단순한 자원으로만 파악하고 스스로 이 '자연'의 주인과 지배자로 행세하면서 군림해오고 있다.

특히 기술과 기술문명 시대에 인간은 '자연'을 마음대로 조작하고 착취할 수 있는 대상과 사물로만 여기고 있다. 하이데거에 의하면 이런 인간중심주의와 인간 주체 중심주의는 형이상학에 터잡고 있다. 하이데거는 특히 그의 전향(Kehre) 전후에 인간 주체와 그의 강제력에 환멸을 느꼈다. 또 2차 세계대전의 쓰라린 체험으로 인간이 곧 세상을 망가뜨리는 주범임을 인지했다. 인간이 자의와 무절제의 자율성, 기술을 통해 '마음대로 처리하는 강제력(Verfügungsgewalt)'은 곧 인류의 삶의 거처를 파괴해 버리는 것이다.

그러기에 '전향(Kehre)' 이후 하이데거가 특별히 헤라클레이토스의 피시스와 노자의 도(道)에 귀를 기울인 것은 그 의미가 크다. 우리로 하여금 심금을 울리는 것은 노자의 도(道)에서와 헤라클레이토스의 피시스에서는 (그래서 하이데거의 '존재'도 그러하듯) 결코 인간의 작위성

---

79 M. Heidegger, *Was ist Metaphysik?*, 42쪽 참조.

과 인간의 강제력, 인간이 기술을 통해 마음대로 처리하는 폭력이 전면 허용되지 않는다는 데에 있고, 또 하이데거가 이를 자신의 철학적 사유의 정면으로 앞세웠다는 것이다.

모든 세계사의 비극엔 결국 인간의 작위성과 인간의 폭력이며 무모함이 그 원인임을 숙고할 때 이들의 사유에는 어떤 깊은 예지가 있음이 틀림없다. 인감중심주의 및 인간에 의해 만들어진 각종 제도, 관습, 예절 등등은 노자에게서는 큰 도(道)를 잃고 난 뒤에 빚어지는 현상이고 하이데거에게서는 존재를 잃고 난(Seinsverlassenheit, Seinsverlorenheit)[80] 뒤에 일어나는 현상이다.

노자와 장자가 활동하던 춘추전국시대를 상기해보면, 결코 노장의 주장이 무리가 아님을 알 수 있다. 말하자면 인의예지와 같은 도덕규범을 당대에 정치·사회·교육의 이념으로 내걸었지만, 그야말로 "춘추전국시대"라는 고유명사가 시사하듯 날마다 탐욕스런 전쟁이 아니었던가. 실로 인의예지나 충성효도의 이념으로 사회와 인간들을 얽어맨다는 것은 이것뿐만 아니라 이보다 상위의 덕이 지켜지지 않는다는 것을 스스로 밝히는 것이다.

도의 상실은 존재상실과도 거의 같아 노자와 하이데거에게서 그 사유의 유사성을 역력히 볼 수 있다. 『도덕경』의 18장에서 "무위자연의 큰 도(道)가 없어지니 인(仁)이니, 의(義)니 하는 것이 있게 된다"(남만성 역)고 노자는 말한다. 대도(大道)를 폐하고 나면 인간적인 도(道)며 인의나 정의, 각종 사회제도며 학설과 지략 등이 등장한다는 것이다. 노자는 마치 하이데거가 '존재상실'을 한탄하듯 도(道)의 상실(失道: 제38장)과 무도(無道: 제46장)며 비도(非道)를 지적한다. 인간은 도(道)를

80 M. Heidegger, *Über den Humanismus*, 26쪽; *Was ist Metaphysik?*, 19쪽, 41쪽.

잃어버리고 세계를 물화(物化)하고서 '스스로 그러함'의 자연(自然)을 척도로 삼지 못하고 있다.

그러기에 세상엔 부자연, 작위, 자기중심주의, 예의범절, 관례, 출세와 감투를 위한 학문, 각종 명분 논쟁 등이 판을 치게 되는 것이다. 우리는 이러한 노자의 경고를 그대로 하이데거 식으로 이해해도 무리가 되지 않을 것이다. 존재를 상실하고 난 뒤 사람들은 마치 존재자가 전부인 양 생각하고 온갖 대상적이고 사물적인 것을,[81] 자질구레한 제도나 학문이며 각종 인간중심주의적이고 인위적인 것들을 전방에 세운다.

노자는 『도덕경』의 제41장에서 "상등의 인사가 도를 들으면 힘써서 그것을 실행하고, 중등의 인사가 도를 들으면 반신반의하고, 하등의 인사가 도를 들으면 그것을 크게 조소한다. 하등의 인사가 조소하지 않는 도는 도라고 할 만한 것이 못 된다."(남만성 역)고 한다. 뒤집힌 세계상이 여기에 잘 드러나 있다. 우리는 하이데거의 전통 형이상학 비판에서 존재와 존재자가 뒤틀린 세계상을 목격한다. 사람들은 "투쟁적으로 존재자에 우위를 설정하고서 존재를 '아무것도 아닌 것'으로 치부하여 의식적 · 무의식적으로 배척해버린다"고 하였다. 이와 같은 예들을 통해 우리는 노자와 하이데거에게서 '시원적 사유'가 어떠한 성격을 갖는지 대략 짐작했고, 또 이러한 '시원적 사유'를 상실하고 나면 어떠한 현상이 빚어지는지에 대해서도 감지할 수 있으리라 여겨진다.

---

81 하이데거는 이미 자신의 전기 사유에서 존재자의 세계에로 곤두박질한 현존재를 언급한다. 『존재와 시간』에서 "존재자의 세계에로 추락(Verfallenheit an das Seiende)"한 '세인' 혹은 '혹자(das Man)'는 '비-본래적인' 모습을 하고 있다.

4

무(無)와 빔의 존재론

1. 하이데거와 도가(道家)에서의 무(無)

하이데거는 『형이상학이란 무엇인가?』를 비롯한 여러 저서에서 무(das Nichts)를 철학적 사유의 중심 테마로 삼는데, 이는 서구의 철학사에서 획기적인 발상 전환이라고 하지 않을 수 없다. 1929년 프라이부르크대학교 철학교수 취임 특별 강연의 제목인 『형이상학이란 무엇인가?』(*Was ist Metaphysik?*)에서 하이데거는 서구 철학사에서 획기적으로 무(das Nichts)를 이 강연의 "유일무이한 테마(als einziges Thema)"[1]라고 선언한다.

그런데 하이데거가 무(das Nichts)를 취임 강연의 "유일무이한 테마"로 삼은 데는 그만한 이미심장한 이유가 있는 것이다. 서구의 전통 형

1 M. Heidegger, *Was ist Metaphysik?*, 21쪽.

이상학에서 굳어져버린 “존재자의 진리”가 아닌, “존재의 진리”라는 시원적 고향에 거주하고자 하는 하이데거의 사유 노정은 무엇보다도 존재자의 세계에만 머물러 있는 그런 형이상학에서 벗어나 시원적 고향으로 돌아가는 것이 긴요한 과제였다. 그런데 이러한 시원적 고향에로의 귀향엔 존재자에만 얽매인 세계로부터 작별이 전제되는데(“존재자로부터의 작별: Abschied vom Seienden”),[2] 바로 무(Nichts)의 경험을 통해 저 귀향이 이루어질 수 있다고 보는 것이 『형이상학이란 무엇인가?』라는 강연의 핵심 주제인 것이다.

이토록 무(Nichts)에 독특한 존재 의미를 부여하는 것은 유럽 철학에서 그 기원을 찾기 어려우나 노자의 무(無)와 빔(虛)의 사유와는 아주 자연스럽게 연결된다. 물론 무(無) 개념은 이미 고대 그리스에서 이미 언급된다. 이를테면 기원전 6세기의 파르메니데스는 존재와 무(Nichts)에 대한 3가지 명제를 여신 디케(Dike)로부터 물려받는데,[3] 여기서 무(Nichts)는 존재 개념과는 정반대의 위치에 놓여 있다. 여기서 파르메니데스는 여신으로부터의 첫째 명제, 즉 “존재만 있고, 무는 없다.”[4]는 것을 진리의 명제로 받아들인다. 그것은 이 명제만이 믿을 수 있는 길이고 진리를 따르기 때문이라고 한다. 무(無)에 대해서는 인식할 수도 없고 사유할 수도 없으며 말할 수조차도 없다고 한다.[5] 저 명제에서

---

2 M. Heidegger, *Was ist Metaphysik?*, 45쪽.

3 Diels Hermann, *Die Fragmente der Vorsokratiker*, Rowohlt: Hamburg, 1957, Frag. 6-8.

4 위의 책, Frag. 6: ἡ μὲν ὅπως ἔστιν τε καὶ ὡς οὐκ ἔστι μὴ εἶναι. 위의 인용문에서 ‘존재’를 ‘있는 것’으로, ‘무’를 ‘없는 것’으로 번역하는 경우도 있는데, 파르메니데스는 이를 어쨌든 ‘존재자(ta onta)’로 쓰지 않았기에 단순한 존재자로 읽어서는 안 된다. 파르메니데스는 위의 단편을 반복하여 ‘존재자’로 읽어지는 ta onta라는 용어를 사용하고 있지 않다: ἔστι γὰϱ εἶναι, μηδὲν δ’ οὐκ ἔστιν.

5 위의 책, Frag. 7-8.

아리스토텔레스는 그의 논리학에서 동일률을 발전시켰다.

서구의 철학사에서 무(無)는 인식될 수도 없고 사유될 수도 없으며 말할 수조차도 없다는 것이 파르메니데스의 단편에 규명되어 있다. 물론 이러한 무(無)를 '절대 무(無)'로 규명하여 긍정적인 의미를 내포하고 있는 하이데거와 도가의 무(無)와 구별할 수도 있겠지만, '존재'와는 전혀 다른 의미를 갖는다는 것은 분명한 것으로 보인다. 하이데거는 존재가 존재로 읽어지는 "시원적 사유"의 세계를 펼친 파르메니데스에게 깊은 경외심을 갖고 있지만, 그의 무(Nichts) 개념에 관해선 자세한 해명을 하지 않았다.

파르메니데스 이후로 서구 철학에서 무(das Nichts)는 줄곧 '존재'와 반대되는 개념으로, 혹은 부정적인 개념으로 발전해왔다. 하이데거는 그러나 이 무(das Nichts)의 개념에 획기적으로—아마도 도가(道家)의 영향이 있었던 것으로 보인다—각별한 존재 의미 혹은 긍정적인 의미를 부여하였던 것이다. 무(das Nichts)는 "존재의 베일(Schleier des Seins)"로서 존재자의 근거일 뿐만 아니라, 불안이나 권태와 같은 것을 통해 경험될 수 있음을 하이데거는 『형이상학이란 무엇인가?』에서 밝히고 있다.

위의 『형이상학이란 무엇인가?』에서 하이데거는 무(Nichts)를 통해 존재자 중심으로 굳어져버린 서구의 전통 형이상학을 해체하고, 존재와 무(das Nichts)가 그 어원에 입각한 엄연한 근원인 원초적 '형이상학(meta-ta-physika)'임을 천명하고 있다. 전통 형이상학에서 굳어진 "표상하는 사유"에서 존재사유의 "회상하는 사유"에로의, 말하자면 인간 주체 중심과 존재자 중심이 전통 형이상학에 도사리고 있는 존재망각을 해체하고 원초적 "존재의 진리"를 회복하는 도정인 것이다.

형이상학의 근원으로 되물어가는 위의 강연에서 하이데거는 라이프

니츠가 제기한 물음인 "왜 도대체 뭔가(존재자)가 없지 않고 오히려 존재하는가?(Warum eher etwas ist als nichts)"의 명제를 뒤집어 "도대체 왜 존재자이며 오히려 무가 아닌가?(Warum ist überhaupt Seiendes und nicht vielmehr Nichts?)"[6]라는 물음으로 강연을 끝맺었다.

그러나 사람들은—하이데거에 의하면—무(Nichts)와 불안으로부터 "존재의 진리"를 사유하고, 그로부터 형이상학의 본질과 그 근본 물음을 묻는 것을 숙고하지 못하고, 오히려 이 불안이나 무에 대하여—서구의 철학이 늘 그랬듯이—악착같이 반대하고,[7] 하이데거의 철학을 "허망한 철학"이니, "허무주의", "불안의 철학", "논리학에 반대하는 철학" 등으로 비꼬고 비아냥거렸던 것이다.[8] 그러나 하이데거의 응답은 그들이 무(Nichts)의 수수께끼를 전혀 모를 뿐만 아니라, "사유할 수 없는 무능력"과 심지어 "사유하지 않으려는 무의지로부터" 문제가 발생한다고 한다.[9]

어쩌면 하이데거가 안내해주는 불안과 무(Nichts)에 대한 사유는—깊이 숙고해본다면—오히려 희망의 메시지에 가깝다. 그것은 불안과 무(Nichts)야말로 마치 야스퍼스의 "한계 상황(Grenzsituation)"처럼 인간에게 맞닥뜨리는 근본 기분일 뿐만 아니라 인간의 삶에 현사실적인 것이고 하이데거에 의해 우리에게 제공되는 것이 아니기 때문이다. 그런데 이러한 도피할 수 없는 한계 상황 가운데서도 우리 인간으로 하여금 자신의 존재 의미와 실존을 들여다보게 하는 것은 일종의 희망적 메시지에 가깝다.

---

6 M. Heidegger, *Was ist Metaphysik?*, 20쪽, 38쪽.

7 위의 책, 20쪽 참조.

8 위의 책, 40-41쪽 참조.

9 위의 책, 40쪽 참조.

실로 인간이 불안이라는 근본 기분에 엄습될 경우 우리 주변의 모든 존재자들은 그 일상적 의미를 상실하고 무력한 것으로 드러날 따름이다. 말하자면 이 불안 속에 우리가 휘말리면서 우리는 이전과는 전적으로 다르게 자신을 드러내는 존재자 앞에 세워지는 것이다. 여기서 우리를 불안 속에 빠뜨리면서 전적으로 낯설고 다른 존재자 앞에 세우는 근원적인 힘을 하이데거는 무(Nichts)라고 한다. 이러한 무를 우리는 확실하게 지각할 수도 또 이론적으로 파악할 수도 없는 것이다. 그런데 놀랍게도 이러한 무가 어떤 공허한 허무가 아니라, 우리의 눈을 새롭게 뜨게 하고, 우리 자신과 세계를 새롭게 보게 한다.

그러나 아쉽게도 하이데거의 독자들은 서구의 형이상학에서 오래 터부시되고 기피되었던 무(Nichts)와 불안과 같은 테마들의 새로운 등장에 깊이 숙고해보기보다는 오히려 반대하였던 것이다. 무(Nichts)와 불안과 시원적 존재사유를 주된 테마로 하는 하이데거의 『형이상학이란 무엇인가?』는 청강자들에겐 물론 생소하게 들렸겠지만, 그는 치밀하게—한편으로 논리학이 존재사유에 비해 퍽 부족한 측면이 있다는 것을 지적하면서도 다른 한편으로 자신의 논지에 대해서는 논리적 설득력을 갖고서!—"존재자의 진리"로 굳어진 서구의 전통 형이상학을 가로질러 소크라테스 이전에 생동하고 있었던 "존재의 진리"를 펼쳐 보이며, 또 도가(道家)에서 자연스럽게 받아들여지는 '무(無)'가 '유(有)'의 근원인 것과 같이 존재가 존재자의 근원임을 온당하게 해명하고 있다.

실로 서구의 철학사에서 "형이상학(Μετὰ τὰ φυσικά)"은 존재자로서의 ta physika(τὰ φυσικά)를 초월하는(μετά: trans) 뜻이지만, 그러나 전통 형이상학은 존재자의 세계에 머물고 말았다. 하이데거도 지적하듯 서구의 형이상학과 실증 학문에서 "탐구되어야 할 것은 단지 존재자일 뿐, 그 밖엔 아무것도 아니다."[10] 말하자면 탐구되어야 할 것은 오직 존재자일 뿐, 그 이상은 아무것도 아니라는 것으로, 그 탐구를 아무리 끊임없이 반복해도 존재를 발견할 수 없는 것이다. 전통 형이상학은 결국 "사물존재론(Dingontologie)" 혹은 존재자 중심의 존재론에 머물러 있었다는 것이다.

이리하여 무(das Nichts)는 아무것도 아닌 것으로 여겨져, 학문에 의해 늘 거부되어 왔던 것이다. 무에 대한 학문적 물음은 애초부터 불가능할 것이다. 그것은 학문이 이러저러한 것(즉 존재자)만을 찾기 때문이다. 이미 긴 서구 철학사에서 존재자만이 우위를 차지하게 되면서 존재자가 아닌 것으로서의 무, 즉 "존재자가 아닌 것으로 이해된 존재 자체로서의 무(das so verstandene Nichts als das Sein selbst)"[11]가 망각된 채 남아 있는 것이다.

무(Nichts)는 그러나 존재하는 모든 것에 대한 부정으로서 단적으로 존재하지 않는 것으로 여겨지지만, 이토록 부정을 할 수 있다는 것은 그 근원에 무가 있기 때문이다.[12] 어떻든 무가 그 자체로 물어져야 한다면, 말하자면 어떤 것이 아닌 — '어떤 것으로서의 무'는 그 자체로 모순이기에 — 그 무엇으로 물어져야 한다면, 그것은 먼저 주어져 있어야 한다.[13]

숫자로서의(!) 0(zero)은 그야말로 그 무엇의 부정으로서 "아무것도 아닌 것"이다. 그런데 놀랍게도 이 0의 쓰임새를 눈여겨보면 아리스토텔레스의 모순율을 비웃듯이 "아무것도 아닌 것"이면서도 동시에 아무

---

10 M. Heidegger, *Was ist Metaphysik?*, 24쪽.

11 위의 책, 21쪽.

12 위의 책, 26쪽 참조.

13 위의 곳 참조.

것도 아닌 것이 아니다. 분명한 쓰임새가 있고 숫자로서의 역할을 수행하고 있기 때문이다. 수의 세계에서조차도 "아무것도 아닌 것"으로 명명되는 자신의 이름에 반하여 아무것도 아닌 게 아닌, 자신의 확실한 존재 위상을 갖고 있는 것이다.

그러기에 0(zero)은 완전한 무(Nichts)와 존재자 사이에서 모종의 역할을 하고 있고, 무가 존재한다는 것을 윙크하고 있는 것이다. 무는 그야말로 존재하는 모든 것에 대한 완전한 부정이다.[14] 위에서 언급된 0을 포함한 모든 존재하는 것은 완전한 부정으로서의 무의 저편에, 무의 바탕 위에(!) 건축되어 있는 것이다. 무의 이러한 특성이 우리로 하여금 무를 만나게 하는 윙크인지도 모른다. 그러기에 하이데거도 언급하듯이 "존재하는 모든 것은 그 자체가 오로지 부정되기 위해서라도, 그래서 이 부정 속에서 무 자체가 스스로 알려올 수 있기 위해서라도, 먼저 주어져 있어야만 한다."[15]

물론 우리는—하이데거가 지적하듯이—무(Nichts)의 특성상 이 무에 대한 형식적인 개념만 얻고 또 무에 대한 근본 경험을 할 수 있을 뿐, 무 자체는 결코 얻지 못한다.[16] 그것은 무 자체가 결코 존재자로 될 수 없고 어떤 경우에서든 존재자의 형태로 될 수 없기 때문이다. 말하자면 무는 존재하는 것 일체에 대한 완전한 부정이다. 그런데 역설적으로 존재하는 것 일체가 완전히 부정되는 곳에 무가 도사리고 있다.

이런 무에 대한 근본 경험은 우리 현존재가 권태나 불안 및 죽음 앞

---

14 M. Heidegger, *Was ist Metaphysik?*, 27쪽 참조.

15 위의 곳: "Die Allheit des Seienden muß zuvor gegeben sein, um als solche schlechthin der Verneinung verfallen zu können, in der sich dann das Nichts selbst zu bekunden hätte."

16 위의 곳 참조.

에서 일어나는 사건에서 체득될 수 있다. 존재자 전체가—아무리 친숙했던 존재자조차도—무의미해지고 아무런 존재 의미를 갖지 못한 채 무 속으로 끌려들어가는 것이다.[17] 죽음으로 향하는 현존재에게 그 어떤 세상의 존재자도 그 발길을 돌릴 수 없기에, 일체의 사물들은 어디론가 물러가고(entgleiten) 붙잡을 것이란 아무것도 없으며, 오직 무와 직면하는 상태만이 남아 있게 될 것이다.[18]

이토록 존재자 전체가 어디론가 쑥 물러나가면, 거기엔 곧 무가 밀어닥치기 때문에, 이 섬뜩한 불안 속에서 그 어떤 허전한 정적을 깨뜨려 보려 해도 되레 무의 현존만 분명해질 따름이다.[19] 그러기에 하이데거가 밝히듯이 "무는 불안 속에서 스스로를 드러낸다—그러나 존재자로서 드러내는 것은 아니다. 마찬가지로 무는 대상으로서 주어져 있는 것도 아니다."[20]

이처럼 무가 어떤 대상이나 존재자가 아니라는 것은 자명하다. 현존재가 존재자의 세계를 초월하는 곳에서 존재접근(Seinsbetroffenheit)에로의 사건이 발생하기에, 무는 오히려 근원적으로 존재의 본질에 속해 있다.[21] 그리고 이러한 무와 존재는 오직 현존재에게서만 드러나고 경험될 수 있다.[22]

그러기에 무에 대한 근본 경험을 할 수 있는 현존재는 무 속으로 들어가 머물 수 있다(Hineingehaltenheit in das Nichts). 현존재는 그러기에 이런 무에 대한 근본 경험 속에서 이미 존재자 전체를 넘어서 있는데,

---

17 M. Heidegger, *Was ist Metaphysik?*, 28쪽 이하 참조.

18 위의 책, 29쪽 이하 참조.

19 위의 책, 29-30쪽 참조.

20 위의 책, 30쪽.

21 위의 책, 32쪽 참조.

22 위의 책, 37쪽 참조.

이토록 존재자 전체를 넘어서 있는 것을 하이데거는 "초월(Transzendenz)"[23]이라고 칭한다. 초월이란 모든 존재자를 뛰어넘어 존재 자체 혹은 존재 일반으로 향해 나아가는 현존재의 가장 근원적인 기투 방식을 말한다.

말하자면 이 초월이라는 기투 방식을 통해서 인간에게는 존재가 경험될 수 있는 가능성이 부여되는 것이다. 인간은 이처럼 무 속으로 들어가 스스로 거기에 머무르면서 이미 존재자 전체를 넘어서고 있기에, 현존재의 '현(da)'은 존재자로부터 존재로의 초월이 일어나는 근본 터전이며, 그런 측면에서 인간은 "무의 자리를 지키는 자(Platzhalter des Nichts)"이고 무(Nichts)의 수호자(Wächter)가 되는 것이다.

이토록 초월은 인간 현존재에게 하나의 큰 사건인 바, 무에 대한 물음에서 존재자로서의 존재자를 그 전체에 있어 넘어서는 사건이 일어나는 것이다. 그러나 이러한 무는 대개 우리에게 드러나지 않고 그 근원성에서 위장되어 있는데, 그것은 우리가 우리 자신을 보통 존재자의 세계에서 상실해버리고 존재자의 세계에 몰두하면서 이 존재자의 세계를 초월하지 못하고 무를 위한 공간을 마련하지 못하기 때문이다.[24]

존재자 전체와는 전적으로 다른 것으로서의 무는 그러나 존재자로서의 존재자를 드러나게 하며 존재자 전체를 감싸 안고 있으면서도 각각의 존재자를 그 존재자로서 있는 그대로 드러내는 열린 터전이며, 각각의 존재자에게 자신의 고유한 현존을 드러내게 하면서도—무 자체는 결코 그 어떤 존재자가 아니기에—스스로를 숨기는 존재 자체의 트인 장(場)과 같다.

---

23 M. Heidegger, *Was ist Metaphysik?* 35쪽.
24 위의 책, 35쪽 이하 참조.

그러기에 무는 존재자 전체의 드러남을 가능하게 한다는 측면에서, 그리고 바로 이 무가 존재자를 존재자로서 "현존하게 하면서(anwesen lassen)" 이러한 현존재의 현존을 존재의 진리(비-은폐성)의 열린 장에 드러낸다는 측면에서 무와 존재는 같은 동역자인 셈이다.

이때까지의 논의에서 무(Nichts)가 존재자에 대한 무규정적인 대립자로서만 버티고 있는 것이 아니라, 오히려 존재자의 바탕이 되는, "존재자의 존재에 속해 있는 것으로(als zugehörig zum Sein des Seienden)"[25] 밝혀졌다. "존재와 무는 서로 공속한다(Sein und Nichts gehören zusammen)."[26] 이런 측면에서 하이데거는 "순수한 존재는 순수한 무와 동일한 것이다"라는 헤겔의 명제를 조건부로 정당한 것으로 받아들인다.[27]

여기서 '조건부'라는 것은 헤겔이 주장하는 존재와 무의 무규정성과 직접성에서 동일한 것이 아니라, 존재 자체가 본질상 유한하기 때문이며 또 존재가 오직 무 속으로 들어가 있는 현존재의 초월 속에서만(nur in der Transzendenz des in das Nichts hinausgehaltenen Daseins) 스스로를 드러내 보이기 때문이다.[28]

존재자와는 전적으로 다른 무는 하이데거에게서 "존재의 베일(Schleier des Seins)"[29]로 받아들여진다. "존재와 무는 서로 공속"하며 무는 그러기에 "존재로서 현성하는 것이다."[30] "존재자의 진리"에만 머문 전통 형이상학에 대한 하이데거의 비판은 정당성을 획득한 것으로 보이며,

---

25 M. Heidegger, *Was ist Metaphysik?*, 36쪽.

26 위의 곳.

27 위의 곳 참조.

28 위의 곳 참조.

29 위의 책, 46쪽.

30 위의 책, 41쪽: "Aber dieses Nichts west als das Sein."

이는 동시에 시원적 존재사유와 "존재의 진리"에 대한 '이정표'가 되는 것으로 보인다. 또한 서구 철학사에서 유례가 없었던 무(Nichts)의 존재 의미를 밝혀냄으로서 도가 철학과의 자연스런 연결 고리도 마련된 것으로 보인다.

노자 역시 도(道)를 무형(無形)·무물(無物)·무명(無名)이라고 하기에, 도(道)가—마치 하이데거에게서 "존재와 무가 서로 공속"하는 것처럼—무(無)와 공속함을 천명한다.[31] 도(道)가 무(無)와 공속하기 때문에 도(道) 또한 무(無)로 현성하며, 더더욱 무위(無爲)로서 현성한다(道常無爲: 『도덕경』, 제37장).

위에서 언급한 것처럼 하이데거에게서 "존재와 무가 동일한 것"이라고 한 것은 이미 노자에게서 이미 밝혀져 있다. 이를테면 『도덕경』의 제1장에는 도(道)에 무(無)와 유(有)의 양면이 속해 있음을 목격할 수 있다: "무는 천지의 시원을 이루고, 유는 만물의 어미이다. (…) 이 둘의 출처는 같으나 이름이 다를 뿐이다.(無名天地之始 有名萬物之母 … 此兩者同出而異名)" 여기서 도는 유-무 양면을 갖고 있는데, 이 유무의 출처는 같은 것이다. 또 『도덕경』의 제2장에서도 유와 무는 서로를 낳는다고 한다(故有無相生).

유와 무가 동근원적이라는 것은 하이데거에게서 "존재와 무가 서로 공속"하고, "존재와 무가 동일한 것"이라고 한 것을 대변해주고 있는 것이다. 주지하다시피 하이데거에게서 존재는 존재자가 아닌 것(das Nicht-seiende)으로서 무(das Nichts)인데, 그럴 수밖에 없는 이유는 존재가 존재자를 존재자로 내보이면서 자기 자신을 숨기고 있기 때문

31 특히 노자가 『도덕경』의 제1장에서 "무명천지지시(無名天地之始)"라고 표현한 것을 주목하면 도(道)가 무(無)와 공속함을 단번에 확인할 수 있다.

이다. 이를 요약하면 존재는 자기를 숨기고 은폐함으로서 무(無)이고, 존재자로 하여금 드러나게 하는 데서, 즉 만물을 개시하는 데에서 유(有)이다. 만물이 개시된 데에서 무의 상태로 은폐된 '도'와 '존재'의 현현을 들여다보는 것이다.

무의 독특한 위상을 바탕으로 하이데거는 전통 형이상학의 명제인 "무로부터는 아무것도 생기지 않는다(ex nihilo nihil fit)"를 역설적으로 뒤집은 "무로부터 존재자로서의 존재자 전체가 생긴다(ex nihilo omne ens qua ens fit)"[32]는 명제를 밝혀내는데, 이는 가히 존재자가 중심이 되지 않은, 원초적 형이상학의 재탄생이라고 해도 과언이 아닐 것으로 보인다. 더욱이 이 새로운 명제는 도가의 명제인 "유는 무로부터"와 거의 유사한 것으로 보인다.

말할 것도 없이 무(Nichts)의 테마는 '존재' 및 '존재사유'와 함께 하이데거의 전후기 사유를 막론하고 심층적으로 다뤄지고 있다. 그는 「사물」(Das Ding)이라는 논문에서 '사물'의 사물됨을 밝히는 과정에서 노자의 무(無)와 빔(虛)에 대한 사유를 적절하게 반영하고 있다.[33] 그는 빔과 무(無, Nichts)가 그 어떤 존재자가 아니지만, 서구에서처럼 아무것도 아닌 것이 아님을 밝히고, 그 존재 의미와 쓰임새를 적나라하게 드러내고 있다. 하이데거는 이들이 그 어떤 존재자가 아니지만 존재자를 존립케 하는 것임을 노자의 방식으로 드러내고 있는 것이다.

서구의 철학사에서는 그 유례를 찾기 어려울 정도로 낯선 이런 무(無)와 빔의 사유는 도가의 독특한 사유인데, 동양에서는 그러나 오래전부터 잘 알려진 용어이다. 서구의 형이상학 전통은 밖으로 드러난 존

---

32 M. Heidegger, *Was ist Metaphysik?*, 36쪽 참조.

33 O. Pöggeler도 이런 사실을 올바르게 지적하고 있다: *Neue Wege mit Heidegger*, 406쪽 참조.

재자에 의미를 부여하지, 은폐되어 있으면서 이 존재자를 담고 있는(존재하게 하는) 빔(虛)과 무(無)엔 결코 의미를 부여하지 않는데, 그것은 빔과 무의 존재 방식을 읽지 못했을 뿐만 아니라 그 쓰임새를 발견하지 못했기 때문일 것이다.

하이데거는 「사물」을 논의하면서 철저하게 노자의 방식으로, 즉 존재자 중심의 서구적 파악이 아니라, 또한 아리스토텔레스적인 '형상'을 베낀 존재자가 아니라, 빔을 중심으로 존재자를 파악한다. 실로 서구의 사유 세계에서 엄청난 변화이다! 우리의 논의를 전개하기 위해 노자 『도덕경』의 제11장을 옮겨보자: "삼십 개의 바퀴살이 하나의 바퀴통에 집중하여 있다. 그러나 그 바퀴통 속에 [아무것도 아닌 빔이][34] 있기 때문에 「차륜은 회전할 수 있어서」 차로서의 쓸모가 있는 것이다. 진흙을 이겨서 질그릇을 만든다. 그러나 그 내면에 아무것도 없는 빈 부분이 있기 때문에 그릇으로서의 구실을 할 수 있는 것이다. […] 그런 까닭에 있는 것(有)이 이(利)가 된다는 것은, 없는 것(無)이 쓸모가 있기 때문인 것이다."(남만성 역). 비어 있는 내면 때문에 쓰임새가 있는 이치와 유사하게 저 질그릇이 통째로 존립할 수 있는 것도 빔과 무(無)가 존재하기 때문이다.

노자의 빔의 사유에 걸맞게 하이데거는 질그릇과 유사한 항아리(Krug)를 예로 든다. 항아리는 다른 물건을 담는 사물이다.[35] 사람들은 이 담을 수 있음을 항아리의 바닥과 벽으로부터 파악한다. 그러나 우리가 포도주나 물을 이 항아리에 부을 수 있는 것은 이 항아리의 벽과 바닥 때문이라기보다 이 벽과 바닥 사이에 빈 곳이 있기 때문이다. 즉 이

---

34 원래 남만성 교수의 번역엔 "아무것도 아닌 공간이"로 되어 있으나, 필요에 의해 필자가 다르게 번역했음.

35 M. Heidegger, *Vorträge und Aufsätze*, 158-160쪽 참조.

항아리 속에 빈 곳이 없으면 그 속에 부을 수 없다. 그래서 하이데거는 "그릇의 담는 자는 빔이다. 항아리에서의 무(Nichts)인 이 빔이 곧 항아리가 담는 그릇으로서의 항아리이게 하는 것이다. […] 항아리의 빔이 항아리를 생산해낼 때의 모든 취급법을 규명한다. 그릇의 사물적인 것은—비록 그릇 자신이 물질로부터 존립하지만—결코 물질에 기인하는 것이 아니라 이 물질을 담는 빔에서이다."[36]

하이데거의 항아리에 대한 분석은 빔의 쓰임새를 영락없이 노자의 언어로 말하고 있는 것을 목격하게 한다. 하이데거는 스스로 묻고 답한다: "항아리의 빔이 어떻게 담는가? 빔은 부어진 것을 받아들이는 데에서 담는다. 빔은 받아들여진 것을 간직하는 데에서 담는다. 빔은 받아들이고 간직하는 두 가지의 방식으로 담는다."[37] 하이데거는 존재자가 존재자로서의 구실을 하게 하는 노자의 무(無, Nichts)의 쓰임새를 명백하게 자신의 언어로 밝혀내고 있다.

노자의 무(無)와 무위의 사유와 또 그의 모든 형태의 계산적이고 도구적인 합리주의(또는 논리 중심주의)에 대한 거부[38]는 하이데거의 존재사유와도 상응하는 것이다.[39] 이런 측면은 이미 하이데거의 전기 사유와도 훌륭하게 맞아떨어진다. 『존재와 시간』은 그야말로 초합리주의(경우에 따라선 합리주의와 논리 중심주의를 비웃는 '비합리주의')의 길을 적나라하게 드러내고 있다. 현존재의 '실존'이며 개시(Erschlossenheit), '심정성(Befindlichkeit)', '기투(Entwurf)' 등등 합리주의의

---

36 M. Heidegger, *Vorträge und Aufsätze*, 161쪽.

37 위의 책, 164쪽.

38 물론 그렇다고 노장의 사상을 단순히 '비합리주의'라고 해서는 안 된다. 그들의 메시지와 비유들이 다분히 합리적으로도 이해되기 때문이다. 그러기에 그들의 메시지는 초합리주의 내지는 선(先)합리주의적 요소가 지배적이라고 할 수 있을 것이다.

39 Paul Shih-Yi Hsiao, in *Erinnerung an Martin Heidegger*, 127쪽 참조.

잣대로 잴 수 없는 것들이다. 이 외에도 하이데거의 사상을 노자 및 헤라클레이토스의 사상과 비교할 땐 보통 그의 후기 사유에 접근하지만,[40] 이미 그의 전기 사유에도 '존재론적 차이'라든가 선-논리학 내지는 탈형이상학이 훌륭하게 드러나 있다.

하이데거는 무와 빔을 사물의 사물 됨을 밝히는 데에 적용했다.[41] 아무것도 없다고 칭해지는 혹은 아무것도 아니라는 빔(Nichts) 때문에 사물의 사물로서의 쓰임새가 부여되는 것이다. 이 빔으로 말미암아 드디어 차륜(車輪)이 회전할 수 있고, 따라서 차(車)가 차로서의 구실을 하는 것이다. 그릇의 경우도, 방의 경우도 마찬가지로 노자가 밝히듯 바로 이 무(無)의 쓰임새 때문이다. 노자에게서 무(無)와 허(虛)는 어떤 절대적인 공허를 말하는 것이 아니라 만물을 담고 수용할 수 있는 가능태를 의미한다. 존재자가 아니지만, 그래서 무(Nichts, Nichtsein)나 빔으로 칭해지지만, 아무것도 아니라는 무(無)야말로 존재자의 요람이 되어 존재자가 존재자로서 존립하게 하는 것이다.

존재자와 무(Nichts)의 관계를 파악하고서 하이데거는 전래의 형이상학이 '존재자'에 악센트를 둔 것에 대해 "왜 도대체 존재자만 있고 무는 없는가?"[42]라는 물음을 되묻는다. 즉, 왜 이 존재자에게 물음의 전 역량이 쏠리고 무에겐 그렇지 않느냐는 것이다. 그리하여 저 물음은 하

---

40 왜냐하면 전기 사유에선 현존재의 주체성과 그의 업적, 현존재의 존재론적 우월성이 강하게 부각되어 있기 때문이다. 이를 하이데거는 『휴머니즘에 관한 편지』에서 '마지막 오류'라고 스스로 반성하고 있다. 또한 현존재의 존재 이해는 자신의 존재를 문제 삼지 일반적 존재를 아직 문제 삼지 않기 때문이다. 그런데 무엇보다도 하이데거가 스스로 그의 후기 사유에서 노자의 사유에 관심을 갖기 시작했기 때문이다.

41 M. Heidegger, *Vorträge und Aufsätze*, 158-164쪽 참조.

42 M. Heidegger, *Was ist Metaphysik?*, 21쪽, 38쪽 이하 참조; 또한 *Einführung in die Metaphysik*, 1쪽.

이데거에게서 이제 전혀 다르게 물어진다: "도처에서 존재자만이 우위를 점령하고 '존재자의 아님', 즉 무(Nichts)는, 다시 말하면 존재가 자신의 본질과 관련되어 음미되지 않는 것은 도대체 무엇 때문일까?"[43] 즉, 도대체 왜 존재자만 우위를 점령하고서 "존재 자체로 이해된 무(Nichts)는 왜 망각된 채 방치되고 있는가?"[44]라고 하이데거는 반문한다. 하이데거에게서 존재와 무는 통속적인 이해와는 달리 전혀 상반 개념이 아니다.

하이데거에 의하면 형이상학과 세상의 학문들은 오로지 존재자를 위해서이고 존재자를 둘러싼 싸움이며 이 존재자를 물고 늘어진다. 탐구되어야 할 것은 오직 존재자이고 그 이외는 아무것도 없다. 그러기에 존재자 밖의 '없다'(무)는 학문들로부터 거부당하고 포기되었으며 아무것도 아닌 것으로 낙인찍혔다. 학문들은 아예 무에 관해 알고 싶어 하지 않는다.[45] 아니, 이 무가 학문들에게서 "소름끼치는 것과 망상으로" 치부되는 것 외에 무엇으로 받아들여지겠느냐고 하이데거는 반문한다.[46]

하이데거가 이토록 무(Nichts)를 사유의 중심적 테마에 두자 당시 사람들의 비난이 쏟아졌다. 그의 '무의 철학'이야말로 "완성된 허무주의(der vollendete 'Nihilismus')"[47]라거나 비겁자와 겁쟁이를 위한 "불안의 철학",[48] "감정의 철학"이라는 것이었다. 하이데거는 1943년 『형이상학이란 무엇인가?』의 후기(Nachwort)를 통해 사람들의 오해를 불식

---

43 M. Heidegger, *Wegmarken*, 414쪽.

44 M. Heidegger, *Was ist Metaphysik?*, 21쪽.

45 위의 책, 24쪽 참조.

46 위의 곳 참조.

47 위의 책, 40쪽.

48 위의 책, 41쪽.

시키기 위해 적극적으로 해명하는데, 우리는 그러나 그의 텍스트를 통해 무(Nichts)가 그 어떤 절망적인 허무주의와는 무관하다는 것을 충분히 알 수 있다.

그런데 우리가 주지해야 하는 사실은 노자의 빔(虛)과 무(無)를 결코 어떤 '허무주의'와 연관 지어서는 안 된다는 것이다.[49] 빔의 존재론엔 그럴 만한 이유가 전혀 없기 때문이다. 비어 있다는 빔과 무는 결코 자기 자신을 절대화하거나 극대화하지 않을 뿐만 아니라, 어떠한 경우에도 어떤 자족적인 실체나 존재자로서 존재하지 않는다. 빔이 있기 때문에 존재자가 존재자로서 드러나는 것이다. 따라서 빔 또는 무는 항상 존재자의 터전을 마련해준다. 무가 존재자를 품고 있기에 존재자는 철두철미하게—비록 드러나지 않지만—무와 더불어 존재하는 것이다. 그러기에 무는 결코 어떤 무의미한 공허가 아니라 유(有)를 드러내는 (혹은 존재자를 존재하게 하는) 역할을 하고 있다. 즉 무는 역동성을 갖고 있고 존재자를 존재하게 하는 힘을 갖고 있다.[50] 따라서 노자의 허(虛)와 무(無)로부터 우리는 어떠한 경우에도 어떤 의미 상실의 '허무주의'나 몰락의 니힐리즘이며, 무정부 상태의 혼란(anarchie, anomie)이나 정적주의적인 세계 부정을 끌어들여서는 안 된다.

---

49 장중위안(張鍾元, 장종원)도 노자의 '도'와 공자의 예(禮)의 근본적인 차이를 설명하면서 도가 사상이 일반적인 통념과는 달리 허무주의 성격을 갖지 않음을 강조하고 있다. 도가는 유가와 달리, 유가가 취하는 인위적인 태도와 반대 방향(즉 무위의 爲)을 추구하기 때문이다: 張鍾元, 엄석인 옮김, 『道』, 민족사, 1992, 63-64쪽 참조.

50 빔의 역동성을 김형효 교수도 지적하고 있다: 「道家思想의 현대적 독법」, 『道家哲學』 제2집, 10-11쪽 참조.

2. 무(無)의 존재 위상

우리는 위의 논의에서 무(無)에 대한 두 가지의 중요한 사실을 알게 된다. 첫째로 결정적인 것은 사물로서의 존재자가 아니라, 빔(虛)으로서의 무(無)인 것이다. 둘째로 겉보기엔 존재자가 전체이고 무(無)는 아무것도 아닌 것 같지만, 오히려 이 무(無)가 존재자로 하여금 존재자의 구실을 하게 한다는 것이다. 더 나아가 우리가 사물로서의 항아리 전체를 숙고해보면, 물질을 담는 이 존재자로서의 항아리 전체는 무(無)라는 지평에 담겨져 있다. 무(無)가 있기 때문에, 즉 바로 무(無)가 있는 그 곳에 존재자는 존재할 수 있는 것이다. 무(無) 없이 존재자는 결코 드러날 수 없기에, 존재자가 존재한다는 것은 이미 무(無)가 은폐된 채 함께 존재하고 있는 것이다.

그렇다면 하이데거가 무(Nichts)를 "존재의 베일(Schleier des Seins)"이라고 하였는데, 이때 존재와 무는 어떤 관련이 있을까? 앞에서도 언급했듯 "순수한 존재와 순수한 무(Nichts)는 서로 동일하다"는 헤겔의 말을 하이데거는 옳다고 시인한다.[51] 그렇다면 '존재'와 무(無)는 통상 서로 반대개념으로 이해되고 있지 않은가? 형이상학 전통에 대한 예리한 관찰이 지적하듯이 사람들은 이때 '존재'라는 말을 쓰지만 기실은 존재자를 가리키고 있는 것이다. 형이상학의 전통은 따라서 존재와 존재자의 '존재론적 차이'를 이해하지 못하고 방치한 채 존재자를 '존재'로 쓰고 있는 것이다. 그러기에 '존재'가 아니라, 존재자가 무(無)와 반대개념인 것이다.

무(無)는 어떤 한 대상도 아니고 또한 결코 어떤 한 존재자일 수도 없

---

51 M. Heidegger, *Was ist Metaphysik?*, 36쪽.

다.[52] 그것은 오히려 "존재자의 총체에 대한 완벽한 부정이다."[53] 그러나 이 무(無)에 대한 물음 속에서 존재자로서의 존재자의 세계를 넘어가는 사건이 일어난다.[54] 그러기에 무(無)는 존재자에 대한 불확실한 '맞은편(Gegenüber)'에 머무는 것이 아니고 존재자의 존재로 소속되는 사건으로 드러난다. "존재자와 전적으로 다른 것으로서의 무(無)는 '존재의 베일(Schleier des Seins)'이다. 모든 존재자의 보내어짐은 존재 속에서 시원적으로 벌써 완성된 것이다."[55] '존재의 베일'로서의 무(Nichts)는 그렇다면 비가시적이지만, 존재자를 담는 그릇의 역할을 수행하고 있다.[56]

존재는 그 어떤 존재자처럼 대상적으로 표상되지도 않고 또 파악되거나 제작되지도 않는다. "모든 존재자와 도무지 다른 것이야말로 비-존재자이다. 그러나 이러한 (비-존재자로서의) 무(無)는 존재로 현성하고 있다(west)."[57] 이러한 비-존재자(das Nichtseiende)는 그렇다면 존재자의 '전적인 타자(das ganz Andere zum Seienden)'[58]로서 다름 아닌 무(Nichts)이며, 이 무는 존재자를 그 자체로서 그리고 전체로서 드러나게 한다. 따라서 "존재자가 아닌 이 무(Nichts)는 동시에 주어져 있기에 결코 '아무것도 아닌 것(das Nichtige)'이 아니다."[59] 무(Nichts)는 인간 현존재에게 존재자와 그러한 것의 개시를 가능하게 하는 것이다.[60]

---

52 M. Heidegger, *Was ist Metaphysik?*, 32쪽 참조.
53 위의 책, 27쪽.
54 위의 책, 35쪽 참조.
55 위의 책, 46쪽.
56 위의 책, 32쪽 참조.
57 위의 책, 41쪽.
58 M. Heidegger, *Wegmarken*, 412쪽.
59 위의 책, 413쪽.
60 M. Heidegger, *Was ist Metaphysik?*, 32쪽 참조.

5

무위자연(無爲自然)과 초연한 내맡김(Gelassenheit)

1. 도가의 "무위자연"

도가 철학을 밝혀주는 핵심어를—그런 핵심적 요지를 규명하기는 결코 쉽지 않지만—억지로라도 규명한다면, 그것은 단연 '무위자연'일 것이다. 작위하지 말고 도(道)에 따를 것을 도가는 강조한다. 노자가 무위(無爲)를 강조하는 것은 글자의 낱말 뜻 그대로 "아무것도 하지 않음"(영어의 non-action, 독일어의 Nicht-Tun)이 결코 아닌 것이다. 거기에도 능동-수동의 범주를 뛰어넘는 고도의 활동성이 있는 것이다. 무위는 아무것도 하지 않는 것이 아니라, 바로 부-자연적인 작위를 하지 말라는 것이고 자연의 결에 따르면서 적극적으로 행하라 하는 것이다.

그런 해석이, 즉 "아무것도 하지 않음"이 전적으로 온당하지 않은 것은 노자 스스로 그 이유를 밝혀준다. 말하자면 노자는 무위를 말함과 동시에 무불위(無不爲), 즉 "하지 않음이 없음"을 천명하기 때문이다.

이를테면 『도덕경』의 제3장에서 위무위즉무불치(爲無爲則無不治), 즉 "무위를 행하면 다스려지지 않음이 없다" 하고, 또 37장에서 도상무위이무불위(道常無爲 而無不爲), 즉 "도는 항상 무위이지만 하지 못하는 것이 없다"는 것이다.[1] 도는 지배하거나 작위하지 않으면서도 만물을 낳고 기르는 것이다. 도(道)가 일체의 존재자와 가치의 근원이고 영원하다면, 그것은 엄청난 활동이면서 무위자연인 것이다.

장자의 무위자연에도 적극적으로 무위자연을 실현해가는 인간의 노력 혹은 적극적인 모습이 잘 그려져 있다. 그것은 자연의 결과 본성을 따르고 자연에 순응하는 노력인 것이다. 장자 스스로가 그런 적극적인 무위자연의 삶을 펼친 것으로 보인다. 『莊子』의 「양생주」 편에 나오는 잘 알려진 포정해우의 고사를 인용해보기로 하자.

> 포정(庖丁)이 문혜군을 위해 소를 잡았다. 그의 손이 닿는 곳이나, 어깨를 기대는 곳이나, 발로 밟는 곳이나, 무릎으로 누르는 곳에서는 뼈와 살이 떨어졌다. 칼이 지날 때마다 설겅설겅 소리가 나는데 모두가 음률에 들어맞았다. 그의 동작은 (은나라 탕왕 때의 명곡인) 상림의 무악(舞樂)과 같았으며, 그의 절도는 (요임금 때의 명곡인) 경수(經首)의 장단과도 같았다. 문혜군은 감탄하며 말했다. "훌륭하다. 어떻게 하여 기술이 이런 경지에까지 이를 수가 있는가?" 포정이 칼을 놓고 대답했다. "제가 반기는 것은 도(道)로써 재주보다 앞서는 것입니다. 처음 제가 소를 잡았을 때는 보이는 것이 모두 소였습니다. 그러나 삼 년 뒤에는 완전한 소가 보이는 일이 없어졌습니다. 지금은 정신으로 소를 대할 뿐 눈으로 보지는 않습니다. 감각의 작용은 멈추고

---

1 장중위안(張鍾元)은 노자의 이러한 독특한 무(無)를 "창조적 근원인 '능동적인 무'"라고 규명하고, 무위를 "창출의 과정"으로 규명하고 있다: 張鍾元, 엄석인 옮김, 『道』, 민족사, 1992, 21쪽, 192-193쪽 참조.

정신을 따라 움직이는 것입니다. 천연의 조리를 따라 틈과 틈을 가르고, 큰 구멍을 따라 칼을 찌릅니다. 소의 본래 구조에 따라 칼을 쓰게 되어 힘줄이나 질긴 근육에 칼이 닿는 일이 없습니다. 그렇게 되니 큰 뼈에 칼이 닿는 일도 없습니다. 훌륭한 백정은 일 년마다 칼을 바꾸는데 그 이유는 살을 자르기 때문입니다. 보통 백정은 달마다 칼을 바꾸는데 뼈를 자르기 때문입니다. 지금 제가 쓰는 칼은 십구 년이 되었으며, 그 사이 잡은 소는 수천 마리에 이릅니다. 그러나 아직도 칼날은 숫돌에 새로 간 것 같습니다. 소의 뼈마디에는 틈이 있으나 칼날에는 두께가 없습니다. 두께가 없는 것을 틈이 있는 곳에 넣기 때문에 칼의 움직임은 언제나 여유가 있습니다. 그래서 십구 년이 지나도 칼날은 새로 간 것과 같은 것입니다. 그렇지만 뼈와 살이 엉긴 곳은 저로서도 다루기 어렵습니다. 조심조심하면서 눈은 그곳을 주목하고 동작을 늦추며 칼을 매우 미세하게 움직입니다. 그러면 후두둑 살과 뼈가 떨어져 흙이 땅 쌓이듯 쌓입니다. 그렇게 되면 칼을 들고 서서 사방을 둘러보며 흡족한 기분에 젖습니다. 그리고는 칼을 잘 닦아 잘 보관해 둡니다." 문혜군이 말했다. "훌륭하다! 나는 백정의 말을 듣고서 삶을 기르는 방법(양생의 도)을 터득하게 되었다."[2]

---

2 안동림 역주, 『莊子』, 현암사, 2010, 「양생주」, 3-6장. 인용문은 안동림의 번역을 따랐지만, 다소 변경한 부분이 많다. 원문은 다음과 같다: 庖丁爲文惠君解牛, 手之所觸, 肩之所倚, 足之所履, 膝之所踦, 砉然嚮然, 奏刀騞然, 莫不中音. 合於桑林之舞, 乃中經首之會. 文惠君曰:「譆, 善哉! 技蓋至此乎?」庖丁釋刀對曰:「臣之所好者道也, 進乎技矣, 始臣之解牛之時, 所見无非全牛者. 三年之後, 未嘗見全牛也. 方今之時, 臣以神遇而不以目視, 官知之而神欲行. 依乎天理, 批大郤 導大窾因其固然, 技經肯綮之未嘗微碍, 而況大軱乎! 良庖歲更刀, 割也. 族庖月更刀, 折也. 今臣之刀十九年矣, 所解數千牛矣, 而刀刃若新發於硎. 彼節者有閒, 而刀刃者無厚, 以無厚入有閒, 恢恢乎其於遊刃必有餘地矣. 是以十九年而刀刃若新發於硎. 雖然, 每至於族, 吾見其難爲, 怵然爲戒, 視爲止, 行爲遲. 動刀甚微, 謋然已解, 如土委地. 提刀而立, 爲之四顧, 爲之躊躇滿志, 善刀而藏之.」文惠君曰:「善哉! 吾聞庖丁之言, 得養生焉.」

또 이와 유사하게 『莊子』의 「천도」 편에 나오는 윤편의 수레바퀴 깎는 이야기도[3] 자연스레 터득한 노력에 의해 도(道)의 경지에 이른 예를 잘 보여주고 있다. 도가의 무위자연은 어떤 피안적 초현실주의나 형이상학적인 세계를 그려내지 않고, 자연의 원리를 따르는, 삶의 지혜와 노력이 묻어 있는 자연주의인 것이다. "자연 그대로의 커다란 긍정에 몸을 맡기는"[4] 것이야말로 장자의 철학적 태도라고 할 수 있다. 포정과 윤편의 도(道)에 이른 경지는 다름 아닌 그들의 노력을 바탕으로 체득된 것이다.

우리가 포정해우의 고사와 윤편의 수레바퀴 깎는 이야기를 통해 자연의 결에 따르는 인간의 적극적인 노력을 엿보았지만, 이는 어디까지나 작위가 아니어야 함을 잊어서는 안 된다. 작위의 부자연과 위험을 장자는 『莊子』의 ―여러 곳에서 예로 나타나지만―「지락」 편에서도 잘 보여주고 있다: "옛날 해조(海鳥)가 (날아와) 노나라 (서울의) 교외에 멈추었다. 노후(魯侯)는 이 새를 (일부러) 맞이하여 종묘 안에서 술을 마시게 하고 구소(九韶)의 음악을 연주하며 소·돼지·양(羊)을 갖추어 대접했다. 새는 그만 눈이 아찔해져서 걱정하고 슬퍼하며 한 조각의 고기도 먹지 않고 한 잔의 술도 마시지 않은 채 사흘 만에 죽어버렸다.(昔者海鳥止於魯郊, 魯侯御而觴之于廟, 奏九韶以爲樂, 具太牢以爲膳. 鳥乃眩視憂悲, 不敢食一臠, 不敢飮一杯, 三日而死.)"[5]

이와 유사한 고사는 「응제왕」 편에도 등장한다.[6] 남해의 임금 숙(儵)

---

3 안동림 역주, 『莊子』, 「천도」, 13장 참조.

4 장자의 「제물론」에 나오는 亦因是也를 언급하면서 이승종 교수는 장자의 독특한 무위자연 사상을 해명하고 있다: 이승종, 『동아시아 사유로부터』, 동녘, 2018, 199쪽 참조.

5 안동림 역주, 『莊子』, 「지락」, 8장(456쪽).

6 위의 책, 「응제왕」, 12장(235-236쪽).

과 북해의 임금 홀(忽)은 중앙에 위치한 나라의 임금인 혼돈(渾沌)에게 와서 서로 만났는데, 혼돈은 그들을 융숭하게 대접하였다. 남해의 임금 숙과 북해의 임금 홀은 혼돈의 은혜에 보답하고자 서로 논의하였는데, "사람은 누구나 모두 일곱 구멍이 있어서 그것으로 보고 듣고 먹고 숨쉬는데, 이 혼돈에게만 없다. 그것이 없으니 우리들이 시험 삼아 그에게 구멍을 뚫어주자"고 하였다. 그리하여 그들은 하루에 한 구멍씩 뚫어 나갔는데, 이레째 되는 날 일곱 구멍이 모두 뚫리자, 혼돈은 도리어 죽고 말았다.

장자가 들려주는 위의 두 고사에서 자연의 결을 거스르는, 즉 작위하는 사례가 적나라하게 밝혀지고 있다. 해조에게는 해조에게 맞는 자연과 자유가 있는 것이고, 혼돈에게도 이와 마찬가지다. 비록 해조를 위한다고, 혼돈을 위한다고 지대한 대접을 하지만, 그것은 각각 해조와 혼돈의 자연은 헤아리지 않는 거대한 작위에 불과한 것이다. 장자는 『莊子』의 도처에서 사물의 자연스러운 본성에 따르고 사사로운 마음을 버릴 것을 권고한다. 그는 「변무」 편에서 "물오리의 다리는 비록 짧으나 그것을 이어주면 근심하게 되고, 학의 다리는 비록 길지만 그것을 잘라주면 슬퍼한다(是故鳧脛雖短, 續之則憂. 鶴脛雖長, 斷之則悲)"고 하였다. 하늘이 준 자유와 자연을 거스르는 것은 작위이다.

장자는 이 「변무」 편의 물오리와 학의 예를 들면서 각자의 자연스런 본성을 헤아리지 않고 권력자의 관점에서 강제로 부자연한 제도와 법령을 만들어 상명하복이란 틀에 인간들을 가두는 것은 온당하지 않음을 지적하고 있다. 장자는 물오리와 학의 예를 들면서 유가의 인의(仁義) 사상을 비판하고 있다:

"본성이 길면 잘라주지 않아도 되고, 본성이 짧으면 이어주지 않아도 된다.

아무것도 걱정할 것이 없는 것이다. 인의는 사람의 진실한 모습이 아니다. 어진 사람이란 얼마나 많은 걱정을 지니고 있는가? 또한 엄지발가락과 둘째 발가락이 붙어 있는 사람은 그것을 갈라주면 아파 울 것이다. 손가락이 하나 더 달린 육손이의 덧달린 손가락을 잘라주면 또한 아파 울 것이다. 이 두 사람 중 한 사람은 숫자상 남음이 있고, 한쪽은 부족함이 있다. 그러나 그 사람들의 걱정은 한가지이다. 지금 세상의 어진 사람들은 눈을 멀쩡히 뜨고서 세상의 환난을 걱정한다. 어질지 않은 사람들은 타고난 본성의 진실한 모습을 버리고 부귀를 탐내고 있다. 그러니 인의는 사람의 진실한 모습이 아닌 것이다.(故性長非所斷, 性短非所續, 無所去憂也. 意仁義其非人情乎! 彼仁人何其多憂也? 且夫騈於拇者, 決之則泣. 枝於手者, 齕之則啼. 二者或有餘於數, 或不足於數, 其於憂一也. 今世之仁人, 蒿目而憂世之患. 不仁之人, 決性命之情而饕貴富. 故曰仁義其非人情乎!)"[7]

도가의 철학이 유가와 차이를 드러내는 특징 중에는 그 무엇보다도 무위자연이 자리 잡고 있다. 유가는 인위(人爲)를 강조하고 인위적인 방식으로 세상을 변화시키려 하기 때문이다. 그런데 그 인위가 보편성을 상실하거나 억지를 바탕으로 하고 있다면—이를테면 권력자의 명령이 진리나 정의보다 더 높은 가치를 지니는 것이나 상명하복(上命下服)과 같은 제도—세상에 불행과 혼란이 만연할 따름이다.

우리는 도가의 무위자연 사상을 당대(춘추전국시대)와 견주어볼 필요가 있다. "춘추전국시대"라는 용어는 이미 독특한 대명사로 자리 잡았는데, 날마다 탐욕스런 정복 전쟁과 권력 투쟁, 백성의 생명을 초개

---

7 안동림 역주, 『莊子』, 「응제왕」, 3장 참조. 장자는 제4장에서 이 인의는 인간의 자연스런 참모습이 아니라는 것을 지적하고, 하(夏)·은(殷)·주(周)의 3대 이후로는 이 인의 때문에 천하가 시끄러웠음을 언급하고 있다.

같이 여긴다는 의미가 배태되어 있다. 국가와 사회 및 교육의 이념이 인의예지(仁義禮智)이고 충성효도인데 왜 이렇게 날마다 탐욕스런 전쟁인가?[8] 도가의 언어로 그것은 이미 대도(大道)를 상실했기 때문에 일어난 현상이다. 정복자마다 타자더러 인의예지를 강요했지만, 자신들은 정작 따르지 않고 타자에게 (상명)하복만 요구한 것이다. 그러니 누구나 높은 데 올라가 권좌의 영광만 누리려 하니, 그것이 다 전쟁의 빌미가 된 것이다.

유가에서의 자연과 인간의 조화, 즉 만물화육(萬物化育)은 결국 인간의 인위적 노력, 인의예지, 특히 군자(君子)라고 칭해지는 자들의 절대적인 권위와 인위적 신분 질서에 의한 사회 조화에 기반을 두고 있다. 유가의 텍스트는 이러한 인위적 노력을 강조하는 측면이 다분하며, 이는 "격물치지 성의정심 수신제가치국평천하(格物致知 誠意正心 修身齊家治國平天下)"[9]에 단적으로 규명되어 있다.

"격물치지 성의정심"에서 물(物)과 자연을 다스리는 지식과 인간(인간의 心)의 조화가 이루어지고, 이 조화에 유가의 근본적인 가르침인 수기치인(修己治人), 즉 수신제가치국평천하가 자리 잡고 있다. 유가에서 자연과 인간의 조화, 즉 격물치지 성의정심을 수행하는 가장 중요한 실천 덕목은 말할 것도 없이 인(仁)이고, 수신제가치국평천하의 가장 중요한 실천 덕목은 예(禮)인데, 이 예는 말하자면 인이 세상에 적용된 것이다. 그러기에 인간에게서 인과 예가 지켜지느냐 않느냐는 것은 유가의 인위적인 신분 사회의 조화뿐만 아니라 인간과 자연의 조화를 가

---

8 인류 역사에서 내세도 교조주의, 형식주의, 도그마주의는 끝없는 전쟁을 일삼는다. 중세 로마가톨릭이 그랬고, 유대교와 이슬람의 원리주의가 그렇다. 이들에게 보편적 진리는 통하지 않고 자신들의 이념과 신념만이 진리라고 우긴다.

9 朱熹, 『大學』, 5-10장 참조.

늠하는 척도인 것이다.

인간의 인위적 가치인 인과 예가 개입되고 또 인간의 주도적인 역할에 의해 이룩되는 인간과 자연의 조화는 도가에서 차단된다. 도가에서 인간과 자연의 조화는 인간의 측면(관점)에서가 아니라 자연의 편에서, 즉 인간의 인위가 주도하는 것이 아니라 오히려 반대로 인간이 자연에 따름으로써 이루어진다. 여기서 자연은 그 어떤 인위적 가치도 갖지 않는다. 그것은 노자가 천지(天地)도 또 성인(聖人)도 불인(不仁)하다고 한 데서 잘 드러난다.[10] 여기엔 인위가 아니라 무위가 강조된 측면이 적나라하게 드러나 있다.

또 노자는 유가의 인위적 예를 오히려 세상이 혼란스럽게 된 중요한 요인으로 본다: "그런 까닭에 도를 잃은 뒤에 인(仁)이 소용되며, 인을 잃은 뒤에 의(義)가 소용되고, 의를 잃은 뒤에 예(禮)가 소용되는 것이다. 대체로 예가 필요하게 된다는 것은 충신(忠信)이 박약하다는 증거로서, 장차 어지러워지려는 시작인 것이다."[11] 그러기에 인위적 인과 예에 기초한 인간과 자연의 조화는 진정한 조화라고 보기 어렵다.[12]

갖가지 규범과 제도를 앞세워 통제하는 것은 이미 이보다 더 높은 가치가 상실되고 망각되었다는 것을 전제한다. 말하자면 도가의 견지에서 도(道)와 덕(德)이, 그리고 "무위자연"이 상실되고 망각되었다는 것이다. 그러기에 통제 일변도로 질서를 잡겠다는 것은 바람직한 해결책

---

10 남만성 역, 『노자도덕경』, 을유문화사, 1970, 제5장: "天地不仁 以萬物爲芻狗 聖人不仁 以百姓爲芻狗".

11 위의 책, 제38장.

12 유가의 인(仁)과 예(禮)에 기초한 인간과 자연의 부조화와 인위적인 신분 사회의 차별에서 빚어지는 비인간성에 대한 지적은 장자의 『莊子』, 「경상초」 편에 잘 드러나 있다. 여기서 장자는 유가의 인과 예의 도덕뿐만 아니라 외적인 강제성이 개입된 유가의 오상(五常: 仁義禮智信) 덕목을 모두 비판하고 있다.

이 아니며, 더더욱 이 통제가 교조주의적인 견지에서 권력자로부터 임의로 강화될 때, 세상엔 오히려 부자유와 비자연만 난무하게 될 것이다.

무위(無爲)는 도(道)의 근본 법칙인데, 이런 무위로서의 법칙은 곧 도(道)의 현덕(玄德)이다. 무위가, 즉 아무런 작위(作爲)스런 인위가 없는 자연(自然)이 법칙이 될 수 있는 곳에 도가 철학을 이해할 수 있는 열쇠가 주어져 있다고 해도 과언이 아닐 것이다. 그런데 노자는 한 걸음 더 나아가 도(道)가 스스로 그러함, 즉 자연(自然)을 본받기에,[13] 도는 아무런 작위를 하는 바가 없으면서 아무것도 하지 않는 바가 없는 것이다(무위이무불위, 無爲而無不爲)라고 한다.[14] 노자가 자주 언급하는 성인은 곧 도의 현덕을 체현한 자이기 때문에, 그는 무위로서 통치한다. 노자에 의하면 이런 도의 현덕으로서의 무위를 체현할 수 있는 자만이 진정한 통치자가 될 수 있다. 무위의 다스림은 겸허한 태도로서 언제나 겸손한 위치에 처하여 다른 사람과 다투지 않아야 한다.[15]

주지하다시피 도가와 하이데거에게서 인간과 자연의 조화는 그 어떤 인간의 작위가 주도되지 않는, 말하자면 자연의 편에서 이루어진다. 도가는 끊임없이 무위자연에로의 귀환을, 하이데거는 형이상학에 의해 야기된 존재망각을 거슬러 원초적 피시스(physis)에로의 귀향을 역설하는 것이다. 하이데거의 인간 주체 중심주의로부터의 작별은 서구의 정신사에서는 가히 혁명적 발상 전환에 가깝다. 무위자연과 피시스의 세계는 인간의 인위나 인간중심적 가치가 개입되어 있지 않은 자연 자체인 것이다. 하이데거는 도가의 "무위자연"과도 유사한 "초연한 내맡

---

13 남만성 역, 『노자도덕경』, 제25장 참조.

14 위의 책, 제48장, 57장, 60장 참조. "무위하면 못 하는 게 없다"에는 적극적으로 무위해야 하는 내용과 그럴 경우 못 하는 게 없다는 위(爲)의 이중적인 의미가 들어 있다.

15 위의 책, 제57장, 제66장, 제2장 참조.

김(Gelassenheit)"이란 용어로서 원초적 피시스의 세계를 구현하고자 한다.

2. 하이데거의 '초연한 내맡김'[16]

하이데거는 "초연한 내맡김(Gelassenheit)"이라는 제목으로 고향 출신의 작곡가 크로이처의 기념축제(Gedankenfeier)에서 기념사를 하면서 어떻게 하면 진정으로 사유하는[17] 그런 기념축제가 되는가라는 화두를 던진다. 그런데 오늘날 기념축제를 하는 현대인들이 이를 하나의 단순한 행사의 차원에서 마치 사냥이라도 하듯 후딱 하고 치워버리기에 갈수록 생각이 빈약(gedanken-arm)하고, 또 아무런 생각도 없이(gedanken-los) 살아가며, 누구나 무사유(Gedankenlosigkeit)의 증후군에 노출되어 있다고 한다.[18]

하이데거에 의하면 현대인은 사유 앞에서 달아나고 도피하며, 바로 이러한 사유의 도피(Gedanken-flucht)가 무사유의 근거라고 한다.[19] 물론 현대인이 과연 아무런 사유를 하지 않느냐고 하이데거에게—하이데거도 이런 항변을 전제로 하고 있다—따져 물을 수 있을 것이다. 그러나 주지하다시피 하이데거가 늘 '사유'라고 말하는 것은 "계산적

---

16 "초연한 내맡김"으로 번역되는 "Gelassenheit"는 원래 하이데거의 고향 출신인 작곡가 콘라딘 크로이처(Conradin Kreutzer)의 탄생 175주년을 맞이하여 1955년 10월 30일 고향 Meßkirch에서 개최된 축제에서의 강연문이다.

17 "기념축제(Gedankenfeier)"라는 용어에는 "사유한다(denken)"라는 어원이 들어 있다.

18 M. 하이데거, 신상희 옮김, 『동일성과 차이』, 민음사, 2000, 121쪽 참조.

19 위의 책, 122쪽 참조.

사유(das rechnende Denken)"가 아니라, 존재하는 모든 것에 편재하는 그 의미(Sinn)를 깊이 성찰하는(nachdenken), "숙고적인 사유(das besinnliche Denken)"라는 것을 염두에 두어야 한다.[20]

그러기에 하이데거가 현대인더러 '사유' 앞에서 달아나고 도피한다고 했을 때, 바로 "뒤따라 사유하는(nach-denken)" 그런 성찰을 하지 않는다는 의미이다. 물론 그렇다고 "계산적인 사유"가 무가치하다는 것은 결코 아니며, 저 나름의 방식으로 정당한 권리를 가지고 있고, 또 필요하기도 한 것이다.[21]

그러나 "숙고적인 사유"는 하이데거가 천명하듯이 때때로 "좀 더 강도 높은 집중(eine höhere Anstrengung)"이 요구되기도 하고 오랜 연습이 필요하기도 한 것이다.[22] 심지어 이러한 사유는 여타의 수공업적인 진지한 작업보다 더욱 섬세한 마음가짐을 필요로 하고, 곡식으로 비유한다면 싹이 터서 잘 자라 결실을 거둘 때까지 그저 기다리는 농부와 같이, 사유는 그렇게 기다릴(warten) 수밖에 없다는 것이다.[23] 여기서 "숙고적인 사유"를 위해선 결실을 기다리는 농부의 초연한 기다림과 같은 기다림이 전제된다는 것이다.

그러나 현대인이 고향을 등지고 대도시로 모여들어 산업 사회의 일상적 메커니즘에 매몰되면서 성찰하고 숙고하는 사유는 점점 힘을 잃어가고 만 것이다. 현대인은 매시간 그리고 날마다 라디오와 텔레비전—오늘날엔 핸드폰을 비롯한 각종 전자기기까지—등에 사로잡혀 살아가고, 각종 전시회와 공연, 신문, 방송 등이 시시각각으로 매혹하

20 M. 하이데거, 신상희 옮김, 『동일성과 차이』, 123쪽 참조.

21 위의 곳 참조.

22 위의 책, 124쪽 참조.

23 위의 곳 참조.

고 엄습하면서 현대인을 휘몰아대는 것이다.[24] 이런 상황에서 "숙고적 사유"는 점점 설 자리를 잃고 이 사유를 향한 물음조차 망각되어 간 것이다.

더욱이 핵이 지배하는 시대(Atomzeitalter)에 자연과학과 과학기술 문명은 "계산적 사유"를 앞세워 인간에게 더욱 행복한 삶을 제공한다고 자만하기도 한다.[25] 세계관의 이러한 급격한 변혁은 주체 중심주의를 추구한 근대 철학에서 줄기차게 진행되어 온 것이다. 주체 중심주의와 주객 이원론에서 우위를 점한 주체로부터 계산적인 사유는 이제 아무런 저항도 할 수 없는 그런 공격을 거침없이 자행하면서 자연을 기술 산업을 위한 에너지원으로 전락시켰다.

그런데 이 거대한 핵에너지가 갑자기 특정한 지역에서 폭발하거나[26] 사고가 일어난다면 그 재난은 섬뜩한 것이다. 그러기에 인류에게 더 행복한 삶을 제공한다는 핵의 시대에 과학기술 문명은 오히려 그 화(禍)가 부메랑이 될 수 있는 여지가 얼마든지 있는 것이다. 현대의 과학기술 문명 속에 은닉되어 있는 힘은 핵에너지뿐만 아니라 다양한 분야에서 이제 지구 전체를 지배하고 있다. 그러나 그럴수록 역설적으로 인간이 설 땅은 점점 좁아지고, 인간은 이 문명의 메커니즘에 구속되고 조종당하는 것이다.

이런 역설적인 섬뜩함(das Unheimliche)이 도사리고 있는데도 과학기술 문명에 도취된 자들에게 하이데거는 다음과 같이 고지하고 있다:

---

24 M. 하이데거, 신상희 옮김, 『동일성과 차이』, 126쪽 참조.

25 위의 책, 128쪽 참조.

26 이를테면 1986년에 있었던 체르노빌 원자력발전소의 폭발로 일어난 방사능 누출 사건은 전 유럽을 공포로 몰아넣었으며, 수많은 사람들이 목숨을 잃었고 방사능에 피폭되었다. 최근에 일어난 일본의 후쿠시마 원전 폭발 사고도 이와 유사한 형태라고 볼 수 있다.

"더욱이 사람들은 과학적 탐구의 대담성에 놀라워하지만, 그러나 그들은 그것에 대해 사유하지 않습니다. 말하자면 그들은 수소폭탄의 폭발과는 비교도 안 될 정도로 인간의 생명과 본질을 파괴하는 공격이 기술을 수단으로 하여 마련되고 있다는 것을 사유하지 못합니다."[27]

그럼에도 불구하고 현대인은 "계산적인 사유"에만 골몰하기에, 하이데거는 탄식하듯 다음과 같이 말하고 있다: "그러기에 원자핵 시대의 인간은 거침없이 쇄도하는 기술의 권세에 속수무책으로 무방비 상태로 놓였지요. 만약 현대인이 단순한 계산하는 사유에 맞서 숙고하는 사유로 하여금 척도를 제공하는 (결정적인) 역할을 부여하는 것을 포기한다면, 그는 그렇게 존재할 수밖에 없겠지요."[28]

과연 현대인은 "숙고적인 사유"의 망각에 대해 그 심각성을 냉철히 성찰할 수 있을까? 그러나 현대인은 그 심각성에 대한 반성은커녕 그 반대급부를 향해 치닫고 있기에, 하이데거의 우려는 계속된다: "앞으로 언젠가는 오직 계산적인 사유만이 유일한 사유로서 타당한 것으로 받아들여지고 그것만이 널리 통용되는 그런 날이 다가올지도 모른다는 측면에서, 원자핵 시대에 온 대지를 구르는 기술혁명은 인간을 단단히 사로잡아 마법을 걸고 그의 눈을 부시게 하며 그의 눈을 아주 멀게 할 수도 있기 때문에, 그 명제는 중요합니다."[29]

하이데거의 후기 사유를 이해하기 위해서는 서구 철학의 전통에서 그토록 중요시해온 지적인 추론 능력과 과학적인 분석을 문제시해야 한다. 서구 철학의 전통에서 인간은 흔히 "이성적 동물(animal rationale)"로 규명되었고, 여기서 이성은 근거를 따져 물어가는 추론의 능

---

27 M. Heidegger, *Gelassenheit*, 20쪽.

28 위의 책, 21쪽.

29 위의 책, 25쪽.

력으로 파악되었다. 이런 인간 규명과 인간의 이성 능력이 궁극에 도달한 것이 다름 아닌 현대의 과학기술 문명인 것이다. 여기엔 하이데거가 자주 언급하듯이 본래성 상실에 대한 '위험(Gefahr)'과 니힐리즘 및 존재망각이 도사리고 있다.

물론 그렇다고 과학기술 문명을 통째로 부인하라거나 적대시 내지 폐기를 하라는 것은 결코 아니다. 하이데거의 논지를 잘못 파악한 이들은 과학기술 문명을 터부시하거나 잘못된 의혹을 품기도 한다. 그러나 하이데거가 과학기술 문명에 대해 던지는 메시지는 전혀 그렇지 않다. 다음과 같은 대목에서 이런 사실을 명쾌하게 읽을 수 있다.

"오늘날 우리 모두에게 기술 세계의 각종 설비와 기구 장치 그리고 기계들은 필수불가결한 것들입니다. 어떤 이들에겐 아주 많이 필요하겠고, 또 어떤 이들에겐 약간 적게 필요하겠지요. 무턱대고 기술 세계에 대항하려고 덤벼든다면, 그것은 어리석은 짓입니다. 또 기술 세계를 악마의 작품으로 간주하여 저주하려고 한다면, 그것은 아마도 근시안적인 태도일 것입니다."[30]

따라서 하이데거가 우리에게 던지는 메시지는 과학기술적인 대상들에게 혼을 빼앗기거나 거기에 얽매이지 말 것을, 그것들의 노예로 전락하지 말 것을 주문한 것이다.[31] 그러기에 하이데거가 의도한 것은 결코 과학기술 문명에 대한 적대시나 폐기가 아니라 그것을 절대시하거나 우상시하지 말라는 것이다. 우리의 삶에 보조적인 역할을 하는 과학기술 문명을 인정하고 있는 것이다. 좀 더 면밀히 고찰하면 하이데거의 비판은 과학기술을 비판한 것이라기보다는 그것을 사용하는 주체인 인

---

30 M. Heidegger, *Gelassenheit*, 22쪽.

31 위의 곳 참조.

간의 태도를 비판한 것이다.

"숙고적인 사유"가 우리에게 요구하는 것은 과학기술 문명에 중추적인 역할을 하는 "계산적 사유"와 표상적인 사유에 얽매이지 말 것과 표상에 따르는 기술적인 대상에 사로잡히지 말아야 하는 것이다. 그렇지 않으면 결국 이것들의 노예로 전락하고 말 것이다.[32] 하이데거의 이러한 메시지에서 우리는 그의 근대의 주체 중심주의와 과학기술 문명에 대한 냉철한 비판을 읽을 수 있지만, 그러나 그의 철학이 역설적으로 친인간적이고 친생명적임을 적나라하게 엿볼 수 있다.

근대에서부터 인간중심주의적인 문명은 줄기차게 "도구적 이성"과 "계산적 사유"를 동원해 과학기술 문명을 가속화시켜 왔고, 이를 통해 세계와 자연에 대해 주인 행세를 하고 또 이들을 지배하려는 광기에 도취되어 왔다. 그러나 하이데거에 의하면 인간의 진정한 행복과 삶의 회복은 이러한 광기 어린 지배나 착취가 아니라, 세계와 자연 및 존재자 전체가 인간의 작위에 의해 왜곡되지 않은 채, 제 스스로 자신의 진리(존재의 진리)를 드러내도록 초연한 내맡김의 태도를 취하는 것이다. 하이데거에 의하면 인간이 존재의 진리에서 발하는 정적의 소리에 귀를 기울이는 겸허한 태도야말로 인간의 본래적인 모습이다. 존재의 진리에 귀를 기울이고 세계와 자연 및 존재자들의 비-은폐성을 온몸으로 경험하는 "단순 소박한(einfach)" 삶을 하이데거는 현대의 위기에 대한 대안으로 여긴다.[33]

과학기술 세계에 대한 하이데거의 우려는 그러나 이를 전적으로 부

---

32 M. Heidegger, *Gelassenheit*, 133쪽 참조.

33 "단순 소박한" 삶이 현대의 위기에 대한 하나의 대안으로 받아들여지는 것은 하이데거의 짧은 단편 「들길」(Feldweg)에서도 잘 드러난다(전집 13권: *Aus der Erfahrung des Denkens* 참조).

정하거나 적대시 내지는 폐기하라는 것이 결코 아니다. 단지 이를 절대적인 것으로, 혹은 "신의 목소리"로 여기지 말 것을 주문한 것이다. 말하자면 우리가 과학기술 문명에 예속되거나 노예로 전락하지 말 것과 이를 우상시하지 말 것을, 오히려 초연한 태도(Gelassenheit)를 취할 것을 주문하고 있다. 과학기술은 우리에게 절대적인 것이 아니라 "더 높은 것(Höheres)"에 의존하는 것으로 존재하기 때문이다:

"기술 세계에 대한 우리의 관계는 놀라울 정도로 간단하고 단순하다. 우리는 기술적인 대상들을 우리의 일상적인 세계 안으로 들여놓기도 하고, 동시에 바깥에, 즉 절대적인 사물로서가 아니라 이들이 더 높은 것(Höheres)에 의존하는 것으로 머물게 하는 것이다. 나로서는 기술 세계에 대해 긍정하면서도 부정하는 이러한 태도를 옛날 말에 따라 사물에 대한 초연한 내맡김(die Gelassenheit zu den Dingen)이라고 칭하고자 한다."[34]

물론 이러한 "사물에 대한 초연한 내맡김"은 결코 저절로 우리에게 다가오지(zu-fallen) 않기에,[35] 우리가 아무것도 하지 않은 채 손 놓고 있어서는 안 되고 어떤 작위를 대동해서도 안 된다. 그렇다면 이 "초연한 내맡김"이란 무엇이며, 우리는 어떻게 이를 이해하고 거기에 도달할 수 있을까.

어쩌면 하이데거의 "초연한 내맡김"에 대한 사유는 유럽의 철학사에서 획기적이고 혁명적인 발상 전환이며, 특히 유럽 근대 철학의 주체중심주의에 대한 강력한 항거이기도 하다. 그러나 하이데거의 이러한 발상 전환과 항거는—앞에서 지적했던 것처럼—인류의 위기에 대한

---

34 M. Heidegger, *Gelassenheit*, 23쪽.

35 M. 하이데거, 신상희 옮김, 『동일성과 차이』, 136쪽 참조.

대안이기도 하고 우리로 하여금 존재의 존재 방식에 대한 이해와 존재의 이웃으로 살 것을 안내하는 이정표(Wegmarken)이기도 하다.

그런데 하이데거의 "초연한 내맡김"에 대한 사유가 획기적이고 혁명적인 발상 전환이고 또 대안적 사유라는 것은 이것이 서구의 철학사에서 결코 익숙하지 않은(Ungewohnte), 하나의 "다른 시원적 사유(das anders anfängliche Denken)"로서 서구의 익숙한 형이상학적 사유, 표상적 사유, 의욕의 사유에서 벗어나 있는(entwöhnen) 것이기 때문이다.

하이데거의 이러한 "결코 익숙하지 않은" 사유는 오히려 도가의 사유와 깊은 관계를 갖고 있다. 우리는 제2장에서 언급한 마이(Reinhard May)와 베르벨 프리쉬만(Bärbel Frischmann) 및 전동진 교수의 논지를 상기할 필요가 있다. 마이는 그의 저서 『동방으로부터의 빛』(*Ex oriente lux*)에서 "초연한 내맡김"이야말로 하이데거에게 도가의 사유로부터의 한 "은폐된 출처(verborgene Quelle)"에 해당된다고 하고, 프리쉬만은 하이데거와 도가의 철학 사이에 몇 가지의 **상응점**(Parallelen)을 지적하는 가운데, 이 '초연함(Gelassenheit)'을 언급하고 있고, 전동진 교수 또한 "초연함(Gelassenheit)"에서야말로 양자 사이에 내밀한 관계가 있음을 지적하였다.[36]

특히 전동진 교수는 하이데거의 '초연한 내맡김'과 노자의 '무위자연' 사이에 내밀한 유사성이 있음을 타진하고, 하이데거의 '초연함(Gelassenheit)'이 노자의 '무위'와 "맥을 같이한다"[37]고 한다. 또한 하이데거의 『초연한 내맡김』(*Gelassenheit*)을 인용하면서 전동진 교수는

36 프리쉬만과 전동진 교수에게서 'Gelassenheit'는 '초연함'으로 번역되었는데, '초연한 내맡김'과 함께 적합한 번역어로 보인다.

37 전동진, 「하이데거와 노장 사상」, 『하이데거 철학과 동양사상』, 철학과현실사, 2001, 150쪽.

이 '초연한 내맡김'과 '무위'의 독특한 활동을 다음과 같이 비교한다: "초연함은 차라리 모든 적극적 활동보다 '수준 높은 행위'이고 본래 '적극성과 소극성의 구별'을 초월한 것이다. 이 점은 노자의 '무위'에서도 마찬가지다. 무위는 단순히 '함이 없음', '행위하지 않음'을 의미하는 것이 아니다. … 무위란 아무것도 하지 않는 것을 의미하는 것이 아니라 작위적이지 않은 행위를 의미한다. 즉, 무위도 일종의 행위다."[38] 하이데거에게서 '존재'는 노자의 도(道)와 유사하게 인간이 소유하거나 처분할 수 있는 개념이 아니라, '초연한 내맡김' 가운데서 얻을 수 있는 선물이다.

"초연한 내맡김"은 실로 서구의 사유에서 퍽 생소하지만, 도가의 "무위자연"과는 자연스럽게 연결된다. "무위자연"은 도가에서 도(道)의 존재 방식이기도 하고 인간이 도를 체득하기 위한 실천 요강이기도 하다. 따라서 이 무위자연을 실현한다는 것은 도(道)에 가까이 다가가는 것과 도(道)를 체득한다는 것을 함께 일컫는 것이다. 이와 유사하게 하이데거에게서 "초연한 내맡김"을 실현한다는 것은 존재의 말씀(die Sage des Seins)을 듣는다거나 "존재의 진리"로서의 환한 밝힘(Lichtung als Wahrheit des Seins)에 거처한다는 것을 일컫는다.

만약 우리가 이때껏 논의한 "무위자연"과 "초연한 내맡김"이 여전히 어렵게 와 닿는다면, 하이데거의 「초연한 내맡김」에 연결된, 세 사람(탐구자, 학자, 선생)의 대화 형식으로 기록된 「초연한 내맡김의 해명」이 적절한 오리엔테이션이 되는 것으로 보인다. 이 「초연한 내맡김의 해명」은 "초연한 내맡김"이 단순히 손에 잡히지 않는 심오성을 강조하는 것이 아니라, 구체적으로 이 "초연한 내맡김"이 무엇인지, 그리고 어떻

38 전동진, 「하이데거와 노장 사상」, 『하이데거 철학과 동양사상』, 152-153쪽.

게 우리가 구체적으로 거기로 다가가고 또 이를 체득할 수 있는지에 대해 대화를 통해 한걸음 한걸음씩 다가간다.

이 대화에서 "초연한 내맡김"의 독특한 존재 방식이—결코 인간의 단순한 작위와 능동성도 아니고 또 그렇다고 피동성과 수동성도 아닌[39]—적절하게 해명되고 있는 것으로 여겨진다.[40] 이 「초연한 내맡김의 해명」에서 하이데거는—앞의 「초연한 내맡김」에서 논의한 테마를 다시 가져와—우선 사유가 인간의 본질임을 명시하는데, 여기서의 사유란 근대적 사유, 즉 "표상하고 계산하는 사유(das vorstellend-rechnende Denken)"와 "숙고적인 사유(das besinnliche Denken)"를 동시에 말하고 있지만, 후자의 "숙고적인 사유"를 위해서는 우리가 전자의 사유로부터 시선을 딴 곳으로 돌릴 경우에만 올바로 통찰될 수 있다고 한다.[41]

사유는 전승된 방식, 특히 근대에서 표상(Vorstellen)이라고 규명되고 있는데,[42] 이러한 표상은 하이데거가 지적하듯이 일종의 의욕(Wol-

39 하이데거는 "초연한 내맡김" 속에 은닉되어 있는 고차원적인 활동은 능동적인 것도 또 수동적인 것도 아니라고 한다(M. 하이데거, 신상희 옮김, 『동일성과 차이』, 144쪽 참조). 그것은 이런 능동적인 것과 수동적인 것의 구분 바깥에 놓여 있다고 한다.

40 동양철학자들에게서 가끔 듣는 소리, 즉 "서구 철학적인 방식으로는 심오한 동양의 진리를 깨우칠 수 없다"는 식의 태도는 퍽 불성실한 것으로 보인다. 서구 철학이라고 해서 무조건 합리적이고 논리적인 방식만 전제로 하는 것은 아니다. 그 어떤 해명이나 이해를 위한 노력도 없이 "다다를 수 없는 심오함"만 강조한다면, 그것은 오히려 교조주의나 독단주의로 흐를 위험이 있는 것이다. "말해질 수 있는 도(道可道)"로서 자신의 도와 덕(비록 상도와 상덕은 아니지만)을 성의껏 진지하게 해명하는 노자에게서 그 모범을 배울 수 있고 또 여기 대화를 통해 진지하게 "초연한 내맡김"에 접근하는 하이데거의 경우도 마찬가지이다.

41 M. 하이데거, 신상희 옮김, 『동일성과 차이』, 139쪽 참조.

42 위의 책, 139쪽 참조. 표상으로서의 사유는 그야말로 모든 것을 주체 앞에 대상으로 세우는 것으로서(vor-stellen) 데카르트의 ego cogito에도 잘 드러나며, 칸트의 "내

len)인 것이다: "칸트가 사유를 자발성(Spontaneität)이라고 특징짓는다면, 그도 또한 사유를 그렇게 파악하고 있다. 사유한다는 것은 의욕한다는 것이며, 의욕한다는 것은 사유한다는 것이다."[43] 그런데 여기서 의욕(Wollen)은 구체적으로 표상하는 주체가 표상되는 대상(객체)의 세계를 근거 짓거나 규명하기 위해 스스로 기투하는 자발적인 행위를 말한다.

결과적으로 표상하고 의욕하는 사유와 의욕하지 않는 사유의 본질 사이에는 큰 간격이 생기는 것이다. 여기서 의욕하지 않는 사유의 본질을 하이데거는 "초연한 내맡김" 속으로 들어와 그것과 관계 맺고 있는 것으로 파악하고 있다.[44] 이를 좀 더 자세히 말하면 다음과 같다: "사유는 사역(Gegnet)에 이르는 초연한 내맡김이다. 왜냐하면 사유의 본질은 초연한 내맡김의 사방-펼침 가운데에(in der Vergegnis der Gelassenheit) 머무르기 때문이다."[45] 간단히 말해서 "사역에 이르는 초연한 내맡김"[46]이라고 이해해도 무리가 아닐 것으로 보인다.

저 표상하고 의욕하는 사유와 의욕하지 않는 사유의 본질 사이에 놓여 있는 큰 간격은 형이상학적인 혹은 "초월적-지평적인 표상 행위의 형태(Gestalt des transzendental-horizontalen Vorstellens)"[47]를 통해서도 결코 극복되지 못한다. 그것은 지평과 초월이 대상으로부터 그리고 우리의 표상 행위로부터 경험되는 것이기에, 말하자면 그것은 오직

가-사유한다는 것은 나의 모든 표상을 동반한다(Das Ich-denke begleitet alle meine Vorstellungen)"라는 명제에도 명쾌하게 드러난다.

43 M. Heidegger, *Gelassenheit*, 29-30쪽.

44 M. 하이데거, 신상희 옮김, 『동일성과 차이』, 145쪽 참조.

45 M. Heidegger, *Gelassenheit*, 50쪽.

46 M. 하이데거, 신상희 옮김, 『동일성과 차이』, 176쪽, 178쪽 참조.

47 M. Heidegger, *Gelassenheit*, 36쪽.

대상과 우리의 표상 행위에 입각해서만 규정되기에,[48] 지평을 지평 자신으로 존재하게 하는 그것, 즉 훤히 밝히면서 다가오는 존재 자체의 비은폐성(=생기로서의 존재 자체의 던져옴)은 거기서 결코 경험되지 않는 것이다.

사유의 본질에는 오히려 “의욕하지-않기(das Nicht-Wollen)를 바란다”는 것이다. 그런데 여기서 “의욕하지-않기를 바란다”에는 묘하게도 이중적인 의미가 들어 있다—마치 노자에게서의 “무위이무불위(無爲而無不爲)”[49]처럼! 하이데거는 이 이중적인 의미를 면밀하게 분석하고 있다: “의욕하지-않음은 우선 여전히 어떤 의욕을 뜻하는데, 그 안에는 어떤 아님(Nein)이—말하자면 의욕 자체를 지향하면서도 그런 의욕을 거부한다는 의미에서의 어떤 아님이—지배하고 있다. 그러기에 여기서 의욕하지-않음은 의도적으로 의욕을 거부한다(willentlich dem Wollen absagen)는 말을 일컫는다. 그렇다면 의욕하지-않음이라는 표현은, 온갖 종류의 의지에서 전적으로 벗어난 채 그대로 머물러 있는 그런 상태를 의미한다.”[50]

“초연한 내맡김”에로는 어떤 작위(作爲)나 일종의 의욕에 의해서는 도저히 수행될 수 없기에, “의욕하지-않음”이라는 방식의 의욕을 통해서 다가갈 수 있다. 말하자면 의욕하기를 단념한다는 의미에서 “의욕하지-않기”와 이러한 무의욕을 철저히 관통해나감으로써—이는 도가에게서 무위를 실현해나가는 것과 유사한 이치다—일종의 의욕이 아닌

---

48 M. 하이데거, 신상희 옮김, 『동일성과 차이』, 148-149쪽 참조.

49 남만성 역, 『노자도덕경』, 제48장, 57장, 60장 참조. “무위하면 못 하는 게 없다”에는 적극적으로 무위해야 하는 내용과 그럴 경우 못 하는 게 없다는 위(爲)의 이중적인 의미가 들어 있다.

50 M. Heidegger, *Gelassenheit*, 30쪽.

사유의 본질 속으로 들어가 그것과 관계를 맺을 수 있거나(sich einlassen) 적어도 그런 관계를 위한 채비를 할 수 있는 것이다.[51]

그러기에 "초연한 내맡김"은 그 어떤 작위와 의욕에서가 아니라, 오히려 존재로부터 허용되는(zugelassen) 것으로서, 존재자를 존재자로서 존재하게 하면서(sein-lassen) 스스로 자신을 증여하는 존재 자체가 이를 사유하고 경험하려는 인간을 향해 다가오며(an-gehen) 인간에게 보내어지는(zuschicken) 측면에서 허용된다는 것이다. 그러기에 "초연한 내맡김"에는 그 어떤 작위스런 행위보다는 "기다림(Warten)"이 전제된다.[52]

그것(기다림)은 무엇보다도 "초연한 내맡김"을 위하여 밝게 깨어 있는 상태를 가리키며, 또한 이러한 깨어 있음 속에서 정적의 울림으로 우리에게 말을 걸어오는 존재의 부름에 귀를 기울이는 태도이기도 하다. '기다림'은 어떤 것을 주체의 앞에-세우는(vor-stellen) 표상 행위와는 아무런 관계도 없을 뿐만 아니라, 어떤 대상도 갖고 있지 않다.[53]

기다리는 가운데 우리는 지평과 관계하는 초월적인 연관으로부터 벗어나게 되는데(losgelassen aus dem transzendentalen Bezug zum Horizont),[54] 여기서 벗어나 있음(Gelassensein)이야말로 "초연한 내맡김"의 일차적인 구성 요소인 것이다. 물론 여기서 "지평적인 초월로부터 벗어남"은 하이데거에 의하면 "본래적인 초연한 내맡김(die eigentliche Gelassenheit)"에 선행하는 것이지만, 이런 선행하는 것이 일어나지 않

51 M. 하이데거, 신상희 옮김, 『동일성과 차이』, 141쪽 참조.

52 위의 책, 146쪽 참조.

53 위의 책, 155쪽 참조.

54 위의 책, 165쪽 참조.

더라도 "본래적인 초연한 내맡김"은 생기될 수 있다(sich-ereignen)고 한다.

기다림 속에서 우리는 우리에게 다가오는 존재의 열린 장 속으로 들어가게 된다. 여기서 "열린 장 자체는 사역"이기에, 기다림 가운데서 우리는 이 사역 속으로 들어가게 되는 것이다.[55] 그러기에 엄밀한 의미에서 사유란—표상적인 사유로는 도저히 가늠할 수 없는—존재의 열린 장 가까이로-이르게-됨(das In-die-Nähe-kommen)을 의미하는 것이다. 기다림을 통한 이 "가까이로-이르게-됨"이야말로 '들길'을 걸으며 대화하는 세 사람에게 큰 화두였는데,[56] 그것은 이를 통해 "초연한 내맡김"을 깨달을 수 있었기 때문일 것이다.

기다림은 어떤 것을 표상하지 않아도 열린 장 속으로 나아가는 것이고(ins Offene gehen), "열린 장을 열어젖히는 것(das Öffnende des Offenen)은 사역(die Gegnet)이기 때문에",[57] 우리는 순수히 사역에게 내맡기며(der Gegnet überlassen) 머물러 있을 수 있는 것이다.[58] 말하자면 "기다림"은 사역의 열린 장 속으로 들어가 그것과 관계를 맺는다(auf das Offene der Gegnet sich einlassen)는 것이다.[59]

그런데 "초연한 내맡김이 있는 그대로 체류하는 그곳은 사역 이외에 다른 곳이 아닌데",[60] 이는 "초연한 내맡김"이 순수하게 드러나는 본질장소가 바로 사역이라는 것이다. 인간은 기다림 속으로 들어와 "초연한 내맡김"과 관계 맺을 수 있도록(sich einlassen auf die Gelassenheit) 그

---

55 M. 하이데거, 신상희 옮김, 『동일성과 차이』, 155쪽 참조.
56 위의 책, 192쪽 참조.
57 M. Heidegger, *Gelassenheit*, 44쪽.
58 M. 하이데거, 신상희 옮김, 『동일성과 차이』, 192쪽 참조.
59 위의 책, 164쪽 참조.
60 M. Heidegger, *Gelassenheit*, 45쪽.

렇게 부추겨진다(veranlassen: 동기 유발 된다).[61]

"초연한 내맡김"과 사역과의 관계, 그리고 초연한 내맡김에 처한 인간의 관계를 하이데거는 다음과 같이 요약한다: "초연한 내맡김은 사역으로부터 나온다. 왜냐하면 초연한 내맡김은 사역 안에 존립하기 때문이고, 인간은 사역 자체에 의해 이끌려 사역에 내맡겨져 존립하기 때문이다. 인간이 근원적으로 사역에 속하는 한, 그는 자신의 본질상 사역에 내맡겨져 존재한다. 그가 사역 자체에 의해 시원적으로 사역에 이끌려 고유해지는(ge-eignet) 한, 그는 사역에 속해 있다."[62]

말하자면 인간은 기다림의 경험으로부터, 즉 사역의 자기개시(das Sich-öffnen)를 기다리는 그런 기다림의 경험으로부터, 그리고 이러한 기다림 속으로 이끌려 들어가는 그런 관계(Beziehung auf solches Warten) 속에서, 이 기다림은 초연한 내맡김으로서 말 건네지는 것이다(an-gesprochen).[63] 그러기에 기다림의 본질은 사역에 이르는 초연한 내맡김(die Gelassenheit zur Gegnet)이지만, 사역은 그러나 초연한 내맡김을 자기 안에 거처하도록 자신에게 속하게 한다.

결국 인간은—사유의 본질에 입각할 때—사역의 사방-펼침을 기다리는 것이고, 그것은 우리의 본질을 사역 속으로 들어오게, 말하자면 사역에 속하도록 하는 것이다.[64] 하이데거에 의하면 인간의 본질도—오래전부터 서구에서 규명되고 각인된 "이성적 동물(animal rationale)"이라기보다는[65]—"인간에 의해서 각인되고 규정되는 것이 아

61 M. 하이데거, 신상희 옮김, 『동일성과 차이』, 159쪽 참조.

62 M. Heidegger, *Gelassenheit*, 49-50쪽.

63 M. 하이데거, 신상희 옮김, 『동일성과 차이』, 167쪽 참조.

64 위의 책, 168쪽 참조.

65 위의 책, 173쪽 참조.

니라, 우리가 사역과 사역의 사방-펼침이라고 부르는 그것에 의해서 각인되고 경험되어야" 하는 것이다.[66]

말하자면 "인간의 본질은 그 때문에 사역 속으로 내맡겨진 채 존재하고, 또 그에 따라 사역에 의해 필요시된다."[67] 인간은 자신의 본질상 존재의 말 건넴에 응답하는(ent-sprechen) 존재자로 존재한다. 존재의 다가옴(Angehen) 혹은 던져옴(Zuwurf)에 응답하여 존재와 관련을 맺는(bezogen) 존재자인 것이다.

이제 우리가 「초연한 내맡김의 해명」을 논의하기 시작한 곳으로 다시 방향을 돌려보자. 거기서 하이데거는 사유를 근대로부터 전승된 방식, 즉 표상(Vorstellen)과 의욕(Wollen)으로 파악하는 것과 퍽 대조되는 "의욕하지-않음(das Nicht-Wollen)"[68]으로 규명했는데, 이제 결론적으로 사유의 본질을 "사역에 이르는 초연한 내맡김(die Gelassenheit zur Gegnet)"[69]으로 밝힌 것이다. 저 "의욕하지-않음"으로서의 사유는 사역에 이르는 "초연한 내맡김"과 관계 맺을 때 실현되는 것이다: "우리가 사역에 이르는 초연한 내맡김 속으로 우리를 들여보낼 때, 우리는 의욕하지-않기를 원하는 것이다."[70]

이러한 하이데거의 논지는 도가의 "무위자연"의 실현 방식과 잘 맞물려 있다. "위무위즉무불위(爲無爲則無不爲)"에서 무위를 행하는 위무위(爲無爲)의 내용이 하이데거에게서 구체적으로 해명되어 있기 때문이다. 무위를 실현하고 구현하는 위(爲)는 필수불가결한 것으로, 이는

66 M. 하이데거, 신상희 옮김, 『동일성과 차이』, 174쪽 참조.

67 M. Heidegger, *Gelassenheit*, 63쪽.

68 위의 책, 30쪽.

69 위의 책, 57쪽.

70 위의 곳.

어떤 작위가 아닌 것이다. 무위(無爲)를 위(爲)하는 조심스러운 내용이 하이데거의 논지에 잘 해명되어 있다. 다음의 단락에서도 이런 내용들을 엿볼 수 있다:

"실제로 초연한 내맡김이란 초월적인 표상 행위로부터 벗어난 것이고, 그렇게 지평을 의욕하는 것을 단념하는 것이다. 이러한 단념은 더 이상 어떤 의욕으로부터 오는 것이 아니다. 물론 사역의 영역으로 들어가는 동기(der Anlaß zum Sicheinlassen in die Zugehörigkeit zur Gegnet)는 의욕의 미세한 흔적을 필요로 할 것이다. 그렇지만 이 흔적은 사역 속으로 들어감으로 말미암아 사라지게 되고 급기야 초연한 내맡김 속에서 아주 완전히 말소되고 만다."[71]

위의 인용문의 후반부에서 "의욕의 미세한 흔적"은 "사역에 이르는 초연한 내맡김" 속으로 들어가는 의욕이기에, "무위이무불위(無爲而無不爲)"에서 무위(無爲)를 실현하는 위(爲)와 아주 유사한 형태를 취하고 있다.[72] 이러한 "의욕의 미세한 흔적"이나 무위를 실현하는 위를 이해하지 못할 경우에는 상당한 혼란에 빠지게 된다. 무위(無爲)의 독일어 번역은 "아무것도 하지 않음(das Nicht-Tun)"인데, 무위를 그야말로 "아무것도 하지 않음"이라 여기면, 도가가 말하는 무위자연의 실현과는 동떨어지게 된다.

따라서 하이데거도 "초연한 내맡김에 붙어 다닐 수 있는 그런 곡해를

---

71 M. Heidegger, *Gelassenheit*, 57쪽.

72 하이데거는 자신의 전기 사유, 특히 『존재와 시간』에서 말한 현존재의 "결단성(Entschlossenheit)"도 그 어떤 주체 중심의 작위스런 행위라기보다는 열린 장을 개시하기 위해 고유하게 떠맡겨진 현존재의 자기행위(das eigens übernommene Sichöffnen des Daseins für das Offene)로 이해하고 있다(M. 하이데거, 신상희 옮김, 『동일성과 차이』, 178쪽 참조). 따라서 하이데거의 '현존재'를 근대의 주체 개념과 연결 짓는 것은 무리수다.

불식시키는 일이"[73] 필요한 것이라고 지적한다. 그런 곡해란 이를테면 "초연한 내맡김은 비실제적인 것 가운데서, 따라서 허황된 것 가운데서 마냥 동요하고 있을 뿐만 아니라, 그 자신은 모든 힘을 결여한 채 아무런 의지도 없이 모든 것을 허용하는 것이며, 무엇보다도 삶을 향한 의지를 부정하는 것이라고 말이다."[74] 하이데거에게서 "조심스러워하면서 인내하는 초연한 내맡김이야말로 사역의 사방-펼침을 수용하는 태도"[75]일 것이며, "사역을 향한 초연한 내맡김 속에 머물러 있음(Inständigkeit)은 따라서 사유의 자발성의 진정한 본질일 것"[76]이고 "고결한 마음(Edelmut)"[77] 자체로 여겨진다.

---

73 M. Heidegger, *Gelassenheit*, 58쪽.

74 위의 곳.

75 위의 책, 59쪽.

76 위의 책, 60쪽.

77 위의 곳.

6

도(道)와 존재와 인간

1. 도(道)와 존재와 인간의 위상

하이데거와 도가(道家)에서 인간은 근대 사유에서와는 달리 결코 주체 중심이 아니다. 하이데거에게서 인간 현존재는 미리 주어져 있는 세계 안으로 "던져진(geworfen)" 존재자이고, 장자에게서 인간 역시 무궁한 천지(세계) 속에 미미하고 유한한 존재자로 왔을 따름이다.[1] 특히 하이데거에게서처럼 장자에게서도 인간은 철저하게 시간의 지배를 받는 유한한 존재자이다. 지극히 유한하고 압축된 시간이 인간에게 주어졌음을 장자는 『장자』의 「지북유」 편에서 다음과 같이 밝히고 있다:

"사람이 이 천지 사이에 살고 있는 시간이란 마치 준마(駿馬)가 벽의

1 이강수, 『노자와 장자』, 도서출판 길, 2009, 제2부 2장('장자가 본 인간', 115-121쪽) 참조.

틈새를 언뜻 지나가듯 순식간이오. 사물은 모두 자연의 변화에 따라 생겨나서 다시 변화에 따라 죽소. 변화하여 생겨나는가 하면 다시 변화하여 죽는 거요. 이것을 생물이나 인간은 애달파하고 슬퍼하오.(人生天地之間, 若白駒之過郤, 忽然而已. 注然勃然, 莫不出焉. 油然漻然, 莫不入焉. 已化而生, 又化而死, 生物哀之, 人類悲之.)"[2]

이처럼 시간에 압축된 유한한 존재자로서의 인간은 자신의 의지나 의사와 무관하게 생명을 부여받아 세상 안으로 들어오고, 그의 의지와 상관없이 세상을 떠나야 한다. 그래서 "그는 그에게 찾아온 생명을 사양할 수 없고 그로부터 떠나가는 생명을 만류할 수 없다."[3] 이와 같은 인간의 처지를 장자는 "삶이 찾아오는 것을 아무도 물리칠 수 없고, 삶이 떠나버리는 것 또한 아무도 막을 수도 없다. 슬픈 일이다!(生之來不能却, 其去不能止. 悲夫.)"[4]라고 한다. 장자의 이러한 인간 파악은 하이데거가 인간 현존재를 "내던져진 존재(Geworfen-sein)"라고 규명한 것과도 유사한 형태를 띤다.

하이데거의 사유에서도 인간은 철저하게 시간적인 지배를 받는 유한한 존재자이다. 그러나 그에게서 인간은 다른 존재자들과는 달리 실존할 수 있을 뿐만 아니라 자신의 존재를 이해할 수 있는 존재자이기에, "존재자적-존재론적 우위(ontisch-ontologischer Vorrang)"[5]를 점하는 위치에 서 있다. 현존재의 다른 존재자들에 대한 이러한 우위는 모든 존재론의 가능조건이기도 하다.

---

2 안동림 역주, 『莊子』, 현암사, 2010, 「지북유」, 10장(545쪽).

3 이강수, 『노자와 장자』, 117쪽.

4 안동림 역주, 『莊子』, 「달생」 편, 제1장(463쪽), 필자 번역.

5 M. Heidegger, *Sein und Zeit*, 13쪽 참조. 이때의 '우위'는 결코 근대 사유에서의 주체 중심적 사유는 아니다.

그래서 "현존재가 있는 한에서만", 말하자면 존재 이해에 관한 존재론적인 가능성이 주어진 한에서만 "존재는 있다."[6]라고 했는데, 이 말은 결코 어떤 주체를 강조하는 것이 아니라 "현존재"가 다른 존재자와는 달리 존재에 대한 그리고 존재의 의미에 대한 물음을 던질 수 있는 자이고 또 그렇게 해야 할 과제를 떠안고 있기 때문이다. 오직 이런 측면에서만 현존재는 우월성을 갖는 것이다. "존재자적-존재론적 우위"는 결코 존재에 대한 우월성이나 우위가 아닌 것이다. **하이데거에게서 인간은 존재가 자신을 개현하는 터로서의 현존재인 것이다**.

현존재가 존재하지 않으면(좀 더 엄격하게 표현한다면: 현존재의 존재이해가 없으면) "그 자체로서 존재하는 것(An-sich-sein)"도 현존재에겐 큰 의미가 없게 된다. 이는 인간 현존재에게만 "존재이해(Seinsverständnis)"와 "존재접근(Seinsbetroffenheit)" 및 "존재사유(Seinsdenken)"가 필수적이기 때문이다. 그러나 이런 현존재의 주도적인 가능성은 하이데거의 후기 사유에서 더 이상 설 자리가 없다.

하이데거의 '전향(Kehre)'엔 후설에게 남아 있는 주체 중심의 사유로부터의 작별이 더욱 뚜렷한 것이다. 하이데거의 후설로부터의 '작별(Abschied)'엔 후설의 현상학에 짙게 깔린 주체 중심의 사유가 자리 잡고 있다.[7] 이미 '전향' 이전에, 『존재와 시간』에서도 주체 중심의 사유로부터의 작별을 엿볼 수 있다. 그가 결코 후설에 동의할 수 없는 부분이 이미 전기 사유에서 싹터 있었던 것이다.

하이데거가 『존재와 시간』에서 후설 현상학에서의 '의식' 대신에 '현존재'라고 쓴 것은—그가 나중에 『형이상학이란 무엇인가?』에서

---

6 M. Heidegger, *Sein und Zeit*, §3~§4, 18, 63, 65쪽 참조.

7 Kurt Fischer, *Abschied: Die Denkbewegung Martin Heideggers*, Königshausen und Neumann, Würzburg, 1990, 제 II-III장 참조.

밝히듯[8]—결코 단순한 이유에서가 아니고 또한 단순한 대체도 아니다. 후설의 '의식'은 어디까지나 주체의 '의식'이고, 객체와의 상관관계에 있는 '의식'인 것이다. 후설은 인간존재의 본질을 의식의 지향성에서 찾았다. 그에게서 세계는 결국 의식의 지향성에 의해서 의미 지어진 현상으로서의 세계일 뿐이다. 그러기에 후설의 현상학은 의식과 의식 바깥의 세계, 즉 주-객 도식의 근대적 스캔들에서 벗어날 수 없었던 것이다.

하이데거는—현상학자 김영필 교수도 지적하듯이—후설에게 여전히 남아 있는 "근대의 인식론적 도식, 주관이 객관을 규정한다는 근대의 구성주의적 도식을 허물기 위해 주관 존재와 객관 존재 이전의 사태, 즉 **존재 자체**에로 돌아가는 존재론적 전환을 수행한다. 의식 존재든 세계 존재든 그것이 이미 존재라는 지평에 서 있는 존재자에 지나지 않는다는 사실이 후설에게는 충분히 고려되지 못했다."[9]

그러기에 하이데거는 인간의 본질이 주체성으로 혹은 "이성적 동물(animal rationale)"이라고 규정된 것에서 벗어나야 하며, 존재 자체의 개방성(Offenheit)에 대한 인간의 본질 관계를—어쨌든 인간이 다른 존재자들에 비해 존재이해를 할 수 있다는—적절하게 표현하기 위해, 인간이 인간으로서 저 존재의 개방성에 들어설 수 있는 존재자라는 것을 규정하기 위해 '현존재(Dasein)'라는 용어를 골라 썼던 것이다.

인간이 결코 주도적인 위치에 있지 않다는 것은 그의 『휴머니즘에 관한 편지』에 수없이 등장한다. 존재는 어떠한 경우에도 인간 현존재에게 의존하고 있지 않는 것이다. 존재는 어떠한 경우에도 인간에 의한 산물(産物)이 아니다. 『휴머니즘에 관한 편지』에서 하이데거는 이러한 사항

---

8 M. Heidegger, *Was ist Metaphysik?*, 13쪽 참조.

9 김영필, 『현대 철학의 전개』, 이문출판사, 1998, 31쪽.

을 강조한다: "존재가 밝혀지는 한에 있어서만", 탈존하는 자로서의 인간은 존재를 감내할 수 있는 것이다. 드러난 현(現: das Da), 즉 존재의 진리로서의 '밝혀짐'은 존재 자체에 의해서 가능한 것이다.[10] 말하자면 인간의 탈존적 본질은 인간에 의해서가 아니라 "존재가 자신을 건네는(Es gibt das Sein)" 한에서만 인간은 존재의 진리 안에 설 수 있다.

그러기에 인간에게서 존재이해가 일어난다거나 존재가 밝혀지는 것은 존재의 산물인 것이다. 존재이해가 일어나는 기획투사(Entwurf)에서 투사하는 당사자는 인간이 아니라 존재 자체인 것이다.[11] 존재가 이해되고 밝혀진다는 것은 존재 자체에 의한 "내던져진 기획투사(ein geworfener Entwurf)"이다. "내던져진 기획투사"에서 내던지는 자가 존재 자체라고 한다면, 존재에 대한 인간의 위치는 결코 주도적이지 않은 것이다.

하이데거의 '존재사(Seinsgeschichte)'적 의미에서 역사는—세계사든 인류사든 또는 문화사든—'존재역운'의 한 드러난 형식에 불과한 것이다. 그렇다면 인간의 존재와의 관계는? 마치 노자에게서 인간이 도(道)에 귀를 기울이고, 도를 따르며 그 섭리에 놓여 있는 것처럼, '존재의 보냄(Schicken des Seins)'으로서의 '존재사(Seinsgeschichte)'에 인간은 드리워져 있고 존재에로 탈존하면서(ek-sistierend) 존재의 진리를 지키는(hüten) 것이다. 이러한 인간의 존재와의 관계를 하이데거는 다음 대목에서 잘 설명하고 있다:

"인간은 오히려 존재 자신에 의해 존재의 진리 안으로 던져져(ge-

10 M. Heidegger, *Über den Humanismus*, 16쪽 참조.

11 위의 책, 25쪽 참조: "Das Werfende im Entwerfen ist nicht der Mensch, sondern das Sein selbst, das den Menschen in die Ek-sistenz des Da-seins als sein Wesen schickt."

worfen) 있습니다. 이처럼 인간은 존재자로서의 존재자가 존재의 빛 가운데서 드러나기 위해 탈존하면서 존재의 진리를 지킵니다. […] 존재자의 도래는 존재의 역운에 기인합니다. 인간에게 남는 물음은, 인간이 이러한 역운에 상응하는 자신의 섭리적인 본질을 발견하느냐 하는 것입니다. 왜냐하면 인간은 이러한 역운에 합치하여서만 탈존하는 자로서 존재의 진리를 지킬 수 있기 때문입니다. 인간은 존재의 목자(牧者)입니다."[12]

'탈존(Ek-sistenz)'이란 인간이 끊임없이 자기를 넘어서서 존재에로, 존재의 열려 있는 지평에로 다가섬이다. 이 말은 곧 스스로 개시하면서(sich-öffnen, sich-lichten) 자신을 보내주는 존재의 지평에 인간이 현존함(da-sein)을 의미한다. 이러한 존재와 인간의 관계는 노자에게서의 도(道)와 인간의 관계와도 유사하다.

노자와 하이데거에게서 분명하게 드러나듯 도(道)와 '존재'에 대한 인간의 관계는 '증여적(贈與的)'[13]이라고 할 수 있다. 물론 그렇다고 도(道)와 존재가 앞에서도 언급했듯 일방적으로 인간을 조종하는 것도 또 지배하거나 통제하는 것도 결코 아니다. 그것은 도(道)와 존재가 결코 부자연하고 비자연적인 작위(作爲)를 일삼지 않기 때문이다.

하이데거에게서 존재는 인간에게 결코 부수적으로 현존하거나 예외적으로 현전하는 방식을 취하지 않는다. 존재는 자신의 요청에 의해서 인간에게 관여하면서(an-geht) 현성하고(west) 거한다(waehrt). 그런데 인간만이 다른 존재자와는 달리 존재에 열려 있기에 존재를 도래하게 할 수 있다(ankommen lassen). 인간이 '존재의 진리'에 부름을 받

---

12 M. Heidegger, *Über den Humanismus*, 19쪽.

13 최재희 교수의 번역, 『휴머니즘론』, 4쪽.

고 존재의 음성을 경험하는 것을 하이데거는 기적 중에서 기적이라고까지 표현한다.[14] 이처럼 노자와 하이데거에게서는 (이기적인 의미의) 인간중심주의가 거부된다.

실로 하이데거에게서 서구의 주체 중심주의와 인간중심주의로부터의 탈피는 서구 철학사에서 하나의 획기적인 사건이라고 할 수 있다. 그것은 서구 철학사에서 "나의 있음", 나의 주체성이야말로 근원 중에 근원으로 자리 잡았으며, 이 주체 중심의 사유야말로 "나는 사유한다(ego cogito)"에서 "나는 존재한다(ego sum)"를 정당화하는 데카르트의 명제에서부터 근대 철학의 핵심이었기 때문이다. 신의 존재 여부도 나의 존재에 의존하는 것이 근대의 사유이다. 19세기 니체의 철학에서도 여전히 주체의 의지가 극단화되었으며, 후설에게서도 여전히 에고의 극단화(ego-pol)가 현상학의 기본 전제로 되어 있다.

이런 서구 철학사의 흐름에서 하이데거의 주체 중심의 사유로부터의 작별은 가히 혁명적 발상 전환이라고 하지 않을 수 없다. 그에게서 인간의 본질은 결코 애초부터 객관에 관계하는 주관, 말하자면 주관-객관 관계에 있는 것이 아니라 존재의 개방성 안에 들어서는 탈존에 있다. 존재의 개방성이 비로소 인간으로 하여금 사물과 객관에 관계할 수 있도록 "사이(Zwischen)"를 밝혀주는 것이다.

주지하다시피 근대의 극단적 인간 주체 중심주의는 어쩌면 서구의 운명처럼 굳어졌으며, 전 시대에서 니체와 후설에게까지, 그리고 오늘날 현대인에게도 깊이 뿌리박은 이념이고 신앙일 것이다. 자기 주체를 중심으로 타자를 대하며, 지구와 세계를 그리고 자연을 돌리고 있는 것이 아닐까. 오지 인간의 관점에서 그리고 인간에게 주어진 이성의 관점

14 M. Heidegger, *Was ist Metaphysik?*, 42쪽 참조.

에서 존재자 전체를 조명하고 해석해왔을 뿐이다.

니체의 경우 이성 중심주의의 근대 사유에서 니힐리즘을 목격하였으나, 인간 주체의 의지에 과다한 중량을 실음으로써 니힐리즘 극복엔 다다르지 못한 것으로 보인다. 합리주의를 단순히 비합리주의로, 이성을 의지로, 아폴론을 디오니소스로 대체한다고 니힐리즘이 극복될 수 없기 때문이다. "힘에의 의지(Macht zur Wille)"와 초인의 투쟁은 결국 지배권을 획득하기 위한 싸움의 각축장 외에 무엇이겠는가. 도대체 뭣 때문에 초인은 극단적 권력 행위를 누리고, 또 누가 그 지배를 당해야 한단 말인가! 더욱이 초인의 강대함, 도덕이 도외시되는 비탈리즘(Vitalismus)과 권력 의지는 인간성과 인간의 존엄성 및 그의 위상을 과연 높여주는가?

오늘날 인간이 과학기술 문명을 앞세워 자연에 대해 무자비한 착취를 일삼는 것도 결국 인간의 극단적인 "힘에의 의지"와 연계되어 있는 것이다. 근대 말기의 식민지 쟁탈전이나 현대의 이념 대결, 파시즘과 전체주의(히틀러) 및 군국주의(일본), 오늘날 무제한의 과학기술 경쟁도 "힘에의 의지"가 구체화된 것이라고 하지 않을 수 없기 때문이다.

하이데거가 지적한 대로 "무제약적인 초인의 권능은 (저급한 인간성인) 야수성의 완전한 해방에 상응한다."[15] 무슨 권리로 초인은 무한한 야수성의 충족을 선고하며, 그런 "힘에의 의지"와 의지의 충족을 세상과 인간들에게 웅변하는가. 그런 웅변은 극히 오만한 태도이기 이전에 자신에게 극히 공허한 비인간적인 니힐리즘의 메아리에 불과한 것이다. 그러기에 파괴적인 가치 전복("Umwertung aller Werte: 모든 가치의 전복")은 하이데거가 지적한 대로 니힐리즘의 극복이 아니라 오히려

---

15 M. Heidegger, *Vorträge und Aufsätze*, 90쪽.

더 철저하게 "니힐리즘에 얽매여 있는 것이다."[16] 그것은 무엇보다도 니힐리즘의 본질은 가치가 아니라 존재 문제인데(존재망각, 존재상실), 니체는 가치로서 니힐리즘을 극복하려 했기 때문이다.

하이데거의 사유는 그의 전후기 사유를 막론하고 인간중심주의와의 결별이라고 해도 과언이 아니다. 특히 그의 후기 사유는 노자에게서처럼 인간이 겸허할 것을,[17] 존재에 귀를 기울이고 그의 부름에 응답하며 그의 이웃이 될 것을 종용하고 있다. 그는 특별히 헤라클레이토스의 피시스와 노자의 도(道)에 귀를 기울였는데, 노자의 무위자연(無爲自然)과 헤라클레이토스의 피시스 사유에서는 인간의 작위성과 강제력이, 또한 인간이 기술을 통해 마음대로 처리하는 폭력이 전면 허용되지 않기 때문이다.

그런데 서구의 끈질긴 인간중심주의와 결별하면 인간의 위상이 크게 위축되는 것일까? 결코 그렇지는 않다. 그것은 오히려 코스모스에서 인간의 더 온당하고 적합한 자리매김일 것이다. 하이데거에게서 인간은 이제 존재자를 인공적으로 조작하고 그 군림하는 "존재자의 주인이 아니라", "존재의 진리" 안에 거하면서 그것을 돌보는 "존재의 목자"와 "존재의 이웃"이 되는 것이다.

그런데 이와 같은 인간의 위상을 노자에게도 읽을 수 있다. 도(道)에 대해 '증여적(贈與的)'[18]인 관계에 있는 인간은 작위(作爲)하는 태도를 버리고 무위자연(無爲自然)을 실현하는, "무위에 처하면서 일을 하고

---

16 M. Heidegger, *Nietzsche II*, 340쪽.

17 노자의 도(道)에 순응하는 삶이란 겸허한 삶이다. 노자는 『도덕경』의 도처에서 이러한 겸허한 삶을 강조한다(특히 66장 참조). 이강수 교수도 이러한 노자의 겸허한 삶을 부각시킨다: 이강수, 『노자와 장자』, 38-44쪽 참조.

18 M. 하이데거, 최재희 역, 『휴머니즘론』, 4쪽.

말하지 않으면서 가르침을 행하는(處無爲之事 行不言之教)" 성인(聖人)이 되길, 무위지도(無爲之道)를 구현하는 현덕자(玄德者)[19]이길 요구한 것이다.

도가와 하이데거에게서는 도(道)와 존재 자체의 관점에서, 이들의 개방성 속에서 인간 자신을 비롯한 모든 존재자들이 드러내어진다. 이토록 도와 존재의 빛 가운데 세계와 인간이 드러날 뿐만 아니라, 도(道)와 존재의 관점에서 세계와 인간도 해명되는 것이다. 인간은 도가에게서 도(道)에 대해 '증여적(贈與的)'인 관계에 있는 것처럼 하이데거에게서는 존재가 자신을 개현하는 터로서의 현존재일 따름이다.

장자는 도의 관점을 도추(道樞)개념을 통해 설명하고 있다: "저것과 이것이 그 대립을 없애버린(대립을 초월한 절대적인) 경지, 이를 도추(道樞: 도의 지도리)라고 한다. 지도리이기 때문에 원의 중심에 있으면서 무궁한 변전(變轉)에 대처할 수 있다."[20] 그렇다면 도추(道樞)에 응하는 인간의 태도는 현실의 모든 차별상(差別相)을 초월하는, 심지어 생사 · 귀천 · 대소 등을 비롯하여 시비선악(是非善惡)문제에 이르기까지의 대립상(對立相)을 제일시(齊一視)하는 초월적 관점이다. 그 대립상에 사로잡힘으로 말미암아 생기는 고뇌를 초탈하려는 태도이다. 장자는 이런 심오한 경지를 "도추(道樞: 道의 중심)" 또는 천균(天鈞: 天의 중심)이라고 했다.

도와 존재 자체에 이르는 길은 우선 우리의 지성을 날카롭게 갈고 닦아 인위적으로 다가갈 것이 아니라 오히려 이 날카로움을 꺾고 사물(존재자)에 대한 지배욕에서 벗어나야 하는 것이다. 이를 위해 노자는 위

19 남만성 역, 『노자도덕경』, 을유문화사, 1970, 제10장, 38장 참조.

20 안동림 역주, 『莊子』, 「제물론」, 제10장, 59쪽.

학(爲學)보다는 위도(爲道)할 것을 천명하면서[21] "허(虛)의 극치에 이를 것과 고요할 정(靜)을 도탑게 지킬 것(致虛極 守靜篤)"을 밝히고(『도덕경』, 제16장), 장자는 "심재(心齋)"와 "좌망(坐忘)"을 언급하며,[22] 하이데거는 "초연한 내맡김(Gelassenheit)"을 역설한다.

그런데 여기서 언급된 노자의 "허의 극치"와 "정(靜)을 도탑게 지키는 것", 장자의 "심재좌망(心齋坐忘)", 하이데거의 "초연한 내맡김"이 표면적으로는 인간의 수동적인 태도를 보이는 것 같으나, 결코 그렇지 않다. 그것은—하이데거에게서 쉽게 읽을 수 있듯이—"존재가 자신을 개현하도록" 온 주의를 기울이면서 우리 자신을 열어두는 것을, 말하자면 존재개현을 통해 인간뿐만 아니라 "모든 사물이 자신의 고유한 본질을 발현하는 것을 가능케 한다는 점에서 최고의 행위"인 것이다.[23]

하이데거가 인간중심주의를 부정하고 비판하는 『휴머니즘에 관한 편지』에서 "동양에로의 신비로운 관련(die geheimnisvollen Bezüge zum Osten)"[24]을 언급하고 이를 미래의 사유 과제로 고지하는 것도 인간의 무욕, 무위자연을 거듭 강조하는 도가의 사유를 염두에 두었던 것이다. 노자의 『도덕경』에는 인간더러 "제발 인위적으로 조작하지 말고 그대로 놔둬라(lass es sein: let it be)"는 경구가 도처에서 묵직하게 우러나온다.

---

21 노자는 "학문을 하면 날마다 날마다 할 일이 더 많아지고, 도를 하면 날마다 날마다 할 일이 줄어든다. 줄고 또 줄어서 하는 일이 없기에 이른다. 즉 무위(無爲)에 도달한다. 무위의 경지에 이르면 작위하지 않건마는 하지 않는 것이 없다."라고 한다(남만성 역, 『노자도덕경』, 제48장).

22 안동림 역주, 『莊子』, 「인간세」, 「대종사」 참조. 이강수, 『노자와 장자』, 145-166쪽 참조.

23 박찬국, 「하이데거와 동양 사상의 대화가능성과 필연성」, 『하이데거 연구』 제7집, 한국하이데거학회, 2002, 332쪽 참조.

24 M. Heidegger, *Über den Humanismus*, 25쪽.

노자는 도(道)를 깨닫는 경지를 3가지로 분류하는데—『도덕경』의 제41장에서 규명되어 있듯이—"상등의 인사가 도를 들으면 힘써서 그것을 실행하고, 중등의 인사가 도를 들으면 반신반의하고, 하등의 인사가 도를 들으면 그것을 크게 조소한다. 하등의 인사가 조소하지 않는 도는 도라고 할 만한 것이 못 된다."(남만성 역)라고 한다. 이러한 분류는 그러나 어떤 사회적 차별이나 상하를 나타내는 것이 아니다. 여기엔 깨달음이 없는 사람에 의해 뒤집힌 세계상이 잘 드러나 있다. 이 하등의 인사는 자신의 처지를 알지 못하고 오히려 "크게 조소"한다. 어쩌면 세상에 흔히 일어나는 현상이다.

이 비유는 장자의 「소요유」 편에서는 붕새와 매미 및 비둘기의 우화와 유사한 성격을 갖는다. 구만리장천을 날아가는 붕새를 매미와 비둘기는 오히려 얕보고 조소하는 것이다. 하이데거에게서도 위와 유사하게 존재와 존재자가 뒤틀린 세계상을 볼 수 있다. 그는 사람들이 "투쟁적으로 존재자에 우위를 설정하고서 존재를 '아무것도 아닌 것'으로 치부하여 의식적·무의식적으로 배척해버린다"고 하였다. 일상성과 "퇴락-존재"에 빠진 현존재들로부터 쉽게 일어나는 현상일 것이다.

도와 존재는 어떤 이론이나 지각 및 논증에 의해 추론되는 것도 아니고 또 그렇게 경험되는 것이 아니지만, 도(道)를 듣는 노자의 "상등의 인사"처럼 "허의 극치"와 도타운 "정(靜)"을 통해(노자), "심재좌망(心齋坐忘)"을 통해(장자), 또한 "초연한 내맡김"(하이데거)을 통해 경이롭고 성스러운 실재를 직접적으로 경험할 수 있을 것이다. 이런 경험은 어떤 단발성의 경험에 그치는 것이 아니라 우리의 사유 세계와 전인격을 변화시키는 놀라운 힘을 갖고 있는 것이다.

2. 하이데거에게서의 "퇴락-존재(Verfallen-sein)"

하이데거는 '인간'을 '현존재(Dasein)'라고 부르는데, 그것은 인간이 그냥 놓여 있는 전재자(Vorhandensein)나 존재를 묻지 않는 일반 존재자(Seiende)와는 달리 자신의 존재를 문제 삼는 존재자이기 때문이다. 인간 현존재는 다른 존재자와는 달리 자신의 존재가 문제되고, 자신의 존재를 부채로 안고 살아간다. 인간 현존재는 많은 다른 존재자들처럼 그냥 놓여 있는 전재자(前在者)가 아니라, 자신의 존재가 문제되는 존재자이다.

그는 이미 세계에 "던져진 존재(Geworfen-sein)"로서 세계의 지평에서 자신의 삶을 영위하는 가운데 진정한 자기 자신으로 존재하든지 혹은 그렇지 않든지의 존재 방식을 취하고 있다. 즉 그는 실존할 가능성을 갖고 있고 또 그렇지 못할 가능성도 갖고 있다. 그래서 인간 현존재는 자신의 본질을 만들어간다. 미리 주어지거나 굳어져 있는 현존재의 본질은 없다. 말하자면 현존재의 본질은 바로 자신의 실존에 놓여 있는 것이다.[25] 전기 하이데거의 "기초존재론(Fundamentalontologie)"은 우리로 하여금 마치 정언명법처럼 "너는 실존해야 한다"고 한다.[26] 어떻게 구체적으로 실존하는지는 각자에게 맡겨져 있다.

하이데거에 의하면 현존재는 우선 그리고 언제나 자기 자신의 본래적인 존재가능으로부터 떨어져 나와 '세계'에 빠져 있다(verfallen). 현존재의 세계에 빠져 있는 "퇴락존재(Verfallensein)"[27]는 현존재가 일상

---

25 J. P. 사르트르의 이른바 "실존은 본질에 앞선다"는 하이데거의 "기초존재론"에 뿌리를 두고 있다.

26 대체로 이 부분에는 하이데거도 다른 실존철학자들과 견해를 같이한다.

27 'Verfallen'을 '타락'으로 번역하는 경우도 있지만, 이 개념은 하이데거에게서 윤

적으로 존재하는 근본 양식인 것이다. '세계'에 빠져 있음은 사람들과 더불어 살아가는 삶의 방식이 '잡담(Gerede)', '호기벽(好奇癖: Neugier)', '애매함(Zweideutigkeit)' 등에 이끌리고, 그러한 삶의 방식에 몰입해 있음을 의미한다. 퇴락존재로서의 세인(世人: das Man)은 자기 자신의 실존을 망각하고 자신을 방치하며, 타인과 무책임한 대중의 시류에 떠밀리는 삶을 영위한다. 이처럼 퇴락-존재란 현존재가 끊임없이 세인의 비본래성과 무-지반성(Bodenlosigkeit) 속에 끌려들어가 그 소용돌이에 휘말리는 것이다. 하이데거는 이러한 퇴락-존재의 분석을 통해 "현존재의 비본래성(Uneigentlichkeit des Daseins)"을 더욱 첨예하게 규명할 수 있다고 한다.[28]

그러기에 "세계-내-존재(In-der-Welt-sein)"로서의 현존재가 자신의 삶을 영위하는 세상 속에서 "퇴락-존재"인 것은 필연적인 것이며, 또 그가 이 세상 속에서 구체적으로 다른 존재자 및 타자와 관계를 맺고 자신의 존재를 문제 삼으며 살아가기에 '염려(Sorge)'의 양식을 갖는 것 또한 기본적이고 현사실적인(faktisch) 사항이다. 현존재의 존재는 한마디로 '염려'인 것이다. 이런 맥락에서 하이데거는 염려가 현존재의 "근본 구성틀(Grundverfassung)"이라고 한다.

"세계-내-존재"로서의 현존재는 세계 내에서 자신의 삶을 영위해나가다가 비실존적 삶의 형태인 세인(世人: das Man)의 지배를 받고 있다는 것, 즉 "퇴락존재"라는 비본래성의 늪에 빠져 자기의 존재가능을

리적이거나 종교적인 의미가 아니라 일상사에 파묻혀 자신의 실존적 삶을 살지 못하고 비본래성에 빠진 사람들의 삶의 양식을 말하기에(M. Heidegger, *Sein und Zeit*, §38, 특히 180쪽 참조), 필자는 '퇴락'으로 번역한다.

28 M. Heidegger, *Sein und Zeit*, 175쪽. "현존재의 비본래성"에 관해선 *Sein und Zeit*, §9 참조.

실현하지 못하는 처지의 단계에 놓이게 되는데, 이러한 삶의 형태는 장자가 규명하는 "물(物)에 얽매인" 존재로서의 인간과도 유사한 성격을 갖고 있다.[29]

'퇴락존재'라거나 비본래적인 세인이 아닌 모습은 노자 『도덕경』(제20장)에도 잘 드러난다. 노자 자신이 어리숭하여 "세상 사람들(衆人, 俗人)"의 대열에 끼지 못하는 정황을 읊고 있다. 그러나 자신이 세상 사람들의 대열에 끼지 못하는 어리숭한 사람이지만, "생(生)의 근원을 소중히 여기는" 데에서, 하이데거적인 의미로 세인(世人: das Man)의 지배에 놓여 있지 않음을 목격하게 한다:

> "세상의 여러 사람들은 기뻐 웃으면서 소나 양의 맛있는 고기를 즐기는 듯, 봄동산에 올라 조망(眺望)을 즐기는 듯하건마는, 나만은 홀로 휑하게 빈(空) 가슴으로 평안하고 고요하게 있네. 세속적인 욕망은 낌새조차 보이지 않는 것이, 마치 갓난아이가 아직 웃을 줄도 모르는 것과 같구나. 나른하고 고달파서 돌아갈 곳 없는 사람과도 같네. 여러 사람들은 다 세속적인 욕망에 의욕이 넘치고 있건마는, 나만은 홀로 모든 것을 잃어버린 것만 같구나. (…) 세속 사람들은 사리에 밝고 빈틈없이 잘 살필 줄 아는데, 나만은 홀로 사리에 어둡고 어리석기만 하네. 바다처럼 안정(安定)되고 고요하며, 끝없이 흘러가는, 매지 않은 배처럼 구속됨이 없구나. 여러 사람들은 다 쓸모가 있건마는 나만은 홀로 완고하여 촌스럽기만 하네. 나는 홀로 남들과 달리, 생(生)의 근원을 소중히 여기노라."(남만성 역)[30]

---

29 장쓰잉(張世英)은 하이데거의 "비본래성(Uneigentlichkeit)"을 중국의 "상기(喪己: 참된 자아의 상실)" 개념과 유사하다고 한다: 장쓰잉, 김권일 옮김, 「하이데거와 도가」, 『신학전망』 156호, 광주가톨릭대학교 신학연구소, 2007, 98쪽 참조.

30 대체로 도가는—장쓰잉이 지적하듯—세인(世人: das Man)의 지배에 휘말리지

위의 인용문에서 "세속적인 욕망은 낌새조차 보이지 않는" 갓난아이의 상태야말로 노자에게서 이상적인 인간상이라고 봐도 무리가 아닐 것으로 보인다. 노자의 표현대로 어리숭하여 "세상 사람들(衆人, 俗人)"의 대열에 끼지 못하고, 세속적인 욕망에 사로잡히지 않은, 사리에 밝지 못해 빈틈없이 살필 줄도 모르는(약삭빠르지 않은) 갓난아이의 상태야말로 노자에게서 본래적이고 이상적이며 (도道가 구현된) 덕의 모습이기 때문이다.

어떻게 어린아이가 그럴 수 있느냐고 우리는 반문할 수도 있을 것이다. 그러나 그런 반문은 어린아이의 독특한 자연성을 모르기 때문이다. 더더욱 유교 봉건주의의 "장유유서(長幼有序)"라는 교조주의적 가르침과 "아이들 있는 곳에선 찬물도 한 그릇 못 마신다"는 속담에는 아이를 억압하는 저의가 들어 있고, 아이를 어른의 손아귀에만 묶어두는 유교의 가혹한 이데올로기가 자리 잡고 있다. 이런 부분에서 유가와 도가의 적나라한 차이가 드러난다.

어린아이는 그러나 오염되지 않은, 맑은 영혼의 소유자이다. 신약성서에서 예수는 어린이의 심성을 갖지 않고서는 하늘나라에 들어갈 수 없다고 한다: "예수께서 한 어린 아이를 불러 그들 가운데 세우시고 이르시되 진실로 너희에게 이르노니 너희가 돌이켜 어린 아이들과 같이 되지 아니하면 결단코 천국에 들어가지 못하리라."[31] 또 이와 같이 "내가 진실로 너희에게 이르노니 누구든지 하나님의 나라를 어린 아이와 같이 받아들이지 않는 자는 결단코 거기 들어가지 못하리라 하니

않은 것으로 보인다: "오직 도가만이 유행하는 풍습에 얽매이지 않거나 유가의 가치나 규범에 속박되지 않는 고상한 기상을 좋아했고 이를 제창하였다."(장쓰잉, 김권일 옮김, 「하이데거와 도가」, 『신학전망』 156호, 99쪽).

31 『신약성서』, 「마태복음」 18장 2-3절.

라."[32]고 한 예수의 가르침은 어린이가 곧 천국 입국의 척도가 되고 있음을 명시하는데, 노자에게서 갓난아이야말로 무위자연의 척도가 됨을 밝혀주고 있는 것이다.

미국의 환경윤리운동가이자이자 생태철학자인 레이첼 카슨(R. Carson)의 『자연, 그 경이로움에 대하여』에도 자연과 사귀고 자연과 하나 되는 어린아이가 소개되고 있다. 바다를 무척 사랑했던 카슨은 조카의 아들인 로저 크리스티라는 생후 20개월의 갓난아이를 담요로 감싼 채 비 내리는 어둠 속의 바닷가에 갔다고 한다. "저 멀리, 우리의 눈길이 미처 닿지 않는 바다 저 끝에서, 거대한 물결이 우르릉대며 춤추고 있었다. 어둠 속에서 그것은 어슴푸레하게 하얀빛을 띠고 있었다. 세상을 뒤흔들듯 커다란 소리를 내며, 물결은 이내 우리 곁으로 밀려와 무수한 포말로 스러졌다. 로저와 나는 즐거움에 겨워 크게 웃었다. 로저는 태어나 처음으로 바다의 신이 부르는 노래를 들었던 것이다."[33]

어두운 밤바다에서 우르릉대는 파도 소리와 무수한 포말로 스러지는 물결을 보고 어른과 갓난아이조차도 "크게 웃었다"는 것은 자연과 사귀며 하나 된 상태를 적나라하게 드러낸다. "세상을 뒤흔들듯 우르릉대는 바다 그리고 모든 것을 감싸 안고 있는 넉넉한 어둠"[34]은 영감으로 가득 찬 자연을 들여다보는—어쩌면 도가의 자연과도 유사한—카슨의 자연철학이다.

또 카슨은 언젠가 위에서와 같이 어린 로저와 함께 어두컴컴한 밤바다에 손전등을 들고 나갔는데, "비는 내리지 않았지만 밤은 여전히 살

---

32 『신약성서』, 「누가복음」 18장 17절.

33 레이첼 카슨(표정훈 옮김), 『자연, 그 경이로움에 대하여』, 에코리브르, 2002, 15-16쪽. 개정판은 『센스 오브 원더』(에코리브르, 2012)로 출간됨.

34 위의 책, 16쪽.

아 있었다. 물결이 부서지는 소리, 끊임없이 불어대는 바람소리. 실로 지극히 작고 소박한 것에서부터 크고 위대한 것에 이르는, 그 모든 것들이 살아 있는 시간이자 장소였다. 로저와 나의 이 각별한 밤은 생명을 잉태하고 있는 밤이기도 했다. 우리는 유령게를 찾았다. 모래와 비슷한 색을 띠고, 부지런히 움직이는 그 녀석들을 로저와 나는 낮에도 가끔 볼 수 있었다. … 이 작고 빠른 녀석들을 볼 때마다, 나는 바다의 무자비한 힘에 맞서는 어떤 고귀한 고독 같은 것을 느낀다. 녀석들 덕분에 나는 잠시나마 삶과 우주의 무한한 신비를 명상하는 철학자가 되곤 한다."[35]

그런데 여기서 놀라운 것은 카슨이 어린 갓난아이와 함께 무한하고 위대한 자연과 한 가족이 된다는 것이다. 그렇다면 인간의 비극은—어른이라고 하지만 비본래적인 세인(das Man)의 삶에 빠져—경이로운 자연의 존재 의미를 통찰하지 못하는 것, 그 신비로운 기적의 의미를 읽어내지 못한다는 데에 있다. 카슨은 갓난아이인 로저조차도 자연과 한 식구가 되는 것을 보여주는데, 어른들은 그러나 혼탁하고 비-본래적인 세계에 빠져 그런 시각을 잃어버린다는 것이다. "어른들의 가장 큰 불행은 아름다운 것, 놀라움을 불러일으키는 것을 추구하는 순수한 본능이 흐려졌다는 데 있다."[36]

이리하여 우리는 노자에게서와 예수에게서, 그리고 카슨에게서 갓난아이가 오염되지 않은, 맑은 영혼의 소유자로서 천국 입국의 척도가 되고 무위자연의 척도가 되며 자연과 한 가족이 됨을 통찰할 수 있다.

장쓰잉은 "도가의 '갓난아이의 상태로 되돌아감(復歸於嬰兒)'(『도덕경』, 제28장)과 하이데거의 '본래적임에로 되돌아감'"[37]이 서로 매우 유

---

35 레이첼 카슨(표정훈 옮김), 『자연, 그 경이로움에 대하여』, 16-18쪽.

36 위의 책, 51쪽.

37 장쓰잉, 김권일 옮김, 「하이데거와 도가」, 『신학전망』 156호, 제II장(99쪽 이하,

사하다고 진단하는데, 결코 무리한 주장은 아닌 것으로 보인다. 갓난아이는 무엇보다도—노자와 장자에게서 함께 읽을 수 있듯이—세속적인 욕망에 사로잡히지 않았을 뿐만 아니라 사물의 세계에 몸이 얽매이지 않는 경지에 놓여 있고, 하이데거에게서는 "세인(das Man)"의 상태나 "퇴락존재(Verfallensein)"가 아니기 때문이다.

위의 인용문(『도덕경』, 제20장)에서 다음과 같은 표현들, 즉 "여러 사람들은 다 세속적인 욕망에 의욕이 넘치고 있건마는", "세속 사람들은 사리에 밝고 빈틈없이 잘 살필 줄 아는데", 나아가 "여러 사람들은 다 쓸모가 있건마는…" 등은 하이데거의 용어로 비본래성에 빠져 있는 "세인(das Man)"의 상태와도 유사한 측면을 드러낸다. 노자와 하이데거의 시대적 차이를 감안하지 않더라도, 약삭빠르고 세속적인 욕망에 의욕이 넘치는 대중사회의 비실존적 모습은 그때나 지금이나 유사하기 때문이다.

현존재가 우선 퇴락존재의 형태로 살아간다는 것은 비본래적인 삶을 영위하고 "세인의 지배(Herrschaft des Man)"를 받고 있다는 것이다. 퇴락존재로서의 '세인'(무책임한 제3자, 혹자)은 비본래적인 자기로서 모든 존재 가능성을 평준화해버리며 책임을 회피하는 특성을 갖고 있다. 이는 무책임한 대중 생활의 소용돌이에 휩쓸릴 때 일어나는 존재망각의 증세라고 할 수 있다.

세인은 비본래적인 자기로서 모든 존재 가능성에서 멀어져 있고, 그 의미 있는 가능성을 평준화해버리며 결단과 책임을 회피하기에, "사태 그 자체(die Sachen selbst)"에로 접근할 방도가 근원적으로 차단되어 있다. 현존재는 우선 세상 사람들이 존재하는 존재 방식에 따라 살아가

특히 106쪽) 참조. 괄호는 필자에 의한 보완임.

기에, 그들과 함께, 그들에 뒤따라 살아가는 일상성의 존재 방식에 처하게 된다. 그는 일상적으로 '세인'의 지배 아래에 놓이고 '세인'의 시각에 따라 세계를 이해한다.

따라서 그가 머물러 있는 세계는 '세인'에 의해 분류되고 파악된 세계, 즉 평균적 이해 가능성에 의해 해석되어 있는 그런 세계이다. 그런 세계 속에서 현존재는 우선 대개 자신의 본래적 존재 가능성(실존)을 잃어버린 채 살아간다. 그러기에 현존재가 몰입해 있는 일상의 세계는 '잡담'과 '호기벽' 및 '애매함'이 지배하는 '더불어 있음(Miteinander-sein)'이다. 현존재는 "일상적이고 평균적으로 해석되어 있는 세계 속으로 태어나고(던져진 존재: Geworfensein), 그 속에서 삶을 영위하며, 이런 일상적인 세계에서 벗어나기 어려운 것이다. 그가 이런 세계에만 빠져 있고 갇혀 있는 한, 그는 본래적이고 진정한 존재 이해에 도달하지 못하게 된다.

이토록 현존재가 일상성의 방식으로 존재하는 근본 양식은 곧 '세인'의 공공성 속에 빠져 있는 '퇴락-존재'인 것이다. '잡담'과 '애매성' 및 '호기벽'이 지배하는 공공성 속에서 현존재는 자신을 상실하고 만다. 그는 이 공공성 속에서 모든 것을 이해하고 결정하며, 그러한 삶의 형태가 지극히 정상적인 것인 양 착각하고 본래적인 존재이해의 가능성을 추구하려 하지 않는다. 일상적 현존재가 이토록 공공성 속에 깊이 빠져들수록 그는 자신의 진정한 존재가능으로부터 멀어지고, 급기야는 자기 자신으로부터 소외당하며 자신의 비본래성 속에 갇혀버리게 된다. 진정한 자기 자신으로부터도 소외당한 비본래적 삶은 그야말로 일상성의 "무-지반성(Bodenlosigkeit)"에 처할 수밖에 없다.

그런데 우리가 이때껏 보아왔듯 하이데거에게서 비-본래적인 삶을 살고 있는 "퇴락-존재"는 장자에게서 물(物)의 세계에 얽매인 존재로서의 인간과도 유사한 성격을 갖고 있음을 발견한다. 일상성과 공공성에 빠져서 헤어나지 못하는 현존재, 존재자의 세계에 갇혀 있고 비본래적인 삶을 살아가는 현존재는 장자에게서 물(物)의 세계에 얽매인 존재와도 유사한 성격을 갖고 있다.

장자는 우선 두 부류의 인간군(人間群)을 언급하는데, 그 첫째는 일상적 인간이고, 둘째는 이상적 인간이라고 할 수 있다. 전자에는 중인(衆人), 서인(庶人)으로 칭해지는 인간군이 속하며, 후자엔 성인(聖人), 지인(至人), 진인(眞人) 등이 속한다.[38] 물론 엄격하게 따진다면 이들의 중간 유형에 속하는 인간들도 반드시 존재할 것이다.

그러한 중간 부류는—앞에서도 언급했지만—노자 『도덕경』의 제41장에 언급되어 있는 상등의 인사와 중등의 인사 및 하등의 인사가 잘 밝혀주고 있다: "상등의 인사가 도를 들으면 힘써서 그것을 실행하고, 중등의 인사가 도를 들으면 반신반의하고, 하등의 인사가 도를 들으면 그것을 크게 조소한다. 하등의 인사가 조소하지 않는 도는 도라고 할 만한 것이 못 된다."[39] 그런데 우리가 주의해야 할 것은 장자와 노자에게서 이러한 인간군에 대한 구별과 분류는—하이데거에게서도 그렇듯이—결코 정치·사회적 혹은 위계적 차별을 두는 것은 아니라는 것이다.

3. 장자에게서의 "물(物)에 얽매인 존재로서의 인간"

하이데거에게서 비-본래성에 처한 '세인'과 '퇴락-존재'로서의 인간,

---

38 이강수, 『노자와 장자』, 115쪽.

39 남만성 역, 『노자도덕경』, 제41장.

나아가 존재자의 세계만 전부라고 생각하는 그런 인간의 모습은 장자에게서도 역력하게 볼 수 있다. 장자는 『장자』의 「추수」 편에서 우물 안 개구리와 비슷한 처지에 놓인 인간, 즉 하이데거에게서 비-본래성에 처한 '세인(das Man)'이나 "퇴락-존재", 나아가 플라톤의 「동굴의 비유」에서의 동굴 주민과 유사한 중인(衆人)을 다음과 같이 묘사한다:

> "북해약(北海若)이 말했다. 우물 속에 있는 개구리에게 바다에 대해 말해도 소용이 없는 것은 [그 개구리가] 살고 있는 [좁은] 곳에 사로잡혀 있기 때문이오. 여름벌레에게 얼음에 대해 말해도 별수 없는 것은 [그 벌레가] 살고 있는 철(時)에 집착되어 있기 때문이오. 한 가지 재주뿐인 사람에게 도에 대해 말해도 통하지 않는 것은 [그가 받은] 교육에 얽매여 있기 때문이오.(北海若曰「井鼃不可以語於海者, 拘於虛也. 夏蟲不可以語於氷者, 篤於時也. 曲士不可以語於道者, 束於敎也.」)"[40]

이러한 중인(衆人)의 처지에 대한 장자의 메시지는 인간이 그의 시간과 공간 및 일상성과 주어진 주변 환경에 얽매일 뿐만 아니라 사람 됨됨이의 차원에 따라서도 다르다는 것을 밝히고 있는 것이다. 우물 안에 터 잡고 있는 개구리가 주변 세계의 시공간에 갇혀 있는 처지에서 바다를 알 리 없으며, 또 이와 유사하게 여름벌레와 같은 존재자도 얼음의 세계에 몽매할 수밖에 없는 것이다. 이와 같은 개구리와 여름벌레의 비유는 어리석은 사람에게 존재이해라거나 도(道)에 관한 진리가 체득될 수 없다는 것이다.

그런데 세상에는 저 장자의 우화나 플라톤의 「동굴의 비유」에 나오

---

40 안동림 역주, 『莊子』, 418쪽.

는 일들이 무수히 일어난다는 것이 심각한 문제인 것이다. 저 개구리와 같은 처지에 놓인 사람들이 단지 바다와 같이 넓고 큰 도(道)의 세계를 모른다는 데 그치는 것이 아니라, 자기가 보고 들어서 아는 세계만이 전부인 것으로 여기고 또 그것만이 정상적인 세계와 진리라고 우기는 것이다. 더욱이 이런 처지에 놓인 자들이 권좌에 올라 권력 행세(行勢)를 하여 세상에 수많은 비극과 불행을 초래한 것은 역사가 잘 증언해 준다.

비유와 우화를 즐겨 사용하였던 장자는 여기 「추수」 편의 개구리와 여름벌레의 비유를 「소요유」 편에서는 붕새와 매미 및 비둘기의 우화로써 두 세계의 극명한 차이를 보여준다. 초월의 세계에서 구만리장천을 날아가는 붕새를 매미와 비둘기는 오히려 얕보고 조소하는데, 조소하는 이들 후자의 존재자들은 하이데거에게서 일상성과 "퇴락-존재"에 빠진 현존재와 유사한 성격을 갖고 있다.

장자가 지적하듯 인간은—마치 하이데거에게서 일상성에 빠진 "현존재"와도 유사하게—물질계의 사물에 의존하고 또 얽매여 있다. 장자에 의하면 물(物)은 하이데거에게서 존재자의 세계처럼 인간의 감관과 사유와 언어의 대상이 될 수 있는 현상계의 일체 사물들을 포괄하고 있다. 『장자』의 「달생」 편에서 장자는 "대저 모습(容貌)이나 모양(形象), 목소리(音聲)나 색채가 있는 것은 모두 사물일세(凡有貌象聲色者, 皆物也)."[41]라고 하고, 「추수」 편에서는 "언어로써 논할 수 있는 것은 물(物)의 거칠고 큰 것들(粗)이며, 사유로써 이를 수 있는 것은 물(物)의 정세(精細)한 것들(精)이다(可以言論者, 物之粗也. 可以意致者, 物之精也)."[42]

---

41 안동림 역주, 『莊子』, 464-465쪽.

42 이강수, 『노자와 장자』, 118쪽. 참고로 안동림 교수는 위 구절을 다음과 같이 번역하고 있다: "말로 설명할 수 있는 것은 만물 중의 큰 것이고 마음으로 알 수 있는 것은

라고 하여 광범위한 사물의 세계를 지적한다.

그런데 장자에 의하면 인간이 자나 깨나 이 외물(外物)의 세계에 심하게 얽매여 마치 수컷이 암컷을 쫓듯이 끊임없이 외물을 뒤쫓는데, 하이데거의 표현으로 일상성의 세계에 깊이 빠져 비본래성 속에서 허우적거리는, 이런 인간의 처지를 장자는 「제물론」에서 큰 연민의 정으로 매우 슬프고 애달픈 일이라고 한다:

> "일단 사람으로서의 형태를 받은 이상, 목숨을 해치는 일 없이 그대로 [자연히] 죽기를 기다리자. 주위의 사물에 거역해서 서로 해치고 다툰다면 일생은 말 달리듯 지나가 버려 막을 도리가 없다. 슬픈 일이 아닌가. 평생 속 썩이고 수고해도 그만한 효과가 나타나지 않고, 지쳐서 늘어져도 돌아갈 데가 없다. 가엾지 않은가. 세상 사람은 살아 있다고 해도 무슨 소용이 있는가. 그 몸이 늙고 마음도 따라 시들어버린다. 큰 비극이라고 아니할 수 있는가. 사람의 생애란 본래 이렇듯 어리석은 것일까? [아니면] 자기만이 어리석고 사람들 중에는 어리석지 않은 자가 있는 것일까?(一受其成形, 不化以待盡. 與物相刃相靡, 其行進如馳, 而莫之能止, 不亦悲乎! 終身役役而不見其成功, 苶然疲役而不知其所歸, 可不哀邪! 人謂之不死, 奚益! 其形化, 其心與之然, 可不謂大哀乎? 人之生也, 固若是芒乎? 其我獨芒, 而人亦有不芒者乎?)"[43]

인간의 성정(性情)과 심지(心志)는 오감(五感: 눈, 귀, 입, 몸, 뜻)의 욕구기관들을 통해서 만족을 추구한다. 그러나 이 욕망이 과하거나 이 욕망에만 얽매여 있다면, 그는 중인(衆人)이나 서인(庶人)과 같은 인간

만물 중의 지극히 작은 것인데, …" (안동림 역주, 『莊子』, 423쪽).

43 안동림 역주, 『莊子』, 55쪽.

군(人間群)의 세계에 갇혀 있는 것이다. 이들 인간군은 부귀와 장수(長壽)며 권력과 명예 등을 존귀하게 여겨 극구 추구하며, 이와 반대로 가난과 천함, 무명과 요절은 몸서리치게 천대한다.[44] 오늘날과 같이 향유하는 현대 문화에서 몸이 불편하거나 좋은 음식을 취하지 못하는 것, 아름답지 않은 몸, 가난과 낮은 지위 등은 저들 인간군에게 퍽 고통과 증오의 대상이 될 것인데, 이는 하이데거에게서 일상성에 빠진 현존재에게도 대동소이할 것이다.

장자는 「변무」 편에서 물(物)의 세계에 빠진 인간이 추구하는 욕구 가운데 가장 강렬한 것은 공명(功名)과 세리(勢利)라고 하는데, 모든 부류의 사람들이 욕구하는 대상이 각별하게 있다고 한다: "서민은 목숨 걸고 이(利)를 좇고, 사인(士人)은 몸을 바쳐 명예를 좇으며, 대부(大夫)는 몸을 바쳐 가문을 지키고, 성천자(聖天子)는 목숨 바쳐 천하를 지킨다. 그래서 이 여러 계층의 사람들은 하는 일이 다르고 명칭도 다르지만, 그 본성을 해치고 자기 몸을 희생한다는 점에서는 똑같다.(小人則以身殉利, 士則以身殉名, 大夫則以身殉家, 聖人則以身殉天下. 故此數子者, 事業不同, 名聲異號, 其於傷性以身爲殉, 一也.)"[45]

특히 세속에서 군자(君子)들이라고 칭해지는 이들마저도 몸을 위태롭게 하고 생명을 버리면서까지 외물을 좇는 것에 대해 장자는 개탄하고 있다: "그런데 지금 세속적인 벼슬자리에 있는 자들은 대부분 몸을 위태롭게 하고 목숨을 내버리며 외물(外物)을 좇고 있으니 어찌 슬픈 일이 아니겠는가!(今世俗之君子, 多危身棄生以殉物, 豈不悲哉.)"[46] 이처럼 장자는 많은 사람들이 갖가지 욕구 때문에 외물을 좇아다니면서 자

44 안동림 역주, 『莊子』, 1-2절(447-448쪽).

45 위의 책, 250쪽.

46 위의 책, 「양왕」 편, 제6절(691쪽).

유롭게 살지 못하고 덧없이 살아가는 것에 대해 안타까워하는데, 이는 하이데거에게서도 현존재가 "퇴락-존재"에 빠져서 본래성과 실존에 이르지 못한 유형과도 유사한 것으로 보인다.

그렇다면 이러한 중인(衆人)의 세계에 갇혀 있는 사람이 추구하는 앎과 삶은 그야말로 외물의 세계에 국한되고 공공성에 빠진 그런 세계일 것이다. 우리가 앞에서 언급했듯 중인(서인)과 진인(지인, 성인)의 인식능력과 인간 됨됨이의 수준은 서로 차이가 있을 것임에 틀림없다. 전자의 지식을 물(物)의 세계에 빠진 일상적 지식이라고 한다면, 후자는 장자의 용어로 진지(眞知)라고 할 수 있을 것이다.

물(物)의 세계에 빠져 있는 사람은 외치(外馳)의 성향에 따라서도 다른데, 여기서 외치란 사람이 "외부 사물에 이끌려 치달려가는 것"을 말한다.[47] 「제물론」에서 "외부의 사물들과 서로 맞서서 다투며 인생을 내달리듯 살아 그 발길을 멈추지 못한다면 슬픈 일이다.(與物相刃相靡, 其行進如馳, 而莫之能止, 不亦悲乎.)"[48]라거나, 「서무귀」에서 "스스로의 육체와 정신을 바쁘게 움직여 온갖 외물에 빠진 채 평생 본연의 자기로 돌아오지 못한다면 [정말] 슬픈 일이 아니겠는가!(此皆順比於歲, 不易於物者也. 馳其形性, 潛之萬物, 終身不反, 悲夫.)"[49]라고 하면서 장자는 인간이 이런 외치에 얽매여 자유롭지 못한 상태를 매우 슬픈 일로 보고 있다.[50]

---

47 장쓰잉도 도가의 "사물에 몸이 얽매임"과 하이데거의 "빠져 있음(Verfallen: '퇴락')"을 상호 유사성의 견지에서 논의하고 있다: 장쓰잉, 김권일 옮김, 「하이데거와 도가」, 『신학전망』 156호, 92-99쪽 참조.

48 안동림 역주, 『莊子』, 55쪽.

49 위의 책, 598쪽.

50 위의 책, 「제물론」, 4-7절(50-55쪽) 참조; 「재유」 편 6절(288쪽) 참조; 「양왕」 편 12절(698쪽) 참조.

외부의 사물을 좇아 수없이 변하며 자나 깨나 외물과 접촉하고 얽혀서 다투고, 외물과 서로 거스르고 서로 닳아지면서 말 달리듯 하는 것이 인간의 마음이라는 것이다. 이토록 인간이 비본질적인 것에 혼신을 쏟으니 진리를 깨우칠 수 없다는 것이 장자와 하이데거의 공통된 지적이다.

그러나 장자는 중인(衆人)이나 서인(庶人)이라고 하는 일상적인 인간의 세계에서 참된 지식에 대해 회의적이었지만, 그는 인간이 진지(眞知)를 획득할 길이 전혀 없다고 보지는 않았다. 이는 마치 비본래성과 "퇴락-존재"의 세계에서 벗어난 현존재가 본래성에 이를 수 있듯이, 혹은 플라톤의 「동굴의 비유」에서 동굴 세계를 박차고 나간 이가 태양 빛이 이글거리는 이데아의 세계를 인식할 수 있듯이, 장자에게서도 물(物)의 세계에 빠진 이가 중인(衆人)과 서인(庶人)의 상태에서 벗어나 진인(眞人) 또는 지인(至人)의 차원에 이르게 되면 진지(眞知)를 체득할 수 있다는 것이다. 장자는 한마디로 "진인이 있은 뒤에 비로소 참된 지식(진지)이 있게 된다(且有眞人而後有眞知)."[51]고 한다. 진인을 장자는 지인(至人)이라고도 하는데, "진(眞)에서 떠나지 않은 사람을 지인이라고 한다(不離於眞, 謂之至人)."[52]

도가에서 진(眞)이란 작위가 가미되지 않은, 인위 조작이 아닌 자연(自然) 그 자체를 의미한다. 노장에게서 천명된 '자연'은 다름 아닌 도(道)의 본성을 일컫는다. 그렇다면 도의 본성인 '자연'을 깨닫게 된다면 진지를 체득하게 되는 것이다. 도가의 사유에서 천지 만물의 근원은 도(道)이고 사람의 본래적 근원은 덕이기에, 사람의 근원인 덕을 회복한

---

51 안동림 역주, 『莊子』, 「대종사」 편, 3절(176쪽) 참조: 필자 번역.

52 위의 책, 「천하」 편, 1절(777쪽) 참조. 안동림 교수는 위의 구절을 "도의 본진(本眞)에서 떠나지 않는 자를 지인(至人)이라 한다."로 번역한다.

다면, 말하자면 덕의 모체이지만 은폐되어 있는(道隱)[53] 무형(無形)·무물(無物)·무명(無名)인 도와 통할 수 있는 것이다.

도가에 의하면 사람은 자신의 근원인 덕을 망각하고서 혼탁한 외물의 세계에 뒹굴면서 자신의 본래성을 상실한 채 살고 있는 것이다. 이 잃어버린 본래적인 성품을 되찾는 것을 장자는 성수반덕(性脩反德)이라고 한다.[54] 도가에 의하면 외물과 물욕의 세계에서, 나아가 세속의 학문에서 결코 대도(大道)를 밝힐 수 없는 것이다.[55] 장자의 논지는 노자가 위학(爲學)으로는 근원의 세계에 가까이 갈 수 없고, 위도(爲道)의 길에서 도를 터득할 수 있다고 갈파한 역설(力說)과 일맥상통한 것이다.

우리는 이 장(章)을 맺으면서 장자와 하이데거 및 파르메니데스와 플라톤에게서 철학 본연의 고유한 과제를 엿보게 하는 대목을 발견할 수 있다. 이를테면 장자에게서의 수양 과정, 즉 물(物)의 세계에 빠져 허우적거리는 중인(衆人)이나 서인(庶人)의 차원에서 벗어나 진인(眞人) 또는 지인(至人)의 차원에 이르는 것은 하이데거에게서 "퇴락-존재"와 일상성에 빠진 현존재가 이런 처참한 상태에서 벗어나 본래성과 실존에 이르는 것, 나아가 플라톤의 「동굴의 비유」에서 동굴 안의 무지와 부자유의 세계로부터 자유와 생명현상이 이글거리는 동굴 밖으로 나가는 과정과 파르메니데스에게서 "어둠의 집(δῶμα νυκτός)"에서 "빛의 왕국(εἰς φάος)"으로 나아가는 과정으로 볼 수 있다.

---

53 "도는 은폐하기에 이름이 없다"(道隱無名: 『도덕경』 제41장).

54 안동림 역주, 『莊子』, 「천지」 편, 9절(321쪽).

55 "세속적인 학문 속에서 본성을 닦으며 (소박한) 그 근원으로 돌아가려 하고, 세속적인 생각 속에서 욕망을 어지럽히며 그 명지(明知)를 다하려 한다. 이런 것을 눈이 가려진 어리석은 인간(蔽蒙之民)이라 한다.(繕性於俗, 俗學以求复其初. 滑欲於俗思, 以求致其明. 謂之蔽蒙之民.)": 위의 책, 「선성」 편, 1절(407쪽).

7

도 · 존재 · 피시스(Physis)[1]

1. 피시스(physis)의 세계

하이데거는 자신의 『존재와 시간』을 출간하고 난 뒤 1930년대에 본격적으로 '피시스의 형이상학'[2]에 심취한다. 그의 저작 『형이상학 입문』(*Einführung in die Metaphysik*)은 원래 1935년 여름 학기에 행한 강의인데, 여기서 하이데거는 고대 그리스의 피시스 개념을 집중적으로 논의한다. 또 1939년의 논문인 「피시스의 본질과 개념에 관하여(아리스토텔레스, Physik B. 1)」에서도 철학사가 잊어버린 (또한 왜곡해버린) 피

---

1 이 장(章)은 필자의 졸고 「퓌시스·존재·도(道) — 헤라클레이토스·하이데거·노자의 시원적 사유」(『하이데거 연구』 제5집, 한국하이데거학회, 2000)를 대폭 수정하고 보완한 것이다.

2 R. Maurer는 하이데거가 찾는 이 새로운 길을 '피시스의 형이상학'이라고 규명한다(*Heideggers Metaphysik der Physis*, 142쪽 이하 참조).

시스의 개념을 재발견하고 자신의 존재 개념과 연계시킨다.

피시스의 본질은 존재와 같이 철저하게 존재자와 차이를 드러내는, 따라서 '존재론적 차이(ontologische Differenz)'를 스스로 밝히고 있음을 하이데거는 확인한다. 피시스는 고대 철학 이후의 철학사에서 '자연(natura, Natur, nature)'으로 오해되기 이전의 용어이다. 따라서 왜곡된 피시스의 개념을 회복하고, 존재 개념과 결부시키면서 '존재론적 차이'를 발견하며, 실증 학문과 기술 공학으로 변질되어버린 형이상학을 비판한 데에도 하이데거의 업적이 엿보인다.

특히 하이데거는 그의 후기 사유에서 물질주의와 실증주의 및 "연장적 실체"와 존재자 중심의 형이상학과 기술 공학을 날카롭게 비판한다.[3] 시원적 피시스 개념이 망각되고, 그 대신 존재자 중심의 자연과학과 과학기술 문명의 만개는 오늘날 전 세계적 현상('고향상실')이다. 그러나 그럴수록 역설적으로 본래적 피시스는 자신의 모습을 감춘다.

피시스 개념에 대한 왜곡과 '자연(natura, Natur, nature)'에로의 전락엔 경이로움으로 다가오는 피시스에 대한 망각과 더불어 인간의 이성에 의해 감금된 자연만이 지평 위로 드러나 있다. 인간의 이성에 의해 정복되어진 자연, 파악되고 계산되어지는 자연엔 피시스의 독자성이 상실되고 말았다. 더욱이 오늘날 과학기술 문명으로 인한 극심한 존재(피시스)망각과 더불어 자연은 황폐화되고 인간의 욕구 충족의 도구로 전락되고 말았다. 이런 황폐화야말로 하이데거에 의해 인간의 "고향상실"로 규명된다.

잘 알려져 있듯 하이데거는 헤겔이나 니체처럼 고대 그리스 사유의

---

3 Kah Kyung Cho, *Bewusstsein und Natursein*, Alber: Freiburg/München. 1987, 53쪽 참조. R. Maurer: *Heideggers Metaphysik der Physis*, 143쪽 참조.

시원에 특별한 악센트를 부여했다.[4] 그러나 하이데거는 헤겔이나 니체와는 달리 고대 그리스 철학을 살아 있는 현대의 철학으로 불러오고 재생시킨 장본인이라고 해도 과언이 아니다. 그것은 고대 그리스 철학의 깊이를 일깨운 것뿐만 아니라, 또한 고대 그리스 철학이 그 자신의 사유 전개에 많이 등장한 것뿐만 아니라, 안이하게 퍼져 있는 당대의 고대 철학 연구자들에게 수많은 자극과 도전을 부여했기 때문이기도 하다.

하이데거는 일찍부터 서구에서 처음으로 피시스를 철학의 중심 테마로 삼은 헤라클레이토스에 귀를 기울였다. 하이데거의 사유가 노자의 사유와 자주 비교되는 이유도 (다른 이유도 있지만) 노자와 동시대의 철인 헤라클레이토스의 피시스-사유가 노자의 사유와 여러 면에서 유사하기 때문이다.[5] 헬트(Klaus Held)의 지적대로 헤라클레이토스는 현대의 사유 속에 살아 있다.[6] '형이상학의 극복' 내지는 '탈형이상학'의 동기며 '시원적 사고', 초합리주의 내지는 탈합리주의의 단초는 고스란히 '깊고 어두컴컴한 사유'의 철인 헤라클레이토스에게 놓여 있었던 것이다.

고대 그리스의 철인들은 세계의 다양성 속에 있으면서 이들을 하나로 묶는 통일성을 알고자 했다. 그들은 이 세계 전체를 내부에서 은밀히 함께 묶는 것이 무엇인지 물었다. 즉 무엇이 만물의 원초적 근원(arche)이고 원리인지 물었던 것이다. '세계 전체'를 그리스인들은 코

---

4 H.-G. Gadamer, *Heideggers Wege*, 70쪽 참조.

5 물리학자 Capra Fritjof은 그의 저서 *The Tao of Physics*에서 헤라클레이토스를 '그리스의 도가 사상가'로 칭했다.

6 K. Held, *Treffpunkt Platon*, 30쪽 이하 참조. 이를테면 헤겔은 헤라클레이토스에게서 역사철학과 변증법적 사유를, 니체는 영원회귀사상과 '생성의 무죄함(Unschuld des Werdens)'을, 하이데거는 피시스와 로고스뿐만 아니라 헤라클레이토스의 철학적 성향까지도 영양 공급을 받은 셈이다.

스모스라고 이름 지었다. 그런데 이 코스모스는 자신의 내부에서 다양다변한 현상들이 일어나지만 잘 질서 지어진 통일성을 지니고 있는 것이다. 이런 코스모스에 초기의 철인들은 경이감을 가졌었다.

그래서 "철학은 경이로부터 발생한다."고 플라톤과 아리스토텔레스는 역설했다. 이것은 철학과 모든 학문이 탄생되기 이전에 '경이'가 전제되어야 한다는 말과 다름 아니다. 그들에게 세계는 결코 습관을 통한 어떤 '자명한 것(Selbstverstaendliches)'으로 굳어져 있지 않았다. 그러기에 만물은 충만한 생명과 신선한 광채로 보였고 아름답게 보였던 것이다.

만약 우리가 코스모스를 그저 '자명한 것' 혹은 '그저 그런 것'으로 여기는 습관에 젖어 있지 않다면 우리는 그 아름다운 질서를 우리가 거주하며 살고 있는 세계 내부에서, 우리 위의 하늘과 호흡하는 공기며 태양과 별들에게서, 우리의 생활 세계에서, 또 우리를 떠받쳐주는 땅과 우리 아래에 있는 대양으로부터 일상적으로 경험할 수 있을 것이다. 그런데 이러한 것은 모든 학문 이전에 일어나는 자연에 관한 소박한 경험이다. 그러기에 이러한 자연은 초기의 철인들로 하여금 경이감에 사로잡히게 한 것이다.

후세의 사람들은 초기 그리스의 철인들을 '자연 연구가(Naturforscher)' 또는 '자연철학자(physiologoi)'라고 했는데, 이 말은 상당히 많은 오해를 불러일으켰다. 즉 그들이 결코 세계의 일부분이나 문화에 대조되는 '자연' 내지는 자연물에 관한 연구에 종사했다고 규명해서는 안 되는 것이다. 그들의 관심은 오로지 총체적인 것, 만물을 아우르는 하나(Hen), 다변성 속에서 통일성과 질서를 가져오는 '원초적 근원'이었던 것이다.

이 피시오로고이(physiologoi)는 곧 '피시스를 언표하는 자들'이라고 번역되기에 결코 이들이 자연과학적 의미의 '자연철학자'로 받아들여져서는 안 된다.[7] '피시스를 언표하는 자들'의 피시스는 결코 근대 이후로 왜곡되어버린 그런 가시적 존재자의 영역을 표시하는 '자연(natura, Natur, nature)'이 아니다.

하이데거는 아리스토텔레스의 피시스-개념을 해명할 때부터 이 개념이 후세의 '자연(natura, Natur, nature)'과 다름을 지적했다.[8] 적어도 아리스토텔레스까지는 원초적 피시스 개념이 왜곡되거나 변질되지 않았던 것이다.

고대 그리스에서 존재의 시원적인 탈은폐의 방식을 포이에시스(ποίησις: poiēsis)라고 하는데, 이는 "산출해 냄" 혹은 "앞에-내어-놓음", "밖으로 끌어내어-앞에-내어놓음(Her-vor-bringen)"으로 번역된다. 이 포이에시스엔 피시스뿐만 아니라 수공업적 제작이나 시적·예술적 표현들도 모두 속한다. 하이데거는 플라톤이 『향연』(*Symposion*, 205b)에서 규명한 포이에시스 개념을 그대로 받아들여 인용하는데, 그 개념 정의는 다음과 같다: "현존하지 않는 것에서부터 현존에로 나아가게 하고 넘어가게 하는 모든 동기 유발(Veranlassung)은 포이에시스, 즉 밖으로 끌어내어-앞에-내어놓음(Her-vor-bringen)이다."[9]

이와 같이 하이데거는 포이에시스를 근간으로 하여 피시스 개념을 다음과 같이 규명한다: "피시스 또한 자기 스스로에 의해서(von-sich-her) 솟아오름(피어오름)으로서 포이에시스, 즉 밖으로 끌어내어-앞에-내어놓음(Her-vor-bringen)이다. 피시스는 한걸음 더 나아가 가장

---

7 K.-H. Volkmann-Schluck, *Die Philosophie der Vorsokratiker*, 15쪽 참고.

8 M. Heidegger, "Vom Wesen und Begriff der Physis. …", in *Wegmarken*, 237-299쪽 참조. 또한 *Einfuehrung in die Metaphysik*, 47쪽 참조.

9 M. Heidegger, *Vorträge und Aufsätze*, 15쪽.

높은 의미의 포이에시스이다. 왜냐하면 피세이(φύσει: 자연적 양상으로)로 현존하는 것은 밖으로 끌어내어-앞에-내어놓는 돌출의 힘을 자기 안에 갖기 때문이다. 이를테면 꽃은 자기 스스로의 힘으로 만발한다."[10]

피시스가 "가장 높은 의미의 포이에시스"로 되는 것은 다른 것들, 말하자면 수공업적 제작이나 시적·예술적 표현들이 피시스를 전제로 한 인위적인 "밖으로 끌어내어-앞에-내어놓음"인 데 반해, 피시스는 그 어떤 존재자에도 의존하지 않고 스스로 펼치는 "밖으로 끌어내어-앞에-내어놓음"이기 때문이다.

헤라클레이토스 때부터 철학의 중요한 테마로 자리 잡은 피시스는 '자기 스스로 펼쳐 보이는 것', 자기 스스로의 발생·발산·나타냄·야기함, 자기 스스로 생산해냄(das Sich-selbst-Herstellen), '비은폐성에로 드러나옴', '자기 스스로 발현하는 것(das von sich aus Aufgehende)'[11]이다. 특별히 존재자의 형태와 구분한 규명도 있다: "자기 스스로 발현하는 것과 자기 스스로 현존하는 것(das Von-sich-her-Anwesende)의 존재를 피시스라고 한다."[12]

고대 그리스에서 각인된 피시스의 개념은 결코 가시적 존재자의 영역을 표시하는 '자연'이 아니라 포괄적인 의미를 내포하고 있다. "피시스는 피어오름이고, 떠오름, 성장함, 터져나옴이며 마치 꽃의 봉오리가 터지듯 또한 꽃이 피어남으로 인해 발현하듯 '스스로의 엶(Sich-Öffnen)'이다. 피시스는 발현하는 드러냄이며 그런 의미에서 성장이다."[13] 그런데 이런 발현한 것도, 또한 다 성장한 것도 물론 피시스의 영역에

10 M. Heidegger, *Vorträge und Aufsätze*, 15쪽.

11 M. Heidegger, *Einführung in die Metaphysik*, 16쪽.

12 M. Heidegger, *Der Satz vom Grund*, 111쪽.

13 K.-H. Volkmann-Schluck, *Die Philosophie der Vorsokratiker*, 15쪽.

속하고, 성장뿐만 아니라 소멸도 피시스의 영역에 속하는 것이다.

피시스는 스스로 피어오르고, 발현하며 성장 · 쇠퇴하고, 떠오르며 스스로 열면서 은폐한다. 이런 스스로 발현하면서 드러내 보임을, '스스로 그러함'을 그리스인들은 피시스(존재)의 본질로 본 것이다.[14] 존재자는 그렇다면 '드러내 보임(Erscheinen)'에로 발현하는 것으로, 또한 이미 발현한 것으로도 존재하기에, 이 또한 피시스의 영역에서 벗어나지 않는다. 피시스는 존재자의 존재 양식을, 존재자 전체의 존재를, 존재자가 그렇게 존재토록 한 원인을 의미하기도 한다.

피시스는 "피어나면서-체류하는 섭리(das aufgehend-verweilende Walten)"이며, 이러한 섭리 속에는 "스스로 피어남", "스스로 자신을 열어 펼침", 이러한 펼침 안에서 "자신을 지탱하고 머무르게 함" 등이 내포되어 있다.[15] 이를테면 꽃은—하이데거는 장미를 자주 예로 들었다—자기 스스로, 도가(道家)적인 방식으로 말하면 무위(無爲)로 피고 지지 인위적으로 피고 지는 것이 아니다.

헤라클레이토스와 하이데거와 노자가 만나는 지점은 피시스적 사유에서도 엿볼 수 있다.[16] 주지하다시피 무위자연(無爲自然)은 도가의 중심적인 사유이다. 죄 없는 피시스의 세계, 존재망각과 대도상실(大道喪失) 및 형이상학의 늪에 빠지지 않은 '시원적 사유(anfängliches Denken)'의 비밀은 피시스에 있다. 하이데거는 그토록 자주 '시원적 사유에로 되돌아가기(Rückgang zu dem anfänglichen Denken)' 또는 '형

---

14 K.-H. Volkmann-Schluck, *Die Philosophie der Vorsokratiker*, 27쪽 참조.

15 M. Heidegger, *Einführung in die Metaphysik*, 16쪽 참조.

16 전동진 교수도 「하이데거와 노장 사상」(『하이데거 철학과 동양 사상』, 철학과현실사, 2001)에서 노자의 자연 개념과 하이데거의 피시스 개념을 면밀히 검토하고서 양자가 서로 상응함을 지적하고 있다(특히 142-146쪽 참조).

이상학의 근원으로 되돌아가기'를 강조했던 것이다.

하이데거는 헤라클레이토스와 노자를 염두에 두고 '시원'이란 말을 복수 형태로, 즉 '시원들(Anfängen)'이라는 용어로 쓰기 시작한 것이다. 즉 하이데거는 헤라클레이토스에게서의 서구 사유의 시원과 노자에게서의 도가적 시원을 서로 맞추어 보고 마침내 양자의 시원적 사유를 확인하여 '시원들'이라는 복수 형태를 취한 것이다.[17] 하이데거에게서 피시스의 본질은 분명히 '존재자'와는 '존재론적 차이'를 드러내어 '존재'에 상응한다.

하이데거가 그의 후기 사상에서 거듭 피시스의 개념을 부각시키고 중심 테마로 삼는 것은 전래의 형이상학과 기술 공학 비판에 대한 하나의 긍정적인 전환점으로도 볼 수 있다.[18] 피시스의 의미는 무위자연의 도(道)와 연결점을 갖는다: "아마도 자연(피시스)은 인간에 의한 기술적인 점령 가운데서는 자신의 본질을 은폐할 것이다."[19] 여기에서 인간의 기술에 의한 점령은 비본래적이고 반자연적인, 노자가 표명한 작위(作爲)스런 행위와도 같을 것이다.

황폐된 자연에 대한 회복은 단순한 기술적인 방법으로 성취될 수 없다. 물론 그것은 일시적인 방편일 수는 있겠으나, 근원적인 해결책은 될 수 없다. 그것은 형이상학으로 전락하기 이전의 피시스의 세계로 귀환하여 그것의 로고스에 귀 기울일 것과 존재의 진리 안에 서는 것이며—도가적으로 표현하면—무위자연으로 돌아가 도(道)의 희언(希言)에 귀를 기울이는 것이다.

---

17 O. Poeggeler, *Metaphysik als Problem bei Heidegger*, 377쪽 참조.

18 Kah Kyung Cho, *Bewusstsein und Natursein*, 53쪽 참조. R. Maurer: *Heideggers Metaphysik der Physis*, 143쪽 참조.

19 M. Heidegger, *Wegmarken*, 334쪽.

오늘날 세계의 일반적인 문명으로 되어버린 기술 공학문명의 둥지에 인류가 안주하고 있지만, 이것은 그러나 하이데거에 의하면 인간의 자기소외와 '고향상실(Heimatlosigkeit)'도 배태하고 있는 것이다. 이런 하이데거의 경고처럼 노자도 자연스러운 코스모스의 원상태를, 자연에로 방향 전환하고 귀환할 것을, 작위스럽지 않은, 도(道)의 섭리에 의해 이끌려지는, 문명화되지 않은 원상태로 돌아갈 것을, 그리고 이런 자연과 화합할 것을 요구한다. 노자적 견지에서도 이런 악센트는 강하게 드러나는데, "무엇이든 오로지 도(道)와 화합하는 것(자)만이 존립할 수 있다. 왜냐하면 그(그것)는 존재의 근원에 토대를 두기 때문이다."[20]

피시스엔 어떠한 인위적 기교나 작위며 비본래적인 것이 끼어들 틈이 없다. 그것은 노자의 '자연(自然)'과도 같이 '스스로 그러함'을 나타내기 때문이다. 노자의 '자연'은 우선 인위와 작위며 인공 제작물과 대비되는 말이다. 노자에게서의 도법자연(道法自然)은 도(道)가 어떤 대상적이고 실체적인 존재자로서의 자연을 따르는 것이 아니라, 자연(自然)이란 말의 뜻대로 '스스로 그러함'을 나타내는 것이다. 피시스와 무위자연의 도(道)가 결코 존재자의 카테고리에 얽매여 있지 않음을 알 수 있다.

또 헤라클레이토스는 그의 『단편』 123에서 "피시스는 스스로 은폐하기를 좋아한다(physis de kryptesthai philei)"고 천명하는데,[21] 노자 또한 헤라클레이토스처럼 "자연은 말로써 그 자신을 표현하지 않는다(希

---

20 H. Franke und R. Trauzettel, *Fischer Weltgeschichte (Das Chinesische Kaiserreich)*, Fischer, 1968, 19쪽,

21 이런 피시스에 관한 하이데거의 해설은 그의 *Der Satz vom Grund* (122쪽)에서 참조.

言自然)"[22]고 한다. 헤라클레이토스는 "피시스에 귀를 기울이면서 피시스를 따라 행위하는 것(poiein kata physin epaiontas)"[23]이 지혜라고 역설하는데, 이는 무위자연의 도(道)를 따르고 행하라는 노자의 표현으로, 또 '존재의 음성에 깊은 사려를 가질 것' 내지는 '존재의 음성을 들을 것', '존재의 윙크를 기다릴 것', 존재에로 탈존할 것을 요청하는 하이데거의 언표로도 이해할 수 있다.

우리는 헤라클레이토스와 하이데거의 피시스-사유며 노자의 도(道)의 통찰이 실체나 존재자의 굴레를 벗어난 존재사유임을 알 수 있다. 이러한 사유는 '존재자를-넘어서-있음(Hinaussein über das Seiende)'이기에,[24] 또한 눈에 띄고 걷잡을 수 있는 사물이 아니기에 '어두울(dunkel)' 수밖에 없다.[25] 하이데거에 의하면 사유되어져야 하는 피시스(존재)는 "스스로 은폐한다"고 한다.[26] 그러기에 하이데거가 천명하듯 "피시스는 존재 자체다. 그의 힘에 의해 존재자는 드디어 관찰되고 또 거처한다."[27]

어원적으로도 피시스의 개념이 단순한 존재자가 아니라 존재 개념과 가족 유사성을 갖는다고 하이데거는 밝힌다. 그의 『형이상학 입문』에서 'Sein'이란 말 속에서는 그 어근(語根)이 'bhu'로서 physis와 또한 'fui'로서 존재를 의미하는 'bin'이 동시에 파악된다고 지적한다.[28] 하이데

---

22 노자, 『도덕경』, 제23장. 여기서는 張鍾元, 엄석인 옮김, 『道』, 민족사, 1992, 109쪽.

23 H. Diels, *Fragmente*(『단편』), 112쪽.

24 M. Heidegger, *Was ist Metaphysik?*, 35-38쪽 참조.

25 이렇게 하이데거는 '어두운' 사상가로서의 헤라클레이토스를 해명한다(GA. 55, 28쪽 이하 참조).

26 위의 책, 28쪽, 111쪽 참조.

27 M. Heidegger, *Einfuehrung in die Metaphysik*, 11쪽.

28 위의 책, 40쪽 이하 참조.

거에 의하면 "존재는 피시스로서 현성한다(west)."[29] 피시스와 같이 하이데거의 존재는 '근원적 생기(Grundgeschehnis)'이다.[30] 그러기에 하이데거에게서 존재의 본질은 피시스와 같이 "스스로 펼치고 발현하며, 비은폐에로 드러냄 — 피시스"[31]로 규명된다.

존재와 가족 유사성을 지닌 피시스의 피어남, 즉 탈은폐에는 — 존재처럼 — 항상 은폐가 동반된다. 그것은 피시스가 근대적 의미의 자연(Natur, nature)이나 그 어떤 존재자가 아니기 때문이다. 피시스는 탈은폐와 은폐의 부단한 투쟁 속에서 자신을 펼치고, 모든 존재자가 왜곡되지 않는 바로 그 존재자 자체로서 드러나도록(탈은폐) 한다. 인위적 왜곡이나 작위(作爲)엔 피시스에 대한 훼손이 기본적으로 깔려 있다.

하이데거는 피시스를 존재와 근원적 근친 관계로 보고서 '존재'로 번역한다: "존재는 그리스인들에게 피시스로서 드러난다."[32] 존재는 시원적 의미의 피시스로서 스스로 은폐하면서 드러낸다(entbergen).[33] 그는 헤라클레이토스의 『단편』 123을 이제 '피시스' 대신 '존재'로 옮겨 쓴다: "존재(physis)는 스스로 은폐하기를 좋아한다."[34]

그런데 놀라운 것은 헤라클레이토스와 하이데거에게서 피시스와 존재가 "스스로 은폐하기를 좋아한다"는 것과 아주 비슷한 톤으로 노자도 도(道)가 은폐한다고 한다!: "도는 은폐하기에 이름이 없다"(道隱無名:

---

29 M. Heidegger, *Einfuehrung in die Metaphysik*, 77쪽.

30 위의 책, 153쪽 참조.

31 M. Heidegger, *Wegmarken*, 299쪽.

32 M. Heidegger, *Einfuehrung in die Metaphysik*, 76쪽.

33 M. Heidegger, *Wegmarken*, 299쪽 참조.

34 원문은 "Das Sein liebt es, sich zu verbergen"이다(*Wegmarken*, 298쪽, 또한 238쪽, 260쪽 이하 참조). 또한 *Einfuerhrung in die Metaphysik*, 87쪽, 129쪽, 134쪽 이하 참조. W. J. Richardson도 그의 *Heideggers Weg durch die Phaenomenologie zum Seinsdenken*에서(385쪽) 하이데거가 존재를 '본질적으로 피시스로' 본다고 지적한다.

제41장). 여기서 "이름이 없다"는 것은 도(道)가 전혀 존재자와 같은 존재 방식을 하고 있지 않다는 것을 의미한다. 한 걸음 더 나아가 노자는 "밝은 도는 어두운 것 같다"(명도약매 明道若昧: 제41장)고 한다. 이는 마치 피시스와 존재가 스스로 은폐하면서 드러내는 성격과 맥락을 같이한다.

2. 피시스와 자연(自然)에 내재된 법칙

그러면 피시스와 로고스를 철학적 사유의 중심 테마로 끌어들인 헤라클레이토스에게로 방향을 돌려보자. 물론 이는 하이데거의 사상적 맥락과 궤를 함께하기 때문이다. 하이데거의 저작품 중에는 헤라클레이토스의 사유를 테마화한 것이 많다. 그의 전집(GA. 15, GA. 56)과 논문(이를테면 "Aletheia", in *Vorträge und Aufsätze*)은 말할 것도 없고 E. 핑크와의 공동세미나 *Heraklit*(겨울 학기 1966/1967)과 그의 강의 *Parmenides*(겨울 학기 1942/43: GA. 54)에도 헤라클레이토스는 빈번히 등장한다.

이 강의의 서문에서 하이데거는 헤라클레이토스와 파르메니데스가 유일하게 "서구 사유의 발단에 있어서 (비은폐적인) 진리를 사유했다"고 한다. 헤라클레이토스는 만물을 주재하는 존재를 피시스라고 보았다.[35] 피시스는 그러나—헤라클레이토스가 『단편』 123에서 "스스로 은폐하기를 좋아한다"고 말하듯—밖으로 드러나 있지는 않다. 그러나 이 피시스는 철학함의 과제로서, 곧 지혜란 피시스에 따라 (피시스를 경청

---

35 H. Diels, *Fragmente*(『단편』), 8, 10, 16, 30, 31, 53-54, 60, 64, 66-67, 84, 90, 94, 103, 112, 123 참조.

하면서) 진리[36]를 말하고 실행하는 데에 있다[37]고 헤라클레이토스는 역설한다.

헤라클레이토스 철학의 중심 테마 가운데 하나는 '상반(Gegensätze)의 법칙'인데, 노자에게서도 우리는 이러한 법칙을 엿볼 수 있다.[38] 이 상반의 법칙엔 이를테면 잠과 깸, 배고픔과 배부름, 전쟁과 평화, 건강과 질병, 삶과 죽음과 같은 인간의 실존적 삶의 문제가 얘기되고 있다. 그런데 이런 상반의 현상은 우리가 세계 속에 살고 있으면서 생각지 않는 혹은 의도적으로 배척하는 다른 반대의 상태를 동시에 말하고 있는 것이다.

우리는 통상 일상적 삶 속에서 우리의 현존재와 우리의 세계를 지배하고 있는 테두리 밖의 세계를 같은 비중으로 대하지 못한다. 특히 우리는 질병과 죽음이며 배고픔과 전쟁과 같은 것을 터부시하고 의식적으로 배제해버리고서, 마치 이들이 전혀 없는 것으로 생각한다. 여기에 반(反)해 헤라클레이토스는 모든 실제적으로(aktuell) 현전하지 않는 상태는 곧 실제적으로 현전하는 상태 속에 은폐된 채로 동시에 현전하여(mitgegenwärtig) 결코 무의미한 무(無)가 아니라고 한다.

이를테면 삶 자체 속에 이미 죽음이, 그리고 밤 속에는 이미 낮이 은폐된 채 기다리고 있는 것이다. 그러기에 현전하는 상태와 은폐된 상태의 분리점은 없는 것이다. 왜냐하면 두 상태가 이미 동시에 서로 내재하고 있기 때문이다. 그래서 헤라클레이토스는 낮과 밤이, 삶과 죽음

---

36 물론 헤라클레이토스가 쓴 '진리(alethea)'라는 말이 과연 하이데거의 해석대로 '비은폐'를 뜻하는지는 명백하지 않다.

37 H. Diels, *Fragmente*(『단편』), 112 참조.

38 이는 노자에게서 대립전화(對立轉化)의 법칙(『노자도덕경』, 22, 42, 58, 77장 참조)과 유사하다.

이, 잠과 깸, 젊음과 늙음 기타 등등이 하나이면서 동일하다고 한다.[39] 이러한 논지는 이를테면 낮이란 상태는 이미 밤이란 상태의 전제 위에서 자신의 존재성이 부여되어 있다는 것이다. 즉 밤이 없는 낮의 존재는 불가능하다는 것이다. 따라서 죽음도 자기 혼자만의 닫혀진 상태라거나 영원한 종말이 아니라 이미 삶을 전제하며 배태하고 있는 것이다.[40]

이 '동시에 현전함(Mitgegenwart: 同時現前)'이란 일정한 기간 동안 부재(不在)하는 모든 상태가 언젠가 자기의 은폐성으로부터 밖으로 나와 스스로 삶과 세계 속에서 지배하게 되며 거기까지 현전하는 상태를 은폐된 '동시현전'에로 밀어젖힌다는 것을 말한다. 그렇다면 삶과 죽음도 삶에서 죽음에로의 일회적 운동으로 끝나버리는 것이 아니라 '동시현전'의 원리에 입각해 서로 교호 작용을 갖게 될 것이다. 이러한 원리에 입각하면 죽음 후엔 예기치 않은 것이 인간 앞에 나타나게 된다.[41]

우리가 의식적으로 상반된 상태를 배척해버리는 태도는 단지 조화할 수 없는 것처럼 보이는 극단적인 반대의 상태가 기실 실제로는 조화할 수 있다는 것을 덮어버린다. 그러나 이들 상태들은 헤라클레이토스에게서 은폐된 '공동현존(Mitanwesenheit)'의 관계 속에서 서로 제거될 수 없도록 함께 동반하는 것이다. 즉 서로의 상태들에게서 추정되는 불일치와 싸움은 그러나 은폐된 조화 속에 놓이게 되는 것이다. 로고스의 법칙에 따라 모든 실제적으로 지배하는 상태는 불가피하게 은폐된, 그러나 공동현전하는 상반의 상태를 뒤집는다.

노자에게는 독특하게도—우리의 상식과는 달리—부드러운 것(柔

---

39 H. Diels, *Fragmente*(『단편』), 57, 88 참조.

40 이러한 이치는 노자에게서 상반상생(相反相生)의 원리와도 유사하다.

41 Sextus Empiricus도 이렇게 헤라클레이토스의 단편을 해설하고 있다(*Grundriss der phrrhonischen Skepsis*, III, 230쪽 참조).

弱)이 강한 것(剛强)을 이기고,[42] 자기를 낮추면 도리어 높아진다고 한다.[43] "부드럽고 약한 것이 모질고 강한 것을 이긴다."(『도덕경』, 제36장)고 한다. 이런 노자의 주장에는 사물들이 대립전화(對立轉化)한다는 사상이 깔려 있다. 어떠한 세상의 현상에도 그것이 극한에 이르면 그것의 반대 방향으로 변화한다는 것이다. 우리에게 잘 알려진 고사성어인 "고진감래(苦盡甘來) 흥진비래(興振悲來)"도 좋은 예이다.

"화여! 복이 의지하여 있는 바요, 복이여! 화가 잠복해 있는 바니, 누가 그 궁극을 알리오! 설마 정상적인 기준이 없을까? 정상은 다시 기이한 것으로 변할 수 있고, 선(善)은 다시 요사스러운 것이 될 수 있다."[44] 이와 같이 노자는 화와 복, 정상적인 것과 비정상적인 것, 심지어 선과 악마저도 서로 변하여 대립전화한다고 한다.

그런데 이토록 대립전화하는 까닭은 모든 사물들에는 그 대립자가 있기 때문이다. 이를테면 아름다움과 추함, 높음과 낮음, 앞과 뒤, 있음과 없음, 강함과 약함, 화와 복, 영예와 치욕, 큼과 작음, 삶과 죽음 등등 수없이 많다: "천하 사람들이 다 아름다운 것을 아름답다고 알지만 그것은 추악한 것이 있기 때문일 뿐이다. 다 착한 것을 착하다고 알지만 그것은 불선(不善)이 있기 때문일 뿐이다. 그런 까닭에 있는 것과 없는 것은 서로가 낳는 것이고, 어려운 것과 쉬운 것은 서로가 성립시키는 것이다. 긴 것과 짧은 것은 서로 형태를 드러내기 때문이며, 높은 것과 낮은 것은 서로의 고하(高下)가 가지런하지 않기 때문이다. 음(音)과 성

42 "천하에 가장 부드러운 물이 천하에 가장 단단한 바위를 향하여 돌진하고, 형체도 없는 기(氣)는 빈틈이 없는 곳에도 침투한다."(『도덕경』, 제43장).

43 남만성 역, 『노자도덕경』, 을유문화사, 1970, 제67장 참조. 노자는 낮은 위치에 있는 물과 계곡의 비유를 제시한다.

44 위의 책, 제58장. 여기선 이강수, 『노자와 장자』, 도서출판 길, 2009, 44쪽.

(聲)은 서로가 있어야 조화를 이루고, 앞과 뒤는 앞이 있어야 뒤가 따르는 것이다."[45]

그런데 자세히 들여다보면 이들 각각의 대립하는 짝은 상대방의 존재를 자기 존재성립의 근본으로 하고 있는 것이다. 말하자면 한쪽이 없으면 대립하는 다른 쪽도 존재하지 못한다. 실제로 낮은 것이 없으면 높은 것도 존재할 수 없고, 있음이 없으면 없음도 있을 수 없으며, 앞이 없으면 뒤도 없는 것이다. 이처럼 서로 반대되는 대립 짝을 자기 존재성립의 전제로 삼는 것을 상반상성(相反相成) 혹은 상반상생(相反相生)의 법칙이라고 한다.

헤라클레이토스와 하이데거와 노자가 만나는 지점은 피시스적 사유에서도 엿볼 수 있다. 노자의 무위자연(無爲自然)은 이미 그의 중심사상으로 잘 알려져 있다. 전혀 학문적이거나 이론적이며 '형이상학적'(하이데거가 말하는 전래의 의미로)이라고 할 수 없는 '시원적 사유(anfängliches Denken)'의 비밀은 이 피시스에 있다. 그뿐만 아니라, 소위 '탈형이상학'의 길은 이 피시스에서 이미 완성되어 있다.

여기서 '탈형이상학'의 길이 이 피시스에서 이미 완성되어 있다는 것은 고대 그리스의 피시스 사유야말로 잘못된 형이상학으로 전락되지 않은 시원적 사유였다는 것이다. 엄밀하게 말해서 탈형이상학이라고 해서 모든 형이상학의 절멸을 의미하지는 않는다. 오히려 존재망각과 "존재론적 차이(ontologische Differenz)"의 혼동 내지는 존재자 중심의 형이상학("전통 형이상학")에서 벗어나 존재를 존재로 사유하는, 즉 원초적 피시스가 살아 있는 시원적 사유의 형이상학을 획득하는 것이 하이데거의 탈형이상학적 사유인 것이다.

---

45 남만성 역, 『노자도덕경』, 제2장.

그러기에 하이데거는 그토록 자주 사물(존재자) 중심의 형이상학으로 굴러떨어지지 않은 '시원적 사유에로 되돌아가기'를 강조했던 것이다. 그것은 소위 형이상학이 오늘날 기술 공학으로 치닫기까지 존재를 망각한 채 존재자의 굴레에서 헤어나지 못하고 형이하학으로, 니힐리즘으로 인류 정신사의 운명을 궁지로 몰아넣었기 때문이기도 하다.

하이데거의 '존재사유'는 그러기에 존재망각의 형이상학에 대한 해체가 수반된 '탈형이상학적(postmetaphysisch)' 사유라고 할 수 있다. 그러나 이러한 형이상학-벗어나기는 이 형이상학이 시작된 지점으로 되돌아가 우리가 사유하지 못했던 시원과 근원을 찾아내는 것이다. 이토록 하이데거는 형이상학을 헤쳐 나가는 메타-형이상학(Meta-Metaphysik)을 시도하고서 그 근원에서 시원적인 고대 그리스의 피시스를 찾아낸다.

피시스의 여러 의미를 이해하기 위해서 우리는 우선 이 말의 동사형인 phyō를 충분히 음미해야 한다. 어쨌든 위에서도 드러나듯 피시스엔 어떠한 인위적 기교나 작위며 비본래적인 것이 끼어들 틈이 없다. 그것은 노자의 '자연(自然)'과도 같이 '스스로 그러함'을 나타내기 때문이다. 노자의 '자연'은 우리가 통상적으로 사용하는 산과 들이며 강과 바다 등 자연물의 집합체를 일컫는 것도 아니고 자연과학의 '자연'도 아니다.

작위가 전혀 없는 자연(自然), 즉 무위자연(無爲自然)에서 도(道)의 정체가 이미 비존재자적임이 잘 드러난다. 또 자신을 은폐하는 피시스에서, 인간이 경청하고 따라야 하는 피시스에서, 그 정체가 무(無)라는 도(道)로부터 우리는 사물적이고 존재자적인 흔적을 찾아볼 수 없다. 그러기에 하이데거는 고대 그리스와 도가의 철학에서 형이상학에로 전락하지 않은 시원적 사유를 부각시킨다.

하이데거는 더 나아가 이러한 피시스가 자기 스스로 발현하면서 주재함을, 또한 이러한 피시스가 곧 존재 자체라는 포괄적인 규명을 명료하게 하고 있다: "발현함으로서의 피시스를 우리는 예를 들면 하늘의 운행 과정들에서(태양의 떠오름), 바다의 파도에서, 식물들의 성장에서, 인간과 동물의 태내(胎內)로부터의 출현함에서 등등 도처에서 경험할 수 있다. 그러나 발현하면서 주재하는 피시스는 오늘날 우리가 '자연(Natur)'이라고 여기는 범례들과는 다른 뜻이다. 이 발현함이며 '자기 내부에서와-자기 자신으로부터-밖으로 드러냄(In-sich-aus-sich-Hinausstehen)'은 (즉 피시스는) 무엇보다 우리가 존재자에게서 관찰하는 그러한 한 범례로 받아들여져서는 안 된다. 피시스는 존재 자체다. 그의 힘에 의해 존재자는 드디어 관찰되고 또 거처한다."[46]

존재(피시스)의 '스스로 은폐함'은 그 은폐로 말미암아 우리가 존재에 가까이할 수 없다는 뜻이 아니라(혹은 존재가 아예 은닉해버리기 때문에 우리가 엄청난 수고를 해야 접근할 수 있다는 뜻이 아니라), 존재 자체의 편애 내지는 성향이며,[47] 존재가 말하자면 존재자가 아니기 때문에 윤곽 지어져 있지 않고 형상으로 그려지지 않으며 밖으로 드러나 있지도 않다는 뜻이다.

역설적으로 들리겠지만, 인간은 그런 은폐해 있는 존재와 도(道)에 가장 가까이 있다. 또 더욱 역설적이겠지만, 그런 존재와 도(道)는 (앞에서도 해명했듯이) 본질적으로 스스로 발현하며 드러내고 주재한다는 것이다. 그래서 하이데거는 존재의 본질을 "스스로 은폐하는 탈은폐, 즉 시원적인 의미에서 피시스이다"[48]로 규명한다. 하이데거는 단적으로

---

46 M. Heidegger, *Einführung in die Metaphysik*, 11쪽.

47 M. Heidegger, *Wegmarken*, 298쪽 참조.

48 위의 곳: "Sein ist das sich verbergende Entbergen — φύσις im anfänglichen

"존재는 피시스로서 현성한다."[49]고 한다. 이렇게 존재 개념을 피시스로 읽은 것은 하이데거의 어떤 자의적 해석에 의해서가 아니라 아리스토텔레스의 피시스 개념에 근거한다.[50]

그런데 이런 피시스는 '스스로 그러함'이면서도 스스로 그러하게 한 질서와 원인을 제공하므로, 주재하고 섭리하는 능동성을 자체 내에 포함하고 있는 것이다. 그러나 주재하고 섭리한다고 해서 피시스가 어떤 존재자의 형태로 혹은 그 어떤 인격자의 형태로 존재하는 것은 아니다. 더구나 다른 어떤 존재자가 이 피시스의 배후에 버텨 있는 것은 더더욱 아니다.

이러한 이치를 우리는 하이데거가 『근거율』(*Der Satz vom Grund*)에서 예로 든 '장미꽃의 핌'을 통해 잘 알 수 있다.[51] 이를테면 "장미는 스스로 핀다"는 "피시스가 장미꽃을 피운다"와 같은 말이다. 그것은 피시스가 겉보기에 마치 장미꽃을 피게 하는 어떤 절대적 실체 내지는 존재자처럼 보이지만(그것은 단지 문장상의 주어일 따름이고), 그러나 기실은 피시스가 '스스로 그러함'이기에 아무런 실체나 존재자를 가리키지 않는 것이다. 따라서 장미꽃을 피어나게 하는 것은 어떤 실체나 존재자가 아니다. 아예 피시스엔 존재자나 실체가 본질을 이루며 터 잡고 있지 않다. 모든 존재자는 피시스에 멀고 가깝게 질서 지어져 있지, 결코 피시스와 섞일 수 없는 것이다.

이러한 피시스의[52] 의미를 밝히기 위해 하이데거의 『근거율』에서 '왜'

Sinne."

49 M. Heidegger, *Einfuehrung in die Metaphysik*, 77쪽; "Sein west als φύσις."

50 M. Heidegger, *Wegmarken*, 297쪽 참조.

51 M. Heidegger, *Der Satz vom Grund*, 77쪽 이하 참조.

52 이러한 '피시스'를 하이데거는 *Der Satz vom Grund*에서 '존재'로 번역한다.

라는 근거 없이 피는 장미꽃을 참고해보자.[53] 하이데거가 인용한 A. 실레지우스의 시(詩)는 다음과 같다:

> 장미는 '왜'라는 근거 없이 핀다.
>
> 장미는 그저 피어나기 때문에 핀다.
>
> 장미는 자신을 돌보지 않고, 사람들이 자신을 봐주는지 묻지 않는다.

하이데거는 장미가 '왜'라는 목적이나 근거 없이(ohne Warum) 스스로 핀다는 것을 지적한다. 장미꽃이 피어나 자신의 존재를 우리에게 드러내는 데에는 어떤 근거로서의 절대적인 실체가 없다. 아니, 세상의 모든 근거나 절대적인 존재자의 간섭을 배제해버린 피시스 자신만을 근거라고 (억지로) 할까. 어떠한 존재자나 실체도 피시스엔 근거로 끼어들 여지가 없다. 어떠한 경우에도 부자유나 부자연이 피시스에 끼어들 수 없다.

따라서 피시스엔 다른 어떤 근거가 없기에, '근거 없는 근거(Abgrund)'로서의 피시스 자신만이 남는다. 장미는 목적적인 의미로서의 '왜' 없이 피지만, 그러나 전혀 까닭 없이(ohne Weil) 피어나는 것은 아니다. 이 '까닭'은 그런데 인간이나 다른 어떤 실체며 존재자에 의해 조종되거나 조작되는 것이 아니라, 장미꽃 스스로가 제공하는 것이다. 인간 주체에 의한 조작이나 우리가 만든 방법적인 조직, 주체성에 근거된 이성을 우리는 피시스에 섞을 수도 없고 또 이들을 피시스와 대신할 수도 없다. 어떠한 형태로건 인위적이고 작위스러운 것을 피시스의 절대적인 자유와 자연(自然)에 섞어 피시스를 허물어뜨리거나 훼방할 수

53 M. Heidegger, *Der Satz vom Grund*, 77쪽 이하 참조.

없다. 피시스를 훼손한다는 것은 그러기에 도리어 우리 스스로를 훼손하는 것이다.

그야말로 장미는 아무 이유 없이 핀다. 자신을 펼쳐 보이는 것이다. 과학기술과 이성의 지배에 습관화된 우리는 그러나 사물의 근거를 따져 묻는다, 장미는 왜 그리고 어떤 이유로, 어떤 조건에서 피는지 등등. 이토록 근거를 따져 묻는 것은 장미를 식물의 카테고리에 넣어 이성의 통제 아래에 두려고 하기 때문이다. 이런 태도에서는 그러나 사람들이 보든 안 보든 영롱하게 자신을 펼쳐 보이는(자신의 존재를 비-은폐시키는) 장미의 피시스를 놓쳐버리고 만다.

사물의 범주와 조건 및 근거를 따져 묻는 사유방식을 하이데거는—근대의 사유에서 더욱 뚜렷하지만—"계산적 사유"라고 한다. 그것은 사물의 범주와 분류, 조건과 근거를 따지고 계산하여 결국 이성의 통제 아래에 두고 또 이를 지배하려는 데 있다. 그러기에 사물은 자신의 고유한 존재와 독자성 및 고유성을 박탈당하고 인간의 자의에 내맡겨지게 된다. 자연을 그 피시스를 묻지도 않은 채 이토록 자의적으로 처분하는 데에 인류의 비극이 도사리고 있다.

실레지우스의 '장미'라는 존재자에서 우리는 이 장미의 피시스를 읽어야 한다. 존재는 존재자를 존재자로서 드러나도록 개시하는 심연적인 근거이지만(Abgrund), 이 근거는 더 이상 근거를 가질 수 없는, 그야말로 무(Nichts)의 성격을 갖는 무근(Ab-grund, 無根)인 것이다.

그런데 시인의 시적 언어에 부름을 받은 장미는, 부름을 받지 않았을 때의 예사로운 존재자로서의 장미와는 차원이 다르다. 그것은 부름을 받은 환기력(Ruf)에서 장미라는 존재자의 존재가 비은폐되기 때문이다. 즉 장미라는 존재자가 존재의 진리 안에 거하게 되는 것이다. 그러기에 시인의 시어에서 사물은 자신의 본질이 아무런 방해를 받지 않고 드러나게 된다. 이런 맥락에서 하이데거는 "인간은 시적으로 거주한다."고 한다.

3. 피시스와 도(道)의 운동과 항존성

노자에게서 우주의 근원인 도(道)는 고요히 머물러 있으면서(무위無爲하면서) 만물을 생성화육(生成化育)하는데, 이 만물은 끊임없이 운동을 한다. 더욱이 이러한 도는 만물을 생성화육하지만, 만물 위에 군림하거나 주재하지 않는다. 현묘한 덕을 가진 도는 자신의 허정(虛靜)한 상태에서 만물로 하여금 운동하게 하고 자연적인 생장에 따르게 하는 것이다.

그런데 무위자연으로서의 도(道) 자신은 무위(無爲)가 규명하듯 운동을 하지 않는 것으로 보이지만, 그러나 무위로서의 도(道)가 '하지 못하는 것이 없기 때문에(無爲而無不爲)' 도(道)가 행위하는, 즉 운동하는 측면이 동시에 밝혀진다. 허정한 상태의 운동하지 않는 도의 모습과 일하는 도의 운동하는 모습이 동시에 개시되는 것이다. 물론 이 때의 운동이란 다른 그 어떤 타자에 의한 운동이 아니라, 자기 자신의 고유한 능력(Autarkie)인 것이다.[54]

노자에게서의 자연(自然)이 한편으로 생생화육(生生化育)의 현상 자체를 의미하면서 동시에 생생화육하게 하는 자로 일컬어짐같이 피시스 또한 그러하다. 그러나 그럼에도 불구하고 이들은 어떤 절대적인 존재자도 아니고 실체도 아니다.

---

54 쉬캉성(許抗生)은 노자의 "주정(主靜) 학설"을 주장하면서 "정(靜)으로 동(動)을 제어한다"는 주정론을 펼치는데, 이는 도(道)의 동적인 모습을 못 본 것으로 보인다. 許抗生, 노승현 옮김, 『노자철학과 도교』, 예문서원, 1995, 45-46쪽 참조.

노자의 도(道)가 '스스로 그러하면서'도 (또는 무위자연하면서도) 만물을 있게 하고 키우고 기르며 질서 짓는 등 섭리하는 것처럼, 피시스 또한 스스로 발현하면서 주재하고 섭리한다. 존재 자체인 피시스는 존재사적(seinsgeschichtlich)인 내보냄(Schickung)을 실현하는 것이다. "피시스는 발현하면서 스스로 세우고, 자기 스스로 머무는 가운데 펼친다. 운동과 정지는 이러한 섭리 속에 근원적인 통일체로서 열리고 또 닫힌다."[55]

도(道)와 피시스, 존재가 놀랍도록 서로 유사한 면은 운동하면서 운동하게 하고 또 그러면서도 소멸의 소용돌이에 휘말리지 않는 데에도 있다. 헤라클레이토스가 "스스로 변화하면서 멈추고 있다"[56]고 하면 그에겐 영원한 생성 운동과 순환 운동 가운데서도 유지하는 통일체가 있는 것이다. 이는 마치 노자에게서 도(道)가 "자기 스스로 불변하면서 끊임없이 영원한 순환 운동을 한다."[57]와 흡사한 이치다. 자기 스스로 불변하는 도(道)는 천지가 존재하기 이전에 존재했기에(先天地生),[58] 이러한 도(道)는 운동을 하면서 운동을 하게 하고, 불변하고 불멸하며 상존한다고 할 수 있다. 노자의 상도(常道)에 관한 이해는 곧 노자 사상 이해의 핵심적 관건이기도 하다.[59]

---

55 M. Heidegger, *Einfuehrung in die Metaphysik*, 47쪽.

56 『단편』, 70.

57 Lin Yutang(임어당)의 독일어 번역(*Laotse*, 제25장) 참조. 남만성도 도(道)의 이러한 성격을 명료하게 번역하고 있다: "언제나 변함이 없다. 어디에나 안 가는 곳이 없건마는 깨어지거나 손상될 위험이 없다."

58 남만성 역, 『노자도덕경』, 제25장.

59 도올 김용옥은 그의 『노자와 21세기』에서 '상도(常道)'를 '영원' 내지는 '영원불변'으로 번역하는 데에 알레르기 현상을 일으켰다. 방송 강의를 통해 그는 격앙된 톤으로 이런 번역을 "왜곡되고 잘못된" 해석으로 몰아 붙였다. 그리고 이토록 '영원불변'으로 해석하면 노자의 사상은 마치 "영원불변의 이데아적인 그 무엇"을 추구하는 것과

노자의 상도(常道)에는 영원불변 · 불멸의 개념이 들어 있다. 『역경』에서조차 영원불변은 있다. 끊임없이 변하는 우주의 움직임에는 변하지 않는 불변의 법칙성이 존재하는 것이다. 무수한 별의 움직임 속엔 질서정연한 궤도(길)와 주기가 있지 않은가. 만물의 생성 소멸하고 유전하는 가운데는 그러한 것에 대한 법칙과 실상이 존재하는 것이다. 도대체 어떻게 '만물의 어미'라고 하는 '도(道)'가 생성 소멸하는 사물과 같을 수 있단 말인가!

음과 양의 대립과 전화에 의해 만물이 변한다면, 이 음양의 대립 원리가 어찌 소멸하는가! 태극 가운데에 만물은 변화하지만, 이 태극 자체는 모든 변화 가운데 변하지 않는 근원이기 때문에 변화와 생성 소멸

"기독교의 초월주의"가 되기 쉽다고 한다(상권 105쪽 참조). 과연 그런가? 위에서 임어당이 도(道)가 "자기 스스로 불변하면서 끊임없이 영원한 순환 운동을 한다."고 규명한 것과 또 남만성 교수가 "언제나 변함이 없다"고 번역한 내용이 잘못되었단 말인가? 결코 그렇지 않다. 그런데 '영원불변'이란 용어가 무슨 저주라도 되는 것이기에 그토록 과민 반응을 보일까. 또 무엇 때문에 이 말을 "천국의 도래를 갈망하는 기독교의 초월주의"와 이데아의 서양철학과 결부시키는가. '영원불변'에 무슨 원죄가 있다고? 또 도(道)의 '영원불변' 여부는 『도덕경』에서 찾아야지 남을 탓하는 데에 급급하여 기독교와 이데아를 걸고 넘어져서는 곤란하다. 어쨌든 노자의 '상도(常道)'는 도올에게서 오히려 "시시각각 변하지 않을 수 없는 도"(상권 106쪽 참조)로, "끊임없이 변화하는 세계"(하권 195쪽 참조)로 되고 말았다. 그렇다면 "자기의 위치로 되돌아온다"는—계속 끊임없이 자기의 위치로 돌아와야 하기에!—도(道)의 순환 운동도 거부되어야 할 판이다. 동양 사상에는 "영원불변이 없다"(제3강의 참조)고 그는 확언하고 또 동양인들에게는 '불변'이라는 것이 도무지 존재하지 않는다고 하며, 변하지 않는 것은 없다고(상권 106쪽 참조) 하는데, 과연 그런지 의심스러울 따름이다. "만물이 변한다"면, 이 변하는 것에 대한 법칙과 이 법칙의 원인이며(우연에 의해 법칙이 존재하거나 주어지지는 않는다!) 또 이 "만물이 변한다"는 진술조차도? 말도 안 될 소리! 우연히 질서정연한 운동이 주어진다고 생각하는가? 또한 이유 없이 변화가 일어난다고 생각하는가? "만물이 변한다"는 만물유전의 법칙은 왜 변하지 않는가! 왜 태극 안에서 음양은 끊임없이(영원!) 변화하고, 그 변화를 그치지 않는가! 왜 태극은 도대체 안-태극으로 전락하지 않는가! 끊임없이 변하는 곳에는 불변도 함께 존재하고 있다.

의 굴레에서 벗어나 있는 것이다. 또 『도덕경』의 제40장에서 "근본으로 돌아간다는 것은 도(道)의 움직이는 법칙(反者道之動, 남만성 역)"이라고 노자는 말한다. 도(道)가 자기전개를 하는 운동을 한다는 것이다.

여기 제40장에서 노자는 위의 "반자도지동(反者道之動)"에 이어 "천하 만물은 유(有)에서 나오고, 유(有)는 무(無)에서 나온다"고 하는데, 이는 하이데거의 "존재사(Seinsgeschichte)"에서 존재의 자기전개와도 유사한 성격을 갖고 있다. '존재사'를 전개하는 것은 존재 자신이다. 도가에게서도 이와 유사하게 만물의 세계는 도(道)의 자기전개인 것이다. 그러나 여기서 자기전개를 한 도(道)는—탈은폐함과 동시에 은폐의 세계에 머무는 하이데거의 존재처럼—무물(無物)로, 즉 "독립불개(獨立不改)"[60]로 자신의 고유성을 지키는 것이다.

도(道)는 자신의 무위를 통해 유를, 다시금 유(有)를 통해 만물을(존재자의 세계를) 펼쳤다. 이렇게 도(道)가 자기전개를 통해 만물을 펼쳤지만, 도는 그러나 결코 그 어떤 존재자나 만물이 아니기에, "다시 무물(無物)에로 돌아가는 것이다(復歸於無物)."[61] 이런 노자의 표현 방식은 하이데거에게서 존재가 자신을 건네줌(Es gibt das Sein)과 동시에, 즉 존재의 '탈은폐'와 동시에 은폐하는 방식과 유사한 것이다. 존재는 결코 존재자가 아니기에, 자신의 탈은폐와 동시에 은폐의 사건이 필연적으로 일어나는 것이다.

『도덕경』의 제16장에서는 그러나 위와 대조적으로 만물들이 "천명대로 돌아가는 것은 영원불변의 법칙"이라고 했다. 이 불변의 법칙을 아는 것을 노자는 '명찰(明察)'이라 하고, 또 이와 반대로 이 불변의 법칙

---

60 남만성 역, 『노자도덕경』, 제25장.

61 위의 책, 제14장.

을 알지 못하는 것을 그는 '망동'이라고 하며, 망동의 결과는 불행을 초래한다고 한다.[62]

그런데 여기에서 만물들이 "천명대로 돌아가는 것"[63]과 '천명' 내지는 도(道)의 영원불변함 사이에는 '존재론적 차이'가 있음을 알 수 있다. 도(道)의 (영원불멸하는) 존재는 근본으로 돌아가는 사물들(존재자)과는 다르다! '곡신불사(谷神不死: 제6장)'라고 노자는 말한다. 이것은 도(道)의 불멸성을 명명백백하게 밝히는 말이다. 곡신은 죽지 않는다. 골짜기는 마치 도(道)의 빔(虛)과 같이 항상 비어 있기 때문이다. 곡신은 곧 도(道)를 상징하는 말이다.

도(道)의 존재 방식을 변화와 무변화 내지는 운동과 멈춤이라는 단순한 이분법에 얽어매면 곤란하다. 비가시적이면서 실재하는 도(道)의 존재 방식은 모든 변화 가운데 불변하고,[64] "불변하면서 운동을 한다(metaballon anapauetai; Herakleitos, 『단편』, 84)". 어떻게 이런 것이 가능할 수 있느냐고? 도(道)는 스스로 운동을 하지만 모든 운동의 원인이기도 하다. 즉 만물에 운동을 부여한 것이다. 그렇다면 모든 운동을 제공한 이 도(道)가 스스로 영원하지 못하고 생성 소멸의 구렁텅이로 빠질 수는 없는 것이다.

도(道)는 천지가 태동되기 이전에 있었다고 노자는 말한다(先天地生). 또 도(道)는 만물의 어미라고 말한다. 그렇다면 천지가 사라진다고 해서 도(道)가 사라진다고 할 수는 없다. 영원불변의 도(道)라고 해서

62 남만성 역, 『노자도덕경』, 제16장.

63 이를테면 노자는 『도덕경』의 제16장에서 생동하는 만물들, 수목의 꽃과 잎들을 예로 들었다.

64 O. Pöggeler도 도(道)가 '모든 변화 가운데 불변함(das Unwandelbare in allen Wandel)'을 옳게 지적하고 있다: *Neue Wege mit Heidegger*, 439쪽 참조.

도(道)가 운동을 하지 못한다고 (혹은 안 한다고) 생각해선 안 된다. 노자의 도(道)는 운동도 할 줄 모르는 아리스토텔레스의 신(神)과는 전혀 다르다. 더구나 도(道)는 존재자와 실체의 성격을 띤 이런 신(神)이 결코 아니다. 도(道)는 운동을 하고 운동을 하게 한다, 그러나 그 가운데도 자기의 본래성을 결코 잃지 않는다.

도(道)의 영원함에 대해 우리는 가시적인 것에서조차 쉽게 그 예를 찾을 수 있다. 물론 가시적인 것을 예로 들었다고 해서 도(道)를 어떤 절대적인 존재자나 실체로 봐서는 안 된다. 저 달이나 태양의 존재 방식을 떠올려 보자. 달은 궤도를 따라 운동한다. 그리고 달은 변함없이(!) 늘 이 궤도를 따라 운동하는 것을 계속하고 있다. 그뿐만 아니라 달은 궤도를 이탈하여 화성이나 태양으로 다가가거나 지구에 달라붙지도 않고 또 자기 자신이 더 이상 달이 아닌 그 무엇으로 변하지도 않는다.

달은 자신을 변화시켜 보름달에서 초승달로 운동을 하고 또 궤도운동을 하지만 자기의 본래성을 상실하지 않는다. 운동을 하면서 불변하는 것이다. 즉 변화 가운데서 불변 · 불멸하여 늘 달로 남아 있다. 태양의 경우도 플라톤이 「태양의 비유」에서 잘 드러내 보이듯 좋은 예가 될 수 있다. 태양은 항성이다. 그런 면에서 태양은 달이나 지구와는 달리 불변한다. 그러나 태양이 자신의 존재를 포기하거나 다른 존재로 되어버리지 않는다는 의미에서 달이나 지구처럼 불변하는 것이다.

그런데 태양은 운동을 하지 못하는가? 아니다! 태양은 끊임없이 핵폭발과 같은 일을 하고 자신을 태워가며 빛을 온 사방으로 방출한다. 이 빛으로 말미암아 모든 생물이 살기에 빛은 모든 생물을 먹여 살린다. 그뿐인가? 빛으로 말미암아 우리가 볼 수 있는 것이다. 여기서도 우리는 영원불변하면서 운동하는 태양의 존재 방식을 발견한다. 빛으로 비유된 이데아를 단순한 '관념'으로 여긴다거나 초월주의로 오해하는 사람들은 각성해야 한다.

'도'의 존재 방식을 우리는 영원불변하면서 운동하는 것에서 찾을 수 있다. '도'는 분명히 불로 변해버리거나, 물로, 혹은 별로, 나아가서는 부도(不道)로 변해버리지 않으며(이런 면에서 영원불변하는 것이다), 또 노자도 밝히듯 천지 이전에 존재했으며 "독립하면서 변함이 없고(獨立不改, 제25장)", "아무리 퍼내어 써도 고갈되지 않으며(제4장)", 사라지지 않고(不去, 제21장), 영구하며(道乃久, 제16장), 죽지 않고(谷神不死, 제6장), 자신에 의해 낳아진 사물들이 사라져도 이들과 함께 소멸되지 않는 것이다.

이런 '도'에서 우리는 항존성과 영원불변성을 찾을 수 있다. 또한 동시에 '도'가 만물을 기르는 데에서, 안 가는 곳이 없는 데에서, '도'의 힘이 미치지 않는 곳이 없는 데에서, 기타 등등 우리는 도의 운동을 알 수 있다. 『도덕경』 제1장의 '상도(常道)'를 임어당은 심지어 '절대적인 도'로 규명하고 '무제한자'라고도 한다.[65] 또한 그는 도(道)가 '영원한 생명의 원리'이고 '영원한 법'임을 지적한다. 따라서 우리는 도의 존재 방식을 동(動)이냐 정(靜)이냐의 이분법적인 태도로만 봐서는 안 될 것이다. 그래도 동양인들에게 '불변'이라는 것은 존재하지 않는가? 그래도 동양 사상에는 영원불변이 없는가?

위와 같은 운동과 불변·불멸은 헤라클레이토스의 '영원히 살아 있는 불(pyr aeizōon)'에서도 엿볼 수 있다. 헤라클레이토스의 '불'은 결코 이오니아학파에 있는 질료적인 요소가 아닌 것이다.[66] 이 '영원히 살아

---

65 Lin Yutang, *Die Weisheit des Laotse*, 41-44 참조.

66 F. Ueberweg은 그의 *Geschichte der Philosophie I* (66, 68, 70쪽)에서 헤라클레이토스의 불을 실체적인 것으로, 또한 다른 이오니아학파들이 말하는 '근본 원소'로 잘못 보고 있다.

있는 불'은 질료적인 데서 찾을 수 없을 뿐만 아니라, 하이데거와 핑크가 지적하듯이 '볼 수 없는(unsichtbar)' 것이다.[67] 헤라클레이토스의 '영원히 살아 있는 불'은 어떤 근원적 본질로서의 만물의 끊임없는 흐름과, 이 가운데 불멸하는 로고스를 날카롭게 나타내고 있다.

이 불멸하는 로고스는 그러나 결코 형이상학에 자주 등장하는 '부동의' 존재자가 아니라 일정한 정도에 따라 희미한 불빛을 내며 타오르고 또 일정한 정도에 따라 가물거리면서 불빛을 내는, 언제나 있었고 또 있으며 앞으로도 있게 되는 '영원히 살아 있는 불'인 것이다.[68] 따라서 이 '영원히 살아 있는 불' 속에 철학사에서 자주 상반되게 언급되는 '생성'과 '존재'가 통일을 이루게 된다.[69] '영원히 살아 있는 불'은 '변화 가운데에 불변하는 것(das Unwandelbare im Wandelbaren)'이고 끊임없는 흐름 가운데에 불멸한다. 헤라클레이토스는 결코 영원한 변화만 설파하지 않았다. 그에겐 변화 가운데 존립하는 것과 불변하는 것이, 모든 흐름과 양극단 속에 은폐된 조화와 화해가 있다.

많은 사람들은 헤라클레이토스-학파의 "만물은 흐른다(panta rei)"에서 '영원한 생성'과 '영원한 변화'만 고집하면서 파르메니데스의 '존재'와 상반됨을 주장한다. 그러나 하이데거는 이를 부인하면서 기실은 두 철인이 동일하게 사유하고 있다는 것을 지적한다.[70] '말해지지 않지

---

67 Heidegger/Fink, *Heraklit*, 135쪽 참조.

68 『단편』, 30 참조.

69 헤라클레이토스의 '불'에서 "생성만 있고 존재는 없다"는 F. Ueberweg의 판단은 따라서 잘못되었다고 볼 수 있다: F. Ueberweg, *Geschichte der Philosophie I*, 70쪽 참조.

70 M. Heidegger, *Einfuehrung in die Metaphysik*, 74쪽 참조, K, Reinhardt (*Parmenides und die Geschichte der griechischen Philosophie*, 201쪽 이하 참조)와 K. Riezler (*Parmenides*, 73쪽 이하 참조)도 헤라클레이토스와 파르메니데스의 소위 '상반성' 보다는 유사성을 강조한다.

만(unausgesprochen)' 늘 동반하는 존재(ist)는 결코 '생성'이나 '변화'와 반대의 위치에 처할 수 없다. 동반하는 존재의 성격을 이해하기 위해 위의 "만물은 흐른다(panta rei)"를 번역하여 진술해보면 "만물은 흐름 가운데 있다(alles ist im Fluss)", "만물은 흐르고 있다(alles ist fluessend)", "만물은 생성하고 있다(alles ist Werden)"로 나타낼 수 있다.

여기서 모든 '생성'과 '흐름'엔 '있다(ist)'가 동반되어 있다. 물론 이런 식의 전개는 존재의 동반하는 성격을 이해하기 위한 방편에 불과하다. 우리가 단어로 '있다(ist)'를 나타내지 않았다고 해서 '존재'가 없다고 해서는 안 된다. 존재는 말로 표현되지 않아도 늘 동반하고, 진술되지 않은 채 늘 함께 참여한다.

8

하이데거와 도가에서의 부정 존재론[1]

1. 부정 존재론의 역사

“부정 존재론(Negative Ontologie)”이란 단어는 우리에게 다소 낯선 용어이다. 그러나 “부정신학(Negative Theologie)”이란 용어는 잘 알려져 있다. 도가(道家)와 하이데거는 그들의 핵심적인 철학 개념을 전개하는 데에 부정신학과 유사한 방식을 취하는데, 이들의 철학을 ‘신학’이라고 할 수는 없으므로 “부정 존재론”이라고 칭하기로 한다. 물론 이 “부정신학”의 개념은 신학 분야로부터 전승된 것이 아니라, 고대 그리스 철학에서부터, 말하자면 크세노파네스와 플라톤 및 신플라톤주의에서 기원한 것으로, 오늘날의 용어로는 “부정 존재론”이 더 적합한 것으로

1 이 장(章)은 필자의 졸고 「노자와 하이데거의 사유에서 부정 존재론에 관한 소고」(『존재론 연구』 제30집, 한국하이데거학회, 2012)를 대폭 수정하고 보완한 것이다.

보인다.

이 장(章)에서는 노자와 하이데거의 사유 세계에서 두드러진 부정 형식의 존재론, 즉 부정 존재론의 특성을 밝히고자 한다. 그들은 그들 사유 세계의 핵심적인 사항들을 부정 형식의 존재론으로 표명하고 있다. 이러한 철학의 전개 방식 또한 그들의 사유 세계의 근친성을 목격하게 한다. 하이데거와 노자에게서의 부정 존재론은 그야말로 존재와 도(道)의 고유성과 본래성 및 순수성을 위한 것이기에, "현상학적 해체" 혹은 "현상학적 환원"으로서의 성격을 갖는다. 그러기에 이러한 부정 존재론은 철학사에서의 부정신학과도 유사하게 부정을 위한 부정이 결코 아니다. 따라서 이들 철인들에게서는 단연 부정 존재론의 유형을 넘어 긍정 형식의 존재론이 전개되고 있다.

우리는 하이데거의 철학을 명명할 때 아주 자연스럽게 "존재사유"라는 용어를 사용하는데, 그것은 하이데거가 친히 언급한 것이어서 용어 사용에 별로 무리가 없다. 그러나 그의 철학에 대해 '주제 분류'라거나 '주제 검색어'를 쓰도록 강요받으면, 우리는 주저하면서도 '존재론'이나 '형이상학'이라고 쓰기도 한다. 그런데 주지하다시피 이런 전통적인 명칭들엔 하이데거가 늘 우려했듯이 존재자만 드러나고 부각되어 "존재망각"의 딱지가 늘 붙어 다닌다.

그렇다면 이런 불편하고 위험한 명칭 대신에—물론 결코 낙관적이라고 할 수는 없지만—부정 형식의 존재론, 즉 "부정 존재론(Negative Ontologie)"이라고 쓰는 것도 고려해볼 만하다. 물론 부정 존재론이라고 해서 부정만을 일삼는 것이 아니며—우리가 앞으로 철저하게 논의하겠지만—부정을 목적으로 하는 것도 아니다. 부정 존재론은 그러나 다른 존재론에 대해 결코 배타적이거나 우월적인 것도 아니다. 그것은 본래적이고 원초적인 것을 획득하기 위한 일종의 "현상학적 해체(phänomenologische Destruktion)"인 것이다.[2]

물론 부정 존재론은 존재자를 존재라고 오해하거나 왜곡하는 것에 대해, 또 존재자 중심의 존재론에 대해, 부정적인 시선을 던진다. 존재와 존재자가 뒤틀린 세계상, 즉 사람들이 "투쟁적으로 존재자에 우위를 설정하고서 존재를 '아무것도 아닌 것'으로 치부하여 의식적·무의식적으로 배척해버리는" 곳에 하이데거는 부정 존재론으로 맞선다. 존재자를 존재라고 한다거나 "존재론적 차이(ontologische Differenz)"를 망각하는 것, 나아가 존재자 중심의 존재를 펼치는 것은 하이데거의 철학에 대한 전적인 오해이기에, 부정 존재론의 질책을 받지 않을 수 없다.

특히 실증주의와 경험과학에 젖어 있는 현대인들이 존재자들만을 존재하는 것으로 인정하고 이들을 대상화하여 그 구조나 근거 및 범주를 파악하려는 태도에서는 존재 자체는 결코 파악되지 않을 뿐만 아니라 은폐되고 만다. 존재는 결코 대상화될 수 있는 존재자가 아니라는 점에서 무(Nichts)이다. 우리가 일상적인 삶에서나 과학적 탐구 및 형이상학적 탐구에서 눈앞의 존재자들에 집착하고 있는 상태에서 존재 자체는 은폐해 있을 따름이며, 무엇보다도 이러한 존재자들과는 "전적으로 다른 것(das ganz Andere)"으로서, 즉 그 어떤 존재자도 아닌 무(無)로서 자신을 부정적으로 드러낸다.

물론 하이데거에게서 부정 존재론의 근본적인 취지는 부정 형식의 존재론을 펼치는 것이 목적이 아닌 것이다. 말하자면 부정 존재론은 존재자 중심의 존재론을 표명하는 것은 결코 아니지만, 최소한 어떤 긍정 형식의 존재론에 대한 관점을 갖거나 그런 존재론을 암시하고 있는 것이다. 부정 존재론은 그러나 형이상학과 "존재망각" 인간의 "고향상

2 M. Heidegger, *Sein und Zeit*, §6; M. Heidegger, *Über den Humanismus*, 33쪽.

실"과 니힐리즘에 대해 부정적인 명제로 진술하고 있다. 그럼에도 불구하고 부정 존재론이 지향하는 바는 "**긍정적인** 경향(*positive* Tendenz)"[3] 이고 또 지극한 긍정인 것이다.

그러면 하이데거와 노자 같은 철인들이 왜 그런 "부정 존재론"을 전개했을까 하고 우리는 물어볼 수 있을 것이다. 그것은 그러나 그리 어려운 물음은 아니다. 존재자 중심의 존재론과 형이상학으로는 '존재'를 사유하기도 또 드러내기도 불가능하기 때문이다. 그래서 하이데거는 종종 "시원적 사유(das anfängliche Denken)"라거나 "다른 시원적인 사유(das anders anfängliche Denken)"라는 말을 종종 사용하였다. 하이데거의 이런 노력은 도(道)를 사유하는 노자에게도 대동소이하다. 도(道)라고 규명하거나 말한 것은 상도(常道)가 아닌 것과 마찬가지로 존재자를 존재라고 해서는 안 되는 것이다. 바로 그런 이치에서 많은 부정 형식의 존재론이 전개된 것이다.

노자에게서의 '도(道)'와 유사하게 하이데거의 '존재(Sein)'도 대체로 부정적인 방식으로 진술되어 있는데, 신플라톤주의(필론, 플로티노스)와 쿠자누스(Nikolaus Kues)에게서 등장하는 "부정신학"의 표현과 유사한 것이다. 철학사에선 고대 그리스의 크세노파네스와 플라톤에게서 이미 부정신학 내지는 부정 존재론이 등장한다.

놀랍게도 이러한 부정신학은 이미 신플라톤주의 이전, 기원전 600년경에 고대 그리스의 크세노파네스에게서 첨예한 모습으로 나타난다. 크세노파네스는 호메로스와 헤시오도스의 신화에서 여러 신들이 지극히 인간적인 모습으로 만들어진 것과 이러한 신들이 도둑질이나 간통 및 속이고 질투하는 부도덕한 짓을 저지르는 것에 대해 통렬히 비판했

3 M. Heidegger, *Sein und Zeit*, 23쪽.

다. 그러니까 신들이 그 자체로 존재한다는 것보다는 시인들에 의해 이야기 형식으로 만들어졌다는 것이다. 그래서 신들이 존재한다면, 이런 신들이 아니라는 부정신학을 펼친 것이다.

크세노파네스에 의하면 "인간들은 신들이 태어나서 자신들처럼 옷을 걸쳐 입고 목소리와 신체를 갖는다고 생각한다."(단편 14)[4]고 하는데, 그는 이러한 "인간의 형상을 하고 있는(anthropomorphisch)" 신론을 비판하는 것이다. 그래서 그는 『단편』 16에서 날카롭게 비꼬고 비난한다(부정신학): "에티오피아의 사람들은 그들의 신들이 검은 피부를 갖고 있으며 코가 납작하다고 주장하고, 트라키아인들은 그들의 신들이 눈은 파랗고 머리털이 붉다고 주장한다." 그렇다면 "만약 소와 말과 사자들이 손을 갖고 있다거나 그림을 그릴 줄 안다면 틀림없이 각기 그들의 신체와 유사한 신들을 그려내었을 것이다."(『단편』 15).

이러한 크세노파네스의 인간화되고 동물화된 신론에 대한 조롱과 비판은 신이 결코 에티오피아인의 생각과 같은, 혹은 트라키아인의 생각과 같은, 혹은 동물들의 그림과 같은 분이 아니라는 부정신학이다. 이런 부정신학은 그러나 오늘날에도 여전히 타당할 뿐만 아니라 의미 있는 측면을 드러낸다. 사람들은 유신론자라고 해도 신을 자신이 생각하는 그런 어떤 존재자로 여기기 일쑤이기 때문이다. 키르케고르와 20세기의 뛰어난 신학자 바르트(Karl Barth)는 인간들의 문화신학을 비판하면서 "신은 전적인 타자(totaliter aliter)이다."라고 했다.

그런데 크세노파네스는 기존의 신론에 대해 부정에 부정을 거듭했지만, 『단편』 23-25에서 자신만의 긍정신학을 표명하고 있다. 그에 의하

4 크세노파네스와 기타 고대 그리스 철인들의 단편에 대한 분류는 Hermann Diels에 따른다: Hermann Diels, *Die Fragmente der Vorsokratiker*, Rowohlt: Hamburg, 1957 참조.

면 "신들과 인간들 중에서 가장 위대한 한 분의 신(εἷς Θεὸς)은 죽어야 하는 인간의 육체와는 조금도 유사하지 않고, 정신 또한 인간과는 조금도 같지 않다."(『단편』 23) 이리하여 크세노파네스는 자신의 강한 부정신학 이면에 모종의 긍정신학을 피력하고 있는 것이다.

크세노파네스에게서의 신은 결코 인간의 상상에 의해 동물화 내지는 인간화된 신이 아닌, 즉 동물적이고 인간적인 모습—태어난다거나 옷을 입는다거나 인간의 목소리와 형상을 가진—을 전혀 갖지 **않은** 신이라는 것이다. 신적인 것이 신체적으로나 정신적으로 전혀 인간의 형상이 **아니라는**, 즉 인간의 상상과 생각으로 지어낸 그런 신을 부인하는 데에서 우리는 철학사에서 최초의 "부정신학"을 목격한다.[5]

크세노파네스는 기존의 신론에 대해 부정에 부정을 거듭했지만, 자신의 고유한 긍정신학을 갖고 있었던 것이다. 그는 "신은 한 분이다(τὸ ἕν εἶναι τὸν θεόν)"라고 하고, "신은 신들과 인간들 중에서 가장 위대하다(εἷς Θεὸς ἕν τε θεοῖσι καὶ ἀνθρώποισι μέγιστος)"고 한다. 또 이와 유사하게 크세노파네스에 의하면 "신은 언제나 같은 곳에서 전혀 요동하지 않은 채 머물고 있다. 뭔가를 성취하기 위해서 때론 여기로 때론 저기로 옮겨 다니는 것은 그에게 어울리지 않는다."(『단편』 26) 그의 신은 오히려 "수고하지 않고도, 영적 활동만으로도 만물을 조정한다"(『단편』 25)는 것이다.

플라톤은 크세노파네스에 이어 강력한 부정신학을 펼치는데, 『국가』 제2권에서 소크라테스를 통해 당시 고대 그리스 사회의 통상적이고 신화적인 신 개념에 대해 날카로운 비판을 쏟아내었다. 플라톤에 의하면,

---

5 J. Mansfeld도 크세노파네스가 철학사에서 최초로 "부정신학"을 펼쳤다고 보고 있다: J. Mansfeld, *Die Vorsokratiker* I, Reclam: Stuttgart, 1988, 209-210쪽 참조.

만약 신들이 존재한다면, 적어도 당대(소피스트와 신화 작가들이며 대중 사회)가 생각하는 그런 신들일 수 없다는 것이다. 신화가 지배하던 당대에 이런 부정신학은 귀족들과 신화 작가 및 정치가들로부터 미움을 샀다. 더욱이 비극작가들과 희극작가들은 신화 이야기로 생업을 유지했는데, 아테네의 청년들에게 부정신학을 펼쳐대니 미움을 받지 않을 수 없었던 것이다.[6]

이를테면 『국가』, 제2권(364b)에서 신들이 선량한 사람에게 불운과 불행을 안기고, 이와 반대되는 사람에겐 그 반대의 운명을 안긴다거나, 부자들이 탁발승이나 예언자들에게 제물을 제공한다면, 저지른 잘못이 있더라도 연락(宴樂)으로 보상한다는 것인데, 이러한 신화적 신 개념이 플라톤과 소크라테스에게 받아들여질 리 만무하다.[7] 신들은 지나치게 인간의 상상에 의해 만들어진 허구, 그야말로 "인간의 형상을 하고 있는(anthropomorphisch)" 그런 신들일 따름이다. 사실 플라톤은 그의 『국가』에서 무조건 시인들을 추방한 것이 결코 아니라, 얼토당토않는 신론을 펼친 시인들을 추방한 것이다.[8] 당대에 신화는 그리스인들의 종교였다.

호메로스의 시에서는 사람이 올바르지 못할 경우에도 이득을 얻게 된다거나 또 "도가 지나친 짓을 하고 잘못을 저질렀다 하더라도, 신들한테 탄원을 하여 신들을 동하게 함으로써 벌을 받지 않고 방면될 것",[9] 나아가 "입교 의식과 사면해주는 신들이 크게 힘을 쓸 수 있다"[10]는 식의 우스꽝스런 신론도 지적하고 있다. 고대 그리스의 신화적 세계관에

---

6 아리스토파네스의 희극인 『구름』은 온통 소크라테스를 완전히 미쳤다고 조롱하는 내용이다.

7 플라톤, 박종현 역주, 『국가』, 364b, 서광사, 2011, 136쪽 참조.

8 헤시오도스와 호메로스의 신화 비판은 위의 책, 364d-e 참조.

9 위의 책, 366a.

10 위의 책, 366b.

서 입교 의식(入敎 儀式)을 통해 제물을 요구하는 것에 대해서도 소크라테스는 비판하는데,[11] 이러한 제물이 저승의 나쁜 일(벌)에서 벗어나게 해 준다거나, 반면에 제물을 바치는 의식을 치르지 않을 경우 무서운 벌이 기다린다는 식의 신론은 받아들이기 어려운 것이다.

플라톤은 헤시오도스의 『신들의 계보』(*Theogonia*)에 나오는 그리스 주신(主神)들에 관한 신론을 신랄하게 비판한다. 말하자면 플라톤은 우라노스와 크로노스 및 제우스와 관련된 신화를 쓴 헤시오도스에 대해 "우선 가장 큰 거짓말을, 그것도 가장 중대한 것들에 관한 거짓말을 한 사람"[12]으로 일축한다.

고대 그리스의 신화에 의하면 제1대 주신(主神) 우라노스가 자신의 아이들이 세상에 나오는 것을 꺼려 아내인 가이아의 자궁 속에 가두어 두니, 가이아는 심한 고통을 앓았다. 참다못한 가이아는 막내아들 크로노스와 작당하였는데, 그가 낫을 들고 있다가 우라노스가 자기와 교접하려고 할 때, 그의 남근을 자르게 한 것이다. 이렇게 하여 크로노스가 제2대의 주신(主神)이 된다. 그런데 이런 희괴망측(稀怪罔測)한 신화는 크로노스와 제우스까지 이어진다.[13] 크로노스는 아내인 레아(Rhea)와의 사이에서 태어난 자식들이 언젠가 자신의 주신 자리를 빼앗을까 봐 미리 겁먹고서 레아가 아이를 낳자마자 삼켜버린다. 이미 제우스를 임

---

11 플라톤, 박종현 역주, 『국가』, 365a-d 참조. 소크라테스를 통해 플라톤은 헤시오도스의 시구(詩句)인 "선물은 신들을 설득하고, 선물은 존엄한 왕들을 설득하느니"(앞의 책, 390e)를 비판한다. 신들이 선물을 받고서야 도와준다거나, 선물이 없으면 노여움을 풀지 않는다는 식의 신화적인 시구(詩句)들도 플라톤은 배척한다(앞의 책, 390e 참조).

12 위의 책, 377e.

13 Gerhard Fink, *Who's Who in der antiken Mythologie*, dtv, 1993 참조(Uranos, Kronos, Zeus). Wilmont Haacke, *Lexikon der griechischen und römischen Mythologie*, Xenos, 1978 참조(Uranos, Kronos, Zeus).

신한 레아는 이런 난처한 상황을 피하려 몰래 크레타로 도망가서 이 아이를 낳는다. 나중에 제우스는 그의 아버지인 크로노스를 비롯해 거인족인 삼촌들을 모두 몰아내고 지옥의 밑바닥인 타르타로스(Tartaros)에 이들을 가두어버린다.

이러한 신화, 올림포스의 신들과 거인족들 사이의 싸움(gigantomachia)에 관한 신화는 당대의 고대 그리스 사회에서 종교적, 사회적, 문화적, 교육적인 여러 측면에서 받아들여졌고, 소피스트와 시인들, 소크라테스의 부정신학을 비판한 아리스토파네스[14] 등에 의해 대대적으로 칭송되었다. 그러나 플라톤은 『국가』, 제2권에서 이런 어처구니없는 신화적 신론에 대해 그 숨은 뜻이 있건 없건 가차 없이 비판의 칼날을 내민다. 으뜸가는 주신들이 희괴망측한 짓을 저지른다거나 친족 살해, 아들이 아버지에게 가혹한 복수를 하는 것 등, "극단적으로 올바르지 못한 짓을 저지르는데도"[15] 전혀 놀랄 일이 아니라는 당대에 대해 플라톤

---

14 아리스토파네스는 소크라테스의 당대에 유명한 희극작가였는데, 그는 『구름』과 같은 작품에서 소크라테스를 신랄하게 비꼬고 풍자하고 있다. 그는 당시 아테네의 청년들이 희비극과 신화적 세계관에서 철학으로 기우는 것에 대해 상당히 못마땅해하고 있었으며, 소크라테스를 극도로 증오하였다. 멜레토스가 소크라테스를 고발한 고발장의 내용은 아리스토파네스의 『구름』에 그대로 나온다. 말하자면 소크라테스가 그리스의 신을 믿지 않고 아테네 청년들을 타락시킨다는 내용이 풍자와 조롱의 형식으로 『구름』에 펼쳐져 있는 것이다. 당시 아리스토파네스는 아테네에서 상당히 영향력 있는 인물이었고 그의 작품 또한 극장에서 공연되었기에 그 파급 효과가 대단히 컸다. 멜레토스와 아뉘토스 같은 고발자는 물론 아리스토파네스의 작품에서 영향을 받은 것이다. 소크라테스도 『소크라테스의 변론』(*Apologie*), 19c 이하에서 아리스토파네스의 중상 모략과 고발장의 연관성을 언급하고 있다. 아리스토파네스는 『구름』에서 소크라테스를 지독한 무신론자로, 소피스트의 대부로, 아주 엉큼한 사기꾼으로, 아테네의 청년들을 미궁이 구름 속으로 빠뜨리는 자라고 모략했다. 아리스토파네스의 희극은 죄 없는 사람을 중상모략하여 죽음으로 내몬 것이라고 하지 않을 수 없다.

15 플라톤, 박종현 역주, 『국가』, 378b.

은 서슴없이 부정신학을 펼친 것이다.

이러한 주신의 부도덕을 사실인 양 시작(詩作)한 헤시오도스에 이어 호메로스에 대한 비판도 이어진다: "또한 신들이 신들끼리 전쟁을 일으키고 서로들 음모를 꾸미며 싸움질을 하는 것으로 이야기해서도 결코 아니 되네. 이것 또한 사실이 아니니까. 장차 우리의 이 나라를 수호하게 될 사람들이 경솔하게 서로 증오하게 되는 것을 제일 부끄러운 일로 정녕 믿게끔 되어야만 한다면 말일세."[16] 플라톤이 소크라테스로 하여금 말하게 한 이 신화의 내용은 실제로 호메로스의 『일리아스』, 제20권에 나오는 이야기이다.[17]

신들에 관해 시인들이 생각 없이 저지른 잘못을 받아들여서는 안 되고,[18]

---

16 플라톤, 박종현 역주, 『국가』, 378b-c.

17 Homer(übersetzt von Wolfgang Schadewaldt), *ILIAS*, Insel Verlag, 1975, 336f(Zwanzigster Gesang) 참조.

18 플라톤, 박종현 역주, 『국가』, 379c-d 참조. 플라톤의 '이상 국가'에서 시인의 활동은 제약된다(『국가』, 제10권 참조). 그러나 분명 모든 시와 모든 시인들을 추방하는 것은 결코 아니다. 플라톤 스스로가 시인이라고 할 수 있기 때문이다. 『국가』, 제10권, 607d에서 플라톤은 시(詩)에 대해 긍정적인 평가를 내리고 있다. 그러나 거짓 신화를 만들어내거나 이를 모방하여 퍼뜨리는 자라면, 또 흉내 내는 것으로 일관하는 시라면 플라톤의 '이상 국가'에 경계 대상일 것이다. 우리는 이 장에서 플라톤이 소크라테스를 통해 헤시오도스와 호메로스의 시를 상당히 매섭게 비판하는 것을 목격했다. 그러나 그렇다고 플라톤이 이들과 이들의 시 전체를 배척하는 것이 결코 아님을 염두에 두어야 한다. 호메로스에 관해 소크라테스는 다음과 같이 밝힌다. "말해야겠지. 비록 어릴 적부터 호메로스에 대해서 갖고 있는 일종의 사랑과 공경이 나로 하여금 말하지 못하게 말릴지라도 말일세. 그분은 이들 모든 훌륭한 비극 시인들의 최초의 스승이며 지도자였던 것 같기 때문일세."(앞의 책, 제10권, 595c). 그뿐이겠는가? 플라톤의 『소크라테스의 변론』, 41a에서 소크라테스는 사형선고를 받고서 "죽음이란 이 땅에서 하데스로의 여행을 떠나는 것과 같은 것이라"고 증언한 뒤에 "오르페우스와 무사이오스, 헤시오도스와 호메로스 등과 같이 살게 된다면 여러분 가운데는 억만금을 지불하더라도 그렇게 하겠다는 사람이 있지 않겠소?"라고 되묻는다. 이 소크라테스의 증언에서 헤시오도스와 호메로스와 같은 시인들이 결코 추방의 대상이 아님을 극단적으로 보여주고 있다.

제우스가 임기응변식으로 행운과 불운을 준다는 얘기,[19] 휴전협정의 파기가 아테나와 제우스 때문이라는 것,[20] 신들의 불화와 결판이 테미스와 제우스에 의한 것이라는 얘기,[21] 아이스킬로스에 의해 시작(詩作)된 내용, 즉 신이 사람들에게 화근을 생기게 한다는 것과 한 집안을 송두리째 파멸시킨다는 얘기,[22] 신이 전쟁을 야기한다거나 터무니없이 벌을 내린다는 얘기,[23] 아킬레우스가 불경스럽게도 아폴론에게 보복을 하고 싶었다는 식의 이야기,[24] 신이 우리의 눈을 속이거나 기만적이어서 마법사처럼 다른 모습으로 나타난다는 얘기,[25] 테세우스와 페이리투스가 제우스의 딸들과 혼인하려고 겁탈을 했다는 이야기,[26] 신들이 마치 이방인처럼 온갖 모습을 하고서 이 나라 저 나라들을 방문한다는 얘기,[27] 신들이 동냥을 하는 무녀로 변장한다는 얘기,[28] 또 앞에서도 언급했듯 신(들)이 도둑질이나 강간과 같은 부도덕한 짓을 저지른다는 것 등등이 플라톤의 부정신학에 의해 단죄된 것이다. 플라톤에게서 강력한 부정신학이 있다는 것은 아쉽게도 잘 알려져 있지 않다.

요약한다면, '부정신학'은 신에 대해서 "그가 무엇이 아니라고 말할 수 있을 뿐, 그가 무엇인지는 말할 수 없다"[29]는 표현 방식이다. 이런 표

---

19 플라톤, 박종현 역주, 『국가』, 379d 참조.

20 위의 책, 379e 참조.

21 위의 책, 380a 참조.

22 위의 곳 참조.

23 위의 책, 380a-b 참조.

24 플라톤, 박종현 역주, 『국가』, 391a 참조. 호메로스의 『일리아스』, 제22권 참조.

25 플라톤, 박종현 역주, 『국가』, 380d 참조.

26 위의 책, 391c-d 참조.

27 위의 책, 381d 참조.

28 위의 곳 참조.

29 W. 바이셰델, 이기상·이말숙 옮김, 『철학의 뒤안길』, 서광사, 1990, 105쪽.

현법은 물론 인간의 인식 능력의 한계 때문이기도 하지만, 무엇보다도 본래적인 신에 인간의 주체(인식, 해석 등)가 개입함으로써 그 본래성을 흐트리기 때문이다. 이 후자의 경우는 노자의 도(道)와 하이데거의 존재 개념에도 적용된다. 이를테면 "존재 개념은 정의될 수 없다"[30]거나 "존재는 개념으로 잡혀지지 않고" 또한 "존재자로서 포착될 수 없다",[31] "존재는 규정상으로 어떤 높은 개념으로부터 이끌어낼 수도 없고, 또 낮은 개념으로 나타낼 수도 없다." 그러기에 존재 개념은 "가장 어두울 따름이다."[32]

2. "현상학적 해체"로서의 부정 존재론

이때껏 우리가 보아왔듯 하이데거의 사유에는 존재자에 관한 사유에서건 형이상학이나 휴머니즘 및 가치에 관한 문제에서건 겉보기론 부정적인 진술이 지배적임을 목격하게 된다. 전승된 가치관에 입각해 퍽 긍정적인 의미를 이미 확보한 '휴머니즘', '논리학', '가치', '세계', '신' 등의 개념에 대해 하이데거가 부정적이고 반대되는 논지를 펼쳤을 때, 사람들은 하이데거의 철학을 이런 긍정적인 가치관에 대한 부정으로 간주하고 또 그런 부정을 파괴적인 의미로서의 부정적인 것(das Negative)으로 받아들인다.[33]

---

30 M. Heidegger, *Sein und Zeit*, 4쪽.

31 위의 책, 3-4쪽 참조.

32 위의 책, 3쪽.

33 M. Heidegger, *Über den Humanismus*, 33쪽 이하 참조. 어떤 사회에 지배적인 이데올로기가 활개를 칠 때는 그에 호응하지 않으면 '반골'이란 딱지가 붙어 왕따당하고 배척되는 경우가 이와 유사하다. 이를테면 조선시대의 유교적인 이데올로기에 배척

그런데 이와 같은 부정 존재론의 저변에 펼쳐진 하이데거의 반대 논조들에 대한 시선은 곱지 않았기에, 하이데거 스스로도 푸념을 토하고는 그 본래적 취지를 해명하고 있다.[34] 존재망각이 지배적인 전통적 존재론과 형이상학에 대한 대대적인 부정을 일삼는 하이데거의 철학을 "영웅적 철학(heroische Philosophie)"이라고 비꼬는가 하면, 무(das Nichts)나 불안을 존재론의 깊은 지평으로 끌고 왔다고 하여 "무의 철학(Philosophie des Nichts)", "불안의 철학(Angstphilosophie)", "완성된 허무주의(der vollendete 'Nihilismus')" 등으로 풍자하기도 하였다.[35]

사람들은 이미 확립된 것이라거나 "앞서 거론된 것"[36]에 대해 긍정적이지 않은 태도를 반동적인 의미나 적대적인 의미에서 부정적인 것으로 간주하였으며, 이런 부정적인 것은 건전한 이성을 배척한 것으로, 혹은 "파괴적인 것"[37]으로, 경우에 따라선 "극악무도한 것"[38]으로 낙인찍히거나 지탄받아야 할 것으로 여겼다. 하이데거가 증언하듯 사람들은 너무도 논리학과 논리적 규칙에 심취해 있기에 이러한 논리학에 어긋나거나 저항하는 것은 즉각 "물리쳐야 할 모순(Verwerfliches Gegen-

---

당한 비-유교적인 것을 생각해보면 하이데거의 논지를 쉽게 이해할 수 있다. '이성'과 '논리'는 근대의 주요 이데올로기였고, 특히 칸트 이래로 막강한 영향력을 행사한 이러한 이데올로기는 여전히 독일 사회에서 지배적인 힘을 발휘하고 있었다. 푸코가 줄곧 비판하는 "지식과 권력의 연계"에도 이성이 구심 역할을 한다. 푸코는 유럽의 역사에서 비이성과 반이성이 광인과 마찬가지로 엄청 배척되어 왔음을 잘 밝히고 있다. 실존철학자 키르케고르는 당대에 심한 예외자(왕따)의 처지로 조롱당하며 살았다.

34 M. Heidegger, *Über den Humanismus*, 31쪽 이하 참조.

35 M. Heidegger, *Was ist Metaphysik?*, 40~43쪽 참조.

36 마르틴 하이데거, 이선일 옮김, 『이정표』(2), 한길사, 2005, 163쪽.

37 위의 책, 163쪽.

38 위의 곳.

teil)"[39]으로 처단한다.

그들에게 익숙한 긍정적인 것 옆에 가까이 머물지 않는 모든 것에 대해선 '허무주의'라고 낙인찍거나 반동적인 것이라고 저주해버리는 것이다.[40] 다른 가능성은 열어 놓지 않은 채 단순한 흑백논리라거나 "이것이냐 저것이냐(Entweder Oder)"라는 식의 이원론적 대립각을 세우는 것에 대해 하이데거는 다음과 같이 묻는다. "그러나 어떤 사유가 통상적 견해에 어긋나게 제안하는 반대는 도대체 필연적으로 단순한 부정과 부정적인 것만을 가리키는가?"[41] 결코 그럴 수 없음을 하이데거는 구체적인 예로서 제시하고 있다.

이를테면 "휴머니즘에 대한 반대는 결코 비인간적인 것에 대한 옹호를 함축하지 않고 오히려 또 다른 전망을 열어주는데, 이러한 점이 얼마간 더 명확히 밝혀져야 한다."[42] 논리학에 관해서도 하이데거는 이와 같은 논지를 펼치는데, 논리학을 부정하는 것이 곧 비논리적인 것을 옹호하는 것이 결코 아님을 천명하고 있다: "논리학에 반대하여 사유한다는 것은 비논리적인 것을 위해 싸운다는 것이 아니라, 오히려 단지, 로고스 및 사유의 초기에 나타났던 로고스의 본질을 뒤쫓아 사유한다는 것, 즉 그렇게 뒤쫓아 사유함을 준비하기 위해 비로소 처음 노력을 기울인다는 것을 의미한다."[43]

또 이와 같은 방식으로 하이데거는 전통적 가치 개념에 반론을 제기한 자신의 철학에 대해서도 적극적으로 해명하고 있다: "가치에 반대하

---

39 M. Heidegger, *Über den Humanismus*, 33쪽.

40 위의 곳 참조.

41 위의 곳.

42 마르틴 하이데거, 이선일 옮김, 『이정표』(2), 164쪽. 원문은 하이데거의 *Über den Humanismus*, 34쪽 참조.

43 위의 곳.

는 사유라고 해서, 사람들이 가치라고 생각하는 모든 것을—즉 **문화, 예술, 학문, 인간의 존엄성, 세계**, 그리고 **신** 등을—무가치하다고 주장하는 것은 아니다. 오히려 우리가 궁극적으로 통찰해야 할 점은, 어떤 것을 가치로서 특징지음으로써, 도리어 그렇게 가치 매겨진 것이 자신의 존엄성을 잃는다는 점이다. 즉 어떤 것을 가치로서 인정함으로써, [도리어] 그렇게 가치 매겨진 것은 단지 인간의 평가 대상으로만 허용된다는 점이다. (…) 모든 가치 평가는, 설령 그것이 긍정적으로 가치를 매긴다 할지라도, 일종의 주관화다. 가치 평가는 존재자를 존재하게끔 하지 않는다."[44]

존재자를 존재하게끔 하지 않는 주관의 가치 평가는 곧 존재자의 본래적 위상을 허물어버리는 것이라고 할 수 있다. 하이데거가 신에 대하여 침묵하는 이유를 우리는 여기서 똑바로 목격할 수 있다.[45] 하이데거에 의하면 "만약 사람들이 특히 **신**을 **최고의 가치**로 선언한다면, 그것은

---

44 마르틴 하이데거, 이선일 옮김, 『이정표』(2), 165쪽. 원문은 하이데거의 *Über den Humanismus*, 35쪽 참조.

45 튀빙겐대학교의 신학교수인 E. Jüngel은 하이데거의 신론(神論)을 탁월하게 해석하고 있다. 전문가들조차도 하이데거를 무신론자 혹은 유신론자라고 하는데, 이는 아주 성급한 판단이다. E. Jüngel은 그의 논문 「신 앞에서는 침묵하다—하이데거 사유의 이웃에 있는 신학」("Gott entsprechendes Schweigen? Theologie in der Nachbarschaft des Denkens von Martin Heidegger", in Martin Heidegger, *Fragen an sein Werk*, Reclam: Stuttgart, 1982, 37-45쪽)에서 하이데거의 경우 신 앞에서는 침묵 외에 아무것도 용납되지 않음을 탁월하게 밝혀내고 있다. 침묵으로 응답에 임하는 것은 결코 회피가 아니라, 니힐리즘의 시대에 신을 "최고의 가치"라고 해도 오히려 신의 본질을 낮추는 결과만 초래하는 것이기 때문이다. 하이데거와 함께 노자의 『노자도덕경』을 번역했던 Paul Shih-Yi Hsiao도 위의 Jüngel 교수와 유사하게 "'우리가 만약 신(神)을 전래의 신 증명들, 이를테면 존재론적, 우주론적, 목적론적 신 증명으로 근거 지으려고만 한다'면, 우리는 마치 도(Tao)와 같이 말해질 수 없는 신을 왜소하게 할 따름이다."(G. Neske: *Erinnerung an Martin Heidegger*, Neske, 127쪽. 또한 Wei Hsiung, *Chinesische Heidegger-Rezeption*, 294쪽 참조)라고 한다.

신의 본질을 깎아내리는 것이다. 가치 평가의 사유는 여기서는 물론이거니와 그 밖의 다른 곳에서도, 존재에 어긋나게 사유하게끔 하는 최대의 모독이다. 따라서 가치에 반대하여 사유한다는 것은 존재자의 무가치성과 무성(無性)을 위해 북을 두드린다는 것이 아니라, 오히려 '단순한 객관'으로서의 존재자의 주관화에 반대하여 존재 진리의 밝음을 사유 앞으로 가져온다는 것이다."[46]

이처럼 하이데거가 '휴머니즘'과 '논리학' 및 '가치'와 '신'의 경우로 예를 들었지만, 기존에 확립된 견해에 대해 반대의 논지를 펼쳤다고 해서 그것이 곧 앞서 확립된 견해를 단순하게 뒤엎겠다는 것이 아님을 확인할 수 있는 것이다. 그것은 또 다른 가능성이 열려 있음과 왜곡되지 않은, 본래적인 것이 있음을 시사하고 있는 것이다. 이런 가능성을 고려하지 않은 채, 흑백논리와 양자택일의 원리에 입각하여 딜레마가 아닌 것을 딜레마라고 하는 것은 곧 논리학에서조차도 "거짓 딜레마"라고 규명하며, 이는 명백한 오류인 것이다.

주지하다시피 하이데거의 사유는 부정을 위한 부정이라거나 부정 존재론을 주목적적인 것으로 하지는 않는다. 아무런 대안 모색이 없는 그런 부정을 하이데거는 결코 일삼지 않는다. 그의 휴머니즘에 대한 부정(반대되는 논의)이 마치 비-인간적인 것을 옹호하기라도 하거나 혹은 야만적 잔인성을 부추기는 것은 아닌가 하고 사람들은 두려워하지만, 그것은 전적인 오해인 것이다.[47] 이와 같이 존재자에 관한 사유라거나

---

46 마르틴 하이데거, 이선일 옮김, 『이정표』(2), 165쪽. 원문은 하이데거의 *Über den Humanismus*, 35쪽 참조.

47 가다머도 지적하듯이 데리다는 하이데거의 '해체(Destruktion)' 개념을 원용하였으나, 이를 오해하고 잘못 판단하여 '파괴(Zerstörung)' 개념으로 사용하였던 것이다(H.-G. Gadamer, "Frühromantik, Hermeneutik, Dekonstuktivismus", in *Gesammelte Werke 10*, J.C.B. Mohr: Tübingen, 1995, 132쪽 이하. H.-G. Gadamer,

형이상학, 휴머니즘 및 가치 등에 관한 논조가 겉보기론 부정적인 진술이지만, 어떤 경우에도 하이데거에게선 다른 긍정의 존재론이 마치 대안 모색처럼 버티고 있는 것이다.

하이데거에게서 부정적인 논지는—우리가 위에서 그의 '휴머니즘'과 '논리학' 및 '가치'와 '신'에 대한 논지를 예로 들었지만—결코 어떤 파괴적인 것도 아니고, 허무주의를 완성하려는 것도 아니며, 기존의 확립된 것을 배척하겠다는 것도 아니고, 어떤 상반된 것을 옹호하려는 것도 아니다. 오히려 제3의 가능성이나 더 강하고 근원적인 긍정의 존재를 전제로 하는 경우가 지배적인 것이다.

부정 존재론의 취지는 부정적 차원이 아니라 오히려 강한 긍정을 지향하고 있음을 하이데거도 언급하고 있다: "존재 안에는 무화(無化, Nichten)의 본질 유래가 은닉되어 있다. 무화하는 것은 '비(非)적인 것(das Nichthafte)'으로서 밝음에 이른다. 이 '비적인 것'은 **아니오**(Nein) 안에서 언급될 수 있다. 이러한 비(非, das Nicht)는 결코 부정적 차원에서 '아니오라고-말함'으로부터 발원하지 않는다. 모든 **아니오**는, 다시 말해 주관성의 정립력(定立力)을 내세우는 자의적 고집으로 왜곡되지 않고 오히려 탈-존을 존재-하게 하는 것으로 남아 있는 모든 **아니오**는, 밝음에 이르렀던 무화의 요구[무화가 건네는 말]에 대해 응답한다. 모든 아니오는 단지 비의 긍정일 뿐이다."[48]

"Dekonstruktion und Hermeneutik", 앞의 책, 145쪽 이하). 하이데거에 의한 원래의 해체 개념은 어떤 '파괴'와 같은 부정적인 반향(反響)을 일컫지 않고, 시원적이고 본래적인 것을 차단하고 있는 것을 해제 혹은 분해한다는 의미로서의 해체인 것이다.

48 마르틴 하이데거(이선일 옮김), 『이정표』(2), 176쪽. 원문은 하이데거의 *Über den Humanismus*, 43쪽 참조. 위에서 "존재 안에는 무화(無化, Nichten)의 본질 유래가 은닉되어 있다. 무화하는 것은 '비(非)적인 것(das Nichthafte)'으로서 밝음에 이른다."고 번역된 것의 원문은 "In Ihm(=Sein) verbirgt sich die Wesensherkunft des Nich-

그러기에 부정 존재론에서의 부정은 본래적이고 시원적인 것, 원초적인 것을 획득하기 위한 과정, 말하자면 왜곡되거나 변질된, 혹은 망각되었거나 매몰되어버린 것을 걷어내는 역할을 수행하는 것으로 볼 수 있는 것이다. 그렇다면 하이데거에게서 부정 존재론은 그의 "현상학적 해체(phänomenologische Destruktion)"와 직접적인 관련이 있는 것이다.[49] 그에게서 "현상학적 해체"는 그러나 근본적으로 "**긍정적인** 경향(*positive* Tendenz)"[50]을 갖고 있다.

하이데거는 『존재와 시간』에서 '존재물음'을 전개할 때 이미 이 "현상학적 해체"를 사용하였다. 이 "현상학적 해체"를 통해 그는 경직화되어버린 전통을 풀어 펼치고 또한 "전통에 의해 초래된 엄폐를 풀어내는 것"[51]이었다. 이런 과제를 하이데거는 근원적인(ursprünglich) 경험을 찾기 위한 '해체'라고 규명했다. 이러한 "현상학적 해체"는 하이데거에게서 "존재론적 입장의 나쁜 상대화와는 무관한 것이다."[52] 그에 의하면 '해체'는 "존재론적인 전통을 묵살해버린다는 **부정적인** 의미를 갖고 있지 않다."[53]

하이데거가 누누이 밝히듯 '해체'는 "과거에 대해 부인하는 방식으로 관계를 맺지 않고",[54] 또 "과거를 공허(Nichtigkeit) 속에 파묻어버리

---

tens. Was nichtet, lichtet sich als das Nichthafte."인데, 이는 "존재 안에는 부정함의 본질 유래가 은닉되어 있다. 부정하는 것은 부정적인 것으로서 밝히고 있다."로도 번역될 수 있음을 참고할 필요가 있다.

49 M. Heidegger, *Sein und Zeit*, §6; *Über den Humanismus*, 33쪽.

50 M. Heidegger, *Sein und Zeit*, 23쪽.

51 위의 책, 22쪽. 인용된 원문은 "Ablösung der durch Tradition gezeitigten Verdeckungen"이다.

52 위의 곳.

53 위의 곳.

54 위의 곳. 원문은 "Negierend verhält sich die Destruktion nicht zur Vergangen-

려는 것이 아니다."[55] 그러기에 '해체'는 하이데거에게서 "**긍정적인** 의도를 갖고 있다. 해체의 부정적인 기능은 명시적이지 않고 간접적일 따름이다."[56] 그러기에 해체의 부정적인 기능을 통해 하이데거가 획득하고자 하는 것이 무엇인지를 우리는 통찰할 수 있다. 그것은 잘못된 형이상학의 길로 들어서지 않은, "존재망각"으로 전락하지 않은 시원적 사유를 되찾으려는 데 있다.

3. 하이데거의 부정 존재론적 사유

주지하다시피 하이데거의 전 사유 노정이 존재 문제와 결부되어 있다. 그의 평생에 걸친 철학적 노력은 존재로부터 시작하여 존재와 함께 끝맺는다. 그런데 그가 존재의 의미를 밝히는 『존재와 시간』의 처음부터 우리는 "부정 존재론"을 만나게 된다. 이를테면 "존재는 X 혹은 Y이다"라는 형식이 아니라, "존재는 X가 아니다, 혹은 존재는 X도 아니고 Y도 아니다"라는 형식이 수두룩하게 등장하는 것이다. 심지어 "존재 개념은 정의될 수 없다"[57]거나 "존재는 개념으로 잡혀지지 않고" 또한 존재는 "존재자로서 포착될 수 없다",[58] 나아가 "존재는 규정상으로 어떤 높은 개념으로부터 이끌어낼 수도 없고, 또 낮은 개념으로 나타낼 수도 없다"는 것이다. 그러기에 하이데거에 의하면 존재 개념은 "가장 어두

---

heit."이다.

55 M. Heidegger, *Sein und Zeit*, 23쪽

56 위의 곳.

57 위의 책, 4쪽.

58 위의 책, 3-4쪽 참조.

울 따름이다."[59]

하이데거는 『존재와 시간』의 서두에서부터 "존재의 의미에 관한 물음"을 묻고, 그런 물음을 묻고 또 이해하는 인간존재자를 다른 존재자와 구분하여 '현존재'라고 불렀다. 그런데 "존재에 관한 물음을 제기하는 자"로서의 현존재는 자신의 존재를 이해할 수 있는 존재자로서 다른 존재자에 비해 "존재론적 우위"를 지녔지만, 그러나 이 물음을 제기하는 현존재에게 들려오는 답변들은 대체로 "존재는 무엇 무엇이 아니다"라는 식이다. "존재론적 차이"라는 주제어로 심도 있게 논의되는 이 테마엔 대체로 "존재는 존재자가 아니다(das Sein ist nicht das Seiende)"라거나 이를 뒤집은 형식, 즉 "존재자는 존재가 아니다"가 강조되고 있다. 그리고 그 잘못된 길잡이 노릇을 한 것이 형이상학인 것이다.

이렇게 "존재는 존재자가 **아니다**"라거나 "존재는 무엇 무엇이 **아니다**"라고 하는 것은 부정 존재론의 유형이지만, 그러나 하이데거의 존재사유는 물론—노자의 사유도 그렇듯이—이런 부정 존재론을 궁극적인 목적으로 하지는 않는다. 단지 존재가 존재자로 왜곡되거나 존재 아닌 그 무엇으로 오해되는 것을 방지하기 위한 방편에서 부정 존재론이 일종의 방어막을 구축하고 있는 것이다. 그러기에 부정 존재론은 긍정 존재론의 형식, 이를테면 존재자만 있는 것이 아니라 "존재가 있다"는 것을 암시하고 있다. 이런 긍정 존재론은 그렇다면 "존재는 X도 아니고 Y도 아니고 또 Z도 아니지만, 그 무엇이다"는 유형을 갖게 된다.

어떤 유형의 질문, 이를테면 "그것은 무엇인가?"라는 물음에 대해 "그것은 무엇이다"라고 답하는 것보다는 오히려 "그것은 무엇 무엇이 **아니다**"라는 식으로 대답되어지는 사유는 "부정 존재론(Negative On-

59 M. Heidegger, *Sein und Zeit*, 3쪽.

tologie)"이라고 할 수 있다. 존재에 관한 물음에 대한 하이데거의 부정적 대답은 대체로 다음과 같은 것들인데, 그의 대부분의 저작들에 나타나며, 특히 『휴머니즘에 관한 편지』에서 심층적으로 다뤄진다.

이를테면 "존재는 실로 존재자가 **아니다**."[60], "존재는 신이 **아니다**."[61], "존재는 세계의 근거(Weltgrund)가 아니다."[62], "존재는 인간이 **아니고**, 인간이 만들어낸 것도 **아니며**, 어떤 단순한 주관적인 것도 **아니다**.", "존재는 인간에게 마주 서 있는 대상이 **아니며**, 어떤 단순한 객체도 **아니다**.", "형이상학이 존재망각 안에서 버티고 있는 한, 형이상학은 존재의 진리에 관한 물음을 제기하지 않을 뿐만 아니라 허물어뜨리기까지 한다."[63], "만약 사유가 존재자를 존재자로서 표상한다면 …, 그런 사유는 진실로 항상 존재자와 그런 것들을 생각할 따름이지 결코 그리고 어떤 경우에도 존재를 생각진 **않는다**."[64], "존재사유는 존재자 속에서 그 어떤 근거점도 찾지 **않는다**."[65]

하이데거의 사유 노정에서 늘 강조되듯이 존재자에 관한 물음은 결코 존재물음이 **아니다**.[66] "존재는 어떤 경우에도 존재자에 의거하면서 존재하는 어떤 성질이 **아니다**. 존재는 존재자와 같이 대상적으로 표상되거나 제작될 수 **없다**."[67], "비은폐(진리)를 보내주는 역사적 운명으로

60 M. Heidegger, *Über den Humanismus*, 22쪽.

61 위의 책, 19쪽. 여기서 "존재는 신이 아니다."라는 진술은 물론 '신이 존재하지 않는다.'는 뜻이 전혀 아니다. 또 이와 대조적으로 신이 "가장 확실하게 존재하는 자(das Seiendste)"라고 해도 하이데거가 말하는 존재와 같지는 않다.

62 위의 곳.

63 위의 책, 31쪽.

64 위의 책, 20쪽.

65 M. Heidegger, *Was ist Metaphysik?*, 45쪽.

66 M. Heidegger, *Über den Humanismus*, 19쪽 참조.

67 M. Heidegger, *Was ist Metaphysik?*, 41쪽.

서의 존재는 여전히 은폐되어 있다."[68] 특히 헤라클레이토스의 단편—"피시스는 은폐하기를 좋아한다."[69]—에 드러나듯 존재가 은폐해 있다(sich verbergen)는 데에서 부정 존재론의 윤곽이 뚜렷하게 드러나는 것이다.

말하자면 "존재는 스스로 은폐하기를 좋아한다."[70]는 것이다. 그런데 놀랍게도 헤라클레이토스, 하이데거와 아주 유사한 톤으로 노자도 도(道)가 은폐한다고 한다!: "도는 은폐하기에 이름이 없다(道隱無名: 제41장)". 여기서 "이름이 없다"는 것은 도(道)가 전혀 존재자와 같은 존재 방식을 하고 있지 않다는 것을 의미한다. 한 걸음 더 나아가 노자는 "밝은 도는 어두운 것 같다(明道若昧: 제41장)"고 하는데, 이는 피시스와 존재가 스스로 은폐하면서 드러내는 성격과 맥락을 같이한다.

존재는 어떠한 경우에도 존재자가 아니기 때문에, 즉 무엇보다도 "어떠한 존재자도 아닌 것(das Nicht alles Seienden)"으로 받아들여져야 하기 때문에 오히려 존재는 무(das Nicht)와 관련되어 있는 것이다. 그렇다면 하이데거가 말하며 밝히고 있는 존재는 모든 존재자와 차이를 드러낼 뿐만 아니라 신도 인간도 아닌 "그것 자체이다(Es ist Es selbst)."[71]

그런데 이러한 동어반복(Tautologie)의 표현에는 심오하고 묘한 비

---

68 M. Heidegger, *Über den Humanismus*, 26쪽.

69 헤라클레이토스의 『단편』, 123(Hermann Diels에 의한 분류).

70 원문은 "Das Sein liebt es, sich zu verbergen"이다(M. Heidegger, *Wegmarken*, 298쪽, 또한 238쪽, 260쪽 이하 참조). 또한 M. Heidegger, *Einfürhrung in die Metaphysik*, 87쪽, 129쪽, 134쪽 이하 참조. W. J. Richardson도 그의 *Heideggers Weg durch die Phänomenologie zum Seinsdenken* (385쪽)에서 하이데거가 존재를 '본질적으로 피시스로' 본다고 지적한다.

71 M. Heidegger, *Über den Humanismus*, 19쪽.

밀이 담겨 있다. 논리학이나 칸트의 인식론에선 새로운 정보를 제공하지 않는답시고 경시되는 경향이 있으나, 천만의 말씀이다! 그 중요성과 심각성은 이 동어반복의 표현을 부인해보면 당장 드러난다. 즉 A는 A가 아니다(A = 非A, A = not A). 만약 A가 not A라면 온 세상의 카오스로의 추락, 온 세상이 사기라는 뜻이 담겨 있다.

구약성서의 모세가 하나님에게 "당신은 누구십니까?"라고 물었을 때,[72] 하나님의 대답은 "나는 곧 나다."였다고 한다. 이 동어반복의 답변에는 인간적 언어와 표현으로 제한될 수 없음이 고지되어 있다. 이런 동어반복의 표현에는 신의 고유성과 독자성이 훼손되어서는 안 된다는 뜻이 내포되어 있는 것이다. 노자 『도덕경』의 제1장에서 "도가도비상도(道可道非常道)"도 이와 유사한 형태이며, 그런 의미에서 존재가 "그것 자체이다(Es ist Es selbst)"라는 하이데거의 표현은 온당한 것이다.

그런데 존재가 "그것 자체(Es selbst)"라면 겉보기로 긍정적인 표현인 것으로 보이나 실제로는 눈에 들어오고 손에 잡히는 정보를 제공하는 것은 아니기에, 여전히 부정 존재론에 머물러 있는 것이다. 말하자면 "그것 자체"란 다른 어떤 존재자나 신이 아닌, 혹시 존재자를 존재라고 우기거나 말한다고 해도 존재가 결코 아니라는 것을 말하고 있을 따름이기 때문이다.

이와 유사하게 "존재는 비밀에 가득한 채로 남아 있다."[73]의 경우도 비록 긍정정인 유형의 진술이지만, 내용상 부정 존재론의 영역에 머물고 있다. 또 "존재는 본질적으로 모든 존재자보다 더 떨어져 있지만, 그러나 그럼에도 불구하고 인간에게는 다른 어떤 존재자보다 가까이 있

72 『구약성서』「출애굽기」, 3장 14절. "나는 곧 나다"는 독일어로는 "Ich bin, der ich bin", 영어로는 "I am who I am"으로 번역된다.

73 M. Heidegger, *Über den Humanismus*, 21쪽.

다."[74]라는 표현도 긍정 형식이 내비치지만, 여전히 부정 존재론에 머물러 있는 것이다. 그것은 이때의 '가까움'이 여전히 "가장 멀리 남아 있기"[75] 때문이다.

하이데거의 전기 사유에서는 그래도 "존재자적-존재론적 우위"를 점한 인간 현존재가 존재를 이해할 수 있는 위치에 서 있었다. 그래서 "현존재가 있는 한에서만", 말하자면 존재 이해에 관한 존재론적인 가능성이 주어진 한에서만 "존재는 있다."[76]라고 했는데, 이 말은 현존재가 존재하지 않으면(좀 더 엄격하게 표현한다면: 현존재의 존재 이해가 없으면) "그 자체로서 존재하는 것(An-sich-sein)"도 없다는 것이 되어, 마치 존재가 현존재에게 의존하는 것으로 보인다. 그러나 이런 현존재의 "존재자적-존재론적 우위"라든가 존재 이해로의 주도적인 가능성은 하이데거의 후기 사유에서 전적으로 차단된다. 존재는 어떠한 경우에도 인간 현존재에게 의존하고 있지 않는 것이다. 인간은 존재에 의해서만 존재의 진리 안으로 들어갈 수 있다.

그런데 "현존재가 있는 한에서만 존재는 있다."는 것은 결코 현존재가 존재보다 우위에 있다는 표현이 아니라, 단지 자신의 존재를 염려하고 이해할 수 있다는 측면에서 다른 존재자들에 비해 우위에 있다는 것이다. 즉 다른 존재자들과는 달리 현존재는 존재에로 다가갈 수 있다는 것이다. 현존재는 존재의 진리의 거기(Da), 즉 소재지다. 그래서 "현존재의 본질은 실존에 있다."[77]

하이데거의 사유엔 전후기를 막론하고, 혹은 전후기와 무관하게 존

74 M. Heidegger, *Über den Humanismus*, 19쪽.

75 위의 책, 20쪽.

76 M. Heidegger, *Sein und Zeit*, §4, §18, §63, §65 참조.

77 위의 책, 42쪽.

재가 중심점이며, 이 큰 주제는 전후기에 걸쳐 변하지 않지만, 존재에 접근하는 방식에는 차이가 있다. 그의 전기 사유에선 논의의 중점이 존재를 이해하는 현존재였으나—다른 존재자에 비해 오직 인간 현존재만이 존재를 이해할 수 있기에—후기엔 존재 자체 쪽으로 방향이 옮겨진 것이다.

현존재가 실존한다는 것은 그가 존재의 진리 안으로 "나가서 있는(hinausstehen)" 그런 존재자란 것이다.[78] 이렇게 존재의 트임 안으로 나가서는 것이 현존재의 탈자적(ek-sistenzial) 본질이다. 그의 후기 사유에서 하이데거는 "존재의 트임 안에 서는 것을 나는 탈존(Ek-sistenz)이라고 명명한다."[79]고 한다. 인간의 본질은 존재의 트임 안으로 다가섬, 즉 그의 탈존은 존재로부터만 규정된다. 탈자적인 것의 서 있음(Stasis)은 존재 자신이 본래 존재하고 있는 바로 그 비은폐성의 터(Da)에 나가서 그 안에 서 있음(Innestehen)을, 즉 존재의 열려 있음에 "내존해 있음(Inständigkeit)"을 의미한다.[80]

하이데거의 철학에서 (전후기를 막론하고) 존재는 어떠한 경우에도 인간에 의한 산물(産物)이 아니고 또 "존재는 사유의 산물이 아닌 것이다."[81] 『휴머니즘에 관한 편지』에서 하이데거는 이러한 사항을 강조한다: "존재가 밝혀지는 한에 있어서만", 탈존하는 자로서의 인간은 존재

---

78 하이데거는 실존의 탈자적인 본질을 단순히 "나가서 있음(Hinausstehen)"으로 여기고, 이것을 내재적인 의식과 정신의 내부로부터 밖으로 나가는 것으로 파악한다면, 그것은 잘못 이해된 것이라고 지적한다. 왜냐하면 그렇게 이해될 경우에 실존은 여전히 주체성과 실체의 관점에서 표상된 것이기 때문이다(*Was ist Metaphysik?*, 14쪽 참조).

79 M. Heidegger, *Über den Humanismus*, 13쪽: "Das Stehen in der Lichtung des Seins nenne ich die Ek-sistenz des Menschen."

80 M. Heidegger, *Was ist Metaphysik?*, 14쪽 참조.

81 위의 책, 43쪽.

를 감내할 수 있는 것이다. 드러난 현(現: das Da), 즉 존재의 진리로서의 '밝혀짐'은 존재 자체에 의해서 가능한 것이다.[82]

4. 하이데거의 사유에서 긍정 형식의 존재론

우리는 앞에서 하이데거의 부정 존재론 속에 이미 긍정 형식의 존재론이 배태되어 있다는 것과 또 특히 "현상학적 해체"가 긍정적인 의도를 갖고 있음을 명백하게 목격했다. 그에게서 부정 존재론은 존재사유에 대한 최후의 진술이 아닌 것만큼 긍정 형식의 존재론을 배태하고 있다. 오히려 이러한 부정 존재론은 결국 긍정적인 존재론을 위한 예비적인 노력일 수 있는 것이다.

하이데거가 "존재자로부터의 모든 출발과 존재자에로의 모든 귀환은 이미 존재의 빛 안에 서 있는 것이다."[83]라고 하듯이 존재는 항상 가장 가까이에 거처하고 있다. 단지 우리가 그 존재 방식을 묵살하거나 망각하고 있기 때문에 가장 멀리 있는 것으로 여겨지는 것이다. 그것을 더욱 더 가까이에서 볼 수 있도록 하이데거는 "열려 있는 장(das Offene) 자체를 부여하면서 이와 더불어 열려 있는 장 안으로 자신을 부여하는 것이 존재 자체다."[84]라고까지 안내해준다.

이처럼 하이데거는 존재에 대한 긍정적인 존재론을 펼쳐보였다. 그는 이미 『존재와 시간』의 서문에서 존재의 존재 방식에 대해 긍정적인 진술을 하고 있다: "존재는 전적으로 초월이다."[85] 이와 유사한 진술은

---

82 M. Heidegger, *Über den Humanismus*, 16쪽 참조.

83 위의 책, 20쪽.

84 위의 책, 22쪽.

물론 그의 저서 도처에서 목격할 수 있는데, 그의 『휴머니즘에 관한 편지』에서도 자주 발견된다: "모든 것에 앞서 있는 것은 존재이다."[86], "존재는 비춤 자체이다."[87], "존재는 탈자적 기투 안에서 자신을 인간에게 밝히고 있다."[88], "존재는 사유를 가능하게 한다."[89], "존재자의 도래는 존재의 역사적 운명에 기인한다."[90], "현(Da), 즉 존재 자체의 진리로서의 밝음이 생기한다는 사실은 존재 자체의 증여다."[91], "인간은 존재의 목자다."[92], "인간은 존재의 이웃이다."[93]

특히 하이데거에게서 언어는 그의 존재를 이해하게 하는 이정표가 된다. "언어는 존재의 집이다. 언어라는 집 안에서 인간은 거주한다. 사유하는 철학자와 시를 짓는 시인은 존재가 거처할 수 있는 집의 파수꾼이다. 그들이 존재의 개방 가능성을 그들의 말 행위를 통해 언어에로 가져오고 또 언어 안에 보존하는 한, 그들의 파수 행위는 존재의 개방 가능성을 완성하는 것이다."[94] 여기서 우리는—최소한 하이데거가 긍정 형식으로 존재의 존재 방식을 서술한 만큼—존재의 존재 방식, 즉 언어라는 집 안에 거주한다는 것을 이해할 수 있다. 더욱이 사유하는 철학자와 시를 짓는 시인이 곧 존재가 거처하는 집의 파수꾼이 된다는

---

85 M. Heidegger, *Sein und Zeit*, 38: "Sein ist das transcendens schlechthin."

86 M. Heidegger, *Über den Humanismus*, 5쪽: "was jedoch vor allem ⟨ist⟩, ist das Sein."

87 위의 책, 24쪽: "das Sein ist Lichtung selbst."

88 위의 책, 25쪽.

89 위의 책, 7쪽.

90 위의 책, 19쪽.

91 위의 책, 21쪽.

92 위의 책, 19쪽, 29쪽.

93 위의 책, 29쪽.

94 위의 책, 5쪽.

것도 긍정 형식의 존재론을 읽게 한다.

하이데거는 시적 사유를 통해서 말할 수 없고 개념화할 수 없는 존재를 말하려고 한다.[95] 그는 시적 언어 속에서 존재가 스스로 개현하기에, 시(詩)야말로 "존재 자체의 근본생기(Grundgeschehnis des Seyns als solchen)"[96]라고 한다. 그러기에 시의 본질은 존재의 진리(Aletheia)와 깊이 연루되어 있다.[97] 시적 언어는 하이데거에게서 사유의 본질을 드러내준다. 그것은 시적 언어가 사유의 본질로서의 존재사유로서 존재를 현시하기 때문이다. 이런 맥락에서 하이데거는 횔덜린을 인용하면서 시작(詩作)을 "인간의 모든 일들 가운데서 가장 순수한 일"[98]이라고 한다. 시적 언어에 반(反)하는, 이성을 통한 학문적·논리적 사고는 존재를 존재로 통찰하지 못하며 오히려 개념화하고 관념화할 따름이다.

5. 노자의 부정 존재론적 사유

노자는 『노자도덕경』의 도처에서 도(道)에 관한 부정 존재론을 피력한다. 도(道)는 항상 이름이 없어(道常無名: 제1장, 32장, 37장 참조) 명(名)

---

95 시적 사유와 시적 언어에 대해 박이문 교수도 온당하게 지적하고 있다: 박이문, 「시와 사유」, 『하이데거의 존재사유』(『하이데거 연구』 제1집, 철학과현실사, 1995), 205-240쪽 참조.

96 M. Heidegger, *Hölderlins Hymnen "Germanien" und "Der Rhein"*(GA. 39), 257쪽.

97 하이데거의 존재사유와 시작과의 내밀한 관계를 강학순 교수도 온당하게 밝히고 있다: 강학순, 「존재사유와 시작」, 『하이데거의 존재사유』 245쪽 이하, 특히 252-262쪽 참조.

98 M. Heidegger, *Erläuterungen zu Hölderlins Dichtung*, 31쪽.

하는 것이 **불가능하다**(제14장). 도(道)는 스스로 **은폐하기에 이름이 없다**(道隱無名: 제41장). 도(道)는 **형체가 없으며**(無形: 제14장, 41장) **무물**(無物)이라서(제14장) **볼 수도 잡을 수도 들을 수도 없다**(제14장, 21장). 따라서 명백하게 도(道)는 존재하지만(존재 자체로서!), 결코 존재자의 방식으로 존재하진 않는다. 혹은 역설적 표현으로 도(道)가 **무형 · 무물 · 무명**이라는 점에서 "존재자로 있다"라고 말할 수 없으며, 또 만물과 만상이 도(道)로부터 나왔다는 점에서 그것이 '없다'라고도 말할 수 없는데, 노자는 이것을 황홀(恍惚)[99]이라고 규명했다. 지식과 형이상학이 '존재자'를 대상으로 삼기에 도(道)는 그렇다면—마치 하이데거의 존재와도 유사하게—이런 형이상학의 대상이 될 수 없다.

도(道)가 어떤 (형이상학적인) 실체도 아니며 사물적인 것도 아닌 "존재론적 차이"를 노자는 『노자도덕경』의 도처에서 피력한다. 그런데 노자는 도(道)에 관해 말하면서 그침 없이 무명 · 무형 · 무물 · 은폐(道隱) 기타 등등을 지적하지만, 결코 도(道)가 존재자의 세계와 무관하다는 식으로까지 존재자를 무시하지는 않은 것이다. 하이데거의 '존재' 또한 마찬가지다. 존재는 존재자가 아니지만, 존재 없는 존재자란 있을 수 없다. 이미 존재자의 존재엔 도(道)의 완전한 동반이 있어 왔고 또 존재자가 존재하게 된 경위가 도(道)의 전제로 말미암아 가능하게 된 것이다. 이제 『노자도덕경』에서 부정 존재론의 유형으로 표명된 진술들을 항목별로 논의해보자.

1) 노자는 『노자도덕경』의 제1장에서부터 "부정 존재론"을 전개하는데, 이를테면 "도가도비상도(道可道非常道) / 명가명비상명(名可名非常

99 남만성 역, 『노자도덕경』, 14장, 21장 참조.

名)"에서 "… **상도가 아니다**"와 "… **상명이 아니다**"는 "부정 형식의 존재론"을 천명하는 유형이다.[100] 이런 "부정 존재론"엔 하이데거식의 '존재'와 '존재자' 사이의 '존재론적 차이(ontologische Differenz)'가 명시되어 있다. 도(道)는 **이것 혹은 저것의 존재자로 파악되지 않는다**는 것이며, 더 나아가 도(道)의 이름마저도 (노자가 말하는) 도(道) 자신과 **동일시될 수 없다**는 것이다.

노자에게서 상도(常道)에 대한 진술은 거의 "부정 존재론"에 의존하고 있다. 그러나 그것은 어떤 방식으로든—마치 하이데거에게서의 '존재'처럼—손에 잡히는 것이 아니므로 구조상 그럴 수밖에 없다.

2) 『노자도덕경』의 제4장에서 노자는 "나는 도(道)라는 것이 누가 낳은 아들인지 **알지 못한다**."라고 한다. 이때 도(道)는 무엇의 혹은 누구의 아들이 **아니라는** 것이며, 어떤 그 무엇을 전제로 하지 않는—마치 플라톤에게서의 "선의 이데아"처럼—무전제(An-hypotethon)임과 동시에 도(道)는 만물의 전제가 된다는 것을 시사하고 있다.

3) 『노자도덕경』의 제6장에서 노자는 도(道)로 상징된 "곡신(谷神)은 죽지 않는다(谷神不死)"고 한다. 여기서 곡신은 곡의 신이란 말인데, 빈 골짜기는 언제든 물을 모여 담게 하면서도 항상 비어 있기에, 노자는 곡(谷)의 이런 존재 방식을 높이 찬양하여 도(道)에 비유한 것이다.

4) 『노자도덕경』의 제14장에서도 부정 존재론이 강조되고 있음을 뚜렷하게 볼 수 있다. 노자는 도(道)를 "그것은 보려고 해도 보이지 **않는**

---

100 장자의 「제물론」에도 노자에서와 아주 유사한 부정 존재론이 등장한다. "위대한 도는 말로 표현되지 않는다."는 것이다(장자, 최효선 역해, 『莊子』, 고려원, 1994, 61쪽). 또 장자는 「지북유(知北遊)」 편에서 도(道)는 심지어 물을 수도 답할 수도 없는 것이라고 말한다: "도에 대해 물을 때 이에 대답하는 사람은 도를 모르는 것이니, 도에 대해 물은 사람도 역시 도에 관해 들을 수 없다. 도는 물을 수가 없으며 물어도 대답할 수가 없는데, 물을 수 없는데도 물으니, 이는 헛된 질문이다."(앞의 책, 251쪽.)

다. 그래서 이(夷)라고 한다. 그것은 들으려고 하여도 들리지 **않는다**. 그래서 희(希)라고 한다. 그것은 손으로 잡으려고 하여도 잡히지 **않는다**. 그래서 미(微)라고 한다. 이 세 가지는 말로 **구명**(究明)**할 수 없다**. 그러므로 통틀어 하나(道)라고 한다."[101] **볼 수 없고, 들을 수 없으며 잡을 수도 없어** 결국은 "말로 **구명**(究明)**할 수 없다**"는 것은 부정 존재론을 강하게 피력하고 있으며, 그러기에 억지로 "하나(道)"라고 칭한다는 것이다.

5) 위와 유사하게 『노자도덕경』의 제21장에서 노자는 "도라는 것은 오직 황홀하기만 하여 그 형상을 분간해 **인식할 수 없다**."[102]라는 부정 존재론을 펼쳐 보이는데, '황홀하다'는 표현도 아마 궁여지책의 표현일 것으로 보인다.

6) 『노자도덕경』의 제35장에서도 "도(道)에서 나오는 말은 담박(淡泊)하여 **맛이 없다**. 보려고 해도 **볼 수 없고**, 들으려고 해도 **들을 수가 없다**."[103]라고 하여 부정에 부정이 반복되어 있다.

7) 『노자도덕경』의 제41장에서 노자는 "도는 숨어서 이름이 없다(道隱無名)."고 한다. 도에 대한 부정 존재론이 잘 밝혀져 있다. 그런데 이런 도는 하이데거의 존재와 헤라클레이토스의 피시스(physis)와도 아주 유사한 속성을 드러내 보인다. 존재가 "스스로 은폐하면서(sich verbergen) 탈은폐시킨다(entbergen)"는 것은 하이데거의 대부분의 저서에 다 드러난다.

---

101 남만성 역, 『노자도덕경』, 54쪽. 강조는 필자에 의한 것임. 제21장에서도 노자는 "볼 수도 없고 잡을 수도 없는 도"를 피력하고 있다.

102 위의 책, 79쪽.

103 위의 책, 123쪽.

6. 노자에게서 긍정 형식의 존재론

하이데거의 경우에서처럼 노자도 부정에 부정을 거듭하면서 부정 형식의 존재론을 표명했지만, 그러나 이런 "부정 존재론"이 그의 사유 세계를 밝히는 최종적인 과제나 목적은 아닌 것이다. 왜냐하면 이런 부정의 배후에서 (혹은 이런 부정과 동시에) 순수하고 적극적인 긍정을 엿볼 수 있게 하는 관점이 배태되어 있기 때문이고, 또 그가 스스로 도(道)가 무엇인지 긍정적인 형식으로 밝히고 있기 때문이다. 그러면 『도덕경』에서 그 실례를 들어보기로 하자.

1) 『도덕경』의 제8장에서 노자는 비유로 물이 도(道)에 가까운 것이라고 언급하고서 도가 곧 물과 비슷한 역할을 수행한다는 긍정적인 존재론을 펼치고 있다. "최상(最上)의 선(善)은 물과 같은 것이다. 물은 모든 생물에 이로움을 주면서 다투지 않는다. 모든 사람들이 싫어하는 낮은 곳에 즐겨 있다. 그런 까닭에 물은 도(道)에 거의 가까운 것이다."[104]

2) 도(道)는 "나(生)게 하고 자라게 한다. 나게 하고도 그 공(功)을 자신의 것으로 하지 않으며, 작용하게 하고도 자랑하지 않고, 성장시키지만 주재(主宰)하지 않는다. 이것을 불가사의(不可思議)한 은덕이라고 한다."[105] 여기서 우리는 노자의 도(道)에 대한 긍정적인 존재론을 목격할 뿐만 아니라 도(道)의 윤리적인 속성까지 읽게 한다.

3) 『도덕경』의 제25장에서 노자는 도(道)의 본질에 관하여 긍정적인 존재론의 측면에서 해명하고 있다. 도는 하늘과 땅이 열리기 전에 존재

---

104 남만성 역, 『노자도덕경』, 36쪽.

105 위의 책, 42쪽.

하고 독립적이며 항존적이다. 또 도는 안 가는 곳이 없고, 그의 힘이 미치지 않는 곳이 없다. 그래서 이러한 도는 천하 만물의 어머니가 될 만하다고 한다.

4) 『도덕경』의 제32장에서 노자는 도(道)를 원목 상태인 박(樸)으로 비유하면서 도에 대한 긍정적인 존재론을 피력하고 있다. "도는 박(樸)과 같은 것이다. 박은 아무런 가공도 하지 않은 순수 그대로의 원목이다. 박은 천지의 시원(始元)인 도를 상징한다." 여기서 도는 가공되지 않은 순수 그대로의 원목으로 비유되었고, 또 "천지의 시원"으로 받아들여졌다.

5) 『도덕경』의 제34장에서는 노자가 아주 명쾌한 악센트로 도의 긍정적인 존재론을 선포하고 있다. 노자는 "큰 도(大道)는 홍수처럼 범람하여 왼쪽에도 오른쪽에도 어디에나 있다."고 하는데, 이는 도의 편재성을 잘 드러내고 있는 것이다. 이러한 도의 편재성에 관하여 장자도 아주 적절한 비유를 하고 있다. 『장자』의 「지북유(知北遊)」 편에 나오는 장자와 동곽자 사이의 대화인데,[106] 우리가 앞에서(제3장, 「도(道)와 존재의 존재 방식」) 한 번 인용한 적이 있지만, 여기서 다시 한번 상기해보기로 하자.

동곽자가 장자에게 물었다: "도는 어디에 있습니까?"

장자가 대답했다: "없는 곳이 없지요."

동곽자가 다시 물었다: "좀더 구체적으로 지적해주시면 알 수 있겠습니다."

장자가 대답했다: "땅강아지나 개미에도 있습니다."

---

106 장자, 최효선 역해, 『莊子』, 249쪽 참조. 여기선 장자와 동곽자의 대화를 부각시키기 위해 필자가 재구성하고 또 경우에 따라 재번역하였다.

동곽자가 물었다: "아니, 어찌 그리 하찮은 것 속에도 있단 말입니까?"

장자가 말했다: "가라지나 돌피에도 있습니다."

동곽자가 물었다: "어찌 더 하찮은 것으로 내려갑니까?"

장자가 말했다: "기왓장이나 벽돌에도 있습니다."

동곽자가 물었다: "어찌하여 갈수록 더 심하게 내려갑니까?"

장자가 말했다: "똥이나 오줌에도 있습니다."

동곽자는 더 이상 아무런 대꾸도 하지 않았다.

과연 장자는 해학의 대가답게 무소부재의 도(道)가 편재하는 존재 방식을 익살스럽게 드러내고 있다. 장자는 동곽자에게 도가 편재하기 때문에 특정한 장소에만 존재하는 것처럼 한정해서는 안 된다고 말한다. 도는 일체를 포용하기에 도를 떠나 존재하는 것은 없다고 하는 것이다.

6) 또 『도덕경』의 제34장에서 도(道)는 "만물을 옷처럼 따뜻이 덮어 기르건마는 주재(主宰)하지 않는다."[107]고 하는데, 여기서도 도에 대한 긍정적인 존재론과 도의 윤리적인 속성이 동시에 드러나고 있다. 도는 그 많은 삼라만상을 따뜻하게 덮어 기르고, 어느 것이나 제각기의 생을 누리게 하지만 그들을 결코 거절하거나 배반하는 일이 없다. 또 천지 만물을 생성화육하게 하는 공(功)을 한없이 갖고 있건마는, 그것을 자신의 공이라고 드러내지도 않고 또 이 만물을 소유하려고도 하지 않는 것이다. 『도덕경』의 제34장과 유사하게 제62장에서도 "도(道)라는 것은 만물을 덮어주는 깊숙한 밀실(密室)이다."라고 하여 도의 긍정적인 존재론과 윤리적인 속성을 동시에 드러내고 있다.

7) "도는 항상 작위하지 않지만, 그러나 하지 못하는 것이 없다(道常

---

107 남만성 역, 『노자도덕경』, 120쪽.

無爲 而無不爲)."[108] 여기서 "하지 못하는 것이 없다"는 부정 형식으로 진술되었지만, 논리학적으로도 부정의 부정은 긍정일 뿐만 아니라, 내용상으로도 긍정적인 유형에 속한다. 즉 이 문장은 "… 다 할 수 있다."로 대체할 수 있는 것이다.

8) 『도덕경』 제39장에서 노자는 도(道)가 "만물을 생성하게 한다."라고 하여 긍정적인 존재론을 표명한다. 또 이와 같이 "도(道)는 본질이다. 맑은 것, 편안한 것, 영검한 것, 차는 것, 생성하는 것, 바른 것은 다 본질인 도에서 나오는 작용이다. 그러니 도는 진실로 존귀한 것이다."[109]도 명쾌하게 긍정적인 존재론을 밝히고 있다. 더욱 대범하게 노자는 『도덕경』의 제47장에서 "문밖에 나가지 않고도 천하의 모든 것을 알며, 창밖을 엿보지 않고도 천도(天道)를 안다."[110]고 하여 인식론적인 차원에서 긍정적인 존재론의 진술을 하고 있다. 『도덕경』의 제51장에서도 노자는 도(道)가 만물을 낳고 덕으로써 기르며, 물체마다 형체를 부여하고 힘(勢)을 주어 성장하게 한다고 역설한다.

7. 부정 존재론에서 긍정 존재론으로

노자와 하이데거의 "부정 존재론"은—우리가 누차에 걸쳐 밝혔듯—그러나 부정하는 것이 주 목적이 아닌 것이다. 왜냐하면 이런 부정의 배후엔(혹은 이런 부정과 동시에) 순수하고 적극적인 긍정을 엿볼 수 있게 하기 때문이다. 도(道)와 존재의 무소부재(無所不在)의 편재성엔 존

108 남만성 역, 『노자도덕경』, 제37장: 필요에 따라 필자가 번역하였음.

109 위의 책, 138쪽.

110 위의 책, 160쪽.

재자와의 적극적인 관계가 이미 규명되어 있다. 또 노자가 무위(無爲)를 강조하는 것은 우리가 앞에서도 언급했듯 글자 그대로의 풀이대로, 혹은 주자(朱子)의 해석대로,[111] 혹은 독일어 번역(Nicht-Tun)대로 "아무것도 하지 않음"이 결코 아닌 것이다.

그런 해석이 전적으로 오해인 이유를 노자 스스로 밝혀준다. 말하자면 노자는 무위를 말함과 동시에 무불위(無不爲), 즉 "하지 않음이 없음"을 천명하기 때문이다. 이를테면 『도덕경』의 제3장에서 위무위즉무불치(爲無爲則無不治), 즉 "무위를 행하면 다스려지지 않음이 없다"고, 또 37장에서 도상무위 이무불위(道常無爲 而無不爲), 즉 "도는 항상 무위이지만 하지 못하는 것이 없다"는 것이다. 물론 이 외에도 노자는—하이데거의 존재도 그렇듯이—도에 관해 적극적으로 긍정의 존재론을, 즉 "도는 이러이러하다"는 유형으로 도에 관해 진술하고 있다. 도(道)가 일체의 존재자와 가치의 근원이고 영원하다면, 그것은 엄청난 긍정인 것이다.

그런데 말과 개념으로 드러난 도(道)는 상도가 아니며 상도(常道)의 정체를 무(無)라고까지 한 노자도, 또한 부정(Negation)에 부정을 거듭하고 모든 존재자와 철저한 차이를 두면서 존재를 무(Nichts)와 연결시켰던 하이데거도 결국 적극적인 말로 그들의 '시원적 사유'를 드러낸 것이다. 이를테면 "도(道)는 이러저러하다"는 진술은 『도덕경』의 도처에 드러나고 하이데거의 경우도 이와 마찬가지로 '존재'에 관해 이런 저런 진술을 한 것이다. 물론 이들은 적극적으로 진술된 말로서 도(道)와 존재(Sein)가 양성적으로 드러난 존재자와 결코 같지 않음을, 즉 존재자의 세계를 넘어서 있는 혹은 존재자가 아닌 무(無: Nichts)와 같음

---

111 여기선 김경수, 『노자 생명사상의 현대적 담론』, 문사철, 2011, 36쪽 참조.

을 밝힌 것이다.

우리는 노자에 의해 말 되어진 도(道可道)와 도(道) 자체 사이에는 차이가 있음을 전제로 해야 한다. 그는 '도'에 관한 긍정적인 진술을 말로(개념으로) 나타낸 것이다. 예를 들어 『도덕경』의 제21장의 중반을 한번 보자: "도는 아득히 멀고 그윽히 어둡기만 하건마는, 그 속에 정기가 있다. 그 정기는 지극히 순진하다. 그 속에는 믿음성이 있다. 옛날부터 지금에 이르기까지 그 이름은 「사라지지 않는 것」이다. 그 사라지지 않는 도로부터 만물의 시초는 품부된다. 내가 어떻게 만물의 시초의 상태를 아느냐 하면, 위에서 말한 그러한 것에서 알게 된 것이다."(남만성 역).

여기서 우리는 노자가 '도'를 "이러이러한 것이다"는 식으로 파악하고 있고 또 '안다'고도 하고 있음을 목격한다. 또 노자는 『도덕경』의 제25장에서 '도'라는 이름을 지어 부르고, 이를 '큰 것(大)'이라고 한다. 이것은 그가 '도'를 무엇 무엇으로 혹은 긍정적으로 파악한 데서 우러나온 말이다. 노자는 한사코 불가지론을 펼치지 않았다: "고요히 소리도 없고 형체도 없다. 짝도 없이 홀로 있다. 언제나 변함이 없다. 어디에나 안 가는 곳이 없건마는 깨어지거나 손상될 위험이 없다. 그것은 천하 만물의 어머니가 될 만하다. 나는 그것의 이름을 알지 못한다. 그래서 자(字)를 도(道)라고 지어 부른다. 억지로 이름을 붙여 큰 것(大)이라고 한다."(남만성 역).

노자가 『도덕경』에서 끊임없이 '도(道)'를 중심 테마로 삼듯 하이데거도 그의 모든 저작에서 '존재'를 철학적 사유의 중심 테마로 삼았다. 그런데 이 '도'와 '존재'의 의미를 밝히는 데 있어 그들은 우선 "X 혹은 Y 혹은 Z 등등은 존재(도)가 아니다"라는 유형을 갖게 하고 있다. '도'와 '존재'는 무엇보다도 존재자의 유형이 아니며, 또 말과 개념으로 포착되거나 규명되지 않는다는 것이다.[112] 그러나 '도'와 '존재'가 이토록 부정 존재론의 유형으로 표현되었지만, 도와 '존재'가 개념적으로 파악되지 않는다고 해서, 또 이들이 역사를 주재하는 깊은 섭리의 맥락에서 받아들여져야 한다고 해서 마우러에게서처럼 '신비적이고-종교적인' 것으로 받아들여져야 하는 것은 아니다.[113]

우리는 하이데거가 펼친 부정 존재론의 특징을 다음과 같이 몇 가지로 요약해볼 수 있다.

1) 부정적인 명제는 물론 긍정과는 상반적인 것을 지시하지만, 이 반대 짝인 긍정과는 다른 제3의 긍정적인 존재를 전제로 하고 있다.

2) 부정적인 규명은 긍정을 암시하거나 긍정의 여운을 남긴다. 부정 존재론을 펼치는 것은 어떤 긍정적인 대안이 있기 때문이다.

3) 부정적인 규명은 긍정적인 논지에 이바지한다.

4) 부정적인 것이 논지의 궁극적인 목적은 아니다.

노자와 하이데거에게서 부정 존재론의 논리적 형식은 대체로 "X는 Y가 아니다"라고 진술할 수 있다. 그러나 이런 부정적 진술은 "X는 Y가 아닌 그 무엇이다"로 고쳐 쓸 수 있다. 또 부정의 형식이 좀 더 거듭된다고 해도, 즉 "X는 Y도 아니고 Z도 아니며 P도 아니다"라고 해도 마찬가지다. 도무지 "존재와 도가 그 무엇이다"라고 말하기 어려워도, 이를테면 노자가 자주 말하듯 "도를 도라고 말한다면 상도가 아니다"라고 해도, 마찬가지다. "X는 Y가 아니다"라고 한다면 Y가 아닌, 다른 어떤 가능성에 대한—비록 손에 잡히지는 않지만—여지를 남기기 때문이다. 어쩌면 부정신학과 부정 존재론에서 부정의 형식이 진술된다면, 다

112 M. Heidegger, *Einführung in die Metaphysik*, 124쪽 참조.

113 R. Maurer, *Heideggers Metaphysik der Physis*, 134쪽 참조.

른 긍정(숨겨져 있거나 은폐되어 있더라도)이 진술하는 사람의 사유에 이미 전제되어 있을 것으로 여겨진다. 그런 긍정의 형식이 전제되어 있기에, 부정의 진술이 가능해진 것이라고 하면 지나친 역설적 표현일까.

부정 존재론을 실컷 나열하고 나서 긍정적인 존재론을 피력한다면, 뭔가 논리를 비웃는 것처럼 보이지만, 그러나 그것은—논리로는 규명하기 어려울지라도—도나 존재의 본래성과 순수성을 지키기 위한 하나의 방도인 것이다. 그럼에도 불구하고 노자와 하이데거의 부정 존재론은 동일한 사항에 관하여 A는 B가 아님(A≠B)과 동시에 A는 B(A=B)라는 것은 모순이라는 아리스토텔레스의 모순율에 위배되는 것은 결코 아니므로 논리학을 농간하는 것은 결코 아니다.

우리가 앞에서 목격했듯 도(道)와 존재의 무소부재(無所不在)의 편재성엔 존재자와의 적극적인 관계가 이미 규명되어 있다. "큰 도(大道)는 홍수처럼 범람하여 왼쪽에도 오른쪽에도 어디에나 있다"라거나 "도(道)는 안 가는 곳이 없다"는 노자의 표현대로 도(道)는 "없는 곳이 없는 것이다(無所不在)." 그 무엇이든 유(有)의 형태로 혹은 존재자로 존재한다면, 이미 도(道)에 의해서 존재하게 된 것이고, 거기엔 또한 도(道)가 은폐된 채 공동 현존하고 있는 것이다.

만물에 편재하는, 즉 무소부재(無所不在)하는 존재로서의 도(道)는 유(有)가 있는 곳에 동반되지 않는 곳이 없고 만물과 관계를 맺지 않음이 없는데, 이런 도(道)의 존재 방식은 하이데거에게서 존재의 존재 방식과 퍽 유사한 것이다. 그 어떤 존재자가 존재한다면, 거기에는 반드시 존재의 도움과 지평 안에 존재하기 때문이다. 도(道)와 '존재'는 실체적인 의미를 갖고 있지 않으면서도(!) 또 지배하거나 권력 행세를 하지 않으면서도 주재하고(Walten) 개시하며(erschliessen, öffnen) 존재자를 존재자로서 드러나게 한다. 존재는 존재자를 존재하게 한다(sein-lassen).

존재는 존재자가 존재자로서 드러나게 하고(따라서 존재자가 존재자로 드러난 곳엔 이미 존재의 생기(Ereignis)와 존재의 역사가 활동하고 있는 것이다), 우리가 이 존재자를 존재자로 바라볼 수 있도록 열어주고(öffnen), 밝혀주는(lichten) 개방성이다. 존재자는 존재의 빛 속에서 비로소 존재자로서 비은폐되고 드러난다. 그러기에 존재자가 비은폐되기 위해서는 존재에 의존하는 것이다. 아니, "존재 없는 존재자는 있을 수 없다."[114] 또한 "존재의 드러남은 드디어 존재자의 개시성을 가능하게 한다."[115] 그러기에 존재자가 무엇인지의 여부와 그리고 어떠한지의 여부는 존재로부터 그 가능성이 열린다.[116] 존재는 따라서 모든 사건과 사물, 사태와 실재, 존재자의 현존에 항상 전제되어 있다. 따라서 이런 전제 없이는 아무것도 아니며, 아무것도 있을 수 없는 세계 소멸과도 같은 것이다.

우리는 노자와 하이데거의 사유 세계가 여러 측면에서 신비로운 유사성과 근친성을 갖고 있음을 지적해보고, 또 부정 존재론도 그들의 공통적인 철학 전개 방식임을 확인해보았다. 부정 존재론은 "부정신학(Negative Theologie)"이란 개념과는 달리 철학사에서는 아직 확정적으로 사용하지 않는 개념이다. 그러나 노자와 하이데거의 철학 전개 방식엔 분명히 부정 형식의 존재론, 즉 부정 존재론이 천명되어 있고, 이런 부정 존재론을 통해 그들은 그들 사유의 핵심적인 사항들을 드러내고 있다. 존재자는 존재가 아니기에(하이데거에게서), 또한 도(道)가 아닌 것을 (상)도라고 할 수 없기에, 그들은 부정 존재론의 방식으로 일종의 "현상학적 해체"를 감행한 것이다. 노자와 하이데거는 그러나 그

---

114 M. Heidegger, *Was ist Metaphysik?*, 41쪽.

115 M. Heidegger, *Vom Wesen des Grundes*, 13쪽.

116 M. Heidegger, *Holzwege*, 245쪽 참조.

들 사유 세계를 부정 존재론으로 전개하고 펼치는 데에만 머물지 않고, 이러한 부정 존재론을 넘어 적극적으로 긍정적인 존재론을 표명하였다. 논리학에서 "X는 Y이다."라는 명제와 "X는 Y가 아니다."라는 명제는 서로 상반 관계에 있음을 확정하고서 더 이상의 문제를 낳지 않는다. 그러나 노자와 하이데거의 부정 존재론에서 "X는 Y가 아니다."라는 부정 형식은 긍정 형식인 "X는 Y이다."와 상반 관계의 짝으로 확정되는 상태에서 문제가 다 해결되는 것이 아니다. 이 부정 형식의 명제는 또 다른 긍정 형식의 명제를 배태하고 있는 것이다. 그들에게서 "X는 Y가 아니다."는 "현상학적 해체"의 역할을 수행하기에 긍정 형식의 존재론을, 이를테면 "X는 Y가 아니지만, 또한 Z도 아니지만, P이다."라는 긍정명제를 지향하고 있는 것이다. 우리는 본론에서 저들 철인들에게서 부정 존재론의 유형뿐만 아니라, 이런 부정 존재론 너머에 있는 긍정 형식의 존재론을 파악해보았다. 이런 부정 존재론과 긍정 형식의 존재론을 통해 그들 철학의 전개 방식과 사유의 독특성 및 심오성을 음미해볼 수 있을 것으로 보인다.

9

시원적 사유(das anfängliches Denken)와 형이상학

1. 형이상학의 역사와 하이데거의 탈형이상학

원래 아리스토텔레스에 의해 "제일철학(Erste Philosophie, πρώτη φιλοσοφία)"으로 규명된 '형이상학(Metaphysik, Μετὰ τὰ φυσικά)'이란 개념은 그의 제자들에 의해 붙여진 이름이다.[1] 그런데 이렇게 아리스토텔레스 때부터 규명된 이 형이상학 개념은 철학사가 흐르는 동안 변화경천을 거듭하여 명확한 의미를 지니지 못한 채 이 개념을 사용하는 철학자에 따라 다양한 의미를 갖게 되었다.[2]

---

1 아리스토텔레스의 서재에서 '자연학(φυσική)'이란 책의 뒤에(meta) 분류되어 있었기에, 그의 제자들은 이 책을 '형이상학(meta-ta-physika)'이라고 칭했던 것이다.

2 형이상학의 광범위한 철학사적 의미에 관해, 형이상학과 탈형이상학의 유래와 도래에 관해, 또 오늘날의 형이상학 개념(특히 니체와 하이데거 및 포스트모더니즘)에 관해서는 신승환, 『형이상학과 탈형이상학』, 서광사, 2018 참조.

중세에는 이 개념이 존재-신론(Onto-Theologie)의 차원에서 논의되었으며, 칸트에게서는 '형이상학'이란 이름 아래 초자연학적인(meta-ta-physika) 형이상학이 아니라 오히려 엄격히 학문적이고 자연(과)학적인 개념으로 대체되었다. 하이데거는 근대에서 꽃을 피우고 또 근대의 과학기술 문명에서 완성된(vollenden) 전통 형이상학을 존재망각의 시각에서 보고 있다. 니체에게서의 반-형이상학과 하이데거 및 포스트모더니즘에서 활성화된 '탈-형이상학(Post-Metaphysik 혹은 Meta-Metaphysik)'은 오늘날 우리 시대가 이 개념들을 혼란스럽게 보는 이유이기도 하다.

그러나 이 혼란스런 다양한 개념들을 뒤로하고 인간은 감히 "형이상학적 존재(Homo metaphysicus, ens metaphysikum)"임에 틀림없다. 칸트도 "형이상학이야말로 필수불가결하다(Die Metaphysik ist notwendig)"고 천명한다. 인간이 빵만으로 살 수 없듯이 자연(과학)과 과학기술 문명 및 이로 인한 자본주의만으로는 인간의 궁극적인 문제와 근원적인 존재 의미를 해소할 수 없기 때문이다.

그런데 전통 형이상학은 존재자로서의 존재자를 사유하고, 존재자만을 표상한다. 그러기에 존재자가 무엇이냐고 물어지는 곳에서는 늘 존재자만이 시야에 들어온다. 그런데 형이상학은 이런 표상 행위를 하고 시야를 획득하는 곳에 이미 존재의 빛(Licht des Seins)이 작용하고 있는데도 그것을 경험하지 못하고 언제나 존재자를 오직 존재자의 관점 아래에서만 표상하고 있다.[3] 그러므로 전통 형이상학은 존재의 경험으로부터 완전히 벗어나 있으며, 존재자 안에서 이미 스스로를 은닉하고 있는 존재의 비은폐성에는 주의를 기울이지 못하고 있다.[4]

---

3 M. Heidegger, *Was ist Metaphysik?*, 7쪽 참조.

놀랍게도 오랜 기간의 전통 형이상학에서 존재는 망각되고 존재자만이 표상되는 것과, 그때마다 이미 존재가 스스로 개입하여 훤히 밝히고 있는데도 이것을 묻지 못하는 안타까운 현상을 하이데거는 다음과 같이 지적하고 있다: "존재자가 어떻게 해석되든, 말하자면 그것이 유심론(Spiritualismus)에서 의미하는 정신으로 해석되든, 또는 유물론에서 의미하는 물질이나 힘(Kraft)으로 해석되든, 또는 생성이나 생명으로, 또는 표상으로, 또는 의지로, 또는 실체(Substanz)로, 또는 주체로, 또는 현실태(Energeia)로, 또는 동일한 것의 영원한 회귀(ewige Wiederkehr des Gleichen)로 해석되든, 그 어느 경우에도 존재자로서의 존재자는 존재의 빛 안에서 드러난다. 형이상학이 존재자를 표상할 경우에는 이미 존재가 어디에서나 스스로를 훤히 밝히고 있다. 존재가 이미 비은폐성(존재의 진리: Aletheia) 가운데에 임재하고 있는 것이다."[5]

그러나 안타깝게도 형이상학은 존재를 "필연적으로 그리고 끊임없이(notwendig und ständig)"[6] 말하고 있음에도 불구하고 "존재 자체를 언어로 이끌어오지 못하고 있다. 왜냐하면 형이상학은 존재를 그 자신의 진리에서 사유하지 못하며, 이 진리를 비은폐성(Unverborgenheit)으로, 또한 이 비은폐성을 그 본질에서 사유하지 못하기 때문이다."[7] 그러기에 전통 형이상학은 늘 존재자의 진리만 찾았을 뿐 존재의 진리에는

---

4 M. Heidegger, *Was ist Metaphysik?*, 19쪽 참조.

5 위의 책, 7쪽. 여기서 "그 어느 경우에도 존재자로서의 존재자는 존재의 빛 안에서 드러난다."는 표현은 노자에게서 도(道)가 "홍수처럼 범람하여 왼쪽에도 오른쪽에도 어디에나 있다."(『도덕경』, 제34장)는 경우와도 유사하다.

6 위의 책, 10쪽.

7 위의 곳. 여기서 하이데거가 말하는 "비은폐성"이란 소위 알레테이아(Ἀ-λήθοια)로서 "존재의 진리"이다. 하이데거에 의하면 형이상학은 이 근원적 형태의 "존재의 진리"를 사유하지 못하고, 그 파생된 형태인 베리타스(veritas), 즉 인식의 진리 및 명제로서의 진리 개념에 머물러 있다는 것이다.

주의를 기울이지 못했던 것이다.

전통 형이상학은 또한 인간의 자기 존재를 실체로 혹은 주체로, 즉 존재자로만 규정하기 때문에, 인간의 탈자적이며 실존론적인 본질을 망각하고 말았다. 그러기에 인간의 자기 존재에 관한 이러한 본질을 되찾기 위해서는 우선 인간의 자기 존재에 관한 형이상학적인 규정에서 벗어나야 한다.[8]

그러나 전통 형이상학은 하이데거가 그의 전후기 사유를 막론하고 끊임없이 강조하듯이 "존재자로서의 존재자가 무엇인지에 대해 말하고",[9] 존재자로서의 존재자만을 문제 삼기 때문에—근대 이래로 꽃피워온 과학기술 문명에 잘 드러나듯이—존재자의 차원에 머물러 있게 되고 존재에로 방향 전환을 하지 못하고 있다.[10] 전래의 형이상학은 결코 존재의 '비은폐성'을 알지 못하기 때문에 '존재의 진리'에 대해 묻지 않는다. 이처럼 형이상학은 존재자로서의 존재자만을 표상하기 때문에 존재 자체를 사유하지 못하고,[11] 비록 '존재'란 말을 사용하지만 그것은 어디까지나 대상화되고 개념화된 존재자일 따름이며 경우에 따라선 존재자성(Seiendheit)이나 '존재자 전체(Seiende im Ganzen)'를 나타내기도 한다.[12]

다시 말하면 형이상학은 존재를 묻는다고 말을 하지만,[13] 기실은 존

8 M. Heidegger, *Sein und Zeit*, §63-§64 참조.

9 M. Heidegger, *Was ist Metaphysik?*, 17쪽: "Die Metaphysik sagt, was das Seiende als das Seiende ist."

10 위의 책, 8쪽 참조.

11 위의 곳 참조.

12 위의 책, 11쪽 참조.

13 이를테면 아리스토텔레스의 "ti to on?", M. Heidegger, *Was ist Metaphysik?*, 11쪽 참조.

재가 아니라 존재자의 존재자성 또는 대상성과 현상만을, 또는 존재자로서의 존재자를, 존재자 그 자체를, 존재자 전체를, 전체로서의 존재자를 묻고, 존재자에 은폐되어 있는 존재 자체 또는 존재의 개시성을 묻지 않는다. 말하자면 형이상학은 '존재'란 말을 사용하고 또 존재를 언급하지만, 기실은 존재자로서의 존재자를 의미할 따름이다. 그러기에 하이데거에 의하면 형이상학은 "그 시작에서부터 완성에 이르기까지 기이하게도 철저히 존재자와 존재의 혼동 속에 처해 있다."[14]

그런데 '은폐된' 채 남아 있는 존재는 존재자와 무관하게 숨어 있다는 뜻이 아니라, 바로 이 존재자가 존재자로서 드러나는 데에 이미 전제되었고, 이 존재자가 존재하는 데에 함께 현존하고 있는 것이다. 이러한 존재 자체, 즉 개시하고 밝히며 드러내는 존재를 형이상학이 못 본다는 것이다. 따라서 형이상학은 존재 자체를 사유하지 않는다. 그러기에—하이데거에 의하면—"세계사의 전 기원이 '존재'와 존재자를 혼동한 오류의 기원인 것이다."[15]

전통 형이상학이 찾는 진리는 존재자와 그러한 것의 전체에 관한 진리인 것이고[16] 존재의 진리는 은폐되고 말았다. 세상의 학문들도 오로지 존재자를 둘러싼 싸움이라고 해도 과언이 아닐 것이다. 탐구되어야 할 것은 오직 존재자이고 그 이외는 전혀 없다. 아니, 투쟁적으로 존재자에 우위를 설정하고서 존재를 '아무것도 아닌 것'으로 치부하고서는 배척해버린다. 더구나 형이상학은 존재와 존재자 사이의 차이를('존재론적 차이') 이해하지 못하기 때문에 존재자를 마치 존재인 양 혼동하고 있다. 그러기에 형이상학은 결코 존재 자체를 언어에로 가져오지 못

---

14 M. Heidegger, *Was ist Metaphysik?*, 11쪽.

15 M. Heidegger, *Holzwege*, 311쪽.

16 M. Heidegger, *Nietzsche II*, 193쪽 참조.

한다.[17] 형이상학은 그렇다면 필연적으로 '존재망각'에 놓이게 되고 존재의 진리에 대한 물음을 오히려 허물어뜨린 셈이다.

잘 알려져 있듯 하이데거의 이른바 '존재망각(Seinsvergessenheit)'이라는 것은 "존재와 존재자 사이의 차이에 대한 망각이다."[18] 존재와 존재하는 것, 현존(Anwesen)과 현존하는 것(Anwesende) 사이에는 엄연한 차이가 있다. 존재자를 존재하게 하는(sein-lassen) 존재는 존재자와는 전혀 다른 존재 방식을 하고 있다. 존재 자체는 결코 존재하는 것(존재자)이 아님을 우리는 간파할 수 있다. 하이데거에 의하면 존재는 결코 어떤 존재자일 수 없고 또 어떠한 형태로든 모든 존재자로부터 구별된다.

하이데거는 이 차이를 극명하게 드러낸다: "어떠한 탐구이든 존재자를 찾아 나선 곳에서는 존재를 발견하지 못한다. 이들 탐구는 미리부터 의도 속에 존재자를 고집하기 때문에 늘 존재자만 만날 뿐이다. 존재는 결코 존재자에 속해 있는 어떤 내재하는 성질이 아니다. 한마디로 존재 사유는 결코 존재자 속에서 어떠한 거처도 찾을 수 없다."[19]고 하이데거는 잘라 말한다. 존재는 결코 그 어떤 존재자가 아니기에 존재자처럼 대상적으로 표상되거나 제작될 수 없다. 모든 존재자와 도무지 다른 것이야말로 비-존재자이다. 그러나 이러한 (비-존재자로서의) "무(無)는 존재로 현성하고 있다(west)."[20]

이러한 비-존재자(das Nichtseiende)는 그렇다면 존재자의 '전적인 타자(das ganz Andere zum Seienden)'[21]로서 다름 아닌 무(Nichts)이

17 M. Heidegger, *Was ist Metaphysik?*, 7-10쪽 참조.

18 M. Heidegger, *Holzwege*, 360쪽.

19 위의 책, 45쪽.

20 M. Heidegger, *Was ist Metaphysik?*, 41쪽.

며, 이 무는 존재자를 그 자체로서 그리고 전체로서 드러나게 한다. 따라서 "존재자가 아닌 이 무(Nichts)는 동시에 주어져 있기에 결코 '아무것도 아닌 것(das Nichtige)'이 아니다."[22] 무(Nichts)는 인간 현존재에게 존재자와 그러한 것의 개시를 가능하게 하는 것이다.[23]

그런데 이러한 무(Nichts)를 우리가 노자에게서의 무와 빔(無, 虛)과 비교해보면 쉽게 이해할 수 있다. 『도덕경』의 제11장에는 이 빔(虛)의 사상이 잘 나와 있다. 앞에서도 언급했듯이 하이데거는 이러한 빔을 사물의 사물 됨과 그 존립을 밝히는 데에 적용했다.[24] 텅 비어서 없는 이 빔(Nichts) 때문에 사물의 사물로서의 쓰임새가 부여되는 것이다. 이 빔(노자는 이를 『도덕경』의 제11장에서 '無'라는 용어로 나타내었다!)으로 말미암아 드디어 차륜(車輪)이 회전할 수 있고, 따라서 차(車)가 차로서의 구실을 하는 것이다. 그릇의 경우도, 방의 경우도 마찬가지로 노자가 밝히듯 바로 이 무(無)의 쓰임새 때문이다. 이와 같은 이치를 우리는 모든 존재자에게 적용할 수 있다. 존재자의 밖에 있는, 아무것도 아니라는 무(無)로 말미암아 존재자는 존재자로서 성립한다. 하이데거에게서 존재와 무는 통속적인 이해와는 달리 전혀 상반 개념이 아니다. 존재와 무는 오히려 일치하며 본성상 존재자와 구별된다고 할 수 있다.

존재자와 본질적으로 다른 존재 자체를 존재자처럼 다루는 데에서(이를테면 형이상학, 강단 철학, 관념론, 세속 학문, 논리 이론 등등) 존재는 더욱 가려지고 만다. 인간은 그러나 숙명적이게도 학문적으로 연구할 수 있는 것과 기술적으로 만들 수 있는 존재자를 알 뿐이다. 존재

---

21 M. Heidegger, *Wegmarken*, 412쪽.

22 위의 책, 413쪽.

23 M. Heidegger, *Was ist Metaphysik?*, 32쪽 참조.

24 M. Heidegger, *Vorträge und Aufsätze*, 158-164쪽 참조.

자의 저편에서 이 존재자를 존재자로 일으켜 세우고 의미를 부여하는 그 어떤 것도 상실되고 만다. 이 존재상실에서 바로 니힐리즘이 꽃피는 것이다. 존재상실에서, 존재 자체와 무관한 형이상학적 사유에서 니힐리즘이 꽃피었음을 하이데거는 밝힌다. 따라서 하이데거가 그토록 강조한 '존재론적 차이'며 '형이상학의 극복'이 심각한 의미를 갖는다는 사실이 여기에서 잘 드러난다.

2. 전통 형이상학과 니힐리즘

과학기술 문명과 물질문명에의 탐닉에서, 나아가 자본주의와 현란한 소비문화에서 하이데거는 오히려 인류의 위기와 니힐리즘을 목격하고 있다. 이런 니힐리즘이 보이지 않는가? 눈에 보이지 않는 정신적인 것에 의미를 두지 못하는 오늘날의 몰(沒) 형이상학(meta-ta-physika)의 시대에, 철학이 "과학의 노비"로 처단된 시대에, 철학조차 과학에 구속시키는 시대에, 물신숭배를 인생의 근간으로 하는 시대에, 눈에 보이지 않는 형이상학(원초적 형이상학)[25]에로 방향을 돌리는 사람이 있을까. 그러나 이토록 존재망각이 극단화된 시대를 거슬러 인간의 궁극적 삶의 의미, 우리의 삶을 살게 하는 의미를 되찾는 것이 우리의 인생길이 아닌가.

---

25 '형이상학'의 원초적 개념은 meta-ta-physika로서 초자연학적인 것이다. 그런데 하이데거가 비판하는 것은 이런 형이상학이 아니라, 존재가 망각된 존재자 중심의 형이상학이다. 이를테면 신을 "최고의 존재자(summum esse)"라고 하여 신을 존재자의 차원으로 본 중세의 형이상학과 근대 이래의 형이상학, 즉 니힐리즘을 꽃피운 자연과학적이고 기술 공학적인 그런 존재자 중심의 형이상학인 것이다.

이때껏 인류가 지나치게 맹신해온 과학기술 문명은 이제 인류의 미래를 밝혀주는 것보다는 오히려 어둡고 불안하게 하고 위기의 부메랑이 되는 것을 우리는 목격한다. 계몽주의와 실증주의 및 과학기술 문명에는 유토피아보다는 오히려 인류 정신사적 존재 의미의 상실과 '존재망각' 및 니힐리즘이 깊이 연루되어 있다. 과학기술 문명 숭배로 인한 자연 상실은 곧 "고향상실"이며, 여기엔 인간의 기계에의 예속, 인간의 사물화, 인간과 사물의 상품화, 인간성의 상실, 톱니바퀴의 조직에로의 예속 등등 인간소외 현상의 극단화가 일어나고 있다.

이런 현상이 빚어진 원류는 말할 것도 없이 근대의 주체 중심주의와 형이상학이라고 하지 않을 수 없다. 근대는 특히—프랑크푸르트학파의 아도르노와 호르크하이머도 『계몽의 변증법』에서 잘 지적하듯이—"도구적인 이성(instrumentale Vernunft)"과 "계산적 사유(das rechnende Denken)"를 통해 세계와 자연을 인간의 손아귀에 넣어 지배하고 정복하는 태도를 보여왔다. 근대의 주체 중심주의와 형이상학은 인간의 이성능력에 대해 지나치게 낙관론을 펼쳐왔고,[26] 이러한 낙관론에 대한 믿음은 헤겔의 역사 변증법에서도 절정에 달해 있다.

특히 하이데거는 기술 공학과 실증 학문으로 만개한 형이상학이 사물과 존재자의 세계에 그의 절대적 지배를 감행함으로써 인류 정신사를 극단적인 '존재망각(Seinsvergessenheit)'의 세계로 굴러 떨어뜨리고 말았다고 경고한다.[27] [28] 과학기술 문명은 인간이 존재자 전체에 대하여

---

26 M. Heidegger, "Das Ende der Philosophie und die Aufgabe des Denkens", GA.14 *(Zur Sache des Denkens)*, 62쪽 참조.

27 M. Heidegger, *Vorträge und Aufsätze*, 71쪽 참조.

28 하이데거의 과학기술철학에 관한 논의는 한국하이데거학회의 학회지에 자주 게재되는 편이며, 학위논문의 주제로도 가끔 등장한다(이를테면 이병철, 『하이데거의 존재사유와 기술에 대한 물음』, 2007년 고려대학교 박사학위논문). 또 과학기술문제에 대

자신의 의지와 야욕을 관철시키기 위한 도구인 것이다. 오늘날 우리 시대의 상황을 하이데거는 그러기에 "궁핍한 시대(dürftige Zeit)", "세계의 암흑화", "대지의 황폐화", "신들의 도피", "세계의 암흑시대", "언어의 황폐화" 등으로 나타내고 있다.[29]

하이데거는 서구의 도구적 합리성에서 유래한 기술 공학의 전체주의적인 지배에서 인간의 "고향상실"을 목격한다. 그에 의하면 "현대인들은 기계의 소리를 마치 신의 소리로 여길 정도이다."[30] 절대화되고 또 신격화되었으며 일반화되어버린 과학기술 문명 속에서 이제 인류는 안락과 부를 가져오는 것만 '삶의 질'을 재는 척도로 여기고 있는 셈이다.

이러한 과정에는 정신의 황폐화, 학문의 시녀화, 환경 파괴를 향한 경쟁이 도사리고 있다. 그리하여 환경오염, 지구 온실효과, 기상이변

한 폭넓은 논의는 이기상 교수의 방대한 저술과 논문을 통해서도 확인할 수 있는데, 다음과 같이 열거한다. 『기술과 전향』(하이데거 지음, 이기상 옮김, 서광사, 1993), 「기술에 대한 물음」과 「해제(현대기술의 본질: 도발과 닦달)」, 『강연과 논문』(하이데거 지음, 이기상 · 신상희 · 박찬국 공역, 이학사, 2008), 「기술」, 『우리말 철학사전 제3집』, 『하이데거의 존재사건학』(서광사, 2003), 『존재의 바람, 사람의 길』(철학과현실사, 1999), 「하이데거의 현대기술 비판」, 『철학교육연구』 제25호, 한국철학교육학회, 1996), 「존재진리의 발생사건에서 본 기술과 예술」, 『하이데거의 철학 세계』(철학과현실사, 1997), 「기술시대의 예술」, 『삶 · 윤리 · 예술』(이문출판사, 1997), 「21세기 기술시대를 위한 새로운 가치관 모색」, 『가톨릭철학』(가톨릭철학회, 1999), 「존재역운으로서의 기술. 사이버시대에서의 인간의 사명」, 『하이데거 철학과 동양 사상』(철학과현실사, 2001), 「기술시대에서의 철학의 종말과 사유의 과제 — 하이데거의 기술에 대한 존재론적 고찰」, 『언론과 사회』 제11권 3/4호(성곡언론문화재단, 2003), 또 최근에 한국현상학회에서 발표한(2011. 12. 17.) 「현상과 미디어, 미디어와 커뮤니케이션에 대한 현상학적 고찰」(한국하이데거학회, 『존재론 연구』 제30집, 2012에 수록) 등에 이르기까지 많은 연구 업적을 기록하고 있다.

29 M. Heidegger, "Wozu Dichter?", *Holzwege*, 265-316쪽 참조.

30 M. Heidegger, *Der Feldweg*, 4쪽.

현상, 오존층 및 생태계의 파괴, 핵무기를 비롯한 고성능 살상 무기의 양산과 같은 악마적 현상을 인류는 거의 강제적으로 떠안아야 하는 결과를 초래했다. 이러한 참상은 과학기술 제일주의와 과학기술 전체주의에서 파생됨을 우리는 알 수 있다.[31] 이처럼 과학기술 문명에 갈채만 보내고 숭배만 하다가 인류는 대도(大道) 상실과 존재망각의 늪에 추락하고 있음을 잊고 말았다.

기술이 지배하는 시대엔 "모든 것이 기능화된다. 모든 것이 기능하고, 이 기능은 더 확장된 기능을 좇는다. 그리하여 기술이 인간을 (삶의 거처인) 대지로부터 내쫓고 뜨내기로 만든다. 「…」 우리는 이제 단순한 기술적 관계망 속에 있다."[32] 하이데거는 『슈피겔』지와의 대담에서 이제 전 지구를 규정하는 '기술'과 근세의 인간상[33]을 우리가 극복하기 어려운 지경으로 되어버렸다고 개탄한다.[34]

기술문명과 기술의 보편화로 말미암아, 기술의 절대적인 지배로 말미암아 각 문화가 갖고 있는 고유성은 상실되어가고 의미의 원천들은 고갈되어가며 고향의 친숙성은 예측불허의 무시무시한 미래로 미끄러져가게 되어 결국 우리의 삶의 토대는 침식될 위기에 처하고 말았다. 하이데거에게서 '고향상실(Heimatlosigkeit)'이라고 일컬어지는 이러한 현상들은 결국 우리의 삶에 의미를 부여하였던 고유한 존재 이해의 파괴를 뜻한다.

---

31 기술의 세계 정복 내지는 '기술의 지배'와 그 위기에 대해서 하이데거는 『기술과 전향』(*Die Technik und die Kehre*)에서 집중적으로 논의한다. 또한 후설(E. Husserl)도 그의 『위기』(*Krisis*)에서 기술의 세계 정복에 대해 심각한 우려를 지적한다.

32 M. Heidegger, "Nur noch ein Gott kann uns retten"(하이데거의 『슈피겔』지와의 대담), *Der Spiegel*, Nr. 23, 1976년 5월 31일, 206쪽.

33 근세에서부터 자연과학의 절대화와 인간 주체성의 극대화가 일어난 것을 말함.

34 M. Heidegger, "Nur noch ein Gott kann uns retten", 204-206쪽 참조.

따라서 우리는 기술과 기술문명이 존재망각과 내면적으로 밀접한 관계에 있음을 직시해야 한다. 그것은 기술이 '완성된 형이상학(die vollendete Metaphysik)'[35]이기 때문이다. 그러기에 우리가 앞에서 언급했던 기술 공학과 실증과학, 기술문명과 물질문명의 세계 지배를 하이데거적 용어로 바꾸어보면 그것은 '존재망각을 통한 존재자 지배의 완성'이라고 볼 수 있다.

하이데거는 서양철학사를 존재론의 역사 또는 형이상학의 역사로 보고, 이 역사의 주류는 '존재망각(Seinsvergessenheit)' 또는 '존재상실(Seinsverlassenheit, Seinsverlorenheit)'로 특징 지어진다고 본다. 하이데거에 의하면 이 '존재망각' 내지는 '존재상실'의 존재론, 즉 형이상학의 본질은 니힐리즘이며, 또 이 니힐리즘은 현대의 과학기술에서 그 절정을 이룬다는 것이다.

일방적인 과학기술 문명의 숭배와 형이상학 및 니힐리즘은 같은 연결 고리에 꿰여 있다. 존재망각에 필연적으로 동반되는 것은 다름 아닌 니힐리즘이다. 하이데거의 규명에 의하면 형이상학은 과학기술 문명의 꽃이고 니힐리즘은 그 열매인 것이다. 이 모든 것은 도가적인 의미로 거대한 작위의 굴레이고, 거대한 무위자연의 도(道)를 상실한 것이다. 그런데 엄격히 말하면 노장은 모든 과학기술을 부인하는 것은 아니었다[36]—하이데거의 경우처럼.

인류는 동서양을 막론하고 마법에 홀린 상태로 기술문명을 절대화하고 또 보편화하고 있으며 더 나아가 신격화하고 있다. 이제 인간의 안락과 부를 가져오는 것만 '삶의 질'을 재는 척도가 되는 셈이다. 모든

---

35 M. Heidegger, *Vortraege und Aufsaetze*, 76쪽.

36 김교빈·김시천 엮음, 『가치 청바지—동·서양의 가치는 화해할 수 있을까』, 웅진지식하우스, 2007, 302-316쪽 참조.

국가의 정부들은 이 기술문명으로 '선진국' 혹은 '강대국'을 만들려는 데 시녀 역할을 하고 있다. 그러나 국가도 개인도 이런 위기를 자신의 실존 문제와 연관시키지 못하고 있다. 국가로선 부국과 강대국이 되는 것만을 앞세우고, 개인으로선 안락과 부를 추구하는 데만 가치를 부여하기에 저런 위기를 심각하게 받아들이지 않는 것이다. 따라서 이러한 참상은 위에서 지적한 기술과 기술문명에서(또 이들은 근세부터의 과학 숭배 내지는 과학 제일주의와 연루됨) 파생됨을 우리는 알 수 있다.[37]

기술문명과 형이상학에 대한 강도 높은 비판과 '해체'가 하이데거의 사유 세계에 들어 있지만, 그렇다고 이러한 것이 그의 사유의 본질이라고 봐서는 안 된다. 물론 이러한 것은 그의 '존재사유'와 연관을 맺고 있다. 이러한 것은 그가 '존재사유'를 펼치는 과정에서 '존재망각'의 형태로 드러난 것이다. 김형효 교수는 하이데거의 이러한 기획을 잘 읽고서 이를 도가의 사상에도 적용시킨다: "하이데거의 철학이 그 자체 현대 문명의 추세에 대한 비판을 담고 있다고 해서 그것이 그의 사유의 본질에 속하는 것은 아니다. 이 점은 道家의 사상에 대해서도 적용됨 직하다."[38]

하이데거는 기술 공학과 형이상학에서 니힐리즘으로 이어지는 과정을 '존재물음(Seinsfrage)'의 지평에서 해명한다. 그는 이 존재물음이 세계사의 운명과 내적 공속성을 가진다고 역설하고 그 위기의 현상을 지적한다: "지구 위와 그 주변에서 세계의 암흑화가 일어나고 있다. 이

---

37 기술의 세계 정복 내지는 '기술의 지배'와 그 위기에 대해서 하이데거는 『기술과 전향』(*Die Technik und die Kehre*)에서 집중적으로 논의한다. 또한 후설(E. Husserl)도 그의 『위기』(*Krisis*)에서 기술의 세계 정복에 대해 심각한 우려를 지적한다.

38 김형효, 「道家思想의 현대적 독법」, 『道家哲學』, 제2집, 8쪽.

암흑화의 본질적 사건들은 신들의 도피,[39] 지구의 약탈, 인간의 대중화, 평균화(몰개성화)의[40] 우월이다. 우리가 세계의 암흑화를 말할 때의 세계란 무엇을 일컫는가? 세계란 항상 '정신적인(geistige)' 세계이다. [⋯] 세계의 암흑화는 가이스트의 무장해제를 내포하고 있고, 이 가이스트의 해체, 고갈, 곡해와 억압을 포함하고 있다."[41]

하이데거에 의하면 지구의 정신적 쇠망은 이제 인류가 최소한 이 쇠망을 들여다본다거나 어림잡을 수 있는 마지막 정신적 힘마저 상실해 버릴 위기에 처했다는 것이다.[42] 그렇다면 이러한 암흑화와 황폐화, 정신의 고갈과 상실에는 이미 니힐리즘이 깊숙이 들어와 있는 것이다. 그러기에 일방적인 과학기술 문명의 숭배와 형이상학 및 니힐리즘은 한 통속이고 같은 연결 고리에 꿰어 있다. 형이상학은 과학기술 문명의 꽃이고 니힐리즘은 그 열매인 것이다. 이 모든 것은 따라서 거대한 작위의 굴레이고, 이는 곧 거대한 피시스의 상실인 것이다.

---

39 신화를 과학적으로나 종교적으로가 아니라 우선 의미적으로 이해해야 한다. 이를테면 서양에서의 '숲의 요정'과 우리나라에서의 산신령의 존재에는 곧 산과 숲에 대해 인간이 근거 없는 절대권을 내세워 마구잡이식으로 침범하는 행위를 금지하는 **의미**가 들어 있다. 과학과 종교는 이러한 의미를 헤아리지 못하고 마냥 미신으로 몰아붙였다. 그러나 숲의 요정과 산신령을 죽인 과학으로 말미암아 오늘날 산과 숲이 무차별 정복당하고 있다.

40 특히 키르케고르를 비롯한 실존철학자들이 현대인의 질병으로 보는 것으로서 이러한 '평균화(das Mittelmaessige)' 및 '수평화(Nivellierung)'를 지적한다. 이 평균화와 수평화로 말미암아 인간의 고유성과 개성, 특수성이 침몰되어 몰개성과 무실존의 증상을 드러낸다는 것이다. 이러한 인간의 비본래성에 처한 현존재를 하이데거는 '세인' 또는 '혹자(das Man)'라고 칭한다.

41 M. Heidegger, *Einfuehrung in die Metaphysik*, 34쪽.

42 위의 책, 29쪽 참조.

3. 하이데거와 도가(道家)의 시원적 사유

하이데거의 철학적 대장정은 바로 “궁핍한 시대”와 “존재망각”으로 얼룩진 우리의 시대를 거슬러 시원적인 피시스가 살아 생동하는 존재사유를—이를 우리는 원초적 형이상학(Urmetaphysik)이라고 규명해도 무방할 것 같다—회복하는 것이다. 하이데거에게서의 이러한 피시스의 세계에로의 귀향을 도가(道家)의 철인들에게 적용하면 무위자연(無爲自然)의 도(道)에게로 귀향하는 것과 유사한 것이다. 노자와 하이데거의 탈-형이상학은 따라서 이러한 귀향을 통해 원초적 상태를 회복하는 것이 중요한 과제이다.[43]

어쩌면 “존재의 진리”가 살아 있는 “시원적 사유”의 상실은—종교적 의미만 고려하지 않는다면—에덴동산의 상실과 그에 따른 낙원의 추방과도 유사한 것이다. 그만큼 “존재의 진리”가 살아 있는 “시원적 사유”의 상실에 대한 고뇌와 그 회복의 문제는 하이데거의 사유의 노정에 중심적인 관건이 된다. 하이데거에 의하면 “존재의 진리”가 “아낙시만드로스에서부터 니체에 이르기까지”, 즉 형이상학의 긴긴 역사에서 은폐되어(verborgen) 있었다는 것이다.

존재의 진리를 사유하는 그런 숙고하는 사유(besinnliches Denken)는 물론 경화되고 정형화된 전통 형이상학에 만족할 수 없다. 물론 그렇다고 해서 이런 사유가 형이상학에 맞서서 적대하는 것은 아니다.[44] 존재사유는 “철학의 뿌리”(데카르트)라고 칭해진 형이상학을 잘라 없애

---

43 여종현 교수도 하이데거의 존재사유와 노자의 道 사유가 탈-형이상학의 차원에서 대화 가능함을 지적하고 있다: 여종현, 「휴머니즘의 脫-형이상학적 定礎(II)」, 『大同哲學』 제3집, 대동철학회, 1999, 153-154쪽 참조.

44 M. Heidegger, *Was ist Metaphysik?*, 9쪽 참조.

는 것이 아니라, 오히려 이 뿌리를 위해 흙을 파주고 땅을 일구어주어 건실하게 자라게 하는 것이다.[45]

하이데거의 전통 형이상학에 대한 이른바 "해체"는 존재를 망각하고 존재자의 세계에 안주한, 경화되고 정형화된 전통 형이상학을 해체하고 그 원초적인, 살아 생동하는 존재사유를 회복하는 것이다. 그러기에 하이데거의 사유는 전통 형이상학에 대한 극복과 존재 자체에 대한 회상(Andenken)이 주요 관건인데, 그의 『존재와 시간』을 비롯한 전 저술은 형이상학의 극복을 위한 노정이라고 해도 무리는 아닐 것이다.

그런데 이런 존재사유는 사유의 자의성에 의해서가 아니라 존재 자신이 사유에게로 다가오고(angehen) 사유를 맞이하여(treffen) 하나의 비약(Sprung)이 일어날 때 가능한 것이다.[46] 이 말은 인간의 사유가 존재에 비해 결코 우선적인 위치에 서 있지 않다는 것을 의미한다. 하이데거는 한마디로 "존재 자신이 사유에게 다가오는 것과 또 여기서 어떻게 존재 자신이 사유에게 다가오는지는, 결코 사유에게 우선권이 주어진 것도 아닐 뿐만 아니라 사유에게만 달려 있는 것도 아니다."[47]라고 한다.

그러기에 "사유는 존재의 소리에 순응(gehorsam)하면서, 이 존재에게서 존재의 진리가 언어에 이르게 되는 그런 말(das Wort)을 찾게 되는 것이다."[48] 이른바 시원적 사유도 하이데거에 의하면 "존재의 은총에 대한 반향인 것이다. 이 은총 속에서 '존재자가 존재한다'는 유일무이한 사건이 환히 밝혀지며 생기한다. 이런 반향이야말로 존재의 말 없는

45 M. Heidegger, *Was ist Metaphysik?*, 9쪽 참조.

46 위의 곳 참조.

47 위의 곳.

48 위의 책, 46쪽.

소리(lautlose Stimme)라는 그 말에 대한 인간의 응답인 것이다."[49]

하이데거는 마치 유럽의 고대 그리스에서 철학적 사유의 시원이 있었던 것처럼 멀고 먼 동아시아에서도 이러한—특히 하이데거가 주목한 것은 도가 사상이었다—시원이 있음을 간파하였다. 이처럼 동서양이 서로 다른 길을 걸어온 데에서 하이데거는 "서구와 동아시아 세계의 불가피한 대화"[50]가 궤도에 오를 수 있다고 보았다. 서로 다른 길은 낯선 길일 것이다. 그러나 이 길의 시원으로 올라가면 서로 판도라 상자의 뚜껑을 열지 않은, 말하자면 아직 형이상학과 존재망각이며 니힐리즘이 그 속에서 쏟아져 나오지 않은 원천의, 무죄한 피시스의 세계와 '본래적인' 세계가 있는 것이다.

하이데거는 오래전부터 서구 학문의 전통으로 굳어진 과학기술적 분석이나 체계화 내지는 논리화, 형이상학적인 흐름에 등을 돌리고서, 우리 시대와 전혀 다른 시원을 연 헤라클레이토스와 노자에 귀를 기울였다. 그의 사상길의 변화라고 할 수 있는 '전향(Kehre)' 이후, 또 인류의 삶을 뒤흔든 2차 세계 대전의 체험을 통해 파멸로 이끄는 인간 주체 중심주의와 인간의 작위성의 위태로움을 대면한 이후, 그에게 '시원적 사유'로의 귀환은 더욱 절실한 과제로 다가왔다.

이러한 과정에서 마치 새로운 이정표처럼 하이데거에게 횔덜린과 노자의 시적 통찰,[51] 헤라클레이토스와 노자의 시원적이고 피시스적인 사유의 길이 지평 위로 떠오른 것이다. "존재의 집(das Haus des Seins)"을 파수하는 언어와 시작(詩作)과 "숙고하는 사유(das besinnliche Denken)"가 다시 횡포 없는 권좌의 위치에 이르지 못하면 인간은 결국

49 M. Heidegger, *Was ist Metaphysik?*, 44-45쪽.

50 위의 책, 43쪽.

51 O. Pöggeler, *Neue Wege mit Heidegger*, 397쪽, 410쪽 참조.

자신의 삶의 거처로부터 내쫓기고 말 것('고향상실')이라고 하이데거는 경고한다.[52]

인류의 생존을 위협하고 혼돈 상태로 몰아넣은 2차 대전, 또 그 이후 오늘날에 이르기까지 방향을 잃은 인류 정신사를 염두에 두고서 『슈피겔』지의 대담자가 하이데거에게 "우리는 철학자에게 도움을 기대합니다. 물론 이러한 도움이 직접적이지 않고 간접적이어도 좋습니다."[53] 라고 했을 때 하이데거는 이젠 전적으로 "다른 사유(Das andere Denken)"[54]만이, 유럽의 전통 형이상학과는 다른 사유만이 구제로의 길을 열어 보일 수 있다고 한다. 무엇보다도 전통 형이상학은 지나치게 인간 중심주의, 주체 중심주의, 이성 중심주의에 치우쳐 있고, 경화된 개념과 범주의 틀을 통해서 인간의 발랄한 생명력과 자율성 및 디오니소스적인 정신을 억압하고 있는 것이다.[55]

주지하다시피 하이데거가 심혈을 기울인 철학의 과제는 '존재망각'과 니힐리즘, 현대의 과학기술 전체주의, 자연에 대한 무자비한 파괴, 극단적인 정신의 황폐화에 대한 위기 극복의 단초를 찾기 위해 서양 사상의 시원, 말하자면 이 모든 현상들이 형성되기 이전의(형이상학으로 굴러떨어지기 전의) 시원을 회복하는 것이다. 그는 "현대 기술 세계가 발생했던 동일한 장소로부터만 어떤 전환이 준비될 수 있다"고 진단하는데, 그것은 서구의 위기는 그 책임 소여가 있는 동일한 장소로 거슬러 올라가서 전환을 준비한다는 것이다. 그러기에 이 위기 극복에로의

52 M. Heidegger, "Nur noch ein Gott kann uns retten", 209쪽 참조.

53 위의 글, 212쪽.

54 위의 곳.

55 서구에서 니체와 하이데거를 필두로 하여 탄생되고 프랑스에서 꽃을 피우고 있는 해체주의도 결국 근대의 인간중심주의와 경화된 형이상학 때문이라고 해도 무리가 아닐 것이다.

전환은 "선불교나 그 밖의 다른 동양의 세계 경험을 수용하는 것을 통해서는 일어날 수 없다"는 것이다.[56]

이런 하이데거의 견해는 그러나 결코 동양의 사유가 그리 중요하지 않다거나 위기 극복에 큰 역량이 되지 않는다는 것은 결코 아니다. 그것은 서구의 전통에서 기인한 위기는 우선 무엇보다도 그 책임 소여가 확실한 동일한 장소로 되돌아가야 하며, 거기서 전환을 기획할 수 있다는 것이다.[57] 그것은 형이상학이 근본적으로 태동된 시점으로 "되돌아가는 걸음(Schritt zurück)"으로서 이 개념이 태동되고 "길러내어진 원천으로 되돌아가서 비판적으로 해체하는", 그래서 존재망각이 일어나지 않은, 존재사유가 생생하게 살아 있는 "시원적 사유"에로의 발걸음인 것이다.

그런데 하이데거의 "되돌아가는 걸음" 혹은 전향(Kehre: 反)은 도(道)의 근본적인 운동법칙인 "반자도지동(反者道之動: 근본으로 돌아간다는 것[反]은 도의 움직이는 법칙이다)"에 잘 천명되어 있다. 물론 하이데거가 그의 "되돌아가는 걸음"을 해명하면서 노자의 "반자도지동"을 반영하였는지는—그가 밝히지 않는 이상—알 수 없다. 아마도 이것 또한 하나의 "은폐된 출처"일 것으로 보인다.

"반자도지동"은 도(道)의 근원적인 운동 방식으로서 만물의 근원으로의 복귀와 존재역운적인 의미에서의 근원으로 되돌아감을 동시에 일컫는다. 『도덕경』 제16장에서는 만물이 자신들이 태어난 어머니의 태안으로(근원으로!) 복귀한다고 한다. 말하자면 자연에서 태어나 자연

---

56 M. Heidegger, "Nur noch ein Gott kann uns retten". 여기에 인용된 글은 박찬국, 『하이데거와 나치즘』, 문예출판사, 2001, 451쪽 참조.

57 이러한 태도가 바로 서구적 의미의 회개(metanoia) 개념이다. 잘못된 길로 들어선 곳으로 되돌아가 진정한 반성과 더불어 새롭게 출발하는 것이다.

으로 복귀하는 것이다. 이를 "천명(天命)대로 돌아간다"고 한다. 노자에 의하면 천명대로 돌아가는 것은 "영원불변의 법칙"이고, 이 불변의 법칙을 아는 것을 명찰(明察)이라고 하며, 이와 반대로 이 법칙을 알지 못하고 망동(妄動)하면 불행을 초래한다고 한다.

"근원으로 되돌아감"은 노자에게서 도의 작용이고, 하이데거에게서는 "존재의 역운(Geschick des Seins)"이다.[58] 그런데 "근원으로 되돌아감"의 그 근원은 무엇일까? 그것은 말할 것도 없이—노자가 "천하 만물은 유(有)에서 나오고, 유(有)는 무(無)에서 나온다."[59]고 한 것처럼—어머니의 태와 같은 무(無)이며, 하이데거에게서도 존재의 근원은 더 이상 "근거-없음(Ab-grund)", 즉 무(無)의 터전인 것이다.

근원으로 되돌아가는 "존재의 역운"은 어디로의 회귀를 가리키는가? 그것은 존재망각의 형이상학이 태동되기 이전의 시원에로의 회귀인 것이다. 실로 하이데거가 형이상학의 '완성(Vollendung)'이라고 할 정도로 과학기술 전체주의가 온 세계를 지배하고 있는,[60] 신들이 떠나버린 "궁핍한 시대(dürftige Zeit)"(횔덜린)이고 위험이 도사리고 있는 시대이며 니힐리즘이 지배하고 있는 시대이다. 고대 그리스에서 발원한 존재망각의 형이상학은 회귀(Schritt zurück)해야 하는 "존재의 역운"에 처한 것으로서, 그야말로 "반자도지동"만이 망동과 극도의 불행을 초

58 장중위안(張鍾元)도 노자 『도덕경』에서의 "근원으로 되돌아감"을 하이데거의 "존재의 운명(destiny of being)"이라고 규명하며, 이 "되돌아감의 운동을 이해하지 못하면 우리는 〈존재의 운명〉으로부터 벗어나게 될 것"이라고 한다: 張鍾元, 엄석인 옮김, 『道』, 민족사, 1992, 89쪽, 162-164쪽 참조.

59 남만성 역, 『노자도덕경』, 제40장.

60 장중위안도 "하이데거의 사상에서 되돌아가는 운동은 형이상학의 왕국으로부터 그의 본질적 근원으로 돌아가는 것이었다."고 한다: 張鍾元, 엄석인 옮김, 『道』, 89쪽, 166쪽.

래하지 않는 것이다.

하이데거의 "되돌아가는 걸음"엔—노자에게서도 마찬가지이겠지만—인위 조작적이고 작위스러운 것, 물신숭배, 비-본래적이고 인간주체 중심적인 것, 대도상실(大道喪失)과 존재 의미의 상실 및 '고향상실(Heimatlosigkeit)'에 대한 경고가 끊이지 않았으며, 나아가 이들을 극복하고서 본래성의 회복과 원초적 상태에로의 귀환을 갈구하는 의미심장한 메시지가 들어 있다.

하이데거에게서의 '존재상실(Seinsverlorenheit)'이란 용어는 노자에게서 '무위자연(無爲自然)'의 대도(大道) 상실과도 같은 맥락이다. 대도(大道) 상실을 나타낸 용어는 '대도폐'(大道廢: 『도덕경』 제18장), 실도(失道: 제38장), 무도(無道: 제46장)와 같은 용어가 있다. 대도(大道) 상실과 존재망각으로 인해 비-본래성의 늪에서 헤어나지 못하고 있는 실정이 인류사가 증언하고 있으며 시대가 깊어질수록 뚜렷한 증상이다. 그러나 저들의 시원적 사유는 우리로 하여금 죄 없는 피시스의 세계로, 때 묻지 않은 원초적 세계에로 향하게 하는 이정표를 제시한다.

노자는—훗날 하이데거가 '존재'를 통해 감행한 것과 유사한—시원적인 도(道)를 통해 그 전락한 유형의 부도(不道)와 비도(非道)며 무도(無道)와 실도(失道)를 지적한다. 날마다 전쟁했던 춘추전국시대에 대도상실 때문이라는 것을 노자는 주저하지 않고 주장한다. 온갖 작위(作爲)와 비본래적인 것은 도(道)의 시원성과 본래성을 그르치는 것이다. 노자의 무(無)와 무위의 사유며, 도구적인 합리주의에 대한 거부는 하이데거의 존재사유와도 상응하는 것이다.[61] 이미 그의 전기 사유에도 '존재론적 차이'라든가 탈형이상학이 명백하게 드러나 있다

61 Paul Shih-Yi Hsiao, in *Erinnerung an Martin Heidegger*, 127쪽 참조.

인간의 비참한 운명과 모든 세계사의 비극은 결국 인간의 작위성과 폭력, 무모함이 그 원인임을 숙고할 때, 저들의 사유에는 어떤 깊은 예지가 있음이 틀림없다. 인간중심주의 및 인간에 의해 만들어진 각종 제도, 관습, 예절 등등은 노자에게서는 큰 도(道)를 잃고 난 뒤에 빚어지는 현상이고 하이데거에게서는 존재를 잃고 난 뒤(Seinsverlassenheit, Seinsverlorenheit)[62] 일어나는 현상이다. 존재를 상실하고 난 뒤 사람들은 마치 존재자가 전부인 양 생각하고 온갖 대상적이고 사물적인 것을,[63] 자질구레한 제도나 학문이며 각종 인간중심주의적인 것들을 전방에 세운다.

도의 상실은 존재상실과도 거의 같아 노자와 하이데거에게서 그 사유의 유사성을 역력히 볼 수 있다. 『도덕경』의 18장에서 "무위자연의 큰 도(道)가 없어지니 인(仁)이니, 의(義)니 하는 것이 있게 된다"(남만성 역)고 노자는 말한다. 대도(大道)를 폐하고 나면 '인간적인 도(人道)'며 인의예지, 정의, 충효, 각종 사회제도며 학설과 지략 등이 등장한다는 것이다.

이런 노자의 역설적 표현은 마치 도둑이 없으면 울타리가 필요 없는 소이와 유사한 것이다. 도가의 도(道)와 덕을 따라 사는 사람은 그야말로 울타리가 필요 없을 것이기 때문이다. 그러기에 도가의 입장에서 보면 유교의 엄격한 정치 · 사회제도의 기초인 인의예지(仁義禮智)는 대도상실이나 대도망각에 따른 차선책에 불과한 것이다.[64]

---

62 M. Heidegger, *Über den Humanismus*, 26쪽; *Was ist Metaphysik?*, 19쪽, 41쪽.

63 하이데거는 이미 자신의 전기 사유에서 존재자의 세계에로 곤두박질한 현존재를 언급한다. 『존재와 시간』에서 "존재자의 세계에로 추락(Verfallenheit an das Seiende)"한 '혹자(das Man)'는 '비-본래적인' 모습을 하고 있다.

64 공자와 유가의 인의예지 사상을 도가와의 관계에서 논의한 것에 대해서는 張鍾元, 엄석인 옮김, 『道』, 155-156쪽, 238-239쪽 참조.

죄짓는 사람이 없다면, 범죄가 사회에 우글거리지 않는다면 복잡한 법망들이 필요 없을 것이다. 상식적으로도 우리는 오늘날 법망이 팽배한 이유가 갖가지 범죄가 많기 때문이라는 것을 안다. 이런 끔찍한 이유 때문에 도가는 유교의 정치·사회제도의 기초인 인의예지를 비판했던 것이다. 더욱이 당대엔 이런 이념이 절대적 위치를 차지했지만, 춘추전국시대의 혼란이 가중되었다는 것은 참으로 아이러니가 아닐 수 없다.

많은 사람들, 특히 유교로 오리엔테이션이 된 사람들과 유가들은 펄쩍 뛰며 놀랄 것인데, 그것은 유교가 절대화시키는 이러한 덕망들이 왜 부정적이냐는 것이다. 일단 우리는 노장이 단순한 단견으로 그렇게 하지 않았음을, 춘추전국시대의 상황을 떠올려야 하고, 특히 노장의 논증에 귀를 기울일 필요가 있다. 무엇보다도 대도상실 이전의 상태를—적어도 노장은 이런 대도상실 이전의 상태가 어떤 유형의 것인지 몸소, 또 예화를 통해 충분히 보여주었다고 여겨진다—충분히 이해하고 수긍하는 자들은 동의할 것으로 보인다.

물론 도가의 무위사상에 전혀 유위(有爲)가 없는 것은 아니다. 그야말로 무위를 실행하여 천하가 잘 다스려져야 한다면, 모종의 유위가 개입되는 것이다. 대도상실 이후에 차선책들로 전전긍긍하기 이전에, 즉 수습하기가 쉬울 때에 하라는 것이다. 쉬캉성(許抗生, 허항생)은 이러한 유위의 현태를 절묘하게 표현하고 있는데, 그는 이를 노자의 "무위사상 속의 적극적 유위사상의 한 측면이다"라고 하면서, "쉽게 할 수 있을 때에 하면 작은 노력으로 큰 효과를 거둘 수 있다. 요점은 '생기기 전에' 하고 '혼란스러워지기 전에' 다스린다는 데 있다."고 한다.[65]

---

65 許抗生, 노승현 옮김, 『노자철학과 도교』, 예문서원, 1995, 55쪽.

노자는 여기서 마치 하이데거가 '존재상실'을 한탄하듯 도(道)의 상실(失道: 제38장)과 무도(無道: 제46장)며 비도(非道)를 지적한다. 인간은 도(道)를 잃어버리고 세계를 물화(物化)하고서 '스스로 그러함'의 자연(自然)을 척도로 삼지 못하고 있다. 그러기에 세상엔 부자연, 작위, 자기중심주의, 예의범절, 관례, 출세와 감투를 위한 학문, 각종 명분논쟁 등이 판을 치게 되는 것이다.

하이데거의 끊임없는 전통 형이상학 비판에는 존재의 실체화 내지는 사물화에 대한 강력한 경고가 들어 있고, 나아가서는 철학의 경직화와 개념화를 막으려는 시도가 들어 있다.[66] 하이데거와 노자의 시대적 간격을 어느 정도 고려하면, 노자도 사람들이 도(道)를 상실해버리고서[67] 비-본래적인 것들을(이를테면 유가적 학문이나 체계, 도덕, 예의범절 등등) 잡고 마치 이것이 전부인 양 착각하는 것을 질책하는 데에서, 또한 약삭빠른 지식이며 꾀며 교활함을 거부하는 데에서—이러한 것들을 하이데거적인 용어로 전통 형이상학적인 태도라고 한다면—하이데거의 형이상학 비판과 유사한 동기를 갖고 있다고 볼 수 있다.

이른바 "성스러움을 끊어버리고 지식을 버려라"[68]는 노자의 주장은 『도덕경』의 문맥을 읽으면 알 수 있겠지만, 권력 쟁취와 입신출세에 얽매이는 당대의 유교적 지식 세계를 질타하고 있는 것이다. 절대 권력의

---

66 장쓰잉(張世英)은 그의 논문 「하이데거와 도가」(『신학전망』 156호, 광주가톨릭대학교 신학연구소, 2007, 114-119쪽)에서 "하이데거의 탈형이상학과 老莊의 형체를 넘어선 道"를 적절하게 지적하고 그 유사성을 논의하고 있다. 이러한 무형(無形)과 함께 무물(無物)의 사상도 하이데거의 탈형이상학과 연계될 것으로 보인다. 장쓰잉은 하이데거가 "서양 철학사에서 전통 형이상학을 체계적으로 반대한 첫 번째 철학자이다."(앞의 글, 115쪽)라고 하는데, 이는 하이데거의 사유에 견주어 볼 때 무리한 주장이 아니라고 보인다.

67 남만성 역, 『노자도덕경』, 제18장, 제41장 참조.

68 위의 책, 제19장 참조.

지위에 오른 성인, 유교의 인의예지, 온갖 기교와 지식 등이 질타되고 있는 것이다. 무지(無知)에 대한 노자의 주장은—장자에게서도 유사하게 읽을 수 있지만—그러나 모든 지식에 대한 부정을 일삼는 것이 결코 아니다. 노자는 백성이 백치와 같이 지식의 동공(洞空) 상태에 처하도록 하는 그런 우매한 "우민 사상"을 펼치지 않았다. 그가 무지를 통해서 드러내고자 하는 것은 편견이나 이해타산적인 지식, 인간을 얽어매는 지식, 교활하고 약삭빠른 지식과 기교(技巧) 같은 것들이다.

이런 노자의 사유는—마치 하이데거가 존재사유에 이르지 못하는 학문과 지식의 세계를 질타하듯이—지식보다 더 높고 순수한 차원의 사유를 지향하기 때문이다. 노자에게서의 도(道)와 무(無)에 대한 성찰과 하이데거에게서의 '존재'와 '본래성' 및 '탈존'에 대한 사유(철학)는 지식과 이론을 중심으로 하는 과학(학문)보다 더 심오하며, 철학은 결코 과학(학문)적인 이론과 개념의 범주로 측정될 수 없는 것이다. 과학과 지식은 인간을 '본래성'과 '존재가능' 및 도(道)와 무(無)에 이르도록 할 수는 없다.

그러기에 만약 도가의 도(道)를 체득하고자 한다면—하이데거에게서 "본래성"이나 존재경험도 마찬가지이겠지만—단순한 지식과 학문적(과학적) 방법에 의존해서는 불가능한 것이다. 지식은 속성상 추구하면 할수록 더 많이 추구되어야 할 지식이 탄생되는 것이다.[69] 말하자면

---

69 어떤 과학자는 과학의 발전이 오히려 종교의 사유를 확고히 한다는 역설적인 주장을 펼쳐 보인다: "오늘날 인간의 과학이 발전했다고는 하지만 우리는 아직 한 알의 세포는커녕 그 세포 속에 산재해 있는 엽록체 하나 만들어내지 못한다. 이토록 복잡하고 고도인 생물, 그리고 사회, 이들이 우연히 이 세상에 생겨났다고 생각할 수 있겠는가? '과학이 발전되면 될수록 종교적인 사유는 더욱 확고해진다'고 생각하는 저자는 과학을 다룰 자격이 없다는 꾸지람을 달게 받아들여야만 하는 것일까."(岩波洋造, 심상칠 역, 『光合成의 世界』, 전파과학사, 1978, 223쪽). 그런데 오늘날 세포 속의 유전자가 발

아무리 지식을 무한하게 추구해도 도(道)나 '존재'를 체득할 수는 없다. 그러기에 지식에 대한 끝없는 욕구는 도(道)에 대한 깨달음이 아니라 끝없는 지식 추구 과정에서—욕구충족이 끝없지만 사람은 죽게 되므로—정지될 따름이다.

그러기에 장자도 "우리의 삶(生)에는 끝이 있지만 앎(知)에는 끝이 없다. 끝이 있는 것으로써 끝이 없는 것을 쫓으면 위태로울 뿐이다. 그런데도 알려고 한다면 더욱 위태로울 뿐이다(吾生也有涯, 而知也无涯. 以有涯隨无涯, 殆已. 已而爲知者, 殆而已矣)."[70]라고 한다.

그런데 노자도 이미 『도덕경』의 제48장에서 위학(爲學)과 위도(爲道)를 구분하여 전자는 날로 늘려가는 학문을 하는 것이고 후자는 날로 덜어가는 도를 추구하는 것이라고 한다. 그런데 도가에서 위학은—이강수 교수가 명나라의 학자 초굉(焦竑)을 통해 해명하듯이—그것을 통해 지식을 구하려는 것이고, 지식이란 "외부 사물들을 대상화하여 얻을 수 있는 사물·사건들에 대한 앎을 뜻한다."[71] 또한 하상공(河上公)은 노자의 당대를 참작하여 노자의 위학 개념을 밝히는데, "학(學)은 정치·교화·예악에 관한 학문을 일컫는다."[72] 그런데 이토록 날로 늘려가야만 하는 운명에 처한 위학과는 달리 위도는 날로 덜어가면서 일체의 사물과 사건들의 근본을 밝히고 이해하려는 것이다.

도가와 유사하게 하이데거도—양자 사이에 정도의 차이는 있겠지만—과학적(학문적) 지식을 반대하는 것이 아니라, 이런 지식으로는

견되었다면, 지식의 세계는 더 추구될 사항이 없다고 여겨지는가? 아니다! 더 역설적으로 추구되어야 할 지식은 자꾸만 늘어나는 것이다.

70 안동림 역주, 『莊子』, 현암사, 2010, 「양생주」 제1장, 91쪽.

71 이강수, 『노자와 장자』, 도서출판 길, 2009, 47쪽.

72 여기선 이강수, 『노자와 장자』, 48쪽.

"본래성"과 "탈존" 및 존재 이해에 도달할 수 없다는 사실을 천명한다. 그러기에 하이데거는 본래성이나 존재 체험을 위해서 오히려 "무(Nichts)"와 "불안" 및 죽음에 대한 깨달음의 세계에 진입해야 한다고 한다.

노장도 비본래적 세상 사람(俗人)이나 "물(物)에 사로잡힌 사람"(장자)의 차원을 넘어 도(道)를 관조할 수 있는 "현람(玄覽)"(『도덕경』 제10장), 즉 현묘한 거울의 상태를 갖춰야 한다고 한다. 여기서 현람은 인간의 마음이 허정(虛靜)한, 즉 "자신을 최대로 비워서 맑고 고요한 상태를 확고히 하는 상태(致虛極 守靜篤)"(『도덕경』 제16장)이다. 이는 장자가 도(道)를 획득하기 위한 수양 공부를 "심재(心齋)"와 "좌망(坐忘)"이라고 한 것과도 유사한 이치다.[73]

그러기에 노자의 현람과 장자의 심재좌망, 나아가 하이데거의 "무(Nichts)"와 "불안" 및 "죽음에로의 선주(先走, Vorlaufen zum Tode)"와 같은 용어들의 공통점은 이들이 모두 학문적 지식이나 이론 및 형이상학에 의존하지 않고 삶의 체험 가운데서의 직관(直觀)에 의해 심원한 경지에 이름을 천명하고 있는 것이다.

그런데 하이데거에 의하면 니힐리즘의 극복은 이 형이상학의 시원으로 되돌아가서 이를 '감내하며 이겨내어야(verwinden)' 하는 것이다.[74] 이는 형이상학의 근거에로 되돌아가서, 존재를 오로지 '존재하는 것'으로 잘못 파악한 스캔들이 탄생된 장소로, 즉 형이상학 자신이 존재자의 지배와 기술 · 학문 · 논리의 미로로 끌려들어간 지점을 찾아내어 이를 극복하고('형이상학의 종말') '다른 시원에로의 변환(Übergang zu ei-

73 안동림 역주, 『莊子』, 「인간세」, 「대종사」 참조. 이강수, 『노자와 장자』, 145-166쪽 참조.

74 M. Heidegger, *Wegmarken*, 408-411쪽 참조.

nem anderen Anfang)'[75]을 성취하며 새로운 미래를 여는 것을 의미한다.

우리는 꽃핀 니힐리즘에 대해 경고를 한다거나 한탄만 할 것이 아니라 이 니힐리즘을 꿰뚫고 은폐 속에 밀어버린 존재 자체와 새로운 관계를 맺어야 할 것이다. 존재의 전적인 은폐를 경험하게 하는 니힐리즘은 그러나 역설적이게도 (따라서 철저한 니힐리즘의 경험은) 은폐 가운데에 처해 있는 존재 자체에로의 입구를 찾게 하는 기회를 부여하는 것이다. 즉, 이 니힐리즘의 경험 가운데에 은폐가 곧 존재 자체의 본질적 특징으로 드러나는 것이다. 그래서 하이데거는 "위험이 도사리고 있는 그곳에 구제의 힘도 함께 자란다."는 횔덜린의 시(詩) 구절을 자주 언급한다. 하이데거에 의하면 서구철학사에서 저러한 존재의 자기은폐를 꿰뚫어본 철인이 헤라클레이토스다. '존재'의 그리스적 표현인 피시스는 '스스로 은폐하는(κρύπτεσθαι)' 속성을 갖고 있다.[76]

니힐리즘의 극복이 인류의 역사적 운명이라면, 이 공허한 니힐리즘의 반대편에 우리의 원초적 고향과 죄 없는 피시스의 세계가 있다면, 우리는 저 '어두컴컴한' 철인 헤라클레이토스의 사유에서, 수많은 세월이 지난 후에 이 진리를 되찾은 하이데거의 사유에서, 또 무위자연을 역설하는 도가에게서 그 힌트를 엿볼 수 있다.

우리는 이 장(章)에서 노자와 하이데거의 '시원적 사유'가 어떠한 성격을 갖는지 짐작했고, 또 이러한 '시원적 사유'를 상실하고 나면 어떠

---

75 M. Heidegger, *Vortraege und Aufsaetze*, 79쪽. 또 다른 곳에서 하이데거는 "우리의 역사적이고 정신적인 현존재의 시원을 다시-불러들여(wieder-holen) 이 시원을 다른 시원으로 변화시켜야 한다"(*Einfuehrung in die Metaphysik*, 29쪽)고 역설한다. '시원적 사유'에 관한 포괄적 논의는 *Beitraege zur Philosophie*(GA.65), §20~§31 참조.

76 헤라클레이토스의 『단편』, 123. 또한 우리가 앞에서 지적한 대로 도(道)가 무명(無名), 무물(無物), 무형(無形)이라는 데에서 우리는 도(道)의 은폐성을 볼 수 있다.

한 현상이 빚어지는지에 대해서도 감지할 수 있었으리라 여겨진다. 우리는 이 '시원적 사유'에서 한편으로 우리 인류의 미래에 던지는 경고장을 읽을 수 있었고, 또 다른 한편으로 이 '시원적 사유'에서 노자와 하이데거가 탈선한(大道를 상실하고 존재를 망각한) 사유며 사상과 문화를 거슬러 어떤 원초적이고 본래적인 세계로 안내하는 이정표를 제시하고 있음을 읽을 수 있었다.

10

도와 존재의 언어철학

1. 현대의 언어철학과 하이데거의 언어 사유

1) 언어철학 서론

"언어철학"이라는 분야는 주지하다시피 현대에 탄생된 철학의 한 분야이다. 물론 길고 긴 철학사에서 언어에 대한 관심이 적었던 것은 아니다. 이미 기원전 6세기경의 고대 그리스와 동시대의 노자에게서 언어는 첨예하게 다뤄지고 있었다. 물론 현대의 언어철학은 저들 고대 철인들과는 무관하게 독자적으로 발전된 것으로 보인다. 그러나 시대적 구분을 떠나서 언어가 철학의 주요 쟁점이 되는 것은 자명한 사실이다. 더욱이 하이데거는 시원적 언어의 의미를 고대 그리스의 로고스 개념에서 찾았고, 또한 노자는 인간의 일상적 언어가 아닌, 도(道)에서 발원하는 언어의 심층적 의미를 폭넓게 받아들이는 차원에서 고대 철인들의 언어철학이 결코 피상적이지 않음을 우리로 하여금 목격하게 한다.

잘 알려져 있듯 현대의 언어철학은 철학의 주요 분야를 차지할 정도로 크게 부각되었다. 소위 분석철학은 다른 말로 "언어분석철학"이며, 특히 비트겐슈타인은 언어의 의미론(semantics)과 화용론(pragmatics)에 막대한 영향력을 발휘하였다.[1] 이에 비해 프랑스에서는 언어 자체의 내적 구조 연관성을 주시하고, 언어에 대한 전통적인 실체론의 의미론(즉 언어의 의미를 그것이 지시하는 대상과의 일대일 대응 관계에서 규명하는 이원론적 실체론)을 허물고 언어적 체계 전체와의 연관성 속에서 발견하려는 (포스트)구조주의 및 포스트모더니즘이 언어철학을 대변하고 있다.

언어 자체의 의미를 크게 부각시킨 영미 분석철학과 프랑스의 (포스트)구조주의와 포스트모더니즘이 언어를 근간으로 새로운 사유의 세계를 펼친 것은 근대 철학에서 현대 철학으로의 이행을 그야말로 "언어론적 전향(linguistic turn)"[2]이라고 규명해도 결코 무리가 아닌 것으로 보인다.

영미 분석철학과 현대논리학 및 언어철학에서는 "언어의 의미"에 초점을 두는 의미론과, 언어가 세계 내에서 어떻게 사용되는지, 즉 언어와 세계의 관계에 초점을 맞추는 화용론이 크게 부각되고 있다. 전자는 인간 세상에서 사용되는 자연언어를 형식화하고 체계화하는 경

---

1 이런 맥락에서 비트겐슈타인은 소광희 교수에 의하면 "현대 언어철학의 중심적 인물로 간주되고 있다." 소광희, 「논리의 언어와 존재의 언어」, 『하이데거의 언어사상』(『하이데거 연구』 제3집, 철학과현실사, 1998), 16쪽.

2 R. Rorty, *The linguistic turn*, University of Chicago Press, 1967, 8쪽 참조. 이 외에 Gattei, Stefano의 *Thomas Kuhn's "Linguistic Turn" and the Legacy of Logical Empiricism* (Ashgate Pub. Co., 2008)도 현대의 "언어론적 전향"에 대해 폭넓게 논의하고 있다.

향이 강한데, 언어분석철학과 논리실증주의가 특히 이를 선호하고, 현대의 "컴퓨터 언어(computer linguistic)"는 이러한 바탕에서 잘 발달된 것이다.

이런 경향과는 달리 후자(화용론)는 언어를 인간의 삶과 분리될 수 없는 현상으로 보고 언어의 의미와 인간의 언어 사용 사이의 관계, 나아가 언어가 사용되는 문맥과 이 언어 사용에 의한 인간의 행위에 관해 고찰한다. 언어는 인간의 삶과 분리될 수 없기에, 화용론은 언어의 역사성을 중시하는데, 그것은 언어가 우리에게 전승된 역사의 총체이고, 인간의 삶의 모든 것이 여기에 다 침전되어 있기 때문이다. 언어를 통해 인간에게 우선적인 세계의 의미지평이 열리기에, 우리가 언어를 사용하고 말한다고 하기보다는, 오히려 반대로 언어가 우리를 사용하고 또 우리를 통해 말한다고 보아야 할 것이다. 이러한 시원적 로고스에 입각한 언어 해석은 하이데거의 존재 언어에서 밝혀진다.

그렇다면 후기 비트겐슈타인이 천명하듯 자연언어를 형식화하고 체계화하며 이론화하는 작업을 통해 이해하려는 관점은 오히려 살아 생동하는 언어의 본질에 대한 왜곡이고, 언어의 역사성과 시간성을 마비시키는 것과 같은 소이이다. 인공언어와 이상 언어(ideal language)에서 해방된 자연언어는 자신의 고유성과 독자성 및 생동성과 불변성을 되찾게 될 것이다. 그야말로 언어는 "진위의 테두리 안에 가두어서 다루어질 성질의 것이 아니라 삶의 생생한 현장에서 고찰되어야 할 것이다."[3]

---

3 소광희, 「논리의 언어와 존재의 언어」, 『하이데거의 언어사상』, 27쪽.

2) 언어분석철학과 비트겐슈타인의 언어철학[4]

현대 유럽 철학은 한편으로 실존철학과 현상학 및 이 현상학을 방법적 모델로 하여 발전한 해석학이 유럽 대륙에서 주류를 이루고, 다른 한편으로 분석철학과 또 이 분석철학을 기반으로 발전한 논리실증주의 혹은 신실증주의(Neupositivismus)가 영미를 중심으로 주류를 이루어, 이들 양자의 버팀목에서 구축된 것으로 보아도 무리는 아닐 것이다.

그런데 후설에게서 출발하는 현상학은 의식에 직접 주어지는 사태(Sache), 즉 언어 이전의 의식적 삶의 영역을 성찰의 대상으로 삼는 반면에, 분석철학은 그 무엇보다도 언어적 현상 자체를 사고 대상으로 삼는다는 점에서 서로 차이점을 보인다. 분석철학에서 분석의 대상은 그러나 어떤 사물이나 심리적 현상이 아니라, 이것들을 지칭하는 언어이며 분석의 방법 또한 현상적 혹은 실험적 방법이 아니라 논리에 의한 언어분석적 방법이다. 그러기에 현상학이 "사태 자체에로(zur Sachen selbst)"를 토대로 삼았다면, 분석철학은 "언어 자체에로"가 주요 관건이다.[5]

언어분석철학자들은 인간의 삶에서 일어나는 모든 것을 언어적 기호로 환원할 수 있다는 낙관적 태도를 지녔었고, 이 언어적 기호들 간의 논리적 일치성과 또 이 언어적 기호가 지시하는 대상과의 일치성 여부가 곧 의미 성립의 절대적 기준이 된다고 보았다. 이러한 언어분석철학은 과학적 정확성과 엄밀성이란 이념에 경도되어 우리의 사유와 언어

---

4 영미 분석철학과 비트겐슈타인의 언어철학에 대한 개요에 관해선 소광희, 「논리의 언어와 존재의 언어」, 『하이데거의 언어사상』, 16-28쪽 참조; 이승종, 「하이데거의 고고학적 언어철학」, 『하이데거의 언어사상』, 122-132쪽 참조; 김영필, 『현대 철학의 전개』, 이문출판사, 1998, 65-72쪽 참조. 비트겐슈타인의 언어와 논리철학에 대한 폭넓은 해석은 이승종, 『비트겐슈타인이 살아 있다면』, 문학과지성사, 2002 참조.

5 김영필, 『현대 철학의 전개』, 66쪽 참조.

를 바탕으로 하는 소통을 논리적 자명성의 형식 속에 묶어 넣을 수 있다는 낙관적 태도에서 언어 지상주의의 모습을 드러내었다.

이러한 언어 지상주의에 의하면 모든 언어는 확정된 동일한 의미를 가지고 있고, 언어와 대상 사이에는 고정된 일대일 대응 관계가 성립한다는 주장이다. 말하자면 비트겐슈타인이 천명하듯 "실재는 명제와 대응된다."[6]는 것이다. 비트겐슈타인의 전기 사유는—러셀과 함께 추진한—논리적 원자론(logical atom theory)으로 특징지을 수 있다. 이때 의미 문제 역시 "의미 지시설(referential theory of meaning)"의 입장을 나타낸다. 즉 의미 있는 문장은 사태(Sachverhalt)에 대한 주장을 담고 있는 명제이다.[7]

이런 사태들의 연결을 비트겐슈타인은 사실(Tatsache)이라고 불렀다. 이를테면 "갑돌이는 학생이다."는 사태이고, "갑순이는 선생이다."도 사태인데, "갑돌이는 학생이고 갑순이는 선생이다."는 사실이 된다. 여기서 각각의 사태는 요소명제이고, 사실인 복합명제의 참과 거짓은 요소명제의 참과 거짓에 따라서 결정된다.[8] 이런 결과를 바탕으로 비트겐슈타인은 "모든 참되게 주어진 요소명제들은 세계를 완전하게 기술(記述)한다. 모든 요소명제들이 주어지고, 이것에 더불어 이 명제들 중에서 어느 것이 참이고 어느 것이 거짓인지 주어지면, 세계는 완전히 기술된다."[9]고 한다.

비트겐슈타인의 호언장담은 그의 『논리-철학 논고』에 자주 드러난

---

6 L. Wittgenstein, *Tractatus logico-philosophicus*, Suhrkamp: Frankfurt a.M., 1971, 4.05: "Die Wirklichkeit wird mit dem Satz verglichen."

7 위의 책, 2.01 참고: "Der Sachverhalt ist eine Verbindung von Gegenständen(Sachen, Dingen)."

8 위의 책, 4.4, 4.41 참조.

9 위의 책, 4.26.

다. 그는 한마디로 철학은 이제 끝났으며 자연과학과 그것을 형식언어로 명료하게 표현하는 일만 남았다고 선언한다.[10] 이런 비트겐슈타인의 선언에 대해 논리실증주의와 비엔나학파(Wiener-kreis)는 열광했다. 그러나 자연언어에 대한 형식언어의 승리 타령은 곧장 끝나버리고 말았다. 세계가 그토록 호락호락하게 기술되지 않음은 비트겐슈타인의 후기 사유가 스스로 증명해주기 때문이다.

"의미 지시설"에 입각한 의미 있는 문장은 사태에 대한 그림이 그려지는 것이다. "그림은 실재의 모델이다. … 그림은 사실이다."[11] 명제는 "실재의 그림"이고, 어떤 그림도 그 그림이 나타내려는 사태와 일대일의 대응 관계에 놓여야 한다. 그러기에 이런 의미 지시설에는 원천적으로 형이상학(을 비롯해 신학, 윤리학, 미학 등)이 끼어들 수 없는 것이다. 이런 비트겐슈타인의 전기 사유는 논리실증주의와 비엔나학파에 지대한 영향을 미쳤다. 철학은 수다한 사이비 문제를 야기하는 언어 혼란을 치유하는 과제를 떠안아야 한다는 그의 주장 역시 언어분석철학의 정신에 깊이 동조한 것으로 보인다.

논리적으로 검증 가능하지 않으면 모든 것이 무의미한 것이라는 비엔나학파의 신실증주의적인 선언은 당대에 과학 제국주의와 논리실증주의가 절정에 달해 있었을 때 비엔나로부터 내려진 일종의 선전포고였다. 여기서 비엔나 정신은 다름 아닌 논리실증주의와 과학주의 정신으로서 그 명령은 모든 사유가 언어적 사유여야 하며, 그 무엇이든 언어라는 틀에 담아낼 수 없는 것은 무의미하다는 언어 지상주의적 선고인 것이다. 그렇다면 철학이 마침내 언어의 틀에 감금되는 것은 아닌

---

10 L. Wittgenstein, *Tractatus logico-philosophicus*, 6.52~6.53 참조.

11 위의 책, 2.1~2.141 참조.

지, 혹은 철학이 통째로 언어학으로 변질되거나 언어의 식민지로 전락되는 것은 아닌지 의혹스러울 따름이다.

엄격한 검증 원리로 철학을 규격화하고, 이 규격에 맞지 않으면 폐기 처분하겠다는 발상은 그러나 — 소광희 교수가 지적하듯이 — 철학의 제1원리에 대한 거부와 철학의 자기 부정을 일삼아야 하는 결과를 초래하게 된다: "철학이란 상식이나 개별 과학이 다루는 경험적 대상들을 넘어서 묻는 학문이요, 그러기에 초월적 탐구라고 일컬어지기도 하거니와 그 명제들은 경험적으로 검증되지 않는다. 검증 원리를 기준으로 한다면 신학, 형이상학, 윤리학, 신화학, 문학, 시(詩) 등은 무의미한 말장난에 불과하다는 철학의 자기 부정을 선언해야 한다. 순수성을 찾다가 자기를 죽이고 만 것이다."[12]

비트겐슈타인은 그러나 비엔나 정신으로부터 벗어난다. 그의 철학은 자신의 의도와는 관계없이 비엔나학파와 논리실증주의에 막대한 영향력을 입히지만, 오랜 침묵 끝에 자신에 의해 큰 전환을 맞게 된다. 그는 무어와 러셀과 함께 추진한 논리실증주의와 결별하고 일상 언어로[13] 전환하며 전기의 "논리적 원자론"에 비판을 수행한다. 이러한 비트겐슈타인의 전환은 마치 칸트의 "코페르니쿠스적 전환(Kopernikanische Wende)"이나 하이데거의 "전향(Kehre)"과도 비길 만한 사상적 전환이다. 그러기에 그의 철학은 통상 전·후기로 나눠진다.

오랜 공백기 동안의 뼈저린 성찰에는 자연언어를 길들이기 위해 이

---

12 소광희, 「논리의 언어와 존재의 언어」, 『하이데거의 언어사상』, 21쪽. 필자가 생각하기로는 이미 칸트의 도식주의(Schematismus) 인식론에도 지나친 철학의 과학화가 일어났고, "낡은 형이상학"이란 미명하에 초경험적이고 초월적인 문제들이 폐기 처분되는 위기를 맞은 것으로 보인다.

13 비트겐슈타인의 후기 사유는 소위 "일상 언어학파" 혹은 "옥스포드학파"를 탄생시키는 데 획기적 기여를 하였다.

를 기존의 형식언어의 틀에 가두기보다는, 즉 자연언어를 형식언어의 틀에 넣어 단순 규격화하기보다는 오히려 형식언어를 자연언어처럼 확장하고 자연언어의 본성에 맞는 형식언어를 개발하는 것이 더 온당한 것으로 여겨진 것이다. 비엔나학파와 논리실증주의자들이 비트겐슈타인의 저서 『논리-철학 논고』에 취해 있었을 때, 그는 논리실증주의의 환상에서 도피하여 언어를 형식이 아닌, 실천과 결부시키고 우리의 삶과 행위에 연결시켰다. 이제 언어 표현의 의미는 의미 지시설에서가 아니라 일상 언어적 표현의 쓰임새(use), 즉 화용론에서 찾는 것이다.

언어는 마치 우리의 생활 속의 도구들이 각각 고유한 기능을 갖고 있듯이 고유한 쓰임새가 있다. 이 쓰임새가 비트겐슈타인의 후기 언어철학에서 언어의 의미를 구성하는 것이다. 즉 언어를 그 쓰임새에 알맞게 사용하는 방법이 의미를 구성하는 결정적인 관건인 것이다. 말하자면 한 단어나 문장의 의미는 그것이 무엇을 지칭하는지(의미 지시설)에 의한 것이 아니라 어떻게 쓰이는가에 달려 있는 것이다.

이를테면 우리가 호미로 나무를 벨 수 없고, 톱으로 땅을 파내지 않듯이 언어 또한 고유한 기능과 쓰임새가 있는 것이다. 언어를 그 쓰임새에 맞게 사용하는 것을 "언어 게임(language-game)"이라고 한다. 그런데 비트겐슈타인이 전기 사유에서 심취했던 인공언어는 언어 사용에서 자연언어를 자신의 규격과 틀에 가두는 것이었기에, 심각한 왜곡과 억지를 부렸던 것이다. 왜냐하면 인공화된 "이상 언어(ideal language)"는 우리의 복잡한 삶의 형식을 표현하고자 할 때 사실을 사실대로 진술하고 주장하는 데에는 근본적인 한계에 봉착하기 때문이다.

이러한 인공언어의 한계를 극복하기 위해서 비트겐슈타인은 "의미 용도설(use theory of meaning)"을 제안한다. 그는 전기 사유의 『논리-철학 논고』에서 러셀과 함께 마치 과학자처럼 모든 언어는 원자적 진술로 분해될 수 있고, 이러한 바탕에서 진술된 명제는 "그림 이론(picture theory)"에 입각해 하나의 사실을 지칭하는 경우에만 의미를 지닌다는 의미 지시설을 구축했었다. 이를 한마디로 압축하면 애매모호하고 혼란스런 일상 언어를 "이상 언어"로 환원해야 한다는 것이다.

그러나 이러한 이상 언어를 구축하기 위해선 이 언어의 규격에 맞지 않는, 죄 없는 언어들에 대한 학살을 감행해야 하는 처지에 놓이게 된다. 그야말로 언어를 "약정된 기호"에 가두거나 함수로 처리하기 위해서는 "개개의 언어가 가지고 있는 질적 측면을 사상해야 한다. 즉 개개의 언어의 고유성, 독자성, 불변성 등을 제거해야 한다. 그 극단적 조치가 이상 언어를 만드는 것이다."[14]

무엇보다도 러셀의 원자론적 실재론에서 "이름과 대상의 동형성"이라든가 비트겐슈타인의 "그림 이론"에 자리 잡고 있는 의미 지시설과 이상 언어로의 환원주의는 "매우 위험하다. 왜냐하면 언어는 실재와 반드시 대응하는 것이 아니기 때문이다. 개념은 있으되 그 개념에 상응하는 실재적 대상이 없는 경우가 허다하다. 인간은 오히려 실재를 허구화하면서, 즉 부단히 신화를 만들면서 그 속에서 문화생활을 하고 있다."[15]

그런데 비트겐슈타인은 "의미 용도설"에 입각한 후기 사유에서 전기의 "언어 지시설"이 지나치게 인위적일 뿐만 아니라 자연언어가 갖는 고유성을 심하게 왜곡한다는 것을 간파하였다. 우리가 일상적으로 사용하는 자연언어는 결코 획일적인 틀에 가둘 수 없는 다양성과 신축성 및 고유한 용도를 갖는 것이다. "의미 용도설"에 입각해볼 때, 우리가 '망치'나 '톱'이라는 단어가 무엇의 이름인지만을 알고 그 쓰임새를 모

---

14 소광희, 「논리의 언어와 존재의 언어」, 『하이데거의 언어사상』, 25쪽.

15 위의 책, 26쪽.

른다면, 즉 그 용도를 모르기에, 이 단어들을 알지 못한다고 규명하는 것이다. 야구 게임의 규칙을 모르는 사람이 야구를 이해하지 못하는 것과 같이 언어의 의미 또한 그 용도에 적합한 사용 규칙을 알 때에만 이 언어의 의미를 안다고 할 수 있다.

비트겐슈타인은 여러 경기의 게임 규칙과도 같이 언어에도 그 사용 규칙에 입각한 "언어 게임"이 있다고 한다. 이와 같이 일상 언어의 세계로 되돌아가 언어를 게임 규칙에 입각하여 인간의 행위와 삶의 형식과의 상호 맥락적 관계 속에서 이해하려는 것이 비트겐슈타인의 후기 사유의 특징이다.

3) 비트겐슈타인과 하이데거 및 노자에게서 "말할 수 없는 것"

주지하다시피 비트겐슈타인의 전기 사유는 『논리-철학 논고』를 중심으로 자연언어를 형식언어로 길들이는 것이었다고 해도 과언이 아닐 것이다. "철학의 목적은 사상의 논리적 명료화이다. … 철학은 그냥 내버려두면 혼탁하고 흐릿할 따름인 사상들을 분명하게 하고 날카롭게 한계지어야 한다."[16]는 주장에는 철학을 형식언어의 논리적 규격에 맞춰야 한다는 요구가 들어 있다.

그는 그의 전 · 후기 사유를 막론하고 평생토록 진지하게 언어 문제에 천착한 것으로 보인다. "모든 철학은 언어 비판이다(Alle Philosophie ist 'Sprachkritik')."[17]라거나 "철학은 우리의 언어 수단을 통해 우리의 이해력(理解力: Verstand)에 걸린 마법에 대항하는 싸움이다."[18]라

16 L. Wittgenstein, *Tractatus logico-philosophicus*, 4.112.

17 위의 책, 4.0031.

18 L. Wittgenstein, *Philosophische Untersuchungen*, Suhrkamp: Frankfurt a.M., 1971, 109(66쪽).

는 말은, 그가 얼마나 언어 문제에 골몰했는지 알 수 있게 한다.

우리에게 잘 알려진 비트겐슈타인의 "말할 수 없는 것에 대해서는 침묵해야 한다."[19]는 선언에는 두 가지의 묘한 뉘앙스가 있다. 첫째는 비논리적인 것(혹은 비실증적인 것)에 대해서는 말하지 말아야 한다는 것과, 둘째는 "말할 수 없는 것"이 있다는 전제가 깔려 있는 것이다.

이를테면 "신은 죽었다"(니체)거나 "신은 존재한다"와 같이 우리가 실증적으로 판단할 수 없는, 말하자면 이 명제에 대해 그림을 그릴 수 없는 것, 논리학의 대상이 될 수 없는 형이상학적 · 윤리학적 · 종교적 명제들을 철학에서 내쫓는다는 것이다. 비트겐슈타인은 요소명제와 사실의 관계를 그림(Bild)이라고 명명하고, 올바른 언어 형식은 세계의 실제 형식을 올바르게 그림으로 그려내어야 한다고 하였다. 그에게 언어는 세계를 그려내는 기능을 갖는 것이다.

물론 그는 그림으로 그려낼 수 없는 "신은 죽었다"와 같은 명제들을 거짓이라고 선언하지 않고 "비-의미(nonsense, unsinnig)"[20]라고 규명했다. 말하자면 "신은 죽었다"와 같은 명제는 의미의 대상이 아니기에, 단연 참과 거짓의 대상이 아닌 것이다. 이런 맥락에서 "말할 수 없는 것에 대해서는 침묵해야 한다."는 것이다.

위에서 언급한 둘째 사항은 비트겐슈타인 철학의 심층을 알기 위해서 대단히 중요한 관건으로 보인다. 보통 논리학자들과 비트겐슈타인 철학의 전문가들은 이 둘째의 뉘앙스를 무시하거나 그 존재론적 중량을 알아차리지 못하는 경우가 있으나, 이승종 교수는 이를 심층적으로 밝히고 있다. 이승종 교수에 의하면 "하이데거가 말하는 '존재'나 비트

19 L. Wittgenstein, *Tractatus logico-philosophicus*, 7(『논리-철학 논고』의 마지막 문장).

20 위의 책, 4.003.

겐슈타인이 말하는 '신비로운 것(das Mystische)'은 언어로 표상되지 않는다."[21]

논리적으로 "말할 수 없는 것"은 결코 무의미하거나 비-논리적이라는 것이 아니라 논리에 앞서는 혹은 논리를 초월하는 것이 있다는 것임을 잊어서는 안 된다. 비트겐슈타인도 이를 첨예하게 환기시키고 있다: "논리학의 이해를 위해 필요한 '경험'은 뭔가가 이러저러하다는 것이 아니라, 뭔가가 **있다**는 것이다(daß etwas ist). 그러나 그것은 **아무런** 경험도 **아니다**. 논리학은 모든 경험—뭔가(etwas)가 **어떠하다는**—에 **앞선다**. 논리학은 어떻게(Wie)에 앞서지, 무엇에(Was) 앞서지는 않는다."[22]

논리학은 어떠함에 관한 일상적인 경험에 앞서지만, "그 무엇이 존재한다."는 사실에 앞서는 것은 아니다. 그리고 바로 이 "그 무엇의 존재"는 논리학을 이해하기 위해 필요로 하는 '경험'인 것이다. 여기서 무엇 자체의 존재에 관한 '경험'은 비트겐슈타인에 의하면 "말할 수 없는 것" 혹은 말로 표현할 수 없는 "신비로운 것"이다.

"명제는 사물들이 **어떠한가**만을 말할 수 있을 뿐, 그것이 **무엇인가**는 말할 수 없다."[23] 그 무엇의 있음은 존재의 다른 표현으로서 "말할 수 없는 것"의 영역이면서 신비의 영역인 것이다. 그런데 이 "신비로운 것(das Mystische)"은 말해질 수 없는 것이지만—비트겐슈타인에 의하면—스스로 자신을 보여주는 것이다: "실로 말해질 수 없는 것이 있다. 그것은 자신을 스스로 **보여준다**. 그것은 신비로운 것이다."[24]

---

21 이승종, 『크로스오버 하이데거』, 생각의나무, 2010, 345쪽. L. Wittgenstein, *Tractatus logico-philosophicus*, 6.522 참조.

22 L. Wittgenstein, *Tractatus logico-philosophicus*, 5.552.

23 위의 책, 3.221. 이 문장에 대한 번역은 이승종, 『크로스오버 하이데거』, 125쪽.

24 L. Wittgenstein, *Tractatus logico-philosophicus*, 6.522.

위에서 이승종 교수가 "하이데거가 말하는 '존재'나 비트겐슈타인이 말하는 '신비로운 것(das Mystische)'은 언어로 표상되지 않는다."고 했는데, 우리는 여기에 노자의 언어로 드러낼 수 없는 상도(常道)를 덧붙여도 무리가 아닐 것으로 보인다. 하이데거의 '존재'가 비트겐슈타인의 "신비로운 것"처럼 언어로 표상되지 않음은 다음의 구절에서도 쉽게 파악된다: "우리는 '존재'가 무엇을 말하는지 **알지 못한다**. 그러나 우리가 '존재가 **무엇이냐**?'고 물을 때, 우리는 이 '이다(있다)'가 무엇을 뜻하는지 개념적으로 파악하지 못해도 이미 '이다(있다)'에 대한 이해 속에 머물고 있는 것이다."[25]

도가의 도(道)는 도처에 흘러넘치지만 하이데거와 비트겐슈타인의 경우처럼 "말할 수 없고" 개념적으로 붙잡을 수 없으며 "신비로운 것"이기에, 그걸 볼 수 있는 눈이 없으면 못 본다. 더욱이 이런 "말할 수 없고" 개념적으로 파악할 수 없으며 "신비로운 것"으로서의 존재와 도(道)는 말 되어지는 순간에 자신의 본질에서 벗어나 존재자(대상)의 세계로 떨어지는 것이다.

4) 구조주의와 포스트모더니즘의 언어철학

"구조주의 언어학(strukturelle Linguistik)"을 창시한 소쉬르(F. de Saussure)에 의하면 언어는 서로 관련되어 있는 기호들(Zeichen)의 체계인데, 이 기호들은 기표(記表)인 시니피앙(le signifiant: 표현)과 기의(記意)인 시니피에(signifié: 내용)로 이루어져 있다.[26] 이 두 항목 사이의 관계는 자의적인 것으로, 기호의 의미는 스스로 고정적으로 존재하

---

25 M. Heidegger, *Sein und Zeit*, 5쪽.

26 P. Kunzmann/F.-P. Burkard/F. Wiedermann, *dtv-Atlas zur Philosophie*, dtv: München, 1991, 231쪽 참조.

는 것이 아니라 언어의 내적 준거 체계에 의해 확정된다. 체계로서의 언어(랑그: la langue)는 사회적으로 주어진 무의식적 구조로서 구체적인 개인의 언어 사용(빠롤: la parole)의 근간을 이루고 있다.

랑그는 기호의 표면적 측면으로서 언어활동의 사회적 측면, 즉 제도화된 객관적 측면을, 빠롤은 기호의 내용적 측면으로서 언어의 기호 체계 안에서 자유롭게 행하는 구체적 언어활동이다. 랑그(언어)는 말의 언어활동이 일어나는 불변적 체계이고, 빠롤(말)은 다소 개성적으로 이루어지는 언어활동인 것이다. 그런데 소쉬르는 빠롤보다는 언어활동을 지배하는 기호 체계에 더 큰 관심을 기울였다.

이를테면 소리나 문자로서의 '책상'이 기표라면, 이 기호를 듣고 우리가 갖는 개념은 기의이다. 그런데 소쉬르는 이들 사이의 관계가 의미지시론의 전통 언어학과는 달리, 말하자면 일대일의 고정된 대응 관계가 아니라, 임의적이고 우연적이며 계약적인 관계라는 것이다. 그것은 언어와 이 언어가 지시하는 실제 대상 사이의 관계는 의미 지시론자들의 주장과는 달리 어떤 고정적인 실제적 관계가 아니라 우연적이라는 것이다.

언어의 의미는 영원한 실체로서 동일하게 존재하는 것도 아니고 통시적인(초시간적 · 초공간적 · 초역사적) 본질을 가진 것도 아닌, 말하자면 관계에 의해 주어지는 것이다(관계의 산물). 즉 기표와 기의의 관계성인 기호의 질료적 측면과 내용적 측면 사이에 비로소 언어의 의미가 위치하는 것이다.

포스트구조주의 혹은 포스트모더니즘으로 일컬어지는 일련의 철학자들—데리다, 푸코, 리오타르, 라깡 등—은 각자 나름대로 소쉬르의 언어철학을 한편으로 수용하면서도 다른 한편으로 독자적인 행보로 발전시켜 나갔다. 특히 데리다는 소쉬르에게 남아 있는 시니피앙과 시니피에 사이의 임의적인 관계조차도 해체하고, 언어의 그 어떤 지시적 기능도 부인했다. 그는 언어의 지시적 기능보다는 텍스트적 성격을 강조하였다.

포스트구조주의는 구조주의에 남아 있는 데카르트적 이분법, 이를테면 랑그-빠롤, 시니피앙-시니피에, 주체-객체, 내용-형식 등을 해체하고, 실체에 대한 구조의 우위를 강조하는 또 다른 이원적 대립에서 빠져나오기를 시도한다. 데리다는 이러한 이원적 대립의 근대성을 뒤집기 위해 "텍스트 바깥에는 아무것도 존재하지 않는다"는 새로운 텍스트주의를 제안한다.

그는 다른 포스트모더니스트들처럼 "망치를 든 철학자" 니체로부터 해체의 전략을 받아들여, 서구의 오랜 철학사, 즉 플라톤에서부터 후설까지의 형이상학적 전통을 "현전의 형이상학(Metaphysik der Präsenz)"[27]이라고 규명했다. 이는 이성과 음성으로서의 말만이 의식에 현전적이라는 이성 중심주의(Logozentrismus)와 음성 중심주의(Phonozentrismus)에 사로잡혀 있다는 비판인데, 이러한 비판은 그러나 철학사 전체가—근대의 경우는 다소 적합한 비판으로 보이지만—그러했는지 퍽 논란이 되는 것으로 보인다. 또한 데리다가 말하는 로고스(Logos)는 그리스적 의미의 '이성'으로 보기 어렵다.

데리다는 음성 중심의 "현전의 형이상학"에 대해 해체를 감행하고, 글쓰기를 통한 문자 중심 문화로의 전향을 대안으로 제시한다. 그는 "현전의 형이상학"에서 의미가 현전에 토대를 두는 것과는 달리, 또한 의미를 동일성이나 현전의 관점에서가 아니라, 부재(absence)와 차이

27 J. Derrida, *Grammatologie*, übersetzt von H.-J. Rheinberger und H. Zischler, Suhrkamp: Frankfurt a.M., 1983, 229쪽 이하 참조.

의 관점에서 설명한다. 그의 언어관은 "차연(differánce)"(=차이+연기)[28] 개념에 잘 드러나는데, 하나의 언어가 의미를 가질 수 있는 것은 차이, 즉 이 언어가 다른 언어와 구분된 차이에서 기인된다는 것이다.

"현전의 형이상학"에 대한 전복은 어떤 형태로든지 텍스트의 의미를 지배하는 주체가 존재해선 안 되기에, 이 주체는 텍스트 속으로 들어가야 하며, 말하기의 주체가 글쓰기의 주체로 전향함으로써만 가능해진다는 것이다. 이는 텍스트를 지배하는 텍스트 초월적 말이나 목소리를 허용하지 않는 것으로 "저자의 죽음"에 해당한다. 저자나 자아는 단지 텍스트 내재적 요소일 뿐이다.

그런데 과연 서구의 철학이 "현전의 형이상학"에 침몰되었는지, 그 대안으로 제시한 범텍스트주의(Pan-textualismus)는 무엇을 위한 이정표가 되는지는 많은 논쟁이 필요한 것으로 보인다. "텍스트 바깥에는 아무것도 존재하지 않는다"는 것은 또 다른 독단(텍스트 패권주의!)이 아니겠으며, 텍스트 내부에서 글쓰기란 단순한 기호들의 잔치에 불과한 것이 아니겠는가. 극단적 텍스트주의(Textualismus)는 텍스트 바깥에 존재하는 역동적이고 구체적인 삶과는 결별한 것으로 여겨질 따름이다.

5) 영·미와 프랑스의 현대 언어철학에 잔존하는 근대성

그런데 영미 계통에서의 "언어론적 전향"에는 여전히 주객 이원론과 지시 대응설이 근간을 이루고 있어, 이를테면 세계에 대해 말하는 것이

---

28 이 "차연(differánce)"이란 용어는 데리다의 신조어로서 공간적으로 differ를, 시간적으로는 defer를 동시에 뜻한다. 물론 데리다의 "차연" 개념은 하이데거의 "존재론적 차이(ontologische Differenz)"에서 차용된 것으로, 하이데거의 해체적 전략을 데리다 자신의 방식대로 적용시킨 것이다.

곧 그것을 언어적으로 적절하게 표현하는 것과 일치하는 것으로 보는 언어론이기에, 엄밀히 말하면 이러한 "언어론적 전향"은 인간을 "언어적 동물"로 규정해온 서구의 오랜 전통의 연장선상에 있는 것으로 볼 수 있다. 여기서 언어는 인간과 세계를 근본적으로 연결하는 매개체로 받아들여진 것이다.

프랑스의 (포스트)구조주의와 포스트모더니즘이 추구한 언어철학에도 여전히 근대적 유산인 이원론이 자리 잡고 있는데, 이를테면 랑그/빠롤, 시니피앙/시니피에, 기표/기의, 주체/객체, 내용/형식, 안/팎, 실체/구조 등이다. 또한 그들이 경멸하여 입버릇처럼 말하는 "주체의 죽음", "저자의 죽음"(데리다)에 대한 선언은 허구에 가까우며, 바로 "주체의 죽음"과 "저자의 죽음"을 선언하는 자신들의 권력 주체를 못 보고 있는 것이다.

포스트모더니즘에 의하면 '주체'는 한낱 '허구(Fiktion)'이고 단지 기호로 대체되는 흔적[29]에 불과하다고 선언하지만, 그러한 흔적의 주체는 단지 이론상의 타자일 뿐이고, 실권을 쥐고 흔적의 주체를 선언하는 자신들의 주체는 권력과 욕망으로 무장하고 있다. "어불성설"이 어색할 정도로 포스트모던의 주체에 대한 장례는 그러한 주체를 결코 죽이지 못하며, 이 주체의 무모한 그림자를 밟을 따름이다. 그것은 아이러니하

---

29 특히 데리다는 주체를 흔적으로 본다. "살아 있는 현재의 자기는 근원적으로 하나의 흔적이다."(J. Derrida, *La Voix et le phenomene*, Presses Universitaires de France: Paris, 1967, 95쪽) 그런데 이러한 '흔적'은 자아의, 즉 그의 고유한 현전을 지워 버리는 것에 다름 아니다. 데리다에 의하면 자아는 자기의 동일성을 확인하고 현전성을 세우려는 노력에서 불가항력적인 차이와 억누를 수 없는 부재(不在)를 박견하다. 그러기에 자아 현전의 추구는 자아의식 속에서 오히려 자아부재의 발견으로 나아간다. 그렇다면 자아는 자신의 표상 속에서 깨뜨려지고 열려진다. 자아의 깨뜨림은 오히려 흔적에 의하여 기록된다.

게도 주체를 죽인다는 이들도 주체일 따름이며 주체의 장례를 집행하는 이들도 필경 주체들일 수밖에 없기 때문이다. 그러기에 주체의 죽음이나 장례를 선언하는 것은 무모한 어불성설이 되는 것이다.

김영필 교수는 앞뒤가 맞지 않는 포스트모던의 주체 개념을 다음과 같이 적절하게 요약하고 있다: "포스트모더니즘은 주체를 우연성과 다양성의 다발로 흩어 놓았으며, 아무런 정체성에도 발을 내리지 않은 주체는 해체적 카타르시스에 도취한 포스트모던적 나르시스트가 빚어낸 무기력한 능기(Signifier)에 지나지 않는다. 특히 주체는 언어적 질서에 갇혀 있는 기호 체계로 변모되어 개인의 실존과 주체성을 상실한 채 집단의 구조와 규칙에 힘없이 휩쓸려 다니는 기호들의 군상으로 세척된다."[30]

포스트모더니스트들에게서 주체들은 한갓 언어적 그물망 속에 구조지어져 있는 기호에 불과하고(호모 시니피앙: Homo significant) 아무런 정체성이나 실존적·실체적 의미를 갖지 못하기에,[31] 집단의 구조와 규칙에 말없이 끌려다니는 기호들의 군상에 불과하게 된다. 이들에게서의 주체는 "바닷물에 곧 씻겨 내려갈 모래 위에 그려진 얼굴"(푸코)과도 같고 떠다니는 '유령'(데리다)과도 같다.

그들은 마치 가학 증세로 해체의 카타르시스를 즐기듯 습관적으로 "주체의 죽음"과 "인간의 죽음", "자아(ego)의 패기"와 "자아동일성의 해소"며, "저자의 죽음"과 "주체의 해체", "인간의 종말",[32] "주체의 소멸"(푸코), "주체의 장례"(라깡), "자아-동일성의 분산" 등을 선언한다.[33] 그

---

30 김영필, 『현대 철학의 전개』, 204쪽.

31 J. Derrida, "Les fins de l'homme", in *Marges de la philosophie*, Paris, 1972.

32 위의 책.

33 Calvin O. Schrag, *The Self after Postmodernity*, 2쪽 참조. 여기서 칼빈 슈라그는

렇다면 포스트모던의 도전에 상응하는 응답은 필경 주체로서의 화자(話者) 없는 담론, 저자 없는 텍스트 그리고 배우 없는 연극을 실현해야 하는, 흔적과 유령으로 주체의 역할을 대체하는, 다소 이해할 수 없는 마법 행위를 연출해야 하는 상황에 처하게 된다.

포스트모던과 구조주의에서 익명의 기호 체계에 갇힌 인간 주체는 "미디어 복합체 내에서의 회로판의 한 접점"[34]에 불과한 존재로 해체되어버리기에, 인간 주체의 체험이나 의식 및 자유, 정신적 의미 등은 얼토당토않은 기호로 해소되거나 무의미화되고 만다. 그러기에 구조주의와 후기 구조주의 및 포스트모더니즘에서 인간은 한갓 언어적 구조의 산물에 불과하고, "기호적 인간(Homo significant)"이란 규명대로 인간은 혼이 빠진 기호로 대체된다.

그런데 포스트모던의 주체에 대한 공격은 모순적이게도 또 다른 엉뚱한 주체 개념을 불러왔다. 억지로 표면상 "주체의 죽음"을 선언해왔지만, 실제로는 주체라는 마그마를 계속 키워온 것이다. 그것은 이를테면 푸코에게서 권력의 주체이고, 들뢰즈에게서 욕망의 주체이다. 칼빈 슈라그가 지적하듯이 "들뢰즈의 욕망의 정치학(politics of desire)과 푸코의 권력의 존재론(ontology of power)의 양자에는, 시정을 요하는 문제 있는 경향이 있다. 이것은 스스로를 구성하는 자아의 생애에서 합리

미셸 푸코가 그의 *The Order of Things*에서 "인간의 죽음"을 선언한 것을 예로 든다. "인간이란 최근의 발명품이요, 그래서 바닷가의 모래 위에 그려진 얼굴이 곧 파도에 씻겨져 지워지는 것과 같이 인간도 사라질 것"이라고 푸코는 독자들에게 알린다(M. Foucault, *The Order of Things*, A. Sheriden Smith 옮김, Vintage Books: New York, 1973, 387쪽 참조). 이때 푸코의 "인간의 죽음"은 니체의 "신의 죽음"과 같은 맥락에서 예고되었고, 이를 확대 해석한 데에서 유래한다고 볼 수 있다. 슈라그는 푸코의 경우와 같이 롤랑 바르트(Roland Barthes)가 "저자를 위한 진혼곡"을 선언한 것, 데리다가 "주체의 해체"를 내세운 것을 예로 든다.

34 N. Bolz, *Am Ende der Gutenberggalaxis*, München, 1993, 194쪽.

성의 역할을 희생시키고서 욕망의 역할과 권력의 결과를 높이 평가하고 찬양하는 경향이다."[35]

그런데 포스트모던의 주체에 대한 자가당착은 칼빈 슈라그가 지적하듯 "화자, 저자, 및 배우로서의—그리고 생각할 수 있는 가히 모든 의미에 있어서—주체의 죽음을 찬양하는 진혼곡과 나란히 그 주체에 권능을 부여하기를 열렬히 요청한다는 사실이다."[36] 무엇보다도 포스트모던의 주체에 대한 해체 요구에는 은밀하게 숨겨진, 그러나 더 강력한 주체와 의미 추구의 목소리가 들어 있다는 점에서 자신들의 주체만 스스로 특권화시키고 있는 것이다. 그렇다면 주체는 과연 포스트모던의 "해체적 카타르시스를 위한 제물"[37]로 전락되어야 하는가?

6) 하이데거의 시원적 언어 사유

그런데 20세기 프랑스와 영미 계통의 언어철학적 흐름과 전혀 다른 언어로의 접근이 하이데거에 의해 시도되었다. 그의 시도는 가히 혁명적이라고도 할 수 있을 정도로 위의 프랑스 및 영미 계통의 언어철학과는 전적으로 다른, 어쩌면 아리스토텔레스 이래 정립된 서구의 언어철학적 전통을 완전히 뒤집는 그러한 접근 방식인데, 쉽게 말하면 원초적 언어 개념(Logos)에 입각한 실존론적(전기 사유에서)이고 존재론적(후기 사유에서)인 언어 해석이다. 이러한 하이데거의 언어로의 접근에는 서구의 주객 이원론적인 주체와 대상의 관계나 지시 대응설 및 명제의

---

35 칼빈 O. 슈라그, 문정복 · 김영필 옮김, 『탈근대적 자아를 넘어서』, UUP, 1999, 82쪽.

36 위의 책, 88쪽 참조. 권능을 부여받은 주체란 위에서 언급한 욕망의 주체나 권력의 주체도 그 예이다.

37 위의 책, "옮긴이 머리말" 참조.

진위 판단과 같은 것이 전혀 관건이 아니라 "언어의 본질"에 대한 물음이 주요 관건이다.

이를테면 서구의 오랜 진리 대응설[38]의 경우도 어떤 명제가 사실에 부합하여 참일 수 있기 위해서는 사실 자체가 먼저 드러나 비은폐되어야 한다. 즉 무엇보다도 존재의 지평 위에 드러나 존재해야 한다. 그러나 이 전통의 진리 대응설은 사실의 존재지평 위에 드러나야 함을 직시하지 못하고 망각하고 있으며 또 당연한 것으로 여기고는 전혀 문제의식을 갖고 있지 못한 것이다.

그런데 하이데거의 독특한 언어로의 접근은 실존론적이고 존재론적인 것 외에도, 저 현대 언어(철)학자들의 이론과는 달리 원래 철학적 개념이 형성된 고대 그리스적 시원에로 거슬러 올라가, 그때에 형성된 언어의 시원적 의미를 되찾는 일이기에 "고고학적" 작업과도 유사한 성격을 갖는다.[39]

실로 서구의 철학은 고대 그리스에서 발원하였고, 철학의 주요 언어들은 그 시대에 이미 형성되었다. '철학' 개념을 비롯해 '진리', '존재', '사고', '인식', '정신', '언어', '법칙', '논리', '인간', '절대자', '영혼', '시간', '영원', '불멸', '정의', '사회(공동체)', '가치', '의지' 등등 그때에 발원하지 않은 게 거의 없을 정도다. 이러한 용어들은 오늘날까지 전승되었지만, 그러나 역사와 시간의 흐름에서 변형되거나 왜곡 내지는 망각된 경우도 있고, 재해석된 채로 전승된 경우도 있기에, 이 용어들이 원형 그대로의 전승이라고 보기가 어렵다.

---

38 T. 아퀴나스, "진리란 사물과 지성의 일치다(veritas est adaequatio intellectus et rei)."

39 이승종, 「하이데거의 고고학적 언어철학」, 『하이데거의 언어사상』, 125-126쪽, 132쪽, 143쪽 참조.

그러나 그 전승 과정에서 변형과 왜곡 내지는 망각과 재해석의 질곡을 거친 경우에도 그 시원적 형태의 흔적은 남아 있기에, 이 시원을 찾아가는 "고고학적" 작업은 유의미한 것으로 보인다. 하이데거의 "고고학적" 작업은 이천 년 이상이나 벌어진 간격을 거슬러 올라가 그 언어의 뿌리를 추적하여 시원성을 복원함으로써 단절된 전통을 다시 잇는다.[40]

그는 마치 고고학자가 유물을 탐사하는 것처럼 형이상학에로 전락하지 않은 소크라테스 이전 철인들의 중심 개념들, 이를테면 존재(einai), 피시스(physis), 진리(aletheia), 로고스(logos), 모이라(moira) 등을 추적한다. 그는 아직 존재망각과 언어망각에 처하지 않았던 시원적 원형을 재발견하여 오늘날의 철학 지평 위로 올리는 것이다.

그런데 하이데거의 언어에 대한 사유에는 이러한 시원을 찾아가는 "고고학적" 작업 외에도 각별하고 심오한 성찰이 전제되어 있다. 이를테면 우리가 언어 행위를 할 때, 실제로 언급되는 것은 언어 자체가 아니라 이 언어에 의해 말 되어지고 밖으로 드러난 것, 언어가 지시하고 제시하는 것, 즉 어떤 사건, 어떤 사실 내용, 정보, 사태, 감정 표현, 질문(내용), 모종의 관심사 등등 언어에 의해 제시되고 지시된 대상들이다.[41]

그러기에 우리의 일상적 언어 사용에는 언어 자신이 언급되지 않고, 오히려 감춰지고 외면되며 억제되기 때문에 우리는 곧장 직접적으로 언어를 논할 수 없다. 언어를 통하지 않으면 그 무엇도 언어 속에서 다룰 수 없음에도 불구하고 언어 자신은 우리의 일상 언어에 의해 은폐되고 유폐되는 처지에 놓이는 것이다. 그러기에 "일상적인 말함 속에서는 언어 자체가 자기를 언어로 데려오지 않고 오히려 자기를 삼가면서 자

40 이승종, 「하이데거의 고고학적 언어철학」, 『하이데거의 언어사상』, 125-126쪽 참조.

41 M. Heidegger, *Unterwegs zur Sprache*, 161쪽 참조.

기 안에 머무르고 있다(an sich hält)."[42]

하이데거는 바로 이렇게 일상 언어로 떨어지기 전의, 일상 속으로 유폐되는 처지에 놓이기 전의 언어 자체를 재발견한 것이다. 여기서 '재발견'이라는 것은 우리가 위에서 언급한 시원적 언어의 의미인 로고스(λόγος, logos)를 재발견한다는 것이다. 실로 서구의 일상 언어에 대한 사유의 역사는 아리스토텔레스 이래의 혀 이론(glossary theory)에 잘 표명되어 있듯 말함의 활동인 입과 입술 및 혀에 치우쳐 있고(음성학 및 언어학의 기초), 또 이토록 말하는 과정에서 밖으로 나타나는 어떤 현상으로서의 언어에 초점이 놓여 있다. 언어가 오래 전부터 이러한 관점에서 경험되어왔고 표상되어왔으며 규정되어왔음을 하이데거는 서구의 언어가 제공해온 단어들을 통해 제시한다: "즉 글로사(γλῶσσα), 링구아(lingua), 랑그(langue), 랭귀지(language) 등이 입증해준다. 언어는 혀이다."[43]

2. 하이데거의 전기 언어 사유

영미 분석철학이 이상적인 인공언어에서 일상 언어로 되돌아갔다고 하지만, 언어의 형식화는 여전하며, 또 포스트모더니즘의 인간 규명인 호모 시니피앙(기호적 인간)에도 여전히 인공언어적인 요소가 지배적이기에, 이들은 모두 실제로는 인간의 일상적 삶의 현장과 거리를 두고 있는 것이다. 하이데거에게는 저들 현대의 언어학자들이 심취한 기호학이

---

42 M. Heidegger, *Unterwegs zur Sprache*, 161쪽.

43 위의 책, 203쪽.

나 음성학 및 문자학 같은 것이 아니라, 언어 자체가 주요 관건이었다.

하이데거의 전기 언어 사유가 잘 드러난 『존재와 시간』에서는 현존재를 통한 언어의 개시성이 주요 관건이고, 이와 더불어 비본래성에 처한 세인(das Man)의 '잡담(Gerede)'이 논의된다.[44] "일상적인 존재 양식"으로서의 '잡담'은 현존재가 "우선 대체로" '퇴락'이라는 일상성에 빠져 비실존적이고 비본래적인 세인의 존재 방식에 처한 상태에 근거하고 있다. 이토록 세인의 '잡담'은 무책임한 공공성 안에 몰입되어 자신의 진정한 존재 기반을 상실하고 있다.[45] 이리하여 하이데거의 전기 사유에서는 '말'이든 '잡담'이든 언어는 인간 현존재에 깊이 가담되어 있는, 즉 "언어와 현존재"의 관점에서 논의되고 있다.

『존재와 시간』의 제34절에서 본격적으로 주제화되는 언어 문제는 "현존재의 개시성(Erschlossenheit)의 실존론적 구성틀 안에 뿌리를 두고 있는 말(Rede)"[46]을 중심으로 "말의 기초적인 존재 양식(fundamentale Seinsart der Rede)"에 집중되고 있다. 로고스(Logos)로서의 말은 선술어적 행위로서 "보게 함(sehen-lassen)"이라는 본질적 기능을 갖기에,[47] 이미 하이데거의 전기 사유에서부터 언어가 존재론적으로 방향정위되어 있음을 확인할 수 있다. 하이데거는 "언어의 실존론적이고 존재론적인 기초가 말이다."[48]라고 한다. 여기서 말은 "심정성(Befindlichkeit)과 이해(Verstehen)와 함께 실존론적으로 동근원적이다."[49]

전기 하이데거에게서 말은 "현존재의 개시성(Erschlossenheit: 열어

---

44 M. Heidegger, *Sein und Zeit*, 167쪽 이하 참조.

45 위의 책, 169-170쪽, 177쪽 참조.

46 위의 책, 161쪽.

47 위의 책, 34쪽 참조.

48 위의 책, 160쪽.

49 위의 책, 161쪽.

밝혀져 있음)의 실존론적 구성틀(existenziale Verfassung)로서 현존재의 실존을 구성하고 있다."[50] 이토록 자신의 실존을 구성하는 말은 실존론적으로 언어이기에, 말의 "밖으로 말해져 있음(Hinausgesprochen-heit)"이 곧 언어인 것이다.[51] 말은 "심정성" 및 "이해"와 함께 "존재의 현(das Sein des Da)"을 구성하는 현존재의 근본적인 현상이기에, 하나의 "실존범주(Existenzial)"[52]이다.

하이데거의 전기 언어 사유에서 언어란 인간에게 근원적으로 주어져 있는 근본적인 현사실로서, 말하는 자는 다름 아닌 인간 현존재인 것이다.[53] "인간은 말하는 존재자로서 자신을 드러내 보인다."[54] 그러기에 하이데거는 단적으로 "현존재는 언어를 갖고 있다(Das Dasein hat Sprache)"[55]고 규명한다. 이런 맥락에서 그는 아리스토텔레스의 인간규명인 "인간은 로고스를 가진 존재자이다(ζῷον λόγον ἔχον)"를 긍정적으로 받아들인다. 여기서 엑숀(ἔχον)의 동사 원형은 엑쇼(ἔχω)로서 '가지다'라는 뜻이다. 말하자면 "인간은 로고스를 가진 존재자이다"라는 규명은 결국 "현존재는 언어를 갖고 있다"와 유사한 표현 방식이다.

하이데거는 이 오래된 아리스토텔레스의 "인간은 로고스를 가진 존재자이다"를 그의 후기 사유에서도 그대로 받아들인다: "그렇지만 오래된 알림에 따르면 우리는 스스로 말할 수 있는 능력을 갖추고 있는

---

50 M. Heidegger, *Sein und Zeit*, 161쪽.

51 위의 곳.

52 위의 책, 165쪽 참조.

53 주지하다시피 하이데거는 인간을 '현존재(Dasein)'라고 규명했다. 여기서 현존재란 인간이 존재의 진리가 고유하게 생기하는 거기에(da) 존재할 수 있다는 것이다. 다른 존재자들과는 달리 인간 현존재는 자신의 고유한 존재를 이해하고 체득할 수 있다.

54 M. Heidegger, *Sein und Zeit*, 165쪽. 원어는 다음과 같다: "Der Mensch zeigt sich als Seiendes, das redet."

55 위의 곳.

존재이기에, 우리는 벌써 언어를 갖고 있다."[56] 단지 좀 더 언어의 본질에 입각하여 이 정식의 강조점, 즉 인간 현존재보다는 로고스의 우선성을 부각시킨 것이다. 말하자면 로고스는 존재(Sein)와 말씀함(Sagen)을 동시에 지칭하는 이름으로서[57] 인간보다 먼저 말하고, 인간은 뒤따라 말하는, 어쨌든 인간이 언어 안에 존립하는 한에서, 언어를 가진 존재자로 파악된 것이다.

그런데 말이 현존재의 실존범주로서 "심정성" 및 "이해"와 함께 동근원적으로 "존재의 현(das Sein des Da)"을 구성한다면, 이 현존재의 말엔 독특한 성격이 내포되어 있다. 그것은 무엇보다도 인간이라고 하는 이 존재자는 "세계와 현존재 자신을 드러내는 방식(in der Weise des Entdeckens)으로 존재한다"[58]는 것이다. 즉 하이데거에게서 현존재가 말한다는 것은 뭔가 드러낸다는 것(Entdecken)이다. 여기서 독일어 entdecken은 상용어로 '발견하다'를 뜻하지만, 어원에 입각한 근원적인 뜻은 ent-decken, 즉 은폐되거나 숨겨진 것, 덮인 것을 벗겨낸다는 의미이기에, '드러내다', '털어놓다'로 번역하는 것이 온당하다.

그렇다면 어떻게 말이 '드러내다'라는 뜻을 갖고 있는가? 말함은—마치 의식이 무엇 무엇에 관한 의식이고, 생각이 무엇 무엇에 관한 생각이듯이("무엇 무엇에 관한"이라는 지향적 구조는 독일어의 über etwas인데, 이는 이미 그리스인들이 ti kata tinos라는 말로 사용했다)—항상 무엇

---

56 M. Heidegger, *Unterwegs zur Sprache*, 241쪽 참조. 여기서 "오래된 알림"이란 바로 아리스토텔레스의 인간 규명인 "인간은 로고스를 가진 존재자이다"를 말한다.

57 위의 책, 185쪽 참조. 정은해 · 김종욱 · 이선일 · 박찬국도 「하이데거의 길과 노자의 도」(『철학사상』 제14호, 서울대학교 철학사상연구소, 2002, 141쪽)에서 헤라클레이토의 로고스가 말씀과 존재를 함께 의미하고, 나아가 신약성서 요한복음의 로고스가 말씀과 신을 함께 의미한다는 사실을 지적하고 있다.

58 M. Heidegger, *Sein und Zeit*, 165쪽.

무엇에 관한 말이다(Reden ist Rede über …).[59] 여기서 말해지는 '그 무엇'은 말함이 그것에 관해 말하고 있는 테마이며, 말해진 내용 그 자체이다.[60]

그런데 말함은 바로 그 말함에 있어서 '그 무엇'에 대해 말해지고 있는 바를 명백히 드러내고(offenbar machen), 보게 한다(sehen lassen).[61] 이토록 "명백히 드러내고" "보게 한다"는 것은 곧 "드러내는 것(entdecken)"과 일맥상통한 것이다. 무엇 무엇에 관한 것과 현존재 자신을 드러내기 때문에 말은 현존재의 개시성(Erschlossenheit)으로 규명되고 있다.[62]

무엇 무엇에 관해 말해진 것에는 바로 그 무엇에 관해 말해진 내용과 동시에 현존재의 자기 표명, 즉 "자신을 밖으로 드러내는 말함의 성격(den Charakter des Sichaussprechens)"도 갖고 있다. 말하자면 현존재는 "말하면서 자신을 밖으로 언표한다."[63] 이때까지의 논의를 고려해볼 때 "말의 구성적 계기에 속하는 것으로는 말의 무엇에 관한 것(das Worüber der Rede), 즉 관련체(Beredete), 말해진 것 그 자체(das Geredete als solches), 전달, 진술인데",[64] 이들은 언어와 같은 그 무엇을 비로소 존재론적으로 가능하게 하는, 현존재의 존재 구성틀(Seinsverfassung)에 뿌리박고 있는 실존론적 성격들이다.[65]

지금까지의 논의를 고려해볼 때 『존재와 시간』에서 언어에 대한 하

---

59 M. Heidegger, *Sein und Zeit*, 161쪽 참조.

60 위의 책, 161-162쪽 참조.

61 위의 책, 32쪽 참조.

62 위의 책, 161쪽 참조.

63 위의 책, 162쪽 참조.

64 위의 책, 162쪽.

65 위의 책, 162-163쪽 참조.

이데거의 해석은—그가 스스로 밝히듯—“단지 현존재의 존재 구성틀(Seinsverfassung) 내부에서 언어현상을 위한 존재론적 장소를 보여주는 것”[66]에 집중되고 있지만, 그러나 그의 언어에 대한 사유가 이미 실존론적-존재론적으로(existnzial-ontologisch) 오리엔테이션되어 있음을 목격하게 한다. 그런데 여기서 실존론적-존재론적으로 오리엔테이션되어 있다는 것은 예컨대 ‘표현’이라든가, ‘상징적 형태’, ‘발언’, ‘진술’, ‘전달’, ‘체험의 표명’, ‘삶의 형체화’ 등이 “언어의 본질”이 아님을 시사하고 있는 것이다.[67]

어디까지나 하이데거의 언어 사유는 “언어일반의 존재 양식(Seinsart der Sprache überhaupt)”[68]과 “언어라고 하는 존재자의 존재”, 나아가 언어현상이 차지하는 “존재론적인 장소”, “사태 자체(die Sachen selbst)”를 묻는 문제성의 관점에서 언어에로 접근한다. 그러기에 하이데거의 전기 언어 사유는 어디까지나 존재 이해를 위한 현존재 분석의 기본틀(Grundverfassung)에서 논의되고 있으며, 이런 맥락에서 “현존재의 언어”에 초점이 맞춰져 있다.

3. 하이데거의 후기 사유와 존재 언어

하이데거에게서 전후기의 사유가 ‘전향(Kehre)’을 중심으로 큰 변화를 이루듯이 그의 언어 사유 또한 전후기 사이에 큰 변화를 보인다. 이제 인간 현존재 중심의 언어가 아닌, “존재의 언어”라고 하는 언어 자체가

---

66 M. Heidegger, *Sein und Zeit*, 166쪽.

67 위의 책, 163쪽 참조.

68 위의 책, 166쪽.

주축을 이루고 있다. 말하자면 그의 후기 언어 사유는 언어 자체의 말함(sprechen)과 인간의 들음이 중요 관건이 되며, "언어와 존재" 또는 "존재의 언어"가 강력하게 부각되고 있다.

후기 하이데거가 말하는 언어는 다름 아닌 "존재의 언어"로서[69] "존재의 집(das Haus des Seins)",[70] "말씀(Sage)",[71] "정적의 울림(das Geläut der Stille)",[72] "스스로 길을 내면서 움직이는 길(der sich bewëgende Weg)"[73]로서의 언어 등 철저하게 존재 자체와 연루되어 있다. 하이데거에게서 언어는 어디까지나 "존재의 언어"이고, '말씀(Sage)'으로서 "스스로를 드러내 보이는 것(das Sichzeigen)"이기에, 언어는 다름 아닌 존재를 드러내 보이는 역할을 수행하는 것이다. 그러기에 언어는 곧 "존재의 언어"이고, "언어는 존재의 집"[74]이 되며 또한 언어는 그 자체 안에 모든 본질적인 것의 보물(즉 존재!)을 간직하는 것이다. "언어가 존재의 집"이라는 것은 곧 존재가 언어 속에서 자신을 드러낸다는 것을 의미한다.

이제 그의 언어 사유에서 언어 자체의 말함(sprechen)과 이에 대한 인간의 상응이 주요 관건이기에, 언어에 대한 일반적인 견해들이나 피상적인 학설들, 언어를 개념화하거나 대상화하여 언어에 관하여(über) 논구하는 것, 언어에 '관한' 통속적인 견해들, 각종 언어론과 언어철학,

---

69 하이데거는 단적으로 "언어는 마치 구름이 하늘의 구름이듯이 그런 식으로 존재의 언어이다(Die Sprache ist so die Sprache des Seins, wie die Wolken die Wolken des Himmels sind)"라고 한다(M. Heidegger, *Über den Humanismus*, 47쪽).

70 M. Heidegger, *Über den Humanismus*, 5쪽, 45쪽.

71 M. Heidegger, *Unterwegs zur Sprache*, 252-268쪽 참조.

72 위의 책, 30쪽 이하, 215쪽 이하 참조.

73 위의 책, 258-263쪽 참조.

74 M. Heidegger, *Über den Humanismus*, 9쪽.

언어의 도구성, 의사소통과 전달 및 정보로서의 언어, 이해의 도구와 표현의 수단 등으로서의 언어 개념이—전기 사유 때보다 더 엄격하게—모두 배제된다.[75]

하이데거는 언어를 아예 대상화하는 방식, 즉 언어에 대하여(über die Sprache)가 아니라, "언어로부터(von der Sprache)",[76] 즉 언어가 말하는 대로 받아들인다.[77] 그러기에 엄밀하게 말하면 인간이 말하는 것이 아니라 언어가 말하는 것이다.("Die Sprache spricht."[78]) 물론 인간도 말하지만, "우리가 그 무엇으로부터 말하는 그것은 언어가 항상 이미 먼저 말한 것이다. 우리는 언제나 오로지 언어를 뒤따라 말한다."[79] "언어에 귀 기울여 듣는 그런 말함(Sprechen) 속에서 우리는 들은 말씀(Sage)을 뒤따라 말한다(nachsagen)."[80]

그러기에 인간은 언어가 말한 것을, 즉 언어 자체가 개현한 것을 뒤따라 사유하고(nach-denken),[81] 응답하는(entsprechen)[82] 것이며 다시 말하는 것(wiedersagen)이다. "언어의 본질을 존재에 대한 응답으로부

---

75 M. Heidegger, *Vorträge und Aufsätze*, 190쪽 참조.

76 M. Heidegger, *Unterwegs zur Sprache*, 179쪽. "언어로부터(von der Sprache)"를 같은 의미로 하이데거는 "언어로부터(aus der Sprache her)"로도 표현하고 있다: 앞의 책, 191쪽.

77 소광희, 「논리의 언어와 존재의 언어」, 『하이데거의 언어사상』, 29쪽 참조.

78 M. Heidegger, *Unterwegs zur Sprache*, 12-13쪽, 32-33쪽, 235쪽 이하. "Die Sprache spricht."는 하이데거의 *Unterwegs zur Sprache*와 *Über den Humanismus*를 비롯한 후기의 언어 사유가 논의된 저작들에서 주제적인 정식이고 그의 언어 사유를 읽게 하는 핵심적인 명제이다.

79 위의 책, 179쪽.

80 위의 책, 255쪽.

81 M. Heidegger, *Unterwegs zur Sprache*, 12쪽.

82 위의 책, 33쪽("Der Mensch spricht, insofern er der Sprache entspricht. Das Entsprechen ist Hören."), 215쪽.

터, 더욱이 이 응답을 인간존재의 거주함(Behausung)으로서 사유하는 것이 온당하다."[83]고 하이데거는 강조한다. 인간은 언어 속에서 살고, 언어로 하여금 자신을 드러나게 하는 것이다.

이런 시원적 언어 개념과 언어 사유는 하이데거의 자의적 해석에 의해서가 아니라 고대 그리스의 로고스 개념에 그 근원을 두고 있는 것이다. "로고스(λόγος)는 존재(Sein)를 지칭하는 이름일 뿐만 아니라 동시에 말씀함(Sagen)을 지칭하는 이름이다."[84] 말(로고스)의 주재함(Walten)은 먼저 사물을 사물로 드러나도록 사물화하고, 현존하는 것(존재자)을 자신의 현존 속으로 데려와 현존할 수 있도록 한다. "이렇게 사유된 말의 주재함, 즉 말씀함(Sagen)을 지칭하는 가장 오래된 말이 곧 로고스(Λόγος)이다. 로고스는 존재자를 가리키면서(보여주면서) 이 존재자가 자신의 존재 속으로 드러나도록 하는 그런 말씀이다."[85] 그러기에 로고스는 말씀함(Sagen)을 지칭하기 위한 말인 동시에 존재를, 즉 현존하는 것의 현존을 지칭하기 위한 말이다.[86]

말(logos)의 이러한 독특한 성격에 감안하여 하이데거는 『언어로의 도상에서』에 수록된 「언어의 본질」이란 논문과 여기에 이어진 「말」이란 논문에서 시인 게오르게(Stefan George)의 「말」이란 시의 마지막 구절인 "말이 부서진 곳에서는 어떤 사물도 존재하지 않으리라."를 도처에서 주제화하여 그 중요성을 밝히고 있다.

언어는 말할 것도 없이 존재자가 아니기에 인간이 마음대로 처분할 수 있는 소유물이나 도구가 아닌 것이다.[87] 하이데거에 의하면 "언어는

---

83 M. Heidegger, *Über den Humanismus*, 21쪽.

84 M. Heidegger, *Unterwegs zur Sprache*, 185쪽.

85 위의 책, 237쪽.

86 위의 책, 237쪽 참조.

본질상 어떤 유기체의 진술도 아니고 어떤 생명체의 표현도 아니다. 언어는 그러기에 그 본질에 온당하게 입각할 때 결코 어떤 기호 성격(Zeichencharakter)으로부터, 결코 어떤 의의(意義) 성격(Bedeutungscharakter)으로부터 생각해서는 안 된다. 언어는 밝히면서-은폐하는 존재 자체의 도래이다."[88]

언어의 비밀을 밝히고, 그 고유성과 독자성 및 특수성에 주목하기 위해 하이데거는 시인 노발리스(Novalis)의 「독백」(*Monolog*)에 나오는 구절을 인용한다. 그것은 "언어가 자기 자신과 더불어 유일하게 그리고 고독하게 말한다."는 것이다.[89] 이 구절에 덧붙여 나오는 문장은 저 앞선 구절을 더욱 심화시키고 있다: "언어가 온전히 자기 자신에게만 관심을 쏟는다고 하는 바로 이러한 언어의 고유한 특성(das Eigentümliche)을 아는 사람은 아무도 없다."[90]

"말(das Wort)은 사물에게 비로소 존재를 부여한다."[91] 존재하는 모든 것(존재자)의 존재는 말 안에 거주하고 있는 것이다. 그러기에 "언어는 존재의 집"이라는 정식은 정당하고 유효한 것으로서 우리는 반드시 언어와 더불어 사물의 존재를 경험한다. 그러기에 "말 자체(das Wort selber)는 사물이 사물로 존재하도록 그렇게 그때마다 매번 자기 안에 사물을 품고 있는(einbehält) 그런 관계이다."[92] 말(Wort)은 따라

---

87 하이데거는 단호하게 "말은 사물이 아니고, 전혀 존재자가 아니다."라고 한다(M. Heidegger, *Unterwegs zur Sprache*, 193쪽).

88 M. Heidegger, *Über den Humanismus*, 16쪽.

89 M. Heidegger, *Unterwegs zur Sprache*, 241쪽 참조.

90 위의 곳 참조.

91 위의 책, 164쪽. 원문은 다음과 같다: "Das Wort verschafft dem Ding erst das Sein." 이와 유사하게 하이데거는 말이 주는 자(das Gebende)로서 "말은 존재를 준다."(앞의 책, 193쪽)고 한다.

92 M. Heidegger, *Unterwegs zur Sprache*, 170쪽.

서 "**말하면서**(*sagend*) 보이지 않게 이미 말해지지 않은 것 속에서(im Ungesprochenen) 사물을 사물로서 우리에게 건네준다."[93]

"언어가 말한다."는 것은 언어가 우선적으로 그리고 본래적으로 말한다는 것을 의미하고, 인간이 말하는 것은 언어가 말한 것에 응답하는(entsprechen)[94] 한에서 비로소 말하는 것이다. 그러기에 언어는 결코 인간의 단순한 능력의 소산이나 소유물이 아닌 것이다. 여기서는 (존재)언어의 독자성과 인간에 대한 우선성이 무엇보다도 강조되어 있다. 물론 그렇다고 인간이 말하지 않는 것은 아니다. 인간은—앞에서 언급했듯이—언어가 말한 것을 뒤따라 말하고 응답하며 말하는 것이다.[95] 언어의 우선성과 인간의 뒤따라 말함이란 언어 자체가 우리를 말씀함(das Sprechen) 속으로 이미 얽어놓고 있었다는 것을 말한다.[96]

그러기에 '말함'에 있어서의 말하는 자는 무엇보다도 언어 자체라는 것과 동시에 "언어의 본질"이 곧 언어 자체가 말하는 "말씀(Sage)"이라는 것을 잊지 말아야 한다. 하이데거는 이 "말씀"의 본래적인 의미로부터 "언어의 본질"을 찾아내는데,[97] 우리는 이 "말씀"의 본래적인 의미에 귀를 기울여야 한다. 우선 이 말하는 "말씀"에는 통상적 의미, 이를테면 발성하고 듣는 기관의 활동이라거나 발성적 표현, 감정의 전달, 의사 표시, 행위의 분출, 어떤 것들에 대한 표상과 진술 같은 것들이 배제된다.[98]

---

93 M. Heidegger, *Unterwegs zur Sprache*, 236쪽.

94 하이데거는 존재 언어의 말에 대한 응답을 "청취하며 받아들임(hörendes Entnehmen)", "승인하는 대꾸(anerkennendes Entgegnen)"로 해석한다.

95 M. Heidegger, *Unterwegs zur Sprache*, 11, 20쪽 참조.

96 위의 책, 242쪽 참조.

97 M. Heidegger, *Unterwegs zur Sprache*, 200쪽, 206쪽.

98 위의 책, 14쪽 참조. M. Heidegger, *Vorträge und Aufsätze*, 60쪽 참조.

말하자면 "언어의 본질"로서의 "말씀"은 비가시적 영역에 은폐되어 있기에, 감성적으로 지각 가능한 존재자의 영역에 터 잡고 있는 것이 아니라, 오히려 그에 앞서 이러한 존재자의 영역을 가리키고(zeigen) 근거 지으며 개시하여 주는 존재의 열린 영역 속에 귀속해 있는 것이다. 이러한 "언어의 본질"이 귀속해 있는 위치를 이해한다면, 우리는 하이데거의 후기 언어 사유에 가까이 접근할 수 있다.

말씀(Sage)으로서 말해진 언어는 곧 존재를 언어로 가져오고, 존재를 건립하며(stiften), 존재의 개시(Offenbarkeit)를 완성하기에, 결국 말해진 말씀은 다름 아닌 '발현된 것(das Ereignete)'인 바, 이는 하이데거의 존재사유에서 중요한 위치를 점하는 '생기사건(Ereignis)'과 깊이 연루되어 있는 것이다.[99]

하이데거에게서 각별히 강조된 언어의 규명은 "언어의 본질로 현성하는 것은 가리킴으로서의 말씀이다(*Das Wesende der Sprache ist die Sage als die Zeige*)."[100] 모든 드러난 표현들(alle Zeichen)은 "스스로 보이게 하는(das Sichzeigenlassen)" '말씀'에 기인하는 것이다. 말하자면 "언어는, 자신이 말씀하는(sagt) 한에서, 즉 자신이 가리키는(zeigt) 한에서, 말한다(spricht)."[101]

하이데거는 "언어의 본질"로서의 "말씀함(Sagen)"이 고어(古語)인 Sagan에 뿌리를 두고 있음을 밝힌다: "Sagan은 가리키다(zeigen), 드러나게 하다(erscheinen lassen), 보게 하고 듣게 하다(sehen- und

---

99 M. Heidegger, *Unterwegs zur Sprache*, 267쪽 참조.

100 위의 책, 254쪽. 원문에는 각별히 강조된 이탤릭체로 표현되었다. 원문에서 das Wesende를 단순히 '현성하는 것'으로 번역할 경우에 다소 어색한 것으로 보여(das Wesen은 '본질', 동사 wesen은 '현성하다'로 번역된다), 동사와 명사를 함께 표현하는 '본질로 현성하는 것'으로 번역하였다.

101 M. Heidegger, *Unterwegs zur Sprache*, 254쪽.

hören-lassen)를 의미한다."[102] 그는 이 Sagan에 입각하여 "말씀(Sage)"의 근원어를 해명한다: "말씀함(Sagen), 즉 Sagan은 가리키다(zeigen), 드러나게 하다(erscheinen lassen), 그리고 우리가 세계라고 부르는 그것을 내어-주는(dar-reichen), 그런 것으로서 환히 밝히기도 하고 은폐하기도 하면서 자유를 선사한다(frei-geben)를 뜻한다. 환히 밝히기도 하고 감추기도 하며 또 베일로 가리기도 하면서 세계를 건네줌(Reichen)이 말씀함 속에서 본질로 현성하는 것(das Wesende)이다."[103]

가리키는 것으로서의 언어는 영역들(Gegenden)에 다다르면서(reichend) 현존하는 것들을 나타나게도 하고 감추기도 하는 것이다: "가리키는 것으로서의 언어가 현존의 모든 영역들에 다다르면서 이러한 영역들로부터 그때마다 현존하는 것을 나타나게도 하고 감추기도 함으로써, 언어는 말한다(Die Sprache spricht)."[104]

"언어의 본질"로서의 언어는 어디까지나 존재의 언어라는 것과, 바로 이 존재의 언어가 모든 존재자에게 길을 내어준다는 것이다. 존재가 말씀(Sage)을 통해 모든 존재자에게 길을 내어준다면, 존재의 말씀, 즉 존재 언어는 존재자를 개시하며, 모든 존재자들의 상호 지시적인 관련 전체인 세계를 내어주는 것이다. 또한 존재의 말씀으로서의 언어는 인간이 세계에 도달할 수 있도록 세계에 길을 내어준다.

존재의 말씀(Sage)은 "서로 마주하는 세계 영역들의 길을-내는-움직임으로서(als die Be-wëgung des Gegen-einander-über der Weltgegenden)"[105] 자신을 알려오기에, "언어의 본질은 서로-마주하고-있는

---

102 M. Heidegger, *Unterwegs zur Sprache*, 252쪽

103 위의 책, 200쪽. 214쪽에도 유사한 내용이 반복되고 있다.

104 위의 책, 255쪽.

105 위의 책, 214쪽.

네 가지 세계 영역들의 길을-내는-움직임의 가장 고유한 특성에 속한다."[106] 이제 "언어는 세계를-움직이면서-길을-내어가는 말씀(die Welt-bewëgende Sage)으로서 모든 관계들의 관계이다."[107] 언어는 자기 안에 머물면서(an sich hält) 스스로 관계하고 대화하며 건네주고 서로-마주하고-있는 세계 영역들을 풍요롭게 하고 지키며 보살피는 말씀이다.[108]

그런데 하이데거가 "언어는 말한다"고 할 때 이 언어는 곧 "정적의 울림으로서 말한다"[109]를 의미하는데, "정적은 세계와 사물들을 각각의 본질 속으로 건네주는 한에서 고요하게 한다."[110] "정적의 울림"에는 사물과 세계가 사물-세계 및 세계-사물, 세계 사역(Weltgeviert), 세계 사역의 영역들, 네 세계 영역, 세계 관계 등이 파악되고 있는데, 세계와 사물이 우선 근원적으로 얽혀 있다는 상관성이 밝혀지고 있다.[111]

하이데거의 후기 사유에서 세계는 잘 알려져 있듯 네 영역으로 이루어져 있는데, 하늘과 땅 및 신과 인간이다.[112] 이들은 각각의 영역(Gegend)이면서 서로 마주하고 있으며(das Gegnende) 독자성과 고유성을 갖고 있으면서 일체를 이루고 있다. 영역들 사이의 유기적인 상호 관련성을 하이데거는 세계-관계(Welt-Verhältnis), 세계의 놀이(Weltspiel),

---

106 M. Heidegger, *Unterwegs zur Sprache*, 214쪽. 여기서 네 가지 세계영역들이란 하늘과 땅, 신과 인간을 말한다.

107 위의 책, 215쪽.

108 위의 곳.

109 위의 책, 30쪽. 하이데거에 의해 각별히 이탤릭체로 강조된 이 말의 원어는 다음과 같다: "*Die Sprache spricht als das Geläut der Stille*."

110 위의 곳.

111 위의 책, 20-22쪽, 28쪽, 236쪽, 200쪽, 211-216쪽 참조.

112 위의 책, 22쪽, 214쪽 참조.

서로-마주-대함(das Gegen-einander-über), 이웃적인 것(das Nachbarliche), 가까움(Nähe), 인접함(Nahnis) 등으로 나타내고 있다.[113]

이렇게 하이데거에게서 우선 인간이 아닌, 언어가 본래적으로 말한다면, 인간에게 주어진 과제는 이 말해진 언어를 경험하는 것으로써 "언어와 더불어 하나의 경험을 만드는 것이다(…mit der Sprache eine Erfahrung machen)."[114] 여기서 언어와 더불어 하나의 경험을 만든다는 것은, 말하자면 "그것이 사물이든 인간이든 혹은 신이든 우리가 그것(그 무엇: mit etwas)과 함께 경험한다는 것은 그것이 우리에게 닥친다는 것(widerfährt), 우리를 맞닥뜨리고(trifft) 우리를 엄습하며(über uns kommen), 우리를 전복시키고(umwirft) 변화시킨다는(verwandelt) 것을 의미한다.

여기서 '만든다(machen)'는 관용적 표현은 우리가 스스로 경험을 만들어낸다는(bewerkstelligen) 것이 아니라, 우리가 그것에 우리 자신을 겪어내고(durchmachen), 감수하며(erleiden), 우리에게 맞닥뜨리는 것을 받아들인다(uns Treffende empfangen)는 것이다."[115] 그러기에 우리가 언어와 더불어 경험을 한다는 것은 "우리가 언어의 말 걸어옴(Anspruch der Sprache)에 관여해 들어가고 그것에 스스로 순응함으로써(sich fügen), 우리를 언어의 말 걸어옴에 고유하게 관계하도록 한다는 것이다."[116]

여기서 언어로부터의 경험은 실존적이어서 이를 통해 구체적인 변화를 가져온다는 것이다. 하이데거는 시인이 언어와 더불어 하는(만드는)

---

113 M. Heidegger, *Unterwegs zur Sprache*, 211-215쪽 참조.

114 위의 책, 159쪽.

115 위의 곳.

116 위의 곳.

경험이 어떤 경험인지를 밝히는 과정에서 "경험한다(erfahren)"의 어원에 입각한 의미를 지적한다: "경험한다는 것은, 이 낱말의 정확한 의미에 따르면 eundo assequi, 즉 걸어가는 도상에서 무언가를 획득한다(erlangen), 어떤 길 위에서 걸어감을 통해 그 무엇에 다다른다(erreichen)를 뜻한다."[117]

언어는 "존재의 집"이고, "언어가 말하며", 인간은 존재의 언어가 말한 것을 듣는 위치에 있는 것처럼 인간의 사유 또한 그러한 위치에 있다. "존재는 자신을 밝히며 언어에로" 다가오지만,[118] 사유는 그러나 "결코 존재의 집을 마련하지 못한다." 말하자면 존재의 진리가 언어에로 다가올 때 사유는 언어에로 다가가는 것이다.[119] 언어에로 다가가는 것이 사유의 "행위(Tun)"[120]인 것이다.

그렇다면 하이데거의 언어에 대한 사유는 언어에 이르는 도상(途上, unterwegs)에서 언어가 개현하고 밝히는 길을 따라가는 것이다. 그의 언어에 대한 철학적 노력은 언어를 가지고 경험을 만들 가능성 앞으로 길 안내를 하는 것(Wegweisung), 즉 언어의 길에 응하면서 "언어로 하여금 자신의 본질을 드러내도록"[121] 하는 것이다.

---

117 M. Heidegger, *Unterwegs zur Sprache*, 169쪽. 여기서 '획득한다'와 '다다른다'라는 단어는 라틴어 assequi(원형 asserguo)의 풀이이기에, 서로 교환 가능한 표현이다. asserquo는 도달하다(erreichen), 획득하다(erlangen, bekommen), 포착하다(erfassen, begreifen), 이해하다(verstehen)와 같은 동사들을 뜻한다.

118 M. Heidegger, *Über den Humanismus*, 45쪽.

119 위의 책, 30쪽 참조.

120 위의 책, 45쪽.

121 소광희, 「논리의 언어와 존재의 언어」, 『하이데거의 언어사상』, 32쪽.

4. 노자와 하이데거의 언어 사유

하이데거와 노자의 사유 세계에서 언어에 대하여 해석하고 비교하는 것은 퍽 어려운 영역임에 틀림없다.[122] "언어는 말한다(Die Sprache spricht)"라는 정식과 언어에 의해 말해진 것에 인간은 뒤따라 말할 따름이라고 역설한 하이데거와 도(道)의 체득에 인간의 언어는 걸림돌이라고까지 한 노자의 경우에서 우리가 양자의 심오한 언어 세계를 꿰뚫어보기란 결코 쉽지 않을 것으로 보인다. 그러나 그들이 존재와 언어 및 도(道)에 대해 말한 것과 후세에 남긴(혹은 남겨진) 저서 또한 언어의 양식이기에, 우리는 조심스레 그 발자취를 뒤따라가면서 성찰해야 할 것이다.

하이데거에게서나 도가에게서 언어는 결코 단순한 미사여구(美辭麗句)로 포장된 그런 언어는 아니다. 말이 많으면 많을수록, 말이 아름답게 포장되면 될수록 그 말은 신의를 상실한다. "믿음성 있는 말은 아름답지 않고, 아름다운 말은 믿음성이 없다. 선한 사람은 변론(辯論)하지 않는다. 변론을 잘하는 사람은 선한 사람이 아니다(信言不美 美言不信 善者不辯 辯者不善)"라고 노자는 역설적으로 드러내었다.[123] 하이데거도 자주 "언어의 황폐화"를 경고하고 일상 언어와 정보언어가 원래의 존재

122 하이데거의 『언어로의 도상에서』(*Unterwegs zur Sprache*)를 한국어로 번역한 신상희 교수는 처음에 원서가 히말라야의 험준한 거봉 안나푸르나와도 같은 존재였다고 한다. 그것은 언어를 다룬 그 책이 그만큼 정복하기 어렵게 여겨졌다는 것이다(마르틴 하이데거, 신상희 옮김, 『언어로의 도상에서』, 나남, 2012, 머리말). 하이데거의 언어철학은 그의 사유에서 큰 비중을 차지하고 있으며, 한국하이데거학회에서도 단행본 『하이데거의 언어사상』(『하이데거 연구』 제3집, 철학과현실사, 1998)과 같이 큰 주제로 다루고 있다. 또한 학위논문으로도 가끔 하이데거의 언어 문제가 다뤄지고 있다(이를테면 박유정, 『하이데거에 있어서 언어 문제』, 2004년 부산대학교 박사학위논문).

123 남만성 역, 『노자도덕경』, 을유문화사, 1970, 제81장.

언어에서 탈선한 형태라고 지적한다.

'도(道)'라고 말해진 '도'는 상도(常道)가 아니라고 밝힌 노자와 "개가 이름이 개라서 개인 것은 아니다"[124]라는 장자의 말 속에는 이미 오래전에 언어에 대한 심오한 철학이 잘 정립되어 있음을 우리는 알 수 있다. 장자에 의하면 도(道)는 원래 편재하여 한계가 없는데, 말로 표현한 것에는 구별이 생기게 되기에, 도(道)를 볼 수 없다는 것이다:

> "도(道)란 본래 한계가 없고 말(言)이란 애초 일정한 의미 내용이 없다. 그렇기 때문에 (도를 말로 표현하려 하면) 구별이 생기는 것이다. 그 구별에 대해 말해보자. 사물에는 좌와 우가 있고, 말에는 대강(大綱)과 상세(詳細)가 있으며, 생각에는 분석(分析)과 유별(類別)이 있고, 다툼에는 앞다툼과 맞다툼이 있다. (…) 그러므로 구별을 한다 함은 (도에 대해) 보지 못하는 바가 있다(즉 깨닫지 못하는 데가 있다)고 하는 것이다.(夫道未始有封, 言未始有常, 爲是而有畛也, 請言其畛 有左 有右, 有倫有義, 有分有辯, 有競有爭 (…) 故曰辯也者, 有不見也.)"[125]

장자의 이러한 구별하는 속성을 가진 언어와 도(道)와의 관계를 이승종 교수는 다음과 같이 규명하고 있다: "언어가 차이성의 체계라면 도는 그 차이성을 넘어서 있다."[126] 말은 항상 "무엇 무엇에 관한(ti kata tinos, über etwas)" 말이라는 구조를 갖고 있다. 이미 어떤 것이란 한계를 스스로 내포하기에, 아무런 한계가 없고 편재하는 도(道)를 결코 담아낼 수 없는 것이다.

---

124 안동림 역주, 『莊子』, 현암사, 2010, 「즉양」 편, 제20장 참조.

125 위의 책, 「제물론」 편, 제19장.

126 이승종, 『동아시아 사유로부터』, 동녘, 2018, 192쪽.

위에서 노자와 장자의 사례와 유사하게, 언어에 대한 불신은 일찍이 존재사유를 펼쳤던 고대 그리스의 파르메니데스에게서도 나타난다. "어둠의 집"을 떠나 태양의 왕국으로 향한 파르메니데스가 "태고의 문"에 도착했을 때, 여신 디케는 극구 환영 인사를 한 뒤에, 진리가 아닌 것에 현혹되지 말기를 부탁하면서 다음과 같이 말한다:

"…그리고 많이 경험한 습관, 즉 초점 잃은 눈과 잡소리 가득한 귀며 나불대는 혀(sprechende Zunge)가 그대를 강요하지 못하게 해야 합니다.(…μηδέ σ᾽ ἔθος πολύπειϱον ὁδὸν κατὰ τήνδε βιάσθω νωμᾶν ἄσκοπον ὄμμα καὶ ἠχήεσσαν ἀκουήν καὶ γλῶσσαν.)"[127] 여기서 아무런 실존적 의미를 갖지 못하는 언어를 파르메니데스는 "나불대는 혀(γλῶσσα: die sprechende Zunge)"라고 했는데, 이는 하이데거가 『존재와 시간』에서 '잡담(Gerede)'이라고 표현한 것보다 더 심한, 거의 욕설에 가까운 말이다.

파르메니데스와 노자 및 하이데거에게서 일상 언어는 본질을 드러내는 도구가 아니다. 본질과 본질에 관한 말 사이엔 엄청난 차이가 드러난다. 그러기에 노자는 서슴없이 도(道)의 이름을 "알지 못한다"(『도덕경』 제25장)고 털어놓는다. 그가 자(字)를 도(道)라고 하고 이름을 대(大)라고 한 것은 "억지로 이름을 붙인 것"이다. 그러기에 노자가 우리

---

127 Hermann Diels의 *Die Fragmente der Vorsokratiker*에서 Parmenides의 단편 7에 실린 이 구절을 Jaap Mansfeld는 그의 *Die Vorsokratiker I* (Reclam: Stuttgart, 1988, 319쪽)에서 다음과 같이 적절하게 독일어로 번역하였다: "…und die vielerfahrene Gewohnheit soll dich nicht zwingen, über diesen Weg das ziellose Auge schweifen zu lassen, das widerhallende Ohr und die sprechende Zunge." 그리스어의 γλῶσσα는 혀와 동시에 "언어"라는 뜻도 있기에, Mansfeld가 이를 "die sprechende Zunge"로 번역한 것은 원어에 걸맞은 번역어로 보이고, 필자는 한국어로 "나불대는 혀"로 번역하였다.

에게 건네는 말도 기실은 하나의 길 안내에 불과하지, 이를 진리 자체나 도(道) 자체라고 이해해선 안 된다. 이리하여 도가에게서 언어의 역할은 엄격하게 제한되는 것으로 보인다. 노자에게선 인간의 언어로써 도(道)에 상응할 수 없다.[128]

그런데 우리가 여기서 주목할 만한 일은 비록 언어가 본질을 드러내는 도구가 아니지만, 또한 언어의 역할에 대한 제한이 노자에게서 더욱 엄격하지만, 어쨌든 노자와 하이데거는 그들의 사상을 언어로(!) 드러내었다는 것이다. 물론 이 드러내어지고 진술된 언어에 그들은 특별한 의미를 부여하지 않았을 것이다. 따라서 우리도 이 진술되어진 언어를 마치 진리와 맞바꿀 수 있는 것으로 여겨서는 안 될 것이다. 그렇다면 이 드러내어지고 진술된 언어의 위치는 위에서 언급된 양극단이 아닌 그 중도일 것이다. 즉 말하자면 이러한 언어는 '길'이라기보다는 길을 안내하는 이정표일 것이다.

그러나 이런 역할을 하는 언어를 우리는 결코 가소롭게 여겨서는 안 된다. 만약 노자가 국경의 관지기 윤희를 통해 그의 사상(『도덕경』)을 후세에 남기지 않았다면, 우리는 슈퇴리히(H. J. Störig)의 지적대로[129] 고전 문헌에서 가장 고귀한 한 권의 책을 잃었을 것이며, 따라서 모든 시대와 민족을 꿰뚫는 한 위대한 현자의 사상은 아무런 흔적도 없이 매몰되고 말았을 것이다. 이 말해진 『도덕경』이 얼마나 중요한지를 새삼 깨닫게 하는 대목이다. 우리는 드러내어지고 진술된 언어에도 경우에 따라서는 '이정표' 이상의 의미를 둘 필요가 있을 것이다.

말과 개념으로 드러난 도(道)는 상도(常道)가 아니며, 상도의 정체는

---

128 노자의 언어에 대한 부정적 입장은 『도덕경』의 제1장, 23장, 43장, 56장 참조.

129 H. J. Störig, *Kleine Weltgeschichte der Philosophie I*, 93-94쪽 참조.

무(無)라고까지 한 노자도, 또한 부정(Negation)에 부정을 거듭하고 모든 존재자와 철저한 차이를 두면서 존재를 무(Nichts)와 연결시켰던 하이데거도(이 부분에서도 두 사상가는 아주 비슷하다) 결국 적극적인 말로써 그들의 '시원적 사유'를 드러낸 것이다. 이를테면 "도(道)는 이러저러하다"는 진술은 『도덕경』의 도처에 드러나고, 하이데거의 경우도 이와 마찬가지로 '존재'를 드러내었다. 물론 이들은 적극적으로 진술된 말로써 도(道)와 존재(Sein)가 양성적으로 드러난 존재자와 결코 같지 않음을, 즉 형상을 넘어서 있는 혹은 형상이 없는 무(無: Nichts)와 같음을 밝힌 것이다.

그러나 노자는 '도'를 도라고 말하는 것을 금하지는 않았다! 그는 결코 말하지 말 것만 강요하지 않았다! 그도 『도덕경』의 도처에서 '도'에 관해 말을 했다. 그리고 그럴 수밖에 없음을 밝히고 있다. 따라서 우리는 노자에 의해 말 되어진 도(道)와 도(道) 자체 사이에는 차이가 있음을 전제로 해야 한다. 이런 현상은 하이데거에게도 마찬가지로 적용된다. 말하자면 존재 자체와 이 존재에 대하여 말 되어진 것은 엄연한 차이가 있는 것이다.

노자에게도 모종의 언어에 대한 심오한 사유가 있었던 것이다. 그도 '도'에 관한 긍정적인 진술을 말로(개념으로) 나타낸 것이다. 예를 들어 『도덕경』 제21장의 중반을 한번 보자: "도는 아득히 멀고 그윽히 어둡기만 하건마는, 그 속에 정기가 있다. 그 정기는 지극히 순진하다. 그 속에는 믿음성이 있다. 옛날부터 지금에 이르기까지 그 이름은 「사라지지 않는 것」이다. 그 사라지지 않는 도로부터 만물의 시초는 품부된다. 내가 어떻게 만물의 시초의 상태를 아느냐(知! 필자 주) 하면, 위에서 말한 그러한 것에서 알게 된 것이다."(남만성 역).

여기서 우리는 노자가 '도'를 "이러저러한 것이다"는 식으로 파악하고 있고 또 '안다' 고도 하고 있음을 목격한다. 좀 더 적극적으로 노자는 "나의 말은 매우 알기 쉽고 또 매우 실행하기 쉽다. 그렇건마는 천하의 사람들은 이것을 능히 알지 못하며, 능히 실행하지도 못한다(吾言甚易知 甚易行 天下莫能知 莫能行)"[130]고 한다. 그런데 이런 노자의 말은 하이데거가 존재와 존재 언어에 대해 말하는 것과도 유사한 이치다.

또 노자는 『도덕경』의 제25장에서 '도' 라는 이름을 지어 부르고, 이를 '큰 것(大)' 이라고 한다. 이것은 그가 '도' 를 무엇 무엇으로 혹은 긍정적으로 파악한 데서 우러나온 말이다. 노자는 한사코 불가지론을 펼치지 않았다: "고요히 소리도 없고 형체도 없다. 짝도 없이 홀로 있다. 언제나 변함이 없다. 어디에나 안 가는 곳이 없건마는 깨어지거나 손상될 위험이 없다. 그것은 천하 만물의 어머니가 될 만하다. 나는 그것의 이름을 알지 못한다. 그래서 자(字)를 도(道)라고 지어 부른다. 억지로 이름을 붙여 큰 것(大)이라고 한다."(남만성 역).

도(道)의 정체를 억지로 표현한 『도덕경』 14장에서 이와 같은 사실을 우리는 잘 엿볼 수 있다: "그것은 보려고 해도 보이지 않는다. 그래서 이(夷)라고 한다. 그것은 들으려고 하여도 들리지 않는다. 그래서 희(希)라고 한다. 그것은 손으로 잡으려고 하여도 잡히지 않는다. 그래서 미(微)라고 한다. 이 세 가지는 말로 구명(究明)할 수 없다. 그러므로 통틀어 하나(道)라고 한다…"(남만성 역)

이렇게 노자가 도(道)를 적극적으로 진술한 것은 언어가 제약된 범위에서 도(道)에 관해 언표할 수 있음을 시사한다. 노자는 (하이데거도 그렇거니와) 이 적극적으로 드러낸 진술이 마치 '시원적 사유'의 열쇠라도 되는 것인 양 착각하지 말 것을 도처에 경고하고 말과 개념에, 이론

130 남만성 역, 『노자도덕경』, 제70장.

과 주장에 안주하지 말 것을 거듭 강조한다. 그러기에 이들의 적극적 진술은 오히려 이러한 사실을 밝히면서 최소한의 이해를 돕기 위한 한 방편이라고 볼 수 있을 것이다. 우리가 사물을 진술한 것과 사물 자체는 다르다. 그래서 칸트도 우리가 '물자체(Ding an sich)'를 알 수 없다고 한다. 우리는 위에서 노자가 "억지로 이름을 붙였다"는 데에 주목해야 한다.

사물 자체와 이 사물 자체에 관해 말해진(칭해진) 것 사이에, 본질과 이 본질에 관해 말해진(칭해진) 것 사이에 "존재론적 차이(ontologische Differenz)"가 있다는 사실을 노자는 일찍이—아마 그 당시로는 상상도 못 할—천명했다. 후설의 지향성 개념에도 잘 드러나듯 언어는 무엇 무엇에 관한(über etwas) 언어이다. 그러나 무엇 무엇에 관한 언어라고 해서 그 무엇 무엇이라는 것(내용, 정체, 본질 등등)이 그대로 다 드러나는 것이 아니다.

언어가 어떤 본질에 대해서 말한다고 해서 그 본질이 다 드러나는 것은 아니다. 이를테면 우리가 언어에 의해 포착되지 않는 (혹은 오리지널한 신이 존재한다면) 신을 '신(神, Gott)'으로 말했다고 해서, 이 말해진 신이 곧 오리지널한 신이라고 결코 장담할 수 없다. 여기서 언어는 상징적·지시적 역할을 할 따름이다. 본질에 대한 말(이해, 인식)과 본질 사이에는 여전히 많은 차이가 있는 것이다.

도(道)는 노자에 의해 이러저러한 무엇이라고 말해졌지만, 그러나 그 도(道)는 실체도 존재자도 아니어서 여전히 부정 존재론의 흔적이 남아 있다. 하이데거에게도 존재와 언어가 결코 존재자가 아님은 주지의 사실이다. 하이데거는 노자의 도(道)가 어떤 "근원어(Urwort)"이지만, 개념적으로 번역 불가능함을 목격했다. 개념으로 포착되거나 '존재자'의 영역에서 윤곽 지어지는 것은 상도(常道)의 본래성에서 멀어지는 것이다. 이런 도(道)의 독특한 존재 방식은 하이데거 자신의 존재사유와도 맞물리는 것이다. 그는 그의 『동일성과 차이』에서[131]뿐만 아니라 여러 저서에서 '존재'나 'Ereignis(존재사건)'라는 용어가 고대 그리스의 로고스(Logos)와 노자의 도(Tao)처럼 번역 불가능함을 지적한다.

노자는 서슴없이 도(道)의 이름을 "알지 못한다"(『도덕경』 제25장)고 고백한다. 그가 자(字)를 도(道)라고 하고 이름을 대(大)라고 한 것은—앞에서도 지적했듯—"억지로 이름을 붙인 것"이다. 그런데 노자는 다른 한편으로 『도덕경』의 도처에서 거침없이 도(道)에 관해 말을 했다. 그러면 이런 노자의 태도는 모순적인가? 결코 그렇지 않다. 그것은 그도 정직하게 표명하듯 그가 말하는 도(道)가 비록 도(道)의 내용과 정체를 드러내는 것도 또 길과 진리를 가리키는 것도 아니지만, 어느 정도 길 안내는 할 수 있다는 뜻이다.

그러기에 노자는 한편으로 언어의 역할을 제한했지만,[132] 다른 한편으로 제한된 범위에서 독특한 역할을 하는 언어를 수용한 것이다. 비록 언어가 사물의 본질을 드러내는 도구가 아니지만, 어쨌든 노자는 언어를 통해 '도'와 '덕'에 관해 말하였고 자신의 사상을 드러낸 것이다. 물론 이 드러내어지고 진술된 언어에 그는 특별한 의미를 부여하지 않았다. 말하자면 이 진술되어진 언어가 진리와 맞바꿀 수 있는 것은 아닌 것이다.

노자는 통상적 의미의 언어에 신뢰를 갖지 않는다. 그는 극단적으로 역설적인 방식으로 자신의 언어관을 표현한다: "아는 자는 말하지 않고, 말하는 자는 알지 못한다(知者不言 言者不知)."[133] 물론 노자의 이런

---

131 M. Heidegger, *Identität und Differenz*, 24-25쪽.

132 노자의 언어에 대한 부정적 입장은 『도덕경』의 제1장, 23장, 43장, 56장에서 참조.

133 남만성 역, 『노자도덕경』, 제56장. 장자는 『장자』의 제22장(「지북유」 편)에서 태청

잠언적 표현을 문자적으로 혹은 논리적으로 받아들이지 않는다면—남만성 선생의 해석처럼—다음과 같이 표현할 수 있을 것이다: "진실로 아는 자는 아는 체하여 말하지 않는다. 반대로 아는 체하고 말하는 자는 실은 알지 못하는 자이다."[134]

그런가 하면 도(道)를 무위(無爲)로 실현하는 성인은 "말하지 않고 가르침을 행한다"(行不言之教: 『도덕경』 제2장, 43장)고 노자는 말한다. 마치 "염화시중의 미소"[135]와도 같이 석가모니의 가르침이 말 없이 행해진 것과도 유사한 이치다. 말이 깨달음에 있어 높은 차원의 매체가 아니라는 것을 시사한다. 심원한 경지에서 말 없이 가르침이 행해지는 것은 동양의 독특한, 서양과는 다른 덕망일 것이다.

그런데 노자는 여태까지의 언어에 대한 부정적인 시각과는 전혀 다른 차원의, 긍정적인 의미의 언어를 언급한다. 말하자면 어떤 일상어나 정보언어 및 존재자를 규명하는 예사로운 언어들과는 다른, 독특한 언어, 이를테면 도(道)에서 발하는 "희언"이나 침묵 언어와 같은 언어를 언급함으로서 하이데거의 언어철학과 가족 유사성을 드러내 보인다. 그는 긍정적인 의미로서의 언어를, 즉 도(道)에서 나오는 언어를—자연언(自然言)이라고 규명할 수 있다—언급한다: 희언자연(希言自然).[136] 이러한 도(道)에서 발원하는 자연언어는 마치 하이데거에게서 "언어가 말한다(Die Sprache spricht)"는 경우와도 유사하게 인간의 언어가 아니고 도(道)에서 나오는 말이기에, 무엇보다도 우리가 쉽게 들을 수

이란 사람이 무궁과 무위에게 묻자 "知者不言 言者不知"의 사례를 예로 들고 있다.

134 남만성 역 『노자도덕경』 185쪽

135 "염화미소(拈華微笑)"라고도 하는 이 말은 석가모니가 영산회상에서 연꽃을 들어 보이자 팔만대중 중에 가섭존자가 그 뜻을 알고 미소를 지었다는 일화에서 유래하였다.

136 남만성 역, 『노자도덕경』, 제23장.

없다:

"희언은 들으려고 하여도 들을 수 없는, 도에서 나오는 말이다."[137] 노자는 이와 유사한 내용을 『도덕경』 제35장에서도 지적한다: "도에서 나오는 말은 담박하여 맛이 없다. 보려고 해도 볼 수 없고, 들으려고 하여도 들을 수가 없다."(남만성 역). 여기서 노자는 전적으로 다른 차원의 언어를 얘기하고 있다. 그것은 우선 인간의 일상적인 언어가 아니다. 그것은 무엇보다도 "도(道)에서 나오는 말"인데, 그것은 하이데거의 용어로 '침묵 언어(sigetische Sprache)'와 가까울 것으로 보인다.

그런데 하이데거가 말하는 언어도—고대 그리스적 로고스로서의 언어라면—도가의 언어사상과도 퍽 가족 유사성을 지닌다. 일상적인 언어를 신뢰하지 않는 것은 하이데거와 도가의 경우도 마찬가지다. 그러기에 언어를 "존재의 집(das Haus des Seins)"이라고까지 규명한 것만으로 하이데거의 언어 사유가 저들 도가의 경우와 괴리를 드러낸다고 해서는 안 된다. 양자의 언어 사유 세계의 심층을 들여다보면, 피상적 평가와는 다르다.

하이데거에게서 '시적인 언어'는 일상적이고 학문적인 언어와는 달리 존재의 경험을 가능하게 하는 언어이고, 말할 수 없는 것을 말하는 언어이다.[138] 즉 말하자면 개념이나 방법이 끼어들지 못하는, 존재경험을 드러내는 '침묵 언어'인 것이다. 어쩌면 무위자연의 도(道)가 희언(希言)[139]이듯이 존재의 "침묵 언어", 즉 "정적의 울림(Geläut der Stille)"도 이와 유사할 것이다. "존재의 목자"인 인간이 존재의 침묵

---

137 남만성 역, 『노자도덕경』, 86-87장 참조. 강조는 필자에 의한 것임.

138 M. Heidegger, *Unterwegs zur Sprache*, 241쪽 이하 참조.

139 남만성 역, 『노자도덕경』, 제23장 참조.

언어를 경청하듯이 혹은 존재의 부름에 귀를 기울여야 하듯이, 도가에서 성인(聖人)이 도(道)의 희언을 경청하는 것은 서로 유사한 양상을 드러낸다. 그렇다면 '언어'라고 번역된 용어만 갖고서 양자를 비교할 것이 아니라, 어떤 언어를 양자가 말하는지를 밝히는 것이 중요한 과제이다.

하이데거가 언어를 "존재의 집"이라고 할 때 표면적으로 그는 노자와는 달리 마치 언어에 대해 상당히 긍정적으로 본 것처럼 보인다. 그러나 결코 그렇지 않다! "존재의 집"으로서의 언어는 결코 일상적인 언어가 아닌 것이다. 일상 언어는 하이데거가 "공공성의 독재"라고 칭하는 대중의 논리를 따라야 하기 때문에 존재는 그런 언어 세계에서 오히려 은폐되고 망각되어버린다. 무엇보다도 하이데거는 의사소통의 수단으로서의 언어라든가 소위 '정보언어'며 존재자들을 짜 맞추고 도구적 역할을 하는 '기능 언어'에 거부감을 나타낸다. 그뿐만 아니라 표시하고 뜻하는 성격으로서의 언어도 부인한다.[140] 표현 수단으로서의 언어는 하이데거에게서 곧 언어의 '타락'이다.[141]

하이데거는 언어가 "공공성의 독재 아래에(unter die Diktatur der Öffentlichkeit)"[142] 놓이게 되는 것과 "존재자를 지배하기 위한 도구"[143]로 전락하는 것, 특히 "근대 주체성의 형이상학"[144]의 지배에 놓이는 것 등은 언어의 본질을 망각한 소치라고 한다. "언어는 자신이 존재 진리의 집(das Haus der Wahrheit des Seins)임에도 불구하고, 아직 우리에게

140 M. Heidegger, *Über den Humanismus*, 16쪽 참조.

141 M. Heidegger, *Vorträge und Aufsätze*, 184쪽 참조.

142 M. Heidegger, *Über den Humanismus*, 8쪽.

143 위의 책, 9쪽. 원문: ein Instrument der Herschaft über das Seiende.

144 위의 곳.

자신의 본질을 거절하고 있다. 오히려 언어는 존재자를 지배하는 도구로, 우리의 단순한 욕구와 경영을 위해 내맡겨진 상태이다."[145] 이토록 하이데거는 언어의 본질이 왜곡되고 오해되고 있으며 "언어의 타락(Sprachverfall)"[146]과 "언어의 황폐화(Verödung der Sprache)"[147]가 극심한 상태를 개탄하고 있다.

하이데거는 한사코 "언어는 그 본질상 그 어떤 유기체의 언사(Äußerung)가 아니며 또한 그 어떤 생명체의 표현(Ausdruck)도 아니다. 그러기에 언어는 결코 기호의 성격에 입각해서는 물론이거니와 아마도 의미의 성격(Bedeutungscharakter)에 의해서조차도 그 본질에 온당하게 사유될 수 없다."고 한다.[148] 상식을 뛰어넘는 이런 하이데거의 언어 규명은 우리에게 퍽 낯설기만 하지만, 그러나 그런 낯섦은 오히려 우리의 오랜 언어망각에 의한 소치일 것이다. 원래의, 고대 그리스의 로고스 개념은 그러나 그 의혹을 해소해준다.[149]

하이데거의 언어 규명이 우리의 상식을 완전히 뒤엎는 점은 로고스로서의 언어가 인간의 소유물이 아니며, 인간에게서 발원하는 것도 아니라는 것이다. 이런 언어 규명은 하이데거와 노자 사이에 그토록 멀게만 여겨지는 언어가 오히려 서로 유사하게 접근하는 것으로 보인다. 우리의 일상적이고 상식적인 언어로는—노자가 『도덕경』의 제1장에서 천명하듯이—결코 상도(常道)를 상도로서 이해할 수도 파악할 수도 없는 것이다.

---

145 M. Heidegger, *Über den Humanismus*, 9쪽.

146 위의 곳.

147 위의 곳.

148 위의 책, 16쪽.

149 이 장(章)의 제3절('하이데거의 후기 사유와 존재 언어')에 논의된 로고스 개념을 참조할 것.

하이데거는 단호하게 "인간이 아니라 언어가 본래적으로 말한다. 인간은 그때마다 언어에 응답하는 한에서 비로소 말한다."고 한다.[150] 즉 "언어란 말하자면 마치 구름이 하늘의 구름이듯 존재의 언어인 것이다."[151] "존재는 자신을 밝히면서 언어에로 다가온다."[152] 그러기에 "모든 것은 오직 존재의 진리가 언어에 이른다는 것과 (인간의) 사유가 이러한 언어에 도달한다는 것이다."[153]

하이데거의 후기 철학을 존재사유라고 부르기도 하는데, 이때의 "사유란 단적으로 말해 존재의 사유이다." 사유란 곧 존재를 사유하는 것이며, 나아가 "존재의 진리"를 사유하는 것이다. 사유는 존재를 향한 사유이면서 동시에 존재로부터의 사유이기도 하다는 것이다. 말하자면 사유는 존재의 것이면서 존재를 사유하는 것이다. 존재는 사유에게 자신을 사유하도록 요구하고 그 요구에 응해서 사유는 곧 존재를 사유한다. 사유를 통해 존재가 언어로 드러나게 되기에, 존재는 언제나 언어를 향한 도상에 있다. "존재의 토폴로지(Topologie des Seins)"라는 것도 존재의 도래를 언어로(사유의 역할!) 가져오는 것이다.

그런데 언어가 말하는 양식도 인간적인 음성이 아니라 "정적의 울림"이라는 침묵이다(Stille). 어쨌든 우리가 존재의 말 걸어옴을 듣지 못한다면, 그 어떤 언어의 낱말도 사용할 수 없을 것이다.[154] 하이데거에게서 "정적의 울림"이라는 양식으로 인간에게 말을 걸어오는 존재는 노자에게서 희언(希言)의 양식으로 인간에게 다가오는 도(道)와도 유사한

150 M. Heidegger, *Aus der Erfahrung des Denkens*(GA.13), Frankfurt a.M., 1983, 148쪽.

151 M. Heidegger, *Über den Humanismus*, 47쪽.

152 위의 책, 45쪽. 원문은 다음과 같다: Das Sein kommt, sich lichtend, zur Sprache.

153 위의 책, 30쪽. 괄호는 필자에 의해 보완된 것임.

154 M. Heidegger, *Unterwegs zur Sprache*, 159-161, 174-176쪽 참조.

방식을 취하고 있다.[155] 말하자면 인간에게서가 아니라 도(道)에서 먼저 발원하는 말인 것이다. "도(道)에서 나오는 말은 담박(淡泊)하여 맛이 없다. 보려고 해도 볼 수 없고, 들으려고 해도 들을 수 없다. 그러나 써도 다함이 없다."[156]

그렇다면 인간의 과제는 "정적의 울림"(하이데거)으로서의 존재 언어와 노자의 "희언"을 듣는 것이 무엇보다도 중요한 과제이다. "존재가 자신을 건넨다(Es gibt das Sein)"는 것도 엄밀히 말하면 존재가 인간에게 "정적의 울림"으로 말 걸어옴을 의미하는 것이다. 이 존재의 언어와 "희언"을 듣고 응답하는 것이야말로 인간의 운명인 것으로 보인다.

하이데거는 노자와 유사하게 아주 독특한 언어의 세계를 펼쳤다. 아니, 독특한 언어의 세계라고 하기보다는 오히려 원래의 '언어'라는 말, 즉 고대 그리스에서의 '로고스'에 적합한 '언어'일 것이다.[157] 하이데거의 언어 사유에서 언어는 노자의 희언처럼 결코 인간의 전유물이 아니다. 인간은 하이데거에 의하면 "언어(로고스!: 필자 주)의 승낙을 들을 수 있도록 준비되어 있어야 한다."[158] 하이데거에 의하면 "언어는 자신을 밝히면서 은폐하는 존재 자체의 도래이다."[159] 마치 노자에게서 도

---

155 장중위안(張鍾元)도 하이데거의 "정적의 울림"이 동양의 미학과 도가 사상에서의 "정적의 울림" 혹은 "소리 없는 울림"과 깊은 관계가 있음을 지적한다: "여기에서 말하는 〈소리 없는 울림〉이 바로 동양 미학에서 인간의 마음을 여는 것으로, 그것이 도가 사상에 뿌리박고 있음은 말할 필요도 없다.": 張鍾元, 엄석인 옮김, 『道』, 민족사, 1992, 29쪽.

156 남만성 역, 『노자도덕경』, 35장.

157 W. Biemel, *Heidegger*, 139쪽 참조.

158 M. Heidegger, *Vortraege und Aufsaetze*, 184쪽; *Unterwegs zur Sprache*, 180쪽, 196쪽 참조.

159 M. Heidegger, *Über den Humanismus*, 16쪽. "Sprache ist lichtend-verbergen-

(道)의 희언처럼 하이데거의 언어는 존재 자체의 언어이다.

하이데거가 노자의 언어 개념, 즉 도(道)에서 발원하는 희언을 자신의 사유 세계로 끌어들인 것은 언어 사유 외에도 또 다른 이유도 있을 것으로 보인다. 말하자면 형이상학의 극복과도 관련된 것이다: "하이데거가 언어에 관한 자신의 사유를 전개하는 과정에서 노자의 도를 거론하는 이유는, 종래의 형이상학을 넘어서기 위한 길잡이로 비-형이상학적 사유의 역사적 흔적을 제시하려는 데 있는 것으로 여겨지며, 이 같은 비-형이상학적 사유에 있어서 하이데거와 노자는 일정한 정도로 친근성의 관계에 놓여 있다."[160]

하이데거에게서 언어는—마치 도(道)에서 발원하는 노자의 언어처럼—존재를 인간에게 전하는 중매의 역할을 한다. 이처럼 하이데거는 언어를 철저하게 존재의 맥락에서 파악한다. 인간과 세계의 관계가 본질적으로 드러나는 곳이 언어이기에, 언어는 하이데거에게서 곧 '존재의 집'[161]이다. 따라서 하이데거에게서 언어는 존재와 인간을 중재하는 '존재 언어', '시적인 언어', 나아가서는 하이데거가 자주 언급하는 '침묵 언어(sigetische Sprache)'[162]이다.[163] '시적인 언어'는 학문적인 언어와는 달리 존재의 경험을 가능하게 하는 언어이고 말할 수 없는 것을 말하는 언어이다.[164] 즉 말하자면 개념이나 방법이 끼어들지 못하는,

---

de Ankunft des Seins selbst."

160 정은해·김종욱·이선일·박찬국, 「하이데거의 길과 노자의 도」(『철학사상』 제14호, 서울대학교 철학사상연구소, 2002), 140쪽.

161 M. Heidegger, *Über den Humanismus*, 5쪽, 22쪽.

162 M. Heidegger, *Beiträge zur Philosophie*, GA. 65, 58쪽, 78쪽 이하 참조

163 하이데거의 언어사상에 관한 포괄적 이해는 『하이데거의 언어사상』(한국하이데거학회 편, 철학과현실사, 1998)을 참조 바람.

164 M. Heidegger, *Unterwegs zur Sprache*, 241쪽 이하 참조.

존재경험을 드러내는 '침묵 언어'인 것이다.

5. 시적인 언어와 존재의 경험

그러면 하이데거에게서 존재의 경험을 가능하게 하는 "시적인 언어"의 세계로 다가가보기로 하자. 일상어나 정보언어 및 언어의 본질에서 동떨어진 언어들, 이를테면 우리가 앞에서도 언급했듯이 "공공성의 독재 아래에" 놓인 언어, "존재자를 지배하기 위한 도구"로 전락된 언어, 말하자면 "언어의 타락"과 "언어의 황폐화"에 처한 언어들과는 철저하게 대비되는 "시적인 언어"(시어, 詩語)에 귀를 기울여보자. 우선 우리는 하이데거가 "인간은 시적으로 거주한다"고까지 강조한 내막을 잘 이해해야 하며, 이를 단순하게 인문학이나 문학의 한 분야로 취급하는 과오를 범하지 않아야 한다.

주지하다시피 하이데거는 횔덜린과 트라클(G. Trakl) 및 게오르게(S. George)와 릴케 등등 시인들의 시를 통해 시어의 독특성을 면밀히 드러낸다. 시인에게서 세계와 사물은 추상적으로 사상(捨象)되는 것이 아니라 근원적으로 경험된다. 여기서 세계와 사물이 근원적으로 경험된다는 것은 이들이 자신의 진리를 개현하면서(aufgehen) 우리에게 다가와(angehen) 말을 걸기에(ansprechen), 세계와 사물이 존재의 진리 가운데 거하게 되는 현상을 말한다.

물론 세계와 사물이 우리에게 말을 걸 경우 그것은 소리 없는 말로서, 하이데거는 이런 말을 "정적의 소리 없는 울림(das lautlose Geläut der Stille)"이라고 한다. 이는 존재자의 존재가 개현되는 사건인 것이다. 하이데거에게서 인간의 말도 원래는 이런 존재의 언어, 즉 "정적의 소리 없는 울림"에 대한 응답(entsprechen)이며, 이렇게 응답하는 말이 곧 근원적인 의미의 "시적인 언어"인 것이다. 그러기에 하이데거에게서 시란 경이와 경외에 사로잡혀 존재의 "소리 없는 울림"을 듣는 데에서 발하는 말이며, 그렇지 않은 수다한 말을 시어라고 할 수 없는 것이다.

근대의 주체 중심주의와 주객 이원론에 입각한 과학적인(학문적, 이론적) 언어는 존재자들의 존재, 즉 존재자들의 고유한 진리를 드러내는 언어가 아니라, 존재자에 대한(대상적 차원) 이해의 관점에서, 그것의 정보와 그것을 분류 · 분석하고 지배 및 통제하기 위해 그 단면만을 드러내는 언어인 것이다. 그러기에 과학적인 언어는 인간들이 존재자들을 대상적인 것의 차원에서 이해하고 지배하기 위해서 요구하는 정보를 제공하는 정보언어이다.

또한 우리가 일상 언어라고 하는 것도 존재자를 대상적인 차원에서 접근하는 언어일 따름이다. 이러한 언어들은 "사방(das Geviert)"으로서의 세계(하늘, 땅, 신, 인간)와 사물을 불러낼 수 있는 능력, 즉 세계를 세계로서, 사물을 사물로서 현성케 하고(wesen) 현존케 하는(da-sein-lassen) 능력(Ruf: 불러내는 힘)을 상실한 언어일 따름이다. 특히 정보언어는 세계와 사물을 철저하게 과학기술적으로 조직하고 처리하려는 언어인데, 이러한 정보언어를 통해서 드러나고 형성되며 지배되는 세계가 곧 하이데거의 용어로 "몰아세움(Ge-stell)"의 세계이다.

비록 오늘날 사람들은 정보언어만이 존재자들을 존재자로 알려주는 언어, 즉 객관적인 사물의 세계에 인간의 주관적인 판단이 덧붙여지는 언어인 것으로 이해하고 있으나, 이는 그러나 존재자들의 진리를 드러내는 언어는 아니다. 그러기에 과학기술언어, 정보언어, 일상어는 사물과 세계의 진리를 현현하기보다는 오히려 이들을 지배 가능한 대상으로 환원하려는 언어들이기에, 언어의 본질에서 멀어진, 퇴락한 비본래적 언어들이다.

하이데거의 시-해석을 반영해볼 때, 언어의 본질에 입각한 시어를 통해서 세계와 사물들과의 근원적인 친밀감을 경험하지만, 저 과학기술언어와 정보언어에서는 이러한 친밀감을 획득하지 못한다. 정보언어는 우리의 일상 언어이고 오늘날의 과학기술 문명 세계에서 세계 공통의 일반적인 언어지만, 그러나 존재자의 진리가 드러나는 '사방(das Geviert)'으로서의 세계는 시어를 통하여 건립되고 드러난다.

하이데거는 이러한 시어를 통하여 드러나는 세계와 사물들에 대한 존재자의 '비-은폐성'과 "존재의 진리(die Wahrheit des Seins)"를, 모든 존재자를 기술적인 처리 대상으로 전락시키는, 말하자면 과학기술 시대에 만연된 언어의 황폐화와 존재망각을 극복할 수 있는 유일한 대안으로 보고 있다.

그렇다면 시어에서 존재자의 비-은폐성을 밝혀주는 사물들은 어떤 존재자들인가? 그것은 그러나 결코 어떤 형이상학적인 이론이 뒷받침된 것이 아니기에, 그리 어렵지 않게 경험된다. 더욱이 시에서 읊어지는 존재자들은 우리가 일상적 삶에서 만나는 그런 존재자들과 다르지 않다. 말하자면 동일한 숲이고 개울이며, 바위, 비, 들녘의 논밭, 샘물, 바람 등등이다. 그러나 시어에서 만나는 사물들은 시적인 언어를 통해, 말하자면 존재자들을 불러내는 힘(Ruf: 환기력)에 의해 우리가 일상적인 삶에서 목격하지 못했던 존재의 진리를 경험하게 되는 것이다. 아래의 시는 하이데거 자신이 지은 「사유의 모노그램」(Monogramm des Denkens)[165]인데, 시에서 존재자들의 특징을 잘 보여준다.

---

165 M. Heidegger, *Aus der Erfahrung des Denkens*, Neske: Pfullingen, 1965, 27쪽.

숲은 편안히 누워 있고	Wälder lagern
시냇물은 바삐 흘러간다.	Bäche stürzen
바위는 견고하게 버텨 서 있고	Felsen dauern
비가 촉촉이 내린다.	Regen rinnt
초원의 들녘은 묵묵히 기다리고	Fluren warten
샘물이 솟아난다.	Brunnen quellen
바람은 살랑이고	Winde wohnen
축복이 그윽하게 번진다.	Segen sinnt

여기서 지명된 존재자들은 우리가 일상에서, 즉 일상어와 정보언어의 차원에서는 예사로 여기고서 무심코 넘겨버리지만, 말하자면 존재자를 피상적 존재자의 차원에서만 고찰하지만, 시어의 악센트를 통해 각별하게 부름을 받아 새롭고 경이로운 존재 중량을 갖고 거듭난다. 말하자면 이 시에 등장하는 존재자들—숲, 시냇물, 바위, 비, 초원의 들녘, 샘물, 바람—은 우리가 일상에서 만나는 친숙한 사물들이지만, 더욱이 이들 존재자들이 어떤 유용한 정보를 제공해주지 않지만, 이들은 그러나 시인의 시에서 독특한 부름을 받고 자신의 비-은폐성(Unverborgenheit), 즉 "존재의 진리" 가운데 서게 되는 것이다.

그러기에 우리가 일상에서 예사롭게 존재자의 차원에만 머물러 있던 사물들이 존재의 광채 속에 거하게 되는 것이다. "존재의 진리" 가운데 거하게 된 이들 존재자들은 자연의 가족이면서 이 시의 마지막 행인 "축복이 그윽하게 번진다."를 건립하는 전령들인 것이다. 축복을 건립하는 이들 존재자들은 그러기에 시인의 부름에 응하여 존재의 광채(Schein)에 휩싸여 의미로 충만한 존재자의 존재가 되는 것이다.

이토록 시인의 부름에 응한 존재자들은 그 이전보다, 말하자면 일상적으로 편재하는 피상적인 존재자의 경우보다 "더 존재하는(seiender)"[166] 것이다. 시인은 이토록 시어를 통해서 사물로 하여금 자신의 존재 중량을 드러나게 한다.

우리는 다른 수많은 시인들의 시에서도 위의 하이데거에게서와 같이 존재의 광채(Schein)에서 의미로 충만한 존재자들을 목격할 수 있다. 이를테면 우리에게 잘 알려진 천상병 시인의 「귀천(歸天)」에서도 위의 하이데거의 「사유의 모노그램」에서와 같은 존재자들을 만나게 된다. 잘 알려져 있듯 천상병 시인의 「귀천」에도 독특한 존재자들이 등장한다. 말하자면 「귀천」에서 시인의 부름에 응한 존재자들—하늘, 새벽빛, 이슬, 노을빛, 구름, 기슭, (행위로서의) 소풍—등은 시인의 독특한 환기력(Ruf)으로 귀천에 동참하는 전령들이다.

그런데 이들 존재자들은—앞에서 하이데거의 「사유의 모노그램」에서도 마찬가지이지만—어떤 유용한 정보를 제공해주지는 않지만, "존재의 진리"에 거주하면서 귀천을 건립하는 존재자로 거듭나게 된 것이다. 그리하여 죽음이 인간의 비통한 종말사건이 아니라 "아름다운 소풍"으로 거듭나서 초연한 긍정의 의미를 갖게 하는 데 동참한 것이다.

이때까지의 논의를 바탕으로 우리는 하이데거의 "인간은 시적으로 거주한다(…dichterisch wohnt der Mensch)"[167]는—다소 낯설게 들리

---

166 "더 존재하는(seiender)"이라는 존재의 점층법은 처음으로 플라톤의 『국가』(515d)에서 「동굴의 비유」에 나타난다: μᾶλλον ὄντα. 플라톤은 존재론적 점층법의 발견자이다. 그는 진리에 관해서도 점층법을 사용하고 있다. '더 진리인(wahrer)'에 해당하는 ἀληθέστερα는 진리의 점층 비교급이다(『국가』, 515d 참조). 하이데거도 그의 저서 *Platons Lehre von der Wahrheit*(Francke: Bern, 1947, 11쪽)에서 이러한 존재의 점층법을 논의하고 있다.

167 하이데거의 『강연과 논문』(*Vorträge und Aufsätze*)에 수록된 소논문(181-198쪽).

지만—메시지의 내용을 이해할 수 있다. 말하자면 인간은 자신과 사물들의 고유한 존재를 드러내면서 그러한 존재의 충만함을 체험하고 "존재의 이웃(der Nachbar des Seins)"[168]으로 사는 것을 통해서만 진정으로 의미로 충족된 삶을 살 수 있는 것이다.

6. 시인은 신의 성스러운 사제인가?
— 고대 그리스적 기원에서 사제로서의 시인[169]

1) "사유하는 시인"과 "시작(詩作)하는 철인"

하이데거와 횔덜린에게서 시인의 위상은 오늘날 현대인이 생각하는 것과는 전혀 다르다. 시인이 "신의 성스러운 사제"가 되고 신과 인간의 중간자이며 "사이-존재"이고 중매자와 신의 사자(使者)가 된다는 얘기는 퍽 생소하기 때문이다. 그러나 시인을 칭하는 이러한 용어들은 고대 그리스적 세계관에서는 일반적인 현상이었는데, 이렇게 칭해진 예를 플라톤의 『이온』(*Ion*)과 『파이드로스』(*Phaidros*)에서도 찾아볼 수 있다. 횔덜린의 시-정신은 철저하게 고대 그리스의 신화와 세계관에 바탕을 두고 있고, 이러한 횔덜린의 시-정신은 "존재의 진리"와 시원적 사유를 전개하는 하이데거의 철학에 하나의 이정표 역할을 한다. "시원적인 것"과 "존재의 진리"가 생기하는 곳으로의 귀향은 하이데거가 그의 생애 끝까지 추적한 철학적 노력이다. "궁핍한 시대"에서의 시인은 이러한 귀향을 안내하는 각별한 사명과 소명을 갖고 있다.

---

168 M. Heidegger, *Über den Humanismus*, 29쪽.

169 이 절은 원래 『철학과 현상학 연구』 제43집(한국현상학회, 2009)에 수록된 필자의 졸고를 수정하고 보완한 것이다.

잘 알려졌듯 하이데거의 후기 사유에서 시인 횔덜린은 큰 비중을 차지하고 있으며, 그의 시작(詩作) 세계를 통해 하이데거는 "존재의 진리"로의 가능한 방향 전환과 귀환을 감행할 수 있다고 보았다. 하이데거의 철학적 노력은 인류의 '존재망각'과 '고향상실'의 현상에서 벗어나 근원적이고 시원적인 "존재의 진리"가 생기하는 곳으로의 이정표를 제공하는 것인 바, 그런 면에서 자신의 사유는 이러한 전향을 위한 준비로 이해되기에, 존재의 근원으로의 귀향을 노래하는 횔덜린의 시작 세계와도 친근성을 드러내는 것이다.

"시원적인 것(das Anfängliche)", 즉 "존재의 진리(die Wahrheit des Seins)"가 왜곡되지 않으면서 모범적으로 생기하는 곳은 하이데거에 의하면 횔덜린의 시작 세계다. 그러기에 횔덜린의 "사유하는 시작(die denkende Dichtung)"은 하이데거의 "다른 시원(der andere Anfang)"을 밝히는 획기적인 동기라고 할 수 있다. 그의 "사유하는 시작"은 형이상학으로 전락하지 않은, 시원적인 "존재의 진리"가 생기하는 것을 보여주기 때문이다. 서구 철학의 발단, 즉 초기 고대 그리스에서 있었던, 헤라클레이토스며 파르메니데스며 아낙시만드로스와 같은 시작(詩作)하는 철인들에게 있었던 "존재의 진리"는 횔덜린에게서[170] 다시 빛을 발하고 있는 것이다.[171]

주지하다시피 위에서 언급된 헤라클레이토스와 파르메니데스, 아낙시만드로스는 동양의 노자와 함께 "시작하는 철인들"이며, 이들에게서

---

170 횔덜린의 시작(詩作) 세계는 철저하게 고대 그리스적 배경(특히 신화, 문화, 문학)을 갖고 있다. 말하자면 고대 그리스 문학과 신화 등에서의 신들과 영웅들, 또 이들 각종 고유명사와 지명들의 이름은 거의 절대적으로 횔덜린의 시작 세계를 건축하고 있다. 고대 그리스의 세계를 통해 횔덜린은 자신의 시적 정신세계를 형성하고 있는 것이다.

171 M. Heidegger, *Hölderlins Hymnen »Germanien« und »Der Rhein«* (GA. 39), Klostermann: Frankfurt a.M., 1980, 123쪽.

는 형이상학에로 전락하지 않은 "시원적 사유", "존재의 진리"가 생동하는 근원적 사유가 살아 있었던 것이다. 고대 그리스의 철인들은 하이데거의 전후기 저작들에서 끊임없이 등장하여 일종의 이정표를 제공한 위대한 철인들이라고 할 수 있고, 노자 또한 하이데거에게—마치 마이(Reinhard May)가 그의 저서 *Ex oriente lux*(『빛은 동방으로부터』)에서 노자가 하이데거의 사유에 "은폐된 출처(verborgene Quelle)"라고까지 하듯[172]—저들 고대 그리스의 철인들과 유사하게 "시원적 사유"의 "시작하는 철인"이었다. 하이데거는 저러한 시작하는 철인들을 한마디로 "고대의 그리고 가장 위대한 철인들(die alten und größten Denker)"이라고까지 부르며 존경을 표했다.[173]

『언어로의 도상에서』에 수록되어 있는 「언어의 본질」이란 논문에서도 하이데거는 "노자의 시작하는 사유(das dichtende Denken des Lao-tse)"에 천착하여 근원어(Urwort)로서의 도(道, Weg)의 의미를 밝히고 있다: "아마도 길이라는 말은 깊이 숙고하는 인간에게 스스로 말을 걸어오는 언어의 태곳적 근원어일 것이다. 노자의 시작하는 사유에서 주도하는 말은 도(Tao, 道)라고 불리는데, 이것은 **본래**(*eigentlich*) 길(Weg)을 뜻한다."[174]

"시작하는 철인"인 노자를 "신의 사제"와 같은 시인이라고 부르기는 어려우나, 그도 역시 "궁핍한 시대"를 넘어 가혹한 시대, "세계의 밤(Weltnacht)"이 지배했던 시대, 절망의 시대였던 춘추전국시대에 독재자의 욕심 때문에 날마다 전쟁터에 끌려다녔던 백성들의 신음 소리를

---

172 Graham Parkes는 마이의 *Ex oriente lux*를 영어로 번역할 때, 이 책의 내용에 입각해 그 제목을 *Heideggers hidden sources*로 옮겼다.

173 M. Heidegger, *Nietzsche I*, Günther Neske: Pfullingen, 1961, 496쪽.

174 M. Heidegger, *Unterwegs zur Sprache*, 198쪽.

들었었고, 이를 한탄하면서 이정표로 남긴 것이 『도덕경』이라고 해도 전혀 무리가 아닐 것이다.

하이데거에게서 철학사의 전승이 형이상학과 니힐리즘 및 "존재망각"으로 귀착된다면, 횔덜린은 하이데거의 후기 사유에 있어서 새로운 이정표를 제공하는 역할을 하게 된다. 하이데거는 서구의 합리주의나 관념론, 형이상학과 근대의 이성으로는 불가능한 "존재사유(das Denken des Seins)"에로의 접근을 시적 통찰로써 시도했던 것이다. 주지하다시피 하이데거에게서 횔덜린은 "시인 중의 시인"[175]으로서 신(神)과 존재의 음성을 전달해주는 헤르메스, 즉 "디오니소스의 사제"와 같은 시인으로 발견되었다. 그는 하이데거에 의하면 "궁핍한 시대의 시인들 가운데서도 선구자이다."[176]

하이데거에게서 횔덜린의 시작 세계[177]는—그의 횔덜린에 관계된 많은 저서들에서 면밀하게 논의되듯—그의 이른바 "다른 시원(der andere Anfang)"을 철학적 지평 위로 올리는 데에 결정적인 역할을 하였다. 그의 후기 사유의 노정에 큰 영향력을 미친 횔덜린에 대해 하이데거는 다음과 같이 고백하고 있다: "나의 사유는 횔덜린의 시(詩)와 불가피한 관계에 놓여 있다. 그러나 나는 횔덜린을 결코 문학사가(文學史家)들이 그의 작품을 많은 다른 시인들의 것과 같이 테마화하는 그런 한 시인으로 간주하지는 않는다. 횔덜린은 나에게 있어서 미래를 가리켜 보이고 신(神)을 기대하게 하는 시인이다."[178]

---

175 M. Heidegger, *Erläuterungen zu Hölderlins Dichtung*, Klostermann: Frankfurt a.M. 1951, 32쪽, 44쪽.

176 M. Heidegger, *Holzwege*, 316쪽.

177 횔덜린의 시작 세계에 대한 광범위한 논의는 강학순, 「존재사유와 시작—하이데거의 횔더린 해석을 중심으로—」, 『하이데거 연구』 제1집, 241-266쪽 참조.

178 M. Heidegger, *Reden und andere Zeugnisse*(GA. 16), 678쪽.

횔덜린과 트라클 및 게오르게와 릴케에 대한 하이데거의 시-해석에도 드러나듯이, 시는 하이데거에게서 다른 문학 양식과는 달리 독특한 위치를 점하고 있다. 그는 전승된 미학과 시학을 날카롭게 비판했는데, 그것은 이 전승된 미학과 시학이 "형이상학적이고 미학적인 표상"[179]에 사로잡혀 있다는 것이고, 시를 문학의 대상으로 삼았으며,[180] 나아가 시를 주체의 업적과 상상력으로 파악했고,[181] 또한 이를 문화 현상으로 받아들이거나 단순한 대화거리의 수단[182]으로 삼았기 때문이다.

하이데거에게서 예술은 "존재의 진리", 즉 "비은폐성"으로서의 진리를 작품 속에다 정립하는 것으로서, 이는 어떤 이론적인 학문의 영역이라고 하기보다는 오히려 생동하는 진리의 근원적인 본질로 파악된다. 그러기에 하이데거의 『예술작품의 근원』은 결코 기존의 미학 이론의 차원에서 예술과 미(美)를 논하는 것이 아니라, 어떻게 존재의 진리가 근원적으로 생기하는가를 묻는다. 이 저작에서 하이데거는 예술이 전적으로 그리고 오로지 진리의 생기사건(Ereignis)과 존재에 대한 물음으로 규명된다고 한다.[183] 예술 작품을 통해 새로운, 어떠한 이론으로 구축되거나 응고되지 않은, 즉 이제까지 없었던 방식으로 존재의 진리[184]가 생기하고 세계가 형성되며 의미가 생성됨을 하이데거는 밝히고 있다.[185]

---

179 M. Heidegger, *Unterwegs zur Sprache*, 38쪽.

180 M. Heidegger, *Vorträge und Aufsätze*, 181쪽 이하.

181 M. Heidegger, *Holzwege*, 58쪽, 62쪽.

182 M. Heidegger, *Erläuterungen zu Hölderlins Dichtung*, 1951, 39쪽 이하.

183 M. Heidegger, *Der Ursprung des Kunstwerkes*, 87-92쪽.

184 예술작품과 "진리의 일어남"에 관하여, 그리고 예술과 진리의 관계에 대하여 이수정, 「하이데거의 예술론」, 『하이데거 연구』 제7집, 220-225쪽 참고. 또한 예술과 "존재의 진리"에 관한 논의는 신승환, 「진리 이해의 지평으로서의 예술」, 『하이데거 연구』 제7집, 275-306쪽 참고.

185 이러한 하이데거의 예술철학은 가다머의 『진리와 방법』(*Wahrheit und Methode*)

2) 존재개현(Seinseröffnung)으로서의 시작(詩作)

횔덜린의 시작 세계에서 하이데거는 존재개현을 가능하게 하는 시원적인(anfänglich) 로고스를 찾는다. 말하자면 시(詩)가 언어를 통해 존재에로의 회상을 가능하게 하며 존재를 탁월하게 드러내는 방식이라고 하이데거는 지적한다. 그렇다면 시적 언어는 결코 대상적 언어일 수도 없고 대상에 대한 형용과 지식일 수도 없으며 일상적 커뮤니케이션의 도구도 아닌 것이다. 말하자면 시적 언어는 대화의 수단이라거나 존재자를 표상케 하는 어떤 대상언어가 아니라, 존재로 향하게 하는 이정표이며 존재의 밝음에로 나아가도록 하는 길 안내인 바, 이러한 측면에서 하이데거는 언어가 "근원적인 의미에서 재보(das Gut)"이고 나아가 "인간존재의 가장 큰 가능성을 규정하는 생기사건이다."라고 한다.[186]

이러한 시적 언어가 인간에게 존재자의 개시성 가운데에 설 수 있는 가능성을 수여하는 측면에서, 또 우리로 하여금 망각하고 잃어버린 존재를 회상케 하고 거기에로 돌아가도록 하는 측면에서 인간존재에게 고귀한 재보이고 가장 큰 가능성을 지시하는 생기사건(Ereignis)인 것이다.[187] 따라서 인간에게 존재를 회상케 하는 언어의 본질은 "탈은폐의 구조(aletheia-Struktur)"를 갖고 있고, 또 이 문제와 직결된다.[188] 그러기에 언어는 인간에게 존재를 불러일으키고 그곳으로 방향을 돌리게 하며 또 "존재의 진리"를 품고 보존하는 방편인 것이다.

그런데 하이데거는 언어가 이토록 고귀한 재보가 되지만, 역설적으

에서 광범위하게 개진되고 있다.

186 M. Heidegger, *Erläuterungen zu Hölderlins Dichtung*, 1951, 35쪽.

187 위의 곳.

188 W. Marx, *Gibt es auf Erden ein Maß?*, Fischer Verlag: Frankfurt a.M., 1986, 146쪽, 148쪽.

로 "최고의 위험한 재보(das 'gefährlichste Gut')"도 된다고 한다. 물론 그것은 언어 자체가 결코 모순적인 것이 아니라, 우리가 언어의 본질을 망각하고 왜곡하기 때문이다. 그 결과 언어가 위험의 가능성을 만들어 내고, "존재자를 통한 존재 위협"과 "존재상실의 가능성(die Möglichkeit des Seinsverlustes)"을 마련하기 때문이다.[189] 또 언어가 "최고의 위험한 재보"가 될 수 있는 것은 『존재와 시간』에서 언급되었듯 세인(das Man)의 잡담(Gerede)으로 퇴락하기 때문이다.

시(詩)는 하이데거에게서 철저하게 어떤 존재자를 기술하는 수단이나 의사소통의 수단이 결코 아닐 뿐만 아니라 갖가지 형용사를 동원하여 미사여구를 늘어놓는 것도 또 어떤 사물에 대한 단순한 지식이나 사실을 알려주는 정보 전달도 아니다. 시는 그에게서 존재자를 표상케 하는 대상언어가 아니며 명제의 형식으로 사물화되기 이전의 로고스에 응답하는 양식이다. 잃어버린 원초적 로고스에로의 접근, 말하자면 존재자 중심의 형이상학에 의해 로고스의 변질 현상이 일어나기 이전의 본래적인 로고스에로의 접근이 시적 통찰을 통하여 가능하다는 것을 하이데거는 목격한다. 즉 언어의 본래적 기능인 존재의 개현이 시적 사유를 통하여 형이상학적 명제 이전의 로고스에 이르는 길이 열린다는 것이다.

그러기에 하이데거에게서 횔덜린과 트라클과 같은 시인은 대상언어와 통속적 삶에 의해 상실하고 망각해버린 존재를 불러일으키고, 이 망각되고 잃어버린 존재에 귀를 기울이도록 재촉하는 것이다. 말하자면 시인은 그의 시작을 통해 우리가 통속적인 삶 속에서 망각하고 잃어버린 존재를 회상케 하고 거기로 되돌아가도록 하며 다시 그것을 회복하

189 M. Heidegger, *Erläuterungen zu Hölderlins Dichtung*, 1951, 34쪽.

도록 한다. 그러기에 이러한 시작 세계는 존재개현(Seinseröffnung)과 내밀한 관련을 맺고 있다.

하이데거에 의하면 시(詩)의 본질은 존재와 진리와의 특별한 관련성을 갖는다: 시작(詩作)은 "존재자의 비은폐성(Unverborgenheit des Seienden)"에 대한 "기획 투사하는 말씀함(entwerfendes Sagen)"과 다른 것이 아니다.[190] 이러한 시작은 선사(Schenken)와 근거 놓기(Gründen) 및 시원적으로 시작하기(Anfangen)라는 세 겹의 의미에서 "진리의 건립(Stiftung der Wahrheit)"인 것이다.[191]

하이데거에 의하면 시인의 시작(詩作)은 근원적으로 언어를 가능하게 하는 하나의 "원천어(Ursprache)"의 성격을 갖는데,[192] 이 시작 자체가 비로소 언어를 마련하고(schaffen) 만물에게 그 본질에 따라 이름을 부여하는 것이다: "시인은 신들의 이름을 부르고 또 만물을 그 본질에 따라 이름 짓는다. 시인이 이때 이름 짓는 것은 벌써 알려진 것이 어떤 이름으로 지명되어지는 것을 말하는 것은 아니다. 시인이 본질적인 언어를 말하는 한에서, 즉 이러한 이름 짓는 것을 통해 존재자는 그가 무엇인지에 걸맞게 지명되는 것이다. 이토록 시인에 의해 이름 지어진 것은 존재자로 알려지게 되는 것이다. 시작(Dichtung)이란 존재의 언어적인 건립(Stiftung)이다."[193]

그런데 여기서 어떻게 시인의 시작(詩作)이 근원적으로 신들의 이름을 부르는가? 하이데거에 의하면 시적인 말엔 "먼저 신들 스스로가 우리를 언어로 이끌어주어야만 비로소 이름을 부여하는 말의 힘이 생기

---

190 M. Heidegger, *Holzwege*, 60쪽.

191 위의 책, 61쪽. M. Heidegger, *Erläuterungen zu Hölderlins Dichtung*, 1951, 39쪽.

192 M. Heidegger, *Erläuterungen zu Hölderlins Dichtung*, 1951, 40쪽.

193 위의 책, 38쪽.

는 것이다."[194] 신들은 그러나 "자신들의 현상함을 위해서 시인의 말(das Wort)을 필요로 하는데, 이 말을 통해 그들의 존재가 비로소 현상 가운데 드러나기 때문이다."[195] 말하자면 신들은 이 세계 내에서 현상하기 위해 시인의 말을 사용하는 것이다.

그런데 "신들은 어떻게 말하는가? '…예로부터 신들의 언어는 윙크이다.'"[196] 하이데거에 의하면 시인의 "말씀함(Sagen)"[197]이란 저 신들의 언어인 윙크를 붙잡아서, 이것을 다시 자신의 언어로 옮겨 사람들에게[198] 전해준다는 것이다. 시인은 윙크로 드러난 신들의 "첫 번째의 징표(Zeichen)" 속에서 벌써 완성되어 있는 그 무엇(내용)을 알아차리고는 이 알아차린 것을 대담하게도 자신의 말로 드러내기에, 아직 현실적으로 충족되어 있지 않고 현존하지 않는 것을 앞질러 말할 수 있게 된다.[199] 그러기에 "존재의 건립(Stiftung des Seins)"은 신들의 윙크를 감지하고 읽어내는 것과 결부되어 있다.

시인은 "시적인 것(das Dichterische, das Poietische)"[200]을, 즉 아직

---

194 M. Heidegger, *Erläuterungen zu Hölderlins Dichtung*, 1951, 42쪽.

195 M. Heidegger, *Erläuterungen zu Hölderlins Dichtung* (GA. 4), Klostermann: Frankfurt a.M., 1981, 191쪽.

196 M. Heidegger, *Erläuterungen zu Hölderlins Dichtung*, 1951, 42쪽. "…Winke sind von alters her die Sprache der Götter."(횔덜린의 시 *Rousseau*).

197 "말씀함(Sagen)"을 하이데거는 가리킴(Zeigen)과 "현상하게 함(erscheinen lassen)"이며 "밝히면서-감추는 자유스런-건네줌(lichtend-verbergend frei-geben)"으로 본다: M. Heidegger, *Unterwegs zur Sprache*, Neske, Stuttgart, 1993, 200쪽.

198 여기서 사람들 혹은 백성(Volk)이란 시인 자신과 같이 "죽어야 하는(sterblich)" 존재인 인간 동료들을 말한다. 시인은 인간 동료들에게 전할 뿐만 아니라 변화를 일으키는 길의 흔적을 남긴다: M. Heidegger, *Holzwege*, 267쪽,

199 M. Heidegger, *Erläuterungen zu Hölderlins Dichtung*, 1951, 43쪽.

200 M. Heidegger, *Vorträge und Aufsätze*, Günther Neske: Pfullingen, 1990, 193쪽 이하.

현존하지 않고 소리도 없으며 울리지도 않은 "말씀(Sage)의 내용"[201]을 시원적으로 드러내기에(poiein, hervorbringen, aletheuein, entbergen), 그는 탈은폐의 과정에 참여하는 것이다. 언어가 "비은폐성의 구조"를 가졌다는 것은 곧 아직 소리 없는 언어의 말씀(Sage)이 은폐(lethe)와 거부(Verweigerung)의 형태를 벗어나와,[202] 시인의 시작을 통해 비은폐성으로 나아온다는 것이다. 이런 맥락에서 하이데거는 시인이 "시적으로 거주하는", "다른 시원(Anderer Anfang)"을 예비하는 비범하고 결정적인 역할을 한다고 본 것이다. 결국 시인의 시적인 언어를 통해 "존재의 개현(Seinseröffnung)" 현상이 일어나는 것이다.[203]

시인은 신들의 윙크로부터, "말씀의 소리 없는 말씀함(das lautlose Sagen der Sage)"[204]을 듣고서, 이 들은 것(das Gehörte)을 소리가 울리는 언어로, 말하자면 인간적인 언어로 서로 상응하게(entsprechend) 옮긴다. 그리하여 시인은 시인 자신과 같이 "죽어야 하는(sterblich)" 존재자인 인간 동료들에게 존재의 소식을 전하고 변화를 일으키는 길의 흔적을 남긴다.[205] 이와 같이 시인은 그가 신들의 윙크로부터 감지하고 들은 것을 노래하는 말로 옮기는데, 이렇게 다듬어진 언어야말로 다름 아닌 "순수하게 시작되어진 것(rein Gedichteten)"이다.

시인의 시작(詩作)에서 건립되는 말, 즉 "본질적인 말(Wesentliches

---

201 "말씀의 내용"이란 결국 말씀 속에 "현성하는 것(das Wesende)"이며, 이것은 하이데거에 의하면 곧 "언어의 본질"이고 또 "본질의 언어"인 것이다: M. Heidegger, *Unterwegs zur Sprache*, 200쪽 이하. W. Marx, *Gibt es auf Erden ein Maß?*, 149쪽.

202 M. Heidegger, *Unterwegs zur Sprache*, 186쪽.

203 M. Heidegger, *Einführung in die Metaphysik*, 119쪽 이하, 130쪽 이하.

204 하이데거는 말씀(Sage)을 그 누구보다도 특이하게 보는 데에서 시인과 철학자가 서로 "이웃"이 된다고 한다: M. Heidegger, *Unterwegs zur Sprache*, 202쪽.

205 M. Heidegger, *Holzwege*, 267쪽.

Wort)"을 통해 존재자는 처음으로 자신의 존재 가운데에 개현하고 (eröffnen), 시인의 지명함(Nennen)을 통해 존재자는 처음으로 그가 무엇인지 일컬어지는 것이다. 하이데거의 이러한 논의에서 우리는 마치 헤르메스와 같은 중재자의 위치에 있는 시인을 간파할 수 있는데, 하이데거가 횔덜린을 일컬어 "일그러진 시대에(in reissender Zeit)" "사라지지 않는 것(das Bleibende)"을 붙잡아 언어에 묶어주는 사람이 바로 시인이라고 한 규명이 밝혀진 것이다.[206]

3) "궁핍한 시대"에 신의 사제로서의 시인

형이상학적 세계관의 지배로 인한 니힐리즘과 "존재망각", 어두운 "세계의 밤(Weltnacht)"과 "궁핍한 시대(dürftige Zeit)"를 가로질러 존재의 진리가 빛나는 곳으로 안내하는 시인의 헤르메스적 중재자의 위치를 하이데거는 그의 소논문 「무엇을 위한 시인인가?」("Wozu Dichter?")[207]에서 잘 드러내고 있다. 이 소논문에서 논의되는 횔덜린의 시 「빵과 포도주」[208]를 인용해보자:

이 궁핍한 시대에 왜 시인들이 태어났는지,
나는 알지를 못한다.

---

206 M. Heidegger, *Erläuterungen zu Hölderlins Dichtung*, 1951, 38쪽.

207 M. Heidegger, *Holzwege*, 265-316쪽. 하이데거는 이 「무엇을 위한 시인인가?」(*Wozu Dichter?*)의 전반부에서는 주로 횔덜린의 시작을, 후반부에서는 릴케의 시작을 중심으로 "궁핍한 시대의 시인"을 규명하고 있다.

208 이 글에서 인용하는 모든 횔덜린의 시(詩)는 다음의 시집에서이다: Friedrich Hölderlin, *Hölderlin* (nach dem Text der von F. Beissner besorgten kleinen Stuttgarter Hölderlin-Ausgabe), ausgewaehlt von Pierre Bertaux, Winkler Verlag: München.

그러나 그들은 (친구여, 말할테지)[209] 성스러운 밤에
이 나라에서 저 나라로 흘러 다니는
주신(酒神)의 성스러운 사제(司祭)들과 같노라.

시인이 왜 궁핍한 시대에 태어났는지는 알 수 없어도, 그가 무엇인지, 또 그가 궁핍한 시대에 살고 있다는 것, 나아가 그가 이 궁핍한 시대에 디오니소스의 성스러운 사제라는 것은 하이데거가 이를 규명하기 이전에, 즉 횔덜린의 시에서 이미 밝혀지고 있다. 물론 시인이 "성스러운 사제"라는 것은 결코 세상의 제도권에 주어진 그런 사제를 말함이 아니다. 그 사제직은 세속적으로는 누구도 맡지 않으려는, 또 맡을 수도 없는, 아무런 권위도 주어지지 않은, 또 누구나 흔쾌히 인정도 하지 않는 그런 헐벗은 직(職)에 불과하다. 그러나 "궁핍한 시대에서의 시인"이 "성스러운 사제"가 되는 공식을 읽고 받아들이는 이만이 횔덜린의 시작 세계와 하이데거의 논지를 이해할 수 있다.

그런데 왜 "궁핍한 시대"이며, 또 "궁핍한 시대에서의 시인(Dichter in dürftiger Zeit)"은 무엇을 뜻하는가? 도대체 왜 "세계의 밤(Weltnacht)"이 지배하는 "궁핍한 시대"인가? 이 모든 물음들은 그러나 하이데거에게서 인간의 존재망각과 니힐리즘 및 "고향상실"과도 깊이 관련되어 있는 것이다. 횔덜린의 시작 세계와 하이데거의 논지에서 그것은 신(神)들이 — 거주할 만한 성스러운 공간을 인간이 없애버림으로 말미암아 — 우리 곁을 떠나버렸기 때문이고(존재망각과 상통), "세계의 밤(Weltnacht)"이 지배하는 가운데 더욱 더 궁핍해져 가기 때문이며(니힐리즘의 지배 가운데 놓임), 신의 부재(不在)를 부재로 알아채지 못하기

209 「빵과 포도주」는 친구 Heinze에게 보내는 형식으로 시작(詩作)되었다.

때문이다.

말하자면 "궁핍한 시대"는 하이데거의 해명에서 신들이 도피해버리고 난 뒤의 시간과 도래해야 할 신이 아직 오지 않은, 즉 이들 사이에서 어두운 니힐리즘이 지배하고 있는 시대이다. 따라서 그것은 두 겹의 결핍과 부재가 지배하는 역사적 현재의 시대인 것이다: "도피한 신들이 더 이상 현존하지 않는다(Nichtmehr)는 것과 도래해야 할 신의 아직 없음(Nochnicht)이다."[210] 그런데 이것으로 문제의 심각성이 다 말해진 것은 아니다. 심각한 문제는 신들이 자취를 감춰버린 것뿐만 아니라, 신성의 빛마저도 세계사에서 꺼져버려, 결국 거대한 "세계의 밤"이 지배하게 된 것이다. 그러기에 "세계의 밤"이 깊어지는 것과 같이 "궁핍한 시대" 또한 더욱 궁핍해져, 이제는 "신의 결여(Fehl Gottes)"를 결여로 알아차리지 못하는 상황으로 변해버렸다.[211] 여기서 존재상실(Seinsverlorenheit)과 암울한 형이상학의 지배에 대한 하이데거의 경악은 횔덜린의 시적인 언어 속에서도 통찰되고 있는 것으로 보인다.

그런데 도대체 왜 신들은 인간에게서 도피해버리고 또 접근을 꺼리고 있는가? 그 원인은 그러나 기실 신들에게 있지 않고, 인간이 신들을 기피하고 쫓아내며 그들에게 거주할 공간을 없애버렸기 때문이다. 그들이 거주하는 곳은 성스러운 시공인 바, 그러한 시공이 존재하지 않는 곳에서 그들은 거주할 수 없다. 횔덜린은 이를 「빵과 포도주」에서 다음과 같이 읊고 있다: "왜냐하면 그릇이 부실하면 천상의 신들을 받아들일 길이 없을 따름". 인간이 미리 신의 머물 곳, 즉 성스러운 공간을 마련해 놓지 않으면, 옛 신이라도 찾아들 리 만무하다고 하이데거도 말한다.[212]

---

210 M. Heidegger, *Erläuterungen zu Hölderlins Dichtung*, 1951, 44쪽.

211 M. Heidegger, *Holzwege*, 265쪽.

212 위의 책, 266쪽.

어두운 "세계의 밤(Weltnacht)"과 "궁핍한 시대(dürftige Zeit)"가 지배하는 곳에는 헤르메스와 같은 중재자도 신의 성스러운 사제도, 예언자도, 선지자도, 플라톤의 『이온』에서 이온(Ion)과 횔덜린 같은 시인도 거주할 공간이 없을 것이다. 어쩌면 중세에서 근세를 거쳐 현대에 이르는 거의 모든 시공에서, 니힐리즘이 지배하는 세계에선 켐퍼(P. Kemper)의 "시인은 오래전부터 더 이상 신들의 통역자가 아니다."[213]라는 지적이 오히려 사람들에게서 온당하게 받아들여지지 않을까. 형이상학과 과학기술의 지배는 니힐리즘을 꽃피워 "세계의 운명(Weltschicksal)"[214]을 디자인하였다. 이런 "가장 큰 위험(höchste Gefahr)"이 도사리는 세계에, "세계의 밤"과 "궁핍한 시대"에—하이데거의 용어로—"존재망각"의 현상은 깊어져가고 있다.

그러기에 신들이 도피해버리고 부재하는 것은 그들의 자의에 의한 것이 아니라(오히려 그들은 인간들의 가까이에 있고자 한다), 그들이 거할 수 있는 "성스러운 것(das Heilige)"이 인간들에 의해 박탈되어버린 것이다. 성스러움이 없는 시공에 신들은 거주하지 않는다.[215] 이 "성스러운 것"이야말로 "신성의 본질적 공간(Wesensraum der Gottheit)"[216]으로서 신들을 다시 불러오고, 나아가 "다른 시원"을 정초할 수 있는 계기를 마련해주는 것이다.[217] 성스러움을 통하여 시인은 신들의 현재 가운데에 거처할 수 있다. 그러기에 사라져가버린 신들의 도래를 위한 에

---

213 Peter Kemper, *Macht des Mythos—Ohnmacht der Vernunft?*, Fischer Verlag: Frankfurt a.M., 1989, 7쪽.

214 M. Heidegger, *Über den Humanismus*, 27쪽.

215 하이데거와 비슷한 맥락에서 종교학자 M. 엘리아데(『성과 속』)와 신학자 오토(R. Otto: *Das Heilige*)는 누구보다도 현대의 탈신성화 현상을 지적한다.

216 M. Heidegger, *Über den Humanismus*, 26쪽.

217 M. Heidegger, *Erläuterungen zu Hölderlins Dichtung*, 1951, 73쪽 이하.

테르의 요소, 즉 "성스러움"은 곧 이들 신들의 흔적(Spur)이고 시인이 신들과 조우할 수 있는 최소한의 가능성인 것이다.[218] 시인은 이러한 흔적의 징후를 알아차리고서 시적인 노래로 그들의 도래를 종용한다. "궁핍한 시대에서의 시인이라고 하면 도피해버린 신들의 흔적을 노래하면서 눈여겨보는 것이다."[219]

신의 사자(使者)인 헤르메스와 같고 또 디오니소스의 사제와도 같은 시인은 그러나 "세계의 밤"이 지배하는 공허 가운데서도 흔들리지 않고 굳게 서 있다.[220] 하이데거에게서 시인이라고 하면 자신의 시적인 세계 속에 침잠해 있는 자가 아니라 도피해버린 신들이 남긴 흔적을 뒤밟아 나서는 인간을 말한다. 시인은 어둠이 지배하는 공허 가운데서도 신들의 윙크를 붙잡아 이를 노래하면서 인간의 언어로 옮기고, 이를 백성들에게 전한다. 시인은 그리하여 백성들을 끝내 "궁핍한 시대"로부터, 즉 니힐리즘이 지배하는 어두운 "세계의 밤"으로부터, 우매와 맹종과 방황으로부터 구제하는 사명과 소명을 갖고 있다. 시인은 도피한 신들을 부름으로써 결국 우리로 하여금 신들 가까이로 나아가게 하는 것이다.[221]

그러기에 우리는 시인의 메시지를 전해 듣고서 신들이 존재하는 곳

---

218 시인과 성스러움에 관한 논의는 강학순, 「존재사유와 시작 - 하이데거의 횔더린 해석을 중심으로-」, 『하이데거 연구』 제1집, 247-250쪽, 252-255쪽 참조; 최상욱, 「하이데거와 엘리아데의 성스러움에 관한 고찰」, 『하이데거 연구』 제10집, 38쪽 이하 참조; 김동규, 『하이데거의 사이-예술론』, 그린비, 2009, 198-208쪽 참조.

219 M. Heidegger, *Erläuterungen zu Hölderlins Dichtung*, 1951, 268쪽.

220 횔덜린의 시 「마치 축제일처럼」(Wie wenn am Feiertage …)에는 민머리로 서 있는 시인이 그려져 있다: "허기만 우리에겐 마땅하다, 그대 시인들이여, / 신(神)이 내리는 뇌우 속에 민머리로 서서 / 아버지가 내리는 번갯불을, 번갯불 그 자체를 / 제 손으로 잡아서는 / 이 천상의 선물을 노래로 감싸 / 백성에게 전해줘야 하는 일이."

221 M. Heidegger, *Holzwege*, 265-272쪽 참조.

으로, 성스러움과 "존재의 진리"가 환히 비추는 곳으로 "귀향"해야 하며, 신들이 우리 곁에 거할 수 있도록 성스러운 공간을 마련해야 한다. 시인은 여기서 도피해버린 신들과 도래해야 할 신을 노래하고서 이를 언어로 가져와 "다른 시원"을 마련하는 전령의 소명을 받고 있다. 그러기에 하이데거는 횔덜린의 "귀향(Heimkunft)"을 "존재의 근원에로의 근접" 혹은 "근원의 가까이로 돌아감"[222]이라고 규명한다. 그렇다면 인간의 고향은 "존재 자체의 가까이(Nähe)"[223] 혹은 "근원에 가까운 곳"이라고 할 수 있다.[224]

4) "신의 성스러운 사제"로서의 시인의 사명과 소명

신들의 언어를 인간의 언어로 읽어내고, 그들을 다시 우리 곁으로 불러들이는 의미에서, "세계의 밤"과 방황에서 우리를 구출하는 의미에서, 또 "궁핍한 시대"를 뒤집고 새로운 역사를 드러내는 의미에서 횔덜린과 같은 시인의 시는 "하늘의 메아리(Echo des Himmels)"이고, 그는 인간과 신 사이의 중매자이며 반신(半神: Halbgott)[225]이고, 궁핍한 시대의 백성을 일깨우는 예언자이며 전령인 것이다. 횔덜린에게서 시작(詩作)은 하나의 신적인 소명이고 동시에 시인의 사명인 것이다. "시인의 사명(Dichterberuf)"은 그에게서 곧 성직이었고 신의 "전령직"이었다. 그러기에 시작은 횔덜린에게서 신의 소명으로 이해되었다.[226]

---

222 M. Heidegger, *Erläuterungen zu Hölderlins Dichtung*, 1951, 23쪽.

223 M. Heidegger, *Über den Humanismus*, 25쪽.

224 M. Heidegger, *Erläuterungen zu Hölderlins Dichtung*, 1951, 21쪽 이하.

225 M. Heidegger, *Hölderlins Hymne »Der Ister«*(GA. 53), Klostermann: Frankfurt a.M., 1984, 153쪽 이하.

226 Sylvia Kaufmann, *Die Wiederkehr der Götter als Erwartungshorizont*, in 『독일문학』 제66집, 한국독어독문학회, 1998. 28쪽.

"시인의 사명(Dichetrberuf)과 신적인 것에로의 소명(Berufung zum Göttlichen)은 하나이다."[227]는 오토(W. F. Otto)의 규명은 옳다. 그것은 횔덜린의 경우에 독특하게 드러나듯 오직 신적인 부름을 받은 이에게만 "시인의 사명"이 주어지기 때문이다. 말하자면 이러한 소명이 없이는 "시인의 사명"을 감행할 수 없기 때문이다. 횔덜린은 그의 전기의 송가(Hymnen)에서 시인의 소명을 "조용하고 권능 있는 사제(ein 'still und machtig' Priestertum)"[228]라고 했다. 횔덜린의 시작 세계에서 우리는 끊임없이 점층하는 분명한 현상을 목격할 수 있는데, 그것은 시인의 부름받은 것, 즉 소명이 성스러운 것이라는 점이다.[229]

사제적인 시인은 예언자와도 같다. 이 같은 "시인의 소명"을 감지하기라도 한 듯 횔덜린은 그의 시 「루소」(Rousseau)에서 시인의 영(Geist)을 다음과 같이 읊고 있다:

대담한 영(Geist)은 첫째의 징표에서
벌써 완성된 것(Vollendetes)[230]을 알아차리고,
마치 독수리와도 같이 도래하는 신들을 예고하면서(weissagend)
뇌우에 앞서 날아오른다.

---

227 Walther F. Otto, "Die Berufung des Dichters", in *Hölderlin*, hrg. von A. Kelletat, J. C. B. Mohr: Tübingen, 1961, 242쪽.

228 여기선 Walther F. Otto, "Die Berufung des Dichters", 229쪽. Otto에 의하면 횔덜린이 그의 시(詩)를 가장 숭고한 의미에서 신화를 이해한 면에서 그가 시인의 사제직에 관한 충만한 의미를 부여하고 있다고 한다(241쪽 참조).

229 Walther F. Otto, "Die Berufung des Dichters", 227쪽.

230 여기서 완성된 것(Vollendetes)이란 이 시(詩)의 앞 연에 있는 신들의 언어인 윙크를 감지하고서 신들과의 교감을 이미 나누고 그 내용을 이미 간파하고 체득했다는 의미이다.

횔덜린은 「빵과 포도주」의 제5연에서 인간이 신의 선물과 재보(das Gut)도 알아채지 못한다고 개탄하고 있다:

인간은 그러하다. 재보가 거기에 있고, 신은 이를 선물로
그를 보살피지만, 인간은 그러나 알지도 못하고 보지도 못한다.

이러한 인간의 미미함과 어처구니없음은 제7연에서 이어지고 있는데, 그것은 우리가 신들에게 상응하지 못하고 우리의 연약한 그릇으로는 그들을 담아내지 못함을 노래하고 있다:

신들은 살아 있지만 우리의 머리 위 딴 세상 높은 곳에 머물고 있다네.
왜냐하면 연약한 그릇은 늘 그렇듯 그들을 담아내지 못하고,
인간은 신의 충만함을 단지 때때로만 견디어내기 때문이다.

「빵과 포도주」의 제8연에서 횔덜린은 신들이 모두 천상의 세계로 떠나가버렸음을, 그래서 신들과 인간 사이에 아무런 교제가 없음을 토로한다:

우리에겐 오래된 일로 여겨지지만, 얼마 전에
우리의 삶에 축복을 내리던 신들은 모두 승천하고 말았다네.
아버지께서 인간들로부터 얼굴을 돌리셔서,
온 땅 위에 참으로 슬픔이 덮쳤을 때, …

그러나 횔덜린은 여기에 이어서 지상에 마지막으로 한 조용한 수호신(Genius)[231]이 나타나 천국의 위안을 전하고 하늘로 올라갔을 때 "다

시 돌아오리라는 징표로 몇몇의 선물을, 말하자면 빵과 포도주[232]를 남겨주셨다."고 노래한다. 이러한 도래하는 신의 징표와 선물이 주어졌기에, 시인의 사명은 뚜렷하게 드러난다(제8연의 마지막):

> 그 때문에 우리는 천상의 신들을 생각하노라
> 오래 전 여기에 계셨고 제때에 재림하시는 신들을.
> 그 때문에 시인들은 진지하게 포도주 신을 노래하여
> 공허한 울림과는 달리 옛날의 신에 대한 찬미는 울려 퍼진다.

횔덜린에게서—또한 하이데거에게서도 그렇듯이—시인의 사명은 "천상적이고 신적인 것의 현재에 부응하여(würdig) 버티며 서 있는 것"[233]이다. "시인의 사명"은 바로 횔덜린 스스로 그의 시 「시인의 사명」

---

231 여기에서 수호신은 예수 그리스도를 말한다.

232 빵과 포도주는 여기서 기독교적이고 또 고대 그리스 신화적인 이중적 의미를 갖고 있다. 예수가 제자들과 함께 한 "최후의 만찬"에 빵과 포도주가 등장한다. 이 "최후의 만찬"에서 빵과 포도주는 예수의 살과 피로 상징되었다. 횔덜린은 「빵과 포도주」의 제9연에서 예수를 "가장 위대한 신의 아들"로 표현하고 그가 "횃불을 든 자로서 우리의 어둠 가운데로 내려온다."고 노래하고 있다. 그런데 디오니소스 또한 그리스 문학에서 "횃불을 든 자"로 묘사된다(소포클레스의 「오이디푸스 왕」과 에우리피데스의 「바쿠스」 참조). 고대 그리스 신화의 토대에서 빵은 여신 데메테르가 선사한 선물이고 포도주는 주지하다시피 디오니소스의 선물(Ouinos esti to Doron Dionysou)이다. 횔덜린은 「빵과 포도주」의 제8연에서 "빵은 대지의 열매이지만, 빛의 축복을 받아야 하고, 포도주의 기쁨은 천둥 치는 신으로부터 비롯한다."고 노래한다. 여기 마지막 연에서 포도주의 신 디오니소스는 제우스의 자식이다. 실제로 포도주가 천둥 치는 하늘의 신으로부터 주어지는 것과 또한 디오니소스가 천둥 치는 하늘의 신으로부터 세상으로 온 것은 서로 일치하다. 여인 세멜레가 제우스의 광채 때문에 불에 타 죽은 상태에서 디오니소스는 태어났다. 포도주 신의 탄생엔 천상의 불길이 동반된 것이다. 포도송이는 천상적인 힘과 대지의 도움에 의해 영글어가는 것이다.

233 Walther F. Otto, "Die Berufung des Dichters", 233쪽.

(Dichterberuf)에서 명쾌하게 드러내고 있다(3~4연):

집안에서나 열린 하늘 아래에서 인간의 운명이며
걱정거리인 것 그리 긴요한 것 아니니,
짐승보다 인간이 더 고귀하게 자신을 지키며 스스로
자양을 취하고 살아간다면, 그것은 더 긴요한 다른 일이 있기 때문이다.

근심하고 봉사하는 일이 시인들에게 맡겨진 일이라네.
우리가 적합하게 응해야 할 이, 바로 가장 높으신 분이니
그분께 더 가까이 다가가고, 언제나 새롭게 노래하며
친밀해진 마음으로 그분의 소리를 알아듣기 위함이로다.

세상에 걱정거리가 많은 일들이 있지만, 횔덜린에게서 "시인의 사명"은 신에게 가까이 다가가고 신성(神性)을 항시 새롭게 노래하며 그 소리를 알아들어야 하고, 그러기 위해 근심하고 봉사하는 것이다. 그런데 횔덜린의 "시인의 사명"은 그의 시 「시인의 사명」 제1연에서 이미 언급되고 있다:

갠지스의 강변은 환희의 신이 승리를 구가하는 소리를
들었도다. 젊은 바쿠스 신은 성스러운 포도주를 통해
모든 백성들을 깨우며 모든 것을 정복하면서
인더스강으로부터 이곳으로 왔노라.

"환희의 신"으로 칭해지는 바쿠스(Bacchus), 즉 디오니소스는 포도주와 함께 환희를 가져오는 신이다. 그는 인도로부터 그리스를 향해 오

는 동안 모든 백성들을 미개의 잠에서 깨워 충만한 현존으로 만들었다. 그러기에 디오니소스는 횔덜린에게서 위대한 혼이며 스승이고 후원자이다.[234] 참된 시인은 그처럼 되어야 하고 그의 사제직을 수행해야 한다. 말하자면 "궁핍한 시대"에 시인의 사명은 디오니소스와 또 그의 사제들과 마찬가지로 사람들에게 새롭고 더 나은 삶을 일깨우며 고결한 혼과 문명을 불어넣는 것이다. 이러한 시인의 사명은 「빵과 포도주」의 맥락과도 직결된다: "…궁핍한 시대에 시인들은 무엇을 위해 존재하는가? / …시인들은, 성스러운 밤에 이 나라에서 저 나라로 향했던 / 포도주 신의 성스러운 사제와도 같도다."

그런데 위에서 언급한 「시인의 사명」은 횔덜린이 2연으로 된 짧은 그의 시 「우리의 위대한 시인들에게」(An unsere grossen Dichter)를 확장시킨 작품으로 보인다. 이 시의 제1연이 「시인의 사명」에 수정 없이 그대로 받아들여졌고(제1연은 서로 같음), 제2연만이 「시인의 사명」과는 다른데, 내용상으로는 같은 맥락을 형성하고 있다:

> 그대 시인들이여, 깨워라! 아직도 잠자고 있는 자들을
> 그 잠에서 깨워라, 법칙을 부여하고 우리에게
> 삶을 주어라, 승리하라, 영웅들이여! 오직 그대들에게만
> 마치 바쿠스와도 같이 정복할 권력이 주어져 있도다.

---

234 이토록 디오니소스는 시인의 영혼에 불을 붙이고 성스러운 광채의 장엄한 형상을 부여하는데, 이 디오니소스가 곧 신과 인간의 사이-존재 혹은 중간자인 것이다. 인간여인 세멜레가 제우스의 번갯불을 맞아 사랑의 결실로 디오니소스를 잉태했는데, 그는 곧 신과 인간의 합작으로 세상에 태어난 것이다.

여기서 시인들의 사명은 백성들을 (일)깨우고 밝히며, 삶을 주는 바쿠스의 사제로 그려져 있다. 그런데 「시인의 사명」 제2연은 위에 인용한 「우리의 위대한 시인들에게」의 제2연이 약간 수정되었다.[235] 여기서 새롭게 등장하는 '천사'는 원래 그리스어 앙겔로스(angelos)에서 유래한 바, 그 개념은 "보냄을 받은 자", 혹은 사자(使者)라는 뜻이다. 그러기에 사자(使者)로서의 천사(angelos)는 인간들을 잠으로부터 일깨워서 보다 높고 밝은 삶으로 나아가도록, 보다 신(들)의 가까이에 거주하는 삶을 살도록 영감을 불러 일으켜야 함을 의미한다.

횔덜린은 "시인의 사명"을 그의 시 「시인의 용기」(Dichtermuth)에서도 잘 드러내고 있다. 운명의 여신으로부터 부름받은 시인은 가혹한 환경에도 불구하고 절망하지 말고, 거침없이 자신의 길을 걸어가야 함을 노래하고 있다. 고독과 죽음의 비탄이 엄습하지만, 또한 "성인인 체하는 시인들"에 의해 질식하고 만 참된 시인의 죽음을 목격하면서도 비탄과 절망보다 더욱 단단히 무장하여 자신의 길을 걸어갈 것을 그는 노래하고 있다.

시인이 신들의 언어를 읽어내고 그들의 낌새를 알아차리며, 그들의 현재에 거처하는 데에는 그의 중간자 혹은 중매자로서의 사역(使役)이 확연히 드러난다. 횔덜린더러 "성스러운 불의 파수꾼"(F. 군돌프)[236]이라든가 "신의 사제와 같은 시인"이며 신들의 윙크를 통역하여 백성에게 전하는 중매자와 같은 시인이라고 칭하는 것은 곧 "시인의 사명"과 동

---

235 "또한, 그대 한낮의 천사여! 그대는 아직까지도 잠들어 있는 자들을 / 깨우지 않나요? 그대 우리에게 법칙을 부여하고, 우리에게 / 생명을 선사하시라, 승리하시라. 오직 거장이신 그대만이 / 바쿠스 신과 같이 정복하는 권리를 갖고 있노라."

236 Friedrich Gundolf, "Hölderlins Archipelagus", in *Hölderlin*, Hrg. von Alfred Kelletat, J.C.B.Mohr: Tübingen 1961, 16쪽.

시에 시인의 소명을 일컫는다. 하이데거가 횔덜린더러 "시인 중의 시인"이라고 하는 것도 바로 그가 신들과 인간들 사이의 중간 지대에 거주하는 사이-존재(Zwischenwesen)[237] 혹은 중간자이기 때문이다.[238]

"그러기에 시작(Dichtung)의 본질은 신들의 윙크와 백성의 소리라는 서로 배척하기도 하고 서로 끌어당기기도 하는 두 가지의 법칙 사이에 끼어들어 있다. 시인 자신은 저 신들과 이 백성 사이에 서 있다. 시인이란 밖으로 내던져진 자인바, 신들과 인간들 사이라는 저 중간 지대에로 내던져진 자인 것이다."[239] 이 "신들과 백성 사이로 내던져진 자"로서의 시인은 곧 사이(das Zwischen)를 지키는 반신(半神: Halbgott),[240] 즉 신들과 인간들이 같지 않음(das Ungleiche)을 지키는 자이며,[241] 중간자이고 중매자이며 헤르메스와 같은 통역자이고 사제인 것이다. 하이데거는 시인의 본질근원(Wesensursprung)을 반신이라고 한다.[242] 그는 횔덜린의 「마치 축제일처럼…」의 시구를 인용하며 "반신으로서의 시인은 신들과 인간들의 작품, 말하자면 결혼 축제의 결실로 존재한다."[243] 고 한다.

시인은 그러나 신들과 인간 사이에 거주하며 그 사이를 지키는 중간자일 뿐만 아니라, 동시에 두 세계를 중매하는 중매자이다. 우선 하이데거가 신이 내리는 번갯불을 쐬고 있는 시인에게서 시인의 본질과 "가

---

237 M. Heidegger, *Hölderlins Hymnen »Germanien« und »Der Rhein«*(GA. 39), Klostermann: Frankfurt a.M. 1980, 165쪽.

238 M. Heidegger, *Erläuterungen zu Hölderlins Dichtung*, 1951, 44쪽.

239 위의 책, 43쪽. 여기서 하이데거는 횔덜린이 자신의 시어를 사이영역에 헌사하기 때문에 "시인 중의 시인"이라고 한다(44쪽 참조).

240 M. Heidegger, *Erläuterungen zu Hölderlins Dichtung*, 1951, 99쪽.

241 위의 곳.

242 위의 책, 105쪽, 139쪽.

243 위의 책, 107쪽.

장 순수한 시작(詩作)"을 알아챌 수 있다 하여 인용한[244] 횔덜린의 「마치 축제일처럼…」(Wie wenn am Feiertage…)의 일부를 언급해보자:

하지만 우리에겐 마땅하다, 그대 시인들이여,
신(神)이 내리는 뇌우 속에 민머리로 서서
아버지가 내리는 번갯불을, 번갯불 그 자체를
제 손으로 잡아서는
이 천상의 선물을 노래로 감싸
백성에게 전해줘야 하는 일이.

이 시의 마지막 연에는 중매자로서의 시인의 사명이 잘 드러나 있고, 그러기 위해선 "신이 내리는 뇌우 속에 민머리"로 서 있어야 하는 과제도 부여되어 있다. 하이데거가 지적하듯이 "시인은 신의 번갯불에 내맡겨져 있다."[245] 시인은 "신의 결여(Fehl Gottes)"에도 두려워하지 말고, 오히려 이 결여된 신의 가까이에서 인내하며 머물러야 한다. 이를 횔덜린은 「시인의 사명」의 마지막 연에서 강조하고 있다: "시인은 어쩔 수 없이 신 앞에서 외롭게 머물러 있어야 하지만, / 그러나 그는 두려워하지 않으니…"

이러한 독특한 시인의 사명은 「빵과 포도주」의 제7연에도 나타난다: "그러나 방황도 때론 선잠처럼 도움이 되고 / 고난과 밤도 우리를 강하게 만들어준다." 여기서 시인은 고난과 한밤의 어둠 속에서도 굳건히 서 있다. "이토록 시인이 자신의 사명으로 인해 최고의 고독 속에서 홀

---

244 M. Heidegger, *Erläuterungen zu Hölderlins Dichtung*, 1951, 41쪽.
245 위의 곳.

로 체류하는 한에서, 그는 자기 백성을 대표하고 또 진정으로 자기 백성에게 진리를 획득하게 해준다."[246]

횔덜린의 『휘페리온』에서 휘페리온은 벨라르민에게 보낸 마지막 편지에서 "저 옛적의 신탁의 말씀에서 세계 내에서의 삶의 노래는 마치 어둠 속에서의 밤꾀꼬리의 울음처럼 깊은 고뇌 속에서 비로소 우리에게 신적으로 울린다."[247]고 한다. 하늘의 영광도 신의 계시도 깊은 어둠과 고뇌를 거쳐 이루어진다는 것이다. 횔덜린의 시를 해석하면서 오토는 다음과 같이 말하고 있다: "시인의 소명을 받은 이는 하늘의 격노함과 신들의 고뇌로부터의 번갯불을 함께 감지하면서 맞아들인다."[248]

그러기에 "시인의 사명"은 신들이 사라져버린 "세계의 밤"에도 온갖 고난과 고독을 감내하며 버티고 서서 신들의 흔적을 추적하며, 신성에 이르는 흔적으로서의 성스러움을 노래하고, 이 성스러움이 현성할(west) 수 있도록 시작(詩作)하는 것이다. 이런 맥락에서 시인의 시작은 "존재의 건립(Stiftung des Seins)"[249]이고 "진리의 건립(Stiftung der Wahrheit)"[250]인 것이다.

5) 고대 그리스적 기원에서 헤르메스적 사자(使者)로서의 시인

하이데거에 의하면 아주 이른 고대 그리스의 철인과 시인들에게 있

---

246 M. Heidegger, *Erläuterungen zu Hölderlins Dichtung*, 1951, 41쪽.

247 Friedrich Hölderlin, *Hölderlin*(nach dem Text der von F. Beissner besorgten kleinen Stuttgarter Hölderlin-Ausgabe), ausgewählt von Pierre Bertaux, Winkler Verlag: München, 354쪽.

248 Walther F. Otto, "Die Berufung des Dichters", 247쪽.

249 M. Heidegger, *Erläuterungen zu Hölderlins Dichtung*, 1951, 42쪽.

250 M. Heidegger, *Holzwege*, 61쪽. 시작(詩作)이 "진리의 건립"이라는 것은 시작에 의해 존재자가 존재자로서 탈은폐되어(비은폐성: A-letheia) 존재의 시원적 차원이 열리기 때문이다.

었던 "시원적 사유"는—그가 늘 일관되게 강조하듯이—아직 존재자 중심의 형이상학으로 굴러떨어지지 않은 사유를 말한다. 여기엔 "존재의 진리"가 왜곡되지 않고 그 본질의 형태대로 살아 생동하고 있었다는 것이다. 하이데거는 그들의 "사유하는 시작(詩作)"과 "시작(詩作)하는 사유"에서 존재자가 아닌 존재와 "존재의 진리"가 그 근원적 형태로 이해되었음을 목격했다.[251] 하이데거에 의하면 헤라클레이토스와 파르메니데스 및 아낙시만드로스(Anaximanderos) 및 노자에게서의 "시작하는 사유"와 횔덜린에게서의 "사유하는 시작"은 "존재의 진리"를 그 근원적인 형태로 생기하는 것을 보여주고 있다고 한다.

하이데거는 형이상학이 정립되기 이전의 "첫째 시원(erster Anfang)"과 "시원적 사유(das anfängliche Denken)"를 논의하는 과정에서 "시적인 철인"인 파르메니데스나 헤라클레이토스며 아낙시만드로스가 시적인 『단편』(詩作하는 사유)을 남긴 철인들이라는 사실을 부각시켰다. 또 우리는 플라톤의 대화록 『이온』을 통해 고대 그리스에서의 시인의 사역(使役)[252]이 곧 헤르메노이스, 즉 사제적이고 예언자적인 사역과 맥락을 함께하고 있음을 파악할 수 있다.[253] 하이데거가 특히 그의 후기 사유에서 횔덜린과 트라클, 릴케와 게오르게의 시에 천착하는 것도 바로 이들의 시작 세계가 이와 같은 사역을 담당함을 천명하는 것이다.

---

251 그래서 하이데거는 시작하는 철인들을 "고대의 그리고 가장 위대한 철인들(die alten und grössten Denker)"이라고 했다: Martin Heidegger, *Nietzsche I*, Günther Neske: Pfullingen 1961, 496쪽.

252 이러한 사역을 횔덜린은 "시인의 사명(Dichterberuf)"이란 용어로 대변한다.

253 철저하게 고대 그리스의 세계관 속에 살았던 횔덜린은 당연히 이러한 시인의 존재 양식을 간파하고 있었으며, "시인이란 가장 결백한 사역"이란 그의 시구(詩句)에도 나와 있듯 그는 주위의 간청에도 불구하고 목사직을 거절하면서까지 시인으로 남기를 원했다.

이제 우리가 이 절의 서두에서 제기한 문제, 즉 하이데거와 횔덜린에게서, 그리고 고대 그리스의 정신(Griechentum)에서 시인의 존재 양식이 아주 특별하게 받아들여지는 것에 대해서 논의를 집중해볼 필요가 있다. 횔덜린과 하이데거에게서뿐만 아니라 고대 그리스의 정신에서 우리는 "디오니소스의 성스러운 사제"라거나 "반신(Halbgott)", "데몬적(dämonisch) 중간자", 중매자, 통역자, "신의 사자(使者)", "성스러운 불의 파수꾼"[254]과 같은 말을 듣게 된다. 그러나 이런 용어들은 오늘날 현대를 살아가는 우리에게는 도무지 낯선 용어들이고, 하이데거와 횔덜린에게 익숙하지 않은 이들은 더욱 이해하기가 곤혹스러워울 것이다.

그러나 횔덜린이 철저하게 고대 그리스적 세계관에서 시작(詩作)을 하였기에, 저 고대 그리스의 세계에로 방향을 돌리면 시인에게 부여된 저러한 칭호들이 신비주의적이거나 외람되지는 않게 된다. 고대 그리스의 정신세계에서 시인의 사역이 곧 사제적 사역과 통역자 및 중간자와 중매자의 역할과 맥락을 함께하고 있음을 어렵지 않게 목격할 수 있다. 이미 오래전 고대 그리스에서 시인이 사역하는 헤르메노이티케(hermeneutike), 즉 사제적인 사역과 통역자 및 해석하는 능력은 깊숙이 성스러운 종교적 영역(Sakralsphaere)과 붙어 있었던 것이다. 오토는 이러한 사실을 잘 밝혀주고 있다:

> 그리스의 시인은 또한 사제이다. 헤시오도스(Hesiodos)는 뮤즈들에 의해 스스로 시인의 서품을 받았다. 핀다로스(Pindaros)는 델피에서의 성대한 축제에서 뮤즈들의 예언자로 자처했다. 시인으로서의 핀다로스는 아폴론과 또한 델피에서의 아폴론 성지가 신분과 근친의 관계에 들어 있었다. 그가 죽고 난

254 Friedlich Gundolf, "Hölderlins Archipelagus", 16쪽.

이후에도 그의 명성은 여전히 축제에 경사스럽게 초빙되어 신탁의 자리에 앉게 되었다. 이러한 그의 권좌를 사람들은 차후에 수세기까지 아폴론 신전 내에 영원히 타오르는 성화 곁에서 볼 수 있었다. 이러한 고대 그리스의 시인의 지위(Dichterwürde)는 정확히 우리의 횔덜린이란 인물에게 맞아떨어진다.[255]

횔덜린은 고대 그리스 신화의 세계에 매료되었었다. 그것은 무엇보다도 고대 그리스의 신화적 세계엔 자연과 세계의 성스러움이 가장 살아 생동하는 모습으로 개현되어 있기 때문이다.[256] 이 고대 그리스의 세계에서 신적인 것은 그의 시선을 꽁꽁 묶는 끈이었다.[257] 성스러운 신성의 흔적을 횔덜린은 그의 시를 통해 우리에게 전하고 있다. 그래서 오토는 "횔덜린의 전적인 삶이 하나의 이름 없고 감추어진 근저(Nähe)에서부터 눈과 눈으로 대면하는 만남에까지 신적인 흔적을 부여해주는 단계의 연속이 아니었나?"[258]라고 우리에게 묻고 있다.

오토에 의하면 횔덜린에게서 그리스적 가이스트(Geist)와의 근친성에 대한 진정성을 명명백백하게 목격할 수 있고, 또 고대 그리스의 신화적 가이스트는 비극작가와 플라톤에게까지도 살아 생동하고 있다.[259] 이 신화적 가이스트에서 천상적인 것의 지상적인 것으로의 성스러운 변형과 신적인 것의 인간상으로의 탄생이 무엇보다도 특이하게 펼쳐지는 것이다.[260] 오토에 의하면 횔덜린만큼 신성(Gottheit)에 그토록 붙잡

255 Walther F. Otto, "Die Berufung des Dichters", 229쪽.
256 위의 글, 227쪽.
257 위의 곳.
258 위의 글, 230쪽.
259 위의 글, 236쪽.
260 위의 곳.

히고 충만해진 이는 드물다고 한다. 그는 신성의 "성스러운 광채에 의해 점화되었던 것이다."[261]

이와 같은 시인의 독특한 위상을 후대의 철학자들도 잘 간파하고 있다. 이를테면 마치 헤르메스와도 같은 역할을 수행하는 신의 사제로서의 시인을 하이데거는 플라톤과 유사하게 언급하고 있다. 플라톤은 그의 대화록 『이온』(*Ion*)[262]과 『파이드로스』(*Phaidros*)에서 시인들이 보통 사람과는 다른, 특별한 존재 양식을 가진 신의 헤르메노이스(hermeneus, 사제, 使者)임을 타진한다. 하이데거도 『언어의 도상에서』에서 플라톤의 대화록 『이온』을 인용하며 시인들이 "신들의 사자들(Botschafter sind der Götter)"임을 지적한다[263] 어쩌면 하이데거가 그토록 "시인 중의 시인"으로 중량을 부여하는 횔덜린은 플라톤의 이온과도 유사한—비록 비중의 면에서 하이데거의 횔덜린이 훨씬 더 큰 위치를 차지한다고 해도—위치를 차지한다고 볼 수 있다. 시인은 이들에게서 독특한 위치, 말하자면 신의 사제(hermeneus)이자 사자(使者)의 역할을 수행하는 것이다.

플라톤의 『이온』은 음유시인인 이온이 어떤 신적이고 영감에 사로잡힌 힘에 의해 시인 호메로스의 서사시를 낭송하는 장면을 서술하고 있는데, 그는 독특한 억양과 몸동작을 써가며 호메로스의 서사시를 심오하고 진지하게 읊음으로써 그 의미를 드러내고 있는 것이다.[264] 이 음유시인을 플라톤은 델피 신탁의 사제에게 주어진 이름과 같은 헤르메노이스(ἑρμηνεύς), 즉 사제 또는 선포하는 자, 해석자 또는 통역자로 칭

261 Walther F. Otto, "Die Berufung des Dichters", 237쪽

262 Platon, *Ion*, 534e.

263 M. Heidegger, *Unterwegs zur Sprache*, 122쪽.

264 Platon, *Ion*, 530b-532c.

하고 있는데,[265] 그는 헤르메스 신처럼 호메로스의 메시지를 당대의 사람들에게 고지해주는 매개자의 역할을 담당하고 있을 뿐만 아니라, 때론 영감에 사로잡혀 호메로스를 능가하는 듯한 인상을 주기도 한다. 시인의 직책은 여기서 신의 사자(使者)로서의 헤르메스와 같은 위치에 있지 않더라도 그는 여전히 매개자의 역할을 수행하고 있다. 이러한 시인들의 존재 양식은—이를테면 신적인 열광에 도취된다거나 신적인 영감에 사로잡히는 것 등[266]—어떤 인식론적 카테고리로 포착하기 어려운[267] 독특한 것이다.

대화록 『이온』과 『파이드로스』에서 플라톤은 헤르메노이스(hermeneus), 즉 시인과 예언자 및 헤르메스와 같은 신의 통역자를 통해 어떤 "데몬적인 중간 영역(das dämonische Zwischenreich)"을 설정하고 있다. 이 "데몬적인 중간 영역"은 하이데거가 횔덜린더러 반신(Halbgott)이라고 하거나 신들과 인간의 사이(das Zwischen)를 지키는 자라고 칭한 맥락과도 비슷한 위상이라고 할 수 있다.[268]

하이데거는 플라톤이 음유시인 이온에게 부여한 의미보다 훨씬 강한 톤으로 횔덜린에게—"존재망각"과 "세계의 밤"을 깨어 부수고 도피한 신들을 불러오며 새로운 세계를 열어젖히는—큰 위상을 부여한다. 그는 횔덜린을 비롯해 트라클과 게오르게와 같은 시인의 시작(詩作)을 통해 "존재의 진리"가 환히 드러나는 곳(시인의 용어로는 '고향')을 안내하고 있으며, 그들이 곧 "궁핍한 시대"와 "세계의 밤"을 뒤엎고 신들의

---

265 호메로스가 신의 통역자임을 감안하여 이 음유시인을 플라톤은 "통역자의 통역자"(Ion, 535a)로 칭하기도 한다.

266 Platon, *Ion*, 530d 이하, 533d 이하.

267 위의 책, 532b 이하, 532c.

268 M. Heidegger, *Erläuterungen zu Hölderlins Dichtung*, 1951, 44쪽, 99쪽, 105쪽, 139쪽.

도래와 "다른 시원"을 불러오는 사자(使者)들임을 주지시키고 있다.

하이데거에게서 횔덜린과 같은 시인의 위상과 "시작(詩作)하는 철인들"의 위상은 특이하다. 특히 시인은 "신의 성스러운 사제"이며 반신(半神)이고 통역자이며, 신과 인간의 사이-존재이면서 중매자이다. 이러한 시인의 개념은 오늘날 현대인에게 아주 생소한 소리로 들릴 것임에 틀림없다. 특히 오늘날의 학문-이론적이고 과학적인 세계관이 지배하는 곳에서 그러한 시인의 개념과 위상은 이미 사멸된 것이나 다름없기에, 사람들은 하이데거에게 "왜 횔덜린인가?"[269]라고 묻고 하이데거가 "궁핍한 시대에서의 시인"에게 지나친 요구를 하고 있다고 비판을 하기도 한다. 또 어떤 이는 단적으로 중세에서 근세를 거쳐 현대에 이르는 모든 시공에서 "시인은 오래전부터 더 이상 신들의 통역자가 아니다."[270]라고 규명하기도 한다.

그런가 하면 마르크스(Werner Marx)와 같은 철학자는 하이데거와는 다르게 사람들이 더 이상 "시적으로 지상에서 거주하지 않는다."는 것을 전제로 하고, 일종의 양자택일로서 이웃 사랑과 책임에 충실한 행위를 통해 "이 지상에서 인간적으로 거주할 수 있다"고 한다.[271] 물론 마르크스의 견해도 일리가 있다—비록 현재 지상에서 그런 이웃 사랑과 책임에 충실한 행위가 잘 이루어지지 않는 것이 문제이지만. 그러나 종교사회학적이고 윤리적인 것을 통해 가져오는 변화는 하이데거가 말하

---

269 A. Gethmann-Siefert는 심지어 하이데거의 횔덜린과의 사유 노정을 하나의 미로(Irrweg)라고까지 한다: A. Gethmann-Siefert, "Heidegger und Hölderlin. Die Überforderung des 'dichters in dürftiger Zeit'", in *Heidegger und die praktische Philosophie*, Suhrkamp: Frankfurt a.M., 1988, 223쪽

270 Peter Kemper, *Macht des Mythos—Ohnmacht der Vernunft?*, 7쪽.

271 W. Marx, *Gibt es auf Erden ein Maß?*, Fischer: Frankfurt a.M., 1986, 152-153쪽.

는 변화와는 그 질적인 차원이 다른 것이다.

그러나 이러한 일련의 비판들은 횔덜린이 철저하게 고대 그리스의 세계관에 바탕을 둔 시-정신에 입각해 있다는 사실을 고려하면 얼마든지 극복할 수 있는 문제이다. 우리가 오토의 논의와 플라톤의 『이온』의 예를 통해 검토해보았듯이 사제와 해석자 및 통역자 등으로 칭해지는 헤르메노이스의 의미를 간파할 수 있다면, 저러한 비판들을 불식시킬 수 있는 것이다. 그러나 무엇보다도 하이데거와 횔덜린에게서 "시원적인 것"과 "존재의 진리"가 생기하는 곳에로의 귀향의 의미는 저러한 비판과는 달리 오늘날의 인류에게 던지는 고귀한 테마임을 잊어서는 안 될 것이다.

7. 노자의 "시작(詩作)하는 사유"

우리가 앞의 제3절(하이데거의 후기 사유와 존재 언어)에서 살펴보았듯 후기 하이데거의 언어 사유에서 "언어가 말한다(Die Sprache spricht)"가 중추적인 역할을 하는 것을 목격했다. 이런 정식에는 존재 언어의 우선성과 독자성이 각인되어 있으며, 인간은 언어의 말해진 것(das Gesprochene)에 응답하고 뒤따라 말하며 다시 말하는(wiedersprechen) 한에서 말하는 것으로 되어 있다.

그런데 이토록 응답하고 뒤따라 말하는 것 중에서 하이데거는 각별히 "시적인 말씀함(das dichterliche Sagen)"에 주목한다. (존재)언어에 의해 말해진 말을 알아채고, 이를 시적인 언어(Sagen)를 통해 드러내는 혹은 다시 말하는 사람을 '시인' 또는 '지인(Hausfreund)', "시적인 철인(Der dichterliche Denker)"이라고 부른다. 이들은 자신들에게 말 건네진 것(das Zugesagte)을 헤르메스처럼 지상에 사는 사람들에게 다시 말해준다.

우리는 앞에서 헤라클레이토스와 파르메니데스, 아낙시만드로스, 동양의 노자가 "시작(詩作)하는 철인들"이며, 이러한 시작하는 철인들이야말로 하이데거에 의해 "고대의 그리고 가장 위대한 철인들(die alten und größten Denker)"이라고까지 불렸던 것을 상기할 필요가 있다. 그런데 특이하게도 이들 고대 동서 철인들의 표현 양식 또한 시적인 "단편(Fragmente)"들로 이루어져 있다. 이들 시작하는 철인들과 유사하게 횔덜린과 트라클과 같은 "사유하는 시인들" 또한 "신의 성스러운 사제"라든가 중재자와 같은 칭호로 하이데거의 사유 세계에서 대단한 이정표가 됨은 주지의 사실이다.

『언어로의 도상에서』에 수록된 논문인 「언어의 본질」(*Das Wesen der Sprache*)에서 하이데거는 시적인 것과 사유함의 "근친성(das Nachbarliche)"[272]을 면밀히 고찰하고 있다. 시작과 사유함은 "말씀함의 탁월한 방식(die ausgezeichneten Weisen des Sagens)"에서도 서로 이웃 관계에 속한다.[273] 이웃 관계의 규명은 결코 복잡하지 않다: "이웃 관계란 곧 가까움 속에 거주함을 뜻한다. 시작과 사유함은 말씀함의 방식들이다. 그러나 시작과 사유함을 서로 마주하도록(zueinander) 이웃 관계 속으로 데려오는 그 가까움을 우리는 말씀(Sage)이라고 부른다."[274] 여기서 시작과 사유함은 "말씀함의 탁월한 방식"이기에, 이들은 서로 가까움으로 친근하게 존재하고, 가까움 자체가 말씀의 방식 안에 반드시 주재할(walten) 것이기에, 하이데거는 가까움과 말씀이 "같은 것(das Selbe)"

272 M. Heidegger, *Unterwegs zur Sprache*, 184쪽 이하 참조.

273 위의 책, 186쪽.

274 위의 책, 199쪽.

이라고까지 한다.[275]

하이데거는 시작과 사유함(Dichten und Denken)에서 이 '-과(und)'를 바로 이웃 관계를 뜻하는 각별한 경우로 해명하는데, 이들 양자는 "서로 마주하여 거주하고 있고(einander gegenüber wohnen), 한쪽이 다른 한쪽의 맞은편에 정주하고 있으며(eines gegenüber dem anderen sich angesiedelt), 한쪽이 다른 한쪽과 가까운 사이로 이끌려 들어가는(eines in die Nähe des anderen gezogen ist)"[276] 그런 관계를 의미하기 때문이다.

그런데 이 둘은 서로-마주하고-있음(das Gegen-einander-über) 속으로 도달하려고 개진하기(sich aufmachen) 이전에 이미 서로가 서로에게 속해 있는데(zueinander gehören), 그것은 말씀함(Sagen)이 시작과 사유함을 위한 동일한 기본 요소이기 때문이다.[277] 시작과 사유함은 서로 이웃하고 서로가 서로를 따르면서 거주하기에 "이 둘의 유사점(Parallelen)은 그리스어로 파라 알렐로(παρὰ ἀλλήλω), 즉 서로 곁에서(bei einander), 서로가 서로에 대해 마주하면서 저 나름의 방식으로 서로에게 마주쳐오는(gegen einander über sich auf ihre Weise übertreffend)"[278] 그런 친밀한 관계이다.

「언어의 본질」을 밝히는 곳에서, 또 시작과 사유함의 이웃 관계를 해명하면서 하이데거는 노자의 "시작하는 사유"에 주의를 기울인다: "아마도 '길'이라는 말은 깊이 숙고하는 인간에게 스스로 말 걸어오는(zuspricht) 언어의 근원어(Urwort)일 것이다. 노자의 시작하는 사유(das

---

275 M. Heidegger, *Unterwegs zur Sprache*, 202쪽 참조.

276 위의 책, 187쪽.

277 위의 책, 189쪽 참조.

278 위의 책, 196쪽.

dichtende Denken)에서 주도하는 말은 '도(Tao, 道)' 라고 불리는데, 이 말은 **본래** 길을 의미한다."[279] 하이데거에 의하면 길을 '방법'으로 오해하는 것은 "극단적으로 변질된 길의 변종 형태(die äußerste Ab- und Ausartung)"[280]라고 한다.

사람들은 '길'을 단순히 피상적으로 두 장소 사이를 이어주는 거리라고 여기기 때문에, 이 근원어로서의 '길'을 이해하지 못하여 '이성', '정신', '지성', '의미', '로고스' 등으로 번역하고 있다.[281] 그런데 하이데거에 의하면—우리가 앞의 장(章)에서 언급했듯이—도(Tao)는 근원어(Urwort)로서 길을 내면서 만물을 움직이는 그런 길(der alles be-wëgende Weg)로 받아들여지고, 이 근원어인 도(Tao)에는 "사유하는 말씀함의 모든 비밀 중의 비밀(das Geheimnis aller Geheimnisse des denkenden Sagens)"[282]이 은닉되어 있는 것이다.

---

279 M. Heidegger, *Unterwegs zur Sprache*, 198쪽. 문장 중의 강조 표시는 하이데거에 의한 것이다

280 위의 책, 197쪽.

281 위의 곳.

282 위의 곳.

11

도와 존재의 길(Weg)을 트는 사유

1. 도(道)와 도에서 발원하는 언어의 시원성

하이데거의 존재와 존재 언어, 길(Weg)처럼 노자의 도(道)가 그야말로 시원적으로 길을 트는 운동이고 길 안내(Wegweisung)라는 것을 우선 우리는 노자의 『도덕경』에서 그 근거를 찾아야 할 것으로 보인다. 도(道)의 시원성과 근원성 및 우선성은 말할 것도 없고 인간보다 더 우선적으로 말하는 후기 하이데거의 언어는 도(道)에서 발원하는 노자의 언어와도 퍽 유사하기 때문이다. 이렇게 도(道)의 시원성과 근원성 및 우선성을 밝히는 것은 제10장과 제11장에서 도가와 관련된 모든 논증들의 근거 제시가 될 것이며, 나아가 하이데거와 도가 철학의 유사성을 이해하는 데도 적절한 이정표가 될 것으로 보인다.

노자는 『도덕경』의 제1장에서부터 "말로 표현할 수 있는 도(道)는 영원불변의 도가 아니다(道可道非常道)"라고 하여 도(道)가 **아직 인간의**

언어로 표현될 수 없음을 천명한다. 도는 자신의 고유한 상태로, 자신의 독자성과 시원성을 그대로 간직한 채 존재하는 것이다. 그러나 도는 그렇게 영원토록 은폐된 상태로만 존재하는 것이 아니라 덕을 통해—인간이 알든 모르든—개시되고 개현되는 것이다. 만물은 그로부터 시작되기 때문이다. 또 이와 유사하게 제1장에서 "이름 없는 것은 천지의 시작이다(無名天地之始)"[1]라는 것도 무명(無名)·무형(無形)·무물(無物)의 도로부터 천지가 시작된다는 것이다. 도는 그러기에 스스로 시원적이면서 시원적인 것(das Anfängliche)을 연다(erschließen).

노자에 의하면 "천지 만물은 유(有)에서 나오고, 유(有)는 무(無)에서 나온다."(제40장)고 하는데, 무의 시원성이 잘 드러나 있다. 존재자로서의 존재자가 절대적으로 존재와 무(Nichts)에 근거함을 우리는 하이데거에게서 자주 목격한다. 하이데거는 주지하다시피 『형이상학이란 무엇인가?』(*Was ist Metaphysik?*)에서 존재자가 무엇보다도 무(Nichts, 無)에 근거하고 있음을 철저하게 밝혔는데, 존재자의 세계에만 익숙해 있던 청중들은 하이데거의 강의를 제대로 이해할 수 없었다. 인간 현존재도 무(無)의 근원적인 열려 있음을 근본으로 할 때에만 존재자에 접근할 수 있는 것이다. 장중위안(張鍾元)도 "하이데거의 '현존재로서의 현존재는 이미 드러난 무로부터 생겨난다.'는 문장의 속뜻이 노자의 '유는 무로부터 생겨났다'는 말과 상통하고 있음을 알 수 있을 것이다."[2]라고 하여 노자와 하이데거의 유사성을 지적하고 있다.

도(道)의 근원성과 시원성은 도가 "천지를 주재하는 상제(上帝)보다 먼저 존재했다"(제4장)는 데에 극단적으로 표명되어 있다. 또 "혼돈 상태

---

1 남만성 역, 『노자도덕경』, 을유문화사, 1970, 제1장. 아래에서 인용되는 노자의 텍스트는 모두 이 책에 의한 것이다.

2 張鍾元, 엄석인 옮김, 『道』, 민족사, 1992, 13쪽.

에서 이루어진 것이 있어서, 천지보다 먼저 생겼다(有物混成 先天地生)"(제25장)는 것도 도의 우선성과 근원성을 각인시키고 있다. 또한 "도로부터 만물의 시초는 품부(稟賦)된다"[3]고 하면 도의 시원성이 극단적으로 규명된 것으로 보인다. 도(道)는 만물을 낳고, 덕으로써 그것을 기르고, 물체마다 형태를 품부해주고, 힘을 주어 그것을 성장하게 한다.[4] 그런데 노자는 도(道)의 근원성을 '빈 그릇'으로 비유하기도 한다: "도는 빈 그릇이다. 그러나 거기에서 얼마든지 퍼내서 사용할 수 있다."(제4장)

그런데 이러한 도(道)는 무한대로 크기 때문에 우주의 구석구석까지 안 가는 곳이 없을 만큼 무소불위하고 편재하는 것이다.[5] 그런데 도처에 편재하는 이러한 도는 마치 하이데거에게서 존재의 소리인 "정적의 울림(das Geläut der Stille)"처럼 "고요히 소리도 없고 형체도 없다(寂兮寥兮)."(제25장)

무명 · 무형 · 무물의 도(道)가 무소불위하면서 편재하는 것은 『도덕경』의 제34장에도 잘 밝혀져 있다: "큰 도(大道)는 홍수처럼 범람하여 왼쪽에도 오른쪽에도 어디에나 있다. 만물은 그것을 믿고 살건마는, 도는 그들을 사절(辭絶)하지 않는다. 공을 성취하고도 이름을 드러내거나 소유하려 하지 않는다. 만물을 옷처럼 따뜻이 덮어 기르건마는 주재(主宰)하지 않는다."[6]

이처럼 무명·무형·무물의 도(道)가 마치 인격체처럼 활동을 펼치는 것은 『도덕경』의 여러 곳에서 목격할 수 있다. "천지자연은 만물을 활동하게 하고도 그 노고를 사양하지 아니하며, 만물을 생육(生育)하게

---

3 남만성 역, 『노자도덕경』, 제21장
4 위의 책, 제51장 참조.
5 위의 책, 제25장 참조.
6 위의 책, 제34장.

하고도 소유하지 않는다."[7] 또 노자는 무명·무형·무물의 도(道)가 마치 인격체처럼 불가사의한 활동을 펼치는 것을 표명하는데, 이를테면 만물을 나게(生) 하고 자라게 하지만, 그 공(功)을 자신의 것으로 하지도 않고, 자랑하지도 또 주재(主宰)하지도 않는다는 데서 도의 불가사의한 "현덕"이라고 한다.[8]

이와 같이 무명·무형·무물의 도(道)는 숨어서 이름이 없건마는 천하 만물을 생성화육(生成化育)시킨다.[9] 그런가 하면 노자는 "도(道)라는 것은 천지 만물을 덮어주는 깊숙한 밀실이다."[10]라고 하는데, 이는 한편으로 천지 만물을 보호하는 도의 존귀함이 잘 드러나고, 다른 한편으로는 하이데거에게서 존재가 안전처(Geborgenheit)라고 한 것과 유사한 형태로 보인다.

하이데거에게서 언어가 존재의 언어인 것과 유사하게 노자에게서 희언(希言)은 자연지지언(自然之至言)으로서 들으려고 해도 들을 수 없는, 도에서 나오는 말이다. 그런데 이런 도에서 발원하는 희언은 성격을 갖고 있다: "도(道)에서 나오는 말은 담박(淡泊)하여 맛이 없다. 보려고 해도 볼 수 없고, 들으려고 해도 들을 수 없다. 그러나 써도 다함이 없다." (제35장) 이러한 도의 희언은 하이데거의 존재 언어와도 유사하여, 결국 인간이 아닌, "언어가 말한다(Die Sprache spricht)"의 유형을 갖는다.

이리하여 우리는 도의 시원성과 근원성 및 우선성, 나아가 도의 편재성에 관해 고찰해보았는데, 이는 하이데거의 존재와 언어의 존재 방식과도 유사한 속성을 갖는다. 그뿐만 아니라 "정적의 소리"로 은폐된 상

---

7 남만성 역, 『노자도덕경』, 제2장.

8 위의 책, 제51장 참조.

9 위의 책, 제41장 참조.

10 위의 책, 제61장 참조.

태에서 은밀히 일하는 도와 존재도 서로 유사한 양식을 취하고 있는 것으로 보인다.

2. 길을 트는 도(道)와 언어

제2장에서도 언급했지만, 마이에 의하면 도가의 사유에서 주요한 개념들이 하이데거에게 하나의 "은폐된 출처(verborgene Quelle)"가 된다고 하는데, 그것은 길에 대한 사유뿐만 아니라 그의 중요한 철학적인 사유가 은밀하게 번역되고 연루되어 있다는 것이다.[11] 그런데 우리가 면밀히 고찰하면, 하이데거의 사유에서 '길(Weg)'이란 도가(道家)의 '도(道)'와도 분명히 관련이 있는 것을 목격할 수 있는데, 도(道)라는 낱말은 어원적으로는 원래 길이기 때문이다. 무엇보다도 하이데거가 직접 도가의 '도(道)'를 테마로 삼고 논의를 펼쳤기에, 이러한 논의에 대한 필연적인 대화가 전제될 것으로 보인다.[12] 어쨌든 하이데거는 도가의 도를 자신의 길 사유의 전개에 깊이 끌어들인 것으로 보이며, 나아가 생산적인 재창조의 흔적도 목격하게 한다.

하이데거는 자신의 사유를 언제나 "하나의 길"을 걸어가는 도정으로

---

11 Reinhard May, *Ex oriente lux. Heideggers Werk unter ostasiatischem Einfluß*, Wiesbaden, 1989, 11-77쪽 참조.

12 정은해·김종욱·이선일·박찬국의 공동 논문인 「하이데거의 길과 노자의 도」(『철학사상』 제14호, 서울대학교 철학사상연구소, 2002, 139-172쪽)에서 하이데거의 길(Weg) 개념과 노자의 도(道) 개념을 비교하고, 이 양자의 상응성을 면밀하게 검토하고 있다. 물론 이러한 상응성의 시발점은 하이데거가 직접 언급한 것에 기인하는데 저자들에 의하면 "하이데거는 노자의 '도'를 언급하면서, 이것 역시 '모든 것에 길을 내주는 길'이라고 해설하여, 언어에 대한 자신의 규정한 길 개념과 노자의 도 개념의 상응성을 암시한다."(139쪽)고 지적하고 있다.

여긴 사유의 나그네였다. 실로 그의 많은 저술 제목에는 '길'이란 단어가 자리 잡고 있다: 『이정표』(*Wegmarken*), 『숲길』(*Holzwege*), 『들길』(*Feldweg*), 『언어로의 도상에서』(*Unterwegs zur Sprache*) 등과 같은 저술들인데, 그는 자신의 노력으로 쓴 저서들을 '작품'이나 '업적(opus)'이 아니라 "도상에 있는 사유(Unterwegs zum Denken)"로, 사유의 길들(Wege)로 나타내었다.

하이데거는 경험(Erfahrung) 개념도 "길 위에서 걸어가는 과정(der Gang auf einem Weg)"[13]이라고 규명하는데, 이는 경험한다는 것이 "도상에-있다(unterwegs-sein)"[14]는 그런 의미이다. 여기서 사유가 "도상에 있다"는 것은 무엇보다도 어떤 인식론의 범주나 형이상학의 틀에 얽매이지 않는다는 것을 시사한다.

그런데 이러한 수다한 길("존재경험의 길")들은 존재물음이라는 끝없는 사유의 도상에서 남긴 하나의 흔적이라고 할 수 있을 것이다. 하이데거는 자신의 주저라고 알려진 『존재와 시간』도 "사유로 하여금 존재 자체를 그 진리에 있어서 고유하게 사유하도록 하나의 작은 길(Pfad)을 열어주기 위한" 것이었다고 한다.[15] 말하자면 『존재와 시간』에서 시도된 사유는 "존재 자체를 그 진리에 있어서 고유하게 사유하려는" 목표를 향해 나아가는 '도상에(unterwegs)' 있는 일로서, 이러한 존재의 진리에 대한 물음을 수행해나가기 위한 필수적인 조건으로서의 현존재의 본질에 대해 고찰한 것이다.[16]

특히 하이데거가 존재사유의 노정을 걸어간 흔적으로서의 『이정표』

---

13 M. Heidegger, *Unterwegs zur Sprache*, 170쪽.

14 위의 책, 178쪽.

15 M. Heidegger, *Was ist Metaphysik?*, 12쪽 참조.

16 위의 곳 참조. 하이데거는 『존재와 시간』의 마지막 절(§83)에서도 자신의 사유를

와 『숲길』 및 『들길』에서 존재의 소리에 귀 기울이고 또 "존재의 진리" 라는 시원적 장소에 머물고자 했던 한 철학자의 부단한 몸부림을 눈여겨볼 수 있다. "존재의 빛(Licht des Seins)"과 이 빛의 근원인 "존재의 환한 밝힘(Lichtung des Seins)"이야말로 그의 유일한 사유거리(Sache des Denkens)였고, 그가 삶 전체를 쏟아부어 갈구한 것이라고 해도 과언이 아니다.

하이데거는 시원적 사유에로 안내하는, '시적으로 사유하는' 노자의 중심적인 근원어(Urwort)가 도(道)이며, 또 이 도(道)가 원래 '길'을 뜻함을 언급하고 그 심오한 비밀을 언급한다: "노자의 시작(詩作)하는 사유에서 주도적인 말은 도(Tao)라고 하는데, 이 말은 본래 길(Weg: 道)을 의미한다. 그러나 사람들은 이 길을 단지 외부적으로, 즉 두 장소간의 연결 노정으로 생각하기 때문에, 이런 경솔한 태도로 말미암아 도(Tao)라고 칭하는 길이란 말을 부적합하게 파악하고 있다. 그래서 사람들은 도(Tao)를 이성(Vernunft, Raison)으로, 정신으로, 의미(Sinn)로, 로고스(Logos)로 번역한 것이다.

이와 반면에 도(Tao)는 길을 내면서 만물을 움직이는 그런 길(der alles be-wëgende Weg)일 것이다. 즉 이 도(道)로 말미암아 우리가 겨우 '이성'과 '정신'이며 '의미'와 '로고스'가 본래 무엇을 말하는지를 사유할 수 있는 것이다. 만약 우리가 도(Tao)라는 이름을 아직 말해지지 않은 자신의 자리로 되돌아가게 하고(zurückkehren lassen), 또 그렇게 할 수 있다면, 아마도 도(Tao), 즉 '길(Weg)'이라는 말 속에는 사유하는 말씀함(Sagen)의 모든 비밀들 중의 비밀[17]이 숨어 있을 것이다.

존재 자체의 시원적 사태를 경험하기 위해 "하나의 길"을 가는 도정으로(unterwegs) 이해하고 있다.

17 하이데거는 자주 '비밀(Geheimnis)'이라는 용어를 쓰는데, 이는 결코 어떤 신비

(…) 만물은 길이다."[18]

주지하다시피 하이데거는 서구 철학사에서 그 사례를 보기 힘들 정도로 '길(Weg)'을 철학적 논의의 중심 테마로 삼는다. 물론 이 '길'의 근원적 의미에 천착하여 잘못된 통속의 길 개념을 지적한다. 하이데거는 사람들이 이 '길'을 경솔하게도 두 장소 간의 연결로 오해하고 또 오늘날의 형이상학과 기술학문 시대에서 '방법(Way, Methode)'으로 곡해하는 것에 대해 경고한다.[19]

이런 학문에서의 '방법'은 그저 알기 위한 도구이고 수단이다. 그러나 이 "방법엔 지식의 모든 폭행이 놓여 있다."[20] 사유의 길은 학문의 '방법'과는 그 성격이 전혀 다르다. 사유의 길엔 방법도 없고 주제도 없으며 오직 만남의 지역만 있다. 그러기에 이 길은 사유에게 사유할 만한 것을 만나게 하고 또 (사유의 길을) 열어주기 때문에 '만남의 지역'이라고 할 수 있다.[21]

이러한 길엔 어떤 부동으로 설정된 목표가 없다. 아니, 길 자체가 목표일 것이다. 길의 이러한 성격을 떠올리기 위해 하이데거는 '숲길'이란 용어를 즐겨 쓴다. 숲에는 여러 길이 있다. 풀에 가려 더 이상 나갈 수 없는 곳에서 끝나는 길도 있다. 그러나 이러한 길들을 가는 도정에

주의와 관련된 것이 아니라 존재와 피시스, 도(Tao)가 스스로 드러내 보이면서(sich zeigen) 동시에 은폐하는(sich verbergen, sich entziehen) 특징을 두고 하는 말이다: M. Heidegger, *Gelassenheit*, 24쪽 참조. "도(Tao)는 길을 내면서 만물을 움직이는 그런 길일 것이다."라고 규명한 하이데거와 유사하게 장중위안(張鍾元)은 노자의 도가 길(Way)로 번역되는 경우라면 도는 "모든 길의 길"로서 이해될 수 있다고 한다: 張鍾元, 엄석인 옮김, 『道』, 144쪽.

18 M. Heidegger, *Unterwegs zur Sprache*, 198쪽.

19 위의 책, 197-198쪽 참조.

20 위의 책, 178쪽.

21 위의 책, 177쪽 이하, 197쪽 이하 참조.

서 사유의 길이 생기는 것이다. 이 도정에서 우리는 인간과 세계의 관계에 대한 경험과 존재의 경험을 사유하게 된다. 이러한 길을 우리는 저 학문에 들어 있는 개념으로 규명하거나 정의할 수 없는 것이다.

하이데거에게서 '길을 트는 사유'며 '도상에 있는 사유'와 같은 표현은 전래의 형이상학적이고, 학문적이며 기술적인 '존재자의 인식'에 대비되는 '존재의 사유'를 특징짓는 것이다. 하이데거의 사유는 하나의 길로 이해될 수 있고, 그가 찾으며 가고자 하는 길은 곧 '존재의 이웃(Nachbarschaft des Seins)'에로의 길이다.

존재가 우리에게 펼쳐 보이는 길(Weg)은 그야말로 시원적으로 길을 트는 운동이고 길 안내(Wegweisung)이다. 자신을 개현한 존재의 개방성에서 인간을 비롯한 모든 존재들은 자신의 진리를 드러낸다. 존재의 개현과 그 길 안내에 진입하여 존재와 만나는 것을 통해서 인간은 "존재의 이웃"이 되고, 존재가 개현한 존재자들에게 지적인 태도로 접근하지 않으며, 또 이들을 객체로 대상화하지 않고, 이들과 친밀한 교감을 갖게 된다.

하이데거는 '길(道, Weg)'의 철학적 의미를 음미하고서 이제 '업적(Werke, opus)'이나 '방법'이란 말 대신에 '길'이란 용어를 쓴다.[22] 잘 알려진 『숲길』(Holzwege)이나 『들길』(Feldweg), 『이정표』(Wegmarken)와 같은 저작들에서 보이듯, 또 '사유의 길(Denkweg)'이나 '도정에서(Unterwegs)'와 같은 용어를 기꺼이 쓴 데에서 드러나듯, 하이데거는 '길'을 철학적 사유의 중심으로 끌어들인다.[23]

그의 시원적 사유에로 돌아가는 길은 형이상학적 관점에서 펼치는

22 O. Pöggeler: "Metaphysik als Problem bei Heidegger", 377쪽 참조.

23 하이데거의 제자인 H. 롬바흐는 『구조 존재론』(*Strukturontologie*, 1971)에서 이 길의 근본 경험을 철학적 사유의 지평으로 끌어들인다.

'방법'이나 체계, 분석이며 '표상적인 사유', 개념적이고 이론적인 작업과는 다르다. 이러한 용어들이야말로 형이상학을 꽃피운 것들이지만, 이제 '해체(Destruktion)'와 극복의 대상이다. 하이데거는 이런 형이상학이 형성되기 이전의 '시원적 사유'에로 거슬러 올라가기를 시도한다. 이 길로 들어서는 과정에서 그는 횔덜린이며 트라클과 같은 시인들의 시적 통찰과 헤라클레이토스와 노자의 피시스-사유로부터 길 안내를 받는다.

하이데거는 독일어로 번역된 '타오(Tao : 道)'가 결코 단순한 길(Weg, Way)이 아니라 노자에 의해 각인된 깊고 시원적인 의미를 가진 용어임을 목격한다. 그는 독일어에서 길(Weg)이란 말의 고어가 "Be-wëgung"이라는 점을 감안하여 도(道)로서의 '길'이 '길들을 우선 트게 하고(Weg-bereiten)' '건립하며(stiften)', 길을 마련해 주고(bereit halten), 제공하며(erbringen), 형성하고(bilden), '건네준다'고 한다.[24] 따라서 도(道)는 이러한 길들을 가능하게 하는 근본생기(Grundgeschehen)라고 할 수 있는데, 이는 그의 존재 개념과도 유사성을 목격하게 한다.

"충분히 숙고해보면 길은 우리에게 다가와 우리로 하여금 그곳에 도달하도록 인도하면서 우리를 그곳에 도달하게 하는(gelangen läβt) 그런 것이다."[25] 길은 그러기에 우리가 우리의 의지에 따라 자발적으로 길을 나서기 이전에, 우리로 하여금 그곳에 도달하도록 미리 인도하면서 도달하게 하는 속성을 갖고 있다: "길은 우리가 관계하는 그것 속으로 우리로 하여금 도달하게 하는 것이다."[26] 즉 스스로 환하게 밝히며 길을 내면서 닦아가는 존재 자체의 근원적인 움직임이 전제되고 선행된다는

---

24 M. Heidegger, *Unterwegs zur Sprache*, 198쪽, 261쪽 참조.

25 위의 책, 197쪽.

26 위의 곳.

것이다.

그러기에 길의 길을-내는-움직임(Be-wëgung) 속에서 길들이 생기게 된다(sich ergeben). 말하자면 "길을-내는-움직임"은 "길들을 최초로 열어주고 수립한다(Wege allererst ergeben und stiften)"[27]를 내포하고 있는 것이다. "길을-내면서-움직이다(Be-wëgen)"라는 말은 구체적으로 "영역을 길들로 마련한다(die Gegend mit Wegen versehen)"는 뜻이다.

주지하다시피 '영역(Gegend)'은 천지 만물이 서로 어우러지는 근원적 만남의 장소이지만, 아직 길이 마련되어 있지 않다. 이 '영역'에 길을 내는 것은 마치 하이데거가 "길을 놓다(Wëgen)"라는 슈바벤-알레만의 방언을 예로 들듯이 눈에 깊이 파묻힌 시골에 이르기 위해 "어떤 길을 낸다(einen Weg bahnen)"[28]는 것이다. "길을-내는-움직임"은 이와 같이 '영역' 안에서 길을 터주고(열고, 마련하고) 수립하는 것이다.

그런데 "길을-내면서-모든 것을-움직이는 것(Das All-Bewëgende)"은 자신이 말하는 가운데 "길을-내면서-움직인다(Be-wëgt)".[29] 여기서 "길을-내면서-모든 것을-움직이는 것"이란 천지 만물이 서로 어울리며 조화롭게 어우러져 움직이게 하는 존재 자체의 존재사적인 근원적 움직임을 일컫는다. 천지 만물이 조화롭게 어우러져 오묘하게 하나로 울리게 하는 것이 (존재의) 말함(Sprechen)인 것이다. 그러기에 언어의 말함은 곧 존재의 말함이고 도(Tao)의 말함이어서 이들은 서로 가족 유사성을 갖고 있는 것이다.

우리가 앞의 제10장 제3절(하이데거의 후기 사유와 존재 언어)에서

---

27 M. Heidegger, *Unterwegs zur Sprache*, 198쪽.

28 위의 곳.

29 위의 책, 201쪽.

말씀(Sage)으로서의 언어에 관해 논의했지만, 또 「언어의 본질」이란 논문에서 하이데거가 언어의 본질이 말씀(Sage)이라고 해명했지만, 이런 노력은 오직 "**언어에 이르는 길**(*Weg zur Sprache*)" 앞에만 당도했을 뿐, 이 길의 흔적조차 찾지 못했다고 술회하고 있다. 그것은 그 사이에(inzwischen), 즉 "언어에 이르는 길" 앞에 당도하는 과정에서 "말씀으로서의 언어 안에는 어떤 하나의 길과 같은 것이 현성하고 있음을 알려주는, 즉 언어의 본질 자체 안에서 그러한 것(사실)이 드러났기(gezeigt) 때문이다."[30]

이제는 언어와 말씀만이 아니라, 길이 언어의 본질을 밝히는 데 있어서 기본적인 사항임이 드러난 것이다. 그래서 하이데거는 길의 개념에 깊이 천착하면서 길의 의미를 묻는다. "길이란 무엇인가? 길은 도달하게 한다. 말씀(Sage)은, 우리가 이 말씀에 귀 기울여 듣는다면, 우리로 하여금 언어의 말함(zum Sprechen der Sprache)에 도달하게 하는 그런 것이다. 말함에 이르는 길(der Weg zum Sprechen)은 언어 자체 속에서 현성한다. 말함(Sprechen)이라는 의미에서의 언어에 이르는 길은 말씀(Sage)으로서의 언어(Sprache)이다. 그렇다면 언어의 고유한 특성은 길 안에 숨겨져 있는데, 이러한 길로서 말씀은 이 말씀에 귀 기울이는 자들로 하여금 언어에 도달하게 하는 것이다. 오직 우리가 말씀에 속해 있는 한에서만, 우리는 이토록 귀 기울이는 자들로 존재할 수 있을 뿐이다."[31]

앞에서 우리가 하이데거에게서 "언어의 본질"이 말씀(Sage)에 있다는 것을 목격했지만, 이 말씀은 곧 "길을 내면서 모든 것을 움직이는 것

30 M. Heidegger, *Unterwegs zur Sprache*, 256쪽. 괄호는 필자에 의해 보완된 것임.
31 위의 책, 257쪽.

(das alles Bewëgende)으로서 자기를 알려오는 것이다."[32] 여기서 "길을 내면서 모든 것을 움직이는 것"이야말로 도가에게서 도(道)가 하는 역할과 유사한 것으로 볼 수 있다.

하이데거는 『언어로의 도상에서』에 실린 논문 「언어에 이르는 길」(*Der Weg zur Sprache*)에서 언어에 이르는 길의 정식을 밝힌다. 그는 이 정식을 "언어를 언어로서 데려온다"고 제시하면서 언어에 이르는 길 자체의 성격을 밝혀나간다. 그는 여기서 무엇보다도 인간이 이 길에 다가가기 전에 이미 언어 자체가 먼저 길을 내면서(Be-wëgen) 인간의 본질에로 다가오고 있다는 점을 강조한다. 그는 언어의 길을 내면서 다가오는 성격에 주목하여 그것을 고어(古語)인 Be-wëgung, 즉 길을-내는-움직임에서 언어의 길을 내는 원형을 되찾아 저 언어의 정식을 정당화한다.

그러기에 언어와 말씀과 길은 언어의 본질을 밝히는 데 있어 깊이 연루되어 있고, 서로 유기적 친족 관계로 받아들여진다. 하이데거에 의하면 "언어는 사방세계(Welt-geviert)의 말씀(Sage)"[33]이고, "세계에 길을-내는-말씀(die Welt-bewëgende Sage)으로서의 언어는 모든 관계들의 관계(das Verhältnis aller Verhältnisse)"[34]로 받아들여진다. 하이데거의 '길(Weg)'은—마치 노자의 도(Tao)와 같이—언어 자신이 스스로 길을-내면서-움직이는 그런 길(der sich be-wëgende Weg)인 것이다. 스스로 길을 내면서 움직이는 것을 하이데거는 "언어의 본질"로 파악한다.[35]

32 M. Heidegger, *Unterwegs zur Sprache*, 206쪽.

33 위의 책, 215쪽.

34 위의 곳.

35 위의 책, 200-201쪽, 215쪽 참조.

하이데거는 네 가지 세계 영역들(하늘과 땅, 신과 인간)을 서로-마주하고-있음(das Geggen-einander-über)의 일치하는 가까움 속에 유지하고 있는 길을-내면서-움직이는 것이 말씀(Sage)에 기인한다고 여기면서, "말씀은 '존재한다'는 것을 환하게 밝혀진 탁 트인 곳으로(in das gelichtete Freie) 인도함과 동시에 그것을 사유할 수 있는 가능성의 안전지대(Geborgene)를 선사해준다."고 한다.[36]

요약한다면 "말씀은 사방세계의 '길을-내면서-움직이는 것'으로서 모든 것을 서로-마주하고-있음의 가까움 속으로 모아들이지만, 아무런 소리 없이(lautlos) 모아들인다."[37] 이때 세계-관계(Welt-verhältnis)를 움직이면서-길을-내어가는(be-wëgt) 저 소리 없이 부르는 모음을 하이데거는 "정적의 울림(das Geläut der Stille)"[38]이라고 부른다.

"세계의 영역들(Weltgegenden)"[39]은 서로-마주하고-있으면서 서로 파수하고 보호하며 감싸는 것(das Verhüllende)으로서 존재한다.[40] 그러기에 세계의 네 가지 영역들의 "서로-마주하고-있음은 세계의 놀이(Weltspiel)"[41]이다. "사방-세계(Welt-Geviert) 안에서 서로-마주하고-있음의 길을-내는-움직임이 가까움을 생기하고, 이런 움직임이 인접함(Nahnis)이다. 길을-내는 움직임 자체는 정적의 생기사건(das Ereignis der Stille)이라고"[42] 불러진다.

---

36 M. Heidegger, *Unterwegs zur Sprache*, 200-201쪽, 215쪽 참조.

37 위의 곳.

38 위의 곳.

39 위의 책, 214쪽.

40 위의 책, 211쪽 참조.

41 위의 책, 214쪽.

42 위의 곳.

3. 「들길」에서 듣는 존재의 소리

하이데거가 그의 생애의 말년에 쓴 시적이고 산문적인 글인 「들길」(*Feldweg*)은 그의 전집 제13권(*Aus der Erfahrung des Denkens*)에 수록된 짤막한 단편이지만, 이 들길이 발하는 소리에서 우리는 대자연과 세계 전체를, 말하자면 사방으로서의 인간과 대지, 하늘과 신의 만남을 체험할 수 있는 것이다. 거기서 농사짓기와도 유사한 철학하기를 배우고, 모든 존재자가 자신의 진리를 드러내는 "근원적인 세계"를 엿볼 수 있으며, "단순 소박한" 삶을 살아야 한다는 존재의 소리를 들을 수 있는 것이다.

그의 「들길」은 마치 고대 그리스적인 피시스와 도가의 무위자연에 대한 구체적인 실천(Praktikum)과도 같이 단순소박한 자연과 사물의 세계로의 귀환을 엿볼 수 있게 한다. 다시 말하면 「들길」에는 다소 추상적이고 손에 잡히지 않는 "무위자연"이나 피시스의 사유가—들길을 걸어가는 인간의 구체적인 체험을 통해—생생하고 구체적으로 펼쳐지는 것이다. 들길에서 도(道)의 소리를 듣게 해주는 것이 하이데거의 「들길」이라고 해도 무리는 아닐 것으로 보인다.

물론 이러한 자연으로의 귀환에는 그가 그토록 형이상학과 과학기술 문명의 위기를 극복하려고 했던 갈망도 담겨 있고, 우리로 하여금 「들길」이 외치는 소리에 귀를 기울일 것을 촉구하는 내용도 들어 있다. 「들길」에서는—박찬국 교수가 잘 요약하듯이—"존재, 신, 세계, 인간, 선, 아름다움, 언어, 노동, 현대사회의 본질 등과 같은 철학적인 근본 물음에 대해서 하이데거가 도달한 궁극적인 통찰이 압축적으로 제시되고 있다."[43]

---

43 박찬국, 『들길의 사상가 하이데거』, 동녘, 2004, 269쪽.

「들길」에서 하이데거는 어떤 철학적인 논증이나 인식론적인 이론의 형태보다는 시적인 산문에 가까운 메시지를 펼쳐 보인다. 그것은 무엇보다도 자신이 본 "근원적인 세계"와 피시스의 살아 생동하는 모습이야말로 근거를 냉철하게 추궁해 들어가는 논증적인 접근을 허용하지 않고, 오히려 직접 온몸으로 자연 가운데서 감응할(entsprechen) 것을 요구하는 사태로 보기 때문일 것이다. 말하자면 이러한 세계의 "사태 그 자체"에(zur Sachen selbst) 접근하기 위해서는 지적인 추론 능력이나 인식론적 태도가 아니라 시적인 감응력이 더 절실하게 요구되는 것으로 보인다.

오늘날 과학기술 문명에 찌들고 니힐리즘과 존재망각에 떨어진 현대인에게 하이데거의 「들길」은—조금만 더 주의 깊게 들여다보면—시사하는 바가 크다: "하이데거의 글 「들길」에는 대도시에서 살면서 숨 가쁜 노동과 경쟁에 지쳐버린 인간에게 파고드는 힘이 있다. 그것은 인간은 본래 무엇이고 세계는 본래 무엇인지, 그리고 신은 본래 어떠한 존재인지, 시간과 영원은 본래 무엇인지, 아버지와 어머니는 본래 무엇인지, 인간은 어떻게 살아야 하는지에 대해서 우리의 가슴을 향해서 조용히 말해주는 글이다."[44]

하이데거는 「들길」에서 우리가 과학기술 문명의 메커니즘에 휩쓸려 들어갈 것이 아니라, 대지에 뿌리박은 인간이 그 안에서 삶을 펼치는 소박하면서도 근원적인 생활 세계(Lebenswelt)를 회복할 것을 권고하고 있다. 말하자면 과학기술 문명의 메커니즘에 매몰된 삶의 방식에 의해 은폐되어버린 대지와 하늘, 사물과 자연, 시간과 공간, 신과 인간, 동물과 식물 등의 본래적인 의미를 되찾고자 하는 것이다.

---

44 박찬국, 『들길의 사상가 하이데거』, 271쪽.

하늘과 대지 사이에 삶의 토대를 두는 것이야말로 인간의 본래성이고 또 운명이기 때문이다. 이를 망각하고서, 인간의 작위에 의한 과학기술 문명이 전도된 위치에서 보편적이고 본래적인 위치를 점령한다는 것은 앞뒤가 뒤틀린 것이나 다름없다. 인간의 삶의 토대와 본래적인 위치를 하이데거는 다음과 같이 밝히고 있다.

"성장한다는 것이란 넓고 넓은 하늘을 향해 열어 펼치고, 그러면서도 동시에 대지의 어둠 속으로 뿌리를 내린다는 것이다. 이와 같이 인간도 이 두 가지 방식을 지닐 때, 말하자면 드높은 하늘의 뜻을 따르고 소중히 품어주는 대지의 품 안에서 비호를 받겠다는 결의가 서 있을 때, 그 때에 한해서만 그의 모든 건실한 것이 번성하게 되는 것이다."[45]

그런데 하이데거의 「들길」은 우리가 흔히 발견하고 걷는 들길과 다를 바 없는데, 그가 걸었던 슈바르츠발트의 고향 마을과 같은 들길을 우리도 친숙한 우리의 산책로에서 만날 수 있는 것이다. 그 예사로운 「들길」의 앞부분을 조금 인용해보기로 하자.

> 들길은 호프가르텐(Hofgarten)의 성문(城門)에서부터 엔리트 쪽으로 뻗어 있다. 성(城)의 정원에는 고목이 된 보리수가 성의 담벼락 넘어 들길을 자세히 들여다보는데, 부활절 즈음이 되면 들길은 솟아오른 새싹들과 깨어나는 초원 사이에서 밝게 빛나지만, 성탄절 즈음이 되면 그러나 눈보라에 덮쳐 가까이 있는 언덕 뒤로 사라진다. 들판에 서 있는 십자가(Feldkreuz)에서부터 들길은 숲 쪽으로 구부러진다. 들길은 이 숲의 가장자리를 지나면서 거기에 서 있는 큼직한 떡갈나무에게 인사를 건넨다. 이 떡갈나무 아래에는 조야하게 만든 벤치가 비어 있다. 이 벤치 위에는 이따금 위대한 사상가들의 이런

45 M. Heidegger, GA. 13(*Aus der Erfahrung des Denkens*), 1977, 38쪽.

저런 글이 놓여 있었는데, 아무것도 모르는 한 소년은[46] 이 글들의 비밀을 알아보려고 애썼다. 이들 비밀스런 수수께끼들이 서로 뒤엉켜 어떠한 갈피도 못 잡고 있었을 때 들길이 도와주었다. 왜냐하면 들길이 광활하게 펼쳐진 황량한 들판을 통과하는 꼬불꼬불한 오솔길 위에서 조심스레 내 발걸음을 인도했기 때문이다. 똑같은 글을 읽는다거나 제 힘으로 풀어보겠다고 애쓰는 사색은 언제나 들판을 가로질러 가면서 이어지는 오솔길 위에서였다. 들길은 마치 아침 일찍 곡식을 수확하러 가는 농부의 발걸음에 가까이 있는 것처럼 사유하는 자의 발걸음에도 그토록 가까이 있는 것이다.[47]

하이데거는 자신이 어린 개구쟁이 시절에서부터 이 들길에서 놀았고, 자신의 철학적 사유 세계가 성장한 곳도 서재나 연구실 및 도서관이라기보다는—자연 가운데 거처하고자 했던 도가의 경우와도 같이—오히려 이 들길이라고 한다. 이 들길에서 만나는 존재자들은—「들길」에서 언급되는 존재자들, 이를테면 호프가르텐 성문, 늙은 보리수, 보리밭, 목장, 십자가, 떡갈나무, 들녘, 오솔길, 벤치, 농부, 수레, 개구쟁이, 아버지, 어머니, 종달새, 알프스 산봉우리 등등—결코 근대의 수동적인 대상이나 죽어 있는 무생물이 아니라 살아 생동하는 유기체이고, 코스모스의 식구이며 자신의 존재 중량을 가지면서 서로 정을 나누는 이웃이다. 들길도 또 들길에서 만나는 존재자들도 서로 알려주는 게 있고, 떡갈나무는 독특한 정보를 제공해준다.

여기서는 인간이 근대의 주체처럼 주도권을 거머쥐고서 지배하는 것이 아니라 자연의 일원일 따름이다. 이 「들길」에서는 이들 존재자들뿐

---

46 여기서 "아무것도 모르는 한 소년(eine junge Unbeholfenheit)"은 하이데거 자신을 말한다.

47 M. Heidegger, GA. 13(*Aus der Erfahrung des Denkens*), 1977, 37쪽.

만 아니라 세계 전체가 자신을 환히 드러낸다. 그리고 들을 수 있는 귀를 가진 자는 이들 존재자들과 들길이 외치는 소리를 들으며 세계가 현현하는 것을 목격하고 경험한다. 이렇게 세계가 현현해야만 우리는 세계를 이해하고 또 파악하기도 한다.

철학은 어떤 분과 학문이나 하나의 전문 분야라기보다는 세계 전체(Universum, Kosmos)를 이해하고 또 파악하려고 한다. 그런데 이 들길에서 "사방(das Geviert)"으로서의 세계, 즉 하늘과 땅, 신과 인간이 경험된다. 들길은 계절의 변화와 만물의 생성 소멸, 사물과 대자연, 인간과 신의 만남이 일어나는 장소이다. 여기서 우리는 하이데거의 후기 세계 개념을 좀 더 가까이에서 읽을 수 있다.

하이데거는 들길이 아침 일찍 일하러 가는 농부에게 가까이 있었던 것처럼 사유하는 자에게도 가까이 있었다고 회상하는데, 살아 생동하는 철학적 사유는 농사와 근친적인 관계라고 본 것이다. 현상학적인 "사태 그 자체(die Sachen selbst)"와 "현사실성(Faktizität)"에 입각한 철학은 존재자들을 직접 접하는 농부의 일과도 상통하기 때문이다. 이토록 "사태 그 자체"와 "현사실성"에 입각한 철학은 세계와 존재자들과의 직접적인 대면을 전제로 하는데, 들길은 이런 대면을 성사시켜준다. 들길에서 하이데거가 무엇을 듣고 경험하였는지를 다음의 대목을 통해 파악해보자:

> (그렇지만) 항상 그리고 도처에서 들길의 주변에는 동일한 것의 외치는 소리(der Zuspruch des Selben)가 들려온다: 단순 소박한 것(das Einfache)이야말로 영속하는 것과 위대한 것의 수수께끼를 보존한다고. 그것은 직접적으로 인간에게 찾아오지만, 그러나 인간은 오랜 성숙을 필요로 한다. 이 단순 소박한 것은 항상 동일한 것의 눈에 띄지 않는 상태에 자신의 축복을 감

> 추고 있다. 들길의 주변에서 거처하는 모든 자라난 사물들의 광활한 공간이 세계를 선사한다. (…)그러나 들길의 외치는 소리는 이 들길의 공기를 마시고 태어나 들길에서 나는 소리를 들을 수 있는 사람들이 있을 경우에만 말을 건넨다. 이런 사람들이야말로 자신들의 유래(Herkunft)를 듣는 사람들이기에, 결코 그들은 억지로 만든 작위스러운 것(Machenschaften)의 노예가 아니다. 만약 인간이 들길의 외치는 소리에 순응하지 않는다면, 그가 자신의 계획을 통해 대지를 어떤 인위적인 질서 속으로 끌어들이려고 헛되게 시도를 하는 것이다. 오늘날의 사람들은 들길의 소리를 듣지 못하는 지경에 이른 위험에 노출되어 있다. (…) 그러기에 단순 소박한 것(das Einfache)은 달아나버리고 말았다. 단순 소박한 것의 조용한 힘은 메말라버린 것이다. 아마도 단순 소박한 것을 자기네 재산보다 귀한 것으로 여기는 사람들의 수가 급속하게 줄어든 것으로 보인다. 하지만 남은 소수의 사람들이야말로 어디서나 영원토록 상주(常住)할 사람들이다. 이들이야말로 언제든 들길의 부드러운 위력에 의해 원자력의 거대한 힘을 넘어서 존속할 것이다. 이 원자력은 인간의 교묘한 계산에 의한 것이지만, 도리어 자신의 행위로 속박하는 것이 되고 만 것이다.[48]

그런데 들길이 외치고 부르는 소리는 무엇이며 우리는 거기서 무엇을 들을 수 있을까? 그것은 그야말로 "동일한 것" 혹은 "한결같은 것(das Selbe)"이고 "단순 소박한 것"으로서 아무런 작위(作爲)함[49]이 없는 피시스이며, 도가적 표현으로는 "스스로 그러함"으로서의 자연(自然)과 "무위자연"의 소리인 것이다.

---

48 M. Heidegger, GA. 13(*Aus der Erfahrung des Denkens*), 1977, 39쪽.

49 위의 하이데거의 텍스트에서 'Machenschaften'은 도가의 '작위' 개념으로 번역되어도 좋을 듯하다.

노자의 『도덕경』에서도 위의 하이데거와 거의 유사한 메시지를 읽을 수 있다: "나의 말은 매우 알기 쉽고 또 매우 실행하기 쉽다. 그렇건마는 천하의 사람들은 이것을 능히 알지 못하며, 능히 실행하지도 못한다(吾言甚易知 甚易行 天下莫能知 莫能行)."[50]

여기서 노자의 "매우 알기 쉬운 말"이 전하는 메시지의 내용도 결국 "매우 알기 쉬운 것(甚易知)"으로서, 위에서 하이데거가 칭한 "단순 소박한 것(das Einfache)"보다 더 강조된(甚: 심할 심) "매우 단순 소박한 것(das Einfachste)"에 해당되는 것이다. 그렇지만 이 "매우 단순 소박한 것"을 안타깝게도 "천하의 사람들은 능히 알지 못하며, 능히 실행하지도 못한다"고 한다. 왜 그럴까?

그것은 하이데거가 위의 「들길」에서 말하고 있듯이 그것은, 즉 "단순 소박한 것"은 "직접적으로 인간에게 찾아오지만, 그러나 인간은 오랜 성숙을 필요로 한다. 이 단순 소박한 것은 항상 동일한 것의 눈에 띄지 않는 상태에 자신의 축복을 감추고 있다."는 것이다. 말하자면 아무것도 모르며 관심도 없는 사람이 아니라 깨달음의 경지에 이른 사람에게만, 즉 "들길에서 나는 소리를 들을 수 있는 사람들에게만" 말을 건네는 것이다(zusprechen).

장자는 『莊子』의 「양생주(養生主)」 편에서 소위 "포정해우(庖丁解牛)"라는 포정의 소 잡는 이야기를 통해, 또한 「천도(天道)」 편에서 윤편의 수레바퀴를 깎는 이야기를 통해 깨달음의 경지에 이른 경우를 잘 보여주고 있다. 일반적으로 장자에게서 무위자연의 철학은 결코 아무것도 하지 않는 현실도피나 현실 피안의 철학이 아니라, 오히려 이와 반대로 성품을 닦아 덕을 되찾는 성수반덕(性脩反德)의 경지와 위도(爲道)를

50 남만성 역, 『노자도덕경』, 제70장.

위한 심재좌망(心齋坐忘)과 전심일지(專心一志)와 같은 실천이 절실하게 요구된다.[51]

하이데거의 「들길」에서 보고 들을 수 있는 것은 그야말로 '동일한 것'이고 '단순 소박한 것'이다. 여기엔 사계절이 동일하게 반복되고 태양빛과 비가 하늘에서 쏟아지며, 초원엔 온갖 수목들이 자라고 또 소멸한다. 이들 중에 신성을 불러일으키는 크리스마스트리(tree)로서의 전나무(Tannenbaum)는 성탄절 시즌에 성목(聖木)으로 부름받는다. 들길을 오가는 사람들에게 우뚝 서 있는 십자가상 또한 성스러움을 불러일으키고 성당의 종탑에서도 성스러운 종소리가 울려 퍼진다.

자세히 들여다보면 들길은 놀랍게도 "사방(das Geviert)"이라는 세계를 선사한다. '사방'으로서의 세계는 '사방'을 담당하는 모든 존재자가 자신의 진리를 드러내는 "근원적인 세계"인 것이다. 말하자면 하늘과 땅, 신과 인간이 서로 비추고 반영하며, 모든 사물이 이러한 '사방'을 모아들이는 것으로 존재한다. 이러한 '사방'으로서의 세계는 소리없이 우리에게 말을 걸어오는 세계로서, 통속적이고 자연과학적인 의미의 세계가 아니다.

통속적인 세계에만 귀를 기울이고 눈을 돌리는 우리로서는 그러나 '사방'으로서의 세계가 깃들인 들길의 소리를 듣지 못하고 있다. 그야말로 들길의 청명한 대기를 마시면서 태어나고 자라며, 이러한 들길을 오가면서 '사방'으로서의 세계에 귀를 기울이는 사람만이, "근원적인

51 이승종 교수도 「양생주」 편에서의 포정해우의 고사와 「천도」 편에서 윤편의 수레바퀴를 깎는 이야기의 예를 통해 장자의 무위자연 사상이 결코 인간의 노력을 부정하는 통속적 자연주의가 아니라, 이와 반대로 인간의 노력과 행위를 결코 경시하지 않음을 지적하며, 이는 비트겐슈타인의 "우리 자연사의 일부" 개념과 상통함을 언급한다: 이승종, 『동아시아 사유로부터』, 동녘, 2018, 195-200쪽 참조.

세계"를 응시하는 사람만이 들길의 소리를 들을 수 있다고 하이데거는 말한다.[52]

이러한 하이데거의 진단은 위에서 전한 메시지와 흡사한 것으로 보인다. 노자가 전하는 "매우 알기 쉬운 말"과 "매우 단순 소박한 것"은 그러나 누구나 다 들을 수 있는 말이 아니다. 그러기에 노자도 "천하의 사람들은 이것을 능히 알지 못하며, 능히 실행하지도 못한다"고 한탄하고 있다. 그것도 그럴 듯이 노자는 "도(道)에서 나오는 말은 담박(淡泊)하여 맛이 없다. 보려고 해도 볼 수 없고, 들으려고 해도 들을 수 없다."[53]는 것이다. 하이데거에게서 들길의 외치는 소리를 들을 수 있는 경우도 노자가 전한 메시지와도 유사한 것으로 보인다.

노자의 당대에서 훨씬 멀어진 오늘날의 과학기술 문명 시대에서 들길이 들려주는 소리를 듣는 사람은 극히 제한적일 수밖에 없을 것이다. 그러기에 하이데거가 천명하듯 현대의 가장 큰 위기는 사람들이 이러한 들길의 소리, 들길에 깃들인 '사방'으로서의 세계의 소리에 귀를 기울이지도 않고 그렇게 하지도 못한다는 데 있는 것이다. 과학기술 문명이 보편화되어버린 세계에서 사람들은 과학기술이 모든 문제를 해결해주고 좋은 세상을 만들어준다고 믿으며—하이데거가 지적하듯—기계의 소리를 "신의 소리(die Stimme Gottes)"[54]로 여긴다.

이러한 과학기술 문명이 보편화되고 종교의 자리를 차지하여 숭배되는 시대에[55] 사람들은 자신들의 삶의 근간이 운명이 되는 대자연이나

---

52 M. Heidegger, GA. 13(*Aus der Erfahrung des Denkens*), 1977, 39-40쪽 참조.

53 남만성 역, 『노자도덕경』, 제35장.

54 M. Heidegger, GA. 13(*Aus der Erfahrung des Denkens*), 1977, 39쪽.

55 과연 하이데거가 지적한 대로 기계의 소리가 "신의 소리"가 되었는지, 과학기술 문명이 보편화되고 종교의 자리를 차지하여 숭배되는지에 대해 이의를 제기할 수도 있을 것이다. 그러나 오늘날 첨단의 과학기술 문명(이를테면 AI기술, 나노기술, 첨단전자기

'사방'으로서의 세계가 아니라, 시종일관 이 문명이 만들어내는 다양한 물건들이고 이 물건들과 관련 있는 편리와 안락이다. 그러기에 이러한 삶에 안주하는 이들에게서 무위자연이나 "단순 소박한 것"은 어떤 의미 있는 것으로 여겨지지 않기에, 눈에 들어오지도 귀에 들리지도 않을 뿐만 아니라 지극히 단조롭고 권태로운 것으로 낙인찍힐 따름이다.

하이데거에 의하면 대자연 가운데서 만나는 "단순 소박한 것"이 진정으로 고귀한 것이라는 사실을 아는 사람은—마치 노자에게서 상도(常道)를 깨닫는 사람이 지극히 소수이듯이—점점 줄어들고 있다고 한다.[56]

> 들길이 외치는 소리는 자유로운 것(das Freie)을 사랑하고 또 적절한 위치에서 곤궁(Trübsal)을 뛰어넘어 결국 밝은 기쁨으로 도약하게 되는 의미(Sinn)를 일깨우는 것이다. 이 기쁨이야말로 힘든 노동이 이를 망각하면서 오로지 공허한 것만 강요하는 것을 막아낼 수 있다. 계절마다 뒤바뀌는 들길의 공기 속에서 그 표정이 가끔 어둡게 보일 때도 있지만, 예지에 넘치는 기쁨은 번성해간다. (…) 들길과 이어지는 오솔길에서는 겨울의 폭풍과 추수하는 나날이 만나고, 이른 봄의 활기찬 생기와 느슨한 가을의 스러짐이 만나며, 어린 시절의 놀이와 노년의 지혜가 서로 마주본다. 그렇지만 들길이 그것의 메아리를 은밀하게 여기저기로 나르는 하나의 유일한 화음(Einklang) 안에서 모든 것이 맑고도 환하게 된다. 이러한 예지에 넘치는 기쁨이야말로 영원한 것에로 이르게 하는 성문이다.[57]

기, 로봇기술, 첨단무기생산기술 등등)이 국가의 부를 가져다주고 국제무역에서 선점한다는 이유에서 정치가, 공학도, 과학기술인, 경제인들도 이 대열에 가세하여 과학기술 문명의 발달을 가속화시켜 가고 있기에, 과학기술 문명은 더더욱 종교로 자리매김하는 것으로 보인다.

56 M. Heidegger, GA. 13(*Aus der Erfahrung des Denkens*), 1977, 39쪽 참조.

57 위의 책, 39-40쪽.

그러기에 하이데거가 천명하듯이 우리가 들길이 부르는 소리에 귀를 기울일 때 환하게 열린 세계(das Freie)를 경험하며 그로 인해 진정한 자유와 기쁨을 체험하게 된다. 말하자면 이러한 세계는 우리에게 어떤 위압감이나 위기를 안기는 것이 아니라, 오히려 이와 반대로 우리에게 자유와 기쁨, 안온한 삶을 영위하게 하고, 우리의 존재를 가능하게 하는 터전으로서 경험된다.

인간의 근원적인 자유는 바로 우리의 존재를 가능하게 하는 터전에 뿌리박고서 '사방'으로서의 세계에 귀를 기울이고 모든 사물들이 비-은폐하는 곳에서 서로 비추는 "반영-놀이(Spiegel-Spiel)"에 참가하는 것이다. 이렇게 '사방'으로서의 세계에 귀를 기울이는 곳에서, 모든 사물들이 비-은폐하며 살아 생동하는 곳에서 이전에 우리가 마주치는 존재자를 예사로운 사물로만 여기던 태도에서 벗어나 경이로운 존재자로 볼 수 있는 것이다.

과학기술 문명에 중독된 현대인은 그러나 저러한 삶의 터전으로서의 세계를 상실하고 항상 유리하고 방황하는 삶을 살고 있다. 실제로 과학기술 문명에 안주하는 현대인은 물질적인 소비재에서 대리 만족을 취하고 피상적인 안락함에 젖을 수는 있을지라도, 결코 저 문명이 인간의 궁극적이고 근원적인 문제를 해결할 수 없기에, 근원적인 자유와 안식을 경험하지 못하고 있다. 이토록 근원적인 자유와 안식 및 행복을 경험하지 못하고 불편과 방황 속에 떠밀린 현대를 하이데거는 "궁핍한 시대(die dürftige Zeit)"라고 한다.

길은 엔리드에서 호프가르텐의 성문 쪽으로 되돌아간다 (…) 느릿느릿 주저하듯이 밤 11시를 알리는 종소리가 어둠을 뚫고 울려 퍼지고 사라진다. (…) 정적은 마지막 타종과 함께 더욱 깊어져 간다. 정적의 소리는 두 차례에 걸친 세계대전을 통해서 시대에 앞서 희생된 사람들에게까지 미치고 있다. 단순 소박한 것(das Einfache)은 더욱 더 단순 소박해졌다(einfacher geworden). 항상 동일한 것(das immer Selbe)은 낯설지만 동시에 이 낯섦을 해결해준다. 들길이 외치는 소리는 이제 아주 분명하다. 영혼이 말하겠는가? 세계가 말하겠는가? 신이 말씀하시겠는가? 모든 것이 동일한 것 속으로 체념할 것을 말한다. 이 체념은 (그러나) 빼앗아가는 게 아니라 (오히려) 주는 것이다. 이 체념은 단순 소박한 것의 무궁무진한 힘을 주는 것이다. 들길이 외치는 소리는 오랜 내력(Herkunft) 속에서 고향의 집에서처럼 우리를 안식하게 한다.[58]

하이데거에게서 들길이 외치는 소리는 분명하게 들린다고 하지만, 세 번이나 반복된 물음표인 "영혼이 말하겠는가? 세계가 말하겠는가? 신이 말씀하시겠는가?"는―특히 하이데거의 철학에 익숙하지 않은 사람들에겐―다소 낯설게 들릴 것이다. 하이데거는 과학기술 문명과 형이상학이 지배하는 현대 세계를 단적으로 "세계의 밤"이 지배하는 시대, "궁핍한 시대", "고향상실(Heimatlosigkeit)"의 시대, "신이 도피해버린 시대"라고 규명하고 있다. 이런 세계에 살고 있는 현대인에게 신과 영혼이 살아 있을 리 없고, '사방'으로서의 세계에 귀를 기울이지도 않을 것이다.

그러기에 형이상학과 니힐리즘에 빠져 있는 현대 세계가 오히려 위기에 처한 시대라고 볼 수밖에 없을 것이다. "고향상실"이란 말 속엔 이미 인간이 자신의 튼실한 기반을 잃었다는 뜻과 신의 결여(Fehl Gottes)와 부재 현상이 만연하다는 뜻이 내포되어 있다. 그러기에 우리가

58 M. Heidegger, GA. 13(*Aus der Erfahrung des Denkens*), 1977, 40쪽.

살고 있는 시대는 위기의 시대이고, "세계의 밤"이 지배하는 시대, 신은 도피했을 뿐만 아니라 새로운 신은 아직 당도하지 않은, 이중적으로 결핍된 시대인 것이다.

이런 맥락에서 「들길」은 피시스의 "단순 소박한 것"을 망각한 현대인에게 보내는 준엄한 경고의 소리이고, 또 "숙고하는 사유"를 바탕으로 살아가는 인간의 양심에서 우러나온 피맺힌 절규이기도 하다. 이러한 절규는 인간의 본래성 회복과 존재 가운데에 거처하는 탈존적인 삶, 나아가 "존재의 이웃"으로 살아가기를 갈망하는 하이데거 철학의 절규이기 때문이다. "숙고하는 사유"로 들길을 걸어가는 사람으로서의 하이데거는 호젓한 오솔길에서 귀 기울여 들은 '사방'으로서의 세계와, 단순 소박한 피시스의 세계, 존재의 진리 가운데 거처하는 존재자의 세계를 우리에게 전해주고 있다.

'사방'으로서의 세계는 서로가 서로를 비추는 "반영-놀이(Spiegel-Spiel)"를 하기에, 들길에서는 싸늘한 겨울바람과 싱그러운 여름 햇볕이 만나고, 희망찬 탄생과 조용한 죽음이 만나며, 유년 시절의 철없는 유희와 노년의 성숙한 지혜가 서로 마주본다. 이처럼 들길에서는 서로 대립되는 것처럼 보이는 모든 것이 서로를 필요로 하고 서로 반영하며 서로 화음을 이루기에, 서구 사상의 전형적인 변증법적 투쟁(Polemos)이 아니라, 서로가 서로를 반영하는 화음 안에서 모든 것이 밝게 빛난다.

이러한 화음 안에서 모든 것이 밝게 빛난다는 것은 곧 모든 것이 "존재의 진리" 안에 거처하는 현상을 의미한다. 그러나 이러한 '사방'의 반영-놀이가 이루어지는 세계는 살아 생동하는 피시스의 세계이고 또한 "무위자연"의 생리(生理)가 펼쳐지는 세계이기에, 과학기술 문명이 제공하는 세계와는 전적으로 다른, 항상 "단순 소박하고 동일한" 세계이다. 이러한 '사방'의 세계에서 울려 퍼지는 화음에 귀를 기울이면서 항상 동일하고 단순 소박한 것을 경이롭게 바라보는 시선은 그 속에서 영원을, 영원의 깊이와 충만함을 목격한다.

들길에서 밤 열한 시를 알리는 종소리가 은은히 울리고는 정적 속으로 사라져가면서 세계의 깊이도 더 깊어져간다. 밤의 정적이 깊어가고 서로가 서로를 비추는 '사방'으로서의 세계가 발하는 정적 또한 깊어져가면 "단순 소박한 것(das Einfache)"은 더욱 더 단순 소박해지고(einfacher),[59] 그럴수록 들길이 부르는 소리는 더욱 명료하게 들려온다.

그런데 하이데거는 이러한 단순 소박한 것을 경험하려면—마치 도가가 도(道)에 대한 통찰을 위해 무위(無爲)와 무위자연에 임할 것을 천명하듯이—단념(Verzicht), 즉 존재자 전체를 지배하고 통제하는 주체 중심의 태도를 통해 자신의 안전을 확보하려는 의지를 단념하는 태도를 지녀야 한다고 말한다.[60]

---

59 이러한 존재론적 점층법은 플라톤의 『국가』(515d)에 처음 등장한다. 존재와 진리의 개념도 점층법으로(μᾶλλον ὄν, ἀληθέστερα) 표현되어 있다.

60 M. Heidegger, GA. 13(*Aus der Erfahrung des Denkens*), 40쪽 참조.

12

하이데거와 도가의 해체적 사유[1]

1. 하이데거의 해체적 사유

'해체' 라거나 '해체주의' 라고 하면 으레 포스트모더니즘의 산물로 여기는 사람들이 많지만, 기실 이것은 포스트모더니즘 이전에, 니체와 하이데거에게서 강력하게 부각되었다. 어쩌면 니체의 철학적 노력은 서구 근대의 아폴론 중심주의 혹은 이성 중심주의에 대한 강력한 해체("망치를 든 철학자")라고 할 수 있으며, 하이데거의 경우도 그의 전후기 사유를 막론하고 전통 형이상학에 대한 끈질긴 해체와 관련된다. 바티모는 그의 저서 『근대의 종말』[2]에서 니체와 하이데거의 해체적 사유를 소상

---

1 이 장(章)은 필자의 졸고 「하이데거와 도가(道家)의 해체적 사유」(『정신문화연구』 제41권 2호, 한국학중앙연구원, 2018)를 대폭 보완하고 수정한 것이다.

2 G. Vattimo, *Das Ende der Moderne*, Stuttgart, 1990.

히 밝히고 있고, 신승환 교수도 『포스트모더니즘에 대한 성찰』[3]에서 저들의 해체적 사유를 상세하게 다루고 있다.

주지하다시피 하이데거의 존재사유는 그의 전후기 사유를 막론하고 줄곧 "존재망각"과 형이상학에로 전락된 존재론의 역사를 현상학적으로 해체하고 있다. 해체에 관한 그의 기획은 존재 개념의 망각과 함께 이미 『존재와 시간』의 서문(Vorwort)에 나타나고 본론에서 이 기획을 치밀하게 추진시키고 있다. 그는 「『형이상학이란 무엇인가?』에 대한 개요」("Einleitung zu: *Was ist Metaphysik?*")에서 다시금 그가 『존재와 시간』의 서문에서 모토로 삼았던 플라톤의 『소피스테스』(*Sophistes*)의 구절들을 언급하는데, 우리의 논의를 전개하기 위해 이를 인용해보기로 한다:

> "… δῆλον γὰρ ὡς ὑμεῖς μὲν ταῦτα (τί ποτε βούλεσθε σημαίνειν ὁπόταν ὂν φθέγγησθε) πάλαι γιγνώσκετε, ἡμεῖς δὲ πρὸ τοῦ μὲν ᾠόμεθα, νῦν δ' ἠπορήκαμεν … 그대들은 확실히 이미 오래전부터 그대들이 '존재하는(ὂν: seiend)'이란 표현을 사용하면서 본래 의미하는 것을 잘 알고 있다. 우리도 이전에는 그것을 이해한다고 믿기는 했지만, 이제 우리는 당혹스러움에 빠져 있다." 오늘날 우리는 우리가 '존재하는'이라는 말로 본래 의미하는 것이 무엇인가라는 물음에 대한 답을 가지고 있을까? 결코 그렇지 않다. 그러기에 **존재의 의미에 대한 물음**을 새롭게 제기하는 것이 마땅하다. 그런데 오늘날 우리는 '존재'라는 표현을 이해하지 못하는 당혹스러움에라도 빠져 있는가? 결코 그렇지 못하다. 그래서 존재의 의미에 대한 물음의 답을 구하기에 앞서 무엇보다도 먼저 이 물음의 의미에 대한 이해를 다시 일깨우는 것이 마

---

3 신승환, 『포스트모더니즘에 대한 성찰』, 살림출판사, 2005, 32-40쪽 참조.

땅하다. '**존재**'의 의미에 대한 물음을 구체적으로 해결하는 것이 이어지는 논문의 의도이다. **시간**을 모든 존재이해 각각의 가능한 지평으로 해석하는 것이 이 논의의 우선적인 목표이다.[4]

위의 짧은 서문에는 통속적 견해와는 달리 하이데거가 고대 그리스에서 존재물음이 이루어졌다는 것과 존재론의 역사에서 그러한 물음이 잊혀져갔다는 것, 그러한 물음을 다시 일깨워야 한다는 것, 시간을 존재에 대한 물음의 초월론적 지평으로 해명하는 것,[5] 나아가 존재론의 역사를 현상학적으로 해체하고 있다는 것을 드러내 보이고 있다. 이 서문의 존재물음이야말로 다름 아닌 "존재에 대한 거인의 싸움(gigantomachia peri tes ousias)"인 것이다.

파르메니데스로부터 기원된 존재물음은 하이데거가 인용한 플라톤의 대화록 『소피스테스』에서 이어지고 있지만, 하이데거는 오늘날(즉 하이데거의 당대에) 그러한 존재물음을 제기조차 못 하고 있음을 고발한다. 말하자면 플라톤의 시대에도 존재물음이 여전히 생생한 전통 속에 서 있지만, 이에 반해 하이데거의 당대는 이미 수천 년에 걸쳐 존재 개념이 은폐되고 잊혀진 시대를 살고 있음을 토로하고 있다. 실로 플라톤은 하이데거가 그토록 긍정적으로 받아들이는 파르메니데스와 헤라클레이토스의 사유 세계를 훤히 꿰뚫고 있었던, 그야말로 역설적인 표현에 어울리는 "마지막 소크라테스 이전의 철학자(Der letzte Vorsok-

---

4 M. Heidegger, *Sein und Zeit*, 1쪽.

5 하이데거는 『존재와 시간』에서 시간을 "존재의 진리를 가리키기 위한 앞선 이름으로서 사용하고" 있으며, "모든 개개의 존재이해 일반의 가능적인 지평으로" 해석하고 있다(M. Heidegger, *Was ist Metaphysik?*, 16-17쪽 참조). 그러기에 "존재 그 자체는 시간으로부터 드러나고 있음을", 즉 "시간이 비은폐성을, 다시 말해 존재의 진리를 지시하고 있다."고 그는 밝히고 있다(*Was ist Metaphysik?*, 16쪽 참조).

ratiker)"[6]라고 할 수 있는 것이다.

하이데거는 위의 서문에서 무엇보다도 '존재'라는 개념의 의미를 망각한 것에 대해 환기시킨다. ὄν(seiend: 존재하는)이란 개념을 이때껏 잘 이해하는 줄 알고 있었는데, 지금은 알쏭달쏭하여 당혹감에 빠졌다는 플라톤의 지적에 반하여 하이데거의 당대엔 존재물음조차도 제기하지 못하여 당황할 이유조차 없다는 것이다. 하이데거가 서문에서 인용한 『소피스테스』의 구절(244a)은 그러기에 결코 『존재와 시간』을 위한 어떤 장식이 아니라, 존재물음에 대한 심각한 문제의식을 부각시킨 것이다. 실로 플라톤은 존재물음에 대한 문제를 『소피스테스』(246a)에서 "존재를 둘러싼 거인들의 싸움(gigantomachia peri tes ousias)"[7]이라고 칭했고 하이데거도 『존재와 시간』의 제1절(§1)[8]에서 이를 언급하는데, 이는 이미 고대 그리스에서 존재자의 존재에 대한 거인의 싸움이 시작되었다는 것을 천명하는 것이다.

하이데거에 의하면 "형이상학은 ὄν(seiend: 존재하는)이 비은폐되는(unverborgen) 한에서 또한 이미 은폐되어 있다는 사실을 주목하지 않

6 필자의 지도교수 슈미트(Gerhart Schmidt)는 〈*Platon*〉 강의에서 소크라테스의 제자인 플라톤이 "마지막 소크라테스 이전의 철학자(Der letzte Vorsokratiker)"라고 했는데, 그것은 그 누구보다도 플라톤이 소크라테스 이전의 철인들에 대해 깊이 꿰뚫고 있었기 때문이라고 하였다.

7 여기서 거인들의 싸움이란 고대 그리스의 신화에서 대지의 여신 가이아의 아들들인 거인족들(gigantes)과 제우스를 중심으로 한 올림포스 신들과의 싸움을 가리키는데, 전자는 오직 지상적인 것에만 의미를 두는, 말하자면 "바위와 참나무를 손으로 움켜쥐고는 하늘과 보이지 않는 곳에서부터 모든 것을 대지로 끌어내리고, 만질 수 있고 다룰 수 있는 그런 것들만이 존재한다."고 주장하고, 이에 반해 후자는 "조심스럽게 높은 곳에서부터, 보이지 않는 곳으로부터 자신들을 방어하며 진정한 존재는 숙고를 통해 알 수 있는(νοητὰ), 물체 아닌 이데아들"이라고 주장한다.

8 M. Heidegger, *Sein und Zeit*, 2쪽.

는다."[9] 하이데거의 이러한 논지는 형이상학이 ὄν에서 비은폐되어 존재하는 것(das Seiende)에만 주목하고 은폐되어 있는, 말하자면 존재하는 것의 존재에는 주목하지 못한다는 것이다. 이리하여 하이데거의 철학적 노력은 철학사가 망각한 존재에 대한 물음을 다시 그리고 새롭게 제기하고 시원적 존재사유를 다시 철학의 지평 위로 올리는 것이다.

그런데 이렇게 존재망각으로 점철된 인류 정신사는 결국 심각한 문제와 위기를 초래하여 존재 의미가 망각된 자리에 굵직한 사물 중심의 세계를 건립하였으나 인류에게 길 안내할 만한 사유는 없고 정신의 동공 현상과 니힐리즘의 나락에 던져진 상태이다. 그러기에 존재망각과 니힐리즘, 형이상학의 세계에 처한 철학사에 대한 하이데거의 해체 작업엔 그 의미심장한 중량과 심각성이 내포되어 있다는 것이 확연하게 드러난다.

그런데 시원적인 것의 회복을 위해서는, 말하자면 시원적인 것을 망각한 형이상학의 극복은 해체를 동반한다. 이러한 해체 작업은 하이데거와 도가에서 유사한 방식인 것으로 보인다. 하이데거에게서는 고대 그리스의 생동하는 피시스의 세계로, 도가에게서는 대도상실(大道喪失) 이전의 무위자연(無爲自然)에로의 귀향인 것이다.

도가의 당대의 주류 세력에 대한 해체 작업은 이미 그들의 당대에 근원적인 상도(常道) 및 대도(大道)의 의미가 망각되고, 그 망각되고 폐기된 자리에 봉건적으로 형식화되고 경직된, 이데올로기적이고 형이상학적인 윤리 규범으로서의 도(道)와 덕(德)이 자리 잡은 것이다. 사람들은

---

9 원문의 내용은 다음과 같다: "Die Metaphysik achtet jedoch dessen nie, was sich in eben diesem ὄν, insofern es unverborgen wurde, auch schon verborgen hat."(M. Heidegger, "Einleitung zu: *Was ist Metaphysik?*", in *Wegmarken*, 374-375쪽).

정치-사회-윤리적인 규범으로서의 유가적 도(道)의 틀에 얽매이게 된 것이다.

노자에게서 대도가 망각된 자리에 규범적-형이상학적 유가의 도(道)가 자리 잡은 것은 마치 하이데거에게서 존재가 망각된 자리에 존재자 중심의 세계관과 형이상학이 자리 잡은 것과 유사한 이치다. 노장의 해체적인 사유는 그러나 결코 당대의 주류에 대한 막연한 비판 의식에 의해서가 아니라, 대도가 망각되고 폐위된 것조차 주목하지 못하고 엄격한 규범으로만 땜질을 하려는 것에 대한 지적이고 경고이며 해체인 것이다.

하이데거가 『존재와 시간』의 서문에서 밝힌 존재사유와 해체에 대한 메시지는 자연스레 본론에서도 이어져 중요한 테마로 자리 잡았고, 특히 해체 작업에 대한 구체적인 기획과 방향도 윤곽 지어진다. 주지하다시피 『존재와 시간』의 6절(§6) 제목은 "존재론의 역사에 대한 해체의 과제"인데, 여기서 해체의 과제가 존재론의 역사에서 엄폐되어버리고 왜곡되어버린 존재론의 역사라는 것이 명시되어 있다. 그리고 이러한 해체는 하이데거에 의하면 어떤 부정적인 의미를 갖지 않는다고 한다:

"존재물음 자체를 위해서 그 물음의 고유한 역사에 대한 투명성이 확보되어야 한다면, 그 때엔 경직화되어버린 전통을 유연하게 풀고 전통에 의해서 초래된 엄폐들을 제거하는 일이 요구된다. 이러한 과제를 우리는 **존재물음을 실마리로 삼아서** 전승된 고대 존재론의 요체를 근원적인 경험에로, 말하자면 그 속에서 최초로 그리고 그 이후에 줄곧 주도적인 존재 규명들이 얻어진 고대의 존재론에로 **해체**해 들어가는 일을 수행하는 것이라고 이해한다.

존재론적인 근본 개념들의 유래를 이런 방식으로 검토하는 일은 그 근본 개념들의 '출생증명서'를 탐구하여 교부하는 일로서, 존재론적인 관점의 나쁜 상대화와는 아무런 관련이 없다. 해체는 또한 존재론적인 전통을 떨쳐버린다는 **부정적인**(*negativen*) 의미를 가지고 있지도 않다. 해체는 이와 반대로 전통을 그것의 긍정적인 가능성에서, 말하자면 이 전통의 한계 내에서 경계 지어져야 함을 말하는 것이다."[10]

하이데거의 해체에 대한 기획은 『존재와 시간』이 출간된 1927년의 여름 학기에 마브룩대학교에서 행해진 『현상학의 근본 개념들』 강의에선 더욱 구체적으로 그리고 광범위하게 철학사에서 왜곡되고 엄폐되어 버린 존재 개념을 거슬러 올라가, 원래의, 그러니까 망각되기 이전의 존재 개념을 회복하는 데 주력한다. 그런데 하이데거의 해체에 대한 철학적인 노력은 위에서 언급된 두 권의 저서에 국한되는 것이 아니라 거의 모든 저술에서 끝까지 수행된다. 그것은 그의 사유가 존재 이해를 위한 처절한 싸움이기 때문이다.

『현상학의 근본 개념들』에서 하이데거는 "존재론의 방법(die Methode der Ontologie)"을 현상학이라고 규명하면서[11] 존재가—마치 노장에게서 무(無)-유(有)의 존재 방식과도 유사하게—우선 "존재자의 존재"로서, 즉 존재자의 지반의 형태로 존재하는 존재에로 다가가기 위해 불가피하게 존재자를 단초로 하지만, "현상학적 환원(phänomenologische Reduktion)"에 의해 "순진하게 파악된 존재자(naiv erfaßten Seienden)"에게서 떠나 존재에로 향하게 된다고 한다.[12] 여기서 "현상학적 환원"은 존재자에 붙잡힌 시선을 존재에로 되돌리는, 말하자면 존재를

---

10 M. Heidegger, *Sein und Zeit*, 22쪽.

11 M. Heidegger, *Die Grundprobleme der Phänomenologie*, GA. 24, Klostermann: Frankfurt a.M., 1975, 27쪽.

12 M. Heidegger, 위의 책, 28-31쪽.

이해하도록 하는 역할을 수행하는 것이다.[13]

그러나 하이데거에 의하면 이 "현상학적 환원"만이 현상학적 방법의 중점적인 주요 부분이 아닌 것이다. 우리가 위에서 언급한 현상학적 환원과 해체 외에도 "현상학적 구성"도 중요한 위치를 점하고 있다. 어떤 현저하고 윤곽이 지어진 존재자와는 달리 존재는—노장에게서의 도(道)와도 유사하게—그 접근이 어려울 뿐만 아니라 쉽게 발견되지 않기 때문에, 미리 주어져 있고 존재에로 이끄는 힌트의 역할을 하는 존재자를 그 존재와 구조들과 함께 파악해야 하는데, 이를 하이데거는 "현상학적 구성(phänomenologische Konstruktion)"[14]이라고 규명한다. "현상학적 구성"은 우리의 시선을 존재 자체에로 적극적으로 이끄는 것인데, 그러기 위해서는 존재자를 그 존재 및 구조들과 관련해 파악해야 한다. 이처럼 존재론의 방법으로서의 현상학에는 환원과 구성 및 해체가 주요 부분인데, 이들은 내용적으로 서로 긴밀하게 연결되어 공속하기에, 그 공속성에서 함께 근거 지어져야 한다.[15]

이리하여 원초적 존재 개념을 이해하도록 하는 '해체'의 긍정적인 역할을 하이데거는 다음과 같이 강조한다: "철학의 구성은 필연적으로 해체인데, 이는 전승된 것을 역사적인 회귀 가운데서 전통으로 되돌아가 해체한 것이다. 이러한 해체는 전통을 부정하거나 공허한 것이라고 선고하는 것을 뜻하지 않고, 오히려 이와 반대로 전통을 긍정적으로 취득하는 것을 의미한다."[16] 그러기에 하이데거에게서 해체는 시원적 사유를 회복하기 위한 전통 존재론과의 생산적인 대결로서 전통을 파괴하

---

13 M. Heidegger, *Die Grundprobleme der Phänomenologie*, 29쪽.

14 위의 책, 30쪽.

15 위의 책, 31쪽.

16 위의 곳.

는 것이 아니라 그 원초적 근원을 되찾기 위한 것이다. 물론 이 근원을 되찾는 과정에서 해체는 결코 전통의 답습이나 반복 및 모방이 아니라 더 근원적인 모습을 드러내고 오늘날 우리의 존재경험을 획득하는 것이다.

하이데거가 사용한 'Destruktion'라는 개념은 우리말로 '해체'로 번역되고 또 저명한 독일어사전인 Duden이나 Wahrig가 풀이하듯 '파괴(Zerstörung)'라고도 번역되지만, 저 개념의 엄격한 어원에 입각해 볼 때 De-struktion, 즉 굳어진(짜여진) 구조에 대한 분리 혹은 반대라는 의미를 갖고 있다. 그러나 '해체'로 번역되든 혹은 '파괴'로 번역되든 그것은 원초적 존재 개념의 망각 내지는 왜곡의 장막을 걷어내어 본래적인 것을 되찾는 데 주목적이 있기에 "해체의 긍정적인 경향"을 분명하게 목격할 수 있다.

이러한 "해체의 긍정적인 경향"을 고려할 때 하이데거의 사유를 이념적인 '해체주의'나 해체를 위한 해체를 일삼는 이데올로기로 증폭시켜서는 안 될 것으로 여겨진다. 해체주의의 해체를 위한 해체라거나 아무런 대안도 없는 해체는 무의미에 가깝기 때문이다. 타자들이 건축한 건축물을 허무는 데만 골몰하는 해체주의자들의 행위는 무엇보다도 해체의 정당성이 문제가 되지 않을 수 없기 때문이다.

2. 해체 개념을 둘러싼 논쟁

해체를 한답시고 "모나리자" 그림에 분뇨를 칠한다거나 "추상적 형식주의"로 칭해지는 몬드리안의 사각형 그림을 근대적 유산이라고 몰아붙이고선 이를 부수는 작업에만 골몰해서는 안 된다. 해체주의자들의 주장대로 '이성'을 몽땅 쓰레기통에 넣어 폐기 처분하든지 혹은 끊임없는 해체의 대상으로 삼기 위해 존속토록 해야 할까? 초기 프랑크푸르트학파의 "비판 이론"이 잘 지적하듯이 부식화된 "도구적 이성(instrumentale Vernunft)"은 오늘날의 문명에 대한 폐해를 고려할 때 분명 해체의 대상이 되지 않을 수 없겠지만, 이성을 비이성이나 반이성과 동일시해서는 곤란한 것이다.

과연 이성과 아폴론적 세계를 망치로 때려 부수고, 디오니소스의 세계를 정립하면 그것은 정당한 대안이 되고 세계가 어떤 유토피아가 될까? 왜 그리고 무엇 때문에 디오니소스만 세계를 지배하는 세계관이 되어야 하는가. 데리다가 철학사의 전반적인 철학을 "단두대에 올려야 한다"고 주장한다거나, 철학을 이제 버리고서 문학이나 예술로 나아가야 한다는 로티의 (철학적인!) 주장은 말도 안 되는 자가당착적인 것으로 보이지 않는가? 그렇다면 그들은 왜 철학을 했을까. 그들은 말도 안 되는 말로 로고스 중심주의를 허물겠다는 로고스 중심주의자들이 아닌가.

"철학의 머리를 단두대(guillotine)에" 올려놓아야 하고, "신은 죽었다"고 선언한 니체를 따라 모든 신적인 존재를 단두대에 올려놓는 그런 오만불손한, 해체를 위한 해체는 하이데거의 해체적 사유나 노장의 사유와는 상당한 거리감이 있는 것으로 보인다. 노장의 사유를 해체와 관련시킨다면, 그들의 유가와 당대의 주류에 대한 해체는—우리가 앞으로 목격할 수 있겠지만—정당한 사유가 있다. 그것은 무엇보다도 더 바람직한 세상을 위한 긍정적인 대안과 경향이 있기 때문이다.

포스트모더니스트들은 대체로 해체주의자로 지칭되지만, 철학자에 따라 '해체'의 강도가 심하여, 철학적 사유와 인식의 요체를 형성하는 '주체'와 '의미'에 대해 사망 선고를 하고, 타자의 철학에 대한 허물기와 "무자비한 비판", 근대성에 대해 적개심에 가득 찬 "파산선고"와 "종언"(리오타르)[17]을 일삼기도 한다. 데리다[18]와 푸코[19] 및 리오타르[20]의 해체주의도 그 '해체'의 강도가 심하여 다른 것과 타자의 것이 끊임없는 해체와 분쟁의 재료로 자리매김 되는 편이지만, 그러나 이 해체의 과정에서 어떤 희망적이고 대안적인 메시지보다는 오히려 부정적이고 회의적이며 염세적인 멜랑콜리를 목격하게 한다.[21]

---

17 J.-F. Lyotard, *La Condition Postmoderne*(『포스트모던적 조건』), Minuit, 1979 참조. J.-F. Lyotard, "Beantwortung der Frage: Was ist postmodern?", in Peter Engelmann, *Postmoderne und Dekonstruktion*, Reclam: Stuttgart, 2007 참조.

18 J. Derrida, *Grammatologie*, übersetzt von H.-J. Rheinberger und H. Zischler, Suhrkamp: Frankfurt a.M., 1983, 44쪽 참조.

19 푸코는 "반이성주의의 유전인자"(이광래, 『해체주의와 그 이후』, 열린책들, 2007, 83쪽)를 가진 니체의 후계자로서 니체와도 유사하게 반이성적이고 반철학적이라고 할 수 있다.(이광래, 『해체주의와 그 이후』, 81-93쪽 참조) 그도 니체처럼 반이성과 반철학을 전위대로 내세워 근대의 이데올로기인 이성 중심주의에 비난을 퍼붓고 이를 해체했기 때문이다. 이광래 교수도 "푸코가 반이성을 무기로 삼아 이성의 독단을 거부하고 그것을 해체시키려고 하였다."고 술회하는데, 이는 니체와 푸코의 철학적 경향을 읽는 이에겐 쉽게 파악된다.

20 리오타르는 "의사소통적 합리성"으로 근대 이념을 재건하려는 하버마스의 기획에 극단적으로 반대하여 근대의 기획이 이미 "포기되고 망각되어진 것이 아니라, 파괴되고 청산되었다."(Lyotard, Jean-Francois, *Le Postmoderne expliqué aux enfants*, Galilée: Paris, 1986, 38쪽)고 선언하였다. 리오타르의 텍스트에서 우리는 '파산선고'와 '종언', '사망 선고', "계몽사상에 마침표를 찍다.", "근대는 이제 끝났다."와 같은 말을 자주 듣는다. 리오타르는 근대 이념, 특히 "보편적이고 통일적인 이성"을 정치 이데올로기적 전체주의와 직결시키고, 이런 근대 이념을 전범으로 몰아간다. 과연 근대의 철학자들은 저런 이성의 속성을 정치적 전체주의를 위해 부각시켰는가. 그렇다면 리오타르에게서 이성은 곧 반이성이고 야만이라는 우스꽝스러운 아이러니가 성립한다. 그러나 히틀러의 통치 시절에 수난을 당한 야스퍼스조차도 전쟁과 전체주의의 소행을 반이성이라고 규명하지 이성이라고 하지 않는다.

21 데리다의 해체주의에서 해체를 위한 해체, 음성 중심주의를 대체하는 문자 중심주의는 도대체 인류에게 무슨 큰 대안적인 성격을 갖는지 확실치 않다. 김영필 교수는 니체와 하이데거에 비교되는 데리다의 해체를 잘 지적하고 있다: "데리다와 로티(R.

가다머(H.-G. Gadamer)는 데리다가 하이데거의 '해체(Destruktion)' 개념을 원용하였으나, 이를 오해하고 잘못 판단하여 '파괴(Zerstörung)' 개념으로 사용하고 있다고 지적한다.[22] 그러나 하이데거의 본래적인 해체 개념은 가다머도 잘 밝히듯 결코 어떤 '파괴'와 같은 부정적인 것이 아니라 본래적인 것을 되찾고, 형이상학에 의해 차단되고 가려져버린 것을 제거(해체)하여서 오늘날의 살아 있는 언어로 다시 말하기 위해서이다.[23] 형이상학적 개념에 의해 차단된 것을 해체하고 살아 있는 언어로 다시 말하게 하는 것을 가다머는 "해석학적 과제"라고 한다.[24]

가다머와 유사하게 문장수 교수도 해체 개념의 계보를 언급하면서 후설의 "현상학적 환원"도 또 하이데거의 해체 개념도 어떤 "부정적인 해체나 거부만을 근본적인 목표로 삼는 것이 아니라, 이러한 객관적 세계 아래에 은폐되어 있는 토대적 세계를 해명"하고, 나아가 어떤 "객관적 이론적 시선에도 드러나지 않고 은폐되어 있는 미지의 원형에 도달하려는 이상을 지시한다."고 밝힌다.[25] 양운덕 교수에 의하면 데리다의 해체론에는 "순수한 파괴주의자"[26]의 모습이 드러난다고 한다.

포스트모더니즘의 해체주의는 '해체'와 '파괴'를 넘어 "철학의 종말

Rorty)는 하이데거나 니체의 해체를 지나치게 파괴적으로만 읽고 모든 형태의 객관성과 합리성을 거부하는 극단적 맥락주의를 고수한다."(김영필, 『현대 철학의 전개』, 이문출판사, 1998, 220쪽).

22 H.-G. Gadamer, "Frühromantik, Hermeneutik, Dekonstuktivismus", in *Gesammelte Werke 10*, J.C.B. Mohr: Tübingen, 1995, 132쪽 이하 참조. H.-G. Gadamer, "Dekonstruktion und Hermeneutik", in *Gesammelte Werke 10*, 145쪽 이하 참조.

23 H.-G. Gadamer, "Dekonstruktion und Hermeneutik", 145쪽 이하 참조.

24 위의 글, 146쪽 참조.

25 문장수, 『의미와 진리』, 경북대학교 출판부, 2004, 268쪽 참조.

26 양운덕, 「자크 데리다」, 『현대 철학의 흐름』(박정호·양운덕·이봉재·조광제 엮음), 동녘, 2003, 346쪽.

(Ende der Philosophie, la fin de la Philosophie)"을 선언하고 있다. 케네스 베인즈(Kenneth Baynes)와 제임스 보먼(James Bohman) 및 토머스 멕카티(Thomas MaCarthy)가 공동으로 저술한 『철학 이후: 종말인가 변형인가』[27]에서 베인즈는 전통적인 사상적 패러다임의 상속을 더 이상 거부하거나 많은 수정을 요구하는 20세기의 철학사조를 종말과 변형의 양대 진영으로 구분하는데, 전자에 속한 철학자들로서는 리오타르, 푸코, 데리다 등을 지명하고, 이에 비해 후자로는 하버마스, 아펠, 가다머, 리쾨르, 퍼트넘, 테일러, 매킨타이어 등으로 분류한다. 이러한 베인즈의 분류엔 전자가 주로 프랑스의 포스트모더니스트들로 구성된 반면, 후자엔 독일과 미국의 사회 비판 이론가와 해석학자들이 포진하고 또 여기엔 후기 분석철학자들도 가담되어 있다.

포스트모더니즘(Postmodernism)은 어원상 "후기 근대"이지만,[28] 그 철학의 내용상 "탈근대"에 적합하다. 그것은 포스트모더니즘의 철학이 끊임없이 근대 철학의 종말과 파국을 선언하고, 해체와 파괴 및 망치질을 감행하기 때문이다. 그런데 포스트모더니즘은 여기에만 그치지 않고 철학사의 긴 전통에 정면으로 도전하며, 한 마디로 철학에 반대하면서 철학한다. 그들은 코기토의 권위를 결코 인정하지 않으며, 오히려 그 권위를 허물어뜨리며 이성과 주체가 중심이 되는 사유에 종말을 고하고자 한다.

데리다는 다른 그 어떤 포스트모더니스트들보다도 더 철저한 해체주의자이다. 그의 '해체'는 결코 어떤 비판이나 비난의 차원이 아니라 전통 철학을 '단두대'에 올리는 행위로 드러난다. 그에 의하면 전통 철학

---

27 K. Baynes·J. Bohman·T. MaCarthy, *After Philosophy: End or Transformation?*, MIT Press, 1987, 17쪽 참조.

28 라틴어의 Post-라는 어간은 '후기-'라는 뜻을 갖고 있다.

은 지나치게 "현전의 형이상학"과 로고스 중심주의 및 음성 중심주의에 빠져 있고, 또 너무 "진담하기"에 치우쳐 있기에, 이러한 전승된 철학을 단두대에 올려야 한다는 것이다. 그러기에 데리다의 해체 전략은 섬뜩하게도 철학의 머리를 절단하는 것이다.[29]

물론 김형효 교수의 대작인 『老莊 사상의 해체적 독법』(청계, 1999)과 이승종 교수의 「데리다, 장자를 만나다」,[30] 박원재 교수의 「도와 차연」[31] 등에서 데리다와 도가의 해체주의에 대한 생산적인 대화도 분명 많이 있다. 경직된 전통 형이상학이나 근대의 체계 중심주의 및 이성 중심주의에 대한 해체는 공감을 불러일으키는 부분이 많이 있다. 포스트모더니즘(Post-modernism)이란 원래 탈근대라는 의미를 담고 있기에, 근대 철학에 대한 데리다의 해체는 도가(道家)가 당대에 감행했던 유가 체계와 그 권력자들에 대한 해체와도 유사한 형태를 띠고 있는 것이다.

그러나 데리다와 도가 사이의 해체주의는 그 한계가 분명히 존재한다. 이승종 교수는 장자의 독특한 무위자연 사상을 해명하면서 장자와 데리다의 해체주의 사이에는 엄연한 차이가 있음을 분명하게 지적하고 있다. "데리다의 해체주의가 차이의 철학이라면, 장자의 철학은 이 차이도 해체하여 균형과 대긍정에 이르려 한다. (…) 장자에 있어서 해체는 대긍정의 도추(도의 지도리)와 자명한 차원에 이르기 위한 방편이요 치료제일 뿐이다."[32]라는 규명은 데리다와 장자 사이의 극명한 차이를 잘 드러낼 뿐만 아니라, 「소요유」에서 구만리장천을 나는 대붕과 같은

---

29 이광래, 『해체주의와 그 이후』, 열린책들, 2007, 110쪽, 112쪽 참조.

30 이승종, 『동아시아 사유로부터』, 동녘, 2018, 제3편 5장.

31 박원재, 「도와 차연」, (『道家哲學』, 제2집).

32 이승종, 『동아시아 사유로부터』, 193-194쪽.

장자를 이해하는 데도 하나의 힌트가 된다.

더욱이 잘 알려져 있듯 데리다의 해체주의는 "텍스트 바깥에는 아무것도 없다"[33]고 하지만, 장자는 결코 텍스트 안에 머물지 않는다. 텍스트 안의 지식 세계가 아니라, 텍스트 바깥에서(!) 일어나는 삶의 현장이다. 삶의 현장에서 쌓는 노력과 수련은 "텍스트를 넘어선 삶에서, 해체를 넘어선 행위를 통해서 이루어진다."[34]

데리다는 어떤 형태로든지 텍스트의 의미를 지배하는 주체는 소멸되어야 한다고 주장하는데,[35] 그러나 텍스트든 하이퍼텍스트든 의미를 부여하는 책임 소여로서의 주체는 소멸되어야 하기보다는 오히려 명백하게 드러나야 한다. 특히 사이버스페이스에서 의미를 구성하거나 책임을 맡아야 하는 주체마저 '해체' 되고 나면, 사이버공간은 우선 익명의 유령 주체들로 들끓을 위험이 크며, 결과적으로 무정부주의와 허무주의가 필연적으로 도래할 것이다.

오늘날 포스트모더니즘의 "해체론"이 득세한 시대지만, 그러나 이러한 해체가 무분별하게 적용되어서는 안 되며, 특히 정보사회와 정보 문화에서는 주체뿐만 아니라 타자의 의미를 무화(無化)시키는 익명성의

---

33 Jacques Derrida, *De la gramatologie*, 227쪽, Edition de Minuit: Paris, 1967.

34 이승종, 『동아시아 사유로부터』, 199쪽.

35 데리다의 범텍스트주의적인 명제, 즉 "텍스트 밖에는 아무것도 없다"(Jacques Derrida, *De la gramatologie*, 227쪽)는 과연 타당한가. 텍스트가 실제에 대해서 말하는 것은 곧 실제인가. N. 볼츠가 잘라 말하듯 우리는 "텍스트 속에서는 현실과 같이 전달할 수 없다."(N. 볼츠, 윤종석 역, 『구텐베르크-은하계의 끝에서』, 문학과지성사, 2001, 34쪽) 내용적인 측면에서 저러한 데리다의 명제에 대한 진단은 고사하고 오늘날 매체 문화의 정보 해석학에서 그러한 텍스트의 범위를 뛰어넘는(hyper) 하이퍼텍스트와 영상의 시대가 도래한 것은 주지의 사실이다. 인간의 커뮤니케이션과 지식 습득에는 구조화된 텍스트의 범위를 벗어나 음성과 그림, 동영상, 비디오 클립 등등 각종 다양한 하이퍼미디어(Hypermedien)들이 등장한다.

문제들을 지적하고 그 대안을 모색해야 한다. 정보사회와 정보 문화에서는 정보를 생산·송신·수신·교환하고 의미를 창조하고 새로운 문화를 구축해가는 주체의 의미가 오히려 더욱 명백하게 드러나지 않으면 안 된다. 물론 이때의 주체도 결코 근대적 주체 개념처럼 주체 중심주의로 기울거나 권력 중심에로 귀착하는 것이 결코 아니다.

만약 의미를 생산·교환·구성·획득하는 주체마저 '해체'되고 나면 필연적으로 정보 바다는 유령 주체들에 의한 각축장으로 변질될 것이고 결과적으로 허무주의만이 남을 것이다. 포스트모더니즘의 해체주의자들은 주체에 대한 극단적 해체를 통해 어떤 카타르시스를 향유할 수 있을지 몰라도, 이러한 허무주의뿐만 아니라 해체 이후에 도래하는 상대주의의 문제에 대해서도 별다른 대안을 제시하지 못하고 있다는 데에 심각한 문제가 있다.[36]

주체에 대한 절대부정은 결국 반대급부의 절대부정과 해체를 불러오고 만다. 그런 해체적 카타르시스로 인해 공동화(空洞化)된 주체의 자리를 '유령'(데리다)만 채우는 것이 아니라, 극단적 회의주의와 상대주의며 가치의 부재, 무모한 니힐리즘, 나아가 인류 문명의 위기까지 초래할 수 있을 것이다. 그러기에 주체에 대한 절대부정도 근대의 절대주체의 확립만큼이나 위험천만한 것으로 여겨진다.

위에서 우리는 가다머의 논지를 통해서도 잘 파악할 수 있지만, 하이데거가 『존재와 시간』과 『현상학의 근본 개념들』을 비롯한 수다한 저술들에서 표명하는 해체는 결코 원초적인 존재 개념에 대한 파괴나 제거가 아닌, 말하자면 이 원초적으로 정립된 전통을 엄폐하고 가려버린 장

---

36 윤평중 교수도 지적하지만, 데리다는 "지배적인 로고스 중심주의를 공격하면서 너무 멀리까지 나아갔다." 결국 인식론적 무정부주의와 가치론적 상대주의만 귀결되는 결과를 가져온 셈이다(윤평중, 『푸코와 하버마스를 넘어서』, 242쪽 참조).

애물을 걷어낸다는 긍정적인 경향을 지니고 있는 것이다. 하이데거에 의하면 "해체는 과거를 공허(Nichtigkeit) 속에 파묻어버리는 것이 아니다. 그것은 **긍정적인** 의도를 가지고 있다. 해체의 부정적인 기능은 명시적이지 않은 채 우회적인 것으로 남아 있다."[37]

따라서 철학사 및 존재론의 역사를 원초적 고대 존재론의 근원적 존재경험에로 해체함으로써 비로소 존재물음이 그 참된 구체성을 획득하게 되고 또한 망각되기 이전의 원초적 존재 개념을 되찾을 수 있는 것이다. 그러기에 하이데거는 철학사 및 존재론의 역사에서 망각되어간, 원초적이지 않은 존재 개념 정립의 결정적인 국면들로 여겨지는 철학자들(이를테면 아리스토텔레스, 데카르트, 칸트 등)에게 해체적으로 다가가 그들과 대결을 펼친다.[38]

3. 도가의 해체적 사유

이제 해체주의자들의 해체와는 다른, 하이데거의 해체 개념을 충분히 고려하였다면, 도가(道家)의 해체적 사유와 그 노력은 무엇을 지향하고 있는지 검토해보기로 하자. 실로 노자의 『도덕경』이나 장자의 『장자』엔 당대의 주류인 유가(儒家)에 대한 비판과 해체적 시각이 날카롭게 드러나 있다. 도(道)와 무위자연에 관한 철학사상에서뿐만 아니라 사회 · 정치적 사유의 견지에서도 해체적 날카로움은 번쩍인다.

그런데 도가의 직접적인 해체적 견지가 아니라고 하더라도 그들의

---

37 M. Heidegger, *Sein und Zeit*, 23쪽.

38 위의 책, 23-27쪽.

텍스트에는 얼마든지 해체적 시각으로 읽고 또 이해할 수 있는 장면도 많이 드러난다. 이를테면 최상의 선을 물로 비유한 『도덕경』의 제8장을 들여다보자: "최상(最上)의 선(善)은 물과 같은 것이다. 물은 모든 생물에 이로움을 주면서 다투지 않는다. 모든 사람들이 싫어하는 낮은 곳에 즐겨 있다. 그런 까닭에 물은 도에 거의 가까운 것이다.(上善若水 水善利萬物而不爭 處衆人之所惡 故幾於道.)" (남만성 역)

이러한 『도덕경』의 텍스트 내용은 어렵지 않게 이해되며, 최상의 선에 가깝고 도에 가까이 있는 물의 존재를 도가의 사유 세계에 비추어 그 중요성을 우리는 쉽게 이해할 수 있다. 그런데 이 물이 "모든 생물에 이로움을 주면서 다투지 않을" 뿐만 아니라 "모든 사람들이 싫어하는 낮은 곳에 즐겨 있다"는 표현엔 당대의 유가 사상과 대립각을 세우는 내용이 들어 있다. 인간을 중심으로 하는 유가 사상엔 "모든 생물에 이로움을 주는" 그런 세계관은 희박할 뿐만 아니라 봉건적 권력지향주의에는 "낮은 곳"은 도무지 선호되지 않기 때문이다.

그런데 도가의 사유 세계엔 직접적으로 표명된 해체적 논지도 수없이 많다. 어쩌면 철학사상에서뿐만 아니라 정치·윤리·사회 등 전반적인 영역에서 다 드러난다고도 볼 수 있다. 우선 사마천의 『사기』(史記)에 전해지는 노자와 공자의 대면하는 장면을 들여다보자.[39] 사마천에 의하면 공자는 주나라에 가서 노자에게 어떤 귀인의 장례에 관해 물었다. 이때 노자는 전송하러 나와 공자에게 이렇게 말했다:

"그대가 얘기하는 사람들은 이미 그 해골까지도 부패했을 것이고 다만 아직 남은 것이 있다면 그들이 남긴 말뿐이라네. (…) 귀인이 세월을

---

39 사마천, 『사기』, 「노자열전」 참조. 여기서 공자는 일찍이 노자에게서 주나라의 법령제도(周禮)를 배웠다고 한다.

잘 만나면 높은 위치에서 권세를 누릴 수가 있겠으나, 반면에 그가 제대로 세월을 만나지 못하면 어느덧 이 세상을 하직할 뿐이며, 그의 무덤에는 잡초만이 우거질 걸세. 내가 알기로는 정말 재치 있는 상인은 귀중품을 깊숙이 숨겨놓은 채, 마치 아무것도 가진 것이 없다는 듯이 행동하거니와, 이와 꼭 마찬가지로 완전한 덕성을 갖춘 귀인이란 그 외모만을 보면 단지 평범한 사람으로밖에는 보이지 않는다네. 그러니 친구여, 자네도 스스로 귀인인 듯이 자처하는 태도와 그 많은 헛된 욕망들, 그리고 한낱 외양으로만 그치는 몸가짐이나 하늘을 날 듯한 갖가지 계획들을 떨쳐버리는 것이 좋겠네. 그러한 것들은 어느 한 가지도 자네 자신을 위해서 값진 것이 될 수도 없다는 것, 이밖에 내가 무엇을 더 얘기하겠는가!"[40]

위의 대면 장면엔 노자의 도가 철학과 공자의 유가적 세계관이 잘 드러나 있고, 그 갈등 또한 보인다. 귀인이라고 해서 이미 해골까지 부패한 사람의 장례날 수까지 따지는 것은 노자에게서는 허황된 일이다. 또한 재치 있는 상인의 예를 들어가며 "완전한 덕성을 갖춘 귀인"의 모습을 밝혀 외양으로 귀인인 듯이 자처하는 공자의 태도를 비꼬며 책망하고 있는 것이다. 그런데 이런 방식의 유가에 대한 비판은 도가의 텍스트 곳곳에 나타난다.

당대의 주류인 유가의 정치·사회·문화·윤리 등에 대한 직설적인 비판과 해체도 도처에 흘러넘친다. 주지하다시피 인의예지(仁義禮智)나 충효(忠孝)의 사상은 유가의 사상과 정치 및 윤리에서 핵심적인 원리이고 규범이다. 그러나 도가는 이를 단번에 일축해버린다. 물론 아무 이

---

40 여기선 H. J. 슈퇴릭히, 임석진 역, 『세계철학사』, 분도출판사, 1976, 117쪽; 許抗生, 노승현 옮김, 『노자철학과 도교』, 예문서원, 1995, 24쪽 참조.

유 없는, 해체를 위한 해체는 결코 아니고, 그에 상응하는 적절한 이유가 있는 것이다.

이를테면 『도덕경』의 제18장을 한번 들여다보자: "무위자연(無爲自然)의 큰 도(大道)가 없어지니 인(仁)이니, 의(義)니 하는 것이 있게 되고, 인간에게 지혜라는 것이 생기니 큰 거짓(大僞)이 있게 되었다. 육친(六親)이 화목하지 않으니 효행이니 자애니 하는 것이 있게 되고, 국가가 암흑(暗黑)하고 혼란하여지니 충신이 있게 된다."(남만성 역)[41]

장자는 노자의 제18장과 유사한 내용을 『장자』의 여러 곳에서 언급하고 있다. 「마제」 제9장, 「경상초」 제23장, 「인간세」 제4장, 「외물」 제26장 등에서 대도(大道)가 쇠퇴하고 난 이후에 인의가 생긴 것과 거짓의 기원을 예로 들어가며 진단하고 있다. 만약 우리가 효행이라고 하면 마냥 아름다운 덕목으로만 볼 수 없는 경우를 장자는 「외물」 제26장에서 밝히고 있다: "송나라의 동쪽 성문에 양친을 잃은 사람이 있었는데, 지극한 슬픔으로 몰골이 초췌하고 몸이 수척해졌다. 송나라는 그의 효행을 표창해서 높은 벼슬을 주었다. 그러자 어버이를 여읜 그 나라 사람들 모두가 그를 본받느라고 몸을 여위게 하다가 반 이상이나 죽고 말았다."[42]고 한다. 이토록 충효나 열녀의 사상을 사회적 이데올로기나 규범으로 강요하다 보면 많은 희생자가 생기게 마련인 것이다.

노자는 인의예지와 충효 사상과 같은 것들을 통치 수단으로 절대화

---

41 노자는 『도덕경』의 제38장에서도 18장과 같은 내용을 언급한다: "상례(上禮)의 정치는 스스로 하려고 애쓴다. 그리하여 백성들이 예법에 순응하지 아니하면 곧 팔을 걷어붙이고 그들을 강제한다. 그런 까닭에 도를 잃은 뒤에 인(仁)이 소용되며, 인을 잃은 뒤에 의(義)가 소용되고, 의를 잃은 뒤에 예(禮)가 소용되는 것이다. 대체로 예가 필요하게 된다는 것은 충신(忠信)이 박약하다는 증거로서, 장차 어지러워지려는 시작인 것이다."(남만성 역).

42 임어당, 장순용 옮김, 『장자가 노자를 이야기하다』, 자작나무, 1999, 107쪽.

하여 백성들을 거기에 옭아매지 말 것을, 뛰어난 자(현능: 賢能)를 우상시하지 말 것을, 또한 얻기 어려운 재보를 귀중히 여기지 말 것을,[43] 강력하게 촉구하였던 것이다. 이러한 거대한 작위(作爲)보다는 오히려 무위자연의 세계로 돌려놓을 것을 노자는 주장하였다.

인의예지의 통치가 대도에 의한 무위정치에 못 미침을 장자는 우임금과 백성자고(伯成子高)의 대화를 통해 들려준다:

> 요임금이 천하를 다스릴 때 백성자고는 제후의 위치에 있었다. 그 후 요임금은 순임금에게 천하를 물려주고, 순임금은 우(禹)임금에게 천하를 물려주었다. 그러자 백성자고는 제후의 지위에서 물러나 농사를 지었다. 우임금이 그를 찾아갔을 때 그는 들에서 밭을 갈고 있었다. 우임금은 달려가서 그의 아래쪽에 서서 물었다. '과거 요임금이 천하를 다스릴 때 당신은 제후의 지위에 있었습니다. 그런데 요임금이 순임금에게 천하를 물려주고 순임금이 내게 천하를 물려주자, 당신은 제후의 지위에서 물러나 농사를 짓고 있습니다. 감히 묻건대, 어떤 이유에섭니까?'
> 백성자고가 대답했다. '예전에 요임금이 천하를 다스릴 때에는 상을 주지 않아도 백성들은 착한 일에 힘썼고, 벌을 주지 않아도 스스로 악을 멀리했소. 그런데 지금은 그대가 상을 주고 벌을 주어도 백성들은 어질지 못하니, 덕이 이로부터 쇠퇴하고, 형벌이 이로부터 세워지며, 후세의 혼란도 이로부터 비롯되는 것이오. 그러니 내 일을 방해 말고 그냥 돌아가시오!' 이 말을 마치고는 두 번 다시 우임금을 돌아보지 않고 묵묵히 밭을 갈 뿐이었다.[44]

---

43 남만성 역, 『노자도덕경』, 제3장, 19장 참조.

44 『장자』「천지」 제7장: 여기선 임어당, 장순용 옮김, 『장자가 노자를 이야기하다』, 102쪽. 원문은 다음과 같다: 堯治天下, 伯成子高立爲諸侯. 堯授舜, 舜授禹, 伯成子高辭爲諸侯而耕, 禹往見之. 則耕在野. 禹趨就下風, 立而問焉, 曰: 「昔堯治天下, 吾子立爲諸

백성 위에 군림하여 권력으로 질서를 잡는 유가의 정치 형태와 대조적인 노자의 사상을 장쓰잉은 짧게 잘 드러내고 있다: “라오즈 철학은 콩즈(孔子)의 ‘극기복례(克己復禮)’와는 대립적이다. 콩즈의 ‘극기복례’의 주장은, 오직 모든 사람들이 통치자의 예(禮)에 복종할 것만을 요구하고 ‘상기(喪己)’하는 것에 대해서는 애석하게 여기지 않는다. ‘귀기(貴己)’·‘귀신(貴身)’·‘귀생(貴生)’·‘위아(爲我)’의 주장들은 바로 ‘극기(克己)’에 대한 하나의 반격이다.”[45]

이러한 노자의 공자에 대한 대립은 공자의 권력 중심 사상에 대한 강력한 비판을 함축하고 있다. “오직 모든 사람들이 통치자의 예에 복종할 것만을 요구하는” 극기복례의 사상엔 약자에 대한 배려가 전혀 없을 뿐만 아니라, 진리나 정의 및 보편적 윤리가 기준이 되는 것이 아니라 권력만이 질서의 절대 기준으로 삼는다는 권력 지상주의가 깊게 뿌리 내리고 있다.

장중위안(張鍾元)은 “최상의 선은 물과 같은 것이다(上善若水)”가 등장하는 『도덕경』의 제8장을 해석하면서 노자의 가르침과 공자의 예(禮)에 대한 가르침과의 근본적인 차이를 해명하고 있다:

> 하지만 〈도〉를 중시하는 인간과 〈예〉를 중시하는 인간과의 사이에는 근본적인 차이점이 존재한다. 〈도〉의 인간은 자기 혹은 명성으로부터 자유이며, 평판도 구하지 않는다. 그러나 이것은 그에게 자아(a self)가 없다는 것이 아니

侯. 堯授舜, 舜授予, 而吾子辭爲諸侯而耕, 敢問, 其故何也?」子高曰:「昔堯治天下, 不賞而民勸, 不罰而民畏. 今子賞罰而民且不仁, 德自此衰, 刑自此立, 後世之亂自此始矣. 夫子闔行邪? 无落吾事!」俋俋乎耕而不顧.

45 장쓰잉, 김권일 역, 「하이데거와 도가」, 『신학전망』 156호, 광주가톨릭대학교 신학연구소, 2007, 96쪽. 여기서 ‘喪己’의 ‘喪’은 죽을 ‘상’이기에, ‘상기’는 자기의 생명을 잃거나 상실하는 것을 의미하는 것으로 읽을 수 있다.

라, 자기부정을 통하여 드러난 자아를 지니고 있음이며, 이름이 없다는 것이 아니라, 이름 없음(無名)의 이름을 지니고 있음이며, 성공하지 못했다는 것이 아니라, 이룸이 없는 이룸을 성취하여, 이들에 대한 이러쿵저러쿵의 평판도 구하지 않는다는 말이다. (…) 하지만 공자의 예를 중시하는 인간은 보통의 인간보다 훨씬 뛰어나려고 무척이나 애를 쓴다. 그는 나라를 구하는 사명을 지닌 명망가(名望家)이기도 하며, 미래의 세상에 규칙을 세우려는 출세주의자이기도 하다. 따라서 그는 〈도〉의 인간 같이 자기와 명예, 그리고 신용을 구하는 것으로부터 자유롭지 못하다. (…) 인간은 어떠한 꼬리표도 붙어 있지 않은 곳에서 〈물〉과 같이 겸손하지 않으면 안 된다. 물론 유가(儒家)도 겸손을 가르치고는 있다. 하지만 그것은 야심과 에고(ego)의 단순한 수식에 지나지 않는 겸손으로, 무엇보다도 야심과 강한 에고가 자신의 중심이라고 주장하기 때문이다.[46]

그런데 우리가 여기서 장중위안의 해명에 덧붙여 알 수 있는 것은 도가가 무위자연을 천명하지만 "아무것도 하지 않음"이나 현실도피주의 및 허무주의와 같은 것을 전혀 지향하지 않는다는 사실이다. 오히려 노자가 『도덕경』 37장에서 천명한 "도상무위 이무불위(道常無爲 而無不爲)", 즉 "도는 항상 무위이지만 하지 못하는 것이 없다"는 것을 확인할 수 있다. 즉 공자와 유가가 인위와 억지로 추구하려는 것의 반대 방향을 추구할 따름이다.

인의예지가 사회적 규범으로 자리 잡거나 절실하게 필요한 것은 **이미 대도가 상실하게 된 연유에서다**(大道廢).[47] 대도가 행해진다면 굳이 인의

---

46 張鍾元, 엄석인 옮김, 『道』, 63쪽. 이러한 해설에 덧붙여 張鍾元은 도가 사상이 허무주의 성격을 갖지 않음을 천명하고 있다(64쪽 참조).

47 대도(大道)를 상실한 '대도폐'(大道廢: 『노자도덕경』 제18장)와 유사한 용어로 노

예지를 강조하거나 강요할 필요가 없는 것이다. 충신이나 효행의 경우도 이와 마찬가지의 이치다. 도가의 입장에서 볼 때 무위자연의 도가 실현된다면 인의예지나 충효 사상과 같은 형식화된 규범이 강요되거나 이데올로기로 자리 잡을 필요가 없는 것이다. 그렇다면 무위자연의 도는 저러한 인의예지나 충효 사상과 같은 형식화된 규범을 능가하는 덕목인 것이다.

어떻게 이러한 이치가 가능한 것인가? 그런 이치는 어렵지 않게 이해될 수 있다. 만약 법 없이도 사회가 잘 유지된다면 당연히 법이 필요 없을 것이다. 만약 칸트의 "목적의 왕국"처럼 이성적인 인격자들로 구성된 그런 나라라면 법과 같은 규범이 없어도 충분히 좋은 세상이 되는 것이다. 그러기에 이를테면 기원전 1750년에 함무라비법전(Hammurabi Codex)이라는 소위 최초의 성문법이 탄생했다는 것은, 반드시 자랑거리이기보다는 수치스러움도 선행해야 한다는 것을 고려할 필요가 있다.

이런 방식으로 도가는 당대의 주류이자 정치권력의 핵심에 자리 잡은 유가에 대해 거침없이 비판을 쏟아내고 해체를 요구하였다. 군사로서 천하를 뒤흔드는 것, 천하에 도가 행하여지지 않아 군마(軍馬)가 도성 밖의 들에서 우글거리는 것, 백성들이 강제 노역과 전쟁터에 끌려가는 것, 과대한 세금 징수로 헐벗는 것, 심지어 억압에 시달려 자살을 선택하는 것 등등 전쟁과 탐욕을 일삼는 군주에 비해 초개 같은 존재 의미를 갖는 백성의 입장에서 탄식을 쏟아내었다.[48]

자는 실도(失道: 제38장), 무도(無道: 제46장)와 같은 개념들을 사용하고 있다. 물론 쉬캉성(許抗生)이 지적하는 것처럼 노자가 "인을 끊고 의를 버려라(絶仁棄義)"고 하는 것은 "노자가 결코 전통문화와 예악인의(禮樂仁義)라는 사상 전부를 버린 것은 아니다. 그는 주로 허위적인 예의에 반대하였고, 사람들이 돈후박실(敦厚朴實)해져야 하지 허위부화(虛僞浮華)해서는 안 된다고 본 것이다."(許抗生 지음, 노승현 옮김, 『노자철학과 도교』, 예문서원, 1995, 30쪽).

천하를 바르게 한다고 금지하는 일이 많아지면 백성은 더욱 가난하여지고, 백성들에게 무기를 많이 갖게 하면 국가는 오히려 암흑해진다는 것, 통치자가 권모술수를 부릴수록 나라는 더욱 혼란해지고, 나라에 법령이 많이 발표될수록 도적이 많아진다고 하여[49] 노자는 당대인 춘추전국시대의 혼란스러운 정치를 비판하고 있다. "군사가 주둔하던 곳에는 가시나무가 우거지게 마련이고, 큰 전쟁이 있은 뒤에는 반드시 흉년이 드는 것이다."(『도덕경』, 30장)

노자가 살던 시대는 "춘추전국시대"가 시작하는 때로서 봉건 질서의 중심인 종주국으로서의 주(周)나라가 쇠미하여지고 여러 제후들이 제각기 패권(覇權)을 다투어 침략과 전쟁을 일삼던 때이므로 백성들은 전쟁에 끌려가고, 부역에 울고, 가렴주구에 시달리고, 추위와 굶주림 속에 헤매었다. 그러한 혼란스런 상황을 바라보는 노자는 "제발 좀 백성들을 제대로 살게 내버려 두어 주었으면, 그 간섭 좀 그만두었으면 좋으련만" 하고 울부짖고 탄식하였던 것이다. 그러나 서로 패권(覇權)을 쥐겠노라고, 천자국(天子國)이 되겠노라고, 중원을 차지하겠노라고 날뛰던 왕들에게 날마다 전쟁은 일상이었다. 이때 일반 백성들의 존재 의미는 마냥 전쟁과 부역에 끌려가야 하는 수단과 재료에 불과했던 것이다.[50]

춘추시대엔 욕심이 극에 달한 권력자들에 의해 중국 천하가 사분오열되기 시작하였는데, 주(周)왕실이 쇠약해지자, 제나라의 환공(桓公)과 진(晋)나라의 문공(文公)이 앞을 다투어 여러 민족들과 남방의 초국(楚國)을 공격하여 각각 정복 활동을 펼쳤고, 이어서 진(晋)과 진(秦),

---

48 남만성 역, 『노자도덕경』, 제30장, 31장, 46장, 53장, 57장, 73장, 75장 참조.

49 위의 책, 제57장 참조.

50 이런 맥락에서 헤겔의 진단, 즉 "동양에선 왕 한 사람만 자유이고, 다른 모든 사람들은 왕의 노예이다."(헤겔의 『역사철학』 서문)라는 진술은 틀리지 않은 것으로 보인다.

진(秦)과 초(楚) 간의 전쟁이 지속적으로 이어져 약 백 년 동안 계속되었으며, 그 후 오나라와 월나라가 '오월동주(吳越同舟—원수지간인 오나라 사람과 월나라 사람이 한 배를 탔음이라)'라는 말이 나올 정도로 패권 쟁탈을 끊임없이 펼쳤던 것이다. 그리하여 춘추전국시대라고 하면 약탈 및 정복 전쟁이 그칠 날이 없는 시대를 뜻하는 말로 굳어진 표현이다.[51] 이 시대엔 싸움이 그칠 날이 없는 특징답게 쟁탈전이 난무하였으나, 사람들의 생명은 초개같이 비참하였다.

노자는 임금이 도를 잃고 전쟁과 탐욕을 일삼으면 도둑의 괴수에 지나지 않는다고 한다. "궁궐은 매우 깨끗한데 전지(田地)는 너무 황폐하고, 창고는 아주 비었으며, 궁정의 사람들은 무늬 있는 아름다운 비단옷을 입고, 좋은 칼을 찼으며, 배가 불러 음식을 싫어할 지경이고, 재물을 남도록 가졌다면, 이것은 도둑질하여서 사치한다고 하겠다."[52]

유가적 권력 중심주의 하에서 백성의 존재 의미는 지극히 미미할 따름이다. 백성을 높일 것을 주문하는 윤리적 금언도 유가에 있지만, 어쨌거나 백성은 군주의 수단에 불과하기에 군주의 탐욕이 발동되면 백성은 하수인이나 노예로 전락되어 전쟁터에 끌려가고 강제 노역에 수단으로 사용될 따름이다. 군주들에 의한 이러한 백성의 처참한 상황을 노자는 다음과 같이 묘사하고 있다:

---

51 노자가 살던 시대는 춘추전국시대였다. 춘추전국시대는 춘추시대와 전국시대를 동시에 일컫는데, 좀 더 자세히 구분하면 춘추시대는 BC. 770~BC. 403의 시기로서 중국 주나라가 뤄양(낙양)으로 천도한 후부터 진나라가 삼분하여 한, 위, 조로 되고, 이들 나라가 독립할 때까지 약 360년 동안의 시대를 말하고, 전국시대는 진, 초, 연, 제, 한, 위, 조 등 일곱 제후국들이 패권을 다투던 시대이다.

52 남만성 역, 『노자도덕경』, 제53장. 장자도 『장자』의 제19장 「달생」 편에서 부귀를 좇는 인간은 제사상에 오를 돼지의 처지와 다르지 않다고 한다.

백성의 굶주림은 그 위에 있는 군주가 세(稅)를 받아먹는 것이 많기 때문이다. 그런 까닭에 굶주리는 것이다. 백성을 다스리기 어려운 것은 그 위에 있는 군주가 작위함이 있기 때문이다. 그런 까닭에 다스리기 어려운 것이다. 백성들이 가볍게 죽어가는 것은 군주가 삶을 추구하는 것이 너무 지나치기 때문이다. 그런 까닭에 백성들이 가볍게 죽어가는 것이다.[53]

노자는 군주가 백성 위에 군림하여 권력과 명령으로 지배하지 말 것을 강력하게 요구하며 무위정치를 실현하고 백성들을 억압하지 말고 오히려 섬길 것을 요구하였다. 그는 유가의 천자관(天子觀)과 권력 중심주의를 정면으로 비판하며 군주들이 자신을 고(孤)나 과(寡)라 하고 불곡(不穀)이라고 일컬어 자신들을 천한 것으로 근본을 삼을 것을 천명하였다.[54]

이러한 군주관(君主觀)에 입각하여 노자는 최상의 정치가 어떤 형태인지 사례를 든다: "가장 훌륭한 군주는 아래 백성들이 다만 임금이 있다는 것만을 알 뿐이다. 그 다음의 군주는 백성들이 그에게 친근감을 가지며 그를 칭찬한다. 그 다음의 군주는 백성들이 그를 두려워한다. 그 다음 군주는 백성들이 그를 업신여긴다. 군주에게 믿음성이 부족하면 백성들은 그를 믿지 않는다."[55]

노자는 성인(聖人)의 겸허한 무위정치를 자주 언급하곤 하였다. "성

---

53 남만성 역, 『노자도덕경』, 제75장.

54 위의 책, 제39장 참조. 노자는 『도덕경』의 42장과 66장에서도 군주들이 자신을 낮추어 겸손할 것을 강조하였다. 이토록 노자가 군주들을 향해 자신들을 천한 것으로 근본을 삼을 것을 요구한 것은 단순한 윤리적 측면을 드러내기 위한 것이 아니라 백성들이 근본이고 더 귀중하다는 것을 천명한 것으로서 이는 권력 지상주의인 유가의 정치사상을 비판한 것이다.

55 위의 책, 제17장.

인은 스스로의 존재를 나타내려고 하지 않는다. 그런 까닭에 그 존재는 밝게 나타난다. 성인은 스스로 옳다고 주장하지 않는다. 그런 까닭에 그 옳은 것이 드러난다."[56] 이와 유사하게 노자는 『도덕경』의 제27장에서도 성인의 무위자연의 도에 입각한 통치를 언급하고 있다: "그러므로 성인은 항상 선으로 사람을 구제하기 때문에 버리는 사람이 없다. 무위자연의 도에 순응하여 작위함도 드러내는 일도 없이 저절로 감화하게 하기 때문이다."[57](남만성 역)

그런데 노자와 장자가 『도덕경』과 『장자』의 곳곳에서 무위정치를 강조하는 것은 단순히 주류의 정치를 비판하기 위해서가 아니라 "무위이무불위(無爲而無不爲)",[58] 즉 "무위의 경지에서 통치하면 작위하지 않건마는 하지 못하는 것이 없다"는 이치를 밝히는 것이다. 권력으로 백성 위에 군림하지 말 것을, 작위와 억지, 강제와 규범으로 백성들을 괴롭히지 말아야 할 것을 노자는 『도덕경』의 도처에서 역설하고 있다.

노자와 장자는 각자 사상 전개에서 어느 정도 차이는 있지만, 도가의 사상을 전개하는 데에는 큰 차이가 없다. 그래서 '노장사상'이라고 한다. 장자도 노자 못지않게 당대의 유가적 권력 중심주의에 전혀 겁내지 않고 대항하였고, 그러한 권력 중심의 정치를 옹호하던 유가 사상에 맞섰다. 그는 유가적 봉건주의의 통치자와 제도와 규범을 해체하는 데 주저하지 않았다.[59] 혹자는 장자가 피세주의(避世主義)라거나 수동적 '방

---

56 남만성 역, 『노자도덕경』, 제22장.

57 장자는 이와 유사한 내용을 『장자』의 「덕충부」 제5장에서 사례를 들어가며 설명하고 있다.

58 남만성 역, 『노자도덕경』, 제48장, 57장, 60장 참조.

59 유교에 대한 장자의 통렬한 비판에 관해서는 토머스 머튼, 황남주 옮김, 『장자의 길』, 고려원미디어, 1991, 11-32쪽 참조. 머튼은 여기서 장자의 덕을 신약성서의 바울과, 그의 겸손을 프란체스코와 비교하기도 한다.

패'의 위치에 처해 있었다고 하지만, 이는 장자에 대한 오해이다. "노자의 칼 장자의 방패"[60]라는 표현은 좀 어색하다.

물론 장자는 많은 사람들이 선망해 마지않는 정계 진출을 바라지 않았으며, 심지어 재상의 자리도 단칼에 일축해버린다. 『장자』의 「추수」편에는 기가 막히는 일화가 전해진다:

장자가 복수(濮水)에서 낚시질을 하고 있는데, 초왕(楚王)이 보낸 두 대부(大夫)가 찾아와 왕의 뜻을 전달하기를, 「부디 나라 안의 정치를 맡기고 싶습니다.」라고 했다. 장자는 낚싯대를 쥔 채 돌아보지도 않고 말했다. 「내가 듣기에 초(楚)나라에는 신구(神龜)가 있는데 죽은 지 삼천 년이나 되었다더군요. 왕께선 그것을 헝겊에 싸서 상자에 넣고 묘당(廟堂) 위에 소중하게 간직하고 있다지만, 이 거북은 차라리 죽어서 뼈를 남긴 채 소중하게 받들어지기를 바랐을까요, 아니면 오히려 살아서 진흙 속을 꼬리를 끌며 다니기를 바랐을까요?」 두 대부는 대답했다. 「그야 오히려 살아서 진흙 속을 꼬리를 끌며 다니기를 바랐을 테죠.」 그러자 장자가 말했다. 「어서 돌아가시오. 나도 진흙 속에서 꼬리를 끌며 다닐 테니까!」[61]

장자는 주지하다시피 "소요유"의 자유인이다. 그는 그 무엇에도 속박당하는 것을 원하지 않았다. 죽은 뼈다귀로 받들어지는 것보다 진흙 속에서 꼬리를 끌며 다니는 거북을 훨씬 더 선호한 것이다. 유가적 권

60 김시천, 『노자의 칼 장자의 방패』, 책세상, 2013, 15-28쪽 참조.

61 안동림 역주, 『莊子』, 현암사, 2010, 「추수」 편, 제16절(440쪽). 원문은 다음과 같다: "莊子釣於濮水, 楚王使大夫二人往先焉, 日: 「願以境內累矣!」 莊子持竿不顧, 日: 「吾聞楚有神龜, 死已三千歲矣, 王以巾笥而藏之廟堂之上. 此龜者, 寧其死爲留骨而貴乎? 寧其生而曳尾於塗中乎?」 二大夫日: 「寧生而曳尾塗中.」 莊子日: 「往矣! 吾將曳尾於塗中.」" 신구(神龜)는 제사용이나 수호신용으로 쓰이는 "신령스런 거북"으로 보인다.

력 지상주의가 깊게 뿌리박혔던 춘추전국시대에 재상인들 자유로웠을까? "동양에선 왕 한 사람만 자유이고, 다른 모든 사람들은 왕의 노예이다."(헤겔의 『역사철학』 서문)라는 헤겔의 진단을 참조하면 권력을 혐오했던 장자의 태도는 오히려 용기 있는 대꾼인 것으로 보인다. 장자는 권력이나 부귀보다는 자유를 더 원했다.

그가 얼마나 권력을 혐오했는지, 그가 얼마나 세속적인 권력과 명성을 초월해 있었는지는 혜자와의 논변에서도 잘 드러난다. 장자의 이러한 권력 혐오의 사상을 친구인 혜자마저도 오해하고 망각한 소치에서 일어난 에피소드이다. 혜자는 장자가 혜자의 권력을 뺏으러 온 것으로 착각한 것이다:

혜자(惠子)가 양나라의 재상(宰相)이었을 때, 장자는 찾아가 그를 만나려 했다. 그런데 어떤 이가 혜자에게 「장자가 와서 당신 대신 재상이 되고 싶어 한답니다.」라고 했다. 이에 혜자는 그만 두려워서 사흘 낮과 밤 동안 온 나라 안을 찾게 했다. 장자는 이 사실을 알고 직접 찾아가 그를 만나서 말했다. 「남쪽에 새가 있는데 그 이름을 원추(鵷鶵)라 한다오. 당신은 그걸 아시오? 대저 원추는 남해(南海)에서 출발하여 북해(北海)로 날아가지만, 오동나무가 아니면 머물지 않고, 멀구슬나무 열매가 아니면 먹지 않으며, 감로천(甘露泉)이 아니면 마시지 않소. 한데 여기 썩은 쥐를 얻은 올빼미가 있다가 원추가 지나가니까 혹 빼앗기지나 않을까 해서 위를 올려다보며 '꽥' 하고 소리를 질렀다는 거요. 지금 당신도 당신의 양(梁)나라 벼슬자리를 빼앗기지나 않을까 염려가 되기 때문에 내게 '꽥' 하고 소리를 지를 건가요?」[62]

---

62 안동림 역주, 『莊子』, 「추수」 편, 제17절(441-442쪽). 원문은 다음과 같다: 惠子相梁, 莊子往見之. 或謂惠子曰: 「莊子來, 欲代子相.」 於是惠子恐, 搜於國中三日三夜. 莊子往見之, 曰: 「南方有鳥, 其名爲鵷鶵, 子知之乎? 夫鵷鶵, 發於南海而飛於北海, 非梧桐

장자는 이러한 혜자의 오해와 음해에 대해 원추(봉황)는 썩은 쥐를 먹지 않는다고 답변한다. 재상 자리를 뺏길까 봐 벌벌 떨고 있는 혜자는 썩은 쥐 먹는 올빼미로 비유되었다. 혜자의 태도에 대한 장자의 일갈은 그의 권력과 명성 및 부귀공명에 대한 혐오뿐만 아니라, 세속 권력의 치졸한 권력과 그 통치가 퍽이나 가소롭다는 것을 동시에 보여주고 있다. 도가의 무위자연 사상은 그런 권력을 한없이 비웃고 조소할 따름이다.

장자는 하늘이 인간에게 준 자유(천방: 天放)와 지극한 덕이 구현되는 지덕(至德)의 사회, 통치자와 피통치자가 분화되지 않은 사회를 이상시하였다. 그런데 그의 이상적 사회는 인간들만의 사회가 아니라 "산천초목·들짐승·날짐승 등 자연물들과 사이좋게 어울려서 넉넉하고 소박하게 살아가며", 동시에 "만물과 공생하며 개인과 사회와 자연이 조화를 이룰 수 있는 세상"이다.[63] 그에게는 에덴동산과 같은 낙원이 추방당한 곳이 아니라, 얼마든지 건설 가능한 이상 사회다.

장자는 『장자』의 제9편, 「마제」 편에서 말을 잘 다스린다고 소문난 백락(伯樂)의 경우를 예로 들어가며 인위 조작적인 유가의 정치형태를 신랄하게 비판한다. 백락이 말을 잘 다스리는 대가(大家)라고 하지만, 말의 참된 본성을 무시하고 "내가 좋은 말을 만들겠다"고 하여 말에게 낙인을 찍고, 털을 지지고 깎으며, 쇠를 달구어 말을 지지고, 굴레와 올가미로 머리와 발을 얽어매고, 다리를 줄로 묶어 늘여놓고 구유와 마판을 만들어 끌어맨다. 그러자 말 중에 죽는 놈이 열 마리 중에 두세 마리가 나왔다. 거기에다 말을 굶주리게 하고, 목마르게 한 채 달음박

不止, 非練實不食, 非醴泉不飮. 於是鴟得腐鼠, 鵷鶵過之, 仰而視之曰: '嚇!' 今子欲以子之梁國而嚇我邪?'」

63 이강수, 『노자와 장자』, 도서출판 길, 2009, 235쪽.

질을 시키고, 명령대로 잘 움직이게 만들며, 여러 가지 장식을 붙여 보기 좋게 꾸며 주었다. 말의 앞에는 거추장스러운 재갈과 머리 장식이 있게 되었고, 뒤에는 채찍의 위협이 따른다. 그러자 죽는 말이 반도 넘게 되었다.[64]

위에서 백락은 유가의 통치자들이고, 말은 그야말로 억지의 지배를 받아야 하는 백성으로 비유되었다. 백락과 같은 통치자들이 갖가지 강제와 이념 및 제도와 규범을 사용하여 백성들을 얽어맨다면, 백성들은 자기의 본래성대로 살지 못한다는 것이다. 이처럼 세상에 가장 나쁜 영향을 미치는 것은 통치자의 인위 조작적인 통치행위이다. 장자는 이런 통치행위를 인간 세상의 온갖 갈등과 불행 및 전쟁의 근본적인 요인으로 보았다.

백락의 행위에서 자연적인 고결함이 마구 파손되어버리고 인위 조작적인 작위(作爲)의 전형적인 형태가 고스란히 드러난다. 장자의 해체주의적 사유의 목적은 결코 해체를 위한 해체가 아니라 본래성을 파손시키는 것에 대한 해체이며, 동시에 이 본래성과 자연적인 고결함을 되찾기 위한 해체인 것이다. 마치 하이데거가 "뒤돌아감(Schritt zurück)"을 통해 시원적 사유를 되찾는 것과 유사한 성격을 갖는다.

유가적 권력 지상주의에서는 권력만 잡으면, 그 권력자의 명령과 지침에 따라 세상에 법과 질서가 부여되기에 어떤 수단과 방법을 동원해서라도 권력만 잡으면 천자(天子)가 되는 것이다. 장자는 『장자』의 제10편, 「거협」 편에서 "허리띠처럼 작은 고리를 훔친 자는 처형을 당하는 반면에, 나라를 훔친 자는 도리어 제후가 되며, 제후의 손 안에는 인의(仁義)가 있게 되니, 이것은 인의와 성지(聖知)까지 훔친 것이 아닌

---

64 안동림 역주, 『莊子』, 「마제」 편, 257쪽 참조.

가?" 라고 묻고 "큰 도적의 방법을 따라 제후가 일어나게 되는 것이다." 라고 한다.[65]

이와 같이 장자는 큰 도둑(大盜)이 나라를 훔치는 경우를 제나라의 전성자(田成子)의 예를 통해 들고 있는데, 실로 이는 춘추전국시대의 일상이었던 것이다. 제나라는 원래 도가의 이상적인 나라를 떠올릴 정도로 소박하게, 자유롭고 평화롭게 자연과 함께 살아가고 있었으나, 어느 날 전성자가 이 나라를 도적질한다. "…전성자는 하루아침에 제(齊)나라 임금을 시해하고 그 나라를 훔쳤다. 그가 훔친 것이 어찌 그 나라뿐이었겠는가? 그 성인의 지혜로 만든 법제도 아울러 도적질하였다. 그리하여 전성자에게는 도적이라는 이름은 있었지만, 몸은 요 · 순임금처럼 편안하였다. 작은 나라는 감히 그를 비난하지 못하고, 큰 나라도 감히 벌을 주지 못하여, 12대에 걸쳐 제나라를 차지하였다. 이것이 바로 제나라를 훔쳤을 뿐만 아니라, 성인의 지혜로 만든 법제 또한 훔쳐서 그 도적의 몸을 지켰다는 것이 아니겠는가?"[66]

전성자와 같은 통치자가 얼마나 많은지는 춘추전국시대의 역사가 잘 보여주고 있다. 백성들은 지식과 제도 그리고 인의예지와 같은 도덕규범을 도구로 삼아 인위적으로 다스리는 통치자를 성인이나 천자로 착각할 수 있다. 그러나 백성들의 입장에서 보면 많은 못된 통치자들은 성인도 천자도 아니라 도적이다. 노자는 이런 통치자를 "강도의 두목(盜竽)"이라 하였고, 장자는 위의 글에서 밝혔듯 "큰 도둑(大盜)"이라고 규명하였다.[67] 그런데 더욱 곤혹스러운 것은 이런 나라들의 지자(智者)

---

65 안동림 역주, 『莊子』, 「거협」 편, 제7장(272쪽) 참조.

66 위의 책, 「거협」 편, 제3장(268쪽) 참조. 여기 인용한 번역문은 이강수, 『노자와 장자』, 238쪽.

67 이강수, 『노자와 장자』, 239쪽 참조.

라거나 성인이라고 칭해지는 이들이 저들 도우(盜竽)와 대도(大盜)를 마치 성인인 것처럼 비쳐지도록 포장한다는 것이다.

장자는 제도나 술책에 의한 것이든, 인의예지와 같은 도덕규범에 의한 것이든 인위 조작적인 통치형태를 경멸한다. 그에 의하면 춘추전국시대의 일상적인 전쟁과 탐욕은 인위 조작적인 통치가 빚어낸 비극이다. 그런데 이토록 인위 조작에 의해 발생한 온갖 문제들을 다시 인위 조작적인 방식으로 해결하려 한다면, 그것은 장자에 의하면 "불을 끄려고 불을 더하고 물을 막으려고 물을 붓는 일(是以火救火, 以水救水)"에 지나지 않는다는 것이다.[68]

68 안동림 역주, 『莊子』, 「인간세」 제5장(106-107쪽).

13

근대 인식론의 딜레마와 그 대안
–장자와 하이데거 및 플라톤의 위상학적 인식론[1]

1. 근대의 인식론과 위상학적 인식론의 개요

근대의 인식론이 섬세하고도 방대하게 구축되었다는 것은 주지의 사실이다. 합리론과 경험론 및 칸트의 비판론은 예외 없이 인식의 문제에 깊이 천착하고서 우리의 철학사에 확고한 인식론의 영역을 개척한 것이다. 그러나 그럼에도 불구하고 주–객 이원론에 빠진 이 근대의 인식론에는 적잖은 문제가 수면 위로 떠오르고 있다. 무엇보다도 단순한 주–객 이원론의 도식에 따라 인식주체는 획일화되고 보편화 내지는 전체주의화되었으며, 인식 대상 또한 위의 구도와 같이 획일화되었다. 또

1 이 장(章)은 원래 한국학중앙연구원의 『정신문화연구』 제150호에 게재한 졸고(장자와 플라톤의 위상학적 인식론을 통한 근대 인식론의 딜레마 극복—장자의 『장자』와 플라톤의 〈동굴의 비유〉를 중심으로—)를 인식론적 견지에서 하이데거의 존재사유와 융합하고 또 대폭 확대한 것이다.

한 주객 이원론과는 다른, 경우에 따라선 합리론과 경험론 및 비판론의 도식으로는 이르지 못하는 깨달음의 통로가 있는 것은 간파하지 못하였다.

물론 경우에 따라 보편성을 획득하는 인식도 존재하겠지만, 인식은 그러나 구체적인 개별자에 의해 각자적으로 수행되기에 획일화하기 어려운 문제가 남아 있는 것이다. 인식주체의 지적이고 영적인 수준에 따라 혹은 서로 다른 직관에 따라 인식되고 이해되는 인식 대상의 차원도 다른 것이다. 인식 가능과 인식 불가능 사이에 혹은 저차원의 인식과 고차원의 인식 사이에는 천차만별의 인터벌이 존재하는 것이다. 이런 인식주체와 인식 대상의 질적 차이를 고려하지 않은 것은 실로 근대 인식론의 스캔들이라고 하지 않을 수 없다.

그런데 놀랍게도 우리는 오히려 근대 이전에, 고대 그리스의 플라톤과 동양의 장자에게서 근대 인식론의 딜레마에 대한 대안과 해결책이 마련되어 있음을 목격한다. 또한 근대 이후 그 누구보다도 근대의 주객 이원론적 인식론에 해체의 칼날을 들이대었던 하이데거에게서 우리는 전혀 다른—마치 도가와 플라톤의 「동굴의 비유」에서와 유사한—인식론의 길을 목격할 수 있다. 이 소고(小考)에서는 플라톤의 「동굴의 비유」와 「선(線)의 비유」 및 하이데거의 존재사유와 장자의 『장자』를 통해 근대 인식론의 딜레마를 극복해보고자 한다.

위상학적 인식론은 인식의 다양성뿐만 아니라, 그 깊이와 단계에 따라 통찰의 정도가 다르다는 것을 밝히며, 진리를 획득하고 깨달음에 이르는 것도 어떤 이론적 추적에 의해서가 아니라 각자의 체험을 바탕으로 하는 비약(Sprung)에 의한 것임을 천명하는 것이다. 하이데거에게서는 비본래성(Uneigentlichkeit)에서 본래성(Eigentlichkeit)으로, 플라톤에게서는 동굴 안에서 바깥으로, 노자에게서는 하등과 중등의 인사에서 상등의 인

사와 성인(聖人)으로, 장자에게서는 중인(衆人)에서 진인으로의 비약(혹은 이물관지以物觀之에서 이도관지以道觀之로)이 진리 인식의 필수적 과정인 것이다.

비본래성에서 본래성 사이에, 동굴 안에서부터 바깥 사이에, 하등의 인사에서 상등의 인사 사이에, 중인에서 진인 사이에는 또 수많은 인터벌이 존재하며, 각기 처한 위상에 따라 깨달음(진리 인식) 또한 다르다. 따라서 도(道)와 존재 및 이데아에 대한 체득과 깨달음은 이것을 깨닫고 체득할 만한 경지에 이르는 것이 주요 관건이며, 단순한 지적인 연마와는 차원을 달리하는 것이다. 근대의 방대한 인식론은 그러나 이러한 깨달음의 독특성과 차원을 꿰뚫어보지 못하였다.

우선 우리는 우리의 철학사에서 주객 이원론을 바탕으로 하는 획일적인 근대적 인식론의 틀을 벗어날 것을 언급하고, 그 다음으론 깨달음의 깊이에 따라 인식의 차원이 다를 수 있다는 논지를 펼친다. 여기서 우리는 결코 인식의 다양성만을 주장하는 것은 아니다. 동굴 바깥의 세계에서 인식하는 것, 이도관지의 가치, 상등의 인사가 도(道)를 인식하는 것은 그 깊이의 차원과 가치가 인정되어야 하지, 모든 것을 서구의 근대처럼 획일화된 인식주체와 인식 대상의 문제로, 논리적 true나 false로 획일화시킬 수 없다는 것을 분명하게 한다. 특히 장자에게서 "진지에 이르는 길"을 통해—파르메니데스와 플라톤을 비롯한 수많은 철학자들이 그랬던 것처럼—진리를 향한 노정이 철학이라는 것을 밝힌다.

2. 장자, 하이데거, 플라톤의 반-근대 인식론

"도대체 앎이란 것이 어떻게 획득되는가?"에 대한 물음은 근대 이전에

도 그리고 오늘날에도 결코 무시될 수 없는 철학의 항구적인 과제이다. 주지하다시피 근대의 사유는 철저하게 인식론에 매달렸다. 그리하여 대륙의 합리론이든 영국의 경험론이든 또한 칸트의 비판론이든 각자 인식의 문제에 깊이 천착하고서 섬세하고 체계적인 인식론을 구축하였다.[2] 그리하여 근대의 인식론은 철학의 한 분야를 확립하였다고 볼 수 있다. 그런데 이 근대의 인식론에서는 중세에 유린되었던 인간성과 인간의 능력 및 자유가 되살아나고, 특히 인간의 주체성이 강력하게 부각되었다.

대륙의 합리론이든 영국의 경험론이든 혹은 칸트의 비판론이든 인식의 성립에 관해 서로 다른 이론을 구축하였지만, 그러나 그들이 깊이 있게 인식 문제에 천착한 것, 근대의 수학과 과학에 근거하여 전승된 형이상학을 날카롭게 비판한 것, 나아가 소위 "주-객-이원론(Subjekt-Objekt-Dualismus)"에 얽매이고, 주체에다 과다한 중량을 실은 것 또한 서로 공통분모를 갖고 있다.[3]

이미 데카르트에게서 주-객-이원론(연장적 실체 res extensa, 정신적 실체 res cogitans)은 엄격하게 구축되었다. 그런데 데카르트 이래 근대 사유를 줄곧 지배한 것은 주관적인 것이 객관적인 것(대상적인 것, 자연적인 것)에 비해 철저하게 우위를 점하는 것, 즉 "먼저 주어진 것(Erstgegebene)", "유일하게 확실한 것(einzig Sichere)", "그 자체로 훌륭한 것(Selbstherrliche)"으로 받아들여진 것이다.[4]

---

2 잘 알려졌듯 근대의 인식론은 방대한 철학의 분야를 형성하였는데, 이 논문의 취지는 근대 인식론의 일반론을 전개하는 것이 주목적이 아니기에 여기선 다루지 않기로 한다.

3 강력한 "근대적 자아"는 영국의 경험론과 대륙의 합리론이 뿌리내리고 있는 "공통 지반"이다: 김효명, 『영국경험론』, 아카넷, 2002, 3쪽.

4 J. Hirschberger, *Geschichte der Philosophie*, Band II, Herder: Freiburg·

이러한 근대 인식론에서의 주관 중심주의를 호프마이스트(Heimo Hofmeist)는 "인식의 아르케로서의 자아(Das Ich als Archē des Erkennens)"라고 규명하고 있다.[5] 이처럼 근대의 주관 중심주의는 객관과 대상 및 자연을 마음대로 구성(Konstruktion: 칸트)하지만, 객관과 대상 및 자연은 아무런 위상도 갖지 못하고 수동적 위치에 처해 있으며, 주관의 자의성에 무방비 상태에 놓여 있다. 이러한 근대의 주관 중심주의는 동양의 사유 세계와는 현저한 차이를 드러낸다.

근대는 인식의 확실성 확보에 매달렸다. 여기서 확실성의 본질은 자기 자신의 궁극적인 안전을 스스로 요구하는 것이다. 확실성은 "단순히 지식을 자신의 것으로 하고 소유한다는 의미에서 인식에 덧붙여지는 것이 아니라 (…) 알려진 것에 대해서 자기 자신을 의식하면서 인식의 척도를 제공하는 방식(die maßgebende Weise), 즉 진리라는 것이다."[6] 이런 확실성은 인간 이성이 주체로, 즉 세계 표상의 주체로 된 데에 기초한다.

하이데거가 지적하듯 근대의 인간은 "스스로 모든 척도들을 위한 척도 결정자"[7]의 자리에 군림하였다. 이런 근대의 인간 주체 중심주의에는 만물을 대상화할 수 없는 것이란 전혀 존재하지 않을 뿐만 아니라, 무엇이든지 대상화할 수 있다는 그런 권능이 쟁취되어져 있다.[8] 말하자면 모든 것을 대상화하는 표상 행위의 주체로서 인간은 모든 존재자들의 척도와 중심으로 군림하는 것이다. 이런 권능을 쟁취한 인간 주체는

Basel·Wien, 1991, 86쪽.

5 H. Hofmeist, *Philosophisch denken*, UTB Vandenhoeck: Göttingen, 1991, 133쪽.

6 M. Heidegger, *Nietzsche II*, 422쪽.

7 M. Heidegger, *Holzwege*, 108쪽: "Der Mensch begründet sich selbst als die Maßgabe für alle Maßstäbe, …"

8 위의 책, 107쪽 참조.

자신의 안전을 위해 더 이상 초인간이나 신(神)을 필요로 하지 않고 자기 스스로 세계와 자연의 주체가 되어 이들을 지배함으로써 자신의 안위를 추구하는 것이다.

어쩌면 근대의 주체 중심주의적 세계관에서—근대의 형이상학이 도도하게 고지하듯—세계는 주체에 의해 표상됨으로써만 그 존재 가치를 부여받는다. 세계의 독자성과 그 위상은 물어지지도 않을 뿐만 아니라 무시된다. 주체의 표상을 통해서 세계는 드디어 존재하게 되고 정돈되며 지배되고, 이런 과정을 통해 세계는 의인화되는 것이다. 이런 의인화에는 인위(人爲)가 개입되는데, 인위의 핵심은 가치이다.

근대의 사유는 단순히 인식의 확실성만 추구한 데 있는 것이 아니라, 그러한 확실성을 추구한 인간 주체에 과대한 역량과 권력을 부여하여 세계와 신과 자연 위에 군림하였다. 인식의 획득물로서 "자연을 정복하라"거나 "아는 것이 힘이다"라는 구도로 일방적인 오만한 태도를 견지하였다. 그러나 이런 근대의 인식론을 비웃듯 세계와 신(神. 최소한 초자연, 초인간으로서의 신)과 자연은 인간의 인식 여부와 상관없이 존재하고 있을 뿐만 아니라 인간이 여기에 의존해 살고 있는 것이다.

근대의 사유는 대륙의 합리론이든 영국의 경험론이든 혹은 칸트의 비판론이든 주관 중심주의를 구축하고 있지만, 그 인식주관의 성격은 그러나 서로 내용을 달리하고 있다. 이를테면 합리론의 주관은 사변적이고 추상적이며, 경험론의 주관은 경험적이고 일상적인 성격을 갖는다. 이에 비해 칸트 비판론의 주관은 무엇보다도 선험적인 주관(transzendentales Subjekt)인 것이다.

그런데 여기서 각자 성격을 달리하는 주관이지만, 인식 행위에 있어서는 모두 동일하게 주-객-이원론의 도식에 따라 한쪽에선 인식주체가 다른 쪽에선 인식 대상으로 분류되어 있다. 말하자면 인식주체들의 다양성과 차이가 고려되지 않고 있으며, 인식 대상 또한 이해될 수 있는 대상과 그렇지 않은 대상, 나아가 스스로 변화되는 대상도 고려되지 않고 있다는 것이 문제이다. 인식은 구체적인 개별자에 의해, 말하자면 각자적으로 인식되기에 인식의 도식이 획일화되거나 전체주의화되어서는 안 되는 것이다.

특히 장자는 인식주체들과 인식 대상도 일정하지 않고 변하기에 획일적으로 인식될 수 없음을—아래의 본론에서 구체적으로 밝히겠지만—사례를 들어가며 해명한다. 실제로 도(道)를 인식하는 데 있어서 "하등의 인사"와 "중등의 인사" 및 "상등의 인사"가 인식하는 차원은 다를 것이며, 플라톤의 「동굴의 비유」에서 동굴 바닥에 매여 있는 사람과 사슬에서 풀려나 있는 사람, 나아가 동굴 밖의 사람이 사물을 인식하는 차원은 각각 다를 것이다. 또 하이데거에게서는 "비본래성(Uneigentlichkeit)"에 처한 사람, '세인(das Man: 혹자)'의 세계에 머물고 있는 사람과 본래성에 처하여 자신의 실존을 체험하는 사람 사이는 다른 것이다.

물론 모든 사람이 예외 없이 어떤 사물이나 대상에 대해 항상 동일하게 인식한다면 문제가 없겠지만, 실제로 인식 행위엔 인식 가능과 인식 불가능 사이에 천차만별인 경우가 허다하다. 주지하다시피 "낫 놓고 기역자도 모르는 사람"이 있는가 하면—이는 플라톤의 「선의 비유」에서 가장 낮은 단계에 위치한 경우와 유사하다—사물의 이치를 통달한 현자나 천재들도 많이 있다.[9] 전자가 인식하는 수준과 후자가 인식하는 수준은 현저한 차이가 있다. 그러기에 이런 차이를 무시하고 획일적인

9 "문 밖에 나가지 않고도 천하의 모든 것을 알며, 창밖을 엿보지 않고도 천도(天道)를 안다(不出戶知天下 不窺牖見天道)"는 이는 단연 현자라고 할 수 있다: 남만성 역, 『노자도덕경』, 을유문화사, 1970, 47장.

인식론을 구축할 수는 없는 노릇이다.[10] 인식은 항상 구체적으로 그리고 실제로 각자가 개별적으로 하는 것이다.

장자의 인식론은 하이데거와 실존철학 및 플라톤의 경우와도 유사하게 이론적 접근으로 습득되거나 논리적인 귀결 및 합리적인 과정을 통해 획득되어지는 것이 아니라, 그야말로 "비약"과 같은 질적인 성숙을 바탕으로 한 깨달음과 통찰의 문제인 것이다. 이는 고대 그리스의 파르메니데스와 플라톤 및 하이데거의 경우도 유사한 것이다. 하이데거와 실존철학자들에게 서구의 전형적인 인식론이 부재한다는 것은 당연한 귀결이다.

치밀하고 방대한 인식론을 펼쳤던 합리론과 경험론 및 비판론도 이러한 인식의 각자성을 간과하였는데, 이는 실로 근대 인식론의 스캔들로 여겨지지 않을 수 없다. 합리론과 경험론 및 칸트의 비판론에서 인식주체와 인식 대상은 획일화되어 있고 단순화되어 있다. 인식주체의 수준에 따라 혹은 서로 다른 직관에 따라 인식되고 이해되는 인식 대상의 차원도 다른 것이다. 각자에는 무한한 질적 차이가 존재하는 것이다. 만약 반 고흐의 그림(이를테면 하이데거가 대대적으로 논의하고 있는 "농부의 신발"과 같은 작품)을 두고 인식하는 정도의 차이를 고려하면 이러한 질적 차이는 쉽게 드러난다.

---

10 흔히 철학사에서 인용되고 받아들여지는 진리 이론 중에서 아퀴나스(T. Aquinas)로부터 전승된 "상응론(Correspondence theory: veritas est adaequatio intelectus et rei)"조차도 인식주체와 인식 대상이 상응하지 않는 경우가 허다하다. 이를테면 오솔길에 가로놓여 있는 것을 혹자는 뱀이라고 할 수 있고 혹자는 밧줄 토막이라고 할 수 있으며, 저만치 서 있는 나무를 혹자는 소나무, 혹자는 전나무, 또 혹자는 잣나무라고도 한다. 어떤 이는 신의 존재가 직관에 의해 확인된다고 하며, 무신론자는 이와 반대로 신의 부재(不在)를 확실한 직관에 의해 알 수 있다고 한다. 상응론조차도 이런 정도이기에, 일관론(Coherence theory)과 실용론(Pragmatic theory)은 거론조차 할 필요가 없는 것으로 여겨진다.

합리론과 경험론 및 칸트의 비판론에서의 인식 모델은 단순한 도식으로 주어진다. 이를테면 다음과 같은 도식이다.

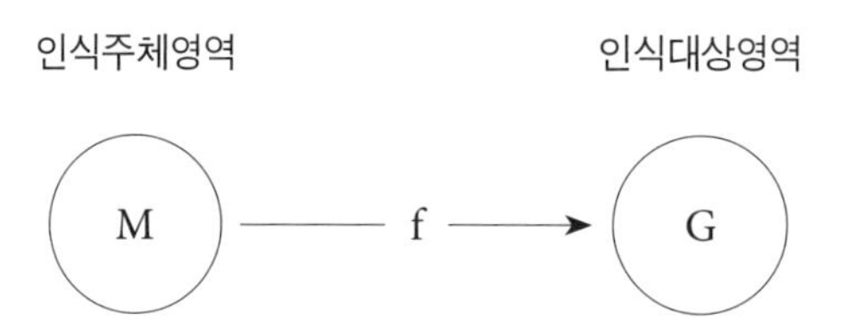

f(M)=G, 즉 인간(M)은 대상(G)을 인식한다는 것이다.

그림1 근대의 인식론 도식

그러나 플라톤과 장자에게서 인식 모델은 위와는 다르게 나타난다. 그것은 인간의 인식 능력에 따라 사물을 인식할 수도 있고 없을 수도 있으며, 서로 다르게(저차원과 고차원의 인식 대상) 인식할 수도 있는 것이다. 이런 인식 모형을 도식으로 나타내면 다음과 같이 주어진다.

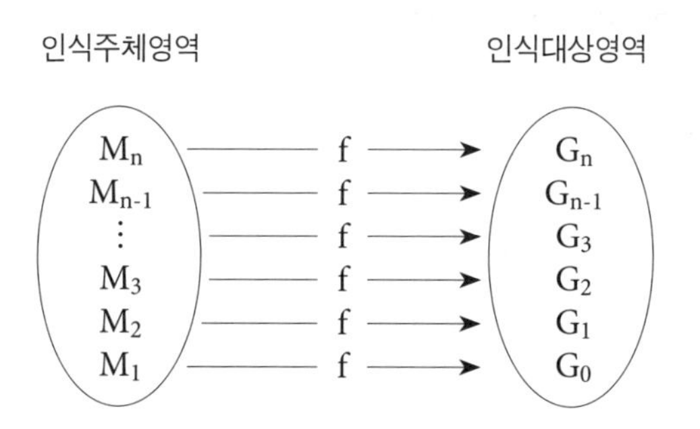

$f(M_1)=G_0$, $f(M_2)=G_1$, $f(M_n)=G_n$ 등으로 나타낼 수 있다.

그림2 장자-플라톤의 인식론 도식

인식주체는 각자 인식 능력에 따라 다르게 나타나기에, M_1, M_2, M_3, …, M_n으로 주어지며, 특히 장자에게서는 인식 대상도 여러 요인으로 말미암아 변하기에,[11] 하나의 획일적인 대상으로 굳힐 수는 없는 것이다. 그러기에 인식 대상의 질적 차이를 고려할 때, 또한 인식주체의 능력에 따라 인식되는 대상도 달라지기에, G_0, G_1, G_2, …, G_{n-2}, G_{n-1}, G_n으로 표기할 수 있다. 여기서 G_0의 경우는 "낫 놓고 기역자도 모르는" 수준이고, 허상을 실상으로 착각하는 경우(플라톤의 「동굴의 비유」에서)라고 할 수 있으며, G_n의 경우는 위에서 언급한 현자나 천재의 경우라고 할 수 있을 것이다.

그러면 위에서 언급된 후자의 도식, 즉 장자와 플라톤에게서 인식론적 모델이 결코 획일적이거나 단순한 전체주의적 도식으로 주어지지 않는다는 사실을 우리는 플라톤의 「동굴의 비유」와 「선의 비유」 및 장자의 『장자』를 중심으로 고찰하고자 한다.

3. 하이데거의 전기 사유에서 존재이해

하이데거의 사유는 근대적 인식론과는 차원을 전혀 달리한다. 그의 "숙고하는 사유(das besinnliche Denken)"야말로 근거를 이론적으로 캐물어가는 학문적인 논증보다도 '더 엄밀한 사유'라고 할 수 있는 것이다. 하이데거는 근대의 주객 이원론의 인식론적 구도와 주체 중심주의적 구도를 적극적으로 해체하였다. 앞으로 우리가 자세히 검토하겠지만 "현사실성의 해석학(Hermeneutik der Faktizität)"이 천명하듯 그의 사

11 이강수, 『노자와 장자』, 도서출판 길, 2009, 124-126쪽.

유는 현사실성에 입각하기에, 이론적 형이상학적 인식과는 그 차원이 다른 것이다.

인식론적 측면에 강조점을 둘 때 하이데거의 사유가 도가 및 플라톤과 궤를 함께한다는 근거는 많다. 우선 이들에게서는 어떤 지식적·이론적 과정이나 절차를 거쳐 인식에 이르는 것이 아니라 철저한 체험의 삶을 펼쳐가면서 (특히 하이데거에게서) 어떤 질적인 비약에 의해 통찰에 이른다는 것이다. 적어도 플라톤의 「동굴의 비유」에서도—비록 하이데거와는 장(場)을 달리하는 영역이 많이 있지만—철저한 삶의 경험을 근간으로 하는 존재론적-인식론적 비약에 의해 깨달음에 이르는 것은 저들과 맥락을 함께하는 것이다.

어떤 진리를 인식하기 위해서는 이론적 지식이나 논리적 절차에 의한 것이 아니라, 깨달음을 성취할 수 있는 존재론적 성숙에 의한 통찰인 것이다. 하이데거 철학의 인식론적 특징을 면밀히 고찰한 장중위안(張鍾元)은 이를 노자의 도(道) 체득에 동반되는 직관과 연관 짓는다: "하이데거는 지식으로 〈도〉를 이해하는 것이 아닌 직관으로 그것을 체득한 거의 유일한 서양의 철학자였다."[12] 장중위안은 지식이 아닌 직관으로 이해하는 도(道)의 사례를 하이데거에게서는 『형이상학이란 무엇인가』에서 "무(無)의 근원적인 열려 있음"으로부터, 노자에게서는 "유는 무로부터 생긴다"는 『도덕경』 제40장을 인용하면서 서로의 유사성을 관련짓는다.[13]

하이데거의 철학적인 사유의 특징과 그 전개 방식—기존의 강단 철학이나 전통 형이상학, 사변철학과는 다른—은 야스퍼스(K. Jaspers)

---

12 張鍾元, 엄석인 옮김, 『道』, 민족사, 1992, 13쪽.

13 위의 곳 참조.

와의 만남을 통해서도 잘 드러나고 있다. 하이데거보다 선배이고 여러모로 하이데거에게 도움을 준 야스퍼스는 1920년에 프라이부르크의 후설을 방문했을 때 하이데거를 처음 만나 서로 친근감을 느꼈고, 하이데거도 나중에 하이델베르크대학교의 야스퍼스를 방문했는데, 두 철학자는 당대의 강단 철학에 대한 거부라는 점에서 서로 학문적 대화와 우정을 생의 끝까지 이어갔다.

하이데거의 이러한 독특한 철학 전개 방식은 단순히 전통 형이상학과 강단 철학 및 사변철학과 차이만 드러내는 것이 아니라, 이들 철학에 대한 끊임없는 해체적 사유[14]와도 직결된다. 물론 하이데거의 이러한 해체적 사유는 해체를 위한 해체가 아니라, 바로 형이상학에로 굴러떨어지지 않은, 존재와 존재자의 "존재론적 차이(ontologische Differenz)"가 확연히 드러나는, 즉 "존재망각"에로 전락하지 않은 원초적 존재사유를 회복하기 위한 것이다.

하이데거의 이러한 해체적 사유는 도가의 해체적 사유와도 궤를 같이한다고 볼 수 있다.[15] 도가는 당대의 지배 세력과 주류 이데올로기인 유가에 날카롭게 대응하고 해체적인 태도를 견지하였다. 노자와 장자의 텍스트에서는 유가의 권력봉건주의와 사회의 지배 체계로 굳어진 그들의 사상에 대한 첨예한 해체적 사유를 쉽게 목격하게 된다. 물론 이러한 도가의 해체적 사유는—마치 하이데거가 전통 형이상학의 "존재망각"과 존재자 중심의 세계관에 대한 해체 작업과도 유사하게—해체를 위한 해체가 아니라 원초적 대도(大道)를 상실(대도폐)하고 인의예지나 기타 각종 제도와 관습으로 전락한 것에 대한 해체인바, 무위자

---

14 윤병렬, 「하이데거와 도가(道家)의 해체적 사유」, 『정신문화연구』 제41권 제2호, 통권 151호, 한국학중앙연구원, 2018, 7쪽-39쪽 참조.

15 위의 책, 21-35쪽 참조.

연의 도(道)에로 귀향할 것을 촉구하는 것이다.

이렇게 도가의 해체적 사유가 하이데거의 그것과 유사한 것처럼 철학적 사유나 그 전개 방식도 양자 사이에 유사한 측면을 드러낸다. 도가 사상가들이 활동하던 당대에 이미 사회적 정치 체계로 굳어진 지배자 중심의 유가 사상을 일종의 관방철학이라고 할 때, 도가의 사유는 백성 개개인의 자유를 중심으로 하는 현사실적 삶의 철학에 가까운 것이었다고 할 수 있다.

하이데거는 전통 형이상학의 존재자 중심의 세계관에 대한 해체와 아울러 원초적 존재물음, 즉 "존재란 무엇인가?"에 대한 물음을 『존재와 시간』의 서두에서부터 본격적으로 제시한다. 하이데거의 당대에 이미 존재사유가 망각되어진, 존재자 중심의 사유가 굳어진 상태에 처했지만, 그로 인해 결국 인류가 "고향상실"의 니힐리즘에로 전락하고 말았지만, 하이데거는 존재물음(Seinsfrage)을 통해 상실된 고향의 재건에 나서는 것이다. 우선 하이데거는 평균적이고 막연한 존재 이해를 지니고 있는 인간 현존재를 중심으로 "기초존재론(Fundamentalontologie)"을 수행해나간다.

하이데거의 주저(主著)라고 알려진 『존재와 시간』을 펼쳐보면 당대로서는 퍽 낯선 용어들과 철학 전개 방식을 목격할 것이다. 이러한 것들만으로도 그의 철학은 "전통 형이상학"이나 "사변철학" 내지는 "강단철학"이나 관념론과는 전혀 다른 방식임을 발견할 수 있다. 그런데 이러한 하이데거의 독특한 철학 전개 방식은 거의 애초부터 시작되었다고 해도 과언이 아닐 것이다.

"현사실성", "현존재의 가장 고유한 가능성", "실존범주", "세계-안에-있음" 혹은 "세계-내-존재"로서의 현존재, "만남의 성격으로서의 세계", "열어 밝혀져 있음", "친근함", "염려의 방식" 등등의 퍽 생소한 용어들은 이미 『존재와 시간』 이전의, 1923년 여름 학기에 강의한 『존재론. 현사실성의 해석학』(*Ontologie. Hermeneutik der Faktizität*)에 등장한다. 또 그가 이 저서에서 사용한 "해석학"이나 "현상학" 및 "존재론"이라는 전형적인 철학 개념들도 전통 철학에서 굳어진 개념으로서가 아니라, 고대 그리스의 어원에 입각하여 새롭게 의미 부여한 것들이다.

그런데 위에서 "염려의 방식" 혹은 "염려의 구조"를 갖는 "세계-내-존재"로서의 현존재에게서 하이데거 철학에서의 획기적인 사실을 하나 발견하게 된다. 그것은 다름 아닌 근대의 인식론 중심주의로부터 탈피인 것이다. 하이데거는 근대의 주객 이원론과 그 인식론에서 벗어날 것을 선고한다. 하이데거의 존재사유가 천명하듯 "세계-내-존재"로 살아가는 현존재의 삶에서 가장 우선적인 것은 주객 이원론이나 주객 관계도 아니고, 그런 바탕 위에서의 인식 행위도 아니며, 염려(Sorge)인 것이다. 존재자의 관점에서뿐만 아니라 존재론적인 측면에서도 현존재가 염려의 방식으로 "세계-안에-있음"은 그 무엇보다도 우선적이고 우월적인 지위를 갖는 것이다.[16] 여기에 비해 "인식 행위는 세계-안에-있음의 한 존재 양식"[17]일 따름이다.

다시 말하면 하이데거의 존재사유에 있어서 (혹은 존재론적 현상학에 있어서) 가장 우선적인 물음은 "세계-내-존재"로서의 현존재가 만나게 되는 존재자의 존재인 것이다. 인식론적 행위는 차후에 일어나는 작업이다. 소위 "손 안의 존재(Zuhandensein)"라는 것도 근원적으로 존재론적 영역이지, 아직 이론적으로 파악된 인식론의 영역이 아닌 것이다. 아직 계산할 수 없고 셈할 수 없으며, 인식하기 이전의 존재 영역

---

16 M. Heidegger, *Sein und Zeit*, §12-18, §22-27 참조.

17 위의 책, 61쪽.

이 필수적으로 전제되어야 하는 것이다.

그러기에 전통 형이상학의 존재망각에 대한 하이데거의 경고와 해체는 정당성을 갖는다. 그 무엇보다도 우선적이고 근원적인 존재를 망각하고서 인식론의 이론만 펼치고 철학의 과학화와 수학화 및 논리화에 치중한 것이 전통 형이상학인 것이다. 물론 그렇다고 하이데거가 과학이나 수학, 논리를 무시한 것은 결코 아니다. 다만 이 모든 것에 앞서서 '있음', 즉 존재가 필수불가결하게 전제됨을 망각하지 말 것을 주문한 것이다.

인간 현존재는 세계 안에 거주하면서 사물들을 만나고 경험하고 체험하며 살아간다. 세상 만물과 더불어 살아가는 현존재는 어쩌면 장자가 말하는 "천지는 우리와 더불어 함께 존재하고 있고, 만물은 우리와 더불어 하나가 되어 있다(天地與我竝生, 而萬物與我爲一)."[18]는 진술과도 유사한 것으로 보인다. 여기서 유사한 측면이란 무엇보다도 하이데거와 장자에게서는 인간과 세계 혹은 만물이 둘로 나누어진 주객 이원론의 대립 관계가 아니기 때문이다. "세계-내-존재"로서의 인간도 또 만물도 존재의 지평에서 모두 자신을 드러낸다.

이처럼 하이데거는 그의 전기 사유에서 이미 전통 형이상학과 근대의 사유, 나아가 후설의 인식론적 현상학과도 철저하게 차이를 드러내는 존재사유와 "현사실성의 해석학"을 전개하였던 것이다. 그의 『존재론. 현사실성의 해석학』[19]에는 『존재와 시간』의 근간이 될 수 있는 "현존재

---

18 안동림 역주, 『莊子』, 현암사, 2010, 「제물론」, 제14편(안동림의 분류에서는 제18편). 장쓰잉도 이 부분에서 하이데거와 장자의 유사성을 지적하고 있다: 장쓰잉, 김권일 역, 「하이데거와 도가」, 『신학전망』 156호, 광주가톨릭대학교 신학연구소, 2007, 100쪽 참조.

19 현재 하이데거의 전집 제63권으로 출간되어 있다.

해석학"과 현사실성의 해석학이 그대로 등장한다. 이미 이때 "현사실적 인 삶의 경험"이 그의 철학의 출발점으로 제시된 것이다.

하이데거는 처음부터 현사실성과 현사실적 삶을 철학적 성찰의 중심에 두었던 것이다. 그에게서 삶의 존재 의미는 '현존재', 즉 "삶 속에서 그리고 삶을 통해 존재하는 것(Leben = Dasein, in und durch Leben 'Sein')"이다. 그러기에 그에게 "현사실성의 해석학"은 그 자체로 존재 의미에 대한 물음의 길로서 "존재론"인 것이다. "현사실성"은 바로 우리 자신인 현존재의 존재 성격을 위한 표현이다.

또 『존재와 시간』이 출간되기 훨씬 이전부터, 이를테면 1919년 여름 학기의 『현상학과 초월론적 가치철학』, 1919년 겨울 학기의 『현상학의 근본문제들』 등에서도 그의 철학적 주요 쟁점이나 전개 방식은 위의 『존재론. 현사실성의 해석학』과 대동소이하다.

여기서 하이데거가 말하는 "현상학"은 고대 그리스어 '파이노메논(φαινόμενον, das Sichzeigende, das Offen-bare)' 혹은 '파이네스타이(φαίνεσθαι, sich zeigen)'에 입각한 현사실적인 삶의 자기 해석인 것이다.[20] 말하자면 그에게서 현상학(Phänomenologie)이라는 개념은 그 어원에 충실하게 '파이노메논' 혹은 '파이네스타이'와 '로고스(λόγος)'라는 단어의 합성어에 근거한다. '파이네스타이'란 "스스로 드러내 보임", '파이노메논'은 "드러난 그대로 자신을 보여주는 것"을 의미한다. 그러기에 "있는 그대로 드러남"이라는 '현상(Phänomen)'은 어떤 것을 있는 그대로, 즉 현상하는 그대로 보여주는 것을 말한다.

또 현상학에서의 '-학'은 '로고스(λόγος)'가 그 어원인데, 이는 '말

20 하이데거의 현상학 개념에 대한 고대 그리스의 어원에 입각한 해석은 이미, 『존재와 시간』 이전부터, 이를테면 『존재론. 현사실성의 해석학』 제2부 1장에서부터 자세하게 밝혀지고 있다.

함'과 '밝힘(δηλοῦν)', "말함에서 언급되고 있는 것을 드러냄"이란 의미를 갖고 있다. 그러기에 현상학이란 "스스로를 드러내는 것"으로서의 현상을 말하고 밝히는 것, 그것을 "있는 그대로 드러내는 것"으로 파악된다. 말하자면 고대 그리스어의 어원에 입각한 현상학 개념은 어떤 주어진 것을 전통적 이론이나 선입관 및 통념에 의해 왜곡하지 말고 그것이 있는 그대로 드러나게 하는 학문인데, 하이데거도 이러한 현상학에 입각하고 있다.

이러한 현상학에서 우리는 중요한 귀결을 목격하게 되는데, 그것은 "드러나는 것" 혹은 "드러나야 하는 것"은 사태 자체의 존재론적 시현(apophansis)으로서 진정한 이해의 본질이야말로 사태 자체가 스스로를 드러내는 힘에 의해 주어지는 것이고, 우리의 인위적 '구성'에 의해서가 아니라는 것이다. 그러기에 현상학은 은폐되어 있는 것을 드러내고 밝혀주는 탈은폐적 개시의 특징을 갖고 있다. 이런 맥락에서 현상학은 어떤 텍스트에 대한 하나의 해석이나 이해가 아니라, 사태(Sache)를 은폐로부터 탈은폐시키는 근원적인 행위를 말한다.

하이데거는 자신의 철학을 『존재와 시간』을 비롯한 전기의 저작들에서부터 기꺼이 현상학이라고 규정했으며,[21] 자신의 철학적 삶의 노정을 언급한 후기의 저작 『사유의 사태에로』(*Zur Sache des Denken*, 1969)에서도 그는 자신의 철학이 "현상학적"이라고 밝힌다. 이 책의 한 장(章)인 「현상학으로 향한 나의 여로」("Mein Weg in die Phänomenologie")에서 밝힌 것처럼 그에게서 현상학의 길이야말로 그가 평생 동안 걸어간 "한 줄기 외길"이라고 할 수 있는 것이다.

이 현상학 개념이 그리스적 어원에 입각하여 진리 개념도 알레테이아

---

21 M. Heidegger, *Sein und Zeit*, §7, §44 참조.

(A-letheia, 존재의 진리)로서, 즉 사태 자체의 비-은폐성(Un-verborgenheit)으로 사유되고 있음을 하이데거는 목격한다. 그리스적 사유의 특징으로서 알레테이아는 사태 자체의 비-은폐성, 즉 사태 자체의 자기-현시로서 사유되고 있는 것이다. 그러기에 하이데거는 현상학의 원리에 따라 "사태 그 자체(die Sachen selbst)"로서 경험되어야 하는 것이 어떤 과정을 거치게 되는지에 대해 심각한 물음을 갖게 된다. 그것은 과연 의식과 의식의 대상성에 의한 것인가 혹은 비-은폐성이라는 존재자의 존재인가? 엄밀히 말하면 주체의 의식이든 의식의 대상이든 존재의 지평에 우선 드러나야 하는 것이다.

여기서 그는 존재물음의 길로 향하게 된다. "존재론적 현상학"은 드러나는 "사태 자체"를, 즉 있는 그대로를 밝히고 말하는 것이다. 하이데거는 후설에게서 주체와 주체의 의식이 강조되는 "선험적 현상학"과는 구별되는 "존재론적 현상학"의 길로 들어서게 된다. 아울러 그는 이러한 존재론적 시각이 이미 고대 그리스에서 싹텄다고 규명하며, 존재자의 존재가 물음의 대상이었다고 한다.

하이데거에 비해 "인식론적 현상학"의 길을 걸어간 후설은 주체 중심의 사유와 근대의 인식론적 구도에 머물러 있었던 것으로 보인다. 후설의 주저로 알려진 『논리연구 I, II』(*Logische Untersuchungen I, II*) 이후에는 주체의 주관성이 더욱 강조되고 있다. 이를테면 1913년의 『이덴』(*Ideen zu einer reinen Phänomenologie und phänomenologischen Philosophie*)에서 후설은 "순수현상학"이 곧 "철학의 근본학"인데, 여기서 "순수현상학"이란 다름 아닌 "선험적 현상학"이고, 또 "선험적 현상학"이란 "인식하고 행동하고 가치 정립하는 주체의 선험적 주관성"을 지칭하는 것이다.

다시 말해 후설의 현상학은 결국 주관의 "의식 체험들"에로 환원하는 근본학으로서 의식적으로 그리고 결정적으로 주체 중심적인 근대 철학에로 선회해 들어간 것이다. 어쩌면 후설의 현상학에 의해 "선험적 주관성"이 보다 근원적이고 절대화되었기에, 하이데거는 이러한 주관성 중심의 현상학에서 뒷걸음질하여(Schritt zurück) 빠져나간 것이다.

하이데거는 『존재와 시간』의 출간보다 훨씬 이전부터 후설에게까지 이어지는 근대의 유산인 주관성의 철학과 주객 이원론의 인식론에서 결별한다. 그는 데카르트의 코기토, 즉 "나는 생각한다"와 자아적인 것(Ichliches), 자아극(Ichpole), 자아의 활동 중심(Aktzentrum), 인식주체와 객체, 객체로서의 사물, 가치 사물 등을 해체하고, 현사실적 삶을 살아가는 현존재의 "세계-내-존재(In-der-Welt-sein)"에서 그 대안을 마련한다. 현사실적 삶의 "세계-내-존재"는 연장적인 사태 내용을 가진 대상처럼 이론적으로 고찰될 수 없고, "만남의 성격"이라는 존재성격들에서 열어 밝혀져야 하는 것이다. 그러기에 하이데거에게서 "세계는 만나지는 것이다(Welt ist, was begegnet)."[22]

후설과는 달리 "존재론적 현상학"의 길을 따른 하이데거에게서 '존재' 개념도 현상학적으로 풀이된다. 그에게서 "존재자가 존재한다"는 것은 존재에 의한 존재자의 비-은폐적인 경이로운 사건이다. 전통 형이상학에서 "존재자가 존재한다"는 것은 그것이 주체에 의한 이론적 고찰의 대상으로서 눈앞에 사물적으로 (혹은 대상적으로) 존재한다는 것을 의미한다(das Vorhandensein, das Gegenstandsein). 이때 존재는 마냥 자명한 것으로 전제만 되어 있고, 그 근원적이고 본래적인 의미와 그 경이로운 개시성은 물어지지 않은 채 남아 있다. 전통 형이상학은 존재자를 '존재'로 칭하는 경우도 있고, 존재자 전체의 공통된 본질과 존재

22 M. Heidegger, GA. 63(*Ontologie. Hermeneutik der Faktizität*), 85쪽.

자성을 '존재'로 말하고 있다.

"존재자가 존재한다"는 것은 그것이 단순히 우리의 눈앞에 현전한다는 것을 의미하지 않는다. 그것은 우리로 하여금 어떤 대상으로 규명하려는 태도, 나아가 우리의 모든 장악 시도를 거부하는 것으로서 오히려 신비와 깊이를 간직한 채 자신을 드러내고 있다는 것을 의미한다. 존재는 자신을 은폐하면서도 존재자를 존재자로서 드러내고 있는 것이다. 존재에 의해 존재자는 비-은폐되는 것이다(unverborgen-sein).

존재자가 비-은폐될 때, 우리가 존재자를 장악하여 이론적으로 탐구해야 할 대상으로 우리 앞에 세우는(vor-stellen) 것이 아니라, 오히려 역으로 우리가 비-은폐되어 있는 경이로움에 의해서 그 앞에 세워지는(vor-gestellt) 것이다. 이때 존재자의 비-은폐성은 우리의 지적인 노력과 탐구에 의해서 비로소 파악되는 것이 아니라, 오히려 존재에 의해 존재자 자체가 자신을 드러낸 것이다. 이때 우리에게 요구되는 태도는 드러난(비-은폐된) 존재자의 신비를 파헤치려는 공격적인 자세가 아니라, 존재자의 진리(Aletheia, Unverborgenheit, 비-은폐성)가 왜곡되지 않고 그대로 드러나도록 우리의 모든 공격적인 태도와 의지를 버리는 것이다.

그런데 하이데거에게서 현상학이 지향하는 사태 자체가 존재이기에, 이는 곧 내용상 존재자의 존재에 관한 학문, 즉 존재론과 일맥상통한다. 현상학과 존재론은 오늘날 서로 다른 철학의 두 전문 분야로 여겨지지만, 적어도 하이데거에게서는 동일한 것의 양면 혹은 서로 가족 유사성으로 여겨진다. 그런데 하이데거에게서 '해석학'이란 용어도 고대 그리스적 어원의 의미에서 헤르메노이에인(hermeneuein, 밝히다, 신의 뜻을 전하다, 신의 언어를 인간의 언어로 통역하다, 해석하다)으로서 결국 위에서 언급한 현상학 개념과 같은 가족 유사성을 갖게 된다.

하이데거의 전기 사유에서는 '해석학'이라는 용어를 자주 썼다. 그야말로 『존재와 시간』에서 "현존재 해석학(Hermeneutik des Daseins)"이란 제목 아래 인간에 대한 "기초존재론"이 전개되었고, 이보다 더 이전부터, 말하자면 1923년경부터 하이데거는 그의 강의 주제이자 전집 63권이 된 책의 제목으로 『존재론: 현사실성의 해석학』(*Ontologie: Hermeneutik der Faktizität*)이란 용어를 사용하였다.

하이데거는 자신의 현상학을 낱말의 근원적 의미에서 '해석학'이라고 『존재와 시간』의 서론에서부터 규명하고 있다. 그는 해석학을 모든 철학의 출발점이자 귀착점이라고 하여 그 결정적인 위상을 부여한다. 하이데거에 의하면 "철학은 현존재의 해석학에서 출발하는 보편적인 현상학적 존재론이다."[23] 더욱이 해석학이 "현사실성의 자기 해석(Selbst-auslegung der Faktizität)"(전집 63권, 제3절)이라고 할 때 해석학은 전통적인 이론철학이나 지식 습득의 굴레에서 벗어나 있는 것이다.

하이데거가 해석학을 중시하는 까닭은 그 이유가 있다. 그는 해석을 현상학적 기술의 방법적 의미로, 말하자면 현상학의 로고스가 곧 헤르메노이에인의 성격을 갖는다고 보았기 때문이다. 그는 고대 그리스의 어원에 입각한 '해석'을 통해서 자신의 고유한 의도인 "존재 이해"가 가능해진다고 보았다. 고대 그리스적 어원에 입각한 해석학(hermeneutike)의 또 다른 탁월성은—이것은 인식론적으로 전통 철학과 큰 차이를 드러낸다—이것이 어떤 이론적 고찰이나 파악이 아니라, 실존과 존재의 의미가 알려지거나 전해지는 것, 존재자의 존재가 나에게 있어 무엇인지 일러지는 것이다.

23 M. Heidegger, *Sein und Zeit*, 38쪽.

해석학의 고대 그리스적 어원은 신들의 사자(使者)인 헤르메스(Hermes)와 관련이 있는 것이다. 그러기에 헤르메노이스(Hermeneus: 해석자, 대변자, 전달자, 사자)는 신이나 어떤 타자가 뜻하고 전하는 바를 다른 사람들에게 전달하거나 통역하고 알려주는 자로서 고대 그리스의 시인들이나 철인들이 이러한 역할을 한 것이다. 하이데거는 1923년경부터 사용한 용어인 "현사실성의 해석학(Hermeneutik der Faktizität)"을 통해 해석학을 현사실성을 제기하는 것, 시도하는 것, 접근하는 것, 묻는 것, 설명하는 것 등등의 통일적인 방식을 나타내는 것이라고 하였다.

그런데 하이데거가 왜 인간을 '현존재(Dasein)'라고 규명했는지부터 이해할 필요가 있다. 현존재는 근대의 주체와 같은 유형의 인간이 전혀 아니다. 현존재는 우리를 엄습하는 "존재의 근원적인 힘(Grundmacht des Seins)"을 받아들이면서 이를 통해 존재자가 그 자체로서 자신을 개시하고 비-은폐하도록 돕는 자이다. 근대의 주체적 인간이 갖는 지배적이고 군림하는 지위가 아니라 존재와 존재자가 그 자체로서 현존하도록 하는(sein-lassen) 역할을 떠맡은 이가 곧 현존재로서의 인간인 것이다. 하이데거에게서 현존재의 존재를 묻는 존재론은 전통적인 존재론과 형이상학, 즉 인간도 함께 포함되는 대상에 관한 존재론과는 차원을 달리한다.

인간 현존재는 여타의 존재자와는 다르기에 아리스토텔레스와 칸트의 범주론으로는 접근할 수 없는 "실존범주(Exisenzialien)"를 사용하였다. 하이데거는 아리스토텔레스와 칸트에게서 일반 존재자를 파악하는 방식인 범주론(Kategorienlehre)을 인간에게 적용하는 것을 부당하게 여겼다. 전통 철학에서 인간은 눈앞의 존재자인 사물과 별반 다를 바 없이 규정되고 "무차별적 이론적 견해"를 통해 사물-범주적으로 파악된다. 인간 현존재는 존재를 묻지 않는 일반 존재자(Seiende)와는 달리 자신의 존재를 문제 삼는 존재자이다.

하이데거에게서 인간의 존재 방식은 사물들의 것과는 전혀 다르다. 저 전통적이고 무반성적이며 비역사적인 인간 이해에 비해 현존재의 특별한 "존재 성격"을 드러내는 것이야말로 하이데거의 "현사실성의 해석학"과 "기초존재론"이 갖는 절박한 과제이다. 인간의 실존성에 기초해서 규정되는 존재 성격, 실존 구조를 하이데거는 "실존범주"라고 규명하며, 이를 비인간적인 존재자들의 존재 규정인 '범주'와 구분하였다.

인간 현존재는 다른 존재자와는 달리 자신의 존재가 문제되고, 자신의 존재를 부채로 안고 살아간다. 그는 이미 "던져진 존재"로서 세계의 지평에서 자신의 삶을 영위하는 가운데 자기 자신으로 존재하든지 혹은 그렇지 않든지의 방식을 취하고 있다. 즉 그는 실존할 가능성을 갖고 있고 또 그렇지 못할 가능성도 갖고 있다. 그래서 인간 현존재는 자신의 본질을 만들어간다. 미리 주어지거나 굳어져 있는 현존재의 본질은 없다. 말하자면 현존재의 본질은 바로 자신의 실존에 놓여 있는 것이다.

전기 하이데거의 "기초존재론(Fundamentalontologie)"은 우리로 하여금 마치 정언명법처럼 "너는 실존해야 한다"고 한다.[24] 어떻게 구체적으로 실존하는지는 각자에게 맡겨져 있다. 실존은 존재의 한 방식이다. "실존의 방식으로 존재하는 존재자는 바로 인간이다. 오직 인간만이 실존한다."[25] 바위며 나무며 소나 말, 심지어 천사와 신도 존재하지만, 실존하지는 않는다.[26]

그러기에 "인간만이 실존한다"는 명제는 인간이 다른 존재자와 달리

---

24 대체로 이 부분에는 하이데거도 다른 실존철학자들과 견해를 같이한다.

25 M. Heidegger, *Was ist Metaphysik?*, 14쪽.

26 위의 책, 14-15쪽 참조.

존재의 비은폐성 안에 열려 있는 상태로 내존해 있는 것(Innestehen)을 말한다. 말하자면 실존이란 존재의 열려 있음을 위해 열린 채 서 있는 그런 현존재의 독특한 존재 양식이다. 이 현존재의 열려 있음(Offenheit) 속에서 존재 자체가 스스로를 알려오고 감추기도 하며, 탈은폐하고 또 은폐한다.[27]

이처럼 존재 가운데 열려 있음으로 실존하는 현존재에게 실존철학은 그러나 실존의 이상으로 "너는 이렇게 혹은 저렇게 실존하라"고 하지 않고, 다만 "너는 실존해야 한다!"고만 말한다. 실존철학은 인간이 낯선 도구와 능력의 도움으로 안전을 추구하다가 자기를 상실하는 비본래성으로부터 나와서 자기의 실존을 책임 있게 떠맡아서 실존하는 가운데 자신의 본래성에 도달하기를 역설한다.

여기서 인간 현존재가 "던져진 존재(Geworfensein)"로서 세계에 던져져 "세인의 지배"와 "퇴락존재" 등의 비본래성에서 허우적거리다가 본래성에 도달하여 실존하게 되는 이 모든 실존 공간이 세계이기에, 인간 현존재는 "세계-내-존재(In-der-Welt-sein)"인 것이다.

"세계-내-존재"라는 것은 하이데거에게서 현존재의 근본 구조인데, 이 개념을 물리적 공간의 의미로 해석해서는 안 된다. 세계는 의식 앞에 놓여 있는 물리적 공간이 아니라, 인간 곁에 가까이 있는 실존적 공간으로 경험된다. 인간 곁에 가까이 있다는 것은 인간과 세계의 근원적 친숙성을 말하고 있다. 인간에게 세계는 곧 실존의 공간이다. 말하자면 "세계-내-존재"는 자신을 둘러싸고 있는 주위 세계 속에서 조바심으로 두리번거리며 세계와 교섭하면서 세계성을 경험하는 것이다. 그러기에 세계는 주관에 의해 탐구되어야 할 물리적 공간이 아니라, 오히려 인간

---

27 M. Heidegger, *Was ist Metaphysik?*, 14쪽 참조.

이 그 속에 처해 있으면서 체험하는 실존의 장이다. 이런 세계는 물리적 공간이 아니기에 대상적으로 경험되지 않는 반면, 항상 실존적 체험의 장으로 만나게 된다. 세계와 인간은 실존적으로 서로 얽혀 있는 것이다.

"세계-내-존재"로서의 인간은 어떤 것을 만들거나 사용하거나 잃어버리거나 얻거나 목격하는 것 등등의 여러 가지 양식으로 세계와 관계를 맺는다. 이러한 인간의 관계 맺음을 하이데거는 세계에 대한 "배려(Besorgen)"라고 한다.[28] 특히 타자는 결코 어떤 단순한 사물적 존재자가 아니기에, 하이데거에게서 타자는 하나의 실존적 이웃으로 경험된다. 인간 현존재가 이처럼 타자와 실존적으로 얽혀 있으면서 조바심을 갖고 그와 관계 맺는 존재 양식을 하이데거는 "심려(Fürsorge)"라고 나타낸다. 이때 타자는 현존재의 실존적 이웃으로 경험되는데, 현존재는 그를 위해 각별한 마음가짐과 조바심을 갖고서 관계를 맺는다.[29]

인간은 세계에 "던져진 존재"로서 일상적인 삶을 꾸려나가다가 대체로 자신의 존재 의미를 상실하고 살아가지만, 그러나 특별한 계기들에 의해 이 일상의 삶에서 안주하는 것으로부터 벗어나 진정한 자기 자신을 회복하려는 실존적 기획을 감행하면서(Entwerfen) 살아간다. 그렇다면 인간은 비록 거대한 지평인 세계에 던져져 때론 일상적이고 비본래적인 삶의 형태('퇴락': Verfallensein)로 살아가지만, 그러나 조바심을 갖고 살면서 본래적인 삶의 형태를 회복할 실존가능성을 가진 현존재이기도 한 것이다. 이렇게 인간 현존재가 자신의 존재와 관계를 맺으면서 실존을 획득하는 양태를 하이데거는 '염려(Sorge)'라고[30] 한다.

---

28 M. Heidegger, *Sein und Zeit*, §15-16, 26, 69, 79 참조.

29 위의 책, §26 참조.

30 위의 책, §39-45, 57, 63-65 참조. 하이데거에게서 '염려'는 인간 현존재의 근본

세계-내-존재는 비실존적 삶의 형태인 "퇴락존재(Verfallensein)"로서의 현존재가 비본래성의 늪을 빠져나가 자기의 본래성에 이르게 되는 도정으로서, 자신의 존재가능을 실현해가는 현존재의 세계인 것이다.

현존재는 처음에 자기 자신에게만 고유한 장소에 던져져 있다(geworfen in sein Da). "던져진 존재"로서의 인간이란 아무런 규명도 내려지지 않고 미리 의도된 계획이나 어떠한 선취된 확정도 없이 일단 이 세상에 던져졌다는 것이다. 인간에 대한 수다한 규명들은 그 다음의 단계인 것이다.

"던져진 존재"로서의 현존재는 그러기에 어떤 최종적 정의가 아니고 미상의 존재(Noch-nicht-sein)로 살아간다는 뜻이다. 현존재가 우선 퇴락존재의 형태로 살아간다는 것은 비본래적인 삶을 영위하고 "세인의 지배(Herrschaft des Man)"를 받고 있다는 것이다. 퇴락존재로서의 '세인'(무책임한 제3자, 혹자)은 비본래적인 자기로서 모든 존재가능성을 평준화해버리며 책임을 회피하는 특성을 갖고 있다. 이는 무책임한 대중 생활의 소용돌이에 휩쓸릴 때 일어나는 존재망각의 증세라고 할 수 있다.

그런데 "세계-내-존재"로서의 현존재가 삶을 영위하는 가운데 현존재 자신의 근본 정조인 염려(Sorge)나 불안(Angst)이며 죽음 의식을 통해서 본래성으로 가는 길이 열려 있다. '불안'을 사람들은 심히 꺼려하지만, 거긴 인간을 실존케 하는 독특한 힘도 있다. 그래서 불안은 "자유

구조인데, 이는 후설의 '지향성'을 존재론적으로 전환시킨 것이다. 그런데 후설의 '지향성'이 항상 의식의 지향성이고 또 이 의식에 의해 지향된 것은 곧 의식의 대상이기에, 그 근본 구조가 이미 세계에 처해 있는 현존재의 실존적 상황과는 다소 차이가 드러난다. '지향성'은 인식론의 범주인 데 비해, 하이데거의 '염려'는 '실존범주'인 것이다.

의 소용돌이"(키르케고르)일 수도 있고 "존재에의 용기"(P. 틸리히)를 마련할 수도 있다.

불안 속에서 신뢰하던 대상들은 불확실해지고 무력화되어 인간은 모든 거점을 상실한다. 모든 합리적 지식과 신앙이 부서지고 신용하던 이웃도 떨어져 가고 단지 자기 자신만이 절대 고독 속에 아무 위로도 못 받고 남겨진다는 것이 실존철학의 불안인 것이다. 이런 상황 속에서 인간에겐 결단을 내리는 일만 남아 있는 것이다. 그래서 "나는 응답한다, 그러므로 존재한다."는 실존철학의 모토이다.

어디론가 사라져버릴 막막한 불안 속에서 마침내 인간은 무(Nichts)와 마주치게 된다. 여기서 텅 빈 무의 상태가 목전에 드러나게 되는데, 하이데거는 이 불안이 무를 드러내 보인다고 말한다(Die Angst offenbart das Nichts). 여기에서의 무는 어떤 니힐리즘적인 공허가 아니라 존재자의 무화 현상 과정에서 존재를 들여다볼 수 있게 하는 "존재의 베일(Schleier des Seins)"이다.

이 불안 외에도 현존재의 근본 경험을 극단적으로 가능하게 하는 것으로 죽음이 있다. 죽음은 너무나 섬뜩하여 인간은 보통 생각조차 하기 싫어한다. 그러면서 늘 죽음이 나와는 무관한 것이라고 우겨대며 살아간다. 그러나 인간은 어쩔 수 없이 죽어야 하는 존재이다.

죽어야 하는 존재로서의 인간이 죽음을 회피한다고 해서 죽음이 면해지는 것은 아니다. 죽음은 "한계 상황"이고 불가능의 벽이다. 하이데거에 의하면 인간은 "죽음에 이르는 존재(Sein zum Tode)"이다. 현존재는 사후의 세계나 영혼불멸을 전제로 하지 않는다. 죽음만큼 인간을 일상성(Alltäglichkeit)에서 벗어나게 하고 한계 의식을 갖게 하며 실존적 헌신의 필요성을 깨닫게 하는 것이 없다. 죽음은 모든 "존재자로부터의 작별(Abschied vom Seienden)"이기 때문이다. 하이데거는 죽음

없이는 본래적 실존도 없다고 했다. 이렇게 하여 죽음은 현존재 속에 있어서 삶과 맞부딪치며 현존재는 죽음과 떼어서 생각할 수 없게 된다. 죽음 앞에서 인간은 자기의 "가장 큰 존재가능(höchstes Seinkönnen)"을 얻게 되고 자신의 본래성을 응시하는 것이다.

인간이 결코 뛰어넘을 수 없는 불가능의 장벽으로서의 죽음 앞에서 최후의 그리고 "가장 큰 존재가능"을 체험할 수 있음을 하이데거의 존재사유와 실존철학은 천명하고 있다. 죽음은 인간의 삶과 무관한 것이 아니라 "현존재가 존재하자마자 떠맡게 되는 존재함의 한 방식인 것이다."[31] 하이데거는 보헤미안의 속담을 인용하면서 "인간은 태어나자마자 이미 죽기에 충분히 늙어 있다"[32]고 한다. 이러한 죽음에 대한 표현들과 유사하게 장자도 그의 「제물론」에서 인간이 "방생방사(方生方死)", 즉 "태어나자마자 죽어간다"고 한다.[33]

그런데 죽음의 면전에서 인간은 불안 속에 처하게 되고 비본래적인 일상성의 굴레에서 벗어나게 되며 타자(여타의 존재자와 현존재)와의 모든 관련에서 끊어지는 처지에 놓인다. 이런 한계 상황과 불가능의 장벽 앞에서 자신의 본래성과 실존을 들여다보는 가능성을 또한 갖는 것이다. 그러기에 "죽음은 현존재 자신이 각기 그때마다 떠맡아야할 하나의 존재가능성이다. 죽음으로 인해 현존재 자신은 자기의 가장 고유한 존재가능의 면전에 서는 것이다. (…) 현존재가 자기 자신의 이러한 가능성으로서 자기 면전에 서 있다면, 그는 **전적으로** 그의 가장 고유한 존재가능으로 지시되어 있는 것이다. 그렇게 자기의 면전에 서 있을 때

---

31 M. Heidegger, *Sein und Zeit*, 245쪽.

32 위의 곳.

33 안동림 역주, 『莊子』, 「제물론」, 제10장에서는 이 "방생방사"가 "삶이 있으면 반드시 죽음이 있다"로 번역되었는데, 내용상 유사한 것으로 보인다.

현존재에게는 다른 현존재에 대한 모든 관련들이 끊어지고 만다. 이러한 가장 고유한, 무연관적(모든 관련성을 끊는) 가능성은 동시에 극단적인 가능성이다. 현존재는 존재가능으로서의 죽음의 가능성을 건너뛸 수 없다. 죽음은 현존재의 전적인 불가능성의 가능성인 것이다. 이토록 **죽음**은 **가장 고유한, 무연관적, 건너뛸 수 없는 가능성**으로 드러난다."[34]

장쓰잉은 하이데거에게서 죽음에 대한 독특한 사유를 공자의 경우와 대조시키고 있다. "하이데거의 죽음에 대한 깨달음은 콩즈가 말하는 '아직 삶에 대해서도 모르는데, 어찌 죽음을 알 수 있겠느냐' 라는 태도와 정반대이다, 만일 콩즈의 언어로 표현해보자면, 하이데거의 주장은 '아직 죽음에 대해서도 모르는데, 어찌 삶을 알 수 있겠느냐' 에 해당한다. (…) '아직 삶에 대해서도 모르는데, 어찌 죽음을 알 수 있겠느냐' 라고 말하는 콩즈의 태도는, 단지 '세상에 대한 참여(入世)' 만을 알 뿐이며, '세상에 임하면서 세상을 떠나 있음(卽世間而出世間)' 과 같은 초탈 정신을 모르는 것이다."[35]

인간 현존재는—우리가 위에서 논의했듯—"세인의 지배"와 "퇴락존재", 존재망각(Seinsvergessenheit) 속에 묻혀 살다가 염려, 불안, 무의 체험이나 죽음과 같은 한계 상황 같은 데서 순수한 자기 자신으로 거듭날 수 있게 된다. "세계-내-존재"로서의 현존재는 자기 자신의 가능존재(Möglichsein)로 존재함의 방식에 있다는 점에서—다른 일반 존재자의 존재 방식과는 달리—탁월하다. 이 가능존재가 시사하듯 현존재 자신의 가장 본래적인 가능성을 하이데거는 '실존'으로 규명한다.

하이데거는 전향(Kehre) 이후 후기 사유에 이르면서 인간 실존의 해

34 M. Heidegger, *Sein und Zeit*, 250쪽.

35 장쓰잉, 김권일 역, 「하이데거와 도가」, 『신학전망』 156호, 114쪽.

명을 존재 일반의 해명으로 전개시켜 나간다. 인간이 존재를 쫓는 것이 아니라, 존재가 스스로 인간에게 드러나고 인간은 이 존재의 빛 속에 들어섬으로써 비로소 인간존재의 근거를 마련할 수 있는 "존재론적 전향"인 것이다. 이제 존재는 존재자와 대립되는 성격을 가진 것이 아니라, 빛과 같은 생기사건(Ereignis)으로 다가오는 것이다. 존재는 인간에게 말을 걸어오고 인간은 여기에 응답하는 것이 과제로 주어진다.

하이데거 철학의 근본적인 문제의식은 어떤 거대한 이론적이고 체계적인 슬로건이 아니고, 그야말로 "존재이해"와 "고향상실의 극복"[36]인 것이다. 여기서 전자와 후자는 내용상 유사한 성격을 갖는다. 그것은 "존재망각"에서 벗어나는 것, 다시 말하면 존재자 중심의 세계관에 빠지지 않는 것이야말로 존재에로 귀향하는 것과 같은 소치이기 때문이다. 이는 도가에서 대도(大道)를 통찰하고 따르는 것과 또 플라톤에게서 이데아의 세계를 통찰하고 실현하는 것과도 유사한 것이다.

하이데거의 철학적 노력은 전통 형이상학과의 대결을 통해 상실된 고향을 되찾는 데 있다. 그는 과학기술 중심주의의 현대를 "고향상실의 시대"라고 규정하고 있다.[37] 즉 "고향상실(Heimatlosigkeit)"의 징후는 오늘날 과학기술 시대에 더욱 현저하게 드러나는 것이다. 그것은 과학기술 문명이 서구 전통 형이상학의 완성에 기인하기 때문이다. 과학기술 중심주의에는 인간 주체 중심주의가 도사리고 있고, 이 주체 중심주의로써 자연과 세계를 지배하고 정복해나가는 데 있으며, 이 모든 과정에는 존재망각과 존재자 중심의 세계관만이 활개를 치고 있기 때문이다.

---

36 이수정 · 박찬국, 『하이데거』, 서울대학교출판부, 1999, 41쪽.

37 M. Heidegger, *Über den Humanismus*, 27-28쪽.

과학기술 중심주의에서 모든 존재자들은 인간 주체의 지배 의지의 관점에서 고려되며, 그것들이 갖는 고유한 본질은 무시되고 만다. 말하자면 이 과학기술 중심주의에서 모든 존재자들은 인간 주체의 의지가 자신의 지배 영역을 확대하는 과정에서 수단과 부품일 따름인 것이다. 그런데 역설적이게도 인간도 이 모든 존재자들과 함께 자신들이 갖는 고유한 중량과 가치를 상실하고 만 것이다. 그것은 과학기술 중심주의가 인간을 비롯한 모든 존재자들에게 존재 의미와 삶의 의미를 부여해주지 않기 때문이다.

과학기술 중심주의와 물질문명의 현대는 그러기에 외면적으로는 극히 번창된 모습을 보이지만, 사실은 공허가 그 내면에서 지배하고 있다. 이러한 과학기술 중심주의의 현대 문명에 대해 하이데거는 니힐리즘이 지배하고 있다고 말하는 것이다. 그러기에 현대의 과학기술 문명은 인간들에게 '고향'을 건립한 것이 아니라, 오히려 황폐와 니힐리즘 속에 내던져놓았을 따름이다. 그것은 무엇보다도 과학기술 문명이 자신의 권능을 자의적 방식으로 무모하게 자연에 행사하여 자연을 인공화해나가기 때문이다.

4. 플라톤의 「동굴의 비유」에서의 인식론적 모델

우리가 이 장(章)의 서두에서 하이데거와 도가 및 플라톤의 사유가 인식론적인 측면에서 그 유사성을 지닌다고 하였는데, 이제 구체적으로 사유의 진행로를 따라 플라톤의 철학에로 다가가 보자.

플라톤의 인식론도—적어도 『국가』(동굴의 비유, 선의 비유, 태양의 비유)와 『제7 서간』을 비롯한 여러 대화록에서 표명하는 이데아의 통찰은 어떤 이론적 방책에 의해서가 아니라 **비약과 같은 질적인 성숙**에 의해서만 가능하다—도가의 인식론 및 하이데거의 경우와도 유사하게 체계적이고 이론적인 접근으로 습득되거나 논리적인 귀결 및 합리적인 과정을 통해 획득되는 것이 아니라, 그야말로 '비약'과 같은 질적인 성숙을 바탕으로 한 깨달음과 통찰의 문제인 것이다. 하이데거와 실존철학자들에게서 서구 근대의 전형적인 인식론이 부재한다는 것은 당연한 귀결이다.

플라톤의 『국가』에는 그의 철학을 이해하게 하는 세 가지의 비유가 등장하는데, 다름 아닌 「태양의 비유」와 「선(線)의 비유」 및 「동굴의 비유」이다. 이 비유들을 통해 그의 이데아론의 의미와 존재론, 인식론(Epistemologie)뿐만 아니라 그의 철학에 대한 전반적인 스펙트럼을 감지할 수 있다. 그런데 이러한 비유는 단순히 이해의 폭을 넓히기 위해서만이 아니라 뭔가 본질적이고 궁극적인 것을 드러내기 위한 방책이기도 한 것이라고 소크라테스는 대화의 상대자에게 밝힌다:

> "친구여, 뭔가 큼직한 문제를 명확하게 하기 위해선 적절한 비유나 예를 들지 않으면 손에 잡기 어려운 걸세. 그렇지 않으면 마치 우리 모두가 꿈속에서나 같이 모든 것을 아는 것으로 여겼다가 깨어났을 때 아무것도 모르는 거나 다름없다네."[38]

---

38 Platon, *Politikos* (Insel: Frankfurt a. M. & Leipzig, 1991), 277d. 이후 플라톤의 모든 저작 인용은 다음의 전집에 따른다(Platon, *Sämtliche Werke*, übers. von Friedrich Schleiermacher, hrg. von Karlheinz Hülser, Insel: Frankfurt a. M. & Leipzig, 1991). 괴테(J. W. von Goethe)도 이와 유사한 견해를 표명하는데, 그에 의하면 "철학은 가장 높은 정점에서 비본래적인 표현과 비유를 필요로 한다.": 여기선 J. Pieper, *Über die platonische Mythen*, Kösel Verlag: München, 1965, 86쪽.

그러기에 플라톤의 비유는 뭔가 결정적인 것과 신적인 것(초합리적인 것)을 담는 그릇 역할을 하는 것이다. 「동굴의 비유」는 직접적으로 전달하는 그런 말이 아니라, 그 배후에서 본래적인 로고스를 감추고 있으면서 이러한 본래적인 것에로의 길 안내를 하고 있는 서사시(Epos)인 것이다.[39] 그럼에도 불구하고 「동굴의 비유」는 그 어떤 교의적인 가르침도 아니고 이론적인 형이상학도 아닌, 우리가 자신의 길을 찾도록 하는 근원적인 물음인 것이다.[40]

「동굴의 비유」는 크게 두 세계를 구분하고 있다. 즉 동굴 안의 세계와 동굴 밖의 세계와의 양분이다. 이 두 세계를 일반적으로 감성계(topos horatos, mundus sensibilis)와 예지계(kosmos noetos, mundus intelligibilis)로 나타내기도 한다. 그런데 이러한 구분은 퍽 자연스러울 뿐만 아니라 어떤 절대적인 단절을 뜻하는 것이 아니기에, 이 두 세계를 이원론적 입장으로 보는 것은 온당하지 않다.

그런데 이 「동굴의 비유」는 7개의 단계로 구성되어 있는데, 동굴 벽에 비치는 그림자의 단계에서부터 태양 빛과 태양 자체를 보고서 다시 동굴 안으로 들어가는 과정으로서 이 단계들을 열거해보면 다음과 같다: 동굴 벽에 나타난 기구들의 그림자—사슬에서 풀려나 동굴 안의 기구들을 보는 단계—그림자의 원인인 불을 보는 단계—동굴 밖에 있는 사물들의 물속에 비친 모습과 밤하늘을 보는 단계—빛 아래에서의 사물들 자체—태양 빛과 태양 자체—동굴 안으로 들어가기 등이다. 그런데 이런 단계들은 결코 단순한 인식론의 단계에만 국한된 것이 아니다. 거기엔 존재와 윤리도, 말하자면 존재론적 심층과 윤리의 성숙도

---

39 G. Ralfs, "Stufen des Bewusstseins", *Kantstudien*, Vol. 91(1965), 175쪽.

40 M. Zepf, "Die Krise des Humanismus und die Altertumswissenschaft", *Gymnasium*, Vol. 58(1951), 119쪽.

곁들어 있기에, 동양적인 깨달음의 세계와 유사한 속성을 갖는다.

인간이 동굴 속에 묶여 있다는 것은 곧 인간이 무지와 편견 및 통념으로 말미암아 자유롭지 못하다는 뜻이다. 동굴 주민은 감각과 통념에 사로잡혀 그러한 시각으로 받아들인 세계를 진리라고 고집하고 세속적 욕망에 사로잡혀 착각 속에서 삶을 영위하고 있는 상태이다. 그러기에 사슬에서 벗어나 동굴 밖으로 나간다는 것은 자기 자신에 대한 구제와도 같이 새로운 세계로, 자유와 해방으로, 진리의 세계로, 불멸하는 실재인 이데아[41]의 세계로의 발걸음이 시작되었다는 것을 의미한다.

모든 단계가 그렇듯 그 다음 단계로의 이행은 결코 단순하고 쉬운 이동이 아니라, 오랜 시간 동안의 싸움과 모험을 통한 질적인 비약이 전제로 된다. 또한 이런 비약은 결코 어떤 갑작스런 인식의 분출이 아니라 수고와 용기와 투쟁이 전제되어 실현되는 상승의 과정인 것이다. 동굴의 단계마다 인식과 존재의 차이가 드러나듯 「선(線)의 비유」는 이런 단계들의 차이에 상응하는 술어를 명명하고 있다. 그것은 동굴 벽면의 그림자를 보는 단계, 즉 허상을 실제라고 착각하는 단계인 에이카시아(eikasia)에서 맹목적 신념의 단계인 피스티스(pistis), 오성의 단계인 디아노이아(dianoia), 이데아의 세계를 통찰하는 노에인(noein) 등이다.

그렇다면 만약 영원한 존재와 진리 및 이데아를 통찰하는 데에는 다른 인식 능력이 아닌 예지(Nus, νοῦς, 동사형 noein)가 구비되어 있어야 하는 것이다.[42] 이러한 예지(Nus)의 능력은 감수성이 민감한 영적인

---

41 플라톤의 이데아는 물론 철학의 대상이지만, 역설적이게도 모든 대상성(Gegenständlichkeit)이 제거된 그런 대상인 것이다. 그러기에 이러한 이데아는 비가시적 실재의 세계로서 오직 예지적 직관인 누우스(νοῦς: *Politeia*, 507b)에 의해서만 보여진다.

42 W. Jäger, "'Nus' in Platons Dialogen", *HYPOMNEMATA*, Vol. 17(1967), 173쪽. H. Boeder, "Zu Platons eigener Sache", *Philosophisches Jahrbuch*, Vol. 76(1968/69), 43쪽, 60쪽.

통찰인 것으로서 어떤 이론이나 방법에 의해 결코 성취될 수 없는 것이다. 예지(Nus)는 인간이 도달할 수 있는 가장 높은 영적-인지적인(geistig-epistemische) 능력이다. 그러기에 플라톤의 "선(善)의 이데아(Idee des Guten)"에 대한 통찰은 원리적으로 결코 불가능한 것은 아니지만, 이를 통찰할 수 있는 예지의 인식 능력이 갖춰져 있어야 하는 것이다. 플라톤은 "선의 이데아"가 극히 드물게 보여질 수 있는 것으로(μόγις ὁρᾶσθαι),[43] 플라톤에 의하면 "신적인 섭리(göttliche Fügung)"가 전제된다고까지 한다.[44]

플라톤에 의하면 「동굴의 비유」는 영적 성숙과 관련된 것인데, 이를 좀 더 구체적으로 말하면 무지한 상태에서 지적 성숙에로, 무지몽매(ἀφροσύνη)에서 사려 깊은 지성에로의 노정을 많은 위험과 수고를 감내하며 뚫고 나가는 것이다. 「동굴의 비유」는 그러기에 "망상 속에서의 비-존재적인 삶에서 진리의 빛 가운데서의 실제적인 삶에로",[45] 가상에서 존재에로, 부자유에서 해방에로의 전향에 근거를 두고 있다. 그렇다면 누군가 진리의 빛에 다가가기 위해 이러한 거칠고 험악한 길을 가려고 각오한다거나 또 이런 여로에 실제로 올라선다면, 그는 이미 자신의 인식론적·존재론적 성숙을 전제로 하고 있는 것이다.

동굴 주민이 거처하는 곳은 우리가 살고 있는 세계와도 유사하게(ὁμοίους ἡμῖν)[46] 이런저런 서로 다른 신념들과 통념들이 끊임없이 충돌하는 곳이다. 만약 누군가 이 동굴 주민의 처지에서 벗어나 동굴의 출구를 향해 발걸음을 옮길 수 있다면, 그는 본래성의 토포스(Topos)에

---

43 Platon, *Politeia*, 517c.

44 Platon, *Politeia*, 493a, *Menon*, 99e.

45 E. Hoffmann, *Platon*, Rowohlt: Reinbek, 1961, 51쪽.

46 Platon, *Politeia*, 515a.

로 비약하는 것이다. 플라톤의 사유에서 철학은 "야만의 수렁에 묻혀버린 우리 영혼의 눈을 끌어올려 점차 빛의 세계로, 위로 상승하게 하는 것이다."[47]

그러기에 우리 영혼의 눈이 이토록 동굴 밖의 세계로 전향한 과정엔 그만큼 진리의 세계로 다가간 것을 시사한다. 인간은 자기에게 개시되는 진리 사건에 책임이 있는 당사자이며, 결코 관객이 아니다. 「동굴의 비유」는 우리로 하여금 어둠의 세계에서 벗어나 사물의 세계를, 나아가 이 모든 사물과 생명체의 존재근거인 태양과 그 광채를 보게 하는 과정을 펼치고 있으며, 더 나아가 이 태양의 세계를 본 사람은, 말하자면 "선의 이데아"를 통찰한 이는 다시 동굴 주민이 있는 곳으로 내려가(kata basis) 동료들을 구제하게 한다.[48]

동굴 밖으로의 이 노정엔 존재와 가상, 존재와 무(無), 앎과 무지, 교육과 방종, 본래성과 비본래성, 통념과 패러독스(paradox), 실존과 무실존, 로고스와 카오스, 나아가 삶과 죽음 등의 현상들이 일어난다. 그런데 이 단계들은 존재와 인식, 성숙과 이 성숙의 실천적 영향, 이론과 실천이 하나의 통일체로 엮어져 있다. 말하자면 우리가 보통 말하는 인식과 존재가 분리되어 있지 않고 하나로 얽혀 있다. 즉 인간이 「동굴의 비유」에서의 어떤 단계(지평)에 있다는 것은 그만한 존재와 인식의 단계에 있다는 것이다.

그러기에 모든 단계의 토포스는 오로지 "직접적이고 질적인 도약에 의해(mit einem unvermittelten Sprung)"[49] 이를 수 있는 것이다. 발터

---

47 Platon, *Politeia*, 533c-d.

48 이렇게 태양의 세계, "선의 이데아"를 통찰한 이가 다시 동굴 안으로 들어가 동료들을 구제해야 한다는 것은 플라톤에게서 철학자에게 지워진 책임인 것으로, 이는 강한 윤리 의식을 일깨우는 것이다.

레스트(Walter Rest)는 이러한 토포스를 하나의 "존재론적 범주(ontologische Kategorie)"[50]로 본다. 말하자면 모든 인식의 단계는 그에 상응하는 토포스의 존재와 일치하는 것이다. 즉 어떤 성숙의 단계에 있음은 그에 상응하는 통찰의 세계를 갖는다는 것이다. 어떤 토포스의 단계에 있다는 것은 이 단계에서 일어나는 일들을 직접적으로 분명하게 인식할 수 있는 것이다. 여기서도 분명하게 드러나듯 플라톤에게서는 존재와 인식 및 인간의 실존이 함께 묶여져 있고 서로 공속하는 것이다. 동굴을 벗어나는 4단계는 동시에 4존재단계인 것이다. 각 단계에서 일어나는 인식이란 곧 각 단계에서의 존재의 힘으로부터 나오는 구체적 활동으로서, 그러한 인식 행위는 그에 해당하는 존재론적 단계로부터 가능한 것이다.

플라톤에게서 인간의 인식 단계는 「동굴의 비유」에서의 동굴 벽면에서부터 「태양의 비유」에서의 태양의 세계에 이르기까지 그 인터벌이 퍽 넓다. 그럼에도 이 두 비유는 서로 가깝게 연결되어 있다.[51] 그런데 「태양의 비유」에선 억측에 의해 잘못 포착된 혹은 어둠이 뒤섞인 그런 세계가 아니라, 태양 빛 아래에 적나라하게 드러난 진리의 세계다.[52] 우리의 영혼이 어둠과 뒤섞인 것을 본다면—동굴 안의 세계에서처럼 혹은 장자에게서의 "물(物)의 세계"처럼—통념의 세계에 떨어질 수밖에 없다. 그러나 우리가 이와 반대로 어둠이 지배하는 동굴의 세계를 박차고

---

49 W. Rest, "Platons Lehre von der Paideia", *Vierteljahresschrift für wissenschaftliche Pädagogik*, Vol. 36(1960), 260쪽. 여기에는 실존철학자들이 그토록 강조하는 직접적이고 중재되지 않는, 헤겔의 변증법적 과정과는 다른, 질적인 비약의 개념이 들어 있다.

50 위의 곳.

51 Platon, *Politeia*, 517a-b.

52 위의 책, 507d-509b.

나가 태양 빛이 이글거리는 밝은 곳에서 확실하게 존재하는 존재자를 본다면, 그 영혼은 이 존재자에 대해 올바른 통찰을 성취하는 것이다.[53] 그러기에 파이데이아(paideia: 깨달음의 과정)를 통해 동굴의 세계를 벗어나 태양 빛[54]이 이글거리는 바깥 세계에 이른다면(무지의 족쇄에서 벗어나 자유의 세계에 이른다면), 그는 진리를 발견한다.

이데아와 "선의 이데아" 및 진리의 세계로의 노정을 밝히는 「동굴의 비유」는 어쩌면 철학하는 방식으로서 이미 파르메니데스가 철학을 "어둠의 집(δῶμα νυκτός)"에서 "빛의 왕국(εἰς φάος)"으로의 길로 향하는 노정과도 같고, 또 장자가 천명하는 물(物)의 세계에서 진지(眞知)에로 향하는 길과도 유사한 성격을 보인다. 지혜의 터득과 깨달음을 위한 노정은 동서양을 망라하고 그리 단순하지는 않다. 플라톤의 「동굴의 비유」에 의하면 인간은 태생적으로 어두운 동굴의 세계, 감각의 세계에 얽매여 있어 참된 세계로부터 단절되어 있다.

그런데 「동굴의 비유」는 우리가 필수불가결적으로 진리를 찾아야 함을 밝히고 있다. 말하자면 인간이 진리에로 방향을 전환하고 찾아 나서야지, 진리가 스스로 인간에게 계시되지 않는 것이다. 이토록 즉자적으로 존재하는 진리(Wahrheit an sich)는 본래적으로 우리 안에(ἐν ἡμῖν) 있지 않고 자신의 고유한 장소에 거처하고 있는 것이다.[55] 이토록 진리가 자신의 고유한 장소에 있다는 것은 우리가 진리를 인식하든 못하든, 인정하든 인정하지 않든, 진리에로 향하든 혹은 등을 돌리든 상관없이

---

53 Platon, *Politeia*, 508d.

54 플라톤의 「태양의 비유」와 「동굴의 비유」가 천명하는 태양 빛은 G. Ralfs도 잘 밝히듯이 단순한 인식의 근거만 되는 것이 아니다. 여기에서의 빛은 세 가지의 성격을 갖는다. 빛은 삶의 근원이고 인식의 근원이며 동시에 존재의 근원이 되는, 이 모든 방식들을 포괄하는 원리인 것이다(G. Ralfs, "Stufen des Bewusstseins", 199쪽).

55 Platon, *Politeia*, 516b; *Parmenides*, 133c; *Timaios*, 51c; *Symposium*, 211b.

독립적으로 존재한다는 것이다.[56]

진리에 이르기 위해 인간은 동굴의 세계에서 해방되어야 하는데,[57] 이는 마치 장자에게서 인간이 물(物)의 세계에서 해방되어야 하는 것과 유사한 이치다. 「동굴의 비유」는 인간이 진리와 만나기 위해서는 그에 상응하는 토포스(Topos)에 있어야 하고, 또 이런 토포스에 존재하기 위해선 어떠한 수고도 두려워하지 말아야 하며 영적으로 성숙해야 함을 천명하고 있다. 진리는 동굴 주민이 추정하는 것과는 달리 우리 인간에게 올바른 길과 해방의 능력(das Vermögen: τὴν δύναμιν)[58]을 약속한다.

부언(附言: Exkurs)[59]

플라톤의 비유가 뭔가 "결정적인 것과 신적인 것(초합리적인 것)을 담는 그릇 역할을 하는 것이다"라고 앞에서 언급하였는데, 이러한 비유는 어떤 피안적인 세계를 정립하는 것은 아니다. 혹자는 "장자에게는 이데아에 갈음할 수 있는 절대 세계가 없다. 단지 대붕 우화나 '무하유지향'과 같은 개념을 통해 주관-유심(唯心)적이고 미적인 측면이 강한 유(遊)적 소요의 공간을 말할 따름이다. 비록 장자에게도 현실 공간을 탈

---

56 그러기에 지혜롭다는 것은—솔로몬왕의 경우처럼—진리의 세계를 잘 찾는다는 것이다.

57 플라톤의 「동굴의 비유」 외에도 『제2 서간』, 313a 참조.

58 Platon, *Politeia*, 508e.

59 플라톤 철학과 피안의 세계에 관한 논문 심사자의 언급에 대하여 필자의 답변이 길어 '부언(附言)'을 통하여 응답하고자 한다. 물론 필자의 소고(小考)는 플라톤 철학의 전반적인 문제에 관련된 것이라거나 이데아론에 관련된 것이 아니라, 그야말로 동굴의 비유를 중심으로 하여 위상학적 인식론을 밝히는 것이다. 그러나 심사자가 이러한 문제에 관해 지적하기에, '부언'을 통해 필자의 소견을 피력해보고자 한다.

각해 벗어나려 하는 '공간적 벗어남'이 있기는 하지만, 이는 이 세상의 공간을 완전히 떠나 어떤 피안의 공간으로 넘어가는 것이 아니다."라고 지적하면서 "플라톤의 이데아와 장자가 이런저런 개념으로 표현한 '참 세계'의 지평 사이에 변별적 거리감이 있다는 사실도 추가적으로 기술해주었으면 한다."고 덧붙인다.

그런데 필자는 이 소고(小考)에서 플라톤과 장자의 광범위한 철학 세계를 다루지 않고, 단지 근대 인식론의 딜레마를 극복하는 방안, 즉 주객 이원론에 입각한 그런 인식론이 아니라는 것, 깨달음의 깊이에 따라 사물을 달리 볼 수 있을 뿐만 아니라 진리에 더 가까이 갈 수 있다는 사실을 부각시키는 데 주목적이 있다는 것을 밝혀 두고자 한다. 그런데 몇몇 전문가의 지적엔 플라톤의 사유가 마치 피안의 철학인 것처럼 여겨지게 하는 대목이 있어 이에 대해 답변을 드리고자 한다. 플라톤의 철학은 너무나 다양한 측면을 갖기에(특히 J. Stenzel이 이를 강조한다), 일면적인 피상성을 전면으로 내세우면 위험하다. 플라톤은 결코 현실 세계와 동떨어진 소위 피안과 일탈의 세계를 설파하지 않았다. 이러한 부분이 플라톤 철학에 대한 심각한 오해이다. 이데아(Idea)에서 관념론(Idealismus)을 발전시킨 것 자체가 잘못된 형이상학의 길로 들어간 철학사의 오류이다.

플라톤의 철학을 피안 세계와 관련짓는 오해는 중세의 교부철학에서 현저하게 나타나기 시작했다. 즉 플라톤의 사상을 기독교와 접목시키는 과정에서 잘 드러나는데, 이를테면 "태양의 비유"에서 태양이 빛의 직접적인 원인이지만 빛과 같지는 않고 그 됨됨이와 능력에 있어서 빛을 능가하는 것과 같이 "선의 이데아"가 그 됨됨이와 능력에 있어서 "존재"를 능가함(ἐπέκεινα τής οὐσίας: 『국가』, 509b)을 플라톤이 강조한 것을 교부들과 그들의 후계자들이 "존재의 피안"으로 오해함으로써 문제가 발생된 것이다. "선의 이데아"가 '존재'의 세계를 능가함은 태양이 빛의 세계를 능가함과 같은 이치인 것이다. 이들 양자 사이엔 피안의 논리가 자리 잡을 수 없다. 왜냐하면 태양과 빛이며 "선의 이데아"와 '존재'가 하는 일은 다르지 않기 때문이다.

교부들은 기독교의 천국을 이 지상과는 별개의 그리고 동떨어진 피안(죽고 난 후에나 갈 수 있는)으로 여기고서 이런 도식을 저 플라톤의 문맥과 연루시켰던 것이다. 그러나 플라톤에게서 "선의 이데아"는 천국과 지상처럼 떨어져 있는 것은 결코 아니다. 그것은 바로 태양이 빛과 별개로 분리된 것이 아니듯이 존재와 동떨어진(혹은 소위 "피안"의) 것이 아니기 때문이다. 이들은 서로 직접적인 관계와 영향력 아래에 있다. 일반적으로 플라톤의 이데아의 세계는 결코 현상의 세계와 단절된(혹은 격리된) 형태로 존재하지 않는다. 현상의 세계는 플라톤적으로 이데아의 세계 안에 있는 것이다. 현상의 세계는 이데아에 '참여'함으로 존재 의미를 갖는다.

이데아의 세계는 결코 인간과 무관한 피안 내지는 '저 세상'이나 실재와 유리된 관념의 세계가 아니라, 인간의 삶과 밀착된 비가시적 실재의 세계인 것이다. 그의 『국가』나 『법률』(*Nomoi*) 등은 철저하게 현실 세계를 좋은 나라("이상국가")로 만들기 위한 노력이고 동시에 깨달은 사람들의 책임을 묻고 있다. 『티마이오스』에서의 코스모스도 결코 현상계를 외면하지 않는다. 그가 피안주의라면 왜 시라쿠사에 가서 디오니시오스 2세를 변화시켜 좋은 나라로 만들려고 노력했을까.

특히 플라톤이 해체적 태도로 당대의 소피스트적 세계관 및 신화적 세계관과 선전전에 나선 것은 그가 피안주의에 안주하지 않은 것과 현실 세계를 극히 중시한 것을 역력하게 보여준다. 그의 『국가』는 철저하게 현실 세계에서의 체계적 교육을 중시하고 또 당대에 교육과정으로 받아들여진 신화적 신학에 철저하게 해체적 태도와 부정신학(Negative Theologie)으로 일관하였음을 여실히 보여준다.

혹자는 이 소고(小考)의 인식론적 취지를 잘 파악하여 "탈근대적 맥락"에 관해 다음과 같이 언급한다: "탈근대적 맥락에서 바라보았을 때, 플라톤의 [동굴의 비유]는 피안의 세계에 있는 '이데아'를 중시하면서 차안의 세계인 현실을 등한시하는 절대주의적 형이상학이라는 비판적 관점이 있다. 즉, 변치 않은 영원한 세계가 이미 존재하고, 가짜 세계인 현실 세계의 인간들은 '이성'을 촉발시켜 잃어버린 이 영원한 세계로 돌아가야만 한다.

이 논리는 생생한 '삶'의 세계를 폄하하고 '죽음' 이후의 세계를 예찬하는 듯한 측면이 있기에 니체 이후의 탈근대적 지평의 사상가들은 플라톤의 사상을 혹독하게 비판하기도 한다. 하지만 필자는 [동굴의 비유]를 인식의 수준과 존재의 양상이 점점 더 위상학적으로 상승해가는 구도의 과정으로 읽어냄으로써 플라톤의 사상을 새롭게 해석할 수 있는 좋은 단초를 제공해 주었다. 무엇보다도 플라톤 사상에 대해 서양의 철학 사조로 보았을 때 전반적으로 탈근대적인 논리가 다분한 노장사상으로 풀어낼 수 있는 가능성을 제공했다는 점에서 상당히 고무적이고 신선한 느낌이 든다."

필자는 탈근대적 혹은 해체적 사유라고 해서 해체주의자들의 주장을 다 수용해야 하는 것은 아니라고 본다. 해체를 위한 해체라거나 아무런 대안도 없는 해체는 무의미에 가깝기 때문이다. 무엇보다도 해체의 정당성이 문제가 되지 않을 수 없기 때문이다. 해체를 한답시고 "모나리자"의 그림에 낙서를 하고 그 얼굴을 찢으며 분뇨를 칠해서는 안 된다. 해체주의자들의 주장대로 '이성'을 몽땅 쓰레기통에 넣어야 할까? 초기 프랑크푸르트학파의 "비판 이론"은 오직 부식화된 "도구적 이성(instrumentale Vernunft)"에 대한 경고이고, 이는 오늘날의 문명에 대한 폐해를 고려할 때 분명 해체의 대상이 되지 않을 수 없겠지만, 이성을 비이성이나 반이성과 동일시하여 폐기처분하는 것은 어리석은 짓이다.

과연 이성과 아폴론적 세계를 해체한답시고 망치로 때려 부수고, 디오니소스의 세계를 정립하면 그것은 정당한 대안인가? 근대 이성과 아폴론적 세계를 동일시시킨 것 자체가 그리스 철학에 대한 심각한 오해이다. 아폴론적 세계에는 아폴론의 능력이 시사하듯 초합리성과 음악성, 아홉 뮤즈들에 의한 다양한 예술성도 다 포함된다. 그러기에 아폴론적 세계를 무리하게 디오니소스의 세계와 이원론적 구도로 첨예화해서는 안 되며 해체의 대상으로 삼아서도 안 된다. 데리다가 철학사의 전반적인 철학을 "단두대에 올려야 한다."고 주장한다거나, 철학을 이제 버리고서 문학이나 예술로 나아가야 한다는 로티의 (철학적인!) 언동은 철학에 대한 자충수이자 자살골을 부추기는 태도이다. 무엇보다도 철학을 하는 자신들의 그림자는 못 보는 자가당착적인 것이다. 그렇다면 그들은 왜 철학을 했을까. "철학의 머리를 단두대에" 올려놓아야 하고, "신은 죽었다"고 선언한 니체를 따라 모든 신적인 존재를 단두대에 올려놓는 그런 오만불손한, 해체를 위한 해체는 노장의 사유와는 도무지 맞지 않는 것으로 보인다. 노장의 유가와 당대의 주류에 대한 해체는 정당한 사유가 있다.

5. 장자에게서의 위상학적 인식론

1) 물(物)의 세계와 인식론

혹자는 동양에 무슨 인식론이냐고 반문을 할 수 있을 것이다. 그러나 이런 반문은 성급한 판단이다. 물론 동양이 서양 근대처럼 치밀하고 방대한 인식론은 구축하지 않았다고 해도, 혹은 학문의 방법론으로서 치밀한 논증이나 보편타당성을 구축하지 않았다고 해도, 인식론의 탐구와 "앎에 대한 중시 또는 추구는 동서를 막론하고 인간의 역사만큼이나 오래된 것이다."[60] 그러기에 "일반적으로 동양철학에서는 인식론이 없다고들 한다."[61]와 같은 진술이 사실이라면 이는 퍽 잘못된 발상인 것이다. 우리는 위의 발상과는 정반대로 아래에서 장자의 인식론을 통해 서구 근대 인식론의 미비한 부분과 결점을 지적하고 또 보완하고자 한다.

장자에게서 인식하는 당사자인 인간은—우리가 이 장(章)의 서문에서 언급했듯이—근대의 인식론과는 달리 획일적 혹은 보편적 인간이지 않고 개별적이고 각자(各自)적이기에, 획일적인 인식론을 구축하면 안 된다. 말하자면 서로 다른 인식주체들이 어떤 인식 대상에 관하여 각자 다르게 인식할 수도 있으며, 또 일정한 범위에 한해서 공유하는 인식을 형성할 수도 있다는 것이다. 인식하는 당사자들은 서로 다른 인식주체들인 바, 이런 인식주체들을 크게 두 그룹으로 나눌 수 있다.

그 첫째는 일상적 인간이고, 둘째는 이상적 인간이라고 할 수 있다. 전자에는 중인(衆人), 서인(庶人)이 속하며, 후자엔 성인(聖人), 지인(至人), 진인(眞人) 등이 속한다.[62] 물론 이들의 중간 유형에 속하는 인간들도 반드시 존재할 것이다. 이러한 분류는 노자 『도덕경』의 제41장에 언급되어 있는 상등의 인사와 중등의 인사 및 하등의 인사와 유사한 구조를 갖고 있다.[63] 물론 장자와 노자에게서 이러한 인식주체들에 대한 구

---

60 황희경, 「지식을 택할 것인가, 지혜를 택할 것인가」, 『가치 청바지—동서양의 가치는 화해할 수 있을까?』(김교빈·김시천 엮음), 웅진지식하우스, 2007, 210쪽.

61 위의 글, 215쪽.

62 이강수, 『노자와 장자』, 도서출판 길, 2009, 115쪽.

별은 결코 정치·사회적, 위계적 차별을 두는 것은 아니다.

플라톤의 「동굴의 비유」나 「선의 비유」에서도 이와 유사한 경우를 목격할 수 있는데, 사물을 인식하는 경우에 그 인식 차원의 단계가 있음이 이들 비유에 잘 밝혀져 있다. 이를테면 「동굴의 비유」에서는 동굴 안에 속한 사람과 동굴 밖의 세계에 속한 사람으로 구분되며, 또 「선의 비유」에서는 감각계(kosmos horatos)에 속한 사람과 예지계(kosmos noetos)에 속한 사람으로 나눌 수 있는 것이다.

이렇게 노자와 장자 및 플라톤에게서 인식 능력에 따른 구분은 근대에서의 인식 구도(합리론이든 경험론이든 비판론이든), 특히 칸트에게서의 인식주체처럼 획일적 혹은 하나의 보편적인 인간으로 규명하기 어려운 것이다.

우물 안 개구리와 비슷한 처지와 여름벌레의 인식 수준에 놓인 인간의 처지를 들여다보기 위해 『장자』의 「추수」 편을 다시 인용해보자: "북해약(北海若)이 말했다. 우물 속에 있는 개구리에게 바다에 대해 말해도 소용이 없는 것은 [그 개구리가] 살고 있는 [좁은] 곳에 사로잡혀 있기 때문이오. 여름벌레에게 얼음에 대해 말해도 별수 없는 것은 [그 벌레가] 살고 있는 철(時)에 집착되어 있기 때문이오. 한 가지 재주뿐인 사람에게 도에 대해 말해도 통하지 않는 것은 [그가 받은] 교육에 얽매여 있기 때문이오.(北海若曰「井鼃不可以語於海者, 拘於虛也. 夏蟲不可以語於冰者, 篤於時也. 曲士不可以語於道者, 束於教也.」)"[64]

---

63 노자 『도덕경』 제41장의 해당하는 구절은 다음과 같다: "상등의 인사가 도를 들으면 힘써서 그것을 실행하고, 중등의 인사가 도를 들으면 반신반의하고, 하등의 인사가 도를 들으면 그것을 크게 조소한다. 하등의 인사가 조소하지 않는 도는 도라고 할 만한 것이 못 된다." (남만성 역)

64 안동림 역주, 『莊子』, 418쪽.

이러한 인간의 비참한 상황에 대한 장자의 해명은—마치 플라톤의 「동굴의 비유」에서 동굴 주민이 처한 상황과 유사하게—인간이 그의 주어진 주변 환경에 얽매이고 시간과 공간 및 깨달음의 차원에 따라서도 달라진다는 것을 밝히고 있는 것이다. 우물 안에 터 잡고 있는 개구리가—말하자면 공간적으로 제한된 터에 갇힌—바다를 알 리 없으며, 또 이와 유사하게 여름벌레의 시간과 운명에 처한 존재자는 얼음의 세계에 까막눈일 수밖에 없는 것이다. 이와 같은 개구리와 여름벌레의 비유는 마치 플라톤의 「동굴의 비유」에서 동굴 주민과도 유사하게 파이데이아(paideia)가 이뤄지지 않은, 즉 지혜에 관한 교육이 전혀 되어 있지 않은 사람에게 도(道)에 관한 진리가 인식될 수 없다는 것이다.

그런데 더욱 비참한 문제는—예나 지금이나 다를 바 없다—저들이 단지 바다와 같이 넓고 큰 도(道)의 세계에 대한 무지한 데에 그치는 것이 아니라, 자기의 편견과 통념만이, 자기가 보고 들어서 아는 세계만이 절대적인 것으로 여기고 또 그것만이 표준과 진리라고 우기는 데 있는 것이다. 그야말로 플라톤의 「동굴의 비유」에서 동굴 주민처럼 자신이 처한 세계가 지극히 정상이라는 데 심각한 문제가 놓여 있는 것이다. 자기의 통념이 진리가 아닐 수 있다는 것, 자기가 처해보지 못했지만 더 넓은 세계가 있다는 것, 그리고 그런 세계로 나아가야 하는 것이 인생의 마땅한 과제라는 것을 감지하는 것은 뭔가 구제의 가능성이 있다는 것이 아닐까.

여기 「추수」 편의 개구리와 여름벌레의 비유는 「소요유」 편에 나오는 붕새와 매미 및 비둘기의 비유와 흡사한데, 구만리장천을 날아가는 붕새를 저들은 오히려 얕보고 조소하는 것이다. 여기서 매미와 비둘기는 플라톤의 「동굴의 비유」에 나오는 동굴 주민과 다를 바 없고, 또 하이데거에서는 비본래성에 깊이 빠져 있는 "퇴락존재(Verfallensein)"와 "세인(das Man)"에 가까운 것이다.

물론 인간은 장자가 지적하듯 물질계의 사물에 의존하고 또 얽매여 있다. 장자에 의하면 물(物)은 인간의 감관과 사유와 언어의 대상이 될 수 있는 현상계의 일체 사물들을 포괄하고 있다. 그러기에 물질을 억지로 배척할 필요도 없고 또 물질의 노예가 되어서도 안 된다. 유물론이나 유심론과 같은 극단적인 선택은 필요 없는 것이다. 그러나 장자가 보기에 세상의 많은 사람들과 세속의 군자(君子)들이 물(物)에 대한 탐욕의 노예가 되어 몸을 위태롭게 하고 생명을 버리면서까지 탐닉하기에 장자는 개탄하고 있다.[65]

이런 처절한 상황에 놓인 사람들이 앎을 추구하는 것은 어떤 앎의 유형일까? 그것은 물론 외물과 관련된 그런 인식 추구일 것이다. 마치 하이데거에게서 세상 사람들이 전력 질주하며 존재자의 세계만 전부라고 여기고, 이 존재자만 추구하는 것과 유사한 이치일 것으로 보인다. 그러나 아이러니하게도 이 외물의 세계에 집착할수록 우리는 더 부자유스럽게 된다. 외물을 향한 인식 또한 쌓으면 쌓을수록 끝이 없다.

장자는 「양생주」의 서두에서 "우리의 삶(生)에는 끝이 있지만 앎(知)에는 끝이 없다. 끝이 있는 것으로써 끝이 없는 것을 좇으면 위태로울 뿐이다."[66]라고 한다. 그러나 그는—마치 플라톤에게서의 인간이 "선의 이데아"를 아주 어렵지만 볼 수 있는 경우와 유사하게 혹은 하이데거에게 있어서 존재접근(Seinsbetroffenheit)과 존재 이해가 어떤 특별한 계기에 의해 가능한 것처럼—인간이 진리를 알 수 있는 가능성을 부인하

---

65 안동림 역주, 『莊子』, 「양왕」 편, 제6절(691쪽): "그런데 지금 세속적인 벼슬 자리에 있는 자들은 대부분 몸을 위태롭게 하고 목숨을 내버리며 외물(外物)을 좇고 있으니 어찌 슬픈 일이 아니겠는가!(今世俗之君子, 多危身棄生以殉物, 豈不悲哉)"

66 위의 책, 91쪽.

지는 않았다. 진지(眞知)를 진인(眞人)은 알 수 있는 것이다.

장자에 의하면 지식은 사물 혹은 사건과의 접촉이나 만남에 의해, 그리고 여기에다 인간의 사려(思慮)에 의해 발생하게 되는데, 구체적으로 인간은 감각기관을 통해 사물 및 사건과 만나고 이런 만남(접촉)에 의하여 획득된 감각 자료에 사려 작용이 가해짐으로 인식이 이루어진다: "지식은 접촉에 의하여 생긴다. 지식은 사려에 의하여 이루어진다. 지식을 가진 사람이 모르는 것에 대한 것은 마치 흘겨보는 것과 같다.(知者, 接也. 知者, 謨也. 知者之所不知, 猶睨也.)"[67]

이런 인식과정에 대한 장자의 설명은 합리론이나 경험론 및 칸트의 비판론의 경우와도 유사한 것으로 보인다. 물론 서구에선 인간 주체에 과다한 권능이 실려 주관의 '구성(Konstruktion)' 능력이 인식 획득에 절대적인 위치를 점하는 데 비해 장자에게서는 이와 대조적으로 존재자(사물, 대상)와의 '만남' 혹은 접촉(接)이 부각된다.

더더욱 장자의 인식론이 유럽의 근대 철학자들과 차이를 두는 것은 인식 대상인 물(物)과 인식 기관인 심(心)이 모두 변화한다는 것이다. 장자에 의하면 "지식은 '기다리는 바(對象)'가 있은 뒤에야 타당할 수 있는데 그 기다리는 바가 매우 일정하지 않다(夫知有所待而後當, 其所待者特未定也)"는 것인데, 여기서 대상이 일정하지 않다는 것은 인식의 대상인 사물이나 사건들이 그침 없이 변화함을 뜻한다.[68] 이러한 장자의 입장은 마치 한 순간의 사태에 대해 명제와 판단으로 진위를 결정하는 서구의 인식론과는 달리, 장구한 시간으로 연장해보면 인식 기관과 인식 대상이 변하는 것을 어렵지 않게 목격할 수 있다.

---

67 안동림 역주, 『莊子』, 「경상초」 편, 12절: 여기선 이강수, 『노자와 장자』, 123쪽.

68 사물을 보는 각도에 따라, 시간의 변화에 따라 사물이 달리 보이는 것은 인상주의 화가 모네의 「루앙대성당」이 좋은 시사점을 제공한다.

그런데 인식의 대상인 물(物)은 장자에게서 "대저 모습(容貌)이나 모양(形象), 목소리(音聲)나 색채가 있는 것은 모두 사물(凡有貌象聲色者, 皆物也)"[69]인데, 「제물론」에서 장자는 "사물은 저것 아닌 것이 없고, 또 이것 아닌 것도 없다. [이쪽에서 보면 모두가 저것, 저쪽에서 보면 모두가 이것이다.] 스스로 자기를 저것이라고 한다면 알 수 없지만, 스스로 자기를 이것이라고 본다면 알 수 있다. 그러므로 '저것은 이것에서 생겨나고, 이것 또한 저것에서 비롯된다'고 한다.(物无非彼, 物无非是. 自彼則不見, 自是則知之. 故曰彼出於是.)"는 것이다.[70] 이런 장자의 물(物)의 개념은 하이데거의 '존재자(Seiende)' 개념과도 유사하게 상당히 포괄적이다.

그런데 장자에 의하면 이런 물(物)은 쉬임 없이 변화한다. 「추수」 편에서 장자는 "사물이 생겨나 [변화하]는 것이 마치 말이 달리듯 재빠르오. 움직여서 변화하지 않는 것이 없고 시간에 따라 변동되지 않는 것이 없다.(物之生也, 若驟若馳, 无動而不變, 无時而不移.)"[71]고 한다. 시간의 흐름에 얽매여 있는 물(物)의 변화하고 전이하는 양상을 장자는 「선성」 편에서도 "사물들은 홀연히 왔다가 잠시 의탁할 뿐이다. 잠시 의탁할 뿐이니 그것이 오는 것을 막을 수 없고 그것이 떠나가는 것을 멈추게 할 수 없다.(物之儻來, 寄者也. 寄之, 其來不可圉, 其去不可止.)"[72]고 한다. 이와 같이 현상계의 일체 사물은 독자적으로 존재하지 못하고, 다른 그 무엇에 의존하여 정처 없이 오고 가며, 홀연히 나타났다가 사라지면서 끊임없이 변화하는 것이다.

---

69 안동림 역주, 『莊子』, 165쪽.

70 위의 책, 59쪽.

71 위의 책, 429쪽.

72 위의 책, 411쪽. 이 문장의 번역은 이강수, 『노자와 장자』, 125쪽.

그런데 인간도 이러한 압축된 시간 안에 존재하기에, 이는 마치 하이데거의 『존재와 시간』에서처럼 현존재가 철저하게 시간에 얽매여 있다는 것과 유사한 이치로 보인다. 그러나 도가에 의하면 도(道)를 체득하고 "도와 하나가 되면" 무상함을 극복할 수 있으며, 나아가 슬픔과 같은 것이 인간을 지배하지 않게 된다고 하여, "죽음에 이르는 존재(Sein zum Tode)"로서의 인간이 죽음 앞에서 자신의 실존과 "존재가능(Sein-können)"을 체득하게 된다고 하는 하이데거의 사유와는 차이를 드러내 보인다. 그러나 도가의 철학은 자연에 순응하는 만큼 생사관에도 마찬가지다.

장자에게서 인식 대상이 물(物)임에 비해 인식 기관은 마음(心)인데, 이는 사유 활동을 포함하는 광범위한 개념으로 보인다. 그런데 이 인식 기관인 사람의 마음도 항상 변화하는 물(物)처럼 변할 뿐만 아니라 일률적이지 않음을 장자는 지적한다. 이를테면 사람은 어떤 시대에 어떤 지역에서 살았고, 교육을 받았는지 혹은 못 받았는지에 따라, 또 어떤 교육을 받았는가에 따라 그의 인식 능력이 다른 것이다. 이를테면 우리가 앞에서 논의한, 「추수」 편에 나오는 우물 안 개구리와 여름벌레며, 사물의 한 구석만을 아는 선비(一曲之士)는 아주 적절한 예이고, 또한 「소요유」 편에 서로 대조적으로 나오는 붕새와 매미 및 비둘기도 인식 기관의 능력과 차이를 적나라하게 드러낸다.

말하자면 인식하는 주체인 사람이 그의 됨됨이나 환경 및 교육 수준에 따라 인식 능력이 다를 뿐만 아니라 외치(外馳)의 성향에 따라서도 다른데, 여기서 외치란—앞에서도 언급했듯—사람이 "외부 사물에 이끌려 치달려가는 것"을 일컫는다. 외물에 빠져서 헤어나지 못한다거나 평생 본연의 자기로 돌아오지 못한다면 몹시 슬픈 일이라고 장자는 말한다.[73] 그러기에 비본질적인 것에 혼신을 쏟는다면 진리를 깨우칠 수 없는 노릇이다.

사람의 인식 기관인 마음은 그가 욕구하고 갈망하는 대상에 따라 동요하며, 한 번 고개를 들었다가 숙이는 사이에 사해(四海) 밖을 갔다 올 수 있을 정도로 생각을 빨리한다(마음을 쓴다). 인간이 이런 외치(外馳)에 얽매이고 휘청거리면서 자유롭지 못한 상태를 장자는 매우 가엾게 보고 있다.[74] 인간의 마음은 이토록 외부의 사물을 좇아 수없이 변하며 자나 깨나 외물과 접촉하고 얽히며 다투면서 거기로부터 벗어나지 못하기에 장자는 인식 기관인 마음과 인식 대상인 물(物)이 변화무쌍하다고 여긴 것이다.

사람의 마음은 자나 깨나 끊임없이 외물과 접촉하면서 다투고 치달리는 일에서 빠져나오지 못한다. 끊임없이 변화하는 마음과 물(物)에 의존해서 얻어진 인식은 사물과 사건의 진상에 대한 지식이라고 하기 어려운 것이다. 그 객관성이 의심스럽기 때문이다. 더욱이 사람들은 각자 자기의 입장에 따라—보편적 기준을 망각한 채—자기주장은 옳고 다른 사람들의 주장은 그르다는 태도를 취하는 경우도 있고, 자기와 견해가 같으면 찬성하고 자기와 견해가 다르다면 그르다고 한다.[75] 그러기에 사람들은 흔히 각자 자기를 기준으로 삼아 시비를 걸고 선악판단을 하는 것이다. 장자는 그 예로 요임금도 자기가 옳고 걸임금은 그르다고 하며, 이와 반대로 걸임금은 자기가 옳고 요임금이 그르다고 한다[76]는

73 안동림 역주, 『莊子』, 598쪽 참조.

74 위의 책, 「제물론」, 4~7절(50-55쪽) 참조; 「재유」 편 6절(288쪽) 참조; 「양왕」 편 12절(698쪽) 참조.

75 "사람들은 자기 입장과 같으면 따르고 다르면 반대하며 자기 생각과 같으면 옳다 하고 다르면 잘못이라 한다(與己同則応, 不與己同則反. 同於己爲是之, 異於己爲非之)": 위의 책, 「우언」 편, 1절(673쪽).

76 위의 책, 「추수」 편, 6절(425-416쪽): 知堯桀之自然而相非, 則趣操覩矣.

것을 든다.

심지어 장자는 사람들이 논변을 통해 이기고 지는 것과 관계없이, 말하자면 논변에서 이기더라도 옳다고 할 수 없는 경우가 있으며, 지더라도 잘못이 아닐 수 있음을 명확히 하고 있다: "나와 당신이 논쟁을 했다고 합시다. 당신이 나를 이기고, 내가 당신에게 졌다면 당신이 옳고 내가 틀렸을까요? 내가 당신을 이기고 당신이 내게 졌다면 내가 옳고 당신이 틀린 걸까요? 그 한쪽이 옳고 다른 쪽이 틀렸을까요, 아니면 두 쪽 다 옳을까요? 두 쪽 다 틀린 걸까요? 이러한 일은 나도 당신도 알 수가 없소. 그렇다면 제3자도 물론 판단을 내릴 수가 없게 되오. 우리는 누구를 시켜 이를 판단하게 하면 좋겠소.(旣使我與若辯矣, 若勝我, 我不若勝, 若果是也, 我果非也邪? 我勝若, 若不吾勝, 我果是也, 而果非也邪? 其或是也, 其或非也邪? 其俱是也, 其俱非也邪? 我與若不能相知也, 則人固受黮闇, 吾誰使正之.)"[77]

위에서 장자가 지적하듯이 지식은 사람에 따라 다를 수 있으며 가치판단의 기준에 따라, 관점에 따라 다를 수 있다. 그뿐만 아니라 시간과 시대에 따라, 사물에 따라 다를 수 있기에 객관적 판단을 할 척도가 없는 경우가 허다한 것이다. 이처럼 인간의 감각기관과 사유 기관이 기반이 된 인식론은 사물의 진상을 알 수 없다. 만약 현상계에 드러난 형체와 빛깔, 명칭(이름)과 소리를 사물의 진상으로 여긴다면, 이는 표상을 진상으로 여기는 우를 범하게 되는 것이다.

이를테면 장자는 「즉양」 편에서 장자는 "닭이 울고 개가 짖는다는 사실은 누구나가 다 알고 있지만 아무리 지혜가 있는 자라도 어째서 울거나 짖느냐 하는 자연의 작용은 말로 설명할 수가 없고 또 그들이 무엇

---

77 안동림 역주, 『莊子』, 「제물론」, 28절(82-83쪽).

을 하려는지를 마음으로 헤아릴 수도 없다.(鷄鳴狗吠, 是人之所知. 雖有大知, 不能以言讀其所自化, 又不能以意測其所將爲.)"[78]고 한다. 이를 칸트식으로 읽으면 '물자체(Ding an sich)'를 알 수 없는 이치와도 유사한 것으로 보인다.[79]

물론 현상계에 드러난 감각으로 얻어진 자료들을 바탕으로 비교·분석·종합·추상하여, 또한 언어를 매개로 하여 일정한 범위 내에서 앎을 획득할 수는 있다. 그러나 이런 인식 능력엔 한계가 있는 것이다. 그러기에 장자에 의하면 "언어로서 논할 수 있는 것은 물(物)의 거칠고 큰 것들(粗)이며 '마음'[80]으로 알 수 있는 것은 물(物)의 정세(精細)한 것들이다.(可以言論者, 物之粗也. 可以意致者, 物之精也.)"[81] 그러기에 언어와 지식으로 도달할 수 있는 것은 거칠고 큰 물(物)이든 정세한 물(物)이든 물(物)의 범위에 한정될 따름이다.[82]

이토록 우리의 지식이 "물의 범위에 한정될 뿐(極物而已)"인 것은 사물의 본질이나 그 생성하는 근원을 볼 수 없기 때문이고, 사물이 출현하지만 그 출입문을 볼 수 없기 때문이다.[83] 이와 같이 장자는 인간이

---

78 안동림 역주, 『莊子』, 「즉양」 편, 20절(647쪽).

79 주지하다시피 노장의 철학은 현상계를 설명 · 이해 · 파악 · 분류하는 데만 그치지 않는다. 현상계의 존재근거를 묻는 과정엔 이미 이 현상계의 세계를 넘어야 하는 것을 전제로 하고 있다. 그런데 이러한 현상계의 세계를 넘어야 하는 것은 철학의 의무이고 권리라고도 할 수 있다. 철학적 물의 대상이 아닌 것은 없기 때문이다. 유(有)의 지반인 무(無)의 세계나 대도(大道)나 상도(常道)의 세계는 분명 현상계와 차원을 달리한다.

80 원문에는 '의(意)'라는 글자인데, 안동림 교수는 이를 '마음'으로 번역하여, 필자도 이 번역을 따르기로 했다. 안동림 역주, 『莊子』, 423쪽.

81 위의 책, 「추수」 편, 5절(422-423쪽).

82 「즉양」 편에서도 이와 같은 내용이 나타난다: "언어로써 다할 수 있고 지식으로써 도달할 수 있는 것은 물(物)의 범위에 한정될 뿐이다(言之所盡, 知之所至, 極物而已)."(이강수, 『노자와 장자』, 138쪽).

83 안동림 역주, 『莊子』, 「추수」 편, 14절(639쪽): "만물은 생겨나지만 그 근원을 볼

변화하는 만물과 차원을 달리하는, 그 변화하도록 하는 것을 알지 못하기에, 그 시원과 종말이며 본질을 알 수 없다고 한다: "만물은 변화하지만 그렇게 만드는 것이 누구인지는 알지 못한다. 그러니 어찌 변화가 끝나는 곳을 알겠으며, 어찌 그 변화의 시원을 알겠느냐?(化其萬物而不知其禪之者, 焉知其所終? 焉知其所始?)"[84]

이토록 장자가 '근원'이나 '출입문', 변화하도록 하는 시원을—칸트적으로 말하면 본체(noumenon)의 영역과도 유사한—알 수 없다고 하는 것은 인간의 감각기관과 사유 기관으로서는 물(物)을 감각하고 사유하며 언어로 규명할 수 있으나, 이 물(物)을 생성하게 하고 존재하게 하며 변화하게 하는 실재 또는 근원을 알 수 없다는 것이다. 그래서 칸트에게서처럼 현상계에 펼쳐진 사물의 세계는 알 수 있으나, 이를 존재하게 한 원인이나 근원적 실재에 대해서는 모르며, 변화의 현상은 알 수 있으나 이런 변화를 불러일으키는 요인에 대해서는 모른다는 것이다.

이러한 장자의 논지를 요약해보면 물(物)의 정세한 세계(精)와 거친 세계(粗)는 어쨌거나 유형(有形)한 것이어서 언어로서 논할 수 있고 사유로서 다다를 수 있지만, 무형(無形)한 세계는 언어와 사유며 수(數)에 의하여 포착할 수 없는 것이다. 그것은 "무형한 세계는 의식이나 사려나 추리가 미칠 수 있는 영역을 넘어서 있기"[85] 때문이다. 그러기에 장자는 누구나 수긍하고 승인할 수 있는 보편타당한 지식에 대하여 회의적인 입장을 견지한다. 그에 의하면 우리는 안다는 것과 모른다는 것

수가 없고, 죽어나가지만 그 출입문을 본 사람은 없다(萬物有乎生而莫見其根, 有乎出而莫見其門)."

84 안동림 역주, 『莊子』, 「산목」 편.

85 이강수, 『노자와 장자』, 142쪽.

사이의 구별하기조차 하기 어려운 경우가 있는데, 삶과 죽음, 꿈과 생시, 그리고 아(我)와 비아(非我)를 구별하기 어려운 때도 있다는 것이다. 이른바 우리에게 잘 알려진 "장자와 나비"의 이야기는 이를 극단적으로 밝혀준다:

> 언제인가 장주(莊周)는 나비가 된 꿈을 꾸었다. 훨훨 날아다니는 나비가 된 채 유쾌하게 즐기면서도 자기가 장주라는 것을 깨닫지 못했다. 그러나 문득 깨어나 보니 틀림없는 장주가 아닌가. 도대체 장주가 꿈에 나비가 되었을까? 아니면 나비가 꿈에 장주가 된 것일까?(昔者莊周夢爲胡蝶, 栩栩然胡蝶也, 自喩適志與! 不知周也. 俄然覺, 則蘧蘧然周也. 不知周之夢爲胡蝶, 胡蝶之夢爲周與?)[86]

이러한 회의는 물론 인간의 감각기관과 사유 기관이 가진 태생적인 인식 능력의 한계 때문이다.

2) 진지(眞知)에 이르는 길

그러면 장자는 회의주의자인가? 그렇지는 않다. 우리가 앞에서 논의했던 중인(衆人)이나 서인(庶人)이라고 하는 일상적인 인간의 세계에서 참된 지식에 대해 장자는 회의적이었지만, 인간이 진지(眞知)를 획득할 길이 전혀 없다고 보지는 않았다. 이는 마치 플라톤의 「동굴의 비유」에서 동굴 세계를 박차고 나간 이만이 태양 빛이 이글거리는 이데아의 세계를 인식할 수 있듯이, 장자에게서도 진인(眞人) 또는 지인(至人)이 되고 난 후에 진지(眞知)는 체득될 수 있다는 것이다. 그는 한마디로 "진

---

86 안동림 역주, 『莊子』, 「제물론」, 32절(87쪽).

인이 있은 뒤에 비로소 참된 지식(진지)이 있게 된다(且有眞人而後有眞知)"고 한다.[87]

이러한 장자의 표현은 노자 『도덕경』의 제23장에서도 읽을 수 있다: "그러므로 〈도〉를 얻으려는 자는 〈도〉와 하나가 되어야 하며, 〈덕〉을 얻고자 하면 〈덕〉과 하나가 되어야 한다. (…) 〈도〉와 하나가 될 때 〈도〉는 기꺼이 그와 하나가 되며 〈덕〉과 하나가 될 때 〈덕〉은 기꺼이 그와 하나가 된다."[88] 장자에게서 진인이 진지와 하나 되는 것처럼 노자에게서는 "도를 얻으려는 자", 즉 성인은 도와 하나가 된다. 여기서 "하나 됨(同)"은 단순한 기존의 동일률인 A=A의 유형이 아니라, 하이데거의 탁월한 새로운 해석처럼 "함께-속해-있음(Zusammengehören)"이고 "서로-속해-있음(Zueinandergehören)"인 것이다.[89]

장자의 진지에 대한 진단은 먼저 진인이 되어야 함을—플라톤의 「동굴의 비유」에 빗대어볼 때, 동굴 세계를 박차고 나가야만 진리의 세계를 목격할 수 있는 것과 같다—극명하게 드러내고 있다. 중인(衆人)과 서인(庶人)의 상태에서, 말하자면 「동굴의 비유」에서 동굴의 세계에서는 진지와 진리의 세계를 넘나볼 수 없는 것이다. 진지를 목격할 수 있는 토포스(topos)에 이르지 못하고 이론적으로 진지나 진리를 논한다는 것 자체가 장자와 플라톤의 철학에는 어울리지 않는 소치이다. 진인을 장자는 지인(至人)이라고도 하는데, "진(眞)에서 떠나지 않은 사람을 지인이라고 한다(不離於眞, 謂之至人)."[90]

---

87 안동림 역주, 『莊子』, 「대종사」 편, 3절(176쪽): 필자 번역.

88 여기서는 장중위안(張鍾元)의 노자 번역 참조: 張鍾元, 엄석인 옮김, 『道』, 민족사, 1992, 109쪽.

89 M. 하이데거, 신상희 옮김, 『동일성과 차이』, 민음사, 2000, 13-19쪽 참조.

90 안동림 역주, 『莊子』, 「천하」 편, 1절(777쪽) 참조. 안동림 교수는 위의 구절을 "도의 본진(本眞)에서 떠나지 않는 자를 지인(至人)이라 한다."로 번역한다.

그런데 진인이나 지인 혹은 신인(神人)은 어떤 미스터리한 신비의 상태에 처한 인간을 말하는 것이 결코 아니다. 오히려 심오한 깨달음의 경지에 이른 사람들을 일컫는다. 도가는 이러한 경지에 이른 자들에게 큰 영적인 권위를 부여하고 있다. 이를테면 장자는 『장자』의 「소요유」에서 진인(혹은 '신인')과 요임금과의 대면을 예로 들고 있다. "요임금은 천하의 민중을 다스려 세상의 정치를 안정시키고 나서 막고야산으로 4명의 신인(神人)을 만나러 갔다. 그러나 분수(汾水) 북쪽의 도읍으로 돌아오자 그만 멍하니 얼이 빠져 자기가 다스리는 천하를 잊어버리고 말았다.(堯治天下之民, 平海內之政, 往見四子邈姑射之山, 汾水之陽, 窅然喪其天下焉.)"[91] 그런데 이와 유사한 예화는 『장자』의 여러 곳에서 발견된다.[92]

도가(道家)에서 진(眞)이란 작위가 가미되지 않은, 인위 조작이 아닌 자연(自然) 그 자체를 의미한다. 노장에게서 천명된 '자연'은 다름 아닌 도(道)의 본성을 일컫는다. 그렇다면 도의 본성인 '자연'을 깨닫게 된다면 진지를 체득하게 되는 것이다. 그래서 도가에서는 이러한 깨달음을 위한 과정과 수양이 필요하다.

도가의 사유에서 천지 만물의 근원은 도(道)이고 사람의 본래적 근원은 덕이다. 도와 덕은 다른 이질적인 것이 섞이지 않은—이를테면 노자가 자주 예로 든 원목이나 순금과 같은—상태로서 순도 면에서는 서로 다르지 않다. 그러기에 사람의 근원인 덕을 회복한다면, 말하자면

91 안동림 역주, 『莊子』, 「소요유」 편, 11절. 원문에서 '四子'를 4명의 신인(神人)이라고 번역하기도 하고, 이를 진인(眞人)이라고 번역하기도 한다

92 이를테면 안동림 역주, 『莊子』, 제11장 「재유」 편에서 통치자인 황제가 공동산(空同山)에 은거 중인 도인(道人) 광성자를 찾아가 도(道)를 묻는 장면에서도 도인의 영적 권위를 목격할 수 있다.

덕의 모체이지만 은폐되어 있는(道隱)[93] 무형(無形)·무물(無物)·무명(無名)인 도와 통할 수 있는 것이다.

사람은 자신의 근원인 덕을 가지고 있지만, 혼탁한 외물의 세계에 뒹굴면서 자신의 근원과 본래성을 상실한 채 살고 있는 것이다. 이 잃어버린 본래적인 성품을 되찾는 것을 장자는 성수반덕(性脩反德)이라고 한다: "본성이 잘 닦여지면 본래의 덕으로 돌아가고, 덕이 지극한 데에 이르면 태초의 상태와 같아진다(性修反德, 德至同於初)."[94] 성수반덕은 일종의 역추(逆推)하는 형식인데, 이를테면 인간이 본래 기원했던 존재 순서의 과정, 즉 형(形)→성(性)→덕(德)에로의 환원 과정을 말한다.

말하자면 외물과 물욕의 세계에서, 나아가 세속의 학문에서 결코 대도(大道)를 밝힐 수 없는 것이다.[95] 장자에게서 이 모든 수양 과정은 플라톤의 「동굴의 비유」에서 동굴 안의 세계로부터 동굴 밖으로 나가는 과정으로 볼 수 있으며, 또 파르메니데스에게서 "어둠의 집"에서 "빛의 왕국"으로 나아가는 과정으로 볼 수 있다. 장자의 논지는 노자에게서 위학(爲學)으로는 근원의 세계에 가까이 갈 수 없고, 위도(爲道)의 길에서 도를 터득할 수 있다는 역설(力說)과 일맥상통한 것이다.

장자에게서 위도의 수양법은 대체로 세 가지를 들 수 있다. 그 첫째는 '심재(心齋)'인데, 이는 기본적인 구도자의 자세로서 심신의 재계인 바 심신을 청결하게 하고 마음을 고요하게 하는 것이다.[96] 그 다음은

---

93 "도는 은폐하기에 이름이 없다"(道隱無名: 『도덕경』, 제41장).

94 안동림 역주, 『莊子』, 「천지」 편, 9절(321쪽).

95 "세속적인 학문 속에서 본성을 닦으며 (소박한) 그 근원으로 돌아가려 하고, 세속적인 생각 속에서 욕망을 어지럽히며 그 명지(明知)를 다하려 한다. 이런 것을 눈이 가려진 어리석은 인간(蔽蒙之民)이라 한다(繕性於俗, 俗學以求復其初. 滑欲於俗思, 以求致其明. 謂之蔽蒙之民)": 위의 책, 「선성」편, 1절(407쪽).

96 이강수, 『노자와 장자』, 148쪽 참조. 장자는 『莊子』의 「달생」 편, 「지북유」, 「인간

'전심일지(專心一志)'로서 분산된 마음을 하나로 집중하는 것이다. 이는 마치 나뭇가지와 잎이 많고 무성하지만 그 뿌리가 하나인 것처럼 천지 만물의 뿌리는 하나인데, 그런 근원의 세계에 접근하기 위해선 마음이 분산되지 않고 전일해야 하기 때문이다.[97]

외물의 자극에 동요되지 않는 '전심일지'의 수양법을 장자는 '하나를 지킴(守其一)', '근본을 지킴(守其本)', '오직 신을 지킴(唯神是守)', '그 으뜸을 지킴(守其宗)', '삼가 진을 지킴(愼守其眞)', '순수한 기를 지킴(純氣之守)' 등의 용어로 나타내고 있다.[98] 전심일지를 수양한 지인(至人)의 경지를 장자는 중니(仲尼)의 말을 통해 밝히고 있다: "중니가 대답했다. '죽음과 삶 역시 중대한 일이다만 그는 그 변화와 함께 변하는 일이 없고, 하늘이 뒤집히고 땅이 꺼져도 또한 그는 함께 떨어지지 않는다. 그는 진리를 잘 깨닫고 있어서 사물과 함께 변하는 일이 없으며, 사물의 변화를 자연의 운명으로 알고 그대로 따르면서도 자기는 도의 근본을 지켜나가고 있는 것이다.'(仲尼曰:「死生亦大矣, 而不得與之變, 雖天地覆墜, 亦將不與之遺. 審乎無假而不與物遷, 命物之化而守其宗也.」)"

중니를 통한 장자의 말은 지인(至人)이 천지가 무너지는 대변동에도 동요하지 않고 본성을 지킬 수 있는 경지에 있음을 밝힌 것이다. '전심일지'에 이른 지인은 만물의 근원인 하나에 정통하여 자연의 이치에 합하게 된다.[99]

세」 등에서 이 문제를 심층적으로 논의하고 있다.

97 장자는 『莊子』의 「달생」 편(안동림 역주, 4절, 468쪽)에서 '전심일지' 혹은 무심망아(無心忘我) 혹은 물아양망(物我兩忘)의 예로서 등이 구부러진 노인이 매미를 신기(神技)에 가깝게 잡는 것을 들고 있다. 온 마음을 한 곳에 집중할 수 있다면, 나와 대상 사이의 분별이 사라지는 것이다.

98 이강수, 『노자와 장자』, 153쪽과 또 이강수 교수가 밝힌 『莊子』에서의 출처를 참조.

99 이강수, 『노자와 장자』, 153쪽 참조.

장자에게서 위도의 수양법 중 셋째는 '좌망(坐忘)' 혹은 '심재좌망(心齋坐忘)'으로서 심신일체의 경지에서 마음의 모든 더러움을 잊고 온갖 것을 잊어버려 허(虛)의 상태에 이르는 것을 말한다. '좌망'의 개념은 한마디로 세상과 외물의 세계를 잊는 것인데, 정좌한 상태에서 자아와 사회며 형체와 자연물 등 일체의 현상을 잊는 정신의 깊은 차원이다.[100] 말하자면 인간의 소박한 본성에 섞여 들어온 비본질적인 것을 씻어내는 것이다.

장자는 심지어 유가(儒家)에서 인간의 본성이라고 말하는 예악(禮樂)이나 인의(仁義)마저도 비순수한 것이고 비본질적인 것이라고 하는데, 말하자면 이들은 비본질적인 도덕관념인 제도가 덧칠해진 것으로서 결국 씻어내어져야 할 대상인 것이다.[101] 심지어 장자에게서는 자기 자신마저도 잊는 망기(忘己) 혹은 망내(忘內)의 경지도 있다. 이 망기의 내용엔 형체를 잊는 망형(忘形)과 마음을 잊는 망심(忘心)이 있는데, 여기서 형(形)과 심(心)은 자아를 구성하는 두 가지 요소이다.

이러한 경지에 이르게 되면 세계와 외물세계, 사회 및 일체의 외부사물들과 나 자신의 존재조차 잊어버린 상태, 즉 물아양망(物我兩忘)과 대철대오(大徹大悟)의 경지에 도달된 것이다.[102] 이러한 수양과정에서, 즉 외천하(外天下)·외물(外物)·외생(外生)의 경지, 말하자면 물아양망(物我兩忘)의 경지에서 어느 날 아침 갑자기 깨닫게 되는 '조철(朝徹)'

---

100 장자는 『莊子』의 「대종사」 편(안동림 역주, 38절, 215-216쪽)에서 좌망(坐忘)이란 조용히 앉아서 잡념을 버리고 모든 차별을 잊어버리며 무아의 경지에 들어가는 것임을 역설한다.

101 이강수, 『노자와 장자』, 155-157쪽 참조. 장자에게서 비본질적인 것으로부터 본질적인 것의 획득은 하이데거의 『존재와 시간』에서 비본래성(Uneigentlichkeit)으로부터 본래성(Eigentlichkeit)을 획득하는 과정과도 유사한 성격을 띠고 있다.

102 안동림 역주, 『莊子』, 「대종사」 편 참조. 이강수, 『노자와 장자』, 157-158쪽 참조.

이나 절대의 도를 직관하는 '견독(見獨)' 및 오도(吾道)의 체험을 하게 되는 것이다.[103]

이때껏 논의한 위도(爲道)의 수양을 고려할 때, 덕의 본성을 회복하여 그 본성의 빛으로 천지 만물의 근원인 도를 깨닫게 된 사람은 장자에게서 곧 '진인(眞人)'이고 '지인(至人)'이며, 그의 깨달음은 곧 진지(眞知)인 것이다. 진인은 인식 대상인 사물이나 사건들을 자기중심적 관점이나 물의 관점(以物觀之)에서가 아니라 도의 관점(以道觀之)에서 통찰하는 것이다: "도의 입장에서 보면 [만물제동萬物齊同以]이어서 사물에 귀천은 없소. [그러나] 사물의 입장에서 보면 [상대적인 입장에 사로잡혀] 스스로를 귀하다 하고 상대방을 천하다 하오.(道觀之, 物无貴賤. 以物觀之, 自貴而相賤)."[104]

이물관지(以物觀之)의 시각으로 이쪽에서 보면 저쪽은 저것이 되고, 또 저쪽에서 보면 이쪽이 저것이 된다.[105] 그러나 이도관지(以道觀之)의 관점에서 보면 이러한 대립은 해소되는데, 저것(彼)은 저것에서 이것(此)이고 또 이것이면서 저것이다. 말하자면 사물을 고착시켜 일면적으로 보지 않는 것이다. 도(道)로써 사물을 보면 사물들 사이에 귀천이 없으나 물(物)의 관점에서 사물들을 보면 자기를 귀하다고 하고 상대편을 천하다고 한다.

『장자해』(莊子解)를 쓴 왕부지는 이물관지의 지식을 부분적이고 제한된 영역만을 비추는, 즉 비추어지지 않는 부분은 어둠에 갇히는 등불

---

103 이강수, 『노자와 장자』, 159쪽 이하 참조.

104 안동림 역주, 『莊子』, 「추수」 편, 6절(425쪽). 장자는 『莊子』의 「제물론」 9절(앞의 책, 57쪽 이하)에서 유가(儒家)와 묵가(墨家)가 서로 자기들의 지식에 입각하여 자기의 주장이 옳고 상대방의 주장이 그르다고 다투는 것에 대해, 이런 시비를 초월한, 즉 대도(大道)와 명지(明智)의 밝은 빛으로 쌍방의 시비를 비춰볼 수 있다고 한다.

105 위의 책, 「제물론」, 10절(59쪽).

에 비유하고, 또 이에 비해 이도관지의 관점에서 사물을 바라보는 것은 만물을 비추는 태양과도 같다고 한다.[106] 말하자면 이물관지의 지(知)가 등불에 해당된다면, 이도관지의 명(明)은 태양에 해당되는 것이다.

6. 인식론에 대한 결론적 성찰

근대의 인식론은 합리론이든 경험론이든 혹은 칸트의 비판론이든 예외 없이 인식의 문제에 깊이 천착하고서 방대한 체계를 세웠지만, 그러나 주-객 이원론에 얽매인 이 근대의 인식론에는 적잖은 문제가 노출되었다. 무엇보다도 주-객 이원론의 도식에 따라 인식주체와 인식 대상은 획일화되고 전체주의화되었는데, 인식은 그러나 구체적인 개별자에 의해 각자적으로 수행되기에 획일화하기 어려운 문제가 간과되고 있는 것이다.

"상응론"에 입각한 진리 이론은 인식주체와 인식 대상 사이에 일치되지 않는 경우가 우리의 실생활에서 쉽게 목격된다. 인식주체의 지적이고 영적인 수준에 따라 혹은 서로 다른 직관에 따라 인식되는 인식 대상의 차원도 다른 것이다. 인식가능과 인식불가능 사이에 혹은 저차원의 인식과 고차원의 인식 사이에는 천차만별의 인터벌이 존재한다는 사실을 우리는 플라톤의 「동굴의 비유」와 「선의 비유」 및 장자의 『장자』를 통해 확인해보았다.

플라톤에게서 동굴 세계의 각 단계에 처한 사람들에 따라, 노자에게서 상등의 인사와 중등의 인사 및 하등의 인사(『도덕경』, 제41장)에 따

106 여기선 이강수, 『노자와 장자』, 161-163쪽 참조.

라, 또 장자에게서 중인(衆人)과 서인(庶人) 및 성인(聖人), 지인(至人), 진인(眞人)들 사이엔 서로 다른 인식의 인터벌이 분명히 존재한다. 이런 인식주체와 인식 대상의 질적 차이를 고려하지 않은 것은 실로 근대 인식론의 커다란 딜레마라고 하지 않을 수 없다. 그러나 우리는 플라톤과 장자 및 하이데거의 위상학적 인식론을 통해서 근대 인식론의 스캔들을 극복할 수 있다고 본다.

존재와 도(道)의 경험에 이르기 위해서는, 혹은 사물의 진상에 도달하기 위해서는 도가와 하이데거 및 플라톤에게서 공통적으로 이론과 논리의 추적에 의해서가 아니라, 인격적 성숙과 비약에 의해서라야 가능하다. 하이데거에게서는 비본래성에서 본래성으로, 혹은 그의 후기 사유에서는 "이성적 동물"에서 존재의 개현에 따르는 현-존재(Da-sein)에로, 플라톤에게서는 동굴 안의 세계에서 동굴 밖으로, 노자에게서는 도(道)를 체득하는 "상등의 인사"나 성인(聖人)으로, 장자에게서는 무엇보다도 진인(眞人)이 되어야 하는 것이다.[107]

---

107 장자는 『莊子』의 「대종사」에서 "진인(眞人)이 있은 뒤에 진지(眞知)가 있게 된다."고 한다.

: 맺는말

오늘날 세계화의 시대에는 동양철학과 서양철학이 별개의 영역으로만 갇혀 있어서는 안 된다. 철학은 '보편학'이기에 더욱 그렇다. 물론 그렇다고 각자의 개별성과 특수성을 약화시키거나 허물어뜨려서는 전혀 안 된다. 하이데거는 모범적으로 동양의 도가 철학에 접근하여 세계화에 부응하는 동서 퓨전철학을 일구었다. 이런 예는 학계의 모범적 사례일 뿐만 아니라 세계화 시대의 구체적 상호 문화 교류에도 좋은 이정표가 되는 것으로 여겨진다.

실로 동서 문명 교류의 역사는 잘 알려져 있듯 험난했다. 서구의 발전사관이나 진화론 사상에서 동양은 뒤떨어지고 낙후된 것으로 여겨졌고, 18-19세기 서구의 식민지 개척 시대에는 참혹한 경지였는데, 서구의 세계사와 문화사는 그 잔인한 역사를 진솔하게 기록하지도 않는다. 에드워드 사이드의 『오리엔탈리즘』은 그 슬프고 편파적인 서구 중심주의의 역사를 잘 드러내고 있다.

앞으로의 세계화 시대는 이런 야만성이 있어서는 안 되며 학술 교류나 문명 교류, 예술과 스포츠 교류에 이르기까지 차별과 편파성이 존재해서는 안 될 것으로 보인다. 하이데거는 동양의 도가와 만나면서—제1장과 제2장에서 역력하게 보았듯—모범적 사례를 보인 것으로 여겨진다. 물론 하이데거의 도가에로의 접근은 결코 동서 퓨전철학을 위한 것이 아니라, 철학적 대화를 나누는 가운데서 자연스럽게 형성된 것이다. 그는 탈-형이상학적이고 시원적인 사유의 도가 철학에 천착하였고, 이를 자신의 세계에 적극 수용하였다.

우리가 고찰해보았듯이 하이데거와 노자의 사유에서 실제로 "예정조화"와 같고 "신비에 가득 찬 상응"이라고도 할 수 있는 사유의 근친성을 목격한다. 이런 유사성을 발견할 수 있는 것에 대해선 마이의 지적대로 하이데거가 "분명하게 말하지 않고" 참고한 측면도 있겠지만, 무엇보다도 하이데거가 노자의 사유 세계에로 가까이 다가가 심층적으로 숙고한 데에서 기인한 것과 또 파크스와 조가경 교수의 지적대로 태생적인 측면도 있을 것이다. 또 그런가 하면—이 소고(小考)가 비교철학을 쟁점화하는 것이 주요 과제가 아니지만—양자 사이에는 차이를 드러내는 점도 분명 존재한다.

물론 동서 문화 교류를 위해서는 "신비에 가득 찬 상응"과 같은 긍정적인 것만 전제되어야 하는 것은 결코 아니다. 대등한 입장에서 대화를 나누는 것만으로도 충분하다. 세계화 시대에, 그리고 다가오는 미래의 세계화 시대에도—우리가 제1장과 제2장에서 다소 논의해 보았지만—하이데거와 도가의 관계는 적절한 이정표가 될 것으로 보인다. 물론 오늘날 동양인들의 하이데거 철학에로의 접근 또한 방향만 반대일 뿐 위의 경우와 유사한 것이다. 철학은 "시대의 아들"(헤겔)이기도 하지만, 보편과 항구성(philosophia perennis)을 추구하는 학문임을 망각해서는 안 된다.

그런데 하이데거와 도가의 철학에서는 단순한 동서 비교철학이나 동서 퓨전철학이 주요 관건이 아니라, 이들 철인들의 존재론적 깊이가 철학에 입문한 사람들에게 큰 매력으로 다가올 것으로 여겨진다. 따라서 우리가 논의한 본론의 테마들은 전공자는 말할 것도 없고 철학에 입문한 사람들, 세계화에 눈뜬 지성인, 동서양의 철학에 관심을 가진 사람들, 나아가 세계화 시대에 걸맞은 문화를 찾는 이들에게 적절한 오리엔테이션이 될 것으로 사료된다.

하이데거와 도가의 철학에서 심오한 주제들, 이를테면 존재, 도(道), 무(無), 빔, 무위자연, 초연한 내맡김, 인간, 피시스, 부정 존재론, 시원적 사유, 탈-형이상학, 길과 도의 철학적 의미, 해체적 사유, 위상학적 인식론 등등은 그야말로 철학에서 심층적으로 다루는 문제들이다. 그러기에 하이데거와 도가의 철학을 단순한 동서 비교철학에서 접근해서는 안 된다.

놀라운 것은, 그리고 우리가 잊지 말아야 할 것은 양자의 철학에 인류와 인류의 미래를 위한 예언자적 길 안내가 있다는 것이다. 오늘날 동서양의 교양인들과 전문 지식인들은 이구동성으로 인류 문명의 위기와 같은 경고음을 감지하고 있다. 정신문화의 황폐화는 말할 것도 없고, 인류의 미래를 향한 아무런 염려도 않은 채, 오직 물질적 풍요와 향락을 위해 달음박질하기 때문이다.

현대 과학기술에 의한 문명의 위기와 생태 위기, 정신문화의 고갈, 물신숭배에 대한 경고 메시지는 인류로 하여금 "존재망각"과 "대도상실"의 참혹한 현상을 각성케 하고 잃어버린 본래성을 찾도록 하는 훌륭한 이정표가 되는 것으로 보인다. 어쩌면 "존재망각"과 "대도상실"에 대한 경고는 인류의 운명과도 연계될 것으로 보인다.

이러한 인류 문명의 위기에 대한 경고음이 들리는 때에 하이데거와 도가의 사유는 철학 자체의 심오한 경지를 터득하는 것 외에도 이 현대의 문명 위기를 극복하는 데에도 탁월한 길 안내(Wegweisung)이다. 존재와 도(道)의 길 안내에서, "초연한 내맡김(Gelassenheit)"과 무위자연(無爲自然)의 길에서 멀어지면 멀어질수록 그 경고음의 소리는 더 요란하게 들린다. 이 경고음의 소리를 계속 무시하고 작위(作爲)로서 대처하겠다면, 희망의 불은 꺼져갈 것이다.

곰곰이 생각해볼 때, 필자가 오랫동안 하이데거와 도가의 철학에 천착할 수 있었던 까닭은—또 앞으로도 이어지겠지만—결코 동서 비교철학에 대한 관심도, 또 그들의 철학에 대한 어떤 이론적 탐구 때문도 아니었고, 그들의 우리를(인류를) 위한 심오한 예언자적 길 안내 때문이었다. 그들은 우리의 친근한 동반자이고 동시에 우리가 가야 할 곳을 길 안내하는 이정표로 여겨진다.

: 참고문헌

감산 저, 오진탁 역, 『감산의 노자풀이』, 서광사, 1995.

강신익, 「동 · 서양의 인간관은 화해할 수 있을까」, 『가치 청바지—동 · 서양의 가치는 화해할 수 있을까』(김교빈 · 김시천 엮음), 웅진지식하우스, 2007.

강신주, 『노자 혹은 장자』, 오월의 봄, 2014.

_____, 『장자 & 노자: 도에 딴지걸기』, 김영사, 2006.

강학순, 「존재사유와 시작」, 『하이데거의 존재사유』(『하이데거 연구』 제1집), 철학과현실사, 1995.

김경수, 『노자 생명사상의 현대적 담론』, 문사철, 2011.

김교빈 · 김시천 엮음, 『가치 청바지—동·서양의 가치는 화해할 수 있을까』, 웅진지식하우스, 2007.

김백현, 「도교(道教) 속의 노장철학(老莊哲學): 노장에서 초기도교까지」, 『中國學報』 Vol 34 No.1, 1994.

김성원, 안길환 공편저, 『노자와 장자의 철학사상』, 명문당, 2002.

김성환, 「마음의 형이상학으로 노장을 읽다: 현대신유학과 이강수 교수의 노장해석학」, 『道教文化研究』, Vol.23, 2005.

김수청, 『윤산의 노자 읽기』, 신지서원, 2016.

김시천, 『철학에서 이야기로―우리 시대의 노장 읽기』, 책세상, 2009.

_____, 『노자의 칼 장자의 방패: 삶의 모순과 철학의 위안』, 책세상, 2013.

김영필, 『현대 철학의 전개』, 이문출판사, 1998.

김용흠, 「老莊의 眞理觀」, 『東洋哲學』, Vol.1, No.1, 1961.

김일권, 『고구려 별자리와 신화』, 사계절, 2008.

김정탁, 『장자 제물론: '대붕의 꿈'에서 '나비의 꿈'으로』, 성균관대학교출판부, 2012.

김종건, 『노자의 인간학: 비움으로써 채우는 천년의 지혜, 노자 도덕경』, 다산3.0, 2015.

김항배, 『老子哲學의 研究』, 思社研, 1987.

_____, 「노장사상(老莊思想)에 있어서 도(道)의 변증논리와 인식논리의 통일」, 『哲學研究』, Vol.19, 1984.

_____, 「眞和와 自由實現: 老莊과 神學을 중심으로」, 『哲學思想』, Vol.16, 1995.

김형효, 「道家思想의 현대적 독법」, 『道家哲學』, 제2집.

김홍경, 『노자: 삶의 기술, 늙은이의 노래』, 들녘, 2015.

김효명, 『영국경험론』. 아카넷, 2002.

남만성 역, 『노자도덕경(老子道德經)』, 을유문화사, 1970.

남회근 저, 송찬문 역, 『장자 강의(상, 하)』, 마하연, 2015.

노자 저, 김상우 역, 『노자, 새로운 탐색(探索): 동양 사상의 뿌리, 노자 도덕경을 재발견한다』, 부광출판사, 2010.

노자 저, 김원중 역, 『노자: 버려서 얻고 비워서 채우다』, 글항아리, 2013.

노자 저, 김학목 역, 『노자 도덕경과 왕필의 주』, 홍익출판사, 2012.

노자 저, 김학주 역, 『노자: 자연과 더불어 세계와 소통하다』, 연암서가, 2011.

노자 저, 동양고전연구회 편, 『노자도덕경』, 나무의꿈, 2012.

노자 저, 임헌규 역, 『노자』, 책세상, 2005.

노자 저, 황병국 역, 『노자 도덕경』, 범우사, 2001.

도설천하 국학서원계열 편, 심규호 역, 『도설천하 노자: 동양의 고전에서 지혜를 얻다』, 시그마북스, 2010.

둥리즈 저, 박미진 역, 『서른, 노자를 배워야 할 시간』, 미래북, 2016.

레이먼드 M. 스멀리안 지음, 박만엽 옮김, 『도(道)는 말이 없다』, 철학과현실사, 2000.

레이첼 카슨, 표정훈 옮김, 『자연, 그 경이로움에 대하여』, 에코리브르, 2002. 개정판은 『센스 오브 원더』(에코리브르, 2012)로 출간됨.

로버트 앨린슨 저, 김경희 역, 『장자, 영혼의 변화를 위한 철학』, 그린비, 2004.

루트비히 비트겐슈타인, 이승종 옮김, 『철학적 탐구』, 아카넷, 2016.

리우샤오간 저, 최진석 역, 『장자철학』, 소나무, 1998.

리처드 니스벳, 최인철 옮김, 『생각의 지도』, 김영사, 2010.

링용팡 저, 오수현 역, 『똑똑한 리더의 노자지혜』, 북메이드, 2011.

모종삼 저, 임수무 역, 『모종삼 교수의 노자철학 강의』, 서광사, 2011.

문성재, 『처음부터 새로 읽는 노자 도덕경(한중일 노자 번역의 최종 완결판)』, 책미래, 2014.

미리암 헹케 저, 제롬 메이에르-비슈 그림, 박아르마 역, 김경수 해제, 『노자 혹은 용의 길 道』, 함께읽는책, 2014.

박길수, 「노장(老莊)의 철학적 치료주의의 이념: 노장의 언어관과 실재론을 중심으로」, 『동양철학』, Vol.44, 2015.

박원재, 「노장의 '정신' 개념에 대한 재검토」, 『철학연구』, Vol.18, No.1, 1996.

_____, 「노장철학과 해체론: 그 만남에 대한 성찰적 회고」, 『오늘의 동양 사상』, Vol.14, 2006.

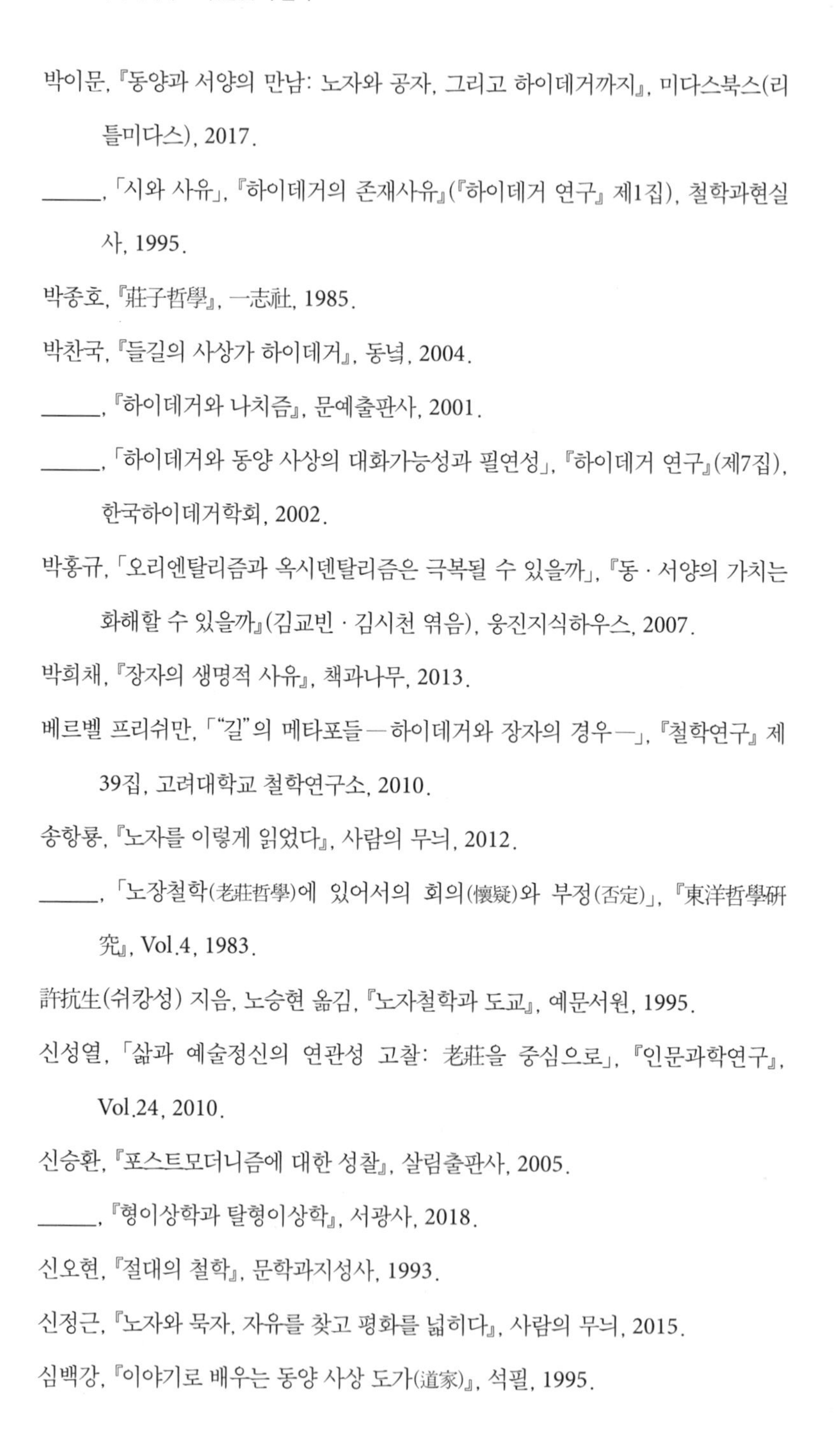

박이문, 『동양과 서양의 만남: 노자와 공자, 그리고 하이데거까지』, 미다스북스(리틀미다스), 2017.

______, 「시와 사유」, 『하이데거의 존재사유』(『하이데거 연구』 제1집), 철학과현실사, 1995.

박종호, 『莊子哲學』, 一志社, 1985.

박찬국, 『들길의 사상가 하이데거』, 동녘, 2004.

______, 『하이데거와 나치즘』, 문예출판사, 2001.

______, 「하이데거와 동양 사상의 대화가능성과 필연성」, 『하이데거 연구』(제7집), 한국하이데거학회, 2002.

박홍규, 「오리엔탈리즘과 옥시덴탈리즘은 극복될 수 있을까」, 『동 · 서양의 가치는 화해할 수 있을까』(김교빈 · 김시천 엮음), 웅진지식하우스, 2007.

박희채, 『장자의 생명적 사유』, 책과나무, 2013.

베르벨 프리쉬만, 「"길"의 메타포들 — 하이데거와 장자의 경우 —」, 『철학연구』 제39집, 고려대학교 철학연구소, 2010.

송항룡, 『노자를 이렇게 읽었다』, 사람의 무늬, 2012.

______, 「노장철학(老莊哲學)에 있어서의 회의(懷疑)와 부정(否定)」, 『東洋哲學研究』, Vol.4, 1983.

許抗生(쉬캉성) 지음, 노승현 옮김, 『노자철학과 도교』, 예문서원, 1995.

신성열, 「삶과 예술정신의 연관성 고찰: 老莊을 중심으로」, 『인문과학연구』, Vol.24, 2010.

신승환, 『포스트모더니즘에 대한 성찰』, 살림출판사, 2005.

______, 『형이상학과 탈형이상학』, 서광사, 2018.

신오현, 『절대의 철학』, 문학과지성사, 1993.

신정근, 『노자와 묵자, 자유를 찾고 평화를 넓히다』, 사람의 무늬, 2015.

심백강, 『이야기로 배우는 동양 사상 도가(道家)』, 석필, 1995.

심재룡 외, 『한국에서 철학하는 자세들』, 집문당, 1989.

안동림 역주, 『莊子』(상 · 하), 현암사, 1977.

_____, 『莊子』, 현암사, 2010.

안재호, 「生生하는 道德」, 『철학탐구』, Vol.19, 2006.

안희진, 『장자 21세기와 소통하다』, 시그마북스, 2009.

야오간밍 저, 손성하 역, 『老子講義』, 김영사, 2010.

양승권, 『장자』, 한길사, 2013.

양자오 저, 정병윤 역, 『노자를 읽다: 전쟁의 시대에서 끌어낸 생존의 지혜』, 유유, 2015.

에드워드 사이드, 박홍규 옮김, 『오리엔탈리즘』, 교보문고, 2009.

여종현, 「휴머니즘의 脫-형이상학적 定礎(II)」, 『大同哲學』, 제3집, 1999.

오태석, 「역설의 즐거움: 老莊 존재론의 否定性」, 『中國語文學誌』, Vol.51, 2015.

岩波洋造 저, 심상칠 역, 『光合成의 世界』, 전파과학사, 1978.

왕방웅 저, 천병돈 역, 『노자, 생명의 철학』, 은행나무, 2014.

왕이자 저, 박성희 역, 『먼짓길 인생에 장자를 만나다』, 북스넛, 2015.

왕전리, 시려 공저, 남종진 역, 『노자의 도덕경 이야기』, 다산출판사, 2008.

왕카이 저, 신정근 · 강효석 · 김선창 공역, 『소요유, 장자의 미학』, 성균관대학교출판부, 2013.

우쉐멍, 「영어권의 노장학 연구 동향=*A Summary on the Studies of Lao-tzu and Chuang-Tzu in the English-speaking Country*」, 『동서 사상』, Vol.6, 2009.

윤병렬, 「노자와 하이데거의 동서퓨전철학」, 『동서사상』 제12집, 경북대학교 동서사상연구소, 2011.

_____, 「노자와 하이데거의 사유에서 부정 존재론에 관한 소고」, 『존재론 연구』 제30집, 한국하이데거학회(현 한국현대유럽철학회), 2012.

_____, 「노자와 하이데거의 '퓌지스-사유'」, 『노자에서 데리다까지』(한국도가철학회 엮음), 예문서원, 2001.

_____, 「도(道)와 존재 — 노자와 하이데거의 사유 세계 엿보기」, 『하이데거 철학과 동양 사상』(『하이데거 연구』 제6집), 2001.

_____, 「퓌지스·존재·도(道) — 헤라클레이토스·하이데거·노자의 시원적 사유」, 『하이데거 연구』 제5집, 한국하이데거학회, 2000.

_____, 「하이데거와 도가 철학의 근친적 사유 세계」, 『정신문화연구』 제142호, 한국학중앙연구원, 2016.

_____, "Interkulturalität und Anti-Interkulturalität: eine phänomenologische Betrachtung über die Möglichkeit der Interkulturalität"(「상호문화성과 반-상호문화성 — 상호문화성의 가능성에 관한 현상학적 고찰」), Orbis Phaenomenologicus 25집(Grenzgänge), Könighausen & Neumann, 2011.

윤재근, 『노자(1, 2, 3권)』, 나들목, 2004.

_____, 『노자: 편하게 만나는 도덕경』, 동학사, 2001.

_____, 『우화로 즐기는 장자』, 동학사, 2002.

윤지원, 「道家의 自然解釋: 老莊의 自然을 中心으로」, 『철학과 문화』, Vol.28, 2013.

이강수, 『노자와 장자』, 도서출판 길, 2009.

_____, 「글로벌 시대의 老莊哲學」, 『동양철학』, Vol.34, 2010.

_____, 「노장(老莊)철학연구의 회고와 전망」, 『中國學報』, Vol.36, No.1, 1996.

이기동, 『장자, 진리를 찾아가는 길』, 살림출판사, 2013.

이상옥, 「하이데거의 철학 방법으로 해석한 도가 철학사상의 존재: 노자, 장자와 왕부지를 중심으로」, 『道教文化研究』, Vol.32, 2010.

이석명, 『장자, 나를 깨우다』, 북스톤, 2015.

이수정 · 박찬국, 『하이데거』, 서울대학교출판부, 1999.

이승종, 『동아시아 사유로부터』, 동녘, 2018.

_____, 『크로스오버 하이데거』, 생각의나무, 2010.

_____, 「노장의 해체와 분석: 김형효 교수의 노장 해석 비판」, 『오늘의 동양 사상』, Vol.- No.6, 2002.

이은봉, 『노자』, 창, 2015.

이이 저, 임동석 역주, 『노자』, 동서문화사, 2009.

이재권, 「노장철학(老莊哲學)의 언어철학적(言語哲學的) 해석(解析)」, 『儒學研究』, Vol.3, 1995.

이재봉, 「도가도교와 생명윤리」, 『大同哲學』, Vol.32, 2005.

이종성, 「풍우란의 노장해석의 관점과 그 전변의 문제」, 『哲學論叢』, Vol.84, 2016.

이진우, 「하이데거의 동양적 사유—도와 로고스의 철학적 대화」, 『노자에서 데리다까지』, 예문서원, 2001.

임어당 저, 장순용 역, 『장자의 눈으로 노자를 보다』, 학고방, 2017.

임어당 지음, 장순용 옮김, 『장자가 노자를 이야기하다』, 자작나무, 1999.

임종삼, 『장자의 우화: 오리다리가 짧다고 이어줄 수는 없다』, 문지사, 1999.

임헌규, 『노자, 도와 덕이 실현된 삶』, 살림출판사, 2013.

張基槿, 「老莊思想의 基本觀念」, 『中國文學』, Vol.3, 1976.

장길섭, 『깨달음으로 읽는 장자』, 나마스테, 2013.

장석주, 『느림과 비움』, 뿌리와이파리, 2005.

장쓰잉, 김권일 역, 「하이데거와 도가」, 『신학전망』 156호, 광주가톨릭대학교 신학연구소, 2007.

장자 원저, 김경윤 글, 박지윤 그림, 『장자: 가장 유쾌한 자유와 평등 이야기』, 파랑자전거, 2016.

장자 원저, 완샤 저, 심규호 역, 『장자』, 일빛, 2011.

장자 저, 김동휘 역, 『장자 (1, 2)』, 연변인민출판사, 2011.

장자 저, 김창환 역, 『장자』, 을유문화사, 2010.

장자 저, 김학주 역, 『장자: 절대적인 자유를 꿈꾸다』, 연암서가, 2010.

장자 저, 안병주 · 전호근 공역, 『역주 장자(1, 2, 3)』, 전통문화연구회, 2008.

장자 저, 유인태 역, 『장자의 지혜 』, 아이템북스, 2016.

장자 저, 장개충 편저, 『지금 힘들다면 장자를 읽어라』, 레몬북스, 2016.

장자 저, 최상용 역, 『내 안의 나를 깨우는 장자(전3권)』, 일상과이상, 2017.

장자 저, 최효선 역해, 『莊子』, 고려원, 1994.

장자 저, 허세욱 역, 『장자』, 범우사, 1999.

장주 원저, 박일봉 편저, 『장자(내편, 잡편)』, 육문사, 2004, 2015.

장주 저, 김갑수 역, 『장자』, 글항아리, 2015.

장주 찬, 임동석 역주, 『장자(1, 2)』, 동서문화사, 2009.

張鍾元(장중위안) 저, 엄석인 옮김, 『道: 老子—새로운 사유의 길』, 민족사, 1992.

전동진, 「하이데거와 노장 사상」, 『하이데거 철학과 동양 사상』, 철학과현실사, 2001.

_____, 「하이데거의 존재와 노자의 도」, 『현대프랑스 철학과 해석학』, 철학과현실사, 1999.

전호근, 『장자 강의: 혼돈의 시대에 장자를 읽다』, 동녘, 2015.

정세근, 「기술과 정신: 노장철학의 도와 기」, 『人文學誌』, Vol.14 No.1, 1996.

정용선, 『장자, 위대한 우화』, 인간의기쁨, 2016.

_____, 『장자의 해체적 사유』, 사회평론, 2009.

정은해·김종욱·이선일·박찬국, 「하이데거의 길과 노자의 도」, 『철학사상』 제14호, 서울대학교 철학사상연구소, 2002.

정철민, 「『노자(老子)』의 '성인(聖人)'과 『장자(莊子)』의 '지인(至人)'에 대한 교육학적 해석」, 『東方學』, Vol.35, 2016.

조민환, 「朴世堂 老莊註釋書에 나타난 易理的 思惟에 관한 연구」, 『동양철학』, Vol.33, 2010.

_____, 「朱熹의 老莊觀」, 『道教文化研究』, Vol.9, 1995.

_____, 「특별기고논문(特別寄稿論文): 노장(老莊)의 도(道), 언어(言語), 예술(藝術), 그리고 교육(教育)」, 『韓國思想과 文化』, Vol.47, 2009.

조윤래, 「노장의 인간론에 대한 시론」, 『哲學研究』, Vol.29, 1991.

주선, 『인문학의 시작 노자』, 홍진북스, 2013.

주우, 『노자의 발견: 도법자연 무사무위』, 빛, 2012.

朱謙之(주첸즈), 『新編諸子集成:老子校釋』, 중화서국, 1984.

차경남, 『노자 1: 진리는 말하여질 수 없다』, 글라이더, 2013.

_____, 『노자 2: 문 밖에 나가지 않고도 천하를 안다』, 글라이더, 2013.

_____, 『노자 3: 학문이 끝나는 곳에 도가 있다』, 글라이더, 2013.

_____, 『장자, 영혼의 치유자』, 미다스북스(리틀미다스), 2011.

차옥숭, 「노장사상(老莊思想)의 무위(無爲) 개념에 대한 연구」, 『宗教學研究』, Vol.12, 1993.

초횡 편저, 이현주 역, 『날개를 단 노자: 왕필 소자유 등 선비들의 〈노자〉 풀이』, 두레, 2015.

최오목, 「老子 無爲思想의 基底: 노자의 聖人과 生命을 중심으로」, 『道教文化研究』, Vol.34, 2011.

최재목 역주, 『노자』, 을유문화사, 2006.

최진석, 『생각하는 힘, 노자 인문학』, 위즈덤하우스, 2015.

_____, 「노장(老莊)에게서 인간은 어떠한 존재인가?」, 『인간연구』, Vol.- No.6, 2004.

_____, 「쾨니히스베르그의 위대한 중국인과 노장(老莊)의 어색한 만남」, 『東洋哲學研究』, Vol.61, 2010.

최진석 · 김상환, 「노장과 해체론」, 『哲學硏究』, Vol.47, 1999.

푸페이룽 저, 심의용 역, 『장자 교양강의』, 돌베개, 2011.

프랑수아 줄리앙 저, 박희영 역, 『장자, 삶의 도를 묻다』, 한울아카데미, 2014.

한국도가철학회, 『도가철학과 미래사회』, 한국도가철학회, 2000.

한국도교문화학회, 『道家思想과 韓國道敎』, 국학자료원, 1997.

한국하이데거학회 편, 『하이데거의 언어사상』, 철학과현실사, 1998.

한국하이데거학회 편, 『하이데거 철학과 동양 사상』, 철학과현실사, 2001.

황희경, 「지식을 택할 것인가, 지혜를 택할 것인가」, 『동서양의 가치는 화해할 수 있을까?』(김교빈 · 김시천 엮음). 웅진지식하우스, 2007.

후웨이홍 · 왕따하이 공저, 최인애 역, 『노자처럼 이끌고 공자처럼 행하라』, 한스미디어, 2011.

H. J. 슈퇴릭히, 임석진 옮김, 『세계철학사』, 분도출판사, 1976.

J. J. 클라크 지음, 장세룡 옮김, 『동양은 어떻게 서양을 계몽했는가』, 우물이 있는 집, 2004.

M. 하이데거, 신상희 옮김, 『동일성과 차이』, 민음사, 2000.

M. 하이데거, 이기상 옮김, 『형이상학이란 무엇인가?』, 서광사, 1994.

M. 하이데거, 최재희 역, 『휴머니즘론』, 박영사, 1970.

Béky, Gellért, *Die Welt des Tao*, Alber: Freiburg/München, 1972.

Biemel, Walter, *Heidegger*, rororo: Reinbek bei Hamburg, 1973.

Boeder, H., "Zu Platons eigener Sache", *Philosophisches Jahrbuch*, Vol. 76, 1968/69.

Borel Henri, *Wu-Wei*, Drei Eichen Verlag: Ulm, 1994.

Bröcker Walter, "Heidegger und die Logik", in: Otto Pöggeler(Hg.): *Heidegger. Perspektiven zur Deutung seines Werks*, Athenäum: Königstein/Ts.

1984.

Chang, Chung-yuan, *Tao: A New Way of Thinking A Translation of the Tao Te Ching with an Introduction and Commentaries*, New York: Harper & Row, 1975.

Cho, Kah Kyung, *Bewusstsein und Natursein*, Alber: Freiburg/München, 1987.

_____, *Heidegger und die Rückkehr in den Ursprung*, in D. Papenfuss und O. Pöggeler(Hg.), *Zur philosophischen Aktualität Heideggers*, Klostermann: Frankfurt a.M., 1989.

_____, "Der Abstieg über den Humanismus: West-Östliche Wege im Denken Heideggers," Gander, Hans-Helmuth, ed. (1993), *Europa und die Philosophie*, Vittorio Klosterman: Frankfurt a.M., 1993.

Debon, G./Speiser, W., *Chinesische Geisteswelt*, Werner Dausien: Hanau, 1987.

Derrida, J., *Grammatologie*, übersetzt von H.-J. Rheinberger und H. Zischler, Suhrkamp: Frankfurt a.M., 1983.

_____, *La Voix et le phenomene*, Presses Universitaires de France: Paris, 1967.

Diels, Hermann, *Die Fragmente der Vorsokratiker*, Rowohlt: Hamburg, 1957.

Eckardt, A., *Laotses Gedankenwelt*, Lutzeyer Verlag, 1957.

Empiricus Sextus, *Grundriss der pyrrhonischen Skepsis*, Suhrkamp: Frankfurt a.M., 1985.

Elberfeld, R., "Heidegger und ostasiatische Denken", in Dieter Thomä (Hrsg.), *Heidegger Handbuch*, J.B. Metzler: Stuttgart·Weimar, 2003.

Fischer, K., *Abschied: Die Denkbewegung Martin Heideggers*, Königshausen und Neumann, Würzburg, 1990.

Forke, Alfred, *Geschichte der alten chinesischen Philosophie*, Kommissions Verlag: Hamburg, 1927.

Gadamer, H.-G.: *Heideggers* Wege, Mohr: Tuebingen, 1983.

_____, "Dekonstruktion und Hermeneutik", in *Gesammelte Werke 10*, J.C.B. Mohr: Tübingen, 1995.

_____, "Frühromantik, Hermeneutik, Dekonstuktivismus", in *Gesammelte Werke 10*, J.C.B. Mohr: Tübingen, 1995.

Guzzoni, Ute, *Wege im Denken*, Alber: Freiburg/München, 1990.

Heidegger, Martin: *Beiträge zur Philosophie*, Klostermann: Frankfurt a.M., 1989.

_____, *Der Feldweg*, Frankfurt a.M., 1953.

_____, *Die Grundprobleme der Phänomenologie*, GA. 24, Klostermann: Frankfurt a.M., 1975.

_____, *Der Satz vom Grund*, Neske: Pfullingen, 1986.

_____, *Einführung in die Metaphysik*, Niemeyer: Tübingen, 1987.

_____, *Erläuterungen zu Hölderlins Dichtung*, Klostermann: Frankfurt a.M., 1951.

_____, *Gelassenheit*, Neske: Pfullingen, 1982.

_____, *Heraklit(GA. 55)*, Klostermann: Frankfurt a.M., 1979.

_____, *Holzwege*, Klostermann: Frankfurt a.M., 1980.

_____, *Hölderlins Hymnen "Germanien" und "Der Rhein"*(GA. 39), Klostermann: Frankfurt a.M., 1980.

_____, *Identität und Differenz*, Neske: Pfullingen, 1957.

_____, *Platons Lehre von der Wahrheit*, Francke: Bern, 1947.

_____, *Sein und Zeit*, Niemeyer: Tübingen, 1984 (15. Aufl.).

_____, *Unterwegs zur Sprache*, Neske: Stuttgart, 1993 (10. Aufl.).

_____, *Über den Humanismus*, Klostermann: Frankfurt a.M., 1949.

_____, *Vorträge und Aufsätze*, Neske: Pfullingen, 1990 (6. Aufl.).

_____, *Was ist Metaphysik?*, Klostermann: Frankfurt a.M., 1949.

_____, *Wegmarken*, Klostermann: Frankfurt a.M., 1978 (2. Aufl.).

_____, "Nur noch ein Gott kann uns retten" (하이데거의 슈피겔지와의 대담), *Der Spiegel*, Nr. 23 (1976).

Heidegger/Fink, *Heraklit*(Seminar WS 1966/67), Klostermann: Frankfurt a.M., 1970.

Held, Klaus, *Treffpunkt Platon*, Reclam: Stuttgart, 1990.

Hirschberger, J., *Geschichte der Philosophie*, Band II, Herder: Freiburg·Basel·Wien, 1991.

Hofmeist, H., *Philosophisch denken*, UTB Vandenhoeck: Göttingen, 1991.

Hsiung, Wei, "Chinesische Heidegger-Rezeption", in D. Papenfuss und O. Pöggeler(Hg.), in *Zur philosophischen Aktualität Heideggers*, Klostermann: Frankfurt a.M., 1989.

Hoffmann, E., *Platon*, Rowohlt: Reinbek, 1961.

Jäger, W., "'Nus' in Platons Dialogen", Albrecht Dihle(Hg.), *HYPOMNEMATA*, Vol. 17, 1967.

Jüngel, E., "Gott entsprechendes Schweigen Theologie in der Nachbarschaft des Denkens von Martin Heidegger", in Martin Heidegger, *Fragen an sein Werk*, Reclam: Stuttgart, 1982.

Kaltenmark, Max, *Lao-tzu und der Taoismus*, Suhrkamp: Frankfurt a.M.,

1981.

Kunzmann, P./Burkard, F.-P./Wiedermann, F., *dtv-Atlas zur Philosophie*, dtv: München, 1991.

Lao-Tse(übersetzt von Günther Debon), *Tao-Te-King*, Reclam: Stuttgart, 1979.

Lao-Tse(Hg. von Hans-Georg Möller), *Tao Te King*, Fischer: Frankfurt a.M., 1995.

Lao Tse(übersetzt von Richard Wilhelm), *Vom Sinn und Leben*, Eugen Diederichs Verlag: Düsseldorf/Köln, 1921.

Lin, Yutang, *Die Weisheit des Laotse*, Fischer: Frankfurt a.M., 1987.

Ma, Lin, "Heidegger's (dis) engagement with asian languages," *Journal of Chines Philosophy*, Vol. 35, No. 2, 2008.

Ma, Lin and J. v. Brakel, "Heidegger's Comportment Toward East-West Dialogue," *Philosophy East and West* 56 (4): 2006.

Mansfeld, Jaap, *Die Vorsokratiker* I, Reclam: Stuttgart, 1988.

Maurer, Reinhart, *Heideggers Metaphysik der Physis*, in R. Wisser(Hg.): *Martin Heidegger—Unterwegs im Denken*, Alber: Freiburg/München, 1987.

May, Reinhard, *Ex oriente lux. Heideggers Werk unter ostasiatischem Einfluß*, F. Steiner Verlag Wiesbaden: Stuttgart, 1989.

_____, *Heidegger's hidden sources*, translated by Graham Parkes, Mackays of Chatham PLC: London and New York, 1996.

Moritz, Ralf, *Die Philosophie im alten China*, Deutscher Verlag der Wissenschaften: Berlin, 1990.

Owens, Wayne D., "Radical concrete particularity: Heidegger, Lao Tzu, and

Chuang Tzu", *Journal of Chinese Philosophy 17*, Honolulu Hawaii, 1990.

Parkes, Graham, *Heidegger and Asian Thought*, Honolulu, 1987.

Pieper, J., *Über die platonische Mythen*, Kösel Verlag: München, 1965.

Platon, *Sämtliche Werke*, übers. von Friedrich Schleiermacher, hrg. von Karlheinz Hülser, Insel: Frankfurt a. M. & Leipzig, 1991.

Pöggeler, Otto, *Der Denkweg Martin Heideggers*, Neske: Pfullingen, 1983.

_____, *Metaphysik als Problem bei Heidegger*, in Stuttgart Hegel-Kongress 1987, Klett-Cotta Verlag, 1987.

_____, *Neue Wege mit Heidegger*, Alber: Freiburg/München, 1992.

Prechtl, Peter, *Husserl*, Junius: Hamburg, 1991.

Ralfs, G., "Stufen des Bewusstseins", *Kantstudien*, Vol. 91, 1965.

Reinhardt, Karl, *Parmenides und die Geschichte der griechischen Philosophie*, Friedrich Cohen: Bonn, 1916.

Rest, W., "Platons Lehre von der Paideia", *Vierteljahresschrift für wissenschaftliche Pädagogik*, Vol. 36, 1960.

Richardson, W. J., *Heideggers Weg durch die Phaenomenologie zum Seinsdenken*, in *Philosophisches Jahrbuch* 72, Alber: Freiburg/München, 1964/65.

Riezler, Kurt: *Parmenides*, Klostermann: Frankfurt a.M., 1970.

Rousselle, Erwin, *Lau-Dsis Weg*, Suhrkamp: Frankfurt a.M., 1987.

Störig, H. J., *Kleine Weltgeschichte der Philosophie I*, Fischer: Frankfurt a.M., 1904.

Thesing, Josef/Awe, Thomas, *Dao in China und im Westen*, Bouvier: Bonn, 1999.

Vattimo, G., *Das Ende der Moderne*, Stuttgart, 1990.

Volkmann-Schluck, K.-H., *Die Philosophie der Vorsokratiker*, Königshausen & Neumann: Würzburg, 1992.

Wilhelm, Richard, *Lao-Tse und der Taoismus*, Fr. Frommanns Verlag: Stuttgart, 1925.

Wittgenstein, L., *Tractatus logico-philosophicus*, Suhrkamp: Frankfurt a.M., 1971.

Wohlfart, Guenter, "Heidegger and Laozi: Wu (Nothing) -On Chapter 11 of the Daodejing," *Jounal of Chines Philosophy* 30: 1 (March 2003).

Woo, K. Y. Peter, *Begriffsgeschichtlicher Vergleich zwischen Tao, Hodos und Logos bei Chuang-Tzu, Parmenides und Heraklit*, universitas: Taipei, 1969.

Zepf, M., "Die Krise des Humanismus und die Altertumswissenschaft", *Gymnasium*, Vol. 58, 1951.

Zhang, Xianglong, "The Coming Time 'Between' Being and Daoist Emptiness: An Analysis of Heidegger's Article inquiring into the Uniqueness of the Poet via the Lao Zi," *Philosophy East and West* - Vol.59, No.1, January, 2009.

: 찾아보기

|ㅅ|

| ㅇ |

|ㅈ|